一部了解民间禁忌常识的百科全书

中国民间禁忌

（第五版）

中国家庭常备书　禁忌知识不求人

任骋 著

山东人民出版社

图书在版编目（CIP）数据

中国民间禁忌 / 任骋著. —济南：山东人民出版社，2012. 11(2025.3 重印)
ISBN 978-7-209-06904-5

Ⅰ. ①中… Ⅱ. ①任… Ⅲ. ①禁忌—风俗习惯—中国 Ⅳ. ①K892. 29

中国版本图书馆 CIP 数据核字(2012)第 241324 号

责任编辑：战海霞

中国民间禁忌
ZHONGGUO MINJIAN JINJI
任 骋 著

山东出版集团
山东人民出版社出版发行
社　址：济南市市中区舜耕路517号　邮　编：250003
网　址：http://www.sd-book.com.cn
市场部：(0531)82098027　82098028
新华书店经销
山东临沂新华印刷物流集团有限责任公司印装

规　格　16 开(169mm×240mm)
印　张　39
字　数　610 千字
版　次　2012 年 11 月第 1 版
印　次　2025 年 3 月第 9 次
ISBN 978-7-209-06904-5
定　价　68.00 元

如有印装质量问题，请与印刷单位联系调换。(0539)2925888

目 录

物 事 篇

鬼 事 篇

禳 解 篇

中国民间禁忌

附 录

〔第五版〕

前 言

二十年前本书首次出版时，中国的改革开放政策实施已有十多年之久，然而，当时学界对“禁忌问题”的研究，还只是一个刚刚开始触及的“禁区”。人们对此陌生、好奇、避忌、惊悸，不敢大胆正视；不仅出版界曾经有人质疑、干预，作者本人也多多少少有着一些要为学术做出某种牺牲的心理准备。随着改革开放的进一步深入，思想界的变化是迅速而显明的。本书在接下来的几版印行之后，“禁忌”随着时间的推移，也渐渐揭开了它“神秘的面纱”。人们对之慢慢有了整体上的把握，能够坦然地正视它、面对它、认识它了。作为一种学术研究的成果，本书在民间文艺学、民俗学界和社会科学领域里不断获得好评，多次受到表彰和奖励。这说明“禁忌”正在恢复其本来的面目，正在步入一个适合它的社会存在的正常的历史时期。尤其第四版以来的这几年里，给人的感觉是：关于禁忌的文化认知已经不再是一种“社会的问题”，而是一种“民间的文化现象”了。

近几年来，有关禁忌类图书的出版，似乎有一个新的发展趋向，即从某种意义上看，减少了那些刻板的说教为主的著述——要正面回答禁忌是什么、应当如何对待它的社会责任已经大为减轻，大量地增加了轻松的普及性的以阐释为主的著述——从帮助人们摆脱禁忌的恐惧入手，给人们更多的认识禁忌的学习空间。在这样一种态势下，我也参与其中，出版了归类点评为主的散文体的《民间禁忌》（天津人民出版社2004年1月版，2010年7月第7次印刷；台湾实学社出版股份有限公司更名为《百无禁忌》2004年9月版；中华书局〔香港〕有限公司2012年3月版），记述民间禁忌民俗事象为主的志书体的《中国民俗通志·禁忌志》（山东教育出版社2005年3月版），联系图腾崇拜、追根溯源的通俗读物《民间图腾禁忌》（中国社会出版社2006年9月版，2008年3月2版）。与此同时，社会上各种编排方式出版的禁忌类图书还有很多，有的还加入了一些现代的时尚的禁忌事象的文化因素。这一类图书一般发行量都比较大，不长时间里常常能够多次重印，很受读者的欢迎。这一方面说明广大读者仍然具有了解认识禁忌民俗知识的迫切需求；另一方面也因其装帧新颖，图文并茂，适应了新时期读者的欣赏情趣；还有就是读者的购买力也逐步有所提高等等，这种势头，目前看来仍是有增无减。不过，这一类图书似乎也有偏于一隅，过于简略，甚至有些还存在行文即兴、草率等等一些缺点，作为一般了解尚可，认真对待、珍藏备查的功用就明显地感到欠缺和不足了。好在本版《中国民间禁忌》在保持整观、系统、深入、精细，夹叙夹议、内在逻辑性较强等等原有的文字优长的特点基础之上，又增添了许多新颖谐趣的风俗图片，加大了图书装帧的改进，并对原有书稿进行了严格认真地审读校改，我们有理由相信，这是一部学术水准有定评、技术质量信得过、内容丰富充实、文字通俗易懂、阅读赏心悦目、检索方便快当，能够满足读者各种需求，值得广大读者惠存，适合城乡书屋、家庭书架珍藏的文化知识必备图书。

说起来，似乎一本书也有它自身的“命运”。《中国民间禁忌》已经有了五个版本。从文化领域的文艺专业出版社，到学术领域的社会科学出版社，再到思想政治领域的人民出版社，不同取向的出版单位能够先后接纳它，似乎也反映着“禁忌”“禁区”在改革开放时代不断放开解禁的发展历程。虽然，“禁忌问题”谈不上是思想意识领域中的什么“标帜”，但也不失为一种文化认知的“标点符号”，或者说是实际生活在思想上的“映像”。那么，这类图书的出版自然应当符合改革大潮的节拍。这是本书“命运”合理的、必然的一面，也许还有偶然性的另一面：本书的责任编辑王海涛先生是研究顾颉刚先生的；而我本人也聆听过钟敬文先生的教诲，是钟老的学生的学生。那么，本书的出版——我和王海涛先生之间的这次合作，冥冥之中是否也包含有钟老和顾老两位中国民俗学的开创者与先行者所给予的教诲及其学术思想深远影响的作用因素呢？这，或者又可理解为是偶然中蕴涵着的必然吧。

海涛先生通过我的同事郑雄先生联系上我，及时地传达了山东人民出版社愿意第五次出版《中国民间禁忌》的意愿，并随后来到我的家中具体商谈出版事宜。他还多次来电话，并通过网络与我交换封面装帧、文字编校等等方面的情况和意见。他对出版事业负责、对作者负责的积极态度，以及勤奋敬业的精神深深感染着我。

在此即将付梓之际，谨对王海涛先生、郑雄先生的真诚帮助表示衷心的感谢！

并请允许我对山东人民出版社参与本书编审、装帧设计、排印校对、出版发行的先生（女士）们表示衷心的感谢！

再请允许我借此机会对以往在本书各次出版过程中给予过我辛勤指导和热诚帮助的钟敬文先生、许钰先生、白冰先生、杨炳南先生、方殿先生、冯斌先生、张梅生女士等表示深深的敬意和衷心的感谢！

最后，也祝愿本书——第五版《中国民间禁忌》一路顺风，畅销常销，持续不断地受到广大读者的青睐和欢迎！

是为前言。

任 骋

2012年6月22日于郑州

〔第一版〕

许　序

在我国悠久的传统文化中，有相当一部分是由广大民众直接创造和享用的，这部分文化我们习惯上称它为民间文化，它以风俗、习惯、民间艺术等形式在人民群众中传承，直接影响着人民的生产、生活、心理和观念。随着近代人文科学的发展，许多新兴的学科，如文化人类学、民族学，尤其是民俗学，都对各民族这部分文化给予极大的关注，搜集、整理、研究，提出关于它的种种学说和主张。

我国对民间文化的探究正式发轫于“五四”新文化运动，解放前曾经有一定程度的发展，解放后的一段时间里稍有停顿，1976年以后这方面有关的一些学科又恢复起来，并且互相配合，发展相当迅速。在民俗的调查和研究方面，目前从事工作的有专门学术团体和少量的专业人员，还有大量兼职的搜集、研究人员。探讨的方面也很广泛，除了民间文学外，对婚、丧、岁时、人生礼俗、物质生产、饮食、服饰、民间信仰、民族风情等等，都有涉及。民间禁忌则是最近一个时期着重提出的课题。

禁忌在文化人类学上通常称为“塔怖”（Taboo）。是关于神圣或不洁事物约定俗成的一种禁制。禁忌在原始时期就已经产生并发生重要作用，弗雷泽的《魔鬼的律师》（副题为“为迷信辩护”），就是专门研究原始民族迷信——包括禁忌——功能的名著。随着社会和人民思想意识的发展，禁忌的形态和内涵也有发展和变化，直到近代它一直在民间广泛流行。禁忌不是单一的民俗事项，它存在于各种民俗活动之中，主要是以消极回避的方式在各方面实行自我抑制，因而它是整个民俗一个有机的组成部分。

但是，对于禁忌的研究却有它特殊的困难。首先，许多禁忌建立在相信神灵和巫术观念的基础上，具有明显的迷信色彩。其次，禁忌不但广泛涉及各种民俗领域，而且很多禁忌中积淀着不同历史时期的社会思想内容，情况纷繁，不根据一定专业知识很难予以解说。再有，旧时代许多禁忌现在已为人们抛弃，或在人们心理上暂时潜伏起来，在学术上重新提起它，有什么必要？最近任骋同志《中国民间禁忌》一书，可以说就是迎着这些困难对“民间禁忌”进行的一次冲击。

第一，任著以严肃认真的态度对待“民间禁忌”这一具有某些消极作用的民俗现象，他花了很大的力量搜集各民族民间流行和已经记入文献的有关资料，把各方面的禁忌系统地展示出来。他这样做是基于这样一种信念：人民大众头脑中消极落后的东西（禁忌并不完全是消极落后的东西），不能用简单生硬的办法去消灭，应该全面地了解它、认识它、研究它，把它搜集起来“摆到桌面上”让大家看，一旦我们把它认识透彻了，研究清楚了，对待它的方式方法便自然会有了。这是从移风易俗工作着眼的。其实就在本书中，由于收集到的材料比较广泛，我们已经可以看到各种禁忌的性质并不是完全相同的，其中有一些禁忌虽然伴随着某种神秘的观念，但在一定历史时期内是具有进步意义的，如历史上的同姓不婚、异辈不婚、“骨血不倒流”等都是。另外有一些材料客观上也起到了对某些迷信的批判作用。如婚俗中的生肖禁忌，正如作者所说，把各地这些材料放在一起稍加比较，就可以看出此种禁忌之不可信。因为一对男女在此地合婚受生肖相克的限制不能成婚；如果换个地方，还是他们两个，就可以成婚，这对生肖禁忌实在是很有讽刺意味的。我想，研究中国民间禁忌除了为移风易俗工作提供更多的材料外，对于需要了解民间习俗的作家、学者也很有参考价值，对于民俗学和民间文学工作者则更是一件有意义的工作。

第二，本书各个章节在分类介绍材料之后，又在结语中再作一些简要的综合概括，使读者既了解到禁忌的具体情况，又对它有一个比较正确的认识，并获得一些有关的理论知识。如语言禁忌部分的结语指出，民间对称谓、岁数、属相、凶祸、破财等的禁忌，主要是建立在对语言魔力信仰的基础上，其特点在于把语言的“名”和“实”相等同，从而产生了谶语和咒语，并进而有了吉语和凶语的分别等等。又如在谈到性别禁忌的来源时，指出原始社会由于男女分工的不同，男性越来越成为生活来源的负担者，随着私有财产的出现和发展，女性对男性的从属地位被扩大到生活的各个领域，因而轻视妇女、视妇女为不洁之物的禁忌广泛流行。还有，本书对内容纷繁的禁忌按一般民俗事项来分类排列，这种分类方法虽然没有显示出禁忌的特点，但它对查阅资料比较方便，另外也便于作者对禁忌关联到的民俗活动予以说明。本书对禁忌的介绍不是采取把禁忌从整个民俗活动中单独抽出来的方法，而是努力再现出人们活生生的自我约束的心意活动，作者对某些禁忌的分析批判也就融合在叙述之中。这种叙述方式，既增强了本书的可读性，也使许多孤立来看难于理解的禁忌变得可以理解了。

第三，作者在进行叙述和分析的时候，常常注意民间流传的俗信和各种迷信职业者（算命卜卦、风水先生之类）的讲究的关系，既看到二者间的某些联系，又把民间俗信和这类人的故弄玄虚和繁琐推算等区别开来。与此相似，作者还注意把流传民间的俗信和已经形成上层文化的法律制度、道德规范相区别。尽管这种区别有时是很困难的，如原始时代尚无成文法，禁忌实际上起着无形的法律的作用。在已经产生阶级分化的社会里，许多民俗固然主要流传在下层民众之中，但也有不少习俗（包括一些禁忌在内）是全民通行具有民族性的。不过，本书作者这方面的努力对于划定禁忌的研究范围还是很有必要的。与此同时，作者还在绪论和全书的安排中力图梳理出禁忌的体系——由“预知系统”到“禁忌系统”，再到“禳解系统”，使得许多各自孤立的禁忌成为一个有内在联系的体系。这个体系告诉读者，在民间一方面有数不清的禁忌束缚着人们的精神和行为，另一方面人民大众在遵守禁忌的同时还创造出事先预防和犯忌之后破解的方法，借以解除禁忌。尽管这种方法并没有从根本上否认作为禁忌基础的巫术观念和对神灵的崇信，但它毕竟在这个范围内有所突破，这就表明禁忌并不是绝对的。何况在民俗文化中还有很多反对某些迷信和禁忌的谚语和故事等等，这也是接触民间禁忌时不能忽略的一个方面。

最后，本书在讲过去的禁忌的同时，还注意到它的现状，常常提到一些新的禁忌的事象，并且展望了禁忌的前景。随着科学知识的普及和人民思想观念的变化，过去一些迷信成分较多的禁忌将会逐渐消失（这不是一朝一夕的事，在特殊的情况下某些古老的禁忌也还可能再出现），但禁忌不仅仅和迷信有关，还涉及社会生产和生活的客观需要，以及人类基于生存的需要避凶趋吉的心理等等。因此，民间禁忌在过去广泛流行，在今后，人们同样会为了某项活动顺利进行而以不同的方式约束自己的某些言行。至于那些收获没有把握，或存在危险的生产行业，这种约束可能还要更多和更为严格一些，这也是可想而知的。

当然，本书也不是十全十美的。比如作者自己确定的写作方法，在个别章节中没有得到贯彻，这可能是由于相关材料不足，难以展开有分析的陈述，于是就把已经得到的材料一条一条平列出来，和写得比较丰满的章节显得不太一致。又如作者在全书中得力于民间谚语之处甚多，这一方面是由于谚语本身的内容广阔，是人民生活和智慧的百科全书，另一方面也由于作者对谚语作过一些研究。但也正因为比较熟悉，有时信手拈来，所引谚语并不一定都具有严格的禁忌的含义。诸如此类的小毛病还有一些，但这类地方并不妨碍本书在整体上是中国民间禁忌方面的一部力作。

许 钰

1990 年 5 月 11 日于北京师范大学

〔第二版〕

附　言

一九九一年六月二十四日，我收到了台湾版《七十二行祖师爷的传说》一书的样本，三个月后，又得知汉欣文化事业有限公司愿意将拙作《中国民间禁忌》在台付梓的消息，这对我无疑是一种极大的鼓舞和慰藉。我深切地感觉到海峡两岸文化上和情感上的一脉相通，也为自己能为海峡两岸文化上和情感上的交流作出一点点贡献而感到由衷地高兴。而这一切又都要感激杨炳南先生，是他为我们搭起了这样一座“鹊桥”。

《中国民间禁忌》也反映出台湾民间的风俗习惯，这主要得益于《台湾民间禁忌》、《台湾风俗志》、《台湾旧惯习俗信仰》等书籍。我本人是未曾到过台湾的，并没有对那里的风土民情进行过实地的考察，因此，虽然有所反映，但不一定反映得真切。

《中国民间禁忌》自一九九〇年十二月由作家出版社出版以来，短短的时间里，在大陆已发行了七万多册，读书界的反应是很热烈的。在读者和同行的帮助下，我业已有了许多补充、修订的想法，但因一时尚未来得及整理妥当，所以这次也就不能以修订后的版本与读者见面了，这不能不说是一点小小的遗憾。然而，这样也不是没有它的好处，好在我可以再多听听各方面的意见，能有一个更为充实的修订方案。所以我非常希望台湾的读者、台湾学界的师友们对本书给予中肯地批评，对我也给予热忱地帮助。

任　骋

1991 年 9 月 24 日于郑州

〔第三版〕

自 序

抽著《中国民间禁忌》九十年代初经由作家出版社、汉欣文化事业有限公司分别以简繁两种汉字文本出版以后，在大陆和台港地区发行近十万册，受到学界及读书阶层的广泛关注和欢迎。许多书刊转引、参征。我本人也收到多封表示赞扬和鼓励的信函，使我受到工作成效的慰藉和付出辛劳的补偿。但“文章千古事，得失自已知”，萦绕我心头的不宁仍时刻不能放松。我知道，撰写这本书的原始冲动，要将禁忌的问题彻底搞一下的夙愿，实际上并没有圆满地完成。我从接到样书的第一天开始就又萌生了修订、补充的想法。然而，一来需要资料的积累和认识的提升，二来又转入别一课题的研究、追踪，一时间不能马上付诸行动。如今一晃七八年过去了，回过头来再看这部书时，觉得有必要再做一些事情了。恰在此时，花山文艺出版社的社长方殿先生了解了我的心愿，表示愿意出版增补本，于是才有了这部《中国民间禁忌》（增补本）的刊行。

增补本将近年来收集到的中国各民族禁忌事项的新材料分门别类增加进内文，大约总共有三四千字。这些材料的补充远远不能够穷尽，是不言而喻的，然而，增加进来的材料却都是经过认真甄别的可靠的材料，因为它要作为科学研究的认识基础，不能凭空臆想。这方面的工作还要继续去做。材料越是丰富，越能保证对此一问题研究的深入和符合客观实际。从某种意义上讲，材料比论证更有价值，材料才真正是本书的生命之所在。

另一方面，就认识而言，由于原书成文的思考毕竟是一个集中的认识过程，当时思想沉浸的浓度和深度可能是现今所不可企及的，行文也有它内在的文气贯通、连缀一体的特性，所以虽然后来有了一些新的认识，感到绪论中有的地方有欠缺，有的地方意思没能表达清楚、准确，也还是不好将这些新的认识直接穿插进去作补充。故而，绪论部分不再更动，一仍其旧，仅将一些新考虑到的理论问题在此简要列出，请读者诸君参照阅正。

一　关于田野作业

田野作业的问题，是我首先想要说明的问题。因为本书是以民间禁忌的材料为主要支撑的民俗学专著，材料多是从民俗学角度搜集起来的，认识也是以民俗学学科的基础理论为依托，所以研究的方法也应当是民俗学的。这一点在写作《中国民间禁忌》的前后，我在认识上是有着质的差别的，因此不能不在此加以检讨说明。在这一点上有所交代，我想不仅能帮助读者认识书中研究的不足之处，而且还能为进一步研究此一问题提出一个深入探讨的正确途径。

民俗学是一门实证的学问，钟敬文先生曾经多次强调这一点，然而，以往我的认识总不能深刻体会。虽然口头上也承认田野作业的重要性，但实际上还只是把田野作业看做民俗学研究的准备过程，认为田野作业只不过是获取民俗材料的手段而已，没有认识到田野作业是民俗学的基本的研究方法。田野作业不可以仅仅是以搜集材料为目的，而恰恰应当是研究本身，这一点仔细体会，是不难理解的。在接触实际的过程中，民俗学的理论才得以建立，才得以调整，才能够发展，才可能趋向完备。虽然这几乎是所有社会科学的一般性规律，而在民俗学中则体现得尤为明显。民俗学任何理论上的重大突破、重大进展无不依赖于对现实社会生活风俗民情的考察。没有一般的民俗学理论，我们对民俗或许会视而不见；而没有具体的民俗学考察，我们就不可能发展民俗学的基础理论。真知只能从实在的社会生活调查中得出，理论突破的勇气和信心也必然是以实在的事实为根据的。事物的真实形态不应当也不可能靠理论家在书斋中去框定它，而只能在实际的调查中发现它，然后再用理论去适应它、说明它。因此，虽然我比较地能够注重了材料的真实性、客观性、科学性，但也仅只是停留在、满足于直观的材料的核实之中，未能以田野作业的研究方法广泛深入地开掘实际生活中禁忌的民众自我认识（这里有主客观两方面的原因，主观上认识不足，客观上条件所限。此处只谈效果，不论原因）。民俗学最看重的是什么？那不是由文人坐在书斋中为民间的信仰作出的种种说明而是生活中民众自己对自己生活的活生生的解说

（包括民俗事象的描述、心意的表白、俗理信仰、文化压力、社会境况等等）。如果没有或者不是以民众自我的认识作为考察禁忌的更深进一步的目标，那就只能知其然而不能知其所以然。毋庸讳言，这一点在书中的分析认识方面是有着先天不足的缺陷的，是有许多工作没有做到的。它使我们的收获失去了许多泥土的芬芳和清泉的秀丽，使书中材料的鲜活生动性、理论的深厚明晰度以及叙述的富有光彩感都受到了理所当然的减损。当然，民俗学又不仅仅是材料的原始表露，也不仅仅是对民众信仰的简单认同，还要有科学的归纳与分析，上升到理论的高度。只是那材料的基础性，民众自我认识的客观性不可须臾脱离和忘怀。

民俗学的客观性是其科学性的重要保障，因此，田野作业的研究方法是极其可贵的。世界的客观性本来就很难记述，即便用了非常现代化的高科技视听技术也不能完整地透彻地反映客观世界的方方面面，何况民俗学又常常要追寻的是人类社会生活的心灵意识形态领域里潜在的东西呢？又何况我们现在所从事的工作依然是以文字符号来作为信息的主要载体的图书著述呢？这一方面要求我们不能故步自封、自满自足，另一方面也提醒我们还要面对现实，从现实出发去做我们眼下所能够做到的事情。这，也就是我们一方面在继续做着增补的工作，一方面又在作出必要的说明的原因所在。

二 关于禁忌的概念

要求给一个概念下一个完整的简洁明了的定义是正常的期望，然而这种想法和做法在现代学术界却越来越显得困难和不那么重要了，或者说是很不适宜、很不恰当的过分苛求。情况往往是这个概念的词汇本身便是最简明的定义（比如树、水、火、洞穴等等），再想加以说明，反而会越描越黑，越想说清越难以说清了。因为这个沿用已久的词汇极大而全面地概括说明着那一类事物的整体形貌，囊括了所有的内涵和外延，通过这个含混的词语我们自然可以“得意忘象”、“得鱼忘筌”，反倒容易把握那事物的基本内容。如果一认真起来要用几句话扩展一下，详细地加以限定说明，立即就遇到种种复杂的障碍，许多防不胜防的漏洞会从各个方面泄露出来，更有些意义由于难以言传而表达不准、说解不清。试图说解者必然要带有自己的个性，有一个特别的角度，这也就把自己的另一面暴露出来，语言的狭隘性就显得十分突出起来。对于概念来说，解释的文字越多，反而越不周严，这也是常见的通病。因此一个学科、一项专题研究可能展开的讨论已经累世经年，但其基本的概念却仍是众说纷纭，莫衷一是。这一方面是概念本身具有包容性、含混性的缘故，一方面也体现着认识的发展演变。总之，概念（词汇）可能是相对比较稳定的，而解释却总是活跃、新颖、变动不居。所以，期待有人作出一个定义而完全稳固地限制概念本身的所有意蕴往往是徒劳的和没有实际意义的。但是，概念既是我们的研究范畴、说明对象，又不能不大致有所把握。所以，尽管可能是不甚周全的，注定要变化的说明，我们也还是要给它一个定义，试着加以说明。或许从中可以看出我们究竟是在哪些方面还有进一步改善认识的必要。能达到这一步，也是前进的需要和具有价值意义的。不过，这的确是一件非常苦恼而又极具魅力的事情。

1. 围绕“转化”的设定

关于“禁忌”的概念定义，绪论中有一段文字说明，原文如下：

> 禁忌，一方面指的是这样一类事物，即“神圣的”或者“不洁的”、“危险的”一类事物；另一方面又是指的这样一种禁制，即言行上被“禁止”或者心理上被“抑制”的一类行为控制模式。这样一类事物和这样一种禁制之间是完全相通的，它们实际上是一回事而不是两回事。因为，这样一种禁制的产生实际上是人们对这样一类事物的认识（心理反应）的结果。所以换句话说，禁忌就是神圣的、不洁的、危险的事物，以及由于人们对其所持态度而形成的某种禁制。

现在看来，这段文字大体上还是可以成立的。有人在“禁制”之外，又提出“忌制”。这是强调个体意识的一种区别。但既然称其为“制”，则必然含有群体意识的参与，也就有了“禁制”的意义在其中。“禁制”也可以包含有自我心理的抑制，亦即包有“忌制”。所以大体上用“禁制”是可以涵盖了的，尤其从民俗学角度来讲，民众自我的“忌”，总是容纳于群体的俗众共同心意表现之中，受其约束的。除此之外，“言行上被禁止”也有漏洞。“言行”只是行为的代称，实际上还应有视、听、思、食、居等等的分别，细分起来就很多了。这些都不是主要的，只是解释词语中概念的狭广义理解的问题。而主要的是这个定义在禁忌的深层次理解上并不能说明更多的东西，所以需要再补充解释禁忌的由来、禁忌的特征、禁忌的功能、禁忌的性质等等。这也看出定义的作用是有限的，只能把握在某种程度上，还需要多方面的再认识，才能对一个概念有充分的理解。

关于禁忌的由来，绪论中拟出“灵力说”、“欲望说”、“仪式说”、“教训说”等等说法，实际上已经突破了民俗学的视野，进而涉及宗教学、心理学、社会学、认识论等方面。这些方面的认识，各有自己的把握角度，相辅相成，互为补充，又各有自己的体系，不能割舍，又不便合并。于是便以分列共存的方式放置着。现在看来，它们是否还有某种共通性呢？能不能再有一种通行的认识将这几方面的认识沟通起来呢？因为毕竟是对同一种文化现象的说明，理论上讲是应当可以做得到的。那么这个共通性在哪里呢？是什么呢？我想，可以用“围绕‘转化’的设定”来说明它。

无论是最原始的巫术、法术思维和占卜原则基础上的塔怖，还是现代社会生活中的禁忌事象，都有一个共同的信仰基点，那就是对事物形态是正在、将要或者能够、必然“转化”的肯定。而禁忌（塔怖）便是围绕着“转化”所做出的设定。“转化”是时时处处都存在的，而个体的人的境遇却时有不同。禁忌就是提醒人们在类似的转化中采取类似的办法达到转化的过渡。就人的愿望来讲，这种转化可以统一概括为求吉的心意趋向。在吉的情况下，要求转化得到控制，不失其吉，由吉到吉；在凶的情况下，要求转化得到改变，趋吉避凶，由凶到吉。总之都要达到吉的目的。转化的过程有长有短；有显有隐；有仪式的，有非仪式的；有期遇的，有偶遇的，然而共同的是都有一个渡过的意义在其中。从民俗学角度考察，习惯于将禁忌附设在人生仪礼和生活化的程式中去，而社会学、心理学、民族学、文化人类学则不一定非要这么去认识它。这些学科各有自己特定的观察角度，各有自己不同的表述方式，然而“转化”的意义对于禁忌来说都是同等重要的。所有的禁忌都是为“转化”而设定的。

2．心意控制的方式

我们说禁忌是围绕“转化”而设定的，但这并不等于说围绕“转化”的设定都是指的禁忌。因为，人猿相揖别之后，人的目的性思维就越来越占有主导性地位。文明社会中，人的所有行为几乎都带有促使事物形态转化，进而使其达到符合自己愿望的目的性。目的性思维充满了人的全部生命运动。“目的性行为”同样是围绕着“转化”而设定的。与“目的性行为”相对应而表现形式却正好相反的“目的性无行为”才是我们所说的禁忌现象。因此，必须明确指出的是，禁忌又是以心意控制的方式和无行为表现为特征的。无行为表现是指行为的被否定，不做、不听、不看、不说、不吃、不想……在任何围绕“转化”所设定的禁忌中，其渡过的方式都是无行为的。这种无行为的控制和调节全靠心意的排抑而完成（顺便说一下，那种不得已或不由自主的禁忌行为的发生是属犯忌，为此而采取的破除行为是属禳解）。这里的心意排抑，一般说来是受社群俗众的共同认知（集体意识）的影响和制约的，又是在个体的内心由主观意识来完成执行的。

3．也有积极的意义

绪论中关于禁忌的“消极的性质”有一段论述，原文如下：

> 虽然，禁忌中也包含有某种积极的要求，例如“避凶趋吉”的愿望等等；而且，从客观效果上讲，有些禁忌也能够起到一定的积极的作用，比如一些有关婚姻的、饮食的、渔猎的禁忌具有某种优化人种、保持卫生、维护生态平衡的积极作用等等。但是，就禁忌所采取的基本方式而言，它总是消极的。

这里，对禁忌的消极性质的认识总的说来是不错的，尤其是在主观愿望和客观效果方面都作了一些含有积极因素的分析。但是，在“禁忌所采取的基本方式”方面，断定它“总是消极的”，也还有再分析、再认识的必要。这个论断看来是深受詹·乔·弗雷泽的影响所致。弗雷泽在《金枝》一书中说道：

> 由此，我们观察到“交感巫术”的体系不仅包含了积极的规则也包括了大量消极的规则，即禁忌。它告诉你的不只是应该做什么，也还有不能做什么。积极性规则是法术，而消极性规则是禁忌。……积极的巫术和法术的目的在于获得一个希望得到的结果，而消极的巫术或禁忌的目的则在于要避免不希望得到的结果。

弗雷泽认为应用巫术是法术和禁忌的对立关系，他列出一个表，是这样的：

巫 术

理论巫术（巫术作为一种伪科学）

应用巫术（巫术作为一种伪技艺）

积极巫术或法术

消极巫术或禁忌

在这个表里，禁忌被指定为消极的应用巫术以与积极的应用巫术——法术相对应。但是，就禁忌的目的性来看，它并不完全是在于“要避免不希望得到的结果”。它同样含有“获得一个希望得到的结果”这样的目的性（这一点在附属于某种仪式的禁忌中表现得尤为突出和明显）。只不过它采取的方式不是“有行为的”，而是“无行为的”而已。实行禁忌的人有可能这样思索，只要我不去做什么，那么我就可以得到什么样的理想的结果。在这个意义上，禁忌的应用巫术的性质也含有法术的积极的意味。因此，我现在以为，应当认识到禁忌在方式上也含有某种积极的性质和意义，虽然它基本上仍是消极的。

恩斯特·卡西尔在《人论》中说道：“禁忌体系强加给人无数的责任和义务，但是所有这些责任都有一个共同的特点：它们完全是消极的，它们不包含任何积极的理想。……它警告要提防危险，但它不可能在人身上激起新的积极的即道德的能量。”这个论断显然是过分的。也与他在同书另一处的论述自相抵牾。在那里，他又说道：

> 在人类文明的初级阶段，这个词包括了宗教和道德的全部领域。在这个意义上，许多宗教史家都给了禁忌体系以很高的评价。尽管它有着明显的不足之处，但还是被称之为较高的文化生活之最初而不可缺少的萌芽，甚至被说成是道德和宗教的先天原则。

既然“禁忌”是“道德”的“先天原则”，那么它就不可能不激起人们依照甚至捍卫这个“原则”的“新的积极的即道德的能量”。“道德的能量”，有时表现为“见义勇为”，有时表现为“见不义而不为”，甚至表现为“杀身成仁”。“禁止的方式”，“不为的意志”，在道德操守方面谁能说它不是被激发出来的新的强烈的积极表现呢？谁能说它“不包含任何积极的理想”呢？

4．神意和人意

在禁忌的概念意义上，有人主张凡是涉及神意的即属禁忌，凡是不涉及神意而只涉及人意的，则不属于禁忌。这种认识不无道理。但是，应当明确的是，在禁忌给人们造成危险乃至危害的结果方面，神意往往是与人意交融在一起的。远古时代，人们认为神是统治一切的，人的一切意志都在神的意志的支配之中。天地间万事万物的运转变化，也都在神的控制之下。非但人意，连自然的意向也是由神来确定的。所以有些事情，比如年景收成、人丁兴衰、世运好坏，甚至口角、诉讼、寿命、财运等等好像只与人发生关系的事都牵连着神意的参与。在这种迷信的泛灵信仰中，禁忌是很难作出神意与人意的区别的。在违犯禁忌的惩罚中，也多是由人意来代替神意执行的。如果我们仅仅看到执行惩罚的是人而不是神就概定它不是我们所说的禁忌，那么我们所说的禁忌就可能根本不会存在了，除非我们承认真的有神意的存在并且和人的存在是并行不悖的。相反，我们必须清楚，所谓的神意只不过是人意的折射反映，是人的错讹的解释。在禁忌的惩罚中，一切神意的体现都不过是人意的曲解而已。禁忌正是存在于这种谬误之中，没有这种谬误的俗信也就没有禁忌的存在了。所以用人意和神意来区分禁忌的是与非，是难以成立的。真正的禁忌与非禁忌的区别在于人类是否走出了自我意识中的试误性探索区域，是否真的摆脱了属于谬误性质的“想象的不幸”。弗雷泽说：“如果那个设想的不幸必然要跟随犯忌而到来，那么禁忌也就不成其为禁忌，而是一种劝人行善的箴言或一种普通的常识了。‘不要把手放在火中’，这句话并不是禁忌，而只是一种常识性的道理。因为这种行为如不禁止，必然要造成实在的后果，而不是一种想象的不幸。”这话是对的。不过，弗雷泽在这里举的例子只是一件人身与自然力的对抗关系问题，扩展一下，在人与人的关系问题上，也是如此。例如当着一个有生理缺陷的人的面，我们不能说有伤害他自尊心的话，必要说及他的生理缺陷时也要用一种委婉的话来讲。这同样不是禁忌，而是一种常识，只不过这是一种道义上的常识、社会人际关系的常识，而弗雷泽所举的例子是一种自然规律的常识罢了。

除此之外，还要知道，常识毕竟是属于知识的领域。在知识的掌握方面是有层次的分别的，又是有特定的认知环境的。有些虽然是事理或者物理中的事情，由于具体环境不同和人的认识水平不同也会造成禁忌的。这也正是形成文明和野蛮、科学与愚昧、先进与落后之间的文化差异，从而具有不同的禁忌体系的一个重要原因（比如上边的两个例子，如果认识上处于愚昧的状态，也仍然会把它当作禁忌，固执地从中寻找受到伤害或报应的违禁犯忌的原因的）。我们不可以因某个民族、某个社群的禁忌体系表现出一种文化的滞后而轻视小看这个民族、这个社群的生存权利，同时也不能不因那常识性的东西仍被视为禁忌，仍在束缚着那里人们的思想而感到悲哀。破除禁忌的迷障，脱离禁忌的羁绊，走向自由，走向发展，才是我们人类共同的目标和理想。

三 关于禁忌的分类

绪论中没有关于禁忌分类的讨论。最初的撰写体例中曾经有过这样的安排，但一方面由于禁忌的分类是一个比较复杂的问题，另一方面当时有关禁忌分类的实践也比较少，所以后来放弃了这部分内容，留下了一个空缺。现在，虽然仍不能对这一问题说得十分清爽，但觉得已是有了讨论的基础和条件了，所以借此机会就现在学界的状况作一些大致的分析。

1. 禁忌分类的理论说明

由于禁忌是人类普遍具有的文化现象，对禁忌的认识又是多学科、多角度的，所以禁忌的分类理论上也就有了许多方式方法，有了许多不同的层次和类别。例如：

从禁忌的信仰根据方面，可以将禁忌分为禁忌对象（禁忌事物）是“神圣的、圣洁的”和“不纯的、不洁的”两大类；

按禁忌主体（执行禁忌者）的禁忌行为（无行为）的方式，可分为：视的、听的、说的、做的、食的、思的等等若干类；

按时间，可分为原始禁忌、古代禁忌、近代禁忌、现代禁忌、当代禁忌等等，或者分为汉代禁忌、唐代禁忌、宋代禁忌、清代禁忌等等；

按地域，可分为欧洲禁忌、太平洋禁忌、尼罗河流域禁忌、中国禁忌、吴越禁忌、定县禁忌、丁村禁忌等等；

按宗教，可分为道教禁忌、佛教禁忌、伊斯兰教禁忌、基督教禁忌等等；

按人种，可分为白人禁忌、黑人禁忌、黄种人禁忌、红种人禁忌等等；

按民族，可分为汉族禁忌、满族禁忌、朝鲜族禁忌、日耳曼族禁忌、犹太人禁忌、吉普赛人禁忌、俄罗斯人禁忌、印第安人禁忌等等；

按职业，可分为农业禁忌、渔猎禁忌、商业禁忌、医药业禁忌等等；

还可以按年龄、按性别、按物形、按事态等等形式来划分。

或者，又可综合某几方面的因素来划分。比如詹·乔·弗雷泽着重论述原始禁忌，将其分为：禁忌的行为、禁忌的人、禁忌的物、禁忌的词汇等等类别。

还有具体到某一种因素的分别，如弗洛伊德侧重于论述人的因素，他将禁忌分为：对敌人的处置、对统治者的禁忌、对死人的禁忌。在图腾信仰方面，则又将禁忌分为两个主要方面，即：禁止杀害图腾动物和禁止与相同图腾宗族（部落）的异性发生性关系。

在中国，当代民俗学界对禁忌的分类给予了充分的重视。例如陶立璠先生在《民俗学概论》中有论述“禁忌的分类”的专门章节。他将禁忌分为（1）宗教禁忌；（2）生产禁忌；（3）语言禁忌；（4）一般生活禁忌。虽然分法比较笼统，有欠严整，但却是最早讨论这一问题的学者之一。乌丙安先生在《中国民俗学》中对禁忌的分类则是基于禁忌的民间信仰源的。他将禁忌大体上划为五个方面，即：

第一，把大自然中的自然力或自然物看成神圣的不可侵犯的事物，加以崇拜，形成了对日、月、星、风、雨、雷、虹、水、火、山、石等物的禁忌观念与行为。

第二，把某种动物或植物看做是和本民族祖先有近缘关系的神圣物，形成了严禁捕杀或禁止冲犯等禁忌。

第三，对祖灵的崇拜所派生的关于祖先象征或遗物的禁忌。

第四，对鬼灵、精灵的崇拜所派生出来的关于所谓鬼、怪之类及其活动场所的禁忌。

第五，对吉凶祸福的命运的迷信派生出来的趋吉避凶观念所形成的禁忌。

这五个方面，大致可概括为：（1）自然崇拜；（2）图腾崇拜；（3）祖先崇拜；（4）鬼神崇拜；（5）命运崇拜。这里的禁忌分类，即是按照这五种生成禁忌的崇拜原由所划分的。理论系统严谨，认识也有深度。只是目前尚未见到全面系统地依此分类法而进行的实际分类成果。或许是因为这五种崇拜形式在实际生活中有所交融，不易分别而存在一定的困难吧。

2．禁忌分类的实践

如果仅以理论的分析来对禁忌加以分类，似乎禁忌的分类还应当而且可以从禁忌的惩罚效应上作出区别。比如，可以将禁忌分为：致死的、伤害的、亵渎的、破财的、绝嗣的、遇难的、厄运的等等。这种分类，虽然看似有一定的价值意义，但却是理论上难以明晰起来，实际上操作又极具困难的。因为，禁忌的事象通常是具体而又灵活的，与其存在的时空有着现实的不可脱离的互为说明的关系。如果依照理论上的分析来框定它，或者企图按照理想的而不是自然的形态将其排列开来，那就势必遇到许多人为的麻烦。这是此种分类不被人们想到或采用的原因所在。实际上，进行比较全面的禁忌的分类实践的，现在看来，大都是依民俗的生活实态为标准的。这可能是比较浅显的然而却又是比较自然和比较容易的一种分类方式。最近出版的一些直接分析论述禁忌文化的书籍，比如《台湾民间禁忌》（林明峪）、《民间禁忌与惰性心理》（李绪鉴）、《民间禁忌》（尉迟从泰）等等，包括本书在内，都是从民俗事象的区别中去区分禁忌的。除此之外，尚未见到有其他的系统的禁忌分类的实践成果。或许这只是一种禁忌研究发展过程中的必然表现，是一个阶段性的现象而已。随着禁忌文化现象的深入研究，在将来可能会出现一些新的更有理性观念指导意义的禁忌分类的实践成果，比如体现在信仰类别、功能效应方面的，甚至是从哲学的高度上所进行的区分，那无疑正是我们所希望看到，并且愿意为之而努力的事情。

3．禁忌分类的科学性

禁忌的分类，一定要注意科学性。例如在涉及概念的把握时，一定不能不认真加以鉴别。我们所谈到的禁忌，是有特定的文化涵义的。它的根基是在于原始的“塔怖”之中。虽然后来的禁忌体系在此基础上有所延展，但其民众的俗信基点不可动摇。因此，离开民间风俗惯习的制约而从社会文化其他方面所提出的禁止和忌讳都不能归纳进我们所说的禁忌中来。这一点必须弄清楚，否则，我们就会流于漫想而失去对目标的科学性把握，从而导致研究的方向性偏误。比如，赵慧平先生所著《忌讳》一书，将忌讳的分类列为：日常忌讳、社交忌讳、道德忌讳、政治忌讳、信仰忌讳，就是从更广泛的文化角度来看待忌讳的。其中既包括了民间禁忌的俗信，又包括了社会其他方面的常识性认识。在此，我们不能强求一致，不能说这种关于忌讳的研究是不严密的，只能说这里的研究角度，与我们所说的禁忌是有区别的。区别的关键在于民间俗信一点。在民间俗信中的是属于我们所说的民间禁忌，不在其中，超越之外的则是另一回事了。并不是说禁忌没有或者不能涉及政治和道德等等问题。把禁忌和"社会契约"联系起来看的观点就承认着禁忌的政治性因素。说禁忌"绝不是一种道德的危险。如果它与其他事物有区别的话，那这种区别并不意味着道德辨别力，也不包含一个道德判断"（恩斯特·卡西尔语）也不尽全面。事实上，违反某种禁忌，尤其是公益性禁忌，在民间也常常被视为是违反道德的事情。当事人也会因此而受到良心的搅扰和谴责，甚至有至极而死亡的。问题不在于禁忌涉及政治和道德的范畴没有，而在于这禁忌所处的层次和所依的根据是不是民间俗信中的超自然力控制下的神圣的或不洁的信仰。若是如此的，便为禁忌；或者不是如此的，而是直接从政治或道德本身出发的，则应为政治的或道德的禁制的规避原则，则应是属于上层建筑领域中的理智的思想常识。那就离开了民间禁忌的含义，与禁忌的概念不相关了。因为它失去了禁忌的灵魂、禁忌的本质。

由于赵慧平先生《忌讳》一书论述的启示，使我们认识到原来在绪论中所说到的"忌讳"就是"禁忌"就是"民间禁忌"的意思，有必要再作调整。那样简单的等同是不行的。民间禁忌必须严格限定在民间俗信的基点上，超越此一限定便虽有泛指的忌讳的意义，也不再一定是我们所说的民间禁忌体系之内的事了。

以上便是我在《中国民间禁忌》（增补本）出版前所要作的一些理论认识上的说明。如果由于先前对这些理论上的问题不够明确而引起材料上的宽泛收录和论述上的游离不当，则请读者诸君明鉴。另外，原版许钰先生的序中所提到的一些"毛病"，此次由于时间仓促未能一一改正，又请读者诸君见谅。

最后，我想再次声明一点，即，虽然本书汇集的习俗禁忌，有一些具有迷信性质，但用意绝不在于倡导、发扬这些东西，而完全是想以辩证唯物主义和历史唯物主义的观点去研究它，以民俗学、民族学、文化人类学、哲学、社会学等等学科的理论去说明它，以使人们能够真正认识这类禁忌迷信的无理性，尽管这种研究的说明还是初步的。设若有人竟然从书中寻找这些禁忌习俗的宿命观而以为自己遵从的信条的话，那无疑是与作者的初衷相悖的。虽然，迷信禁忌的消亡，是一个相当长的历史过程，但是，我们应当坚持移风易俗的正确方向，这也是我们社会主义精神文明建设和人类文化发展的必然走向。由于自己学识水平有限，理论素养欠佳，在对这些习俗禁忌的论述中，有些地方可能仍然并不完全恰当，存在着这样那样一些疏漏和谬误，对此，我真诚地希望读者诸君给予批评指正，以便在将来有机会再版时作出相应的补充和修订，使得本书更加完善、更加符合科学进步的要求。

任　骋

1997 年 11 月 29 日于郑州

〔第四版〕

弁　言

中国社会科学出版社来电话商议出版本书时并不知道这已是第四版了。因为有了前面的一些序文，此处的弁言也就只需说说第三版以来的情况。这五年来，中国学术界在禁忌理论研究方面有了一个大的飞跃。专著、文章层出不穷，纷至沓来。尤其是在文化人类学、民间文学、宗教学方面，成绩更为突出。我本人也曾有过一些专题的评述，甚至在一本书稿中还专门论及到了“禁忌民俗史”和“禁忌民俗研究史”的问题。然而，考虑到本书所担负的主要任务是禁忌事象的记述，那些民间禁忌基础理论之外的研究成果就不便更多地介绍了。这里想说的只有一点，那就是关于禁忌的一种赋有哲学意义的视角。

这是一种从人类思维结构出发的理论观点。人类思维结构本质上被认为是二元对立的。因此，从这一本质特点出发，那些不能被明确划分为二元对立中某一极的事物就成为禁忌。此说来自海外，不过中国本土的民间哲学也有类似的认识基础。比如，将“不伦不类”的“异形”视为“怪物”、“妖孽”，禁忌看视接触，以为不祥的观念就是此类认知的表现。我在本书第三版“自序”里“关于禁忌的概念”中说到的“转化”，也包含有这样的意思。“转化”的过程即为“渡过期”，是由二元对立的一极转向另一极的危险时刻。人的出生、成丁、婚嫁、荣辱、祸福、寿夭等等，从无到有，由此及彼，那关键处，都属不定型的“异常”时刻，都是禁忌的多出地带，其本身也常常被视为禁忌。这方面的意义，过去认识得并不清楚，还大有深挖、细嚼的琢磨头。理论思维一旦进入哲学的范畴，必将反过来大大促进学术思想的提高。在这一点上，我们期待着禁忌研究的理论能有新的更大的突破。

在本书付梓之际，谨对冯斌先生、史平先生以及给予本书出版以帮助、校正的诸君表示衷心的感谢。

任 骋

2003 年 6 月 1 日于郑州

绪论

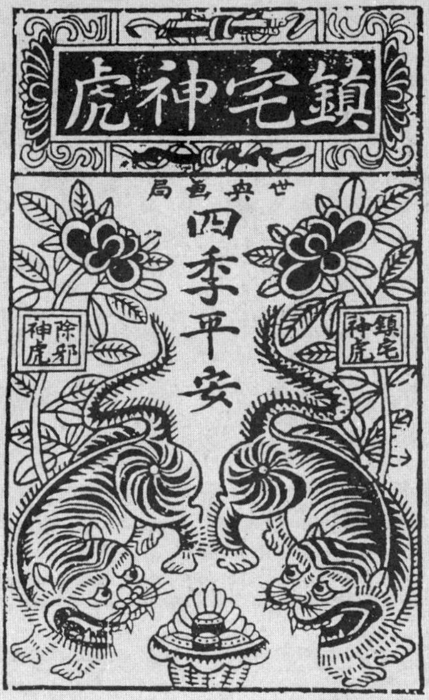
鎮宅神虎
世興畫局
四季平安
除邪神虎
鎮宅神虎

禁忌的含义

【禁忌与塔怖】

禁忌是人类普遍具有的文化现象，国际学术界把这种文化现象统称之为“塔怖”（Tabu或Taboo）[1]。“塔怖”原是南太平洋波利尼西亚汤加岛人的土语，其基本含义是表示“神圣的”和“不可接触”的意义。

在中国，与“塔怖”相对应的词便是禁忌。

禁忌一词，早在汉代就见著于史籍了。

《汉书·艺文志》云：“及拘者为之，则牵于禁忌，泥于小数，舍人事而任鬼神。”

《后汉书·朗顗传》云：“臣生长草野，不晓禁忌，披露肝胆，书不择言。”

这里的禁忌的含义，和“塔怖”成为国际通用的学术名称之后的含义是一致的，即表示“禁止”或“抑制”的意思。

学术界对于禁忌和塔怖的一致性，认识上是有分歧的。如中国宗教学界就有人强调塔怖“只有具备曼纳灵力之意而无不洁之意”，因而塔怖“仅为禁忌之一种”，只是后来才“被衍用以泛指各种禁忌”（参见任继愈主编的《宗教词典》“塔布”条、“禁忌”条）。而在民俗学界，则大都认为禁忌和塔怖是完全一致的。塔怖的最初含义虽无明显的“不洁之意”，但那是因为“‘神圣的’和‘不洁的’二种意义在禁忌的原始起源中并不加以区别。……它仅是指‘似魔鬼的’、‘不能被触摸的’……只

1.Tabu或Taboo，英文，汉语译作“塔布”或“塔怖”等等，为禁忌、忌讳、戒律之意。

有在稍后才开始分化为二”（弗洛伊德《图腾与禁忌》）[2]。

这里，两种观点的分歧，实际上并不很大。宗教学界的强调点在于“塔怖”本身意义的前后变化；而民俗学界则指出了“禁忌”含义原始状态的“混沌”性质。二者的分歧只是在于“塔怖”一词的原始意义上，而不在于塔怖一词用作“各种禁忌的通称”之后。因而成为国际通用学术名称之后的塔怖的含义和我国禁忌一词的含义应当说是完全相一致的。

【禁与忌】

组成“禁忌”一词的两个字，“禁”与“忌”，是可以再分别的。

虽然“禁”与“忌”有相同之处、相通之处，如：许慎《说文解字》云：“禁，吉凶之忌也。”孔颖达《周易·夬·疏》云：“忌，禁也。”但，它们所相同、相通之处，是在于禁、忌的原由和效果方面；而在于禁、忌的主、客观意识方面，则是有所区别的。

禁，“从示林声”（《说文解字》）。林者，“君也”（《尔雅·释诂》）[3]。示者，“语也，以事告人曰示也”（《玉篇》）。“示，天垂象见吉凶，所以示人也”（《说文解字》）。故知，林、示之禁，所含“禁止”的意义较重，且一般是指君上（社会）或神祇（宗教）的外力干预。

忌，“憎恶也。从心己声”（《说文解字》）。己者，“身也”（《广韵》）。心者，“人心土藏在身之中”（《说文解字》）。故知，己、心之忌，所含“抑制”的意义较重，且一般是指基于自我情感的避戒行为。

“禁”和“忌”，组成“禁忌”一词之后，就代表了一种约定俗成的禁约力量。其中，既有集体（社会或宗教）对个体的“禁止”的含义；又有体现个体心理意愿的自我“抑制”的含义。

【禁忌与忌讳】

禁忌类属于风俗惯习一类较为低级的社会控制形式。但是，如果过分强调了禁字的意义，便可能使禁忌中“禁止”的含义上升而趋向于成为道德或者法律意

2. 中国民俗学界多依此说，参见乌丙安《中国民俗学》和陶立璠《民俗学概论》等书。

3. 《尔雅·释诂》：“林、烝、天、帝、皇、王、后、辟、公、侯，君也。邢昺〔疏〕：“皆天子诸侯南面之君异称也。”

义上的社会控制的高级形式。如《周礼》中所云“犯禁者，举而罚之”、“若不可禁，则搏而戮之”、“戮其犯禁者”等等。相反，如果突出忌字的含义，则又往往会使禁忌中“抑制”的意义增强，同时显现出一种更加通俗化、民间化的倾向来。到了最后，禁忌一词便与忌讳一词完全相等同了。

在民俗调查中，有时常常会发生这种情况，当我们问起“禁忌”，普通村民表示不太懂得的时候，只要我们再解释一句“就是忌讳”，他们便会长长地“噢——”一声，说：“那知道。有！有！”可见，“忌讳”较比“禁忌”是更具有通俗性质的。这不仅仅是书面用语和口头用语的区别问题，其中也还有它语义上的差别，亦即“忌讳”一词更多地强调了民间自我的“抑制”。从词义上讲，“忌”与“讳”同，而“禁”与“讳”异。

《广韵》云：“忌，讳也。”

《礼记·曲礼》云：“入境而问禁，入国而问俗，入门而问讳。”

可见“讳”自古以来是更基于民间的。因此，“忌”与“讳”联合而成的“忌讳”一词至今仍比“禁”与“忌”联合而成的“禁忌”一词更能通行于民间。或许，这是因为普通的老百姓，他们往往更多的注意力不是放在如何禁止他人方面，而是放在如何抑制自我方面。所以他们对“禁”字比较淡漠，而对“忌”字和“讳”字则更多地给予关注。但是，毕竟民间也还存在着风俗惯习的禁止力量，这是大家所共同承担的责任和义务，也是自我抑制不可缺少的环境和基础。况且，自我抑制的结果也带有某种自我禁止的意味。所以，为了更准确、更全面地反映风俗惯习中的这一禁制的意义，中国学术界通常在正式场合都是采用“禁忌”而不采用“忌讳”。当然，在一般场合下，或者由于行文的需要，“禁忌”和“忌讳”也是可以互相通用的。

【民间禁忌】

禁忌，一方面指的是这样一类事物，即“神圣的”或者“不洁的”、“危险的”一类事物；一方面又是指的这样一种禁制，即言行上被“禁止”或者心理上被“抑制”的一类行为控制模式。这样一类事物和这样一种禁制之间是完全相通的，它们实际上是一回事而不是两回事。因为，这样一种禁制的产生实际上是人们对这样一类事物的认识（*心理反应*）的结果。所以换句话说，禁忌就是神圣的、不洁的、危险的事物，以及由于人们对其所持态度而形成的某种禁制。

一般说来，“禁忌”是属于风俗惯习中的一类观念。它与法律制度意义上的“禁止”和道德规范意义上的“不许”都有着十分明显的区别。在风俗惯习中，“禁忌”一类的禁制是建立在共同的信仰基础之上的。自我（我群）由于心存忌惮而表现出来的自我（我群）的“抑制”性质是其基础的成分，在禁忌中占有主导的地位。其中“禁止”的意义，也完全是来自于共同的忌讳，来自于“自我抑制”的集体意识，而不存在“意志的强加”和“观念的强求”。其实施过程必然是通过心意的，因而它属于一种民间的自然状态下的禁制形态。因此，又可以直接称之为“民间禁忌”，也就是说，我们所论及的“禁忌”一词，本身就是等同于“民间禁忌”的。它们共同区别于法律制度或者道德规范中的其他禁制形式。

民间禁忌，主要是指一社群内共同的文化现象。这种文化现象又是基于该社群中最广大的基本群众的。一般说来，它不包含社群中的上层文化，亦即社群中一小部分精英文化的特殊禁制。但是，这并不是说，一社群中属于上层文化圈子里的人是能够被排除在民间禁忌共同信仰的基础之外的。他们不但是基础（基数）之一（部分），而且往往也是难以完全彻底地摆脱其观念的影响的。

总之，禁忌，便是指的民间禁忌。民间禁忌是比较大的概念，民间禁忌中又可按民族、地域、社会分工等等分成若干禁忌的方方面面，或者某种具体的禁忌。不过它们的性质仍然是属于民间禁忌的。只有当禁忌中的“禁止”的成分加强到道德规范化或者法律制度化的时候，禁忌才脱离了“民间”二字，而这时的禁忌，也就不称其为禁忌了。

最后，还有一点需要指出，就是在中国，由于封建文化的长期统治，许多民间禁忌被士大夫阶级义理化、道德化，甚至法律化、制度化之后写进了典籍之中。我们今天对于民间禁忌进行研究时，还应当注意透过这些史料去发现那些真正的民间禁忌的原始形貌、原始状态。这也就是说，我们今天研究民间禁忌时，除了需要大量的田野作业，实地进行社会调查之外，也还需要参考、研究一些文史资料，以便从上层文化中得到一些有益的补证。

禁忌的由来

说到禁忌的由来，大体上有四个方面。一是对灵力的崇拜和畏惧；二是对欲望的克制和限定；三是对仪式的恪守和服从；四是对教训的总结和记取。这里，简称之为：灵力说、欲望说、仪式说和教训说。以下分别简要论述之。

【灵力说】

灵力，即曼那（mana）[4]，其含义为“一种超自然的神秘力量”。据说，禁忌就是灵力依自然的、直接的方式，或者以间接的、传染的方式，附着在一个人或物或鬼身上所产生的结果（参见《图腾与禁忌》及《大英百科全书》“禁忌”条）。这种原始的观念形成了原始人心目中的禁忌物和原始的禁制。鬼魂和精灵都被认为是具有曼那（灵力）的，因而附着有曼那（灵力）的人或物，也被认为是“似魔鬼的”、“不可接触的”。温德特曾经说道：“埋藏在所有禁忌里的那种无言的命令，虽然因为随着时间和空间而造成了无数的变异，可是，它们的起源只有一个而且仅只一个：‘当心魔鬼的愤怒！’”朱天顺在《原始宗教》中也说道：“有些禁忌是从鬼魂崇拜中产生的，人们知道有所触犯，也被认为要受到鬼魂的报复。”王充在《论衡》中则指出：“夫忌讳非一，必托之神怪，若设以死亡，然后世人信用畏避。”所以可知，禁忌的产生是与人们对灵力的畏惧有关系的。

灵力说，实际上是从人类信仰发展史方面对禁忌的认识，它分析了人们对灵力的信仰以及由此一信仰而产生的情感诸如崇敬和畏惧等等，并据此而追溯到了禁忌的来源。一般说来，灵力说更多的是着眼于禁忌的原始状态和原始的禁忌状态的。

【欲望说】

弗洛伊德认为单从信仰方面寻找禁忌根源是不够的。他在《图腾与禁忌》中说：“温德特使人们知道，禁忌是一种原始民族对‘魔鬼力量’信仰的表现和

4．mana，英文，汉语又译作曼纳、玛那或马拉等等，是源于大洋洲的一个人类学术语，指事物或人所体现出的超自然力量。汉语中与之相对应的词即为“灵力”。

延伸。……温氏的理论实际上并没有真正地追溯到禁忌的原始原因，或者发掘出深藏在它最底部的根源。‘恐惧’或‘魔鬼’在心理学上并不能被认为是‘最早的’东西，也就是说一种无法再找到其来源的东西，除非魔鬼的存在是真实的。”弗洛伊德的意思是应当从心理学方面对禁忌的由来进行更进一步的追溯。他指出“‘禁忌’本身是一个矛盾情感的字眼”，因为“一件强烈禁止的事情，必然也是一件人人想做的事情”。“一个具有能激发人们被禁止的欲望，或使他们的矛盾情感觉醒的人，即使本身没有触犯禁忌，他也将永远或暂时的成为禁忌”。而“破坏禁忌的人所以会成为一种禁忌，仍是因为他已具备了一种诱使他人追随他的行为的特性了”。

这里，弗氏所注意到的是心理上对欲望的抑制。欲望，是人的本能要求，但是作为“社会的人”便要对欲望进行某种抑制。例如，“食”、“色”是人之大欲，但不能“随心所欲”。这种对欲望的抑制，便是禁忌的根本来源。当然，欲望不止是“食”、“色”，对物的接触、对事的控制等等都可纳入欲望的范畴。因此欲望说也是很宽泛的。它主要是从心理学上对禁忌来源的追溯。强调了禁忌中“抑制”的一面。

【仪式说】

在欲望说中，实际上已经透露出社会的制约作用来了。最初的社会制约是从“仪式”中表现出来的。“仪式”代表了一种“无理的”“社会规定性”。

弗洛伊德曾经说过：“有些禁制的目的能够很明显地看出来。可是，相反的，有些禁制却是令人难以了解，它们几乎是被视为无意义和愚蠢的。后者我们称它为‘仪式的’。这种分别，我们也在禁忌的观察中发现。”（《图腾与禁忌》）

恩斯特·卡西尔也指出：“占有一个物或人——占有一片土地或同一个女人订婚——的最初方法，就是靠一个禁忌记号来标志他们。”（《人论》）

靠仪式规定的禁忌是人们必须无条件服从的一种禁制。如果说仪式的规定性还有什么意义的话，那就是要确保该种仪式顺利、圆满地完成，亦即确保这一仪式所标明的意义能够完全地、丝毫不打折扣地被认可。有时候，人们注重的甚至不是违反禁忌以后能够带来什么样的恶果，而是禁忌的执行是否完全按照仪式的规定去做了。

有人把禁忌定义为“消极的崇拜仪式”。

还有人把“塔怖”直接译为“祭仪上的禁制”。

这里，仪式说实际上是讲禁忌来源于一种“社会的规定性”。禁忌即是一种“社会契约的胚胎”（参见杰文斯《宗教史引论》）。

如果从“社会的规定性”这一意义上来讲，仪式并不简单地只指祭祀的或者某种巫术的、宗教的仪式，像社会分工这样一类社会契约性质的禁忌也可以说是被某种仪式规定下来的。比如法国沙利·安什林所指出的“劳动分工和妇女之从狩猎中被排除出来，建立了对于食物的禁令的基础”（《宗教的起源》）。

仪式说从社会学的角度对禁忌的由来作出了说明。仪式的规定往往会带有某种随意性，有时候，社群首领（酋长）或者神权的代表人物（巫师）可以“有权宣布任何事物为禁忌”（参见弗雷泽《金枝》）。然而一旦禁忌形成之后，就具有“不可抗拒的约束力量”。人们出于社会化的需要，往往并不去认真考察它的合理性，而只是绝对的服从。并且它还将依靠社会的、宗教的、宗法的权威意识以强制的方式传承下去。这一类禁忌的根据由于最初的规定是无理的，所以后世也终归是难以捉摸的。

【教训说】

教训是从失败或错误中取得的认识。这种认识的过程是一种因果关系的推导过程。由于早期人类的愚昧和科学的不发达，这种推导往往造成偏差，从而形成人们对某种“偶然因素”的共同的误解。这种“共同的误解”而得出来的“教训”，也是形成禁忌的一个缘由。

朱天顺在《原始宗教》中说：“原始宗教所以会产生上述种种限制人们向自然界斗争的禁忌和麻烦的仪式，正是来源于人们在向自然界斗争时所遭到的失败和损失……人们在一次或几次失败和损失中失去信心，把不敢积极地再去向自然界斗争的心理神秘化，或在彷徨中把检讨到的一个偶然的因素夸大和绝对化，结果就成了限制人们行动的戒律和仪式。”

秋浦在“论禁忌”（《思想战线》1987年第一期）一文中也说道：“不管是早先的禁忌也好，后来的禁忌也好，其产生都有一个共同的特征，即把一些偶然的因素，误以为是普遍适用的内在规律，一人传开，说得有声有色，众人跟随，也就信以为真了，自此逐步形成的共同的禁忌。”文中还列举了苗族某金氏因房顶上的瓜砸死了孩子而世代禁忌种瓜和某陈氏因牛误吃麻线致死而从此禁忌种麻的两个例子。其实，这两个例子中遭到禁忌的事，“种瓜”和“喂牛”，与那偶然的因素，“瓜砸死了孩子”，“吃麻线死了牛”，还是有那么一点内在的联系的，只不过不该当作一般的规律去对待它。还有一些禁忌，其中的推断就更加荒唐，更加无理了。比如张紫晨在《中国民俗与民俗学》一书中所指出的，《山海经》中“描绘一些事物不可见，见之则有恶果。既有恶果，必成禁忌……”这种“视禁”，以及民间许多语言禁忌、行为禁忌实际上和判断违禁犯忌之后将会发生的恶果之间，根本不存在任何内在的必然的联系，它们纯粹是一种“神秘的心理”反映，是一种“逻辑的混乱”。其最初形成的时候，或许有过“偶然的巧合”，但它们根本没有任何科学的根据。如果是有科学根据的因果推断，那种教训的记取，就应当是“经验的”、“技术的”而不是“禁忌的”了。

教训说，是从认识论方面对禁忌由来的一种追溯。它指出，禁忌的产生反映了人们认识活动中的某种偏差，但在人们的认识发展中却又是一个不可缺少的过程。虽然，从某种意义上讲，它带有一定的“实践的”意义、“经验的”意义，但其“教训”的总结和记取是不着边际的，因为它的思维方式是原始的、巫术的、非科学的。因而它最容易落入迷信的窠臼。在客观效果上，这一类禁忌往往成为某种“多余的，或者过火的防范”。

【小结】

以上所谈到的禁忌由来的四个方面，是从不同学科、不同角度对禁忌来源（成因）的追溯和认识。这种追溯和认识当然是从它们各自学科研究的需要出发的，因而往往既带有它们各自学科理论认识方面的优长和特色，又会有某种不足和偏颇的现象存在。比如，每一方面的认识都很难兼顾其他方面的认识，因而显得不那么充分和全面。还有一些认识是带有时代的或者禁忌目类方面的局限的。而如果从这四个方面，亦即从信仰的、心理的、社会的、认识的方面来共同追溯禁忌的由来，那就是比较全面、比较充分的了。因而，这四个方面的认识都是有价值的、有意义的，在我们进一步研究禁忌现象时，它们是可以互为补充、互相参照的。

禁忌的特征

“危险的”和“具有惩罚作用的”特征是禁忌的两个最基本的特征。

【危险的特征】

凡是被视为禁忌的事物，都含有危险的特征。

一般认为，禁忌事物的危险性是与该种禁忌事物所具备的灵力（mana）的大小成正比的。灵力大的，其危险性也就大；灵力小的，其危险性也就小。“例如，国王和领袖们具有较大的权力，也因此使直接称呼他们名称的行为成为一种冒犯，而称呼者的下场，无疑的，将是死亡；至于触犯部长或较其他一般人稍具玛那（mana）的人则可以不受伤害。这种情况，可以依照他们身份的递减而渐失去其危险性……”（《大英百科全书》）

禁忌的危险性又是可以传递的。禁忌危险性的传递，可以使非禁忌物成为禁忌物。据说，“一个单一的禁忌之物，或许会侵染整个宇宙”。这种传递不但可以靠触摸，而且可以靠视听，甚至可以靠心意的联想而贯通。在有些传递的过程中，禁忌物也可以去掉其危险性而成为非禁忌物。就像人们相信沐浴的仪式可以洗刷罪孽的污点一样，人们同样认为通过某种仪式，也可以去掉禁忌物上附着的危险性特质。这种危险性可以传递到一只“替罪羊”身上，或者一棵大树上等等。于是，这种危险性就在传递中得到了转移。

【惩罚的特征】

凡是违禁犯忌者，都是要受到惩罚的。

一般认为，禁忌的惩罚与违禁犯忌者所具备的反灵力（抵御mana的力量）的大小成反比。违禁犯忌者反灵力弱的，受到的惩罚就重；违禁犯忌者反灵力强的，受到的惩罚就轻；具有超强反灵力者，甚至还可以使禁忌的惩罚被祓除和禳解掉。

一般说来，违禁犯忌之后的惩罚都是必然要到来的。它或者是一种精神上的，由自发的力量来控制的，即由破坏的禁忌本身来执行报复；或者，与神鬼观念结合起来，由神秘的力量来实施惩罚；或者，由信仰相同的团体来担负起惩罚的职责。在时间上，虽然有“现时报”、“现世报”、“身后报”（“冥间报”）、“来世报”（“转世报”、“轮回报”）等等一些报应的区别，但笃定无疑的是：惩罚终究是要到来的。

禁忌的惩罚作用永远是机械的、不加分辨的。破坏禁忌者不论是好心还是恶意，是主动的还是被动的，是有意的还是无意的，这一切都是一样的，都要同样地受到惩罚。禁忌的惩罚对违禁犯忌者的道德、意图、情感丝毫不加甄别，不予分辨，它只是机械地给予惩罚。杰文斯在《宗教史引论》中说：“惩罚，就像雨一样，既落在不义者身上，也落在正义者身上。”

禁忌的功能

功能在社会科学中的一般含义，即为达到预期结果或目的的作用。禁忌的功能因研究范畴、研究角度的不同又可以有不同的表述方式。

【自我保护的功能】

《大英百科全书》指出禁忌的原始功能，是出于一些直接的目的，起到了对人的某种保护作用。例如：（1）保护重要的人物——酋长、巫师等——使之免于受到伤害。（2）保护老弱妇孺和通常包括一般民众——不受酋长或巫师的玛那（mana）的伤害。（3）防止以手触摸或接触到死人尸体所引起的危险或误吃某些食物。（4）保护危及生命的重要行为——生产、成人礼、婚姻和性机能等，使之避免受到干扰。（5）保护一般人不被神鬼的愤怒或其力量所伤害。（6）防止个人的财产、工具被偷窃，等等。这些禁忌的保护作用是当时的社会需要。其后，随着社会的发展，禁忌的这种保护作用在具体内容上又有着不同程度的调整，但其性质仍然不变。

为了达到避开危险和祸患的目的，禁忌往往在它存在之处造成一种神秘的气氛。就像发出一种不间断的警铃声响一般，使禁忌事象呈现出一种危险的状态，提醒人们在婚嫁、生育、丧葬、祭祀等仪式或接触某事物时必须小心行事，千万

万象更新

不能乱来，否则将导致灾厄，受到惩罚。

禁忌不但对于危害人身的事具有警示作用、回避作用，而且在巫术范畴中还可直接起到某种抵御作用、扼制作用，以具备保护的功能。例如，在巫蛊信仰地区就有“出门不饮酒可防蛊”的说法。这里关于酒的饮食禁忌就是抵御伤害巫术的一种有力措施。一般说来，禁忌的严格执行既可以保障巫术的正常实施，又可以抵制另外一些巫术的侵扰。

【心理麻痹的功能】

实际上，禁忌本身便是一种巫术，即消极巫术（这一点下文还要谈到）。在生产落后、生活贫困及人们不能充分掌握自己命运的条件下，禁忌具有较强的心理麻痹作用。人们往往把严格遵守某种禁忌想象为改善环境，遇难呈祥的特殊的有效手段。人们在险风恶浪中出海捕鱼或者在群兽包围中搏斗拼杀，只要是使用过巫术并且严格遵从了某些禁忌的，他们就有自信，有胆量，从容不迫，临危不惧。从某种意义上讲，这种禁忌（巫术）的信仰麻痹了他们的心理，满足了一种精神的上的需要，弥补了由于技术力量的不足和环境条件的恶劣而引起的忧虑和失望，使他们在对付自然和命运的挑战时增添了几分强硬和进取心。禁忌的目的是要维护心理上所得到的美好的结果不致被破坏。禁忌的这种心理麻痹作用，一般说来是无济于事的，但有些时候——在物质基础、技术力量和环境条件基本许可或接近许可的情况下——歪打正着，不但可以作为精神上的支撑点，而且还能取得某种实效。

【社会整合的功能】

严格遵守禁忌，可以带给人们以保护的作用；否则，违反禁忌，则要受到严厉的惩罚。禁忌的这种功能实际上体现着某种社会的凝聚力，起着一种社会控制、社会整合的作用。禁忌的存在是社会存在的必然要求。禁忌的主题意义即是反对思想上和行为上的自由化。以乱伦禁忌为例，性欲的冲动，是极富于颠倒迷惑性质的，它是社会分裂的力量。“一社会若允许乱伦的存在，就不能发生一巩固的家庭，因之亦不能有亲属组织的基础，在一原始社区中结果会使社会秩序完全破坏”（马林诺夫斯基《文化论》）。而乱伦禁忌的存在便严厉地限制了这一方面的性欲满足，从而使某种社会秩序得以建立。事实上，禁忌是原始社会唯一的约束力，是以后人类社会中家庭、道德、宗教、政治、法律等等所有带有规范性质的禁制的总源头。禁忌的社会制约功能和禁忌的人身保护作用是辩证统一的。这两个方面共同在确定人类的社会生活秩序方面起着作用。中国人说“欲生于无度，邪生于无禁”，“山海有禁而民不倾，贵贱有平而民不疑”。这话，正可以概括禁忌的社会功能。

【小结】

最后，需要指出的是，这里所谈到的禁忌的功能，并不能替代我们对禁忌的性质的认识。因为，当我们论及禁忌的某种功能时，并没有指定它的效益是怎样的。而事实上，它的效益则往往是不能尽如人意的，或者还可能会更糟，因为，它的性质并不是科学的，虽然它具有某种功能的意义。关于禁忌的性质，我们将在后文中详谈。

禁忌的体系

民间禁忌的存在，一般说来是有一个信仰的基础和系统链的，我们称之为信仰体系。在中国，民间禁忌的信仰体系可分为预知系统、禁忌系统和禳解系统三

甲骨卜吉凶

个组成部分。

【预知系统】

预知系统是禁忌系统的先导。一切禁忌都是建立在预知（吉凶祸福）的信仰基础之上的。

在中国，有许多繁复的预知信仰。其形式大体上可分为“兆”和“占”两类。

（1）**兆**

兆，是兆示现象的统称。《说文解字》释为：“灼龟坼也。”即是由龟壳被火烧裂而呈现出的纹状。以后又引申为将要发生的事情的预示征候。

兆，还可分为象数兆和卜筮兆两种。

象数兆，是指消极的自然出现的兆示。象，指天象[5]；数，指气数[6]。象、数都是指物事发生变化的兆示。民间常言：“观天象，知气数。”

5．《周易·系辞上》云：“在天成象，在地成形，变化见矣。”

6．《左传·僖公四年·疏》云：“象者，物初生之形。数者，物滋见之状。凡物皆先有形象乃有滋息。是数从象生也。”《周易·系辞上》云：“凡天地之数五十有五，此所以成变化而行鬼神也。”

卜筮兆，是指积极的人为求得的兆示。古人求兆，用龟甲称卜，用蓍草称筮。《史记·龟策列传》载："决定诸疑，参以卜筮，断以蓍龟。"后来，卜筮就统指各种谋求兆示的仪式了。而通过这些仪式而求得的兆示，便是卜筮之兆。

在预知信仰中，卜筮兆和象数兆一样，都被认为是上天或者鬼神的告示。因为这些兆示的呈现都是人所不能预定的。人只能是被告示的。二者的不同之处，仅仅在于，这种告示是在人的主动的寻求下发生的还是在人们并无思想准备的情况下出现的。也就是说，卜筮之兆是人们有计划的行为与偶然的自然现象复合而来的结果；象数之兆则是在没有人为干预的情况下自然出现的结果。而不管是卜筮之兆，还是象数之兆，单单在兆示的阶段上，它们都还并不说明什么，仅止是兆示而已。要想知道其兆示的意义，还必须通过"占"的过程。

(2) 占

占，就是占验。《说文解字》云："占，视兆问也。从卜口。"《韵会》云："凡相侯谓之占，占亦瞻也。"所以可知占所指的就是对兆示所具有的意义的判定。占验的目的，可以是各式各样的。比如通过占验兆示，可以预知胜负、预知生死、预知得失、预知有无、预知晴雨、预知丰歉等。这其中，凡是与吉凶有关的预知，才是人们最为关注的。《尔雅·释言·疏》云："占者，视兆以知吉凶也"。所以，一般说来，占验的过程，即为判定兆示是吉是凶的过程。吉凶一经判定，预知系统的使命也就完成了。剩下的，便是由吉凶的信仰而导致的禁忌了。《周易·系辞上·疏》云："凶虽民之所患，吉亦民之所患也。既得其吉，又患其失。"故知，占验的结果，无论是吉还是凶，都有引起禁忌的可能。凶之禁忌，为避防其凶；吉之禁忌，为佑其吉。所以，整个预知系统实乃为禁忌系统之先导。

【禁忌系统】

(1) 无行为表现

禁忌系统在整个禁忌体系中是一种无行为表现的心意民俗形态。无论是远古时代由于神圣、不洁观念或者图腾崇拜、灵物崇拜、鬼神崇拜而带来的恐惧，还是后世吉凶祸福观念带来的忧患，其反映在心理上都凝聚为一个忌字。忌是心意上的、精神上的东西。《说文解字》解释："忌，憎恶也。"既是心理上所憎恶的，便希望避开它们。在禁忌系统中，忌，只是心理上的某种反映过程，某种因恐惧、忧患而希望回避的情绪和要求。这种情绪和要求除了影响到人们的精神和心理状态而外，在行为方面还可能形成"禁止的"和"抑制的"行为，亦即行为上的讳、避、戒、止等等。然而这种"禁止的"和"抑制的"行为，在外观形态上通常也是无所表现的。所以，禁忌系统内不管何种情况下，都是没有行为表现的纯心意民俗形态。

（2）巫术之一种

在预知系统中我们谈到吉凶皆有患的问题。但是，吉凶征兆对人们心理上造成的压力毕竟不同。凶兆的压力自然是更大一些。吉兆顶多带来忧虑之患，害怕吉祥不能真正到来，或者已到来又害怕失去它；而凶兆则直接警告凶难灾祸就要发生。凶兆会立即引起人们心中的惊悸，成为一种忌惮。所以禁忌系统主要是针对凶兆或祸事而言的。禁忌就是不愿意或设法防止凶厄不幸的事情发生。禁字古意也有防的意思。《礼记·王制·疏》云："禁谓防。"防者，防患于未然也。既防祸患，亦防凶兆。这种思想根源于相信人能影响于神的巫术信仰。有人把占卜也归于巫术，可能是因占卜也有影响神、干预神意的意味。比如在卜筮和占验中都要求神公开表明它的意志，这多少是对神的自由的一种干预。然而这毕竟还不是要改变神的意向。如果神是具有无上权威的，那么它对是否公开自己的意志并不介意。所以又有人主张占卜最好还是把它看作一个独立的概念。占卜不管是什么，反正人们不会到此为止。他们会想到，既然能够弄明白神意（天意也是神意。《周礼·春官·神仕·注》云："天者，群神之精"），那么也许能够改变神意。《风俗通义·怪神》中说："死生有命，吉凶由人。"即是说对于吉凶祸福之事，人是有主动性的。相信人的意志可以影响神的意志从而控制事物发展的思想是巫术信仰的基础。最初，这种信仰表现为人幻想驱使神力来影响和控制事物及其发展。巫术信仰付诸实施，便是巫术行为。在中国，专职行巫术者叫做巫，或觋。《周礼·春官·神仕·疏》："男子阳有两称，曰巫，曰觋。女子阴，不变，直名巫，无觋。"《说文解字》称："巫，祝也。女能事无形以舞降神者也。"巫、觋被认为是具有超强灵力的人，他（她）们可以行施巫术，上达神明，以舞降神。后来一些简单的巫术流传到民间，许多人视事情的大小，也可不用巫觋，自己行施巫术以达到影响神意的目的。

巫术中能够避凶趋吉，化险为夷的形式很多，禁忌只是其中之一。禁忌是消极巫术，是以消极的无行为表现的方式避开祸端的一类巫术。和禁忌相对应的是法术。法术是积极巫术，是以积极的行为去消除祸根的一类巫术。

（3）崇信的原则

禁忌崇信心灵感应。笃信“心诚则灵”、“精诚所至，金石为开”。起自心灵的躲避诚意是这一巫术的崇信原则。由于一般说来神灵是强于凡人的，所以不到万不得已，人们是不愿耗费精力与神作对而采取积极消除祸根的办法的。多数人在神的意志下示弱服输，采取躲避的禁忌方式，以求达到一个免遭灾祸的结果。能够维持现状与神相安无事，也就心满意足了。

（4）担负的责任

禁忌系统与预知系统对于吉凶的认识是一致的，对吉凶来源的认识也是一致的，所不同的是预知系统担负的任务是吉凶的判定和预知，禁忌系统则是担负着在吉凶的征兆尚未形成或吉凶祸福尚未到来之前，以避开、禁止某些行为的方式达到逢凶化吉，遇难呈祥的目的的任务。预知系统虽然指示“凶祸就要来临”，却不指示怎样做可以使它不再来临。禁忌系统提供使凶祸不再来临的一种方法，那就是“只要不干什么事情”（或“不怎么着”）。至于“只要怎么怎么着”，“只要干什么什么”就可以避免凶厄，这样的方法（如压胜［厌胜］、符咒、祈祷等等），就是属于法术的、禳解的，而不再是禁忌的了。

（5）主观的作用

禁忌系统中没有行为的表现，只有意志的蕴含。因此，它总是通过个体的主观意识去起作用的。禁忌中“禁止”的含义是“自我”的“禁止”，外来的、他人的“禁止”——指信仰方面的集体意识的束缚力——也只能通过“自我”，被“自我”接受，才能发挥作用。巫师或他人只能告知吉凶征兆，或者告知应当如何禁忌才能避凶趋吉，或者作法术替人禳解凶厄，而不能代替人实施禁忌。禁忌必须本人实施，因而，它最终总是自我意志的体现；同时也是自我的行为限制。禁忌，这种消极的巫术形式，据信也可以增强自身的力量（灵力）。在许多守禁成功的传说故事中，严格遵守禁忌的人或者是增添了能力（如能飞、能入水火等等），或者是在不自觉的情况下能够抵御邪恶力量的杀伤、侵害等等。总之，由于禁忌——只是按照吩咐坚决地不去做某种事情——便增强了自身的力量（灵力）。在另一些传说故事中违禁受罚，犯忌罹难的教训也屡见不鲜。它从反面告诫人们不能不严格遵守禁忌，否则的话，凶神将要发怒而带给人们灾难，就是那些善神或巫师所具有的消灾驱祸的法力也会因人们的违禁犯忌而失去效应。因此，这些传说故事也从另一个侧面表明了禁忌的主观作用是非常重要的，并且是不可替代的。

(6) 真实的存在

禁忌虽然是无行为表现的，但它也绝不仅仅是传说故事中才有的天方夜谭式的神话，在生活中它是实实在在地存在于民众的信仰之中的。在禁忌系统中，人们相信灾祸的根源到处都有，它们就潜伏在那许多事物中，各种场合，各种行为，甚至时间、方位、言谈话语都可能引出灾祸、厄运。这些祸患或者有迹象兆示于人，或者需要通过占卜才能知道它们的确切所在，一切都是神的意志，人们最好是通过躲避的方式防止与这些祸患遭遇。他们相信通过限制自我各方面的行为，作茧自缚，把更多的自由让给神，才能与神达成谅解，从而避开凶厄灾祸。因此他们不得不限制自己的行为，在一定的时间、一定的方位、一定的场合、一定的事物中有意地去掉某些行为，不接触，不看，不听，不说，不吃，不穿，不干，不想某些事情。这些由于禁忌的主观意志的干预而不再出现的个人行为随着民间信仰的发展衍变越来越驳杂纷纭，也越来越变得过于繁多琐碎了。在禁忌中，所有的“禁行”都至少是为防范一种“忌事”的。而每一种“忌事”又常常暗示着会有一些行为被取消。在日常生活中需要禁忌的事情越来越多，许多灾祸的根源还表现为某种复合形态，因此，人们常常同时要从多方面限制自己的行为，以至于防不胜防，禁不胜禁，弄得人们手忙脚乱，无所适从。这是一个不幸的客观实在。

需要禁忌的事情太多了，需要取消的行为太多了，因此不论你怎样小心谨慎，还是难免有违禁犯忌的地方。出现了这样的漏洞怎么办呢？不管是有意无意的，违禁犯忌都是要受到惩罚的，没有严格遵守禁忌，必然会带来凶厄灾祸。为了使灾难不至于真的降临，或者能够减轻一些灾难危害的程度，人们还要再作一些努力，这就是禁忌体系中禁忌系统之后的禳解系统的事了。

【禳解系统】

禁忌体系中的禳解系统不是泛指所有的禳解行为，它主要是指虽然运用了禁忌的手段，但却仍未能阻止凶祸时所采取的进一步措施。一般是在发生了忌讳的事情或者违反了禁忌的规则之后进行的活动。民间亦称之为“破法”。

（1）法术行为

禳解是一种积极的巫术——法术行为。当人们没有躲避得了，或者躲避失败之后，他们认为凶厄是必到无疑了，于是便运用法术企图削弱或抵消凶祸的侵害。这种可以作为违禁犯忌的破法的禳解手段是很多的，像古来就有的祓、禊、祛、符、咒、诅、祩、祝、祝由、禳、压胜（厌胜）等等。此外，民间也还流行着许多消灾解厄的办法，如破财、叫魂、请神、驱鬼等等。这些方法不外乎是用更强大的灵力去对付能够带来灾祸的灵力。假若人的灵力不够，就借用物的灵力；个人的力量不行时，就借助于巫的力量；采取一些措施增强自身的力量；或者用一些使凶神恶魔惧怕、厌恶的方法削弱其灵力，使其不能再行凶作恶，等等。这样一来，禳解成了禁忌重要和必要的补充手段。禁忌失败了，还可以再通过禳解这种法术活动挽回败局，同样达到禁忌的目的。

（2）祈祷行为

还有一些祈祷的仪式，也是和禁忌相配合的，它们不属于积极的巫术行为，不是通过法术的手段去向神鬼挑战，去设法遏制住凶厄的发生，而是通过乞求的手段，向鬼神献媚、致敬、许愿、哀求，使鬼神怜悯而不再降祸与人。这就是祈、祷、祰、祭以及民间所谓的烧香、拜佛、求神、上供、朝圣等等方式。这些祈祷形式，多与宗教信仰相关联。宗教信仰对于禁忌的信仰和违禁受罚的规定都有直接的影响力和决定作用。不过与禁忌体系有关的祈祷，一般仅限于违禁犯忌之后的祈祷，这同一般的祈福不同。宗教信仰中的祈祷是全面的祈祷，并且多是有规律的。时间、地点、仪式、祷词都有严格的统一规定。而在禁忌体系的禳解系统中，祈祷往往是没有规律性的。时间、地点、仪式、祷词的规定也是不那么严格的。主要是为了弥补禁忌方面的某种失误而临时安排举行的祈祷。它可能是集体举行的“公祷”，也可能是独自进行的“私祷”；可能是本人的“自祷”；也可能由别人来“代祷”；祈祷的形式虽然不尽相同，但一般说来都有语言出现。

《周礼·春官·大祝·注》：“祈，嗥也，谓为有灾变号呼告于神以求福。”《说文解字》：“祷，告事求福也。”

可见，祈祷是通过语言进行求乞的。然而有的是大声的呼号，有的是口中念念有词，也有的是默祷或心祷。祷词有的是固定的成文，有的是随心所欲的求告。总之，祈祷的形式是多种多样的。

（3）祈禳并举

在民间，禳解系统中的祈祷又常常与巫术手段的禳解联合并用而为祈禳。祈禳中既上供，又贴符，既乞求，又诅咒，既请神，又压胜，既敬神又惩神。总之，是要达到祈禳的直接目的——挽回禁忌的失误，和最终目的——避凶趋吉。

（4）无禁无忌

在一些特殊的时间里、场合下，禁忌事项特别繁多，在人们来不及禁忌，甚至也来不及禳解的时候，人意终于对神意使用了“否决权”。人们做出了此一时间里、场合下“无禁忌”的决定。他们或者抬出一大神（如“姜子牙”），或安置一个大灵物（如“泰山石”），或者干脆把诸神都请上天庭去（如“岁终”）。以这样的名誉解除一切禁忌（“百无禁忌”），或者使某一类事情不再避忌什么（如“嫁娶无禁”）。这种无禁忌的情况实则仍然是禁忌体系中属于禳解系统中的一种特殊情况。它的根据还在法术和祈祷方面，只是人们为了更保险起见，把违禁犯忌的事后禳解提到了实施禁忌之前。它的作用还是在于防止人们违犯禁忌而遭到祸殃。事实上，人们虽然在此之前一再声明这里没有禁忌，然而在这个时间里、这种场合下，人们还是小心翼翼地执行着禁忌，只不过一旦违禁犯忌之后便可更方便地以此时此地没有禁忌为借口来禳解，来消除心理上的恐惧和不安罢了。

【中国民间禁忌体系一览表】

以上我们谈到组成禁忌体系的三个系统，即预知系统、禁忌系统和禳解系统，它们之间的关系可以用下图表示：

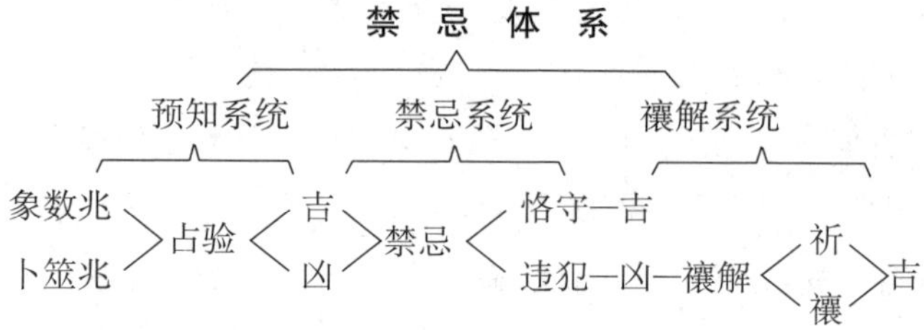

禁忌的性质

【先验的性质】

禁忌，作为一种观念形态，它是人们头脑的产物，因而，它的形成是有经验的过程的。皮亚杰在《发生认识论原理》中说：“一切认识在初级水平都是从经验开始。”

然而，一旦禁忌被约定俗成之后，它的基本的性质便成为“先验”的了。这时候，它形成了一种“暂且凝固的意识”。恩斯特·卡西尔在《人论》中指出：“禁忌的本质就是不依靠经验就先天地把某些事情说成是危险的。”

禁忌的先验性质，有它必要的一面，这就是它的警示作用。禁忌就像一个“危险的符号”，随时提醒着人们采取禁止和回避的方式尽量不与某种危险的事物相冲突或者发生接触。那种所谓危险的事物，实际上正是人们经验中无把握之处——经验积累过程中的存疑点[7]。而禁忌可以在“试误性摸索”中打一个“提前量”，及早地出示一张警示牌，发出一道禁令，以确保那种不希望得到的结果不至真正出现。

然而，禁忌的这种先验性质，又具有一种不由分说的特点。因此，它在传承递继中往往表现出强迫性和盲目性来。正如王充在《论衡》中所指出的那样，许多恪守禁忌的人都是“但知不可，不能知其不可之意”。所以，禁忌的这种先验

7.已被实践的经验反复证明无疑的是常识而不再是禁忌。例如，“不要以手触火”等等。弗雷泽在《金枝》中说：“如果那个设想的不幸必然要跟随犯忌而到来，那么禁忌也就不成其为禁忌，而是一种劝人行善的箴言或一种普通的常识了。”

性质又使其在传承过程中保存了大量的无理的、荒谬的东西。

从社会发展的轨迹中有时候可以清楚地看到禁忌信仰突然或者逐渐失落的现象。随着社会的向前发展，常常会有一些依附在原有的社会风俗、社会文化形态上的禁忌突然地或者逐渐地失落了其权威的地位。一个社会对以往社会中的某种禁忌（禁忌事象或者禁忌原则）会感到十分可笑、可悲，以为是完全没有必要的。这实际上即是社会发展对禁忌的否定。这种否定，是需要经验的积累和科学认识的提高的。一旦人们又通过经验的认识否定了禁忌先验的权威之后，那么，禁忌本身也就跟着被否定了。

【消极的性质】

虽然，禁忌中也包含有某种积极的要求，例如“避凶趋吉”的愿望等等；而且，从客观效果上讲，有些禁忌也能够起到一定的积极作用，比如一些有关婚姻的、饮食的、渔猎的禁忌具有某种优化人种、保持卫生、维护生态平衡的积极作用等等。但是，就禁忌所采取的基本方式而言，它总是消极的。

禁忌是以制止和抑制的方式去回避矛盾和斗争的。它警告要提防危险，但绝不指导如何去战胜危险，而只是一味地发出禁令，要求回避、要求退让。因此，它虽然给人们强加上了许多责任和义务，但丝毫不能激起人们积极进取的理想和要求。朱天顺在《原始宗教》中说：“原始宗教的种种禁忌和仪式，正是人们对自然力感觉无能为力和恐怖情绪的反映，它给人们在向自然界斗争时，设下了种种限制，或叫人们与自然现象进行某种妥协，或对它表示让步、屈服，很难看出它有增加和鼓舞人们向自然界斗争的勇气和力量的积极因素。”

禁忌在稳定社会秩序方面，虽然有着一定的“社会契约”的功用，但其消极的性质决定它在推动社会向前发展方面非但不能起到积极的作用，而且往往还会起到一些消极的作用。如果一个社会要进步，要前进，要发展，那就势必要打破一些原有的禁忌的束缚，否则，就只能被消极地禁锢着。当然，这种对禁忌的“打破”亦是必须建立在科学的认识的基础之上的。

【迷信的性质】

迷信是指盲目的笃诚的信仰。禁忌的先验性质、消极性质决定了它还必然具有迷信的性质。禁忌的先验性质带来的荒谬和消极性质带来的禁锢，使得禁忌被理所当然地认定为旧文化、旧意识中愚昧、落后的信仰的一部分，亦即迷信的一部分。虽然，其中也有现今仍具实用价值的或者是无害的成分，但是，从根本上讲，禁忌属于应当被破除的一类信仰。

对于禁忌的破除，不能简单从事，不能幻想用刀一砍，就可以解决问题。那样的话，抽起刀来，迷信的水流又会重新跟了上来。因为，简单的方式只能一时地使人们由“迷信”变为“迷而不信”，而不能从根本上解决问题。要想从根本上解决问题，还必须正视禁忌，把它摆在桌面上，以科学的态度，认真地研究它、认识它，就像对待一团需要认识的细菌一样。等我们完完全全将它认识透彻了，研究到家了，对待它的方式方法，便自然会有了。当然，在具体做法上，还要考虑到人们的觉悟程度和接受能力，以及社会安定、民族团结等等方面的因素。一般说来，禁忌是一个思想观念的问题，因此，最好是以说理的方式从思想上解决问题。只要我们能够把禁忌迷信的性质分析透彻，解释清楚，指出它非科学、伪科学的道理所在，人们自然就不再相信它了。

【小结】

由于禁忌具有“先验”、“消极”、“迷信”的性质，所以民间也有厌恶、批驳禁忌的说法，如“正月里忌讳多，好了懒老婆”、“无禁无忌，食百二”等等。一些先哲也纷纷指出“世俗禁忌之说不可信”（《无何集》），“衰世好信禁，不肖君好求福”（《论衡》）；“人不可多忌，多忌妄畏，实致妖祥”（《潜夫论笺》），等等。这些都反映了人们对禁忌束缚的反抗和对某些禁忌的非科学性的先见之明，也说明了禁忌的破除是有着一定的认识基础的。

禁忌的展望

随着人类社会的不断进步，禁忌的观念和习俗也在不断地发展着、变化着。最初的禁忌的意义——塔怖，如今已经很难找到一个和它的意义相当的译词了。“因为它代表了一个早已不再被保有的观念”（《图腾与禁忌》）。不但禁忌的观念在起着变化，在发展着，禁忌的实际内容，禁忌的着重点，禁忌对于人类生活、人类文化所起的作用等，都在发生着这样那样种种不同的变化。这些变化总的说来是与外界环境、人类自身的进化、人类认识能力的提高、人类改造世界的能力的增强密切相关的。

人类现时代的生存环境、生存条件与几千年、几万年以前是大大不同了，同样是生存问题，同样是防备灾难的警戒，人们实际上需要面对的“敌手”已经面目全非或者是大不相同了。许多曾经是最严格的禁忌信条已经无形中被自然而然地抛弃了、淡化了；有些即便是人们还甘愿去遵从的也不可能再期遇而无意义了；有些我们今天再也不能体验、甚至再也不能想象了，历史的大潮已经永久地将那些禁忌席卷而去了。但是与此同时，历史又将许多新的禁忌补充到我们的生活中来，我们同样也不可能随心所欲地将它们排开了去。那些至今仍没有消除的疑点，那些带有“恒定”意义的难题，还为古老的禁忌包裹着厚实无缝的铁衣，我们还在绕着圈子，躲闪着，跟随着它一起向前滚动……我们不得不承认——虽然由于习惯和适应并不是每时每刻都能意识到这一点——我们实际上仍然和古代的人们一样整天生活在一张密织如云的禁忌网里。这张网就像是我们人类捆扎在生命和历史两棵大树上的一张睡床。我们要做的事，只是努力剪断这张网上已经失去张力、腐朽烂坏了的那些绳结，再织一片新的重新补上。不停地这么做的结果，将使我们在这张密网中不致毁灭地逐渐成长壮大起来。

人类的求知欲和进取心是无止境的，只要有未知的、必然的景况存在，人类无把握地忧虑和失败、受挫的恐惧就会形成禁忌的心理。禁忌，作为一种保护意识，一种警觉意识，一种进取的回旋余地，一种必然的有误的认识过程，将会长久地存留在人类心灵的深处，直至进入人类真正的自由王国。

豐
勝

人事篇

人体禁忌

人人都知道爱护自己的身体，从某种意义上讲，身体就是生命。中国人相信，只有身体是自己的，是最可宝贵的，身体以外的任何事物都是第二等的，所谓“身外之物”。身外之物是可有可无的，一切都无法和身体相比较。中国人讲究，“身体发肤，受之父母，不敢损伤”。一生不落残疾，落一个善始善终，是民间最低的“幸福”标准。所以中国民间关于人体的禁忌很多。这些禁忌大都是出于自身保护的目的。

自身以外的人体禁忌

【神圣人体禁忌】

人体与人体不同，有些人体内具有更大的灵力——中国人谓之“命大”、“克星”。这些人能够“妨”人。“妨”是个俗字，妨者，害也，亦即能够危害他人，甚至致人于死命。比如国君、权臣等身居高位的人上之人；巫觋，神汉、端公等民间神权人物；还有命相、骨相中属于不可交的或者相克的“对头人”等等，都是能妨害、妨死人的人（参见本书“骨相禁忌”部分）。对于这样的人、这样的人体，普通人是要谨防与其接触的，最好敬而远之，退避三舍，不然就可能会招致祸患。

命大命小与人的社会地位有关，国君是最高位的，其命也就最大，所谓“真命天子”，不但是普通百姓不敢接近他，就连他身边的大臣也都提心吊胆的，总觉得随时会有危险的事情发生，所谓“伴君如伴虎”。

秦始皇像

由于国君是社会权力的集中体现，他可以为所欲为，所以这种危险自然是客观存在的。然而，社会中一般人并不去考察其中的道理，只从现象上看，直感地觉得，那种威慑力就出在国君的人体上，于是国君便被视为禁忌体了。国君所具有的灵力还可传递到他人身上。国君具有神秘的力量，具有危险性，和其经常接触或接近的王妃、宦官、权臣等等人物也就随之而具有一种魔力，也具有危险性了。只不过他们的危险性要略低于国君。这样依此类推，拥有各种社会权力的人都具有不同程度的灵力，对于普通百姓来说，都是具有危险性的。于是，形成了一个权力的梯阶。在这个梯阶中，下对上总有一种畏惧的心理，上对下则理所当然的是一种禁忌体。加之封建社会对此种制度的维护，使这种人体的禁忌观念越发得到加强。旧社会，一个七品芝麻官——县太爷，升堂问案时，也是不准百姓视觑的。所以，唱戏时往往有这样的对白："×××，抬起头来。""小民不敢。""恕你无罪。""是——"可见，只有在事先开禁恕罪的情况下，平民百姓，才敢抬头让官员视看，或者抬头看视官员。否则，便会因官员的"命大"而伤害自身。《礼记·曲礼》云："天子视不上于袷（交领也），不下于带。国君绥视，大夫衡视，士视五步。凡视，上于面则敖，下于带则忧，倾则奸（奸恶）。"可见，一些视忌是在上古时就已经被制度化、礼教化了的。其中强调的也是一种有关人体的禁行。

被视为禁忌的人体，还与本人所具有的神性有关。一些具有神职神权的人物，或者能够通过行施巫术、法术上达神明而与神鬼世界沟通的人物也都有较大

玉皇大帝

的灵力，因而也被民间信以为禁忌的人体。他们借助于神的力量或者自身所具有的神性往往也可以对普通人造成威胁，给普通人带来祸患和灾难。普通人对待他们必须像对待神祇一样，顶礼膜拜，小心奉迎，唯命是从。人体获得神性的途径很多，有的是在转世信仰的基础上通过宗教仪式得来的，比如藏传佛教中的“朱古”，亦即“活佛”便是如此；有的是通过寻仙访道、修真养性得来的，比如道教中的术士、仙师、道长、真人们便是如此；还有的是在病中、梦中与神交往而得到神授的；也有的是在设坛、祭典、巫医等神事活动中暂时获得神力的；有些人是生前具有神性，有些人是死后具有神性，不一而足。历代农民起义，往往借助于民间对神祇、天意的信仰。秦末陈胜、吴广起义便是以“鱼腹丹书”、“篝火狐鸣”的办法来先“威众”，而后起事的；汉末张角领导的黄巾起义，也是通过画符治病传道，利用“汉行气尽，黄天当立”的谶语，宣传“黄天泰平”的思想，树立自己的“神威”，来争取民心的；太平天国洪秀全创建的“拜上帝会”也有类似的作用。一旦某一人体获得超乎寻常的神性和神力就使普通人肃然起敬，处处对其避忌，不敢稍有冒犯。

在许多情况下，神性的大小又同社会地位的高低密不可分。历代封建帝王都自命为“天子”。天，即天帝玉皇，亦即天神，是中国民间最高的神。天子之意，当为天神派到地上来管理臣民百姓的“全权代表”，其神力是高于地面上一切其他人的。甚至天子的神力还要大于一般民间诸神，民间有以天子圣旨、御笔或与皇帝发生过联系的圣物来弹压鬼祟的信仰活动。可见天子的神力之大。天子的这种神力也是世传的，一般说来是按宗法承继制度传递的。不过，历史上也常有违反常伦的递继出现。所以，究其实质，还是一种世俗的权力交替。其他各层官宦也大都享有世袭的权力。神力大的宗教界人士也与世俗的权势者相依相存。在有些地区神权和王权又常常是直接统一在同一人体之上的。他们共同成为民间普通百姓的禁忌对象。中国人一向生活在这种种重重禁忌人体的包围之中，在世俗权力和神权的双重重压之下，讲究拘忌到极其繁琐的程度。

【不洁人体禁忌】

在中国，对于不洁人体的禁忌，主要反映在对经期和分娩中的妇女以及罪人、病人、死人方面。这方面的禁忌我们将在后边有关章节中详谈。对不洁人体的禁忌也是出于安全的需要，和权威人体的禁忌一样，他们都是不能接触的。非但不能接触，也不能和他们相互注视、对话，甚至使用已被他们使用过的器具等等也是不许可的，也是被禁止的。只是就普通人来说，对权威人体的禁忌往往在心理上更多的是处于被动的、受压抑的情状，而对于不洁人体的禁忌，则往往是处在主动的、限制对方的境地。当然客观上禁忌是对双方都有所制约的。

【禁忌的方式】

对于神圣的、不可侵犯的或者不洁的、危险的人体的禁忌方式，通常所用的，就是采取种种方式将他们与普通社会人士隔绝开来。国君、权臣起居在高大厚实的宫墙、官邸里边；喇嘛、和尚、道长生活在脱离凡尘的寺院、庙宇、道观之中；分娩的妇女要另住一处；罪犯要押进监牢；病人要独处慎交；死人要葬埋土中……虽然这些隔离的方式已经千百年延续而成为一种惯习，人们觉得这是自然而然的道理，似乎从来就没有什么用意在其中。但是，细想起来，总归是事出有因的。应该说，不是为了隔离才隔离，那种种隔离的方式，最初都是起源于一种约定俗成的禁忌符号。最初可能只是一个服饰的点缀，一种装束的差别，一围栅栏、一座草棚、一抔黄土，然而，它标明的却仍然和后来大大丰富以致越来越复杂化了的形式中所包含的意义是基本相同的，亦即是一种危险的信号，是一个禁区，一种令人望而却步、敬（厌）而避之的指令。这也就是禁忌的产生。随着社会的发展、文化的推进，这种人体禁忌的方式也日益繁复博杂起来。不但在空间上实行隔离，还有物质享受、文化占有、种姓传递等等许多方面都一一相应地树立起差别的标志，所谓“物以类聚，人以群分”，各种不同的人体，在社会化的总格局中一一分别出相互之间的距离。人们以文化制度、风俗惯习的规约，各自恪守着自己应持的禁忌态度，不得稍有违拗，以保持中国社会有一个稳定的常规秩序。这就是中国禁忌在民俗文化中的实际作用。

自身的人体禁忌

中国的平民百姓之所以要尽力远离那些“命大”于己的神圣的权威人体和不洁净的危险人体，当然是出于一种自我保护的目的。他们害怕那具有更强的神秘力量的人体通过接触、目视、语音的传导伤害了自己的身体，这是对自身以外人体的禁忌。除此之外，民间还相信，自己还需要对自己的人体采取一些禁忌行为，进一步确保自身人体的安全。

【裸露禁忌】

中国人忌讳裸露自己的身体。除了小孩子可以光着身体到处跑以外，成年人绝对不可以将肉体裸露人前。民间有“男不露脐，女不露皮”的俗语。可能是出于对男性干重体力活时太热的照顾，也可能是出于男性上体无性刺激敏感特区的考虑，所以男性上体的裸露限制尚不太严格。对于女性，要求的严苛是惊人骇世的。旧时，一般平民良家妇女，从幼年起就深藏闺阁，所谓“大门不出，二门不迈”，整天待在家里。这意思不外是要将难以包裹的脸、手都隐藏起来，不让外人看到。因为女人任何部位的裸露都会产生“性引诱”，都会引起男人的淫欲，从而招致祸患。在孟姜女的传说故事中，万喜良为逃避修长城的苦役，跳进了孟姜女的家院，正巧看到孟姜女在玩水时裸露的胳膊。于是，孟姜女只得做了万喜良的妻子。从这里看，裸露禁忌的根由并不仅仅在于有失礼貌或者男女间的私情，而还有更深层的信仰根源。亦即，在别人看到自己裸露的肉体的同时，自己的灵魂也就被这人摄去了、占有了、控制了。因而，裸露者也就完全失去了自卫的能力，只有服就这人而去了。只不过，这种深层的根源在后世封建礼教的影响下变换了形貌而更加隐蔽罢了。直至如今，当人们提起某某人时，有人会带着很

仕女图

自豪、很自信的口气说：“他呀，我见过！”“我认识他！”“我们是莫逆之交。”“我们从小就在一个水坑里洗澡。”这口气里多少还隐约地可以感到他是在说：“我已经占有了他！”这种占有的观念，当然也是属于灵魂的占有的！他越是熟视过他的面孔、他的肉体，越是更多地、更牢地把握着了他的灵魂！

现代中国人对于裸露身体仍是有所忌讳的，不过不像旧时那样拘泥了。对于乳房、性器官的裸露是禁止的；对于四肢和其他不太性感的地方则听之任之了；对于“比基尼”三点式泳装的接受以及对人体画展、人体艺术的欣赏标志着中国人在这方面意识的突破和进展。

【骨相禁忌】

由于相信通过注视可以摄取、控制灵魂的巫术效验，所以中国上古时就有许多人体相法。骨相便为其中一种。王符《潜夫论笺·相列》云：“人之有骨法也，犹万物之有种类。”王充《论衡·骨相篇》云：“案骨节之法，察皮肤之理，以审人之性命，无不应者。”王充还列举了范蠡去越、尉缭亡秦的例子说：“越王为人，长颈鸟喙，可与共患难，不可与共荣乐。”“秦王为人，隆准长目，鸷膺豺声，少恩，虎视狼心……不可与交游。”都是通过骨相、占验掌握对方灵魂从而加以避忌的实证。可见民间是有“长颈鸟喙”、“隆准长目，鸷膺豺声”等骨相禁忌的。骨相呈凶兆的俗信原则一旦在民间约定俗成，便不仅适合于别人，也适合于自身。因而自身如有呈凶兆的骨相也会自我讳忌的。当然，这种相论是唯心主义的，但是在民间仍有众多笃信不疑者。此种情状，战国时期的思想家荀子，早就在《荀子·非相篇》中指出了，他说：“相人之形状颜色而知其吉凶妖祥，世俗称之；古之人无有也，学者不道也。”他还列举了许多实例来论证骨相之法是不可信的，指出“相形不如论心”。可见相骨禁忌是属于俗信的，其中迷信、谬误的地方，也早已被明眼人看破。不过，民间信仰的存在和发展并没有因少数智者的觉悟而中止和改变，骨相信仰仍然越来越繁复地发展、延续下来。民间有“上身长，佐君王；上身短，福分浅”、“上身长，坐中堂；下身长，走忙忙”的说法。这是媚上的。还有一种说法是：“上身长，下身短，不是吃嘴就是懒。”这是劳动者自珍的俗谚。两种说法虽有立场的分别，却也有一致的地方。它反映了对同一骨相不同立场的不同禁忌，也是一种骨相俗信的特例。总之，民间对骨头的灵气还是崇信的，“骨法为禄相表，气色为吉凶候”。对意志坚定的强者，民间俗称之为“硬骨头”、“有骨气”。《西游记》中白骨精能从一堆白骨而变化成人形也是中国民间相信骨头是有灵性的一个证据。《水浒传》中武松葬兄以骨，还有今天对故人哀思寄托于其骨灰等等，也都与骨灵信仰不无关系。由于民间存有骨灵信仰，所以迷信活动中，凡骨相不好的人便成为众人禁忌的对象，对自身骨相不好的，便也深以为忌，想方设法要改变自己的厄运。

【肉体禁忌】

与骨骼相连的，是人的肉体。民间俗信以为，肉体也是灵魂依附的处所。《左传·昭七年》：“人生始化为魄，既生魄，阳曰魂。〔疏〕魂魄，神灵之名。附形之灵为魄，附气之神为魂也”。（见《康熙字典·鬼部》）或谓“魄，人阴神；魂，人阳神”（见《淮南子·说山训·注》）。而“阴阳不测之谓神”（见《周易·系辞》），又以骨肉必归于土故以归言之。归者，鬼也。所以知道，在古人的眼中，人体的骨肉同是魂魄的驻地，当骨肉归之于土时，人始化为鬼灵。由于这种信念的存在，所以有时人也可以有魂魄在身以显吉凶兆示的灵性感觉。比如身体某部位的肉在颤动，就以为是魂魄在显灵，或者是神灵附体、神灵感召的结果。《台湾风俗志》中说，在酉时、辰时、寅时身上的肉跳动不止便象征着凶灾、失财等祸事将临，因而是俗民所要忌讳的事体。其实，人体肉跳不

平安富贵

过是一种生理现象而已。肉体既是灵魂的宿地，所以人们很注意身体的胖瘦。太胖了不好，太瘦了也不好。一般说来婴儿喜胖，忌瘦，生下来时，是个“大胖小子”、“小胖妞”很讨人喜欢。如果生得瘦小，就很忧虑，担心是否能成人。到了青年时期又喜瘦忌胖，如果青年后生身体突然发胖起来，那将是个凶兆。有谚语云“后生发福，棺材当屋”。中年人体发胖是正常的，太瘦了往往是有病的表现。老年又喜瘦忌胖了，所谓“有钱难买老来瘦”，老年人越瘦越精神。不过中国人还有体胖为福气的观念。几日不见，一见面总是言称对方“胖了”、“发福了”，忌言人瘦。人瘦不吉利，不是有病，就是“穷气”。所以不管年龄大小身体好坏，见面说“您又发福了”是准没错的，人家不会怪罪。如果说，“您又瘦了”。听者心里就会犯嘀咕，“是吗？不会吧？”要是心量再小点儿，回去当真还生起病来呢。这就是忌讳的效应。

【文身禁忌】

除了骨肉，人体之皮肤也有禁忌。文身禁忌便是很普遍的一种。据说中国五十六个民族，都有过文身的历史。现代学者一般认为，文身是民族早期发展阶段中存在的一种风习。方法是用针在人体全身或局部刺出自然物的形状或几何图形。有的染色，有的不染色，一般用作图腾标志。《庄子·逍遥游》中有言：“宋人资章甫而适诸越，越人断发文身，无所用之。”许多史志典籍中也都记载

古代文身人

着少数民族文身的风习。直至现今，傣族、基诺族等许多少数民族中还在流行此俗。文身一般从十五六岁开始。许多人一生中文刺数次。男女都有，女的大都只黥刺小腿部，花纹与衣服上宽阔的边饰图案相仿；男的在臂部、腿部都有，图形有动物、花草、星辰、日用器物等。文身的图式表现着某种具体的意象。这些具体的意象又凝聚着民族精神、民族文化方面的意义，与族群的经济、社会发展以及宗教观念、民间信仰都有着密切的联系。有人指出“文身是一部镌刻着痛苦与意志的精神现象学”。解释文身功能的说法大致有：美饰说、尊荣说、吸引说、巫术说、标志说等五种。与文身禁忌信仰相关的主要是巫术说和标志说。例如基诺族、傣族等少数民族就有忌不文身的信仰。他们认为一个人如不文身，死后就不能进鬼寨与祖先聚合，而只能当野鬼。这当然是一种族类认同的信仰。除此之外，在自己身体上刻出文样，标出一个独特的自我，是否也有让常常会离开肉体而出游的灵魂返回自我时不致认错、不致犹豫不决的含义呢？如果是有这层含义，那么，不文身就有灵魂走失的危险了。还有的民族把文身视为抵御侵害、防止祸患、增强自身魔力的一种办法，这就有巫术的作用存在了。台湾高山族中的泰雅人妇女婚前都要“黥面”，即在脸上刺上三道蓝色花纹。有的在前额和下颏刺上放射形的粗蓝纹，夸示自己善持家、有本事、会织布等。男子下颏也要刺上一条蓝纹，表示威武勇敢。实际上这些文身的行为除了美饰的作用而外，也还有着一种巫术的作用，他们相信，“黥面”的结果会使自己增强应付新生活的能力，并且确保自己不致受到陌生人的伤害。如果有谁文刺了不该文刺的纹样，也是要受到惩罚的。因为文刺的不同纹样具有不同的意义。高山族中文身还有许多具体的禁忌。如泰雅人文身者必须是处男、处女。私婚者禁忌文身。文身施术中禁忌孕妇及其丈夫探视，否则以为伤口会血流不止。文身创口未愈合前，禁忌与外人相见。一般妇女在月经时不施术，同族中有人死亡不施术，家族设陷阱狩猎不施术。如果违犯这些禁忌，文身就很难取得成功。排湾人还有月朔日不施术、有人打喷嚏时不施术、放屁不施术等等禁忌。以为月朔时文身，刺处会化脓；打喷嚏、放屁时施术，灵魂会闻声脱走，不安全。赛夏人和泰雅人还规定文身施术前不能吃兽类的鲜血及内脏，否则文身时出血多；不能吃锅巴，否则皮肤会硬化，受术要痛苦；不能吃盐、不可抽烟、不可吃橘子，否则花纹会变颜色；不能吃鱼或芋头，否则，创口会发痒。排湾人和鲁凯人在施术后至创口痊愈前，不可吃米饭、猪肉、盐、豆或烤白薯，只能吃番薯、糊糊和其他蔬菜。泰雅人在文身时还不许家人穿花衣服，尤其是红色衣服。汉族也有文身习俗。例如《水浒传》中九纹龙史进，以及其他习武人的文身等都是这种习俗的残存。进入阶级社会以后，文身还作为等级身份或作为秘密会社成员的标志。总之，凡强调文身的区域，都不同程度地存在着文身的禁习风习。只是那些文身风俗早已消退的族群，才不见了文身禁忌的桎梏。时下偶见于中小学生，或者男女青年间的臂花、胸图就更是兴之所致的游戏之作了，谈不上文身，更谈不上文身禁忌了。不过，能否认为它也是文身风习的某种残留遗迹呢？我想，也是可以这样看待的。

【影像禁忌】

中国人俗以为，人体是由“形”和“气”二者合一而成的。形者，容也，又，形为骨现，亦即貌姿、体形、容色一类物质的实体；气者，息也，又，神之盛也，亦即精神方面的存在。形者，形体；气者，元气。所谓“形者生之舍也，气者生之元也”（见《文子·守弱篇》）。王充《论衡·言毒篇》云：“万物之生，皆禀元气。”所以“形体”和“元气”都是人体要护卫的，失一不可，损一害二。形体和元气的完好与否又直接关系到魂魄的安稳，因为“魄附于形而魂附于气也”（见《春秋左传正义·卷四十四·疏》），所以形与气的关系也就是体魄与灵魂的关系。因此，中国民间，在与人体有关的禁忌中，不仅有体魄的禁忌，也还有灵魂的禁忌。灵魂的禁忌，如何体现？中国人很容易地把灵魂具象化为影像。在中国人的俗信中，以为人的影子既和人的身体相像又和人的身体相关。身体为阳，影像为阴，所以就觉得影子大约就是自己的灵魂，或者是与灵魂有关的属于自己生命中重要的东西。人体中有灵魂才有影子的。鬼魂没有影子。如果一个人失去了自己的影子（据信这是完全可能的），那么这个人就会变成鬼而失去生命。同样，如果谁的影子被别人损害了，那么他的身体也会因此而得病或者受到伤害。如果要诅咒或者暗害某人，就可以悄悄踩住或者暗暗用刀子砍、用钉子钉某人的影子，通过这种手段来达到目的。所以中国人是忌讳和禁止别人踏踩自己的影子的。如果身体有了病或者受到伤害而查不出别的原因时，他们便会回忆是否有人踩过或者伤害过自己的影子。在收殓死者，往棺木上加盖子的时候，也特别要小心，不要让自己的影子被钉进棺材里去，以免自己的健康因此而受到危害。葬埋时，也要后退到离开墓坑一定距离的地方，用绳子把棺材续进墓坑中去，以免自己的身影落进墓穴使自己受到伤害。阴阳先生也总是站到影子落不到墓穴内的坑沿一边指点安葬事情的进行。掘墓人和抬棺人都用布条紧紧缠住手腕，以使自己的影子稳固地牵牢在自己身上，否则，影子掉落进墓穴便是大不吉利的事情了。

由阳光和烛光等投射的影子联想到镜子中的影像，就觉得镜子中的影像也是自己的魂魄。中国文学名著《西游记》、《红楼梦》以及许多民间传说、民间故事中都有“魔镜摄魂”的情节描写。民间普通人也认为照镜子不宜过多，照镜子越多，老得越快。因为照镜子时，魂魄就会被摄去。这样反复地照来照去，魂魄是要劳神受损的，人体也会因之而受到损害。

当照相机发明并在中国开始使用时，中国民间许多人害怕照相，担心会因此而损伤元气。据说连慈禧太后也相信此说，认为照相有灵魂失落的危险。直到现在，还有人认真地解释，照相和洗澡一样都会使人伤元气。洗澡会损伤身体，照相能摄走真魂，这两样都是需要避讳、禁忌的。现代照相技术又加上了镁光灯的闪烁，就更加深了这一层顾虑，甚至还有人说照相会失血的。更有一些人为照片没有把全身都照进去而担忧，以为没有照上腿脚的相片会导致自己真的失去腿脚；没有照上头面及仅照上半个身子的照片就更犯忌讳，要也不敢要的。然而，事实是，照相机还是越来越多起来，爱拍照的人也越来越多了，看来只要是能留下一张满意的照片，人们也就不顾不上自己的灵魂和肉体是否要受痛苦了。

在照相机普遍应用之前，人们还对画像心存忌惮。一旦自己的形象被画在纸

慈禧扮观音图，右一为李莲英。

上，自己的灵魂也就被拿去了。古代缉捕罪犯，都是画一张像贴在城门口和交通要道路旁，以此辨认罪犯。同时，也含有先摄住罪犯的灵魂，再缉拿真凶的意义。有些术士、巫师还可以根据图像判断出罪犯的去向，甚至可以控制罪犯，使其自投罗网。因此，中国人一般是不愿意让人画下自己的肖像的。民间相信，如果要惩治某人，可以将他的像画下来烧掉，或者戳破，这样至少可以损伤他的灵魂。直到现今，这种办法还被用来对付那些犯下不可饶恕的罪恶的元凶，不论他是中国人还是外国人，也不论他是普通人还是领袖人物。假如不是幅真的画像，而是漫画，把某一人物的某些特征加以夸大，用来表示一种幽默感或讽刺意味，就更不能被中国人所容忍了。无论怎样说，被画者都感到是对自己的一种辱没，至少是使自己陷入一种难堪境地的羞辱，这仍然是影像禁忌的观念在作怪。在这种观念的影响下，漫画在中国一般只能画某种无名无姓的类型人物。究其信仰上的根源，还是与偶像崇拜与灵物崇拜密不可分的。在中国民间俗信中，存在物与影像是同一的。人的影像、画像以及塑像和人本身一样，都是人的灵魂的寓所，甚至这些影像、画像以及塑像还就是人本身。像《红色娘子军》中那个年轻的女子嫁给了一尊木雕塑像；像《原野》中那个老太婆针刺偶像的举动；像《神笔马良》、《叶公好龙》、《画中人》等等传说故事中描绘的情景以及殡葬死人时烧掉的纸扎童男童女、牲畜、房屋、器物等等塑像，都是在这一民间信仰的背景下产生的现象。因此说，中国的影像禁忌是有着悠久的民俗文化传统和深厚的民间信仰基础的。

清末善观气色的算命先生

【色气禁忌】

和形体、影像相关连的还有色气。色，《说文解字》云：“颜气也。”今有容颜气色之说。颜，指眉目之间。一个人的容颜气色的变化可以看出其心情、体质的好坏。“心热者，颜发赤”。《周书》云：“喜色，油然以出；怒色，厉然以侮；欲色，妪然以愉；惧色，薄然以下；忧悲之色，瞿然以静。”可见色是气之表，气是色之中。中表是相辅相成不可分离的。中国人忌色欲，戒好色。把具有色相的人体，视为不洁的人体，是需要禁忌与之接触的。相信好色损元神（这一点在后边“房事禁忌”中还要详谈，此不赘述）。民间忌争气，相信争气伤身。不好色是指不沉湎于性爱的淫欲之中，所谓“正配还须洁，邪姻不可结”。如果好色纵欲，不但损伤元气，还要遭到因循报应，是为大忌。不争气是指不与人斗气。和为贵，贵圆通。如果与人斗气争胜，势必小怨成大仇，冤冤相报，伤财害命，祸患无穷，亦为大忌。但是，如果是正当的婚恋和立足于自强不息，那还是可以“向往美色”和应当“争一口气”的。

民间称久病体弱者为“气虚”，气虚者易招灾。纵欲亦易导致“气虚”，所谓“阴虚”是也。气虚是元气大伤的表现，是魂魄衰弱的表现，此时忌外出，以防凶神降祸。为了增强抵御鬼祟侵害的能力，往往在必须外出时，身上装点朱砂，或携带桃树枝、佩戴红头巾等以避邪魔。

突然乏力也是民间一大忌讳。本来很有气力的人，突然没有气力起来，又好像没有什么病因，这是很让人惊恐的事。这种情形总是一种凶兆，大约是灵魂就要离去的先兆吧，所以民间是很忌讳的。南方有俗谚说："要死格（的），没有气力！"

人体成分液体禁忌

【唾液禁忌】

中国民间俗以为唾液是含有魔力的。如果哪里的皮肤被蚊蝇叮咬或者无名疼痛起来，就往哪里涂些唾液，疼痛的感觉立即会削弱、减轻。劳动累了的时候，手上没有劲了，只要吐两口唾液在上边，就立即感到消除了疲劳，力量陡增起来。据信，唾液中含有元神，也就是人的元气、精神。因此，一个人如果得了病，一直吐痰，就会大伤元气，损耗精神。俗语说："白痰轻，绿痰重，吐了黄痰要了命。"所以老是吐唾液、吐痰不止就是凶兆，是要犯忌讳的。又因为唾液中含有元神，所以遇到一般的鬼祟，遇到一些小麻烦，或者偶尔违犯了禁忌，民间也便常常用吐唾沫的办法来破解，以自己的元神精气去弹压小鬼小祟，有时，或许还真能抵挡一阵子呢。遇到不顺心的事或者不顺心的人也常常连"呸"三声，连吐三口唾沫，以示轻蔑、鄙弃。然而，这种不尊重人的行为是要遭别人忌恨的。一般人也最忌讳别人向自己吐唾沫。来而不往非礼也，你吐我，我也吐你，于是唾沫大战也就成了人性——人性中的神性的交锋了。

【血液禁忌】

血液禁忌的形成，应当是很原始的。在远古时期，人们就自然地接触到血与伤亡的关系问题，与猛兽搏斗和奔跑在山石林间都会造成流血。血的流出必然伴随着痛苦，或者还有嘶喊，接下来便是伤亡。所以，血，很容易形成令人惊恐的条件反射。于是，血液便成为一项惊悸。对于这种触目惊心的红色液体溢出体外的后果，经过反复观察和体验，人们会确认它是人或者动物所必不可少的东西。至于为什么它流出来之后，人或者动物会伤亡，在原始时期是很难给予科学的解释的，人们只能满足于原始思维的简单说明，即那里边含有一个生命的灵魂，或

电视剧《三国演义》中桃园三结义、歃血为盟剧照。

者含有某种可以使之生又可以使之死的特殊的“魔术元素”。这种观念一直延续到后世，发展成为可以称作“血气”的生命观念。《关尹子·四符篇》云：“一为父，故受气于父，气为水；二为母，故受血于母，血为火。”所以血气乃是受之于父母以成己身的基本元素。故《礼记·中庸》又有“凡有血气者，莫不尊亲”的说法。俗信还以为，同血统的人血液相交合，异血统的人血液相离异。传统戏曲《三滴血》中的县官便是以此为据来断案的，他让当事人刺破手指，把血滴进水盆中，血合则是亲生，血离别不是亲生。当然，弄出了笑话。这种做法受到了讥讽和批判。但是民间这类信仰确实存在着也是事实。中国人还习称精力旺盛、性情刚烈的人为“血气方刚”；指凭一时感情冲动而产生的勇气为“血气之勇”，所以血气是与一个人的精灵魂魄有密切联系的。因此，“惜血”便成为人之常情，而“失血”亦成为一种禁忌了。如果某个人面色苍白，便说此人是“失了血”、“血气不好”，是不吉祥的兆头，需要赶紧想办法调治，否则人们便不敢过于接近他，本人也会因此而烦躁不安的。如果真的受伤失血了，就更是要加紧补养了，最好是杀只鸡，一方面补身子，一方面还可讨个“吉（鸡）利”。在这种信仰观念的影响下，中国人对于“献血”、“抽血”是颇有顾虑的，如果没有道义上的考虑，那是绝不会去做这种事的。

从禁忌包含“神圣的”与“不洁的”两个方面的意义来看，血液禁忌是最完整的禁忌含义了。因为中国人对血液的看法正好两个方面都有。祭祀或者设坛时，荐献的牲血，以及交拜、起誓时刺破胳膊所滴下的血，都是神圣的、有禁约力量的；妇女的经血、分娩时流下的血水便视为不洁的，是危险而必须避忌的（参见本书“性别禁忌”和“生养禁忌”部分）。

由于血液是红色的，所以红色也可以使人联想起血液。有人说红色禁忌亦是变形的血液禁忌。种了牛痘的胳膊上要缀一小块红布，标明这是禁区；交通岗上的红灯，是禁止通行的信号；用红色墨水写信也是禁忌，表明的意义是要与人绝交；还有新娘子头上的红盖头，也不准乱动的。又因为血气是青春活力的象征，所以红色衣料也成了少女的专利品。在中国，青年女子穿红色是很美丽的，年龄大的人再穿红衣服就有失体统了。老年人则更是忌讳穿红衣了。这些恐怕都是血液禁忌的折射反映。另外，“红色”可以避邪，也是血液禁忌的一种应用。是把“视血为忌，见血而避”的思想强加到了鬼神精灵的头上，用这种法术的方法来达到人们心理的平衡。

【汗液禁忌】

人体在剧烈运动之后，或者由于天热、劳累，皮肤上会流出汗液来。中国民间俗信以为，汗液和血液是类似的东西，都生于心。李时珍在《本草纲目》中说：“汗出于心，在内为血，在外为汗。”既然汗和血是同类的东西，那么汗液也和血液一样，是应当有所禁忌的。汗液中也包含着人的精神、元气，因而应当珍惜。辛苦谓之“血汗”。汗流得过多会使人体受亏，丧失元气。如果有病，夜间“盗汗”，必然惊觉，或以为是凶兆。如果天热、劳累而无汗，也不好，是血气不顺畅的表现。出汗多时，禁忌洗冷水浴，不能喝井里的凉水，不能马上脱掉衣服，不能站在风口等。那样会使汗出不来，要憋出毛病来的。伤风感冒以后，民间常熬姜汤趁热喝下，盖上被子，捂得一点不透风，把憋在内里的汗逼出来。这些大都是劳动者在生活中的经验体会。旧时靠迷信活动骗钱的人也常常附会一些鬼怪魂灵的事在上边，大都是临时胡编的词句，谈不上民间通俗的信仰。

【精液禁忌】

精者，灵也，真气也。《周易·系辞》云：“精气为物，游魂为变。（孔颖达）〔疏〕精气为物者，谓阴阳精灵之气氤氲积聚而为万物也。游魂为变者，物既积聚，极则分散，将散之时，浮游精魂，去离物形而为改变。则生变为死，成变为败，或未死之间，变为异类也。”所以精在于人，是为人的精灵魂魄生命也。人秉承精气而为人，精气当常聚而不可多分。

在人们逐渐有了一定的性知识之后，知道精液与人形的孕育有关，于是，对精液的珍贵也就更加自觉了。民间有“十滴汗一滴血，十滴血一滴精”的俗话，就是这种“惜精更甚于惜血汗”的观念的典型表述。民间以为淫欲过度会使人丧失生命。所以男好色纵欲是一大禁忌（其余有关“精液禁忌”参见本书“房事禁忌”，此不赘述）。

人体成分器官禁忌

【发须禁忌】

中国民间对头发和胡须是很看重的。《说文解字》释“发”字为“根也”。《康熙字典》上“发”字义有“肾之华在发”、“血之荣以发”的说法。可见发须虽为首、面之毛，实则与人体魂魄亦是有关联的。或者是联系到“山以草木为发”，草木是野兽隐现出没之地，从而想到人的灵魂可能也会隐藏躲避在发须之间。如果剪掉发须，身体的健康就会受到影响；如果发须被仇人拿去，他们就会通过对发须实施的巫术来伤害自己。由于发须与灵魂有关的观念存在，再加上封建礼教、功利思想的影响，所以，关于发须的禁忌就很多了。

(1) 胎发禁忌

新生儿的胎发，百日内是禁止剃去的（有些地方是不满月不能剃），否则认为小儿会有夭折的危险。现在汉族地区仍有此俗流行。剃胎发的时候，还不能剃正头顶上胎发。正头顶俗称“呼歇顶”或称“天灵盖”，那里的波动起伏让人感到可能就是灵魂出入的地方，因此是要格外小心避忌的。这地方禁止手触、拍打；否则，压伤了天灵盖，小孩子会变成哑巴，或者成为痴呆。小孩子剃头，周围的头发都可以剃光，唯有此处的一定要保留下来。头发长长了，就梳成一个小辫，辫梢上系一根红头绳，以示警戒。汉族流行小男孩后脑，或在头顶的一边留一撮头发不剃，一直让它长到十二三岁才剃掉，有的还把缕头结成小辫儿，俗称“八十辫”，豫南又称“尾尾尾”（读作wěiwěiyǐ），是祝愿小孩儿成人、

胎发

高寿的意思。尤其是一个男孩儿，特别宝贵，更须如此。其中，也就包含有让灵魂长驻其发间的意义了。

(2) “天菩萨”禁忌

在彝族，男性头顶前端一块方形头发都要蓄留起来，编成小辫或以头帕竖立包裹起来，称之为“天菩萨”、“指天刺”。俗以为，这是本人尊严的象征。内藏“天神”，主宰着本人的吉凶祸福，是神圣不可侵犯的，他人绝对不得随意触摸。不论是有意的还是无意的，如果被人触摸了“天菩萨”，本人都以为是件倒霉的事情，是凶祸的征兆，必然要奋起与犯忌者搏斗。犯忌者也自认为是输了理的。如果双方身份相称，犯忌者会主动打酒赔礼；如果犯忌者身份低下，便要杀猪、宰羊、宰牛，大办酒席，赔礼请罪。旧时如果人家不依，犯忌者还会被断臂，甚至被处死。尤其是妇女，更不能乱摸男子的“天菩萨”。如果妇女抓摸了“天菩萨”，就是对“天菩萨”的“亵渎”和“触犯”，那对男子将是终身不利的，除了要由女方杀鸡买酒当众赔礼道歉外，“天菩萨”还必须剃掉，否则死后就不能升天。这种禁忌信仰的习俗在彝族一直被严格地遵从着。就是在仇敌械斗时，双方也严禁触动对方的“天菩萨”，否则，也要砍去犯忌者手指，或令其出银赔礼。

(3) 理发禁忌

在汉族和许多少数民族中流行有丧事时禁忌理发、剃须的习俗。家中有人死亡，男性一旦得知凶信，便在一个月或百日内不得理发、刮脸。其中的信仰，可能是因为发须受之于父母，所以不在先辈亡故时抛弃之，以示孝敬之心，以表哀痛和思念之情；也有人说，是追忆故人悲伤感怀，不思整理容颜，以表明孝心的；还有人讲，不理发、不剃须是为了改变自己的形貌，使亡灵不能辨认，以免凶事殃及自身。前两种说法都与礼教有关，比较接近，是儒家思想的流传和影响的结果。后一种说法则和发须与灵魂有关，以及发须能通过巫术伤害本人的形体等等俗信有关了。

理发、刮脸不仅在丧葬期间是被禁止的，其他方面也还有不少禁忌。例如鄂温克族有下午禁忌理发刮脸的风俗习惯，不知与灵魂的回归是否有关，或者正是担心下午理发刮脸改换了容颜灵魂不能顺利地回到自己体内来吧。汉族还有外甥禁忌在舅家剃头的俗风。说是如果外甥在舅家剃头会“妨舅”。“舅”与“旧”谐音，“旧”有指老年人的意思。据《尔雅·疏》云：“舅者，旧也；姑者，故也。旧故，老人称也。”（又见《白虎通义》）可知，妨舅即为妨旧，亦即妨害老年人的意思。这一习俗旧时在河南、河北、山东等中原地区流行。尤其在正月里忌之更甚。正月是新年伊始的新春季节，如果在舅家剃头则更易引起对“旧”的联想，故而忌之尤甚。哈尼族人多于农历五月后祭龙，祈求风调雨顺、五谷丰登。祭祈之后，巫师在山坡上先播下一些旱谷，随后各家也随着播种。在秧苗破土前是禁止理发的，否则，认为秧苗就长不出来了。在这同时，还禁止砍柴草。由此可知，这时的理发禁忌，是因为把头发看成和柴草、秧苗一样的东西了。为了防止它们之间发生“交感巫术”的不良影响，所以，不砍柴草、不理发，好让秧苗也像柴草和头发一样顺利地长出来。这显然是交感巫术中相似律的某种特殊应用。民间还有“饱不洗澡，饿不剃头”的说法。恐怕其中也有关于“体魄”与“魂灵”的安危问题存在。中国西北地区回族、东乡族、伊斯兰教新教流行地区有忌剃胡须的习俗。伊斯兰教新教主张男性年满十二岁，必须留胡须，否则被视为违背“圣行”之徒。有“剃掉一根胡须，罪同杀死一个天仙”之说。后来这种宗教信义超脱出宗教范畴，演变为较为普遍的生活习惯。在兰州、凉州、青海等地，留胡须者走到哪里都受人尊敬，当地有“胡须是路票”之说。相反，不留胡须的人就没有这种优惠的待遇了，甚至会被冷落。汉族旧时也多蓄须，有男儿无须不美之说。西北地区的回族、东乡族、伊斯兰教老教流行地区又有忌留胡子的习俗，是由老教规演变为生活惯习的。汉族，父母健在，忌儿子留须。但如果有了孙子还不留起胡子来，就又要有人说闲话了。鄂伦春族女子把头发梳成两条辫子缠在头上，是订过婚的标志，这也是禁忌的标志，说明这个女子已有了婆家，不能再另议婚事了。

关于理发或者不理发成为禁忌乃至成为法令的事，中国人还有一段特殊的经历。在中国的清朝时期，中国的男性一律都剃光了头，只留头顶一片头发，编成长长的发辫背在身后。这原是满族人的风习，是满族贵族统治中国之后强加于中国其他民族的。传说，清朝刚建立时，并没有推行此风。当时上朝的时候，殿陛之间，分满、汉两班文武大臣站班，各是各的打扮，一向也相安无事。后来，溜川有个叫孙之獬的，在明朝时也曾官到九卿，可是当清兵入关后，他全家就一起改成了满族的装束，连发辫也留起来了。有一次他上朝觐见皇上，归入满班，满班以其为汉人，不许；归入汉班，汉班又以其为满饰，亦不许。弄得他很狼狈，于是他就向清帝奏言道："陛下平定中国，万事鼎新，而衣冠束发之制，独存汉旧，此乃陛下从中国，非中国从陛下也。"此番话感动了清世祖，于是乃下令削发。后来孙之獬阖家被反清的山东义民所杀。这个传说见于《清稗类抄》，是否清室有意将削发之责任推卸于汉人，也未可知。不过，不管传闻是否可信，清朝削发的强令已在民间广为推行确属事实。以后经过三百年的沿袭，在民间已成为惯习，以至于民国初期"剪辫子"又成了一件阻力很大的事了。时至如今，中国的男子再没有留长辫子的了，就连满族人也变革了这一习俗。说起来，发型如何，理不理发，本是可以随意而行的，然而一旦形成风俗，便又具有一种无形的约束力量，使任何个人不易与之相对抗。现时期人们对发型的要求已不太苛刻，可以有更多的自由，但是仍不见有人——特别是男子再留起长辫子来，连留长胡须的也很少见。这说明，在发须方面人们仍然是有所禁忌的，不过不大自觉罢了。而且，发须禁忌很容易与生命联系起来，像"留头不留发，留发不留头"的号令就是一个见证。当然，这里边已不纯粹是民间信仰的问题而是又含有一些社会的因素在其中了。但是，民间信仰的发展、演变有哪些又是能够完全脱离了社会生活的呢？发须象征生命的信仰，在中国古来就有。这方面的例子也还很多。例如《三国演义》中曹操就多次以头发和胡须替代自己的生命，为严明军纪，斩发代斩首，割须代割头。中国民间也常以青丝代身，遥寄情思。剪发辫留给妻子（或丈夫）就好比人还在她（他）身旁一样。第一次把命运结合在一起的夫妇，叫做"结发夫妻"。又用"白头偕老"来祝愿夫妻关

清朝时期，街头理发留辫子的老照片。

系地久天长，无限美好。过去，还有以遗发招魂葬人的，谓之“发冢”。这些都是理发、剃须禁忌之所以存在的深厚的民俗文化基础，有了这个基础，这一类禁忌才存在、发展下来。

（4）落发禁忌

发须既然是灵魂的栖止地，既然是生命的象征，那么，落发自然也就是人们所忌讳的事了。一般人落发也是一种不吉祥的征兆，而尤其所谓“木形之人”发落就更凶（参见熊伯龙《无何集·五行贼害辨》）。这大概是除了一般人不希望自己灵魂的栖止地变得太稀疏或者害怕头发被别人拿去作法伤害自身等等原因之外，还有“木”即是“发”的缘故吧。“山以草木为发”、“木形人”本身就是“山之发”，那“落发”岂不真等于是“落自身”吗？自身的败落当然是凶兆了。相者的推理，大体应是以此为“影子”的。落发禁忌反映出一种惜发的心理。据爱新觉罗·溥仪在《我的前半生》中回忆：“慈禧很爱惜自己的头发，给她梳头的某太监有一次在梳子上找到一根头发，不由得心里发慌，想悄悄把这根头发藏起来，不料被慈禧从镜子里看到了，这太监因此挨了顿板子。”惜发，并不全是因为它是自己身上的东西，民间还以为头发里藏着自己的“财气”（或许这种财气正是自己灵魂的神力的体现）。所以，当一天劳作以后，晚上是忌讳梳头的。豫西有俗谚说：“白天挣个牛，搁不住晚上一梳子搂。”意思是晚上一梳头，就会把一天聚起的“财气”梳去了。而休息一晚上，等第二天清晨再梳头就不要紧了，大概这时“财气”已经通过头发根吸收到体内了吧。

（5）拔白发禁忌

白发是老年人的象征，也意味着生命的衰弱。好像随着白发的增多黑发的减少，人的生命中的灵魂元气也逐渐跑掉了。所以人们害怕白发染首。最初发现有了白头发时，总是有些惊讶：“哎呀，我已经老了么？”有时，不由得伸手去拔下那刚刚出现的几根银丝。然而，不久就又发现，白发拔去后又生出更多的白发来。于是，俗信以为，白发是不能拔的，“拔一根，长十根”、“越拔越多”，在这种惧衰老的心理作用下，拔白发成为一种禁忌。尤其是青壮年时期，发现了白发更不能拔。现时期老年人把白发染成黑色的也很多。染发虽然是出自一种爱美的心理，是讲究仪表的美，同时，也有的是通过染白发而成黑色的手段使青春永驻其身，保持住矍铄的精神。

【头面禁忌】

头，首也；面，脸也。头面是人的尊严之所在。有荣耀、有作为的人，民间称之为“头面人物”。办了坏事，做了不光彩的事，民间称之为“丢脸面”。俗信以为打头、打脸是最损的，所谓：“骂人不揭短，打人不打脸。”教训小孩子可以打身上、打屁股，但禁忌打头、打脸。打头会使小孩呆傻，打脸最刺伤他的自尊心。佤族人特别忌讳别人随意触摸自己的头，如果有人这样做了，他们就以为是对自己的莫大侮辱，会勃然大怒，与之搏斗、打架的。

旧时，相面算命的迷信职业者，还把人的面部划分为“十二宫”、“十三部”、“十四星”以及八封、干支、三停、三才、四渎、五岳、六府、六曜等等名堂，甚至又有分为“日角”、“山林”、“阁门”等一百二十个部位的。弄得玄而又玄，其中的道理不要说普通老百姓弄不通，就连算了一辈子卦、相了一辈子面的人也说得稀里糊涂的。无非是留下许多周旋的余地，不致因自己的胡说八道被死定的格式卡住、被人端住了嘴巴骨，无言对答罢了，哪里有什么一定之规呢？只是，迷信的骗术在迷信的土壤中滋长并以其腐枝败叶又反过来肥沃着迷信的土壤，在这种恶性循环过程中，民间俗信也肯定是被挟裹进去而又被反复洗染过了的。民间俗信肯定影响着职业的算卦相面人的“文化创见”，同时也还包容

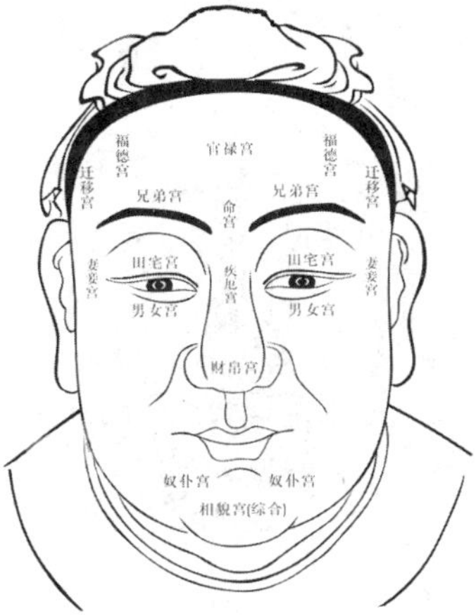

民间相面的十二宫划分图

了这些“文化创见”在大众心目中的“沉淀物”，从而形成了民间俗信与民间迷信活动的相互影响的关系。有时我们很难区别一种信仰是什么性质的，因为俗信中也有迷信的成分。但是既然民间俗信是一种基础，民间迷信活动是位于这一基础之上的一种文化现象，那么有一个简便的办法便是把通行于人民大众口头或心目中的信仰划归于民间俗信，而把需要推导演算的，尤其是需要由专人去推导演算的信仰划归于非俗信的范畴。这样，也许还不致抹杀了统治阶级、上层文化对迷信活动的扶植、支持的功绩和作用，同时，也使得民间俗信的界限更清晰而有所依据了。鉴于此，对于相面算卦那一套推导吉凶的信仰就不再多说了。下面接着说民间俗信中对于人体头面方面的禁忌。

头、面含有人的尊严，也是人的仪表。对于头形、面容，民间亦有许多讲究。俗信忌讳头大面小，说是“头大面小，终身不了”。忌讳五官不正，说是“五官不正，心不正”、“五官不正，邪气通天”。相信人的心术正与不正是会由五官颜面上看出来的，所谓“人心好坏难欺天”。忌讳面上长痣。俗语有“头无恶骨，面无善痣”的说法。痣是可主吉凶的。所谓“平痣无事，鼓痣招事，黑痣主吉，白痣主凶”。又忌讳女人的颧骨高，俗谚云：“男人两颧高，生来志气高；女人两颧高，杀夫不用刀。”还视面长横肉为凶相，又说两腮无肉不可交。忌人中狭窄，说是“人中宽又长，儿女站满堂”、“人中一条线，有子也难站”。更忌脑门和下巴不对称，所谓“天庭饱满，地阁方圆，主大富大贵”、“天地不对称，一生命苦受孤伶”、“下巴歪，衣食贫穷少人来”。在满族和汉

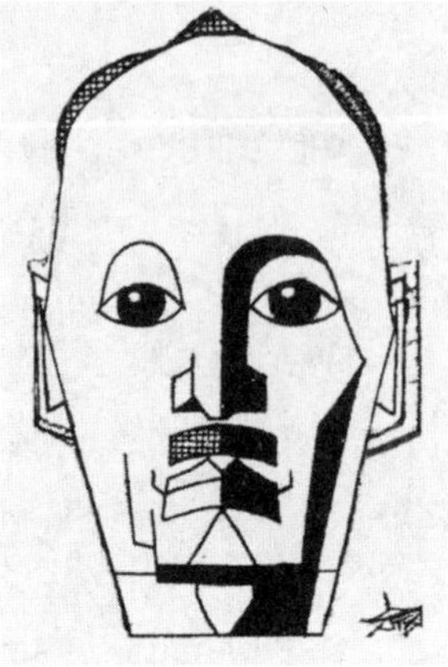

民国漫画蒋介石

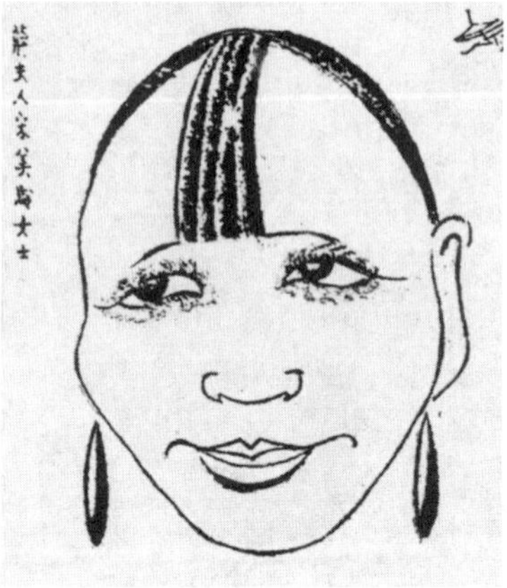

民国漫画宋美龄

中国民间禁忌

族中还有一种忌讳小儿头未睡成扁形的风俗。尤其是女孩，如果哪家姑娘枕骨部位没有睡扁，就被认为是“丑闺女”，虽然这是出于对于美丑观念的选择，但是因为丑闺女将来是难嫁到一个好婆家去的，所以终究也又牵连到祸福命运上去了，因此也是要禁忌的。据说这一习惯来源于满族的先人，早在汉朝的史书中就已经有了记载。不过，那时传说扁头不是睡出来的，而是用石头压扁的。这一说法不合情理。《满洲源流考》批评这种说法云：“夫儿初堕地，岂堪以石押头，其说甚悖于理。国朝旧俗，儿生数月，置卧具，令儿仰寝其中，久而脑骨自平，头形似匾，斯乃习而自然，无足为异。”可见，扁头还是睡出来的，而不是压出来的。现在民间常在枕头内装上小米之类的囊物，让初生婴儿仰枕其上，久而久之，小儿的头骨就变得扁扁平平的了。

不但头形、面容有所忌讳，就连面部呈现的气色也是有所讳忌的。据典籍记载，师旷曾经说过“赤色不寿”的话。民间相信，面色发青、发黑、灰暗都是不吉祥的凶祸征兆，是不长寿的预示，俗语云：“脸发黑，不过半月。”

面部的吉凶兆示，还与脸上的肌肉跳动有关。俗信以为，午时、辰时、巳时右边脸上的肉颤抖是不吉的，是凶兆；亥时左边脸上的肉颤抖会失财；其他时刻脸上的肉颤动则是吉祥的兆示，或遇贵人，或有喜事，或升官发财。如果脸发烧，也有吉凶兆示之讳忌。丑时、未时脸发烧，不是有什么烦恼、忧虑的事发生，就是有口舌、诉讼的事发生。在亥时，还要分左右，右半边脸发烧会有诉讼的事情发生；左半边脸发烧则会得到官位；其他时刻里脸发烧不忌讳，不是无甚关系，就是吉祥如意。这方面的信仰，至今在台湾等地仍在流行。

鄂伦春族有病人忌洗面的习俗。相信病人是不能洗手洗脸的，否则病情就要加重而不易痊愈。汉族人忌讳头肿，尤其是女人，头肿是性命将要丧亡的象征。

正是由于头、面有以上许多禁忌，所以民间为了护佑自身，以防不测，就忌讳在人前抛头露面。这一方面是防止别人通过注视给自己带来灾祸，另一方面，也怕自己的弱点直露人前，被人抓住把柄，整治自己。这种消极躲避的思想意识，形成一种封闭的心态，至今仍可从中国人的许多民俗文化惯习中反映出来。

【眉毛禁忌】

因为眉毛的长势关系到人的面相，所以眉毛也有禁忌。从长相上看，眉梢耷拉，不好，俗称之为“八字眉”，一般认为是为人阴险的象征。也有认为是爱情不专，好淫逸的，俗语有“眉分八字，贪花柳”的说法。如果眉毛翘竖，成“倒八字”形，也有认为其人心毒、心眼坏的，不过一般认为是性野，有勇无谋的表象，俗称之为“虎眉”。眉毛一般是男的粗、浓，女的细、淡。如果女的同男的一样长着又粗又浓的眉毛，则被人认为是凶恶泼赖的表征。瑶族妇女尤忌粗眉，其俗有修细眉的惯习。细眉是妇女温厚、善良的表征。

眉毛也常与寿限相提并论。俗信以为，眉毛浓密粗长者，必然长寿。因此，眉毛忌剃掉，忌拔掉。尤其是那长得突出的长的几根眉毛，俗称之为“寿眉”。寿眉长得越长越好。寿眉是最忌讳拔下的，即便是长得遮住了眼睛，也不拔掉，否则便会“折寿”的。据说眉毛很少的人，无兄弟，有兄弟亦很少。眉稀少者后世子孙亦不会繁荣。

眉毛忌说“倒了”。因“眉”字谐音“霉”字，恐其成为谶语，真的因此而“倒了霉”。眼睫毛离眉毛很近，也忌言“倒”，其意近同。

【眼睛禁忌】

眼睛者，目也。《灵枢经·大惑论》云：“五藏六腑之精气皆上注于目为之睛。精之窠为眼。骨之精为瞳子。筋之精为黑眼。气之精为白眼。”《韩诗外传》云：“（目为）心之符也。”可知眼睛乃是人的心灵的表现。孟子也曾说过：“存乎人者，莫良于眸子。眸子不能掩其恶。胸中正，则眸子瞭焉；胸中不正，则眸子眊焉。”（见《孟子·离娄》）人们心中所想，在眼睛中常能反映出来。民间隐约地意识到，人们的心理活动是与人们的生理构成有着密切关系的。任何感情的表现，如喜、怒、哀、乐、惊、恐、忧等等，都源于生理的机能，同时又会牵动筋肉，习久而凝，会在生理上留下不可磨灭的痕迹。这种思想促成了相学的发展。古代相书很多，各种相书都很重视对眼目的观察，所谓：“欲察神气，先观目精。”这种对眼睛重视的相法原则一定也是有民间信仰的基础的。俗信以为眼睛是有魔力的。通过眼睛的注视可以施放出一个人的精气元神，导致另一个人的吉、凶、祸、福，甚至可以使妇女怀孕、草木荣枯、事情成败。西双版纳哈尼族人离婚后再见面时，禁忌双方再相看，这大约也是担心相看时他们双方的灵魂又会汇合在一处的缘故吧。如果一个人失去了眼睛，就失去了灵性。如果一幅动物的画像，没有画眼睛时，它是死的，被点上了眼睛，这幅画像就活了。《画龙点睛》的故事就是这一信仰的反映。

在眼睛的长相方面，即眼形方面，俗信“人眼有方睛者多寿”。眼忌歪科，俗以为“眼斜心不正”。眼睛上忌长黑痣，长黑痣要做强盗。眼下长痣也不好，鄂温克族人相信，眼下长的是淌眼泪的痣，应用刀割掉，否则要常遇到伤心的事。汉族民间，妇女忌“四白”。“四白”即谓睛之上下左右皆露眼白。俗语说“目有四白，五夫守宅”。又忌三角眼，俗以为长三角眼的人，孤僻、无情、凶恶、贼性难防。过去民间还把眼形分别与各种动物的名称联系起来，比如分别叫做龙眼、凤眼、牛眼、羊眼等等。这里有一份民间说唱艺人关于以眼形相人的唱词，颇为有趣，兹录如下：

长就的龙眼人必坐王位，
长就的凤眼人必坐正宫，
长就的狮眼人阁老宰相，
长就的虎眼人四路总兵，
长就的马眼人东奔西跑，
长就的牛眼人力大无穷，
长就的羊眼人吃斋好善，
长就的狗眼人伤人行凶，
长就的猴眼人熟能生巧，
长就的猪眼人蠢笨无能，

努尔哈赤

长就的鸡眼人扒明起早，

长就的鼠眼人好挖地洞。

其中，虽有韵脚限制和语意含混的性质存在，但也不难看出在眼形方面的一些民间信仰和民间禁忌。应当指出，这并不都是为了凑趣才如此编排的，据一些史书中讲，古代相法里就有对眼形的这种分类法。其中的类别要比这些还丰富，比如还有象眼、鹿眼、蛇眼、蜂眼、狼眼等等。这里边肯定包含有民间对动物眼形和动物习性的观察经验，而民间则往往是把与某种动物的眼形相似的人看做其禀性也与该种动物的习性相雷同。

眼睛是有魔力的，眼泪中亦有元神，故在哭丧时，切忌不可将眼泪掉进棺材里去。小说《暴风骤雨》中老孙头说："这对身板不好。"

因为眼睛中有神灵精气，所以它可以预示吉凶。台湾高山族在视觉方面就禁忌遇见百步蛇、山猫、横死者及其死所，又忌讳看见动物交尾，以为眼见为凶。过去民间还有染彩忌恶目者看见的禁忌俗信。《抱朴子·金丹卷》云："染彩者恶目者见之，皆失美色。"《异苑》记述兰陵有华山，"山上有井，鸟巢其中，金喙黑色而团翅，此鸟见则大水。井又不可窥，窥者不盈一岁，辄死"。

俗信以为眼跳就是神的兆示。鄂温克族以为上眼皮跳是好兆，下眼皮跳要有哭事。汉族俗语中有"左眼跳财，右眼跳灾"、"左眼跳福，右眼跳祸"的说法，又有“左跳喜，右跳愁；左跳发，右跳杀”等等，意思都一样，都是左吉右凶。可能与“男左女右”、“左为阳，右为阴”、“左为上，右为下”的古老信仰原则有关。据说，河南省修武县有一种说法是男女分开着的。男人是“左眼跳了是财宝，右眼跳了是祸害”，女人则是“右眼跳了是财宝，左眼跳了是祸害”。这就更明显，是以阴阳对立的观念来解释眼跳的吉凶兆示了。不过，一般是不分男女都是左吉右凶的。遇到右眼跳时，民间又常用席篾、草棒粘贴在右眼上，以为破法。《清稗类抄》曾录，“目颤粘麦草”一事，云：“王氏妇偶于右目粘一麦草，或骇而问之，则曰：‘右目肉颤，则将得殃。俄顷右目颤，故为此以厌胜也。’”据有关资料表明，在台湾，民间还把眼跳的兆示分成不同的时辰。在不同时辰内左右眼跳的兆示又各有不同。其内容如下表：

子时		丑时		寅时		卯时		辰时		巳时	
左有贵人	右有酒食	左有愁思	右有人思	左远人来	右有喜事	左贵人来	右有喜事	左远人至	右主损财	左主饮食	右主凶恶
午时		未时		申时		酉时		戌时		亥时	
左有饮食	右有恶事	左主吉昌	右有小损	左有时相	右有女思	左主客至	右有亲来	左有时相	右主叙会	左贵客来	右主是非

【鼻子禁忌】

气息从鼻孔出入，因此而有鼻子与元神相关的禁忌信仰。打喷嚏，俗以为是有人思念或有人在背后咒骂自己。《诗经·终风》云：“寤言不寐。愿言则嚏。〔传〕愿，犹思也，盖他人思我，我则嚏之也。”《毛诗笺》云：“今俗人嚏则曰人道我，此古之遗语也。”信是有人思念，便推想是谁；信是有人咒骂，便觉得败兴，或者认为将有祸患加身。河南林县等地还认为，如果新年五更起床时打喷嚏更是不好的事情，是凶祸的征兆。因此，除夕时大人要嘱咐孩子，五更起床时要迅速下炕（床），脚一踏地再打喷嚏就不怕了。鄂温克族人认为打喷嚏或者是有人思念，或者是有鬼在思念。人思念无妨，鬼思念有灾。鬼思念谁，谁就要得病。也许是人在连连打喷嚏之后常会病倒的缘故吧。因此，鄂温克族人在听到有人打喷嚏时就说："祝想你的人活一百岁；愿想你的鬼掉进火里烧死。"以此来破除打喷嚏可能带来的厄运。俄罗斯族人聚谈时，如有人打喷嚏，在座者需祝其人健康，以禳解不祥。高山族人在耕作时如打喷嚏，便立即辍耕休息，或干脆停工回家。汉族人常常在打了喷嚏之后要咒骂一句。这些都是破解因打喷嚏而带来的凶兆的办法。

鼻形关系到面相，因此也有讳忌。俗语有"鼻歪意不端"的说法。鼻子长得直、高为好，但亦不易过高，过高与面颧不相称也不好。鼻梁短、凹不好，俗称"塌鼻梁"、"葫芦鼻"，是劳碌卑贱之命。民间还以为鼻尖下勾者小气、薄气，为人阴险，俗称"鹰钩鼻"。遇上这样的人要远离，避忌与其共事。台湾民间俗信还以为女人鼻子弯尖如鹦鹉嘴的会克夫，不能与之联姻，等等，亦属面相迷信的一种。

鄂温克族忌讳鼻梁（二目之间）的肉跳动、颤抖，以为是死人的征兆。

【耳朵禁忌】

耳朵主听觉，也是人体通神之一窍。"一聋三分傻"，俗以为耳朵也是有灵性的。佤族人最忌讳别人摸自己的耳朵。汉族有耳朵（一说耳根）发热的忌讳。耳朵发热、发烧，通常以为是有人背地里在咒骂自己，往往用手搓耳朵来破解之。台湾民间忌讳巳时、戌时、亥时耳朵发烧。认为巳时左耳发烧会失财，右耳发烧事不明；戌时左耳发烧有争讼，右耳发烧有口舌；亥时左耳发烧闹是非，右耳发烧有争讼。而在其他时刻里耳朵发烧无妨害，有的还兆示喜庆吉祥。耳鸣也有忌讳。鄂温克族男人右耳鸣，女人左耳鸣都是好兆头；男人左耳鸣，女人右耳鸣都很忌讳，以为将要听到坏消息。有时耳鸣时他们还通过询问别人来进行占验。假如对方猜对了，便认为这是有人在想念自己，并祝福自己交好运；假如对方没有说对自己耳鸣的是哪一只耳朵，就认为是有人在咒骂自己或说自己的坏话。《台湾风俗志》中记有台湾人关于耳鸣的信仰，书中写道，耳鸣时，相信会发生下列事情："子时，左：朋友在思念；右：会失财。丑时，左：有口舌；

刘备

以双耳垂肩相貌闻名的蜀汉皇帝

右：有诉讼。寅时，左：会失财；右：心急。卯时，左：有坎坷；右：有客人。辰时，左：有远行；右：有客人。巳时，左：有凶事；右：大吉。午时，左：有远信；右：会生病。未时，左：有酒食；右：有远客。申时，左：有行人；右：有喜事。酉时，左：会失财；右：大吉。戌时，左：有酒食；右：有客人。亥时，左：大吉；右：有酒食。”其中“失财”、“口舌”、“诉讼”、“坎坷”、“凶事”、“生病”等都是要讳忌的。汉族还有关于耳屎（耳垢）的禁忌。以为自己的耳屎不可乱扔，让别人脚踏了对自己身体不利。如果自己吞食了自己的耳屎则会变成哑巴或聋子。总之，耳屎虽然离开了自我，仍然能对自我有魔法影响，所以要避忌。

【口齿禁忌】

民以食为天，吃饭必以口，所以民间有许多关于口形的俗信，以为口形关系到人的吉凶祸福。汉族，有“男人嘴大吃八方，女人嘴大吃菜糠”的俗谚，意思是说，男人嘴大有福，女人嘴大无福。还有“男人嘴大吃四方，女人嘴大吃钱粮”的，也是忌讳女人嘴大的，是指嘴大难养的意思。这是旧时对女性的一种鄙视和侮辱。民间还忌讳口小，有“口小而圆，衣食难全”的说法。大约是针对男人嘴大吃八方而言的吧。女人嘴小却是一种美德。所谓“樱桃小口，一点点”。嘴形最忌讳的是嘴角有纹路入口，这叫做“锁口纹”。长有这种锁口纹的会被饿死！俗语有“锁口纹，饿死人”。王充《论衡·骨相篇》中记载一个故事。说的是西汉人周亚夫，他是汉高祖时大将绛侯周勃的儿子。在他未封侯时，有一个姓许的妇女为他相命，说："您三年后要封侯拜相，权倾朝野，除了帝王，再没有人能和你比。不过再过九年，你要被饿死的。"周亚夫听了不以为然，笑道："我的哥哥已经承继了侯爵。父死理应长子替代他，怎么能轮到我封侯呢？假如真像你所说的那样，我会封侯拜相，一定是很富贵了，怎么又会饿死呢？这样说有什么根据呢？"许妇就指着他的口，说："你脸上有通往嘴角的横纹，这就是主饿死的命相。"后来，许妇说的果真都一一应验了。此事又见于《史记·绛侯周勃世家》。民间还有关于严嵩也长有锁口纹的传说，说他身居宰相，位极一品，终究败落，拿着一只大金碗沿街乞讨，没有人肯施舍他饭食而被饿死。这些传说虽然并非可信，但说明民间确有关于嘴角有纹路入口主被饿死的俗信存在。此外，还有"合嘴出现弯弓样，其人恶毒心极狂"、"唇厚忠实，辱薄奸猾"等有关嘴形的信仰。除了口形，唇色也有讳忌。所谓"唇红者主贵，唇白者身寒，唇暗者自卑，唇黑者主危"。鄂温克族人认为唇上的肉颤抖跳动，是将有口舌，要与人吵架的征兆，因而也是犯忌讳的。

唇齿相依，牙齿据信也是有灵气的。佤族认为小孩子掉牙，要丢到房顶上去，并且要说："善良的蜥蜴，我的牙给你，你的牙给我，你最讲友情，我相信你。"这样新牙才能长得好。汉族中民间俗信以为，小孩子掉牙，上牙要扔到沟里，下牙要扔到房上，这样牙才长得快，否则便长不出牙来了。扔牙时要扔到无人处，谨防被人用脚踩了，那样自己会倒霉的。小孩子掉牙或长新牙时，大人要嘱咐不能用舌头舔牙根，否则长出新牙来歪斜不正。牙忌外露唇外，忌牙色发黄发黑。不该掉牙的时候掉牙不吉利，主丧亲族。基诺族过去有用梨木烟脂染齿的习俗。其办法是将燃烧后的梨木放在竹筒内，上面盖着铁锅片，待铁片上的胭脂成发光的黑漆状时，即手持铁锅片以胭脂染齿。染齿也是一种互相爱慕和尊敬的表示。青年男女在一起相聚时，姑娘常把铁片端到自己爱慕的青年面前请其染齿。此俗是基诺族的古老传统，据说不习此俗者死后将不受祖先的鬼魂的欢迎。因此，实际上不染齿也是犯忌讳的。如今，此俗已不甚流行。

【脖子禁忌】

汉族民间有忌讳脖子长得短，俗谚云："脖项短，不是瘸腿，就是瞎眼。"不知是否从脖项短不敏捷方面说起的。脖项短的人看上去显得呆板、笨拙，但如果一定说这必然会造成后世的残疾，也显然是武断和缺乏爱心的。

【肩膀禁忌】

旧时，人们劳动依靠体力，靠肩挑手提，肩膀是力量的象征。人们比喻强者，常说，“人家的肩膀头高”。其中也包含能力超人的意义。汉族人习惯年长的拍打年幼的肩膀，而忌讳年幼的拍打年长的肩膀，以为那样是对年长者的不尊重。德昂族人相见，男的最忌讳别人拍摸自己的肩头，以为是对自己的挑衅和侮辱。肩膀也是人体最敏感的地方之一。汉族人习称男女调情为“调膀子”。男人忌碰、摸女人的肩膀。阿昌族也忌讳男子扶妇女的肩膀，以为这是不怀好意的举动。鄂温克族忌讳肩上的肉颤抖跳动，以为这是凶兆，肩上肉跳兆示三日内要有人死亡。

【乳房禁忌】

中国妇女禁忌裸露体肤，尤其禁忌裸露乳房。旧时妇女穿衣服也要带大襟的，把胸部裹得严严的、厚厚的，连乳房的隆起也要尽量避免。而男人则禁忌看视女人的乳房，其中的原因不单单是性诱惑的畏惧，甚至还包含有注视乳房会导致女人怀孕的信仰在内。随着社会文明程度的提高，如今，乳房虽然仍禁忌裸露，但人们也开始敢于表现乳房的曲线美了，有些半裸露的服装也不再遭人过分的责难和非议了。

因为乳房对于妇女来说，具有特殊的重要意义，是性敏感区，也是用来哺育后代的重要身体器官，所以禁忌随意抚摸妇女的乳房是各民族比较普遍存在的习俗规约。但是，在没有或者缺乏性知识和卫生知识的历史时期，对于禁忌抚摸乳房的解释并不合乎科学的道理，而是一种“俗理”。例如《清稗类抄》中记载了“俍人善歌”一篇轶事，就反映出民间禁忌摸乳的一种“理由”。该文记述如下：“俍人善歌，女有笄，父母纵之山野间，少年从之，歌者且数十，视女答歌之意为去留。一人留，则众皆散。男子镌其歌词于木赠女，字细若蝇，间以金彩花鸟，髹以漆，女则具绣囊锦带以答男。妇多美姿，人即抚摸其身，不禁，及乳，则怒，甚且见杀，谓诸支窍皆天生，乳则己所成，不可侵也。”这种解释虽然简单，却也能满足禁忌摸乳的实际需要了。所以，俗理的实用性和其简便、易被人接受的特点，便是它得以在民间产生并且通行的必然缘由了。

【心房禁忌】

《荀子·解蔽篇》云："心者，形之君也，而神明之主也。"按荀子的说法，心是主使形体的，而形体不能指使心。在民间也有"心灵手巧"、"心去难留"等等说法，都是讲的同一个道理，都指出了心在于人体中的重要性。心房总是跳动不止的，然而每遇惊险、危难，则心跳加速，有"心慌"的感觉，实际这时的心跳才是民间所谓的"心跳"。心跳既然常与危险的情境相关连，所以"心跳"亦为一大忌讳。尤其是突然心跳不止，就相信是有所兆示的。心跳有吉兆凶兆之分。台湾民间忌讳丑时和亥时突然心跳，以为将会有凶事发生。

【生殖器禁忌】

人体的生殖器官是禁忌裸露的。一般女孩子长到四五岁，男孩子长到七八岁就不再穿开裆裤了。成年人如果在人前裸露性器官便被视为是对别人的侮辱，是要受到惩罚的。妇女比男子要求更严。旧时妇女不慎在人前裸露了性器官，有因羞愧难当而自杀的。异性间禁忌看视对方的性器官。在公共场所，禁忌提及有关性器官的词。性器官具有不洁性，说话带性器官词语的，民间称之为"脏话"。与性器官接触的物什，如内裤、便盆、厕所，俗称之为"秽物"、"污地"。这些都是要避忌的。

同时，性器官还有神圣的性质。民间有许多性崇拜的遗迹、遗物。如女阴崇拜地、物，和男阳崇拜地、物等。旧时，历代太监有一个传统，他们在净身之后，都把阉割下来的"阳物"（即男性生殖器，俗又称之为"宝贝"）用油炸透，再用油纸包好后，放在"升"里，垂吊在高处僻静的房梁上。因为太监死的时候，亲属必须将他这个"宝贝"放在棺内。连最贫穷的太监的亲属也不会忘记这件事。其说法是："这辈子虽已六根不全，来世还可以变成个整身子。"放在"升"里垂吊起来的意思是，祝愿被阉割的人到了宫中能够步步高升。阳物禁忌丢失，否则将来转世也仍然会是"六根不全"的。

【手脚禁忌】

手脚是人体最活跃的部位，行动举止大都与手脚有关。民间因有"苦乐关乎手足"的说法。俗语云："男子手如绵，生来一世闲；男子手如爪，一辈子好不了。”这种俗信很可能来自对生活的直接观察。生活中，手指粗大枯梗，足骨瘦长干燥者，其人必辛苦；手若细软润泽，足若骨肉圆肥者，其人必逸乐。这种推测虽然没能揭示社会中人贫富不均的根本道理，却也含有一定的客观性。另有一些关于指纹的歌谣，也很有趣。其一为：“一斗穷，二斗富，三斗四斗开当铺，五斗六斗挑柴卖，七斗八斗住大屋，九斗十簸箕，买地到江西。”其二为：“一斗好，二斗宝，三斗四斗割马草，七斗八斗买地盖楼，九簸箕跑山西，十斗全点状元。”就这两种说法而言，已有许多矛盾处。同是“一斗”，一说“穷”，一说“好”；同是“三斗四斗”，一说“开当铺”，一说“割马草”。可见不能视为民间俗信，而极可能是一种带有游戏性质的拘泥于方言韵脚限制的谚语而已。民间对此并不太当真的。还有看手相算命的迷信活动者，编出一本本手相书来，根据指纹的走向、深浅、粗细，胡诌八扯，乱说一通，其言多是随机应变的无稽之谈，也很难说是代表了民间俗信的。问卜的人并不是依据自己的信仰，而是把自己交付给算命人去胡说八道，把算命人的话当作神的示意，所以算命人照书本查找也好，信口开河也好，都能博得问卜人的虔诚的信赖。这种相信算命人的现象是一种风俗信仰。而算命人的掐算方式、口诀就不能是民间俗信的内容了。因为，民间大众本身并没有直接掌握它，更不能直接应用它，像需要查阅的卦书一样，虽然其中也吸收有民间俗信的成分，比如，论手指时所说的“指硬而疏者破败，指柔而密者蓄积”、“指如春笋者清贵，如剥葱者食禄，如棒槌者愚顽，如竹节者贫贱”等等，但经过文字加工重新编排、整理，就不再是民间俗信的本来面目了，失去了民间信仰的纯朴性，而带上了某种陈腐的“书卷气”。再加上一些算命术士把手相又分为“八卦十二宫”与八卦、五行、天干地支、三才、六合等等相术编排到一起，随便解释，实在不好称之为何种“信仰”。所以这里对一般卦书上的手相看法不再收录。虽说如此，关于手相的认识，也有一些深入民间大众心目之中的信条，这些信条，如果分析其来源，未见得一定是出自于民间的普遍信仰，也可能是产生于算命术士们的行业群体内部，是他们反复传播、一致强调了某种征象的意义，从而使这种意向深入到民间，而为民间普遍接受的。这种已被民众掌握和信从的，自己可以随时应用、占验的信条，便也应当是属于俗信范畴的了。例如，断掌纹的禁忌，就是一例。断掌纹是指手掌上的纹路，从左到右有一条很深的沟，就像把手掌从中间切断一般。俗以为有这种手相的女子会克死丈夫，台湾有谚语云：“断掌查晡做相公，断掌查某守空房。”意思是说，有断掌纹的男人当大官，有断掌纹的女子死丈夫（参见《台湾旧惯习俗信仰》）。旧时，还有“红不染手，手不染红”的说法。红象征血液，是犯忌讳的，手上染了红色，总以为是凶兆，所以要禁忌。彝族女子喜好在两只手背和手肘上刺“梅花针”，彝族称为“马扎”，亦是文身一种，以示吉祥和美观。“马扎”是彝族妇女与其他民族妇女的区别标志之一。如果不刺马扎，是犯忌讳的。彝族人认为如果女人不刺“马扎”，死后不能见菩萨。

民间对脚形也有禁忌。广西有俗谚云：“（脚胫）上五寸、下五寸，三年不死扶拐棍。”河南有俗谚云：“二拇脚趾长，长大不要娘。”南方也有“二趾长过分（拇趾），唔（不）死一世穷”的谚语。旧时，兴裹小脚的年代里，妇女忌天足。以将天足缠裹成人为残疾形状的“三寸小金莲”为美德的象征。不裹足则为世所不容。此种陋俗民国后始渐革除，现已无存。

脚上长的毛，据信也有魔力。俗语云：“一只脚毛，管三个鬼。”此种信仰大约同发须间藏有元神是相似的。这种说法的起因，可能与男子夜间行路、干活有关：因为怕夜晚鬼祟祸害，幻想脚上有神力附着，它就隐在脚毛之中。为了显示雄壮和弹压鬼魅，所以禁忌拔下脚毛。脚毛不拔，胆就不怯。拔下脚毛，就心中发憷。这也是民间常用恪守禁忌来保持和增强自身魔力、神性的一个例证。河南修武县有“正月洗脚脚头空”的说法，以为已婚夫妇正月里洗脚不吉利。男的洗脚死媳妇，女的洗脚死丈夫。这大约也是脚上有神灵魔力的一种俗信表证吧。

脚是神圣的，又是不洁的。塔吉克族最忌用脚踢羊，最忌用脚踏食盐或其他食物。这两种禁忌都是为了防止脚的接触带来的危险。台湾民间对脚底发痒很忌讳。俗语有“土地公痒脚底”，意思是说，脚底发痒是土地公暗中在警告自己做事要慎重，可能会有什么不祥的事情发生。在这种情形下，一般都中止正在从事的活动，以避防不测。东北牡丹江市郊，人死后，要在送葬前把墓穴挖好，穴里忌讳留下脚印。谁的脚印留在穴里，谁的灵魂就会随着木棺的安葬而被压在下面。那对本人是绝对不利的。

手、脚的指（趾）甲也是忌讳随便丢弃的。否则，“虫蚁行于上，令人生疮”（《无何集》）。

结语

从以上实例看，不管是自身以外的人体禁忌还是自身的人体禁忌，也不管是自身整体的人体禁忌，还是自身部分的人体禁忌，其主导观念都在于魂与魄的护卫，在于对灵魂的安慰和保护，在于对体魂的照顾和捍卫，同时又掺杂着对于生平命运的关心和趋吉避凶思想。这些，是人体禁忌的重要特色，也是一般其他禁忌所共同关心的根本问题，不过，于人体禁忌中显现得更为直接一些罢了。

性别禁忌

人体，很容易分成两个类别，那就是男人和女人。当我们说到男人或者女人时，就已经区别了人体这个统一的概念。性别，是人类生理构成的客观实在，同时，它又带有浓厚的社会生活的文化印痕。不同社会生活环境中，性别的区分有着不同的文化风貌。在中国，男女分别的界线是始终被强调和看重的。男女之间存在着许多严格的、不容忽略的禁忌信条。它们大体上表现在男人和女人的性分别、男女之间的性诱惑、男人对女人的性压迫、男人与女人对于神明的性亵渎等等几个方面。

性分别禁忌

区别男女，在中国人眼中是非常重要的一种需求。似乎男女不分，一切行为方式都将失去依据，所谓“阴阳不分世理乱”。阴阳可指男女。阳代表男性，阴代表女性。对于两性人，俗称“二尾（yi）子”、“阴阳人”，民间总是带有一种嘲弄、蔑视的态度。穿着打扮方面，亦忌男女不辨。男女服装，每一个朝代的时尚都有严格的区别。如果男穿女服，或者女着男装是要犯忌讳的。鄂温克族人，禁止夫妻互换衣帽穿戴，否则以为对狩猎不利。民间许多神话传说中，有因男女换了服饰而使女方怀上身孕的说法。汉族有些地方，结婚时，让男女双方换裤带，也有象征生育的意义。还有许多民间故事、民间笑话中把“穿了女人的裤子”作为嘲笑某位绅士、官员或者其他男子的笑料，很能引起人们的情感共鸣。正因为旧时人们严格遵守着男女区别的种种标志，所以才出现“梁祝”、“花木兰”等等女扮男装（也有男扮女装）成功的事例。这种男女泾渭分别的符号标签——服饰、举止——使人们相信，它和人体性别是绝对一致而不可怀疑的。祝英台、花木兰等都是钻了性分别习俗的空子，在错误的性别符号掩饰下，蒙蔽了众人的眼睛。现如今，假如有男人留了长发，穿了花色的衣服，或者有女人穿了男装，在公共场所都会引来许多好奇、询问的目光，好像在说“这人是男的还是女的？”不弄个清楚明白水落石出，总好像有一块“心病”似的。男女应当一眼就让人看出才好，才是中国人的习惯。在生产、劳作方面也是如此。男人有男人干的活，女人有女人干的活，女干男活、男干女活都是遭忌讳的。台湾高山族男人不能接触女人专用的小锄、农具、织机和猪圈；女人禁忌接触男人的武器、猎具，不能进入男人的会所。普米族的妇女就不能犁地、不能打猎和取蜜，那是男人干的活。青海省藏民中的男人不能做抹牛粪、打酥油、背水、磨炒面、做饭等家务劳动，认为这是妇女们干的活。

佤族人械斗时，女人不参加，男人则不能不参加。成年男子能参加而不参加者为习惯所不容，轻则受舆论指责，重则罚谷罚钱，以至抄家。汉族中有“男做女工，越做越穷”、“男做女工，一世命穷”、“男做女工，烂脱臀宫”等俗谚流传。旧时，男人一般干田里的活，参与社交活动；女人一般干家里的活，不参与社交活动。男人干家务常被人耻笑，以为“没出息”；女人参与社交活动，又被指责为“疯”、“野”、“不守规矩”、“不正经”。现在，这种观念有所更新，男女分担家务，同工同酬，男人能干的，女人也能干。毛泽东同志曾经说过“时代不同了，男女都一样”的话，便是对这种习俗演进的集中概括。当然，民间要求男女分别的惯习和社会上对男女分工有固定的认识之间并不完全等同，性别的区分本身也并无大错，有时还确是生活和工作中的实际需要，因此，区别男女性别的惯习并不能轻易被取消，它还会在生活的各个方面表现出来。

性诱惑禁忌

性分别的作用之一就是要防止性诱惑。男女的标志越明显，性隔离就越容易实施。实施性隔离，被认为是制止和抵御性诱惑的有效措施。因此，分别出单方面的男女性别之后，还要进一步防止男女之间的性接触和性混杂，所谓“男女不同群”、“男女授受不亲”。中国人过去一直主张男女之间相互避忌，男女之间一般不说话、不相视、不拉手、不互赠礼品，以防被人猜疑有性行为的发生。只有儿童时期才不避嫌疑，所谓“两小无猜”。普米族忌讳男子向少女赠送手镯和腰带。土家族禁忌男人跟姑娘开玩笑，并不准外人和姑娘坐在同一条凳子上。汉族民间有“男女七岁不同席”的俗谚。汉族、傣族、彝族、哈尼族、壮族等许多民族都有妇女不上宴客席的习俗。妇女不与男客同席，妻子不与丈夫同宗长辈同桌吃饭。《中国礼俗学纲要》云：“男女之嫌疑，如何辨之，则如男女不同坐，不共巾椸，乃至叔嫂不通问，不相为服，以此礼辨嫌疑，复以此礼保证其分辨也。”这些古训礼教，来自民间风习，也在后世民间风俗中反映出来。“男女不同坐”，不但素不相识的男女是如此，即便是亲兄弟姐妹之间也是如此。姑、姊妹、女儿，已嫁而返，兄弟不与同席而坐，不与同器而食；不但在私下里是如此，在公共场合也如此。直到清末民初，在戏院看戏还分男席、女席，男女看客是分开来坐的，即使是夫妻也不例外。再往上溯，中国古时一向禁止妇女观剧，谓之“有伤风化”。《清稗类抄》中有段“京师妇女观剧”的文字，涉此风习演变，不妨录下以供参考。文曰：“道光时，京师戏园演剧，妇女皆可往观，惟须在楼上耳。某御史巡视中城，谓有伤风化，疏请严禁，旋奉严旨禁止，而世族豪门，仍不敛迹，园门虽揭女告，仍熟视无睹也。某愤甚，思有以创之。一日，赴园，坐楼梯旁，遣役登楼宣言，谓奉旨明禁妇女观剧，宅眷自谙禁令，来此者必为妓女，今召尔等下楼，候点名。宅眷不听，某又使人传谕曰：‘果为宅眷者，则弁髦圣旨之罪，当更加等，速言夫家、母家姓名、官职听参。’诸人大惊，图窜，乃勒令各具不再观剧甘结，事乃寝。京师戏园向无女座，妇女欲听戏者，必探得堂会时，另搭女桌，始可一往，然在洁身自好者，尚裹足不前也。光绪庚子，两宫西巡后，京师南城各处，歌舞太平如故也……然自光绪季年以至宣统，妇女之入园观剧，已相习成风矣。”

“不共巾椸”，则由人体性别的区分联系到衣物性别的区分，男女衣饰不能晾晒到同一根竹竿之上。这样做的目的，或者是以为男女衣饰的接触即等于男女之间的接触；或者是担心晾衣收衣时男女同椸枷便会使相遇、相接触的机会增多，从而难免发生苟且的事情。“叔嫂不通问，不相为服”、“嫂不抚叔，叔不抚嫂”（参见《礼记》）是汉族的古俗。叔嫂是一个门里的非夫妻关系的男女，平时接近较多，嫌疑最重，因而要求也更严。古时匈奴兄死妻嫂，是恐种姓之失。但在未具夫妻名分之时，叔嫂间的禁忌也是很严格的。据《中华全国风俗志》载，山西有“男女不贸易”的说法。男女间说话很讲究分寸，一般不互相开玩笑。男女间禁忌互相看视，禁忌互相调笑，民间有“眉目传情”、“暗送秋波”、“人浪笑，马浪叫”的俗语流传。过去藏族妇女见喇嘛和宾客时，都要以红糖或乳茶涂面，否则以为冶容诲淫，有蛊惑僧客之意，须科以罪罚（参见《中华全国风俗志·西藏》和《清稗类抄·藏女之服饰》）。维吾尔族的妇女一般不外出，必须外出时，要戴面纱或盖头。

性压迫禁忌

在封建社会中，妇女被视为万恶之源，是一种堕落、邪恶的象征。女性常常要受到男性的压制，男女是不平等的。有些俗语听起来是尊重妇女的，比如“男不同女斗，鸡不同狗斗”、“男人不问女人疾”等等。实际上仍是一种大男子主义的表现。遵从这种信仰的人并不是为了尊重女性，而是怕失去了男子的权威性、优越感，是鄙视妇女的另一种表现方式，其对妇女心理上的损伤、侮辱则更甚。旧时，对妇女的歧视、压迫表现在生活的各个方面。一般男人从事的活动，女人便不能参与。傣族（德宏）禁忌妇女参加男子集会跳舞，妇女不能打击乐器，男人说话时，除老年妇女外，年轻女子不能插嘴。汉族旧时对妇女的户外活动限制尤严。妇女忌闲游，忌串门儿，所谓“妇不闲游，宅肆不相通”。爱串门儿的女人被人说闲话，指责为不规矩的女人。苗族妇女也不得串门儿，认为串门儿会踩着别人的门神。瑶族妇女过年节时不能串门儿，说是“出门儿多病”。广西民间妇女“出入必戴帽檐，不露面首，亦得冶容诲淫之戒也”。好像女子把自然的体态容貌亮出来就是一种诲淫的罪孽了，而男子无论如何总是被蛊惑的。这种性别之间的不公平已被习俗的力量巩固下来。“妇女无故不出户庭，不事耕获，不给薪水、不行鬻子市”成为旧时中国风俗中的普遍现象。

除了限制妇女的社会活动而外，对妇女的言行举止，即所谓“妇容”也有许

中国历史上唯一的女皇帝武则天

多严厉的禁忌。比如，旧时禁忌妇女走路时抬头挺胸，否则便以为女子属“桃花克夫”型的，会压男人一头，克子克夫。只有男人才能挺胸抬头，女人则要低头细步，最好是靠墙根躲着男人走，把男子的夫权优势再鼎趁得高高的，才符合男权社会的崇尚。为了达到这一目的，古时在妇女裙边或鞋面上缀上一些小铜铃，便称之为“禁步”。如此一来，妇女行时跨步稍大，即叮当作响，于是自己便恐失礼而缓慢下来。《清平山堂话本·快嘴李翠莲记》云：“金银珠翠插满头，宝石禁步身边挂。”汉族人旧时要求妇女“目不斜视”、“走不露鞋，笑不露牙”、“言不露齿，外不露面”。京剧艺术家程砚秋在谈到古典戏曲表演时曾提到凤冠上的挑子和民间妇女的艾叶钳子，他在《程砚秋文集》中写道：“就以凤冠上的挑子来说，它就和封建时代一般妇女耳上戴的艾叶钳子有着同样的作用，艾叶钳子很长，垂在耳下，摇摆在脸的两边，看着是一种很美观的装饰品，其实它的原意并不单纯的是为了美，而是一种限制妇女自由所采用自我管制的刑具。穿上官装、戴上凤冠，如果你想左顾右盼一下，也不能稍有自由，否则凤冠上的挑子，会打在你的脸上，给你敲一下警钟。民间妇女的艾叶钳子也是一样。”在坐姿方面，景颇族忌讳妇女坐时托着下巴，以为这是哀悼的姿势，不吉利。妇女坐时，忌讳跷二郎腿，以为不雅观，不像安分守己的好女人。古时妇女还忌讳两脚向外岔开坐着，即“箕踞”。《礼记·曲礼上》云：“坐毋箕。”有人考证，说这是因为古代下衣不全，恐箕踞露下体，构成大不敬。《韩诗外传》、《列女传》中都有此类事例的记述。不但行动言笑受拘束，连睡着了也有忌讳的。俗语“男人鼾田庄，女人鼾空房”，即是说女人忌讳睡觉打鼻鼾的。男人打鼾不要紧，非但不要紧还会打来田地庄园；女人打鼾就不吉利了，是要妨死丈夫的象征。

既然男女不能平等，不能一视同仁，不能平起平坐，那么就要分个高低强弱了。中国民间一直有着男尊女卑的民俗信仰，“男人大丈夫，女人小豆腐”是至今流传在童谣村语中的俗话。在这种思想的基础上，民间俗信中便有许多忌讳男在女下或女在男上的信条。比如，假如男人在楼下，妇女禁忌上楼，必须上楼时，要示意男人避开，否则是大不吉利的。阿昌族、布依族等都有此俗信，并且禁忌妇女住在楼上，尤其忌外来的已婚妇女住楼上，说是怕冲犯了祖宗。这种忌男在女下或女在男上的禁忌信条，还扩延到衣物用具方面。白族、阿昌族、鄂温克族、鄂伦春族、汉族等许多民族都忌讳女人从男人使用的工具如扁担、锄头、犁、耙、刀、枪、马鞍子、马鞭、套马杆等器物上跨过，更不能用脚踏在上边；男人的衣、帽、行李等，女人也不能踏踩或跨过，更不能坐在上边，否则对男子不利，就像女人从男人的身上跨过一样，会发生不祥的事情。男人也忌讳从晾晒着的妇女的衣裤下走过，那样如同女子从男人的头上跨过，是男人的耻辱和不幸。为了避免这种事情发生，就禁忌妇女的衣裤晾晒到过路的地方，禁忌妇女的衣裤晒得很高，一般妇女的裤子只能晒到厕所旁边。

对妇女的性歧视和性压迫甚至转化成为道德问题。封建社会里，男子可以娶三房四妾，女人则要“从一而终”，不得有任何失节的情事发生。女人最忌失节，失节便无颜面见人，所谓“饿死事小，失节事大”。过去，许多妇女被封建礼教逼死在这一名下。民间习俗常以为妻必敬夫，视“怕老婆”、“气（妻）管炎（严）”为一种值得嘲笑的反风俗现象。女忌不柔顺、不从夫，男忌“惧内”、“管不住媳妇”。这种风俗在绝大多数民族中都存在。阿昌族认为“妇女当家家不富”，因而禁忌妇女当家做主。傣族（德宏）也忌妇女掌握经济。洱源西山白族人中有“妇女无喉咙，说话不算数”的俗话流传；德昂族群众爱说：“骒马不能戴铃，女人不能比男人。”汉族对妇女的贱视，从称谓上也看得很清楚。旧时，男人对外称自己的爱人，很少叫“媳妇”的，一般只说“我家里的”、“我们家做饭的”，或称“贱内”、“糟糠”等等，简直不把妇女当人看。旧时妇女一般没有大名，只有娘家姓，出嫁后，再加上婆家姓，婆家姓还要加在娘家姓的前边，称作“××氏”，这就算是妇女的名号了。可见不论是在社会上还是在家庭中，妇女都是受歧视受压迫的。现时期，男女平等的观念日益深入人心，妇女的地位有所提高，但歧视、压迫女性的习俗是根深蒂固的，很难一下子消除，因此在生育、教养、升学、就业等等社会问题上仍然有所反映。

性亵渎禁忌

男人和女人都可能亵渎神明，尤其当被敬祀的神祇是有性别的而敬祀者又属异性时更为警觉。汉族农历八月十五夜，有拜祭月神的习俗；农历十二月二十三日夜有拜祭灶神的习俗。相传月神为女神，民间以为月神便是神话传说中的嫦娥。嫦娥是羿的妻子，因偷吃了王母娘娘的不死药，化为仙女，遂奔月为月精。因此后世禁忌男子拜月，以防亵渎了月神嫦娥。俗传灶神是男神，称作“灶王爷”，据说他每年腊月二十三日要回天宫述说人间的是非。因此民间常在这天祀灶。最早曾是由老妇祭祀灶神的，但后来改由男人祭祀了，妇女最多可跟在男人后边祭祀一下。《日下旧闻考》记载：“京师居民祀社，犹仍旧俗，禁妇女主祭，家无男子，或迎邻里代焉。”《京都风俗志》云：“二十三日晚间，于供桌设灶神纸像，或有二像者，谓之张灶、李灶，其一又曰烧灶。祭时男子先拜，妇女次之，谚云‘男不拜月，女不祭灶’。”《帝京景物略》云：“灶，老妇之祭，今男子祭，禁不令妇女见之。祀余糖果，禁幼女不得令啖。”由“家无男子，或迎邻里代焉”和“祀余糖果，禁幼女不得令啖”可知禁忌妇女主祭灶神之严格，亦是谨防亵渎神明之意。假如实在无人替代而又需祭拜怎么办呢？河南民间有一通融的办法，即男子拜月，女子祭灶时，头必戴一斗笠。可能是戴上斗笠，神祇就辨认不出祭拜者是男是女了。

相比较而言，中国民间信奉神灵，男神多于女神，而且在生活中女性又是受男性压迫的。所以在大多数情况下，如果有了灾祸发生，很容易地就被归罪于女性，被认为是女性亵渎了神明所造成的恶果。女子于是被认为是污秽的、霉气的，是灾星、祸水、丧门星等等，所有嫌恶的词汇都加在了女性的身上。鄂温克族绝对禁止女人摸男人的头，他们认为男人头上有佛，女人摸男人的头是对男人

嫦娥奔月后为月神，后世有禁忌男子拜月的习俗。

的不尊重，也是对佛的亵渎。女人禁止在屋内大小便，男人倒无所谓。许多民族都有女人经血脏的观念。彝族因此而禁忌十五岁以上的女子爬上屋顶。对身怀有孕者要求更严。鄂伦春族禁忌妇女在经期跨过泉水，否则认为泉水要干涸；也不能到河里洗澡，否则认为要天降大雨。达斡尔等民族禁忌妇女跨过锅台，否则认为会冲犯灶王。鄂伦春族、鄂温克族等禁忌妇女使用男人的马鞍子。献给神的马、驮神像的马，禁忌妇女骑坐，怕骑脏了使神发怒，降祸于人。妇女禁忌到神位旁和“仙人柱”后面去，不能到挂有神像的地方去，不准触摸萨满的衣物、祭神的器具。怒族人禁忌妇女参与对氏族神灵、龙树、山神的祭典。阿细人的祭密枝活动忌女人参加。德昂族屋内设有佛爷起坐处，这个位置妇女是绝对不能去坐的。傣族旧时中厅设的床位也禁忌妇女坐卧。阿昌族、白族、土家族以及汉族部分地区都禁忌妇女在堂屋门槛上坐，以为妇女坐了堂屋门槛要辱没家神，家中要破财的。汉族旧时还禁忌妇女到打麦场上去，禁忌妇女坐在打麦场上的石磙上，恐怕冲犯了财神，少打了粮食；禁忌妇女到打新井的地方去，说女人霉气，女人一看打井，就打不出水井来了；禁忌妇女跨坐建房用的梁檩，怕冲了宅神，将来房子盖得不结实，会有灾祸发生。维吾尔族禁忌妇女入坟地，死者的妻子也不例外，送葬时只许男子进入坟地；人死为鬼，逝者成仙，对于亡故之人更不能亵渎的。《礼记·丧大记》云：“男子不死于妇人之手，妇人不死于男子之手。”（郑玄）注曰：“君子重终，为其相亵。”可见汉族对性亵渎的忌讳之深。青海

司命灶君

省蒙古族、藏族据说禁忌妇女之间打架斗殴，以为对牲畜发展、草原茂盛不利。处罚的办法是剃掉半个头的头发。佤族禁忌用女人的旧衣服布来补男人的衣服，大约也是怕女人“不洁”、“不祥”。

总之，民间以为女人的“不洁”、“晦气”、“不祥”、“霉气”是与生俱来的，是命中注定的。这一方面是因为对女性的经血的恐惧，以为是不洁的，危险的；另一方面也是性压迫、性歧视的结果。但是，为什么女人会亵渎神明呢？如果反过来想想看，神灵鬼魅是不是也有一点怕女人呢？是不是女人的经血对神灵鬼魅也有一点“煞威风”、“破灵性”的作用呢？所以“经血”的“不洁”是否也有一种真正能够胁迫神鬼的东西呢？这是男人的力量中所没有的，是男人们所不能理解的，因此也为男人所嫉妒、所担忧。所以男子要竭力贬斥经血为污秽的东西，说它会损伤神灵和男人。因此，禁忌妇女们在白天洗涤、处理这些秽物，而且洗涤时只能站着不能坐着。此类衣物不能见太阳，一定要隐藏起来。经血最忌让男人看见，但民间也有用经血来行法术以制服鬼祟的。这时，经血又有其神圣的一面了。在生小孩的时候，男人是不准进产房的，担心会被产妇的污血冲犯，会发生凶事的。按说这是妇女有理由阻止男人的时候了，但在旧社会里许多地方的风俗都规定让产妇离开家门到别处生产。可见即便是在性亵渎的信仰中，也仍然是不能摆脱性歧视和性压迫的。因此，性亵渎就几乎成为女性单独一方面的罪孽了。

结语

性的区别是人类的客观实在，强调性别标志的风俗惯习也基本上是无可指责的一种文化现象，但是性压迫和性亵渎就是另一回事了。性压迫是有社会背景的，无论是在思想愿望方面，还是在实际社会行为方面，无论是在生理基础上还是在心理感觉上，男性对于女性的压迫都是有根据而无道理的。上文我们已经指出过，性亵渎中也充分体现着性压迫的作用，所以性歧视、性压迫是性别禁忌中的一个主要的谬误。如果就纯民俗学的眼光看，这种谬误的产生有可能是从人类的性别差异在形体、体质、生理等方面的表现以及性行为的外观形态中得出的直感错觉。现在一些人还习惯于把某些人类的性行为描述为对女生的践踏、蹂躏、强暴、侮辱等等，或许这在野蛮时期里常常毫无掩饰地发生在人前的性行为的确会让人们觉得男性对女性使用强力是一种正常的，因而能熟视无睹的事情；而女性如果反过来如此这般地“欺负”男性就很觉得别扭，感到不那么自然、不那么正常了，这是一种自然的状态。这种自然的状态，随着人类生活的社会化程度的不断的提高，也得到某种相应的补充和加强。男性的生理方面的优势使他们更多地担起了人类共同生活中的重负。女性的劳动成了从属的地位，因而在经济上，女性对男性有了依附关系，这就进一步扩大了性别之间的差异，使男性更占据了优势，男人主持的公共事务越多，女人就越会退缩到家庭的小圈子里去，女人的地位越来越低了，直到任凭男人摆布的境地。这里边就出现了许多不纯粹属于风俗惯习的而是属于上层文化的问题了。也就是说不纯粹是民俗学的问题而是社会学的问题了。但是不管怎么说，随着社会文明程度的提高，两性间的性歧视、性压迫的问题也越来越被人们认识到是一个谬误了。这种谬误正在逐渐地被人类自觉地克服着，两性平等、男女一样的观念正在日益深入人心。现在这方面的禁忌也正在消失和减弱着。这是令人欣慰的。

婚姻禁忌

婚姻乃是男女两性间建立的一种社会公认的夫妇关系，这种关系是家庭和子嗣合法存在的基础。婚姻是人类社会进入到一定发展时期后的产物。婚姻的形式有多种。不同的社会历史条件下，婚姻的形态发生着种种演变和进化。汉语中婚姻指婚嫁和男女之家。《礼记·昏义·疏》云："婿曰婚，妻曰姻是也，谓婿以昏时而来，妻则因之而去也。"又云："婿之亲属名之曰姻，女之亲属名之为婚。"故"女氏称婚，婿氏称姻"。《尔雅》云："婿之父为姻，妇之父为婚。"又云："妇之父母、婿之父母，相谓为婚姻。"可见除了夫妻关系称为婚姻之外，夫妇双方的家庭亲属之间也有一种婚姻关系，所谓"妇之党为婚兄弟，婿之党为姻兄弟"。民间又称作"姻亲"是也。

子之妻为妇，女之夫为婿，夫妇的关系原应当是很好理解的，但在汉语中，夫妇的称谓也有性歧视的释意。《说文解字》云："妇，服也，从女持帚洒扫也。"《白虎通》云："夫妇者何谓也，夫者扶也，以道扶接；妇者服也，以礼屈服。"又云："婚姻者何谓，昏时行礼故曰婚；妇人因夫而成故曰姻。"可见道学者们的解释，处处体现了一种"扶阳抑阴"、"男尊女卑"的思想。女人只是男人的附属品，只配洒扫，只能屈服于男人；而男人是扶接女人的，是成就女人的。这也就说明了中国婚姻中男女的地位关系问题了。由于女性对于男性在婚姻方面的依附是很明显的，所以中国古代从氏族社会的父系家长制起至周代结合政权的分封制就基本形成了一套相当完备的宗族宗法制度。在这种制度下，家庭、社会的财产、财富全都计算在男子的名下，按着严格的辈分、嫡庶关系确立尊卑，明确递继。因而，婚姻的缔结便直接影响到一个宗族系统的发达

宋代墓前室壁画，重现了墓主生前的家庭生活。

与否。所以，婚姻虽属吉事，亦颇多禁忌。在民间，则从择婚、议婚、订婚到嫁娶乃至离婚、再婚等等方面形成了繁多博杂的禁忌事项，唯恐在婚姻这一人生大事、宗族大事上出现了差错而影响到各个方面的发达昌盛，唯恐稍一疏忽便不能得到那全部的幸福、美满。

择婚禁忌

这里所谈的择婚，首先是指群属意义上的个体，在群体意识的干预和影响下，于选择婚姻配偶方面的禁忌。俗话说："物以类聚，人以群分。"任何一个以各种名分划分出来的人群集合体，都有可能在婚姻选择上实行与这一人群体的名分有关的禁制。这方面的禁忌大体上可分为两类：一类是外婚制，一类是内婚制。实行外婚制和内婚制的禁忌原则，归根结底，都是一种乱伦禁忌或乱伦禁忌的推衍。乱伦亦即乱了名分。但是，一般说来，与乱伦禁忌的关系更直接、更紧密的还是外婚制，外婚制和乱伦禁忌在禁止血亲间发生性关系的意向是一致的。而内婚制则往往表现出一种维护血统、属性稳定和纯正的意向。其次，择婚还指个体的主观意识，于选择婚姻配偶方面的禁忌。比如自由恋爱时，选择配偶的一些禁忌习俗等等。当然，这种看起来是当事人自我的意志表现，其中也隐含着群体意识的干预和影响，不过，毕竟是通过个体的主观意识表达出来的，因而比起由他人从外界包办代替，直接干预还是要自由、自主得多了。

【氏族外婚禁忌】

氏族外婚是原始社会的一种婚姻规例，以禁止氏族内部通婚为特征。氏族外婚实际上是把同一氏族内的所有成员都视为血亲关系了。这种视氏族关系为血亲关系的情形大概与视氏族图腾为氏族祖先的信仰是不无关系的。根据有关资料，近现代中国许多民族，如独龙族、普米族、苗族、鄂伦春族、黎族、鄂温克族、珞巴族、畲族、布朗族、基诺族等都保留着这种婚姻的遗俗。在一些民族中还构成有狭小固定的氏族通婚团体。即甲家族的男子固定地娶乙家族的女子为妻，但甲家族的女子绝对不能嫁给乙家族的男子为妻，而需嫁给丙家族的男子为妻。这样，每个氏族都有固定的异氏族通婚的对象。另外像云南巍山彝族实行的家庭外婚制，是以祖公碑和祖公单为据，凡是老祖公相同的就禁止通婚。这些都是氏族外婚的不同形式。凡是实行着氏族外婚的民族，禁忌氏族内通婚是很严格的，若有违反，即认为会导致氏族全体成员的厄运，当事人必遭习惯法的严厉制裁。

【氏族内婚禁忌】

氏族内婚和亚血缘内婚都是原始公社群婚制的残余。即婚姻关系多在同一氏族、家族内部进行。除亲生父母、子女、亲兄弟姐妹外，叔伯兄弟姊妹之间，从兄弟姊妹、再从兄弟姊妹之间均可婚配，甚至不同辈分之间也可婚配。此外还普遍保留着“兄妻弟妇”的转房制。实行这种婚配是为了减少女子外嫁，并把她们当作家族的财产或劳动力保留在家族内部。据有关资料表明，怒族、布朗族、傈僳族等民族近现代仍有此种婚俗流行。实行氏族内婚和亚血缘内婚的民族地区是忌讳与外氏族通婚的。违犯者要受到谴责和制裁。不过，现在新的婚姻法实行后，这类婚俗也逐渐改变了。

【民族内婚禁忌】

民族之间由于民族习惯、信仰不同，或者由于地域、语言方面的限制，或者是由于有意维护民族种属的纯正等等原因，也常常形成通婚的禁忌。据有关资料表明，锡伯族、彝族、维吾尔族、门巴族、达斡尔族、德昂族、畲族等都曾禁忌与其他民族通婚，或很少与其他民族通婚。在禁忌严厉的地区和时期里违犯禁忌而与他族人通婚者是要受到谴责和惩罚的。有些民族虽然关系很好，但也严遵此俗。如达斡尔人与鄂温克人、鄂伦春人的来往比较频繁，关系也很密切，但是互相通婚的现象极少。过去，满族也曾有不与汉人通婚的禁忌信条，俗语说的“旗民不交产，满汉不通婚”即是清朝前期的俗法。现在，由于交通的发达、社会的进步、民族关系的改善等等因素，民族内婚禁忌越来越淡化了。许多有此婚俗的民族都打破了民族内婚的界限，开始与临近民族以及远方民族通婚了。不过，有些民族间的通婚还要加上一些条件。比如信仰伊斯兰教的回族、撒拉族等，可以与其他民族通婚，但是要求其他民族的配偶要遵守伊斯兰教的教规和饮食习惯，有的结婚前必须举行“随教”仪式。而乌孜别克族则只许男子与非穆斯林女子结婚（妻子要改信伊斯兰教），而女子则不准嫁给非穆斯林男子。这反映出一些民族要求宗教信仰纯化和仍然希望保持民族内婚习俗的一种思想倾向。

【同姓不婚禁忌】

同姓不婚的婚俗禁忌在中国各民族中是普遍存在的，绝大多数民族至今都遵从这一习俗。关于同姓不婚的记载也很多。不过最早时期，即远古（神话）时代，据说婚姻是无同姓异姓之别的。据张亮采《中国风俗史》言，黄帝至夏商时的婚姻“无同姓异姓之别。如颛顼女女修，为伯益之曾祖母。尧二女嫁舜皆同姓连婚是也”。可见夏商时，不论同姓异姓都可以婚配的，当时还并无同姓不婚的限制。可能是与当时人们重图腾归属而不重血亲归属有关联的。又据周谷城先生在《中国政治史》中考证，最初（三代之前）“姓是用以称呼女子的，氏是用以称呼男子的”，“在母系社会时代，两个不同姓的氏族间如发生婚姻关系，出嫁的不是女子，而是男子。女子不出嫁，故能维持着表示血统的姓于不变”，“直到稍后母系社会逐渐丧失权威，图腾意义逐渐被人忘却之时，于是用于女子的姓逐渐被用于男子的氏所代替；含有图腾意味的姓字逐渐加上边旁，变成没有图腾的意味了”。正是由于女姓被男氏所替代的这一转换过程的存在，所以在姓与氏的问题上搞得比较混乱起来。不过大体上说，夏商时期的婚姻是属氏族外婚或氏族内婚型的，其注重的是图腾关系、氏族关系，亦即土地关系、地域关系。《左传·隐八年》云：“胙之土而命之氏。”氏，即所居之土，无土则无氏。大约到了西周时期，才开始重视血亲关系，这时已由母系社会进入父系社会。赐姓封土的宗法制度确立了男性的世袭地位，婚姻关系中也形成了异姓通婚的特色。这时的姓，也成为别婚姻的标志了。《白虎通义·姓名篇》云："人所以有姓者何？所以崇恩爱，厚亲亲，远禽兽，别婚姻也。故纪世别类，使生相爱、死相哀，同姓不得相娶者，皆为重人伦也。姓者生也，人禀天气所以生者也。"郑樵在《通志略·氏族略序》中也说道："姓所以别婚姻，故有同姓、庶姓、异姓之别，氏同姓不同者婚姻可通，姓同氏不同者婚姻不可通。"

同姓不婚始见于周，姓的作用在于"别婚姻"、"别种族"，但是为什么要别种族、别婚姻呢？为什么同姓一定要禁忌婚配呢？这其中的道理有许多种说法。最普通的说法是同姓同血统，同姓婚配，影响后代子孙的生育。《白虎通义》云："不娶同姓，娶同姓者一国同血脉，遂至无子孙。"《左传》云："男女同姓，其生不蕃。"《国语》云："同姓不婚，惧不殖也。"讲的都是此理。这一说法，从优生学上讲是有道理的、有意义的。血缘相近的人通婚于后代人的健康不利，这是有科学根据的。另一种说法是，同姓人结婚会带来灾乱。《国语》云："娶妻避其同姓，畏灾乱也。"佤族人认为同姓结婚是"乱来"，同姓人结婚会得罪"天"。"天"会因此而惩罚人。比如，"天"会降灾祸，让人和牲畜死掉，让谷子长得不好，让雨下得太多或者太少，让雷击劈人等等。这种"天"的惩罚不止是加之于当事人双方，而且还要加之于全寨人或一地区的人。因此，若有同姓结婚者，要受到双方的族人和寨中人集体的严惩。对他们或者抄家，或者赶出寨子，或者罚他们扫寨子、剽牛请全寨人共吃，或者要他们祭鬼以求"天"饶恕。祭鬼时将牛头劈做两半，示意二人永远不得来往。有的还逼迫他们与狗同餐，以示他们的行为与猪狗无别。可见，同姓不婚禁忌在有些民族中仍是很严厉的。同时这种灾乱说也反映出了图腾时代乱伦禁忌中乱伦恐惧的一些思想遗迹。另外，还有一些形象化的说法。例如丽水地区畲族对同姓不婚的习俗，只说"竹节不分，同姓不婚"。道理还是指的同姓一体的含义。对于这些同姓不婚的原由，吕思勉先生曾在《中国制度史》一书中谈了自己的看法。他认为"其生不蕃"、"则相生疾"并不是最原本的理由，而是后来所附益的。最原本的理由还是像《礼记·郊特牲》中所说的"娶于异姓，所以附远厚别也"。因为"群之患莫大乎争，争则乱。妃色，人之所欲也。争色，致乱之由也。同姓为婚，则必争，争则戈矛起于骨肉间矣"。这似乎又是将同姓不婚的原由归之于色欲和嫉妒心的避讳之上了。显然，这仍是与乱伦禁忌很相仿佛的。除此之外，笔者还以为，同姓不婚当与原始社会的掠夺婚，以及后来买卖婚的遗俗影响是有着连带关系的。这两类婚姻都可说是“外向型”的。当母系社会为父系社会所替代，而父系社会中男性血统又有家庭承继观念时，向姓外发展也就等同于以往的向氏族外发展了。财产的私有化及按男性传承递继的社会经济制度也会促使和激发男性向姓外扩张的野心和要求。而女性，则终于沦为这种婚姻制度下的男性附属品了。

有资料表明，中国汉族、佤族、畲族、阿昌族、鄂温克族、彝族、锡伯族、达斡尔族、布朗族、蒙古族、基诺族、满族、景颇族、白族等许多民族都有同姓不婚的习俗。在此俗盛行的时期里，违禁者是要受到严厉的惩罚的。

基诺族中，有的村寨，在实行族外婚、同姓不婚的原则之下，还要求同一“长房”内绝对不能通婚。“长房”是基诺族居住的一种竹楼，是一个父系大家庭集体居住的“大房子”，最长的可达六十多米长。“长房”内有象征大家庭的总火塘。房子中间是通道，两边有各个小家庭的小火塘。各个小家庭有自己独立的经济，各有各的柴米用具。直到上世纪六十年代，“阿车造”、“阿勒劳”、“喔仓”等四个姓氏，还保留着聚居“长房”的习俗。一座“长房”内绝对不能通婚，这是基诺族的古老规矩，虽然，同住一座“长房”的并非都是同姓。例如姨表兄弟姊妹之间，若分住两座“长房”，通婚是不被禁的，但是，住同一“长房”，便成为一家人，绝对禁止通婚。畲族、白族等又有同姓同宗与同姓异宗之分别。同姓同宗不婚。同姓异宗，又称同姓不同香炉者可以通婚，但是同姓异宗结婚的比较少见。

现在，由于姓氏观念的发展，社会文明程度的提高，尤其是一些姓氏已经不再是同一血统的标志了，所以同姓不婚的禁忌也就不那么严格了。就汉族来讲，虽然同姓结婚仍有所忌讳，但人们直接关心的是血缘关系的远近而非姓氏的异同。这，实际上更具有科学性。

在中国，也有一些民族是实行同姓为婚的习俗的。“据史书记载，很早以前土家族曾有过‘同姓为婚’的风俗，后来才逐渐改变的。”（参见《西南民院》1981年第2期）还有一些民族由于种种原因也实行着某种有条件的同姓通婚习俗。例如广西苗族就是如此。当地苗族人居住在高寒山区，形成小集中、大分散的分布局面。有的寨子都是同姓人，寨子里的人又不愿远嫁，加上苗族只实行族内通婚，所以往往在恋爱、婚姻问题上造成了实际的困难。在这种情况下，就采取“拨散”的手段来解决。通过一些仪式，由村寨的头人宣布从某年某日开始，实行同姓婚姻的决定。然后，来参加仪式的人们便杀一头带花斑的牛来聚餐。这花斑牛象征着混淆、混乱的意思，吃了花斑牛肉后，就再不存在同姓不婚的禁忌问题了。凡参加“拨散”的人们都可以实行同姓婚配而不再受到社会舆论的非议。在没有举行“拨散”活动前，同姓是不能通婚的，直到现在仍然是这样的。举行“拨散”也并不是很随便的，而是极慎重、极严谨的。据说举行“拨散”活动，会给村上带来某种灾难，所以一般很少举行这种活动。还有云南的克木人，也有类似的举动。“克木人实行氏族外婚制，即同氏族的人不能通婚。又根据子随父姓（氏族）、女随母姓的原则，兄弟之女与姐妹之子都分别属于不同的氏族，是属远亲，可以通婚。而兄弟之子与姐妹之女不同姓，堂兄弟与堂姐妹也不同姓，但他们都是近亲，犹如亲兄弟姐妹关系，所以概不通婚。如有青年男女违反这个规矩，硬要在近亲中通婚，即被人视为猪狗，必须举行一种带惩罚性的‘同槽吃食’的仪式。所谓‘同槽吃食’就是把糠和水倒进猪槽里，命此二人学着猪叫爬近猪槽就食。同时，由另一男子手提斧头从二人的上空劈一下，代替雷神的惩罚，并含有向雷神认错的意思，请雷神以后不要再劈打他二人了。又由另一妇女提一桶水向二人泼去，代替水中龙王的惩罚，并含有向水中龙王认错的意思，该龙王以后不要再咬他二人了。同姓不婚的原则，从前大家遵守较严，后来就不怎么严格了。”（参见《云南少数民族》第429—430页）这类情况下，虽然实行了同姓通婚、近亲通婚，但仍然是被视为同姓不婚的反动行为的。同姓不婚，是正常的风俗习惯，同姓通婚则是反风俗的特例，是在通过某种巫术的或宗教的仪式之后，事先禳解掉违禁犯忌的灾害的一种通融的办法。这说明同姓不婚的禁忌虽然常常被合法化地（有时也许是合乎情理的）破坏掉，但同姓不婚禁忌中所包含的乱伦畏惧却总是在深深地影响着人们的心灵。

【异姓不婚禁忌】

在中国，还有异姓不婚的情形，不过这些异姓不通婚的理由是他们有着同一祖宗。

由于古时姓氏关系有一个转化，最初是姓表血统，氏表居地，后来就转化为姓氏都表血统并且代表着同一血统内的差别。如《史记·秦本纪》云：“秦之先为嬴姓，其后分封，以国为姓。有徐氏、郯氏、莒氏、终黎氏、运奄氏、菟裘氏、将梁氏、黄氏、江氏、修鱼氏、白冥氏、蜚廉氏、秦氏，然秦以其先造父封赵城为赵氏。”这里秦分封的十三氏加上其先祖造父被封赵城而为赵氏，共十四氏。按照百世不通婚的说法，这十四氏是不可通婚的。因为“凡此十三氏，并赵为十四氏，其为氏不同，而姓则同嬴也”（见郑樵《通志略·氏族略》）。然而，分封之后，既“以国为姓”，十四氏又都可立氏为姓，实际上后来的氏、姓也都逐渐统称为姓了。所以这十四姓，虽说各异，仍应是不能通婚的。因为他们的祖宗是同一的嬴姓。不过，说是百世不通婚，实则很难实行得了的。至今日恐怕很难再有此忌讳了。如果今天有人说徐、江、黄等姓不得通婚，则必会遭人非笑的。

但是，在民间，一些地域和民族中仍然有异姓不婚的特例确实存在着，据说台湾民间就有“周苏连”、“陈胡姚”、“徐余涂”、“萧叶”、“许柯”等等异姓间不许通婚的禁忌。若触犯了这一禁忌，会有“生歹子”的后果，这和古代畏惧“不蕃”、“不殖”、“灾乱”、“不伦”是同一个意思。因为据信这些异姓的祖宗是同一的。再如东北鄂伦春族也有“关魏葛”、“吴孟”等异姓间不通婚的禁忌。据《鄂伦春族社会历史调查》，这些异姓不婚的原因有五种：一是同祖先；二是义兄弟；三是最初结亲未成；四是扩大家庭势力；五是最初的部落联合。其中以第一种说法最为普遍。看来也是因同是一个祖宗姓氏的分支，所以才禁忌通婚的。由此而知，大体上说异姓间不通婚的禁忌仍然不过是同姓不婚禁忌的延续而已。

【异辈不婚禁忌】

异辈通婚是民间最典型的乱伦行为，必在禁忌之列。有直系血亲关系的，忌之最甚。这是符合科学道理和社会道德的。汉族、满族、达斡尔族、鄂温克族、鄂伦春族、侗族等等中国绝大多数民族都禁忌异辈通婚。个别违反这一婚姻习俗的人会受到人们强烈的谴责和严厉的惩罚。只有极少数民族保留有异辈通婚的婚俗，旧时，怒族、傈僳族等部分地区也有年龄相差不多的异辈相互通婚的习俗。

【表亲婚禁忌】

“骨血不倒流”是民间针对单向舅表婚的一种禁忌习俗。舅表婚又称中表婚，中表即内外，舅子为中、为内，姑子为表、为外，俗以为姑母和父亲的血脉相同，娶姑家的姑娘为媳妇便是“回头婚”。因此，“骨血不倒流”的说法是反对姑家的女儿嫁给舅家的儿子的。汉族和满族都有此忌讳。南方还有“骨肉还乡，家败人亡”的俗语流传。云南一些壮族地区也有此禁忌。达斡尔族、拉祜族、景颇族等忌之尤甚。景颇族有“丈人种”和“姑爷种”的婚姻习俗，这是依父亲亲属观念来表达一种姻亲关系，和汉族、满族的“姑母做婆”相一致。其含义是：姑母的儿子有权而且必须娶舅父的女儿为妻，或者说，侄女一旦坠地就注定要当姑家的儿媳，而舅父的儿子却绝不容许娶姑家的女儿为妻。把这个意思扩大，即为：凡姑爷种姓氏的任何一男子必须娶丈人种姓氏的任何（同辈的）女子，而丈人种姓氏的男子却不准倒娶姑爷种姓氏的女子。景颇族人普遍恪守这一婚姻禁忌习俗。如果舅家有女儿，外甥在求偶时违背惯习要向别姓氏的丈人种求亲，必须事先向舅家送礼，征得舅家的同意方可。舅家同意了，还要向表姊妹道歉，为之“洗脸”。如果舅家无女儿或女儿的年龄和外甥不相当，外甥不得已另找丈人种时，也必须征得舅父的同意，否则，亲戚关系就会被破坏，这是很受忌讳的。丈人种与姑爷种的姻亲关系因故中断，想再恢复时，姑爷种一方可向丈人种一方送礼认亲。如对方同意，则以酒食相待，并回送一支火药枪和一对手镯。这样双方就算恢复了姻亲关系。虽然这种单向的舅表婚是禁止“骨血倒流”的，有其合理的一面，但其另一方面，即“丈人种”、“姑爷种”婚姻习俗，也是属于近亲结婚的，其对子孙的繁衍和人类的发展的危害也是很大的，因此，婚姻法中对此也是禁止的。

中国民间许多地区，曾经热衷于表亲婚，并称之为“亲上加亲”，认为是喜中之喜。后来，新的婚姻法有了近亲不得结婚的规定，才逐渐改变了这种习俗。过去，土家族、布依族、傈僳族、瑶族、壮族等都有姑表亲（又称姑舅表亲）的习俗。姑家的女儿必须嫁给舅家的儿子，舅家有优先娶外甥女的权利。土家族的俗语说：“姑妈女，顺手娶；舅舅要，隔河叫。”布依族若姑之女不同意，女家要向舅家交纳“舅爷钱”。某些壮族地区流传着“除了青岗无好柴，除了郎舅无好亲”的说法。广西天峨县白定乡壮族称这种姑舅表婚为“借姑过表”，即把舅家娶姑家女儿为媳作为当年姑出嫁的一种赔偿。即使舅表是有残疾的，或者年龄过小或过大也无可更改，否则便用强硬手段逼迫成婚。只有舅家不愿意娶甥女时，甥女才可嫁于别人。瑶族在舅父无子、姑之女嫁于他人时，其聘礼由舅父领取。可见表亲婚的规约习俗是带有某种民法性质的，违反了其中的习俗规约即是犯禁行为，势必受到谴责和惩罚。另外，景颇族、侗族和彝族等还恪守姨表不通婚的习俗。其规矩也是很严厉的，族民一律不得违反。彝族人就认为，姨表兄妹等于亲兄妹，严禁通婚，违者处死。这种姨表不通婚虽说符合近亲不婚的原则，但它往往又是以姑表通婚、舅表通婚等近亲通婚为习俗的另一面的。而从优生学的角度来讲，凡是近亲结婚都是不好的，所以一切表亲婚姻都应彻底地革除。只有这样，才是有利于民族和人类的健康发展的。

【等级婚禁忌】

中国不少民族中都实行着严格的等级内婚制。汉族民间的门第观念就对等级婚姻的缔结产生过重要的影响，所谓“门当户对”方可联姻，一般说来，越级婚姻是很少出现的情形。在顺势的越级婚姻亦即新郎地位高于新娘地位的婚姻和逆势的越级婚姻亦即新娘地位高于新郎地位的婚姻中，由低位升级到高位的一方会受到社会舆论的赞许，而由高位降级到低位的一方则会受到社会舆论谴责。在封建社会包办婚姻盛行时期，越级婚姻是被禁止的，尤其是地位高的一方是忌讳找地位低的一方作配偶的。而地位低的一方出于对世俗偏见、舆论压力以及婚后姻亲关系等方面的考虑也往往忌讳“攀高门”。一是恐怕事不成被人耻笑，二是担心成亲后自己的一方会受对方的歧视和虐待。事实上缔结婚姻的双方，其社会地位和贫富情况也是不能不作为一项基本条件来考虑的，但理想的婚姻不会以此作为唯一的标准。等级内婚有时也通过职业内婚的形式表现出来，旧社会汉族有对某些职业鄙视的俗见，比如剃头的、修脚的、当衙役的、唱戏的等等行业都被人们认为是低贱的行业，一般社会中人都不愿与这些行业中的人联姻。维吾尔族也忌讳剃头匠的儿子娶银匠的女儿为妻，以为这也是门不当、户不对。其中的原因，一是人们有职业的偏见，二是这两种职业就其经济收益上也确实存在着较大的差别，这差别几乎大到了可以把这两种职业也当作社会中的两个不同等级来看待的地步了。因此，社会地位、贫富境况差别不甚大的家庭，其联姻的可能性就大些；相反，如果两个家庭分属于社会地位和财力非常悬殊的两个等级（阶层），那么，其联姻的可能性也就很小了。汉族统治阶级和奴婢阶级之间是绝对禁婚的，有些这方面的婚禁还被列入了法律之中而成为制度。据有关资料表明，旧时，藏族的阶级内婚制也很严格，农奴主和农奴之间是绝对禁止通婚的。违反者会受到社会舆论的谴责和法律的惩治。景颇族也实行等级内婚，即官家与官家通婚、百姓与百姓通婚，百姓与官家是禁忌通婚的。傣族人忌讳与会放鬼的“琵琶”家庭联姻。被认为是“琵琶鬼”的家庭，其子女禁忌与其他老百姓的子女结婚，而只能与另一“琵琶”家庭的子女结婚。这其中有信仰的原因，也有等级差别的原因。哈萨克族过去长期处于蒙古族的统治之下，氏族部落集团上层的“汗”、“苏丹”都由蒙古贵族充任，他们自命为成吉思汗的后裔，称为“白骨头”（托利），而被统治的劳动牧民则被贬为“黑骨头”（哈拉），即贱民。“白骨头”与“黑骨头”之间有着严格的等级贵贱的分别，是禁忌通婚的。在旧社会，珞巴族内部分成“麦德”（意为主人）、“涅巴”（意为低贱的人）两个等级。“麦德”自认为是血统纯洁高贵的“高骨头”，在社会上受尊敬、有地位、有完全的人身自由，即使穷了，后代仍然是“高骨头”。“涅巴”被诬蔑为“低骨头”，他们的后代即使财富地位上升，甚至蓄有奴隶，也不能成为“麦德”，只能成为等级地位稍高于“涅巴”的“伍布”。“麦德”和“涅巴”之间有着严格的等级界线，不能通婚。如果“麦德”违反了禁忌，与“涅巴”结了婚，就要下降为“低骨头”的“麦壮”（麦让），而“涅巴”将会被处死。凉山彝族过去也有此类婚俗。在统治等级的黑彝内部也还存在着进一步的等级分别。黑彝必须恪守等级内婚制。黑彝内部有所谓“硬骨头”、“软骨头”、“黄骨头”之分，血统纯洁的黑彝家支称为“诺伯”，意为“血统好的诺”或“硬骨头”；在历史上混杂过被隶属等级血统的黑彝家支称为“诺低”，意为“血统不好的诺”或“软骨头”；还有一种晚近血统混杂的黑彝家支称为“诺比”，意为“黄骨头”，他们的统治等级身份不被社会承认。在“诺伯”（硬骨头）、“诺低”（软骨头）和“诺比”（黄骨头）之间亦是禁止通婚的。彝族中的被统治等级如“曲诺”、“阿加”和“呷西”等，其嫁娶也有等级的限制，但没有黑彝严格。黑彝与其他等级之间更不能通婚。如果黑彝的女儿与其他等级的小伙子发生了两性关系，按惯例男子要被烧死，而女子也要被勒令上吊自杀。黑彝女子成为寡妇，也不能嫁到其他等级，甚至不许离开夫家。“曲诺”的等级要高于“阿加”、“呷西”，所以“曲诺”一般也绝不与“阿加”、“呷西”通婚。这些婚俗惯习是为了确保血统的等级界限。用黑彝的话来讲，就是“黄牛是黄牛，水牛是水牛”、“人由种，水由泉”。

【恋爱禁忌】

恋爱也是一种择婚的过程。不过，这里的择婚已不全是群体意识的体现而是着重于个体意识的体现了。当然，许多恋爱的形式都是在前边提及的那些择婚习俗的基础上展开的。

恋爱是有缔结婚姻愿望的两性间的初步结识、交往过程。在旧社会，由于男女授受不亲的礼教和父母包办婚姻的习俗存在，青年男女是不能够自由恋爱的。男女相婚配，必得有媒人。《诗经·豳风·破斧》云："伐柯如何？匪斧不克。娶妻如何？匪媒不得。"《礼记·曲礼》云："男女非有行媒，不相知名。"媒人，又称"月老"、"月下老人"、"伐柯人"、"大冰"、"冰人"、"红娘"、"介绍人"等。汉族旧时男女恋爱忌无媒人。有婚姻成时，总会问及："谁的大媒？"没有媒妁之言，婚姻常不被人所承认。现在一般倡导自由恋爱，媒人只是帮助男女相识，或有或无，均可（参见下文"议婚禁忌"中"媒人"一节）。

中国许多少数民族的恋爱比较自由。有些并不需要媒人从中帮忙，男女青年可以在特设的场所或公开的场合下建立恋爱关系。不过，也有这样那样一些禁忌需要遵守的。

傣族在农忙时禁止青年男女谈恋爱。每年的七月十五日关门节到十月十五日开门节，是农忙季节，这一段时间里青年男女是禁忌谈恋爱的。

苗族、瑶族等民族的男女青年有以对歌的形式建立恋爱关系的习俗。但苗族规定不得在家中唱情歌，只能在田野或姑娘们云集的挑花场去唱。小伙子吹芦笙，也忌讳边吹边向寨内走，只能边吹边向寨外走。吹芦笙时只能吹一对芦笙，忌两对以上同时吹，因为只有办丧事时才吹两对以上的芦笙。瑶族则规定同寨的青年男女不能对歌、老人在场不能对歌、自己家中的人更不能对歌、男女二人不得单独或在僻静地方对歌等。

德昂族男女青年恋爱，父母不加干涉。男青年可以自由邀会姑娘"讲话"，但只限定在家中谈恋爱，禁止在外边幽会。山寨竹楼前有供男子出入的大门，后有供妇女通行的小门。男子邀会姑娘时，要走小门，不得走大门。

佤族谈恋爱的方式是"串姑娘"。旧时，男子十四五岁就开始"串姑娘"了。在串姑娘时，男子忌做不好的梦。如果做的梦好，就能结婚成夫妻了；如果做的梦不好，恋爱关系只得终止。

旧时，傈僳族、怒族、哈尼族、景颇族、彝族、壮族等少数民族都设有专门的公房作为青年男女恋爱的社交活动场所。怒族称作“吴尧”，哈尼族称为“尤拉”，景颇族称作“王治”或“恩拉达”。公房多由村寨建立。男女青年在晚上相聚于公房，燃起旺火，吹拉弹唱，谈情说爱，之后在公房同宿。不同民族有不同的禁忌。一般同姓、近亲、不同辈分不得进入同一公房。彝族玩公房仅限于未婚男女，而且必须是不同宗族的青年。同宗族的男女，即使相隔八代，也不能同到一个公房中对歌、恋爱。已经婚嫁的男女禁忌混进公房中去。已进入恋爱期的男女，如果不去公房寻找意中人，也会遭到舆论责备，认为是无能的表现。

中国绝大多数民族都禁忌婚前性生活。在恋爱期间发生性行为被认为是不道德的事，是见不得人的事，是绝对禁忌的事情。汉族强调“童贞”，女子尤甚。失去童贞者，会被社会和家庭所遗弃，造成婚姻的破裂甚至有生命的危难。贵州苗族青年男女谈恋爱被称作“游访”。为了给青年男女提供方便，每个村寨都设有能供一二十人坐着闲谈的“游访坪”、“游访坡”。这样的场所多设在偏僻，但又能被人看得见的地方。青年男女谈恋爱，忌讳一开始就到很隐蔽的地方去。否则，是要遭人议论的。“游访”时，男女必须态度严肃，不许口出秽言，动手动脚。否则要受谴责和惩罚。桂西南背篓瑶男女青年可以自由恋爱，对歌地点，在男女双方家中均可，但对歌时要有男女同伴陪着，双方都得规规矩矩，不得动手动脚，否则便受到谴责，并被取消对歌资格。大瑶山的茶山瑶，当姑娘到了谈恋爱的年龄，父母就安排她到吊楼里去住。小伙子来谈情说爱时，不能直接从大门进屋再沿楼梯进吊楼内，而是在吊楼下的巷道里攀爬而上，人们叫这种恋爱方式为“爬楼”。“爬楼”的规矩是很严肃的。已经结婚成家的人均不得参加“爬楼”活动，已确定了终身大事的姑娘也不允许其他人再来爬楼。在“爬楼”过程中决不允许胡来。一旦有伤风败俗的事发生，就要受到严厉的惩罚。佤族青年男女谈恋爱结婚前不得同床，更不能有孕，否则即认为是对寨神的侮辱，要受重罚。哈尼族如果姑娘未婚怀孕了，就要立即与未婚夫结婚。如果未婚夫不乐意结婚，女方亲属就要千方百计地想办法再找一家把她嫁出去。如果姑娘婚前生育了，就会被人们视为罪人而赶出寨子。她的父母还要受罚、遭人歧视。汉族等其他一些民族也有类似的婚俗。哈尼族男女青年在“公房”里谈情说爱乃至发生性关系，都无人干涉，但如果女方怀孕，就要马上结婚，否则孩子生下就要被弄死，女家要被罚款作礼，姑娘也要被赶出村寨。

中国绝大多数民族都禁忌婚外恋，以为婚外恋是不道德的，会给家庭、社会带来不幸和灾难。婚外恋者一旦被发现，将会受到严厉的制裁和惩罚。但在旧社会，由于婚姻制度中种种不合理的情形存在，人们对于配偶的选择也很不自主，所以，对婚外恋的情形亦应有所分析地对待才是。不过，作为风俗惯习，婚外恋始终是受到禁忌的。

对于身体有残疾的人，恋爱也受到挑剔和限制。民间忌讳身体健全的人与身体有残疾的人恋爱、结婚。一般家庭也会对这样的婚姻、恋爱进行干预。当然，在感情的基础上，健全的人与残疾人之间产生爱情，冲破俗见，结合为美满姻缘的人还是有的，但毕竟不多。汉族民间又有禁忌与有狐臭的人家结亲的风尚习俗，说是狐臭会传染，难治愈。还忌讳与有内疾的人结亲，包括有性病的人结亲，这些从健康方面的考虑还是有一定道理的，但对残疾人歧视也是不应该的。台湾南部嘉义地区忌讳女子额头上长“额头叉”，认为大不吉利。凡是额头上长“额头叉”的女人，无人敢与之恋爱、结婚。当地流传着一句俗语，叫做“额头叉，克大家”。可见，这种忌讳担心的是把她娶过门来之后，全家大小都会受她的克伤。但是，这种俗见是没有任何道理的，和汉族旧时忌讳妇女有“断掌纹”，说是会“克夫”一样（参见本书“人体禁忌”的“手脚禁忌”一节），完全是对女性的一种迫害，是性歧视、性压迫的表现。

议婚禁忌

上文所谈的“择婚”是指可供选择婚姻配偶的范围和方式，这里的议婚也可以说是含有选择婚姻配偶意义的。不过，和择婚不同，议婚是在可以选择配偶的范围内和习俗允许的方式上所进行的具体交涉，是为订婚所作的进一步努力。在这方面也有一些禁忌习俗。下面就分别从若干个方面来谈。

【媒人禁忌】

由于民间忌讳“失贞”很严厉，而谈恋爱男女一接触又势必会引起别人的猜度，所以旧时汉族以及其他一些民族就尽量不让男女青年自由恋爱，不让他们直接接触，所谓“男不亲求，女不亲许”。双方必须通过中间人——媒人的转达才能商议婚事。媒人在双方家庭中传递双方各自的姓名、年龄、品貌、身世等基本情况以及对此事的态度，因而成为议婚中必不可少的重要角色。甚至，习俗成礼，认为只有通过媒人的婚姻才是正规的、合法的婚姻。在包办婚姻盛行的年代里，许多婚姻就是在两个家庭和媒人之间议成的，而婚配的男女青年本人根本就没有参与其事的权力，甚至根本就不晓得这一议婚的过程，只是听凭别人摆布，直到入了洞房才能和自己的“配偶”相识。这是非常可悲的。然而几千年来中国包括汉族在内的许多民族的婚俗就是这样延续下来的。早在周朝时就已经有“媒官”的设置。《周礼·地官·媒氏》云：“媒氏掌万民之判。凡男女自成名以上，皆书年月日名焉。令男三十而娶，女二十而嫁。凡娶判妻入子者，皆书之。”可见，在周朝甚至周朝以前就有了专司“做媒”之职的人了。后经社会变迁，朝代更替，媒官已转而为民间的媒妁。媒妁常易为女性担任，且又需上了些年纪的，所以民间又称之为“媒婆”。媒婆一般都能说会道，常常能把“死蛤蟆说出尿”来。所以求媒婆说亲的人不敢慢待媒婆，对媒婆的招待与送“媒礼”都是周到和丰厚的。如果哪一方无意间得罪了媒婆，因她的从中作梗，三言两语，会把一桩好姻缘给搅散了。还有一些根本不相配的婚事，因媒婆受了厚礼，也会昧着良心，瞒天过海，弄假成真，把婚事说合成功。可见媒婆的影响力是很大的，所谓“买卖凭仲人，嫁娶凭媒人”。如果婚后双方不满意，媒人也不负责任，因为媒人“只包入房，不包一世”。当然，也有许多媒人促成了不少和谐美满的姻缘。而民间流传的“三人共五目，日后无长短脚话”的笑话也正是对媒人机警善辩的一种笑谑。媒婆说媒虽然受人敬重，但也有许多忌讳。一般说来，媒婆说媒忌讳四处张扬，开始的时候要尽量避人耳目。否则非但婚事可能说不成，还要遭人唾骂。托人说媒的人家，尤其是女方更忌讳媒婆“嘴碎”，媒未说成时，四邻八舍都知道了，会坏了女方的名声。如果最终也未说成，女方还会认为失了“名节”，从而酿成灾祸和悲剧。直到现在，青年人谈恋爱，不论是自己认识的，还是由介绍人介绍的，开始时都是隐秘的，到了一定的程度，关系确定了，才逐渐公开。在台湾，媒婆虽勤快地奔走于男女两家，但亲事未撮合成功时都忌讳吃双方款待的食物，以为若是吃了，亲事反而会告吹。这其中有点“吉事怕说破”的道理，好事不能先高兴，乐极生悲，好事就会变成了坏事了。亲事一告吹，白跑几十趟，最后连份媒礼也落不下，岂不自找倒霉吗？所以不敢“贪嘴”。再说，吃了人家的东西，万一婚事说不成，人家会说是“骗吃喝”的。或许有几次没说成婚事的，一回想，恰好是吃了人家的东西，由于偶合心理的归咎，便视此为说媒之禁忌。然而生活中确有以说媒为由头来往于两家之间骗吃骗喝的，因为他（她）的目的不在说媒，所以没有说不成的顾忌，当然也就不讳避吃喝了。

媒人，不但自身是个禁忌体——结婚不能没有他（她）们。俗以为，他们是赋有神圣使命的，他们能让冥冥中（命中）注定合该结为夫妻的人结合在一起，这本身就说明他们是可以上达神明的，是有一定的魔法威力的人体。因此人们对其怀有一种敬畏的情感，不敢得罪于他们。而且，他们自身也有一些禁忌需要遵从——如上边所谈。更重要的是，媒人由于职业上的需要，他们还是对民间婚嫁禁忌事象知之最详、记忆最深、传统观念保留最完整的人物。一切撮合事项，有赖于他们的穿梭奔忙；有关的风俗礼数，有赖于他们的传播、提醒、协助办理。所以媒人是整个议婚过程乃至整个婚嫁过程中的最活跃有趣的角色。

【纳彩禁忌】

纳彩是古代婚仪六礼之一。据《礼记》和《仪礼》记载，六礼为纳彩、问名、纳吉、纳徵、请期、亲迎六种，它概括了从议婚到完婚前的全部手续和过程。不过六礼多行于贵族豪门家庭，民间因陋就简，大多数仅有六礼中的若干项程序，并且多是点到而已。当然，民间也还有民间的一些新花样作为各地不同的特色。

纳彩，即纳其采择之礼于女家也，也就是指男家请媒人到女家提亲。古时纳彩通常要用活雁作为提亲时的礼物。《礼仪 · 士昏礼》云：“昏礼下达，纳彩用雁。”用雁为贽礼的含义有不同的解释。一曰顺阴阳。这是较早的说法，因为雁是一种候鸟，“木落南翔，冰泮北徂”，纳彩用雁，取其顺乎阴阳往来有序之意。二曰不再偶。据传说，雁一生只配偶一次，失去配偶，终生不再成双，民间用雁多取此意，以表达对婚姻缔结忠贞不贰的思想愿望。三曰摄盛。这是研究礼俗变迁者的推论。据认为，周朝以前，贽礼分不同等级。《礼记 · 曲礼》云：“凡挚，天子鬯，诸侯圭，卿羔，大夫雁，士雉，庶人之挚匹。”可见，当时贽礼是天子用香酒，诸侯用玉器，公卿用羊羔，大夫用雁，士用雉，平民百姓只用布帛。又因为对婚礼的重视，所以一般士民也假借大夫之礼而用之，故遂为统贽雁礼了。从以禽为贽一点来看，此礼当是狩猎时代的一种遗俗。现在已很少能见到用雁为贽礼的了。一般改用鸡，或者鹅代替之。然而，无论雁、鸡，还是鹅，作为纳彩礼都要用活的，而忌讳用死的。因为婚事是件喜庆的事，如与“死”字联系起来，是太不吉利了。而且按用雁的前两义来讲，死雁又怎么能顺乎阴阳，往来有序呢？难道送一只死雁，让对方一开始就象征着过门来当寡妇吗？所以此事忌之甚严。纳彩礼如今也有不用禽类的，只是一般不会让媒人空着手去女家，总要拿上些酒、点心、水果、布匹等礼品的。有时纳彩并不止是去女家一次。像达斡尔族就有一种习俗，忌讳男方一次两次求婚女方就答应了。他们认为，多次求婚才答应，说明女儿家主贵；如果少次求婚就答应，则显出卑贱。达斡尔俗语说：“好女百人求。”所以，媒人提亲是要多跑几趟的。

【问名禁忌】

问名也是六礼之一。问名者，问女字也。民间常与纳彩礼合并。后问名扩展到议门第、家产、年龄、职位、品貌、健康等诸方面的情况。问名可能源于周朝媒官将未婚男女的出生年月日及姓名登记成册的制度。本来是用来分别男女年龄大小的，后来被一些算命的术士故弄玄虚地披上一层神秘的外衣，因而引出许多忌讳。

（1）婚龄禁忌

问名首先是由媒人将男女双方当事人的生辰八字交换送至对方，让对方知道议婚男女的年龄。关于婚龄，民间有一些俗规禁忌。这些俗规禁忌不能不知，因为它直接影响到议婚可否继续进行。一般说，男大当婚，女大当嫁。男女年龄是不能超过正常婚龄太多的。假如超过婚龄太多，就会有嫌疑了。为什么这么大还未娶妻呢？为什么这么大还未嫁人呢？光是这舆论的压力就够人受的。汉族有句俗话，说：“闺女大了不可留，留来留去留成仇。”就是讲忌讳女儿大了还不嫁人的。因为青年男女到了结婚的年龄不结婚，还恐怕会做出苟且的事情来，正如俗谚中说的“男大不婚，女大不嫁，恐怕弄出大笑话”。然而，究竟多大才是适当的婚龄呢？在中国不同时代有不同的习尚。在西周之前和西周时期，一般认为男三十、女二十是合适的结婚年龄。《周礼·地官·媒氏》云：“男女自成名以上，皆书年月日名焉。令男三十而娶，女二十而嫁。”《礼记·内则》云：“（男）二十而冠，始学礼。……三十而有室，始理男事。”“（女）十有五而笄。二十而嫁。有故，二十三年而嫁。”可见当时令男三十而娶是为的让其在冠礼成丁之后有一个学习礼义知识的时间。另外，也还基于人体发育成熟后结婚对下一代有利的考虑。如《白虎通》云：“男三十，筋骨坚强，任为人父；女二十，肤肌充盈，任为人母。合为五十，应大衍之数，生万物也。”（又见《礼记·昏义·疏》）当然，婚龄的限制，有时也因社会政治的动乱、战争的频繁以及经济发展的情况而发生着升降起伏的变化。如春秋初期，齐桓公为争霸天下，就曾把女子婚嫁的年龄降低了五岁，令“丈夫三十而室，女子十五而嫁”。后来越王勾践，为了复国报仇，开阔兵源，曾下令：“凡男二十、女十七不婚者，罪及父母。”再后来，到了南北朝时期，婚龄曾被压降到男十五、女十三。这大约是我国历史上最低的婚龄规约了。唐初婚龄曾经恢复提高到男二十、女十五，而唐代中后期又降至男十五、女十三的水平。直到明、清两代，最低的法定婚龄还仍是男十六、女十四。新中国成立之初，新婚姻法规定婚龄为男二十、女十八以上。1980年又改为“男不得早于二十二周岁，女不得早于二十周岁”。除了国家，民族的法定以外，民间婚龄也有不同。一般农村偏低，城镇偏高。农村习尚早婚，城市则乐于晚婚。农村一般在男二十、女十八时就开始提亲，一到规定年龄，立即结婚，有的还虚报年龄，提前结婚。这仍是“早得儿子早得继”的旧思想在作怪。城市里，一般都在男三十、女二十五左右结婚。对于计划生育、晚婚晚育的道理，也接受得比较自然、自觉一些。有些民族，在婚龄上还有一些特殊的禁忌。达斡尔族女子禁忌在母亲生自己的那个年龄结婚。还禁忌在十六、十八、二十等偶数年龄时婚嫁，以为偶数年龄结婚不吉利。一般多在十五至二十间的奇数年龄时结婚，男子则无此禁忌。畲族旧时贫家多在十四五岁时就将女儿嫁出门了，富家往往在十九、二十岁时嫁女。而不论贫富，都忌讳在十八岁时嫁女。俗以为十八岁时婚配是不吉利的。不论男女，十八岁时结婚，婚后都将受“十八难”，故而男女双方都禁忌在十八岁那年结婚。和达斡尔族的禁忌相反，基诺族男女青年结婚喜好在偶数的年龄。如男子二十岁、女子十八岁时结婚就合宜，他们禁忌男子十九岁、女子十七岁时结婚。

以上一些婚龄禁忌都是单方面可以控制得了的。另有一些关于婚龄的禁忌是需要参考男女双方的年龄来断定的。比如男女双方年龄的差别方面，就有许多禁

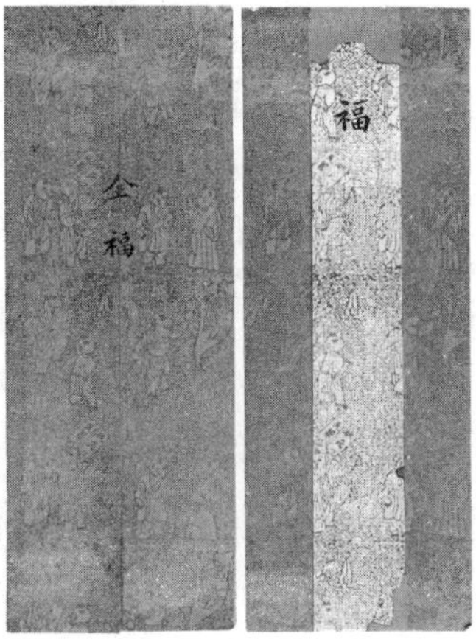

八字庚帖

忌存在。汉族一般说来，习尚男比女大，但也忌讳双方年龄相差太大。如果相差十岁以上就会受到舆论的谴责，俗谚云，“年老不娶少妻”、“年老不要娶少妻，要娶少妻生闲气”。这可能是有似异辈之嫌，也好像是出于一种近乎禁忌乱伦的心理。在新中国成立前，汉族一些地区还流行一种小女婿的习俗，时兴男孩十来岁时就与一个十七八岁的姑娘结婚。多是出于把媳妇当劳动力，早娶进门早使媳妇的思想，这是对妇女压迫的一种表现形式。这种婚姻给妇女造成很大痛苦，现已禁绝。在男女双方年龄相差不大时，汉族还有忌年龄相差三、六、九岁的说法。以为会犯刑、冲、克、害，于婚姻不利。对于女比男大，一般是忌讳的。尤其忌讳女比男大一岁。俗语云：“女大一，不是妻。”也有单单忌女比男大一岁的。豫西一带俗称：“女大一，黄金飞；女大两，黄金长。”意思即是女的比男的大一岁，结婚后要破财，但女的比男的大两岁，结婚后反而会发财，它忌讳的是女的比男的大得少，说是越大得多，越知道心疼男的，男的越享福。彝族忌“女大三”，以为女比男大三岁，结婚不吉利。汉族中还有忌男女双方同年生人的，尤其忌同年同月出生。河南有俗谚云：“同岁不同月，同月子宫缺。”意为同年同月出生的人结婚会影响下代子孙的繁衍。

在婚龄的禁忌方面，还有与兄弟姊妹的排行有关联的。例如傣族旧有男行三、女行四不能结婚的禁忌。据傣族的传说，俗以为男行三女行四结婚，不能白头偕老，或者会家运不盛，终身无子。乌孜别克族、景颇族以及汉族等有按兄弟姊妹长幼次序结婚的习俗，如果违反了长幼次序，就犯忌讳了。乌孜别克族，按照传统习惯，男女青年结婚必须遵循先长后幼的原则。哥哥未婚，弟弟不能先娶，妹妹也不能先嫁；姐姐未嫁，弟弟不能娶妻，妹妹也不能嫁人。景颇族也是如此。如要先娶次女，则男方须给长女一头牛作越过行次的赔礼，次女也要送项链（有的价值相当二三头牛）给姐姐，表示不得已先嫁的歉意。兄弟之间娶亲也要顾及行次，若无特殊原因，弟弟绝不先于哥哥结婚。汉族也有此忌讳，但不甚严格。如果弟弟先于哥哥结婚了，或者妹妹先于姐姐嫁人了，总要向哥哥、姐姐表示歉意，或者总觉得做了件对不起哥哥、姐姐的事情。因为不管怎样这总是乱了长幼次序，况且又牵涉着男女婚姻的事，因而也好像与乱伦有了某种近似的关系，所以是有所禁忌的。但是，婚嫁并不都是按行次进行的。古时候，汉族还有过“长女不得嫁”的习俗。据《汉书 · 地理志》载，齐襄公时，“令国中民家长女不得嫁，名曰‘巫儿’，为家主祠。嫁者不利其家，民至今以为俗”。虽然最初是齐襄公为了与其胞妹私通才这么做的（可为其淫乱行为打掩护），但后来却也终于形成了一时代的婚嫁习俗。在这一习俗下，次女的婚嫁是不必再受姐姐的限制了，因为姐姐压根儿就不嫁了。

以上所谈婚龄的禁忌，除了男女双方年龄不宜相差太大，婚嫁不宜过早、过迟，是有一定的合理性和科学性而外，按行次结婚也有一定的道理，能说明年幼对年长的尊敬。至于那些偶数、奇数的忌讳，和男大三、六、九，女大一、女大三的忌讳，以及男行三、女行四的忌讳都是唯心的、无科学根据的。从现实的婚姻中也不难找出可以证明这些忌讳实属无稽之谈的例证。更有甚者，是在议婚双方的年庚、生辰八字上大做文章，以生辰八字加上五行说来敷衍出一套合婚的禁忌原则来，亦即相克——相贼害与否的道理，并以此来断定婚姻的吉凶。

现在，合八字一项已不时兴了，很少有人再信这一套了。但在旧时，这一套程序是很谨慎而严格的。汉族一般是通过媒人的联络，把男女双方的出生年月日时干支合写在一张红纸条上，俗称“庚帖”。庚帖忌用白纸，上边的字数要是偶数，忌单数。如为单数，可在男名下酌加“健”字，女名下酌加“瑞”字，以凑成双数。男女双方交换过庚帖之后，各自安置在自宅的神龛上，也有的将帖压在灶王爷的牌位前，然后对神明祖灵焚香卜吉。如果三支香烧得很整齐，就认为是吉祥的；如果三支香烧得参差不齐，就认为“有长短”、不吉祥，因而不敢进行婚事。还有的地区是把一碗清水供在神座旁边，如果三天之内没有飞蛾虫子掉进碗里便是吉祥的征兆，如果三天之内有飞蛾虫子掉进了碗里，则认为不吉祥，因而也不敢再谈婚事。总之，在收到庚帖的三日内，是听从祖灵神祇示意的时间。

除了上边两种问卜的形式之外，汉族、瑶族、畲族和其他一些民族还忌讳家中有碗盏打破、筷子折断、人畜疾病、争吵斗殴、遭遇强盗、火灾、狗嚎、闹鬼等等意外不幸事故发生。若有此类事情发生，都会归之于祖神对此婚姻的不满，因而要立即退还八字。此门婚事，也便自然告吹。如果三天之内，平安无事，便认为祖神认可，兆示吉祥，此门婚事便可继续进行下去。下一步，是将男女双方的八字交算命师来“合算”一下，看是否有相克之虞？如果没有相克的不吉，便可继续进行以下的婚仪；如果发现八字中有相克的地方，便要立即停止，就此打住。可见合八字，在旧婚俗中是占有相当关键的位置的。而“八字”是每个人并不由己的事情。一出生，八字就定了，谁也无法改变它，所谓“落土时，八字命”。所以，这种合八字的办法，完全是一种宿命论的推论，毫无科学道理。以往的好姻缘不知被它拆散了多少对，这种封建迷信的邪门歪道只能增加和强化人们“万般皆是命，半点不由人”的消极错觉，不能有丝毫的进步意义。至于合八字的原则，也有许多。例如男方选妻，要注重女方八字的“夫星”、“子星”。如果夫星与子星明显，且无破损，就是好姻缘，娶之可以旺夫益子，夫荣子贵；如果夫星、子星暗淡无光，就犯忌讳。还有男女命八字皆中和者是好姻缘。如果一强一弱，则男命稍强女命稍弱者尚可，最忌讳的是女命很强，男命很弱或男命很强，女命很弱，那样一方会被另一方“克死”的。但是，究竟如何推算八字的命相，那就是算命先生的事了。虽然他们也有“庚辰冲甲戌，丙子冲庚午”等等一套“天克地冲”的推算方法，但毕竟是推算出来的，而非民间记忆中的事了。这种经过推算出来的吉凶祸福虽然对民间信仰有干预影响的作用，但是，很明显，它是不能算作纯粹的民间信仰的，正如一切社会制度都可以干预影响民间信仰但却不能视为就是民间信仰一样。另外，这种算命先生的推论还经常呈现出一种多变的、功利的、实用的文化形貌，是在民间信仰的基础上加入了“实用文人”或“实用智人”的创造，成为一种谋生的“说（shùi）术”，其中包含有固定的推导方式，也掺杂有谶语、民间哲理、民间信仰以及个人的经验等等成分。因为它已超出了民间信仰的范畴，所以这里也就不多说了。

（2）**生肖禁忌**

“问名”合婚时，除了婚龄方面的禁忌，还有生肖方面的禁忌。生肖就是属相。这是中国一个很独特的记人生年的办法。就是以十二地支来循环往复地记录

隋代兽首人身十二生肖俑

人们的生年。十二地支为：子、丑、寅、卯、辰、巳、午、未、申、酉、戌、亥。因为这些字音很枯燥、很抽象、不好记忆，民间就又以十二种动物的名称和其一一对应地排列起来，成为“子鼠、丑牛、寅虎、卯兔、辰龙、巳蛇、午马、未羊、申猴、酉鸡、戌狗、亥猪”十二属相。这一办法，起源于何时何地，历来说法不一。一说是古代华夏民族纪年法与少数民族纪年法相互融合的结果。据说古代西部和北部少数民族曾创动物纪年法。《唐书》载：“黠戛斯国以十二物纪年，如岁在寅，则曰虎年。”清·赵翼《陔余丛考》云：“盖北俗初无所谓子丑寅卯之十二辰，但以鼠牛虎兔之类分纪岁时，浸寻流传于中国，遂相沿不废耳。”考察十二生肖的起始，初步的形成见于《诗经》。《诗经·小雅·车攻》云：“吉日庚午，既差我马。”（孔颖达）疏：“必用午日者，盖于辰，午为马故也。”又见于《礼记》。《礼记·月令·季冬》云：“出土牛，以送寒气。”（郑玄）注：“丑为牛，牛可牵也。”到了东汉，王充所著的《论衡》中就记录得更全了。《论衡·物势篇》云：“寅，木也，其禽，虎也。戌，土也，其禽，犬也。”又云：“午，马也。子，鼠也。酉，鸡也。卯，兔也。……亥，豕也。未，羊也。丑，牛也。……巳，蛇也。申，猴也。”共计提到十一种生肖之名，加上东汉赵晔撰写的《吴越春秋》中有“吴在辰，其位龙”，恰巧补上了“辰龙”，而凑足了十二生肖。可见在东汉以前十二生肖就已经被普遍用来记录人的生年了。

不论十二生肖中的十二种动物是怎样被选用、编排起来的，一旦这种方法被用来记录人的生年之后，民间便产生了一种属相与人品之间的沟通。肖者，似也。谁是哪一年出生的，属相是什么动物，好像也就很像那种动物，有了那种动物的禀性，或者至少在某些方面是和这种动物很相像的。到了唐宋时代，这种观念又影响到社会上层，发展为把个人的生肖所属当作自己的本命神，如生命一样地重视之。如唐·柳宗元曾描写了一个生肖属鼠的人，认为老鼠是他的本命，一任老鼠在屋宅内横行。据说宋徽宗属狗，当时的宰相曾奏言圣上："十二宫神，狗居戌位，为陛下本命，今京师以屠狗为业者，宜行禁止。"直到如今，人们还有这种"错觉"、这种俗信，常常自觉不自觉地爱做这方面的联想。在旧社会里，这种俗信就被动用到了许多正式的场合中。像合婚这样的大事，当然更少不了要检验一下属相是否相配，生肖是否相克。

合婚时，生肖禁忌很多。有一种忌讳女方属虎的禁忌流行很广。这种禁忌俗信大约是直接出自于民众"畏虎为患"的心理的。是把属相为虎的女子当成了真正能够伤人害命的"猛虎"了。由于老虎总是夜间出来吃人，所以对于夜间出生的属虎女子，忌之尤甚，并且非常认真地把夜间出生的属虎女子进一步分为"上山虎"和"下山虎"两类。前半夜出生的，谓之"上山虎"；后半夜出生的，谓之"下山虎"。相比较起来，认为"下山虎"比"上山虎"更凶恶、更厉害！因为"下山虚"是饥肠辘辘，下山找食儿的，所以一定要伤害人；而"上山虎"是下山找食儿回来的，或许它吃饱了，不再伤害人了也未可知。因此，如是"上山虎"还有一定的回旋余地，若是"下山虎"，则万万不能娶进。汉族旧时某些地区还有合婚时忌女子属羊的。以为妇女生肖属羊者出嫁后必克死其夫而寡居。清·翟灏《通俗编·直语补证》引明·江元禧《耳目日书》谚云："女子属羊守空房。"为什么属羊的女子也遭忌禁娶呢？这就不是因为属相动物的禀性是凶恶、危险的缘故了。不过，民间有"眼露四白，五夫守宅"的说法，而羊眼又被认为恰是"眼露四白"的。或许正由此而引起了男方的忌讳，就不管女方的眼是否真的"露四白"了，只要是属羊的就害怕起来，不敢娶进门了。如是，则仍是把人与人的属相"等同"地联系起来了。那么，属虎的和属羊的女子不都嫁不出去了吗。在当时的确如此。不过，一般属虎和属羊的女子都会把年龄多报一岁或少报一岁。上半年出生的，虎报成牛，羊报成马；下半年出生的，虎报成兔，羊报成猴。也就将此禁忌破了。这种情形和女子的八字不佳，有意伪造生辰年月日时的道理一样，是为了应酬合婚时命相禁忌的，也是为了能改变一下自己不好的"命运"。正应着了一句俗谚，叫做"女命无

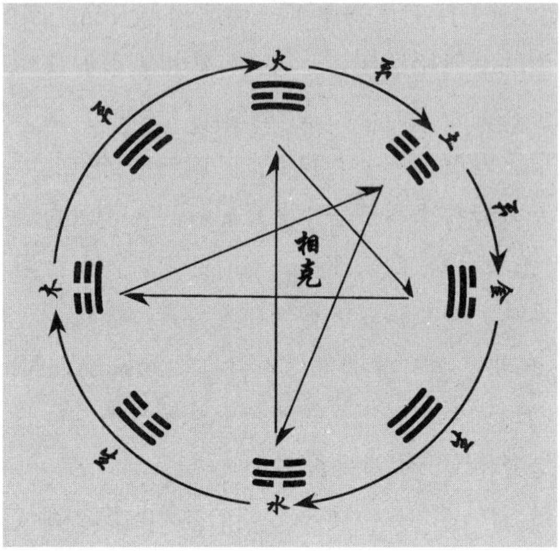

五行相克图

真，男命无假”。在男权社会中，男子主宰一切，当然不怕公开自己的“真命”了。女子无力做别的反抗，编造一个不受忌讳的“假命”，也是没有办法的办法，只能反映出妇女改变自己命运的迫切要求。

旧时，方家术士们还将生肖属相与五行相生相克之道联系起来，演变成生肖属相与生肖属相之间亦有相生相克的现象。如《论衡 · 物势篇》中便有这方面的记载。五行即金、木、水、火、土五种物质。中国古代有人以这五种常见的物质来说明宇宙万物的起源和变化。其中包含着朴素的唯物主义思想。但是方家术士们将其神秘化，形而上地任意套用，造成许多矛盾百出的漏洞，使之庸俗化，从而变得毫无情义。在生肖方面，因为十二地支分别应属于五行，即寅、卯属木，巳、午属火，辰、未、戌、丑属土，申、酉属金，亥、子属水。所以与之相配的动物属相也有了五行之属，即虎、兔属木，蛇、马属火，龙、羊、狗、牛属土，猴、鸡属金，猪、鼠属水。又因为五行金木水火土之间有相生相克的关系，所以生肖之间也有了相生相克的关系。这种关系适用于各种人际关系，因此也被用于婚配的合婚。东汉王充反对生肖相克的说法，他在《论衡 · 物势篇》中问道：“水胜火，鼠何不逐马？金胜木，鸡何不啄兔？……土胜水，牛羊何不杀豕？……火胜金，蛇何不食猕猴？”最后，他的结论是“以十二辰之禽效之，五行之虫以气性相刻（克），则尤不相应。”然而，方家术士在民间的迷信活动并未因少数像王充这样的无神论者的忠告、劝解甚至是批驳而中止。相反，他们的活动反而越来越风俗化了。当然这种迷信活动的风俗化是与民众的愚昧和统治阶级的倡导都是有关的。由于民俗文化传承的口承性质和变异性质的存在，后来的生肖五行相克的原则又与古代的原貌大相径庭，有些合婚生肖禁忌的原则也早已脱离了原本的轨道，变得面目全非了。比如，在《论衡》中“木胜土，故犬与牛羊为虎所服也”。如果是用于合婚，则应属虎的忌配属牛、羊、犬的，属牛、羊、犬的忌配属虎的。但是后来，一些民间历书中所列“男女配婚吉凶表”中，属虎的倒不忌配属牛、羊、犬的，而独忌配属猴、蛇的，而属牛、羊、犬的也竟无一忌配属虎的，堪称怪事。可见，后来的生肖相克已经不是五行相生相克的承继而成了各种民俗文化的“合成事实”。下面我们选列出一种近年刊载于台湾民历中的生肖宜忌，以供参考。

生肖	鼠	牛	虎	兔	龙	蛇
宜配	龙、猴、牛，其他次之。	鼠、蛇、鸡，其他次之。	马、狗、猪吉凶参半，其他次之。	羊、狗、猪，其他次之。	鼠、猴、鸡，其他次之。	牛、鸡，其他次之。
忌配	马、兔、羊。	羊、马、狗。	猴、蛇。	鸡、鼠。	狗。	猪、虎。

生肖	马	羊	猴	鸡	狗	猪
宜配	虎、羊、狗，其他次之。	兔、马、猪，其他次之。	鼠、龙，其他次之。	牛、龙、蛇，其他次之。	虎、兔、马，其他次之。	羊、兔、虎吉凶参半，其他次之。
忌配	鼠、牛。	牛、狗。	虎、猪。	兔。	龙、牛。	蛇、猴。

另外，汉族民间口头上至今还流传着一些生肖婚配禁忌的谚语和歌谣，也录在这里，以备参考。

谚语有：

龙虎相斗，必有一伤。
龙虎相斗，必定短寿。
两只羊，活不长。
两虎不同山。
猪猴不到头。
白马怕青牛。
鸡狗不一家。
鸡狗相配断头婚。
青龙克白虎，虎鼠不结亲。

歌谣有：

白马怕金牛，
鼠羊不到头。
蛇见猛虎如刀锉，
猪见婴猴泪长流。

子鼠见羊万年愁，
不叫白马见青牛，
虎见巳蛇如刀割，
兔子见龙不长久，
酉鸡不与犬相见，
亥猪不可见猿猴。

自古白马不配牛，
羊鼠相配一旦休，
金鸡不与狗相见，
青龙见兔泪交流，

猪猴见面如刀割，
虎蛇相配不到头。

蛇配虎，男克女；
猪配猴，不到头；
兔见蛇，如刀割。

白马怕青牛，
乌猪怕猿猴，
蛇怕猛虎如刀断，
羊鼠相逢一旦休，
黑狗不能进羊圈，
庚鸡见犬泪交流。

辰子申忌蛇鸡牛，
巳酉丑忌虎马狗，
寅午戌忌猪兔羊，
亥卯未忌龙鼠猴。

这些谚语和歌谣大都是在中原一带搜集起来的，如果与台湾民历中的生肖婚配禁忌相比较一下，就知道有许多相似之处，也有许多不同之处。这是风俗的必然特征，正所谓“十里不同风，百里不同俗”。不过，这一比较也暴露出了这种生肖婚配禁忌的不可信性。一对男女在此地合婚不成，受到生肖方面的禁忌，如果换了地方，还是他们两人，很可能就丝毫不受什么约束了。这不是很有戏剧性、喜剧性的事情吗？同时也很有讽刺性。可见生肖婚配禁忌完全都是无稽之谈，是不值一驳的。这一点已经逐渐被广大民众认识到了，所以这种生肖婚配禁忌的信仰也就越来越弱少了。

订婚禁忌

【纳吉禁忌】

在议婚阶段中，纳彩、问名等婚仪顺利通过之后，便是纳吉一项了。纳吉就是把问名后占卜合婚的消息告知女方的仪礼。男家卜得吉兆后，备礼复至女家决定婚约，这是订婚阶段的主要仪礼。俗称“送定”、“过定”、“定聘”等。订婚时，古时用雁，表示婚事已定。后来，随着买卖婚姻的兴盛和发展，逐渐演变成为带有定聘性质的定金和定礼，一般多为戒指、首饰、钱币、彩绸、礼饼、礼烛等。明、清时代汉族及西南一些少数民族中还流行送茶礼。云南拉祜族聘礼中忌无茶礼。拉祜人常说：“没有茶就不能算结婚。”定聘的定金必须是偶数，外边包上红纸，俗称“红包”、“喜钱”或“定钱”。定礼也都要成双成对，忌讳单数。礼单、礼帖用红纸（忌用白纸）写好，上边的字数也要成偶数，忌单数。甚至，一些讲究的人家，还要把礼物的名称也补单成双。如“一头猪”要写成“全猪成头”，“一盘菜”要写成“喜菜成盘”等等。这些，都是为取意“双双对对，万年富贵”，以象征新婚夫妻婚姻美满的。如果出现了单数，岂不象征着孤单吗？大喜的日子，让人产生“丧偶”的联想，当然是很败兴的事，何况，人们更害怕那征兆真的会应了验呢！所以，订婚时是一定要忌讳单数的出现的。

在定聘时，还忌讳说“重”字和“再”字。比如男方送来了聘礼，女家将礼饼、礼烛供在神龛上祭告神明祖先，这时烧香时，不管插入香炉里的香是不是歪了斜了，都忌讳拔出来重插一次。再比如男方来订婚的人回去时，女家送出门口，打招呼千万忌说“再来坐”。因为“重插香”犯了“重”字的忌讳，“再来坐”犯了“再”字的忌讳。据信，这是会导致“重婚”、“再嫁”的，因而也必须禁忌。

以上忌单喜双，讳“重”讳“再”的禁忌习俗都是担心美好的姻缘被破坏的心意表露。还有一些定聘中的禁忌是出于礼节方面的考虑。比如台湾民间纳吉送定时有忌将聘礼全收下的习俗。男方送来的猪肉，女方要将带骨的部分退回男方，当地的俗语说是：“食你的肉，无吃你的骨。”若女方疏忽了此项禁忌，男方会很生气的。湖南湘潭一带，定亲之后，男女双方就要改口，分别和对方一样称呼亲友。每逢三节（端阳、中秋、春节）、两生（岳父母的生日），男方都要提礼物去女家，当地俗称“提节”。提节时要提鲤鱼，忌提草鱼。如果提草鱼，就等于是骂岳父母是吃草的，女方是会很生气的。类似这样的禁忌，各地恐怕不少，这种于礼仪上的习俗规约，很能考验出哪一方“知书达礼”，哪一方“不懂礼教”。严重的也会影响到婚姻的成败，所以这些禁忌也是必须了解和注意的。不过，有些禁忌，看上去是属于礼节的，实则确有深层的民俗信仰的根由。如民间有禁忌未过门的媳妇吃食礼饼的习俗。看起来似乎是未来的新媳妇抢吃喜饼会被认作“好吃懒做”或者“行为不端庄”等等，其实，那其中的意义，还在于担心未来的新媳妇将自己的“喜”给吃掉了，会导致转吉为凶，出现不可预料的祸事。唯有这一层才是男女双方都害怕的理由。但是，这一深层的忧虑和担心，竟不好跟那未过门的新媳妇明讲出来，因为说出来本身又是被忌讳着的事情。所以只好用“结婚日会有月信（月经）”来吓唬阻止她，使她不再敢吃喜饼了事。可见一件禁忌习俗，往往牵连着许多层意识方面的道理。就是我们前边提到的单数双数问题和忌讲“重”、“再”的事也都不止是一个表面礼数的禁约问题。所以民俗学有一个重要的任务，就是揭开那些表面习俗礼仪下隐藏着的各种民间信仰的根源秘密，让人们认出深层民俗文化的本来面目。

【纳徵禁忌】

纳徵是“六礼”之一，又称“纳币”、“大聘”、“过大礼”等。纳吉之后，男女双方缔结了婚姻，男家正式将聘礼——俗称“财礼”送往女家，就是纳徵的仪礼。旧时，这一仪礼非常隆重，男方往往借此机会荣耀门庭富贵、婚礼盛大，通常备有礼单。礼品装入箱笼，或挑或抬，走街串巷，燃放鞭炮，吹奏鼓乐，在媒人、押礼人的护送下送至女家。聘礼中各样物品要取吉祥名称，数目也要取双忌单。民间忌讳送女方鞋子作聘礼，怕是女方穿上鞋子溜掉了。山东一带，订聘的礼盒忌用肉馅。据说用肉馅，新媳妇过门后性子肉（即慢性子，不麻利）。聘礼送到女家后，女家忌将聘礼全部收下。一般要将其中一部分食品退回男家。中原一带的习俗中，女方收聘礼时，不留公鸡，并配回一只母鸡。母鸡要活的，且忌白色的。回礼之后，还发送陪嫁的嫁妆。嫁妆中的被子，旧时中原一带禁忌九月里做，喜好在十月里做。俗语云：“等十月，忌九月。”因为“十月套被十相出（希望连生十子），九月套被九女星（恐怕连生九女）”。而且套被子时忌用白线，喜用红线。缝制者忌寡妇或儿女不全的人参与，一定要请儿女双全的“全活人”来缝制，以图吉祥。在娘家陪送的嫁妆中还忌讳有剪子、镜子、茶壶一类的东西，否则会“妨舅”，即新娘娘家的哥哥或弟弟会因此而死去。浙江杭州一带嫁妆中忌无子孙桶，否则会影响子嗣的延续。子孙桶就是马桶。浙杭一带的马桶有两种。一种是便溺用的；一种是生产用的。新马桶内盛有红蛋、喜果，有祝福子孙昌盛之意。

台湾订婚后，女方请吃订婚宴。吃完后，男方的亲戚应抹抹嘴自己悄悄离去，而女方人也应故作不知情地照旧谈天。忌讳说“送”、“顺走”或者“再见”，否则不吉利。因为台湾的“送”、“走”，常表示死亡、丧事，而“再见”又会令人想起“再见到一次”，恐怕引出“再婚”的霉头。

【卜婚禁忌】

有些地区和民族并不按“六礼”的程序来议婚、订婚。他们实行卜婚的习俗，把婚姻的成败与某种物象联系起来，形成许多独特的订婚习俗禁忌。

例如，布依族订婚日禁忌响雷。如果订婚那天响雷了，双方都认为是恶兆，立即自动解除婚约，而且各无怨言。有人称此习俗为“雷打鸳鸯散”。大概布依族以为雷响是天神对此婚约不满的警告，所以他们不得不遵从神意而解散婚约。哈尼族（墨江碧约人）婚姻的缔结，除了须征得父母的同意之外，还要经过“踩路”之后才能决定。“踩路”是由男女双方家庭的老人一同在寨外林间小道上走一段路。双方老人一边默默地往前走着，一边用眼睛盯着小路两旁，看看是否有兔子、狼等野兽出现。哈尼族认为，假如遇上了兔子、狼等野兽，就是不吉祥的象征，婚约就要解除。如果没有遇上这类野兽，就算正式订婚了。现在，这一习俗已有所改进。有时虽然双方老人踩路时遇到了野兽，也会顾及青年人的感情或双方要求缔结婚姻的强烈愿望而对那出现的野兽视而不见，照常订婚。因此，踩路如今只不过是一种必行的订婚仪式罢了。景颇族过去有掌管批准婚嫁的“魔头”，因此旧时景颇族的订婚必须要由“魔头”的批准才行。而“魔头”批准男婚女嫁依据的却是一种占卜的游戏。即是把一只盛着水的碗放在地上，然后放进两个鸡蛋。如果鸡蛋能凑合在一起，那么一对青年便被允许成婚；如果鸡蛋凑不到一块儿，那么婚约即不成立。德宏一带，傈僳族婚姻的成败，还决定于被

“抢”去的姑娘是否被找得到。过去，青年男女在私定终身之后，绝不把心中的秘密告诉父母。当暗定的结婚日子到来时，小伙子便领着姑娘悄悄躲进了深山密林。姑娘的父母不知姑娘找了什么样的人家，于是就把亲友找来，一起寻找姑娘的下落。按习俗规定，三天之内找着了姑娘时，男方便被认为是愚蠢无能的小伙，婚事即行告吹，男方还要赔偿女方一笔钱财。如果三天之内找不到姑娘，那么，这一对青年的婚事就算定下了，并且会得到社会的公认。所以，男女青年能否订婚是决定于能否被人找到的。黔西北苗族，举行婚礼之日还要举行最后的卜婚仪式，即抢牛尾巴。该日，女家请几个青年人把牛牵到举行婚礼处。新郎来到时，新娘用一把快刀突然将牛尾巴砍下，新郎则立即扑向新娘抢夺牛尾巴。新娘一方的人就帮新娘守卫，不让新郎接近新娘。如果新郎在女方父母亲友到来之前把牛尾巴抢到手了，便立即举行婚礼，否则，便认为新郎无能而使婚姻告吹。这种占卜式的婚俗禁忌虽然形式野蛮一些，但实际上具有一定的选择良好素质的男性传宗接代的积极意义。

以上所谈的几种婚俗，都带有占卜的性质，都是占卜决定婚姻的实例。其中也都含有着婚姻决定于“神判”的意味，正如前文所提到的，“六礼”中“问名”时，汉族、瑶族、畲族等等民族要在收到庚帖后三日内进行一些物事占卜行为一样，都是把这种“占卜吉凶，以定婚姻”的行为视作是在听取神明祖灵的意见，也就是把婚姻的决定权，交给神明祖灵来判定了。占卜得到的是吉兆，婚姻即成；占卜得到的是凶兆，则遭受忌讳，婚约随之解散。所以此类婚俗完全地或者部分地放弃了人们的自主权力，虽然有些习俗也含有某种“优胜劣汰”积极意义，但总的说来是应当改进、革新或者扬弃的。

嫁娶禁忌

【请期禁忌】

“六礼”之一的请期，旧指男家择定婚期，备礼告女家，求其同意。现在，婚期多由男女双方家庭共同商定。在婚期的择定方面，俗间多有禁忌。

俗话说：“典当勿催赎，女子勿催嫁。”婚期一般是由男方先提出个意见，

牛郎织女天河配

很少是由女方主动要求的。婚姻大事，嫁娶的日子是最关键的，一定要择吉避凶。据《中华全国风俗志》载，旧时，南京一带“男家欲迎娶，先将男女八字送星家诹吉，必使无冲犯，无刑克之良辰，以全红柬上记新人沐浴宜何时，水倾何方，新人上轿何时，合卺何时，避忌何人，谓之送日子”。白族也有此俗。据《白族社会历史调查》载，白族“结婚要择吉日，举行婚礼时，看其是否有‘白虎压房’或‘白虎压床’；若白虎压房、压床，便不能结婚，只有另择吉日”。

让星相家推算黄道吉日，拟定婚期，是相信星相家的术算，相信星相家推算出的吉日才是真正无疑的吉日。这是俗信对于迷信活动的支持和维护。星相家为了区别于普通人故弄玄虚而讲说的那一套理论（参见本书“物事篇”“岁时”部分），已经不是俗信，而是迎合俗信而又超越俗信的“高谈阔论”了。它必得使民众不能自行掌握而始能保持自我存在的可能性，所以，我们只谈民间俗信中关于婚期吉凶的见解及其禁忌。

（1）忌年

结婚大礼，安排在哪一年份内，民间是有讲究的。一般是放在无甚特殊情形的正常年份办喜事。汉族许多地区忌无春之年嫁娶。无春之年，即当年无立春日，有些地方称之为“寡年”。“寡年”的“寡”字是结婚时日的大忌，会令人想到“寡妇”、“寡居”、“鳏寡孤独”等词语，显然是大不吉利的。有些地方还认为“寡年结婚不养崽”，也就是没有后代，这层意思，或许是由“春”字的缺乏而来的。春字有男女欢爱的意思，像春情、春意、春心、怀春等与春字有关的词语也都有这个意思。因为，古代嫁娶是在春时举行的。《白虎通义·嫁女篇》云："嫁婚必以春何？春者，天地交通，万物始生，阴阳交接之时也。"如果当年是无立春日的，民间也就会以为是无春的，因而男女不得交接，或者交接会造成"不养崽"的后果，所以嫁娶便忌讳安排在这一年内，而要提前一年或者推后一年了。在一年内，如果有两个立春日，各地的情形又有不同。一些地区认为这年结婚好，取"双春双喜"的意思因而出现婚嫁高潮。另一些地区认为这年结婚不好，取"双春喜冲喜"的意思。凡事过多则为淫，春淫或伤风化，不可取。再者，民间普通人总喜好平稳，不爱冒风险。在有两个春日这样不同凡响的年内，最好息事宁人。因此，也有故意躲开这年嫁娶的。和一年内两个"春"的意思相似，中南一带汉族地区，还有同年内一家禁忌举办两次婚事的习俗。湘潭一带一年内，同屋不能有进有出。一家乃至同住一屋的几家，不能在这一年中又嫁闺女又娶媳妇，否则被认为是不吉利的。这也是出于"喜冲喜"的顾忌。据《白族社会历史调查》，白族嫁娶年的地支忌与男女生年的地支相同，相同则不能结婚。这若在于属相方面便是属什么的不能在什么年内结婚，大约也是怕伤害着他们的"本命"。再推算一步，按地支排列的顺序，十二年是一轮。十二岁不可能嫁婚，那么，也就是忌讳男女双方在二十四、三十六、四十八等年龄时结婚了。在嫁娶忌年方面，除了"喜冲喜"的忌讳，还有"凶冲喜"的忌讳。据《德宏傣族社会历史调查》，德宏傣族"在直系亲属长辈去世一年中是服孝期间，禁忌举办喜事。认为在此时期举办婚礼，对死者极不尊敬。更主要的是，认为在服孝期内结婚是不吉利，将来子女稀少，不易长大成人，家运不顺"。汉族及其他一些少数民族中也有此风俗。不过，有些地区，还有有意在丧服中嫁娶的。据民国《弋阳县志》载："俗有乘凶纳妇，名曰参孝，非礼也。然其因有二：一由家贫省费，吉凶同举；一因姑舅双亡，中匮乏人，遂冒丧而易吉。"这种冒丧易吉而婚娶的习俗，据说宋代就有。虽不合礼教，然行之有因，更主要的恐怕还在于以喜压凶的求吉心理使然。这也可以看出，嫁娶忌年归根结底还是民间避凶求吉的心意体现。

（2）**忌月**

年份定下来后，还有月忌。在一定的月份中宜嫁娶，在另一些月份中便禁忌嫁娶。据《中国制度史》云："古以九月至正月为婚期，仲春而尤不克昏。"相传周代男女成婚多在仲春之月。《周礼·地官·媒氏》云："仲春之月，令会男女。于是时也，奔者不禁。"后世民间又有将婚嫁之宜娶月份与属相联系在一起的信仰习俗。山西定襄县一带，人们认为鸡兔两属相宜正月、七月嫁娶，蛇猪两属相宜三月、九月嫁娶，马鼠两属相宜六月、腊月嫁娶，牛羊两属相宜五月、十一月嫁娶，狗龙两属相宜四月、十月嫁娶，虎猴两属相宜二月、八月嫁娶。旧时汉族和其他一些少数民族还认为腊月（有的说是腊月二十三日以后）乃至新年前后是神祇上天的时间，民间百无禁忌，这时嫁娶最合时宜，每天都是吉日（参见本书"物事篇""岁时"部分）。其实，如果从社会生产方面看，腊月至新年前后正是农闲时期，这对于以农业经济为主的中国社会来说，形成如此的风俗习尚是非常自然而合理的。相反，在农忙季节的五月、七月、九月，汉族、佤族以及其他一些少数民族则禁忌嫁娶。说是"恶月"，这期间鬼多，不宜嫁娶。如嫁娶，则不吉利。实际上五月、七月、九月里天气炎热，食物易腐，人们劳累，牲畜易病，这期间尽量避免举行嫁娶婚礼也是有道理的。傣族在傣历九月十五日以后的三个月内禁忌结婚，也是出于同样的原因。这三个月傣族叫做"进洼"时期，在进洼出洼这三个月内老年人每隔七天要拜佛一次。这期间正值雨季，生产较忙，筹办不易。这期间结婚，群众会说新人像牛马一样、像狗一样，不知季节、死后会变成狗的。现在虽然这种禁忌有了一些变化，个别男女青年由于爱情深厚或因婚前有孕等情况也有不顾传统惯习的限制而结婚的，但结婚后，仍须用酒肉祭寨，请全寨人吃一顿饭。否则，大家会认为触犯了寨鬼，将来寨子内发生疾病和其他灾害时，就要由结婚者负责。台湾民间有嫁娶忌四至九月的习俗。当地的俚谚云："四月死日；五月差误；六月娶半年某（妻）；七月娶鬼某；八月娶土地婆；九月狗头重，死某亦死尪（夫）。"其中的道理，"四月死日"是因"四"与"死"同音，因而嫁娶吉日不能放在四月里，以免引起不祥的联想，成为不吉的兆头。"五月差误"是因"五"与"误"同音，五月为恶月，这月嫁娶恐有"差误"。当地民间还有"五月娶五毒某"的说法，也是基于五月五日端午节，俗称"五毒节"的缘故。"六月娶半年某"，是因六月等于半年，俗畏"半年夫妻"之兆，担心早丧偶或离婚，造成一方或双方的不幸。"七月娶鬼某"，是因为七月俗称"鬼月"，这月阴间的一些孤魂游鬼会一齐涌到阳间来讨吃，在崇信鬼神的时代，人们害怕触犯鬼魅，便忌讳在此月内嫁娶。"八月娶土地婆"，是因当地八月十五日是祭土地公的日子，八月里嫁娶，恐怕娶着了土地婆。据说土地公惧内，怕老婆，因而在八月里嫁娶恐怕将来也要怕老婆的。“九月狗头重，死某亦死尪”，“九”与“狗”谐音，“狗”是常常用来骂人的咒语。民间有不正当关系的男女为“狗男女”，所以当地人忌讳“九”字。九月又是霜降的节气，“霜”与“丧”谐音，故而担心在这月里结婚，日后不是死妻就是死夫。以上所谈到的台湾忌四月到九月嫁娶的禁忌理由，表面上是从吉凶观上考虑的，而实际上则仍是根据农忙农闲的气候变化的关系而约定俗成的。台湾十月到翌年三月是农闲时期，四月到九月是农忙时期。而且四月到九月间，天气正值暑热，台风、暴雨变幻无常，往往会打乱人们的正常生活安排。如果恰在预定的嫁娶日来了暴风雨，或者天气特别炎热，都会影响嫁娶的正常进行，会影响人们喜庆的心境，给人们带来烦恼，这当然对于嫁娶这样的吉庆喜事来说是不祥之兆，因而四至九月便成为嫁娶的“忌月”了。

（3）忌日

嫁娶的月份选定之后，还有需要避开忌日。汉族和许多少数民族中都有忌单日嫁娶、结婚的习俗。俗话说：“好事成双。”婚姻为男女双方之喜事，若在单日，意味着不吉，故多择取双日。汉族某些地区尤忌七月七日嫁娶。据陕西《蒲城县志》载：“七月七日，迎新嫁女避节。”此俗与织女牛郎的传说有关。相传织女为天帝之孙女，私自下凡与牛郎婚配，后被追回到天上。织女与牛郎每年七月七日才能相逢一次。民间忌七月七日嫁娶，亦反映出人们祝福儿女婚后永不分离、幸福美满的良好愿望。在农村一些地区还忌初五、十四、二十三等日子嫁娶，许多地方又有一些特殊的事由而忌某日嫁娶的，都是为了避凶求吉。白族婚日，忌用男女任何一方出生年月的属命，如男女一方属马或属鼠，则属马日属鼠日不能结婚。黎族人婚嫁择日避忌虎、猴、牛日。据《清稗类抄》云：“黎人无时宪书，不知甲子，然于婚姻，亦必择吉日。其法：按十二兽，以手推算，所择日与选择家暗合。或云，虎猴牛，黎人以为恶兽，避之则吉。”哈尼族嫁娶忌在日食日或月食日。以为日食日，月食日内嫁娶，婚后必生六指儿、双胞胎或缺嘴婴儿，故视为大忌。

以上所列举的忌年、忌月、忌日等选择婚期之禁忌习俗，除少数地区仍有保留外，大都已被革除。现在嫁娶，农村仍是农忙时少，农闲时多；城市里则大都选择在“五一”、“十一”和春节前后等国家法定节假日里举行，且多以公历纪年计算时日，因而旧时的婚期择日禁忌，大都失去了约束人们的效力。有些老年人虽然仍能记得一些择日方面的禁忌习俗，也往往会因为青年男女的不在乎而无可奈何地放弃了自己的意见。

【亲迎禁忌】

亲迎是“六礼”最后一项，即迎娶新娘的仪式。因为亲迎是周以后的礼俗，所以是指男子迎娶女子。

（1）入赘禁忌

在远古时代，是“男子出嫁，女子娶夫”。那时是男随妻姓，子从母姓。如大禹王就是这样，未婚时姓姒（从母），婚后姓涂山氏（随妻）。所以，如果远古时代亦有亲迎的仪礼的话，那一定是女子迎娶男子了。后来，随着社会的发展、演进，亲迎的风俗仪礼也全然倒过来了。现在如果再有女娶男的婚姻，民间反而会称之为“倒贴门”、“倒插门”、“倒站门”，一个“倒”字说明了它是“反风俗”的现象。在男权社会中，赘婿是不得已的事情。据《汉书·贾谊传》云：“秦俗日败，故秦人家富子壮，则出分；家贫子壮则出赘。”赘，一说质也，“家贫无有聘财，以身为质也”。可见这种赘婿是有典质的性质的。秦俗，赘婿必须剃光头，称之为髡，是一种刑罚，可见秦时赘婿是备受歧视的。直至今日，在汉族、景颇族、白族（勒墨人）以及其他一些民族中仍然有忌讳招女婿的习俗。世俗对赘婿仍有轻视、歧视的陋习。不过，现在赘婿一般无有典质的性质了，却常常是为了传宗接代，或者是为解决劳动力的不足。俗话说：“一个女婿，半个儿。”这种婚姻也受到了法律的保护，成为一种易风移俗的典型和男女平等的象征。还有一些民族中素有赘婿的惯例。如门巴族中招赘婚就占婚姻的半数。人们认为“嫁”和“赘”一样，没有什么高低贵贱之分，女婿照样可以顶立门户，继承财产，养老送终。但招赘婿的仪礼比较简单，没有下聘礼等过程，只要男方同意，择吉日由一男青年陪新郎到女家举行婚礼即可。壮族入赘婚也是比较简单的。结婚时男方不收礼物，不备嫁妆，结婚所需一切都由女方准备。男子出嫁那天，家中一般都不举行婚礼，不摆宴席。但女家要杀鸡宰鸭，招待宾客。当日由女方家长者为赘婿改姓换名，随女儿排行。壮族赘婿在家中和社会上，不但不受歧视，还有极高的地位，普遍受到人们的尊重。

在女家，赘婿被当作亲儿子一样看待，同辈与他称兄道弟，禁忌用“姐夫”、“妹夫”来称呼赘婿。台湾高山族男子“终身依妇以处”，以致“俗重生女不重生男”。生女谓之有“赚”，生男谓之“无赚”。另外，像云南傣族的“上门居”和布朗族的“从妻居”等也都有“女娶男”的意味。不过意义不是那么完全。就“男到女家”落户的婚仪简约一点来看，一是可以说明这一习俗的古朴无华，因为它是自远古时代相沿袭下来的缘故；二是可以说明，这一习俗于男权社会中存在的不易和艰难，这是其备受歧视和袭扰的结果。无论如何，招赘婿仍是现实中国社会婚俗中的个别现象或者少数现象。在中国大多数民族和地区内“女嫁男，男娶女”的婚姻还是最普遍的，占主导地位的。因此，男方迎娶新娘的礼仪就被俗众日益丰富、强化因而演变得十分繁杂了。在这些风俗中包括许多禁忌，其目的仍然不外乎趋吉避凶，消灾免祸，确保新人婚后的幸福和美满，当然，也会掺杂着一些伦理教仪的思想意识在其中。

(2) **婚期前夕禁忌**

在婚期到来前夕，为了婚礼举行得顺利，尚有许多禁忌。据《说蛮》载，仡佬族女嫁必折二齿，否则恐妨夫家。俗称之为打牙仡佬。清人田雯在《黔书》中说：“（打牙仡佬）女子将嫁。必折其两齿，恐妨害夫家也。”凿齿习俗是仡佬先民的遗俗。西晋张华《博物志·异俗篇》云：“（僚人）既长，皆拔去上下齿各一，以为华饰。”而恐妨害夫家，显然是后世附会到这一习俗上的礼教。土族姑娘出嫁前一个月内忌见生客，忌操持家务，除做嫁妆外，就是学唱“哭嫁歌”。这期间因为老坐着不动，所以俗称“坐嫁”。坐嫁期间，姑娘的饭量要逐日渐少，以使体态窈窕，面孔白皙；也显得孝顺娘亲，不愿离去。这与彝族的“杂空”是差不多的。彝族姑娘临近婚期，也要开始“饿食饿水”（减少饭食），甚至绝食。彝族称之为“杂空”。“杂空”时间，一般为三五天，多者七八天。“杂空”期间，新娘仅吃少许鸡蛋，喝几口水。俗以为“杂空”时间越长，越显得新娘懂礼，有毅力，光彩。如果姑娘在出嫁前大吃大喝，就要被大家耻笑。据说这样限制新娘，减少饮食是因为一个“虎妻”的传说。传说古时候，有个要出嫁的姑娘，在娘家大吃大喝，等她走向夫家时，半道上便要解小便。结果在路边草丛里被老虎吃掉了，老虎变成了新娘成为虎妻。新郎的妹妹发现了虎妻的秘密，也被老虎吃掉了。后来，新郎用计谋烧死了老虎。这个传说故事可以告诉我们，不让新娘多吃多喝是为了避免在去婆家的途中大小便。因为，新娘去婆家途中忌讳大小便。甚至进了男家，三天之内大小便都是要被人笑话的，所以才有这嫁前“杂空”的习俗。这实际也有礼教带给妇女的束缚。女子一旦嫁人，就身不由己了，必须学会严格地约制自己的行为。过去，回族男女青年结婚前一个月内，不准彼此见面，要待在家中，请阿訇念“尼卡哈”经。如今，此俗已不很严格了。东北某些地区的汉族中，也有结婚前三天不准女方到男家去的习俗。大约是重视亲迎仪礼的意思。如果平时双方来往自如，那么亲迎也就显不出有什么特别重要的意义了。湖南湘潭一带婚期前还有一件对男性保密的禁事，即让新娘吃醋炒蛋。目的是根据日期推算，抑制新妇婚日来潮。婚日新妇有月经是很忌讳的。旧俗谚云：“骑马拜堂，家破人亡。”汉族民间有将妇女用的月经带叫做“骑马布”的。可知系指此事。妇女的经血，本来就是禁忌的事物，含有“血污”、“脏”、“不洁”、“崩”、“破”等多种忌讳的语意，在此喜庆之日时，是根本不能出现的，所以要忌讳。在豫东一带，婚期之前，若是新郎的母亲病了，常好与女家商议，择某吉日黄昏起更后，约亲家母和未过门的媳妇来男家“冲喜”。俗以为未过门的媳妇做的面条儿，有治愈疾病的效力。如果未来的婆婆吃了未来的儿媳做的面条儿，病就一定会好的。做饭时，须未来的新郎执灶。但未婚男女双方，不得谈话，否则，就不灵验了。俗称之为“哑饭”。这一习俗很有趣味。一是反映出婆婆想儿媳妇的焦急、迫切心情，——一旦满足她的愿望，她的病就会好的；二是看到了男女授受不亲的礼教在民俗中的具体作用和影响——假如未婚男女在这种场合下一说话，那面条儿祛病的魔力也就消失了。可以想象，这一幕“冲喜”习俗的哑剧该是多么富有诗情画意。恰切地符合男性家族的需要，正是这一习俗得以在汉文化中滋长生存的根基。

以上几个婚期前夕的禁忌实例，大都是针对女方的限制，还有一些习俗禁忌，是针对男方的。例如畲族“作亲家伯”的习俗中便有这样的一些禁忌。“作亲家伯”在福建霞浦县畲乡最为流行。按惯例，“亲家伯”既是男方选派的歌手，也是男方婚礼仪程中的全权代表。结婚吉日前两天，亲家伯便挑着礼物来到女家。女方村寨的妇女热情迎接亲家伯，将板凳放在女家堂屋东首让他坐。畲家规矩，坐东首为贵，坐西面为谦。十分懂得畲家规矩的亲家伯马上就会把板凳从东首移到西首，以示谦虚。接着，女方请他抽烟，他会在感谢声中掏出自己的烟来敬献给女方村寨的人，不但向男子敬烟，向妇女敬烟，甚至向在场的小孩子客客气气地敬烟。按畲家风俗，要是亲家伯不表示卑微，不懂得挪板凳而稳坐东首，不懂得敬烟礼仪，女方村寨上的妇女们就会绝不客气，会当场在他的板凳底下点燃鞭炮轰他，甚至要烧他的衣服，把他赶走；如果亲家伯的歌子唱得不美，也会遭到妇女们的奚落，甚至让他扛犁做牛，连夜把他赶出村寨，另请高明来娶亲。当然，那些既懂规矩，歌子唱得又绝的亲家伯，妇女们不但不敢难为，还会以重礼相待，陪伴对歌，从夜幕降临直到旭日东升，连续长夜对歌两晚。

（3）婚不亲迎禁忌

亲迎的礼节，中国大部分地区都是这样的。古时称婚配的妇女为“妻”，是取“齐”的意思。《说文解字》，妻为“妇与夫齐者也”（《康熙字典》引《说文》云：“妻，与己齐者也。”）。《礼记·郊特牲·注》：“齐谓共牢而食同尊卑也。”为了显示同尊卑，所以要亲迎。亲迎是六礼中最重的一项礼节。如果不亲迎，则女方是不肯嫁过门去的。据《中国制度史》云：“六礼为为妻之征。故六礼不备，贞女守义不往，以嫌于为妾也。”妾俗称“小老婆”，贱于妻，故民间忌为人妾，且讳担妾名。

据邓子琴《中国礼俗学纲要》所说，亲迎婚俗，古代无有不行者，只有皇帝结婚时亲迎与否说法不一。《春秋公羊传》说：“天子至庶人皆亲迎。”《春秋左传》则说：“天子至尊无敌，无亲迎之礼。”不过，亲迎虽是古礼，但民间也有习俗不同的地方。据《山东方志民俗资料汇编》云：“齐俗不亲迎，于春秋已然。”可见古时民间也有不亲迎的婚俗。而今，不亲迎的习俗也还不少。像江西南昌县、弋阳县等地都有不亲迎的习俗记载。据《山东民俗》一书称，现今山东省内的婚俗，就有“迎亲”、“等亲”、“送亲”三种情形。其中只有迎亲一种是新郎亲自往女家迎接新娘的，可以称作“亲迎”，而其他两种就都不是“亲迎”的方式了。亲迎或不亲迎都是一方一地的风习，本无所谓是非，只是，身在其地，往往不得不随俗而已。不随俗者，便会有犯忌之嫌。

（4）婚不用乐禁忌

如今结婚，常常吹吹打打，以鼓乐相配。农村吹鼓手有专司其职的“喜班子”。还有用录音机播放歌曲、戏曲、器乐曲的，显得非常热闹、喜庆。如果谁家结婚没有鼓乐声响，冷冷清清，倒让人觉得不吉祥，是犯忌讳的。但古时候结婚是不用乐的。《礼记·郊特牲》云："昏礼不用乐，幽阴之义也。乐，阳气也。"（郑玄）注云："幽，深也。欲使妇深思其义，不以阳散之也。"也就是说，婚礼不用乐是为了让新娘子深思做妻子的妇道，而不至被喧闹的音乐声动摇她的意志。这种解释道学家的气味甚浓。或许这并不是民间的初衷，而是礼教对风习化一的结果。设想，假如当时无人将音乐用于婚礼，那《礼记》中又何必一定要言及此意而立此规矩呢？大概当时就有一些用乐的风习存在，故而甄别文质，抑或效法古仪，士大夫们才选中了不用乐的规矩。甚至还规定有"娶妇之家，三日不举乐，思嗣亲也"的礼法。虽然礼法立下了，但民间仍旧有民间的俗信和民间的做法。因而婚礼用乐，自古不绝。河南、山东等中原地区一些方志中常常有这方面的感叹。如"礼，婚礼不用乐，幽阴之意也。今县俗俱以鼓吹从。由来已久，莫悉所始"，"县宦族富室，虽或亲迎，而必用鼓乐，亦非古也。……然秦汉而后，已不为非矣。非独于今然也"。不过，如今有些偏远山乡中和城镇里婚事从简者，也不用乐。此属风俗中的特例，应当别论。少数民族中亦有婚不用乐的。云南巍山彝族办喜事时不打歌，办丧事及其他节日才兴打歌。此或为婚礼的古俗遗存。

（5）婚礼不贺禁忌

中国古代有婚礼不贺的礼法。《礼记·郊特牲》云："婚礼不贺，人之序也。"婚礼只是人生正常地进入一个新的阶段的仪礼，没有必要特别地进行祝贺。但后来这种礼法也完全被世俗的惯习所淹没了。或许是出于对此种人生最重之仪礼的珍视，婚礼的祝贺超过了其他任何人生仪礼。民间惯习的这种力量迫使统治者从礼法上也不得不做一些让步、更改。《汉书·宣帝纪》云："秋八月，诏曰：夫婚姻之礼，人伦之大者也。酒食之会所以行礼乐也。今郡国二千石或擅为苛禁，禁民嫁娶不得具酒食相贺召，由是废乡党之礼，令民亡（无）所乐，非所以导民也。"至此，婚礼相贺成为合礼合法的事了。有人说这是喜筵之滥觞，实则不如说是喜筵合法化之滥觞。

婚姻贺礼，如今仍相当普遍。今俗有"凑份子"一说。即是指为亲友婚嫁送的贺礼。贺礼的"价码"，不断暴涨，不送又遭忌讳，所以民间这一陋俗，颇遭非议。现实新风尚，提倡改革旧俗，但目前尚收效甚微。

河南荥阳一带，婚礼用羊、酒作贺。羊忌黑眼，酒忌不醇。台湾风俗，婚贺礼忌用鸭子。因“鸭”与“押”同音，恐不吉利。但若用来做菜肴，倒也不妨。

婚嫁日祝贺的人多少都无妨，但最忌有人上门要债、闹事。婚姻是喜庆的事，假如往日有仇冤的人家，此时上门来闹事，则是大大破坏了吉事的，是最受忌恨的。这将在新婚夫妇今后的生活命运中投下可怕的凶厄灾难的阴影。这时也最忌有人上门讨债。白族结婚时，按规定由男女双方氏族头人公开宣布：今天是喜事，不准任何人要债、逼债。如违犯禁忌，就会受到众人的谴责和惩罚。

（6）婚礼不放爆竹禁忌

据清人熊伯龙《无何集》云：“爆竹本驱鬼之意，非礼莫甚。而今世吉凶事皆用爆竹，失礼之中又失礼矣！”这反映出礼法对世俗惯习的无可奈何。其实，喜庆中燃放爆竹，确有驱鬼之意含在其中，民间所谓“崩崩邪气！”因为越是大喜的日子，越是担心有恶鬼捣乱。所以要用爆竹崩崩，以壮行人之胆魄，也不至使那吉祥之兆散失。由于每逢喜庆（包括喜丧）之时都要燃放爆竹，所以久而久之，由于条件反射的缘故，一放爆竹，人们就猜想是有（红白）喜事在举办了。所以放爆竹便又增添了喜庆、热闹的一层含义。而办喜事不燃放爆竹也就更多了一层忌讳的理由了。

（7）迎娶时辰禁忌

和请期不同，迎娶的时辰是由男方自定的。但一般都遵从当地的风俗惯习，并通常也是要与女家通气的。从婚姻的婚字，可以知道古代婚娶是在日落前后举行的。婚，古文为昏。《尔雅·释诂》云：“日入后二刻半为昏，昏来则明往。”《仪礼·士昏礼·注》云：“士娶妻之礼，以昏为期，因而名焉。必以昏者，阳往而阴来。”可见古时嫁娶在昏时，是取阳往而阴来之意，亦即实扣男（阳）亲迎女（阴）之意。若不以此时迎娶，则婚不以时，恐不吉也。今民间仍有半夜娶亲的风俗残存。不过，其理由大都传说不一。许多人说是因当地曾有某某恶霸或权势人物强行“初夜权”而导致此俗的形成。不过，笔者仍觉得此俗是古代蛮野时期掠夺婚姻习俗的一种遗存。《仪礼·士昏礼》云：“主人爵弁，纁裳缁袘（衣）。从者毕玄端，乘墨车。从车二乘，执烛前马。”这种穿黑衣，乘黑车，执火炬的亲迎队伍很容易使人联想到原始部落夜间隐行“掠妻”的壮举。现在湖北神农架一带，还有夜半打鼓娶亲的风习。待夜阑更深人静之时，男家即遣迎亲者打鼓鸣锣放鞭炮去女家迎娶新娘。按当地的俗规，当日必须把新娘接进家门，否则，便担心会出什么差错。由于山高路远，所以他们半夜就早早起程了。敲锣打鼓固然是为了喜庆热闹，也有惊吓山中野兽的作用。因此，这种婚俗的存留归根结底还是适应了当地民众生活的需求的。如今，中国绝大多数地区，婚娶都是安排在白天进行的。夜间嫁娶毕竟有许多不方便处。这种习俗的演变，也是由质朴向文明的转化，是民间风俗的一种自然、正常的发展趋向。不过，旧时，婚嫁还有拘惑于术士们的谰言而不敢随意更改吉时的禁忌。比如必须在巳时午时之交（即上午十点到十二点）迎娶等等，这就是迷信的困扰了。

（8）婚服禁忌

中国民间结婚办喜事时，绝大多数地区和民族都有特制的新婚礼服。婚服要新，取“新婚大喜”之意。若着旧装，则不吉利，或有新人不贞之嫌。不过，也有穿旧衣出嫁的风习流行。新娘出嫁穿旧衣见于黔东南侗族，其他地区也习见。新娘出嫁这天，送亲的姑娘都着新衣，带银器、首饰，个个花枝招展，唯独新娘却穿着旧衣、草鞋，且无头饰、首饰，不带嫁妆。此举之意义，在于告诫新娘婚后要勤俭持家，反映了侗族的传统美德。其他民族和地区，大都对婚服十分重视。做嫁衣亦要选择吉时。嫁衣要由福寿双全、儿女双全的妇女裁剪。忌寡妇、不孕妇等裁剪缝制。新嫁娘的礼服忌有口袋，以免将娘家的财产以及福气带走了。礼服要用一块整布料裁制，忌讳用两块布缝接。取“从一而终”、“不再婚”之意。一般新嫁衣崇尚红色，忌讳白色。此俗流行于汉族，其他民族也习见。山东一带，嫁衣要上下一身红，通常喜棉忌单。云南巍山彝族结婚时，新郎新娘都忌穿白色衣服，直到婚后一百天才能穿白衣。台湾民间新娘出嫁虽亦喜好红色，却又有上头衫、仔裤颜色纯白的，取“忠贞洁白”之意。粤北壮族新娘出嫁喜穿黑色的嫁衣。并由穿黑衣裤的伴娘陪伴，打黑伞去男家。黑色嫁衣是由男家缝制的，只是在婚娶前才由媒人送往女家。据说这一习尚是从喜鹊羽毛为黑色而来的。俗信穿黑色嫁衣表示喜庆、吉利。不知是否还与古代亲迎着黑衣的习俗有牵连。

旧时，男子娶妻俗称“小登科”，是可以穿九品官服的，新嫁娘则必用凤冠霞帔，以象征吉祥。过去此俗多流行于满族、汉族、朝鲜族及其他民族。据《清稗类抄》云：“凤冠为古时妇人至尊贵之首饰，汉代惟太皇太后、皇太后入庙之首服，饰以凤凰。其后代有沿革，或九龙四凤，或九翠四凤，皆后妃之服。明时，皇妃常服，花钗凤冠。其平民嫁女，亦有假用凤冠者，相传谓出于明初马后之特典。然《续通典》所载，则曰庶人婚嫁，但得假用九品服。妇服花钗大袖，所谓凤冠霞帔，于典制实无明文也。至国朝，汉族尚沿用之，无论品官士庶，其子弟结婚时，新妇必用凤冠霞帔，以表示其为妻而非妾也。”可见，当时新娘不用凤冠霞帔已成为一种忌讳。一是怕不吉利，二是怕人说不是嫡妻。辛亥革命以后，随着帝制的垮台，此俗逐渐变革。如今穿九品官服，用凤冠霞帔的已很少见了。汉族等多以漂亮、崭新的西服、时装为时兴婚嫁衣。新娘佩戴红绒花，以谐音“荣华”，象征富贵。其他民族也多以自己的民族服装为婚嫁衣。凤冠霞帔式的婚嫁衣只有在民俗展览会上、戏台上或民间游艺节目中才能见到。那些相应的婚服禁忌也大都随之消失或转化为他种形式了。

（9）迎亲禁忌

迎亲是大喜的日子，这一天是阴阳合配，男女双方成就百年之好的第一天，民间十分看重，总想有一个吉祥如意的好兆头。因此，这一天禁忌也特别繁多。迎亲日，虽是吉日，也有宜忌，男家应先看好该日忌什么。汉族及其他一些民族均有此习俗。白族迎亲日如果忌路，须沿途打锣；忌地，走时要铺毡或席；忌门、忌厨，要把门和厨房遮住。哈尼族迎亲时，男家派一对父母健在、家中无死于非命的所谓“干净”的中年男女作为迎亲人，到女家迎接新娘。东北汉族、蒙古族迎亲的人要是单数，少则七人、九人，多则十一人、十三人，人数不等。回来时加上新娘，正好是双数。而湘潭及中原一带，迎亲的人数要成双，但又有忌八、十六这两个数的，其意不详。许多民族迎亲人都忌寡妇参加，要派“全科（活）人”。朝鲜族迎亲时，新郎忌脚踩地。离家上马时要踩粮袋，到女方村庄下马时第一脚也必须踩在粮袋上，取婚后稻谷满仓、生活富足之意。新郎忌直接闯入新娘家，要在女家近邻借一所房子临时驻脚，在这儿换上九品官服——婚礼服。苗族迎亲时，按规矩，新郎要到隔壁邻居家中吃饭，不能在新娘家进餐。而一同来迎亲的陪郎们却能够受到新娘父母的热情接待。保安族在迎亲日，女家设宴盛情招待迎亲客、媒人、阿訇等人。这时，女方村中的小伙子要来“闹席”，让迎亲客和媒人吃不安宁。有时还会把迎亲客一一拖到院子里，用沾有锅底灰的棉花、羊毛等乱抹一气，把迎亲客抹成一个个的大花脸，甚至拳打脚踢一顿。这时，迎亲客忌讳变脸生气，还要满面笑容。如果谁脸上有不高兴的表示，就意味着两亲家以后不和好、不吉利。抹黑脸、拳打脚踢是一种特殊的祝贺婚姻美满的方式。据说，是为了让新娘婚后生的孩子能够认识舅舅。锡伯族接新娘的喜车，不论路程多远，一旦上路，既不能停歇，也不能离开车辙，更不能给其他车让路，必须马不停蹄地一口气赶到婆家。如遇对面行来的也是喜车，则在两条车辙正中插一把刀，各自顺一条车辙错过。新娘从上车直到婆家，不论喜车如何拐弯，一路上须面朝事先定好的方向坐着，亲人则帮助其不断挪动身子。柯尔克孜族迎亲日的风习更奇特。当新郎在迎亲人的陪同下骑着马来到女家时，女眷们很有礼貌地迎接着新郎和客人，男人们却手拿绳子，一拥而上，把新郎五花大绑捆在帐篷（或门）前。此时，新郎绝不能说一句怪话，也不能流露半点不满意的情绪。新郎被绑之后，打扮得花枝招展的新娘也被女家亲友们绑了起来。人们把新娘和新郎拴在一起，大家在欢笑声中围观这一对新人。直到新郎的父兄向女方亲友“求情”再三，赠送许多礼物之后，这一对新人才被“释放”。但整个过程迎亲人都忌讳恼怒，否则于亲事不吉。这种迎亲习俗可真新奇，其中是否也体现出了野蛮时期掠夺与反掠夺的婚姻习俗遗迹呢，这是很耐人寻味的。

（10）**送亲禁忌**

送亲是指女方亲友送新娘出嫁。送亲的人也要是“全活人”，忌寡妇、孕妇送亲。这在中原一带极为讲究。在渤海湾一带，送亲的人有“爹送妈不送”、“姑不娶，姨不送，舅妈送一场病”的禁忌习俗。都是关于女人的禁忌。禁忌女人在迎娶中出面，一方面是对女人的蔑视，另一方面也因女人心肠软，感情脆弱，看见亲人出嫁会生出一些悲伤的情感来，说不定还会流泪失声，其与婚娶不吉，因而有些禁忌。迎亲、送亲的人还有属相禁忌。山东流行的忌讳歌谣为：“辰子申忌蛇鸡牛，巳酉丑忌虎马狗，寅午戌忌猪兔羊，亥卯未忌龙鼠猴。”许多地方是不亲迎的。由女方直接把新娘送往男家。也有一些地方女方不送亲到男家，只送上轿（车、马）。富贵人家还有随新娘“嫁”过去的“陪嫁丫鬟”，这样的送亲人便一送而不返了。古代有嫁女之家三日不举火之禁忌。《礼记》有记载，说是为示伤离。送亲禁忌中以孕妇送亲为最忌。大概是怕“触染”得新娘也有了身孕，从而成为一个不贞的新妇吧。其实，新娘的贞洁与否，与送亲的孕妇又有什么关系呢？这种联想乃是原始思维中“同类相生”观念的反映，是对“交感巫术”力量的畏惧才实施的禁忌习俗。

（11）上轿禁忌

新娘上轿前，中原一带有喝“催轿汤”的习俗。娘家嫂子辈给新娘做临行前的一顿饭，叫“催轿汤”。新娘吃起来很有讲究，既不能不吃，又不能吃完。民歌中有这样的唱法：“如若是喝了吧，怕穷娘家；若要说不喝吧，怕穷婆婆；罢罢，我喝一半，留一半，两头都过好生活。”可见那“催轿汤”是某种“财气”的象征。喝催轿汤又是对新娘情感的测试。为了不使新娘子丢丑，好心的人儿是会事先把其中的忌讳告诉她的。

新娘了上轿时禁忌足踏土地。旧时，汉族、回族、满族及其他一些民族都有此习俗。不踏土的理由据说是怕沾走了嫁家的灰土，带走了娘家福气。有人认为这原是新娘依恋娘家不肯离去的缘故，有人说这是表示高贵的身份，还有人说是为了避邪求吉。民间婚礼通常只是执行这些婚俗禁忌，并不解释其中的道理。上轿不踏地的办法有许多种。有的是把轿子退到房门口，由新娘的父兄或抱或背送进花轿；有的则让新娘在红缎绣鞋的外边再套上父兄的大鞋，走着上轿，上轿后再将外面的大鞋脱掉，不沾娘家泥土；也有的是在地上铺上红毡子或草席子。有的民族新娘不坐轿、车，而是由娘家舅、兄等用红毯子裹住新娘子，轮流背到新郎家。中途不准新娘脚沾地，也忌讳新娘脚沾水。南方水乡婚娶时，也有隔船抛新娘的习俗。如果在这些习俗中由于不慎让新娘掉在地上或水里了，那是很不吉祥的。娘家人就要让人笑话，甚至会遭厄运。

上轿前，按汉族的习俗，新娘要蒙上红盖头。红盖头即是一块二尺见方的红布，可蒙住新娘的头面脖肩，使其不能被人看清楚面目。旧时，其他许多民族中也有此俗流行。现在汉族中也已很少见了，但有些少数民族中仍有此俗流行，像瑶族新娘就有用蜂蜡把头发染硬，盖上有眼儿的木板，加上红盖头的习俗。据说，此俗是很古老的，有类女娲“以草为扇”，是遮羞的，其红色象征火，象征吉祥，可以防邪。陕西流传一句禁忌掀盖头的俗谚：“盖头一掀，必生祸端。”还有人说“盖头”是古俗掠夺婚的遗存，新娘子蒙上“盖头”就看不见路了，使她不得跑回自己的家中。现代文化人类学者又从过渡仪式上解释“红盖头”的作用，说盖头的作用是通过这一形式完成一个过渡的仪式，使新嫁娘结束了在娘家做姑娘的生活进入到婆家成为媳妇。“盖头”被揭开象征了女人一生中的最重要的生活转折。据我了解，回族等信仰伊斯兰教的民族有戴盖头的习俗，回族一般少女戴绿盖头，结婚以后的中年妇女带黑盖头，老年妇女戴白盖头。一般人刚结婚并不马上戴黑盖头，有的还戴几年绿盖头。在婚礼上，受汉族文化影响，一些新娘带红盖头，有的戴类似婚纱的白盖头。新娘子蒙盖头的习俗现在虽然很少存在了，但在旧时却是中国最普遍最有特色的一种婚姻习俗。新娘子从上轿前蒙上盖头一直到下轿、拜天地，入了洞房之后才能由新郎掀开。否则，不蒙盖头，或者过早掀开都是要遭忌讳的。这一习俗曾使许多包办婚姻、买卖婚姻“生米做成了熟饭”。在封建礼教的重压下，往往都是新郎掀开“盖头”之时，才得见新娘的面孔，因而许多婚姻悲剧也就从这一瞬间拉开了序幕。

中国大多数民族都有哭嫁的习俗，即在新娘上轿前后要放声痛哭，有的还边哭边唱着“哭嫁歌”。哭嫁的原因，是表示不愿离开生身父母，到一个陌生的家中生活。同时，也含有惜别少女时代的亲友的心情。哭嫁有真哭假哭，或者说是真伤心的哭还是履行传统习俗的仪式而哭的差别。如果婚姻不称心，新娘不情愿，那哭声就很悲伤，是真哭，是对不合理的旧婚姻制度的哀怨和控诉；如果是心里很高兴，对婚姻很满意，那哭声就平平。还有新娘上轿时哭不出来的。这时娘家人就会觉得很难看，要劝新娘哭，送新娘的嫂辈们会半开玩笑地说：“哭两声吧，嘴里哭，心里愿，不哭两声不好看！”再不哭，母亲就要上前打着、拧着逼新娘哭了。因为新娘上轿时不哭，人家会说新娘子傻，没教养，没人情味，婚后两口子也不会过好。哈尼族、土族等也认为新娘不哭嫁，意味着这门亲事不吉利，婚后日子不美满。

新娘上轿出大门后，女方家人随即将大门关好。据说这样做也是防止新娘将家里的财气带到夫家去的。旧时汉族有此忌讳，如今台湾仍颇流行。山西有送女出门之后为女儿祝福的习俗。据《清稗类抄》云：“山西某县，凡嫁女者，喜舆既出门，设几于堂，女之母辄服大红衣而坐其上。旁一人，持饴糖与食，且问之曰‘甜否？’必大声应之曰：‘甜’。意谓若是，则女必为翁姑所爱宠也。无母，则父为之；无父，则伯叔父母为之；无伯叔父母，则疏属或戚串为之。不行此礼，则视为不祥。”可知女儿出嫁后能否受翁姑的爱宠是女家最挂心的事了。这是家长制社会中产生的习俗禁忌。其重视的不是夫妻间的感情而是尊长的态度。反映在民间生活口语中，则表现为不说“娶妻”而说“娶媳妇”、不说“嫁人”而说“过门”等等，都是从属于家长的说法。土家族新娘出大门后，女方几位老者即站在大门口，朝着新娘离去的方向大喊：“丫稍—丫稍—丫稍口扶。”意即：“福运回来哟，福运回来哟。”从大门口一直喊着走回经堂。以为这样，就可以把新娘带往夫家的福气追回来了。否则，新娘会将娘家的福运瑞气带往婆家。由此可见，“福”当是自私专有的。虽是儿女亲家，也是相争不让的。

（12）**途中禁忌**

中国人观察事物，总爱以对称的心理去补充想象。上对下、左对右、前对后、始对终等等，都容易产生这样的联想。因而，“始”总是带有征兆（兆头）意义的。开始的时候怎么样往往便认为最终也会有相应的结果，所谓“一好百好”、“一顺百顺”。这种信仰观念在嫁娶中也反映得很突出。把新娘子接上轿往男家抬去。这途中便是一对夫妇始合阴阳之“始”。所以，这一段路是带有兆示意义的。如果一路平安，未犯忌讳则新娘夫妇便大吉大利，如果有什么忌讳的事情发生了，便不是好兆头。所以，必须采取一些避忌的措施和违犯禁忌后的破法以确保吉祥、祛祓凶患。

新娘子忌三向，即上轿、下轿和坐帐的方向。这是迎亲前就看好了的，大多数是听信风水先生的。不过既然有人说了这样的方向好，便不敢违拗，最好照此办理。风水先生正是投机于民间这种“慎行笃诚”的迷信心理。

中原一带，汉族结婚行轿的习俗中，有“东来西走，不走重道”的规约。即轿来和轿去的路不能一样。这或许是怕“重”字讳，担心走重道要重婚。豫北民间有“走回头路，夫妻不能白头到老”的说法。又或许是怕一些恶鬼邪祟等在那轿来的道上捣乱使坏。绕道一走，那恶鬼邪祟的阴谋自然便落空了。这也是一种避忌的思想原则，虽然简单了一些，却很可满足一般平民的心理需求。

迎亲途中流传最广、影响最大的禁忌，要数“喜冲喜”的忌讳了。据资料表明，河南、山东、江西、湖南、台湾、云南等全国大部分地区都有此俗流行。汉族、锡伯族、畲族、苗族、回族等许多民族都有类似的禁忌。所谓“喜冲喜”，即“两家婚娶相遇”。俗以为这是不祥之兆。这是基于相克思想的考虑，以为两喜相遇，势必要比个高低，或论财势，或论人势，假如一方超过了另一方，则那比败的一方就会很丧气、败兴，因而是不吉利的。而比胜一方的“喜”虽然冲了、淹没了比败一方的“喜”，但是自己一方的“喜”也因此而减弱了，喜庆的气氛受到了影响，所以也是不吉利的。说到底还是不愿意让别人的兴致扰乱、抵消自己的兴致。所谓：喜“好事独占”，讳“福无双至”。

但是，婚娶相遇的事还是经常会碰到的。因为，嫁娶的随俗，一般都在农闲季节，民间忌月、忌日又是相同的，选择吉日吉时，也很可能就碰在了一起。那么真的发生了“喜冲喜”的事情又该如何办呢？

过去，假如两家娶亲的日子相同，有比赛相争不让的风习。据说谁争了先，占了上风，谁就有福气，另一方就“晦气”。苗族如果有两个（或几个）新娘同一天出嫁同一个寨子，那么，俗以为先进寨子的有“福气”。一般情况下大家都尽量避开同一天出嫁，如果避不开了，就要千方百计地争先进寨子。锡伯族接新娘的喜篷车禁忌与其他喜篷车相遇。如果相遇，不能停车相让，必须很快地并行而过。江西全南县忌讳“迎娶花轿碰头”。如花轿碰了头，双方轿夫各自竭力将花轿抬高，力争超过对方。据说，谁家的花轿抬得高，谁家就能赢得“发运”。往往因此而发生双方的激烈冲突，甚至大动干戈。也有另外一种解决的办法，就是由双方的新娘互换随身佩戴的金戒指，或者由迎亲队伍双方互换新手帕、新毛巾。用这样互相祝贺的方法代替互相竞争的方法，使双方都避免了不吉祥的兆头。湘潭也有这种新娘互换礼物（手帕、红头绳）的习俗。回族新娘前往男家的路上，也忌讳与其他娶亲的队伍相遇。如果相遇了，两家新娘要互换腰带，以为补救措施。台湾民间婚娶如果遇上“喜冲喜”的情况，也要让双方新娘互换头上插的簪花，俗称“换花”。据说不“换花”，必然会有一方要遭遇灾难。大概这类互换物什的方式可以使双方具有同一性。中国民间有这样的习惯，即把敌对的一方和己方同一起来，从而让敌对的一方自己取消敌意。当然，喜轿相逢，互换礼品，不是互相诅咒，而是一种妥协的方法，客观上也起到了互相祝福的效果。畲族如果两个新娘同一天出嫁，走同一条路线或同走一段路，两个新娘必须商定谁先走，谁后走，不能同时并行。一般都是让婆家路程较远的先走。后走的新娘不能跟在先走的新娘后边走，那样叫走“旧路”，是不吉祥的。后走的新娘要让一头角上扎红布、插红花的黄牛在前边“踏路”。经过“踏路牛”踏过了的路就又是新路了，新娘再走上去就没有什么顾忌的了。而且还吉祥如意，预示着婚后的新生活是美满幸福的。

迎亲途中除了忌讳“喜冲喜”，还忌讳“凶冲喜”。在台湾，婚娶的行列如遇上送丧的行列也认为是大不吉利的。因为它是凶事对喜事的破坏，所以叫“凶

场面热闹的民间嫁娶图

冲喜”。中原等地也有这方面的忌讳。不过，也有人说不忌丧事的，因为丧事有棺材，“棺材”谐音“官财”，所以也有说遇见丧事是吉兆的。但是，办喜事与办丧事毕竟不相融洽，一般丧事总让人想起“死人”、听到“哭声”等等，总是与结婚的喜庆气氛难以相谐调起来的。所以，人们总的说来还是忌讳办婚事与办丧事相遇的。如果事先知道会遇上办丧事的，就一定要换上一个时日迎亲。有时在毫无准备的情况下真的碰上了办丧事的，无法解脱而别作一番解释，比如有“官运”、“财运”等等，也不过是一种自我安慰的破解方法罢了。

云南红头瑶，在迎娶途中忌水，遇有河流，要由人背着新娘过河，不得使新娘子的脚沾了水。锡伯族人迎亲的喜篷车一路上不能停留。汉族也有迎亲途中花轿禁忌落地的习俗。因为无论是新娘，还是喜篷车、花轿，这时候都成了一种禁忌体，是必须小心避忌的。不沾水、不停留、不落地都是加在这种禁忌体上的“行为限制”，目的还要造成一种谨慎的气氛，以引起人们的重视，小心从事，不要出现什么意外的差错。

花轿一上路，哭嫁就停止了。新娘在迎亲途中是不许哭的。这时候再哭是不吉利的。俗传新娘有煞气，所以禁忌窥视轿中的新娘。新娘坐的花轿，四周围绕着彩帘。人们跑到街上看娶媳妇的只是看个热闹，一般总是看不着新娘子的。据说看到了新娘子会瞎眼，或者会犯着煞气而死亡。新娘子这时完全和普通人区别开了，她的这种特殊性身份中就往往被认为有某些能够伤害普通人的灵气——邪气——煞气。这种煞气不但会冲犯人，还可能冲犯神灵。据《中华全国风俗志·河南》说：“（洛阳婚嫁）新娘轿前有两人先行，各持一红毡。每过庙，或大石、大树，均遮掩之，以为恐有触犯神明。”这仍然含有女人不洁的观念在其中，而尤其是新娘，尤其是办婚事，就更担心会亵渎神明了。同时也可见俗间相信那神灵鬼祟不是在庙中享受祭拜便是在大石、大树中伸头探脑，用红毡把它们同新娘子隔开，一是怕新娘子冲犯了神明，二是怕鬼祟捣乱、作恶使坏，不然，何以要用有避邪祛恶作用的红毡子呢？

普米族新娘出嫁途中还禁忌新娘回头张望，禁忌新娘子骑骡子和穿白衣服。大概不许回头张望是夫家开始要求妻子一心向着夫家的象征。新娘子忌骑骡子和土家族新娘骑儿马或骒马，忌骑骟马的道理是一样的，都是出于对生育的考虑，与子嗣的联想有关。骡子和骟马是不能生育的，因而要忌讳与其接触。忌穿白衣也是喜事忌白的表现。畲族新娘动身到婆家的路上忌遇孕妇，说是孕妇的血灾之光会冲了新娘的喜，邪魔也会附在新娘身上跟到新郎家。这其中暗含着也会使新娘子受到感应而身怀有孕的危险。而且据说那位孕妇分娩之时，这新娘也要与新郎分手了。设想如果新娘过早地生下一个孩子来，岂不是要与丈夫分离的吗？这正是民间感应巫术信仰所产生的禁忌。那么，遇到这种情况又该怎么办呢？新娘在动身前早已有了准备。她会随身带着一个装满桂圆的小包。遇到什么不吉祥的违犯禁忌的事，只要撒下一把桂圆，认为就能把邪魔化解掉了。

在迎亲途中，还怕出现不好的天气。有些地区忌讳下雨。台湾有结婚当日下雨会使新郎日后变成酒鬼的说法。水族、壮族等最忌讳结婚这天响雷，以为是不祥之兆。如果出现打雷现象，预兆夫妇两人中有一人要早死。

接新娘到男家的时辰、方向，也有禁忌。达斡尔族喜车一定要在日落前到达男方家中。万一在日落后到达，要在大门西侧挂一面镜子，以代替太阳。否则，认为婚后不顺利。在快到男方家时，喜车一定要向东方走。白族新娘去新郎家时，必须顺着云彩移动的方向走，若夫家住的位置与云彩移动的方向相反时，新娘则要绕至夫家背后，再转到夫家。这和汉族忌三向相仿佛。锡伯族旧时迎亲的喜篷车必须在破晓前到达男家。到男家的时限在日出日落之前的不同，是与婚娶的时辰有关的。娶亲以昏和娶亲以昼，自然不同。不过如今这方面的限制都不那么严格、认真了。

（13）下轿禁忌

汉族旧时的传统，花轿抬到男家门口，按忌三相的规约，顺好轿子，由两个少女来请新娘出轿。许多地方这时要放爆竹，以示喜庆。同时也是崩崩新娘子带来的煞气。在新娘子尚未进门，又即将进门之际，民间还有许多“煞威风”的陋习。江浙一带等花轿来到男家门口时要有意停留片刻，以灭新妇之火性，使她日后不敢犯上、不敢不服管教。有些地方还要让花轿从婆婆预先悬挂的裤裆下穿过，其中也含有媳妇在婆婆之下，不得违命的寓意。广东番禺县习俗，新娘下轿时，新郎要以折扇敲打其头，驱入新房。藏族婚俗，新娘乘马到男家，男家宾客相迎时，众人突然大吼一声，随以五谷撒向新娘，使新娘惊愕，谓之“吓魔”。满族、裕固族等，花轿需从男家门前两堆旺火中间通过，平落院中，这时新郎要以三支无镞箭射轿门，取“兴旺发达”、“驱邪避煞”之意。台湾风俗新娘子下轿前，新郎还要上前冲轿门猛踢一脚，意思也是给新娘一个下马威，好让她日后百依百顺、服服帖帖，否则，将导致日后家庭的不和睦。但此时新郎的父母必须回避，否则，新郎一脚或者会没踢中新娘，反而踢中了自己的父母。因为公婆和儿媳处于相对的状态。民间有不吉则凶、不福则祸，不里则外、不东则西的对应观念，所以不踢中新娘就踢中公婆。不过，按此说，亦应该新娘和新郎相对应才是。新郎和新娘理应是阳与阴的对应状态，二人谁的灵气更强大，谁就能降服对方。公婆只是新郎一方的同情者，最多是辅助的次要力量而已。所以新郎踢不中新娘（实际并不真的踢到新娘身上去，而是象征性的），就该是被新娘挡回来而反中自身。但作为新郎的父母，因和新郎有血缘关系，此时如在一旁，怕也会受到一定程度的伤害，或者至少会使他们感到某种羞辱、不光彩，所以还是最好让他们避开为好，免得让老辈为小辈之间的事受气伤神。总之，不管怎么解释，公婆在新娘下轿时不能在场观看是民间客观实在的规矩。这与古俗结婚当日新妇不见舅姑（新郎的父母）是有相通之处的。白族至今仍有新娘八字与翁姑正冲，则新娘进门时翁姑要避开的习俗。

和上轿时一样，新娘在下轿时也禁忌踏土。旧时汉族、回族、满族、壮族等许多民族都有此俗。《东京梦华录·娶妇》云：“新人下车檐，踏青布条或毡席，不得踏地。”民间一般是在新娘下轿时铺上红毯或木板、席子等让新娘从上边走过，直到进屋（洞房）后坐在床（炕）上。山东有新娘出了轿门，就被男家用杨木椅子抬进家中的；江苏民间有铺红毡或麻布袋的；安徽合肥一带则又有用米袋铺地，让新娘踩着米袋进屋的。还有许多地方，不但新娘不能踏地，还不能见着天。因此有用米筛子或雨伞遮撑在新娘子头顶上的。河南太康一带，新娘下轿还忌讳睁眼。几乎所有顶着盖头的新娘都是由人搀扶着进入男家的。不让新娘子“见天”、“踏地”，据说是怕新娘子的煞气触怒了天地鬼神，其中也有不让天地鬼神伤害着新娘子的意思。这时不让新娘子踏土不是娘家怕福气被新娘子带走了，而是表示着男家娶进门来的是一个贞洁贤德的妻子。还有一种说法，即“不踏地”为“不得地”之意。意思是新妇到男家不能有权有势，要服从管教。其实，不管作何解释，不让新娘子“见天”、“踏地”，不让新娘子睁眼，新娘子要有人搀扶等等这些规矩总起来会造成一种“慎重对待”的气氛。人们把精力放在严格遵守这些禁忌礼节上来，就自然会使新娘子下轿进男家这一段时间，成为大家都谨小慎微地对待之的一个过程。这样新娘子就不至于在众目睽睽之下心慌意乱跌跌撞撞地冲进门去，而只能很小心地慢慢地步入家门。这样才显得有条不紊、秩序井然，因而也就兆示吉祥，象征美满。

搀扶新娘的青年女子，忌与新娘的属相相妨。过去婚嫁有新娘带伴嫁娘的习俗。作伴嫁娘的妇女非逾百日后不得再充是职。其道理，也在于要验证伴嫁娘是否贞洁。

广西柳江壮族婚礼有撒五谷的习俗。这和河南开封一带的“撒谷豆”（见《东京梦华录》），以及南阳一带向新娘头上撒麸子的意义相仿，都是祝福新娘婚后生活幸福美满的。据说只有撒过五谷，婚后才能五谷丰登、如意吉祥。壮族给新娘撒五谷是在新娘下牛车（喜车、轿）向男家大门口走去的路上。这是一件非常慎重的事情。要选择一位父母健在、子女双全的妇女来撒。撒时还要注意撒的次数喜双忌单，装五谷的布袋不能从手中滑落下来。所以撒五谷要挑选十分精明的人才行。

云南普米族迎娶新娘忌当天进男家。新娘来到男家，要在村边的一个僻静的地方留宿一夜（如新娘、新郎是同村人，或者相隔很近，能在早晨太阳刚升起的时候把新娘子接到男家，可以不留宿野外），住宿地点由男方事先搭好木棚，准备好留宿时要吃住的全部食品及用具。留宿之夜男方家和村子里的人都可以前去游玩、作伴。入睡前由主管人烧一坛香，念上几句祝词，一般不举行什么仪式。这种禁忌习俗或许是氏族内婚的遗存。以留宿村内一晚的方式来表示新娘和新郎同属于一个氏族群落，因而是可以婚配的。

（14）进门禁忌

汉族民间俗信，居处多神。门有门神、灶有灶神、床有床神、窗有窗神，就是门槛上也有门槛神。因为各有各的用处，所以似乎各有各的本领，不能慢待，都要敬重，所以新娘子进男家门时特别忌讳触犯了各种神灵。尤以门槛为最要小心之处。新娘子绝对不能用脚踏在门槛上，据说会触怒门槛神的。门槛民间又称门限，那是一家之界，门里门外、家里家外的分野。平时有人进入家门时也忌踩踏门槛，以为是对这家主人的不尊重，何况身带煞气、秽气的新娘子呢？让新娘子踩踏了门槛更是不吉利，是踩了丈夫家的威风，甚至还会有妨死公婆的严重后果。所以台湾婚俗有“跨得过（门槛），活百二岁”的吉语，以提醒新娘子跨过门槛而不要踏在门槛上或者被门槛绊住了脚。在民间口语中，门槛还有指找窍门或占便宜的本领的意思。俗话说，“你不懂门槛”、“他门槛精，不会上当”等，就是这种意思。从这点看，男方也不愿让新娘子踩住了门槛，站在门槛上边。那样，岂不是要被刚过门的媳妇占了上风，得了便宜吗？谁保她降住了门槛神，不妨门里的人呢？所以男家是最忌讳新娘子踏门槛了。河南民间婚娶以马鞍当门，使新妇骑之，曰“骑鞍”。据《东京梦华录》和《梦粱录》记载，宋代即有让新妇跨马鞍、跨秤而过门的习俗，取其“平平安安”之意。不过，有的妇女性情刚烈，往往会有意踏踩门槛以反抗夫权思想。鄂西土家族踩门槛甚至成了一种习俗了，新娘跨进男家大门时，有意用脚猛踩门槛、猛蹬门栏。这种情形也表示出妇女渴望自身解放的强烈愿望。

侗族旧时是午夜举行婚礼。当新娘由伴娘陪同步行往新郎家时，新郎家的人都要躲藏起来，不得窥视新娘进门。否则，便会导致日后家庭不和睦。新娘进门后，不许乱走动，由一位子孙满堂的老妇人把一只象征勤劳持家的小水桶交给新娘。新娘提桶进正堂，将桶放在神台祖位的左边，就到房中顶梁柱旁，背靠着柱子坐下，俗谓之“坐中柱”。等伴娘进门后，新娘才可离开中柱，不拘礼节地自由走动。乌孜别克族新娘的亲友会在婚礼后来“搬新娘”，将新娘接走，新郎只有送了礼物，才允许将她“赎回”。凡是被“搬”走的新娘，在“赎回”以后，忌直接进屋，必须在院内架起的火堆边绕行一周，才能进屋。这些禁忌都表示出民间对新娘子进门的重视和希望家庭和睦、新婚夫妇幸福的良好愿望。

【拜天地禁忌】

“拜天地”是中国汉族及其他一些民族中典型的婚姻缔结的仪礼。一般是在男家中庭，设香案（天地桌），新娘和新郎在唱礼官的唱导下行交拜礼。拜天地的程序有三项：一曰拜天地，二曰拜高堂，三曰夫妻对拜。拜高堂即拜公婆。如果公婆的年纪才四十出头，比较年轻，是忌讳受拜的，恐经受不起而折福。这时往往叫新郎新娘朝神龛叩拜。古代正婚时不拜祖先，翌日始见舅姑，舅姑乃为公婆。其道理是，应先有夫妇关系，而后才有公婆与儿媳的关系。《仪礼·士昏礼》云：“质明，赞见妇于舅姑。”《酉阳杂俎》云：“腊月娶妇不见姑。”朱庆馀《近试上张籍水部》诗云：“洞房昨夜停红烛，待晓堂前拜舅姑。”畲族如今新婚夫妇拜堂时仍忌先见父母（公婆）。父母这时要躲到别人家里，待拜堂完毕，等新婚夫妇到灶前烧过香后，再把父母请回来。拜完天地，新郎新娘就有了正式的夫妻名分。接下来，便由媒婆或“好命人”把新郎新娘一起送进洞房。

俄罗斯族举行结婚仪式时，新郎新娘要互相交换戒指。这时忌讳新郎不把结婚戒指戴到新娘的左手无名指上。因为未订婚的女子才把戒指戴到右手无名指上，即使戴到左手上，也绝不能戴在无名指上。否则，人家会误会的。

在举行结婚仪式时，忌讳小孩子和戴孝的人进入结婚厅堂。因为小孩子常常会哭，结婚是件喜事，给小孩子一哭一闹，是很败兴的、不吉利。戴孝的人容易使人想起丧事，也是很不吉利的。鄂伦春族人在结婚仪式上，还特别避讳孀妇，避讳与新郎、新娘属相相同的人。河南方城一带把扶持新娘拜天地的人称为“搀客”。搀客长得要聪明伶俐，手脚要干净利落。搀客忌讳生肖与新娘相克。如新娘属兔就不能用属狗的作搀客，属猪的就不能用属虎的作搀客等等。结婚多年无子女者也不能参与结婚事宜，更不能到拜天地的厅堂上来。陪伴新郎和新娘的人数，都要双数，忌讳单数。畲族、土家族等都有结婚时忌花烛熄灭的习俗。鄂西土家族在婚礼开始前，男家请两个儿女双全、肯劳动、善理家的人，于花堂中同时点燃两支红蜡烛，插在神龛上，谓之“结烛”。若蜡烛燃得不旺，或中途有一个熄灭，就认为新人有灾，不能白头偕老，是很忌讳的事情。

【婚宴禁忌】

民间在闹洞房之前，有大办宴席招待来宾的习俗，叫做“吃喜酒”。婚宴忌讳寡妇、孕妇及戴孝者参加，否则不吉。白族还相信若是寡妇、孕妇做了喜事客，新娘将来有了孩子也养不大。

吃喜酒时，男女不同桌。对来送亲的娘家客要单独招待。忌招待不周，让客人挑出毛病来。过去，一般是新郎出来挨桌向大家敬酒。朝鲜族吃喜酒时，要新郎先饮三杯之后，别人才可动筷。喜筵的菜肴，照惯例是十分丰盛的。有十八道菜、二十四道菜、三十六道菜不等。但菜盘子数要是双数，忌讳单数。办喜筵时台湾忌用鸭，因为“鸭”与押送犯人的“押”同音，所以是很不吉利的字眼，要讳避的。忌吃葱，尤其是新郎更忌讳吃葱。据说“葱”与“冲”同音，也是不吉利的字眼。还有一种说法是葱象征阳性，说是吃葱会“倒阳”。台湾民间元宵节夜间有一种习俗，即未婚女子要潜入人家的菜园子里偷拔葱，认为只有这样才能嫁得好丈夫。所以葱有象征新郎本人的意义，故而婚筵上忌吃葱，尤其忌新郎本人吃葱。恐怕吃了，自己本身会有灾厄降临。台湾婚宴上还忌吃一种咸粥，即内掺菜瓜瓠子、虾仁等物的咸粥。因为当地一般是用这类饭食接待办丧事的帮佣、客人的，所以办喜事时便忌食用。桂西盘古瑶婚礼期间，禁食青菜和辣椒。据说，吃青菜说明婆家小心眼儿；吃辣椒，新娘日后会变成“辣椒嘴”。禁忌之严，连最嗜辣者，也不敢越轨。办喜事时，许多地方还忌讳吃白馒头，也是喜事尚红忌白的缘故。因而有将白馒头上点上红颜料的，称为“喜馒头”。吃红烧鱼时，吃过一面，要翻过来吃另一面时，忌讳将鱼骨翻断，以免有婚姻中途两断之虞。

吃完喜酒，收拾盘碟时，忌讳将空盘相叠，以免犯了“重婚”之讳。如果酒宴上有客人不小心打破了碗碟，也是犯忌讳的。破解的方法，是将碎片收拾起来，放入石臼的圆心处，表示破了又圆，以避凶求吉。

在宾客们吃喜酒的同时，或稍晚一个时辰，新郎和新娘在洞房中也要吃合婚酒，即古俗合卺礼。卺即是瓢，把一个瓠瓜剖成两个瓢，新郎新娘各拿一个，用来饮酒，就叫合卺，合卺始于周代，后世相承用匏。匏，苦不可食，用来盛酒必是苦酒。所以行合卺礼不但象征夫妇合而为一，而且也含有让新婚夫妇同甘共苦的意思。到了宋代，合卺礼演化为吃交杯酒，即用红彩线把两个酒杯拴在一起，新人共饮之后，掷于床下，以卜和谐与否。这时忌酒杯同仰或同合，是谓不和谐。若酒杯一仰一合，则是谓大吉，象征天覆地载、男俯女仰、阴阳和谐、婚姻美满。吃合婚酒菜要双数，忌单。一般是六荤六素。汉族此时常让新娘吃一种未煮熟的水饺，并问新娘：“生不生？”此时新娘忌讳说“不生”，而必要答

新房中的“子孙马桶”

“生”，以取“生育”之义，俗谓之“讨口彩”。赫哲族新郎要吃猪头，新娘要吃猪尾，取“有头有尾，白头到老”的意思。海南岛苗族有新郎新娘同吃猪肝饭的习俗。猪肝饭由媒人公念咒作法之后。交给护郎护娘喂给新郎新娘吃。据说这种猪肝饭只有新郎新娘才有资格吃，并且必须在规定的时间吃光，而且不能掉落饭粒，否则今后会离婚。由此可见，合卺礼是有使新婚夫妇永远合为一体的魔法力量的。合卺而成为匏，合新郎新娘男女而为一家之夫妇。如果一方的酒未饮干、饭未吃尽，或者不是双方同时喝干、同时吃尽的，便自然有一种不和谐，不完美的感觉，进而发展成为一种不祥的兆示，成为一种婚姻习俗禁忌。

【洞房禁忌】

洞房是特意为新婚夫妇准备的寝房，俗称“新房”。一般都布置得富丽堂皇，花团锦簇，喜气充盈。不过，洞房内忌摆生花（鲜花），因生花易萎，恐不吉利。唯莲蕉花不忌，取“连招贵子”之意。洞房中最重视的是婚床的摆设。婚床是夫妇关系得到公认许可的见证物，也是传宗接代的重要场所，其意义的重要性是不言而喻的。旧时汉族有举行安床仪式的习俗。先准备铜钱一百零八枚，把八枚铜钱垫在床腿下，象征“八字合同（铜）”；一百枚铜钱分别放置在床头床尾，取“同（铜）心同（铜）体”之意。还有的安床时要选择吉日吉辰，安床的位置也要配合男女双方的生庚干支，并视门窗与神位坐落的方向而定，民间俗信，十分忌讳床与桌椅柜橱的尖角相对。安床完毕，还要祭拜“床母”一番。从此，新房忌讳任何闲杂人等踏入，尤其忌讳寡妇、孕妇、属虎的人等进入，更忌坐新床、摸新房内的物品，恐会对新妇不利。只是在晚上睡觉时，要由一名童男陪伴新郎，睡在婚床上。新房从布置好婚床等摆设之后就忌空房，婚床也忌单人独睡，旧时汉族有些地区在新房布置好后，准备去迎娶新娘时还叫一童男手持大锣，在铺设齐备的新房内敲打三声，谓之“响房”，随后，喜轿才出门发往女家。否则，便恐怕接娶新娘时会出什么差错。

云南洱海东岸的白族，结婚时，有入洞房抢枕头的习俗。新娘被迎至新郎家门时，新郎和新娘便争先恐后地跑进洞房去抢枕头。俗以为谁抢着了枕头坐在床沿上，将来就会成为这个家庭的当家人。永宁纳西族，也有抢入洞房的习俗。先入者即意味着能够挟制对方。鄂西土家族新婚夫妇拜天地后，新娘新郎直奔洞房，抢坐于婚床上。男左女右，不得超过中界。有时新娘坐于中界线上，新郎便尽力将其挤至界外，在双方相争难解难分时，新郎突然揭下新娘的盖头巾，新娘这才嫣然一笑，即告夺床结束。以上这些“抢先”习俗，反映了父系制取代母系制时，父系与母系之间的斗争，是一种古老遗风。在现实婚俗中又起到活跃气氛、增添喜庆的作用。如果谁在其间落后了，自然也会存有一点讳忌，恐怕日后真的“吃了亏”，会被对方“降住”。不过，在多数情况下，新郎和新娘并不太认真的。此时此刻，恩爱多于抗衡，谦让多于相争，大家只不过随俗热闹一番而已。

俗话说：“不打不闹不热闹。”洞房最喜热闹，最忌冷清。因而中国大多数民族和地区都有闹洞房的习俗。

洞房是新娘到夫家后的始居地，因而对新娘又生出许多禁忌来。比如新娘入洞房后坐在床（炕）上，不许言笑，不许乱动，否则不吉。东北习俗，新娘子不能自己下地，要由小叔子拽下炕来，拽的时候还要向背后打一掌，用以考验新娘子的脾气禀性好坏。满族在小叔子拽新娘时还要说：“小叔拽一把，又有骡子又有马。”蒙古族又有俗话云：“新娘子好当，坐福（坐帐）难熬。”新娘子坐福（汉族又称“坐财”），是叫新娘子盘腿坐在床（炕）上的红褥子上，整天不下炕。忌讳此时大小便。如大小便（俗称“见外”），就要受到亲友非议，认为不贞。

闹洞房又称“逗媳妇”、“闹房”、“吵房”，是对新婚夫妇的一种祝贺方式，多流行于汉族地区。闹洞房的原因，一说是洞房中常有狐狸、鬼魅作祟，为了驱逐邪灵的阴气，增强人势的阳气，才闹洞房的，所谓“人不闹鬼闹”；一说是为了让新娘见见世面，熟识一下男家亲友的；还有人认为是亲友们担心新娘头天来男家，太寂寞，所以都来洞房和她开开玩笑、逗逗乐的。据说闹房始于六朝，一般是在婚礼后的晚上进行。届时，不论辈分大小，都聚在新房中祝贺新郎新娘新婚之喜。这时候不论谁说什么戏闹的话，新郎新娘都不许恼，忌翻脸生气。俗话有“三日无大小”，即是说闹洞房不分辈，可以不受平时长幼尊卑的限制，随便说笑逗乐。俗以为“闹喜闹喜，越闹越喜”。只是寡妇、孕妇、产妇、婴儿、戴孝者、属虎的或生辰八字与新郎新娘相克者禁忌参加闹洞房。不然，会使新婚夫妇日后不和睦，或有灾祸。台湾还有姑婆、姑母、小姑也禁忌闹洞房的习俗。因“姑”与“孤”同音，犯了“孤单”、“孤苦伶仃”的忌讳。据《中华全国风俗志》载，浙江一带，宾客闹房时，“或涂脸扮女，装成妖丑之态，戏弄新人，或搦足看手，口讲游嬉之谈。种种兴趣，出人意表，无非意欲引新娘一笑耳。无论如何喧闹，主人不但无言，且以为愈闹愈发，喜可加倍焉”。闹房时多是出一些令新郎新娘难为情的题目，让其应对。如让他们谈恋爱经过、同啃一个红线拴起的苹果、过独木桥（一条长凳）、让新郎从新娘嘴中吃瓜子等等。通常戏谑是有一定限度的，也有一些人借机戏弄甚至侮辱新娘。据《中华全国风俗志》云，广东某些地区“闹房之际，会友毕集，新娘立于中庭，会友乃多方调笑，或令新娘为不能为之事，稍不如命，则多烧爆竹。新娘面目手足衣服常为火所伤，其情状恍若囚犯之行刑。更奇者，闹房时不许新郎在侧，实不知其目的之所在也”。还有的地方兴左右开弓打新娘的脸，说什么打是为了发财，越打越发等等，闹得失去理智，至使主客间发生争执、殴斗，甚或有人员死伤的事情发生，使喜事变为祸患。这种不文明的闹房习俗，对于新娘来说，实在是一场灾难。中原一带，有些地方还有听新房的习俗，忌讳新房无人听，说是“人不听，鬼听”。有时公婆发现无人听房还有意用一个扫把披上一件衣服放在洞房门外，为的是让鬼祟见后以为是有人在听房，他们就不再来捣乱了。南阳一带听房又叫“听墙根儿”。俗忌无人听，听者又忌秽灾。据说听墙根儿会受霉气、晦气，种庄稼不收、做生意亏本儿。所以自愿听的不怕这些。没人听，请人来听时，还要为人家花钱破灾。先杀只公鸡，把鸡血抹在鼻尖上，用以避邪。由于闹新房经常闹出悲剧来，所以此俗有些地方不兴。如山东有些地区就禁绝此事，不兴闹房。满族恰喀拉人也绝对禁止闹洞房。天黑以前，就把洞房周围彻底清理一番，甚至连鸡鸭鹅狗等家禽家畜都赶到离洞房很远很远的地方去。让新娘新郎安安静静地

新房中张贴的连生贵子图

度过这美好的一夜。

新郎新娘上床安寝时，那新郎要特别注意把自己的鞋放在新娘踩不到的地方。据说万一被新娘踩住了，新郎就一辈子在妻子面前抬不起头来。衣服也是一样，忌讳新娘的衣服放在新郎的衣服上面，否则丈夫将被妻子挟制一辈子。这些习俗禁忌旧时流行于汉族某些地区，也都是大男子主义的表现。

洞房花烛夜点燃的灯烛忌吹灭，要一夜长明。相传新婚夫妇谁要先把灯烛吹灭，谁就先死。所以二人谁也不吹灯。汉族有些地区还有“守花烛”的习俗。即新婚之夜，新郎新娘通宵不睡，看守着洞房花烛，不让其熄灭。俗有“左烛尽新郎先亡，右烛尽新娘先亡”的说法，故一烛灭时，随将另一烛也熄灭，取“同生死”之意。满族洞房花烛忌吹灭，要用扇扇灭，否则不吉利。

洞房花烛夜，本来是新婚夫妇合床共眠的时刻，但中国有些民族却忌结婚日同房。像普米族、怒族、彝族、仫佬族、哈尼族、瑶族、白族、苗族等许多民族中都有此习俗。有的是结婚日禁忌夫妇同床，有的是结婚后三日内禁忌夫妇同床，还有的时间更长一些。其缘由有的是要对歌，试试新郎的才华、情意；有的是要返回娘家也住三日，再返夫家；有的则是长期不落夫家的习俗所造成的。社会舆论把不落夫家，过着自由性生活的新娘视为强者，新娘一旦有了孩子就不能不长住夫家了。所以才有了新娘初次到夫家（结婚日）不同床的禁忌习俗（参见本书“婚后禁忌”一节）。

洞房新婚，忌新娘非处女。据陈东原在《中国妇女生活史》中说：“中国人对于处女的要求，自宋以后，实在是日甚一日，因为男性对于这事看得太重的原故，女性亦认此事为当然，甚至把全个贞节问题，都放在这一点上了。清代就有结婚后新郎谓新妇不是处女而毁婚的。北方最显，南方虽然没有这种风俗，但丈夫在结婚时若觉新妇的处女膜已破（唯一的标准），便要说她不贞，至少在心理上会发生莫大的隔膜。这样的怪癖，是一直到现在都存在的——一直到现在都存在的！”陈东原先生所谈到的情况的确如此，洞房验贞的习俗，旧时在中国颇为普遍。据《清稗类抄》中所提及的“粤中婚嫁”，也明白地记载着这一习俗禁忌的详情。该文说：“（粤人）成婚之夕，喜娘为新郎脱靴，即授一白巾，备交合后拭秽之用也。如有新红，即为完璧，可吃烧猪。”“新妇入门，直入洞房，新郎即与新妇登床而寝，室门亦砰然而阖，新郎之父母宗族戚属皆静待于房外。少焉，室门辟，新郎手捧朱盘、盘置喜娘所授之白巾，盖以红帕，曰喜帕者是也。在门外者见新郎手持喜帕而出，而父母戚属皆大喜，贺客至是始向新郎道贺。其未见喜帕之先，例不道贺，盖恐新妇不贞，则不以为喜而转以为辱也。”“三朝回门，即以烧猪送母家。富贵之家辄用烧猪数十头焉。故嫁女者恒惴惴于心，唯恐烧猪不至。如待之不来，则家人对坐愁叹，引为大辱。既至，则举家相庆，且迎烧猪于门，以为吾家某姑，果能不辱门户也。于是重犒来使，即以烧猪分馈戚友，媵以红色馒首若干枚，所谓麻蛋者是也。”可见当时洞房验贞的习俗已经成为一种当场验明并有众人在一旁作证的赤裸裸的人身检验了。可悲的是，新郎不以为是对自己的情感的亵渎，新娘也不觉得是对自己的人格的侮辱。这一切都是愚昧落后的封建礼教严重地扭曲了人们的心理的结果。

洞房花烛夜完婚之后，第二天（有的是第三天）新妇拜见舅姑（公婆）。据《中华全国风俗志》云，广东某些地区有跪茶跪酒的习俗：“见舅姑时必膝行，庭中置一方桌，新娘膝行于桌之前方，必叩首数次，膝行至桌之后方，又叩首数次，如是周而复始约数时，新娘多有不胜其苦，而当堂痛哭者。”古礼，见舅姑，以枣栗为贽，取其早起战栗之意，是要求新妇自正的。这一习俗禁制，主要是禁的成分大，是对新妇的一种礼教规定，据说宋代就已经制度化了。

洞房从婚日起算起，一个月内忌空房，亦即忌讳新婚夫妇不在洞房内度过整整一个蜜月。如果婚后新娘回娘家去，也应吃过午饭即往回赶，当天尽早回到婆家，以避空房之忌讳。否则，便会有灾厄发生。这大概是为了确保新婚夫妇能够甜甜蜜蜜地过好婚后第一个月而特设的俗约吧，其中肯定也含有老年人渴望早得贵子、早见后辈人的希冀。

婚后禁忌

【新妇禁忌】

汉族新娘入夫家之初有许多禁忌，在夫权社会中是含有某种训诫意义的，其目的不外乎是让新娘子顺顺当当、服服帖帖地成为男家的一成员。这些禁忌表现在衣食住行各个方面。比如新妇吃饭时要“懂规矩”，忌讳狼吞虎咽、大吃大嚼，而且一般都是由夫家姑嫂等陪伴着。最初三日里，新妇甚至忌下炕、吃东西和大小便，否则以为有污神明，会招来灾祸。旧时，汉族许多地区流行“新妇三天不下厨”、“新娘子三天不干活”的习俗，其意义并非是让新娘子轻松三日、休息三天，主要的还是怕新娘子身上有秽气。那种照顾新娘子身体不适，新来乍到，不熟悉各种家什摆设的位置等等，只是后来人们对这一习俗的解释，并非原始的深层民俗信仰。豫北一带有“新妇忌相见”的习俗。结婚不到一个月的两个新娘子，忌讳见面。假如不得已相见着了，要隔箩相拜，否则不吉。实则是限制新妇出门走动的意思。江宁一带也忌讳新娘子乱走动、乱串门。据《清稗类抄》云：“江宁之新嫁娘，非于一月以后不能入人家，如或误犯，必责令斋百怪以祓除不祥。斋百怪者，须备香烛、纸马、牲牢、酒醴以往，且必男着女衣，女着男衣，夫妇双双顶礼，斋毕偕归。”由此可知，新妇串门，不单是夫家忌讳，新妇去到的那家人家也忌讳。主要仍是出于新妇身上有煞气，或者不洁的观念。所以在犯忌之后，还要举行一些斋戒的仪式来祓除不祥。有些地区婚后四个月（一百天）内都属新婚，这期间仍有许多禁忌，对于新娘子来说是不能减免的。例如新妇禁坐床沿，说是新妇坐床沿会使她心神不定；新妇禁睡午觉，说是新妇睡午觉会使她变得懒惰起来；婚床上的红罗帐忌掀开，说是掀开红罗帐恐影响早生贵子；忌观看歌仔戏、布袋戏、傀儡戏等，说是怕伤了夫妻感情或生下有残疾的婴儿；忌将新妇梳妆用的镜子借给他人用，说是如把镜子借给了他人，尤其是借给属虎的人用会使新妇失去丈夫的恩爱。因为镜子是夫妇两个人合用的，以不借给第三者为宜，如果借给属虎的，还怕犯冲克。再说，镜子借出去难保不会摔破，镜破意味着婚姻不合，所以忌讳借给别人。还有一些禁忌是婚后三年内都须遵守的。黑龙江一带有新妇头三年要“躲灯”的习俗。婚后三年内正月十五这天晚上，新媳妇要到姑姑或姨姨家去住，既不许看婆家灯，也不许看娘家灯。据说，看了婆家灯，死亲爹；看了娘家灯，死公公。河南一带也有“躲灯”的习俗。民间所说的“闺女看了娘家的灯，娘家穷得钉打钉”、“正月十五不躲灯，先死老公公”等一类俗话，正是说明躲灯的禁忌原因的，显然这确属无稽之谈。

【不落夫家禁忌】

中国许多民族中，有婚后新妇不落夫家的习俗，忌讳新娘子一结婚就落夫家。广东顺德女子结“金兰契”的旧俗、布依族“戴假壳”的婚俗、普米族“三回九转”的习俗、苗族的“煮饭”习俗、仫佬族的“走媳妇路”习俗都是与这一婚俗禁忌有关的惯习。不落夫家的缘由有多种说法。一是视男女性生活为羞耻的事，因而许多不落夫家的习俗中还有婚后验贞的规约和措施。二是要大家一同落夫家，忌讳个别人单独落夫家，如“十姊妹”、“自梳妹”、“金兰会”等民间组织便是如此。三是出于对自由生活的追求。因不落夫家期间，仅在逢年过节及农忙时在夫家短住，其余时间仍住娘家。这期间，新妇在娘家大都仍可享有社交及生产、生活的自由。例如，黎族新妇还享有与没有血缘关系之男子“放寮”的自由；布依族新妇则有参加“赶表”活动的自由；广西隆林壮族新妇不但享有参加“歌圩”活动的自由，且享有耕种一份田地的权利。四是为的确保能够传宗接代。例如彝族婚后新妇仍住娘家，直到为夫家生了孩子，才能到男家去长住。如果婚后久不生育，男方就认为她不能传宗接代，就要同其离婚。据史料记载，侗族、黎族等以及福建惠安一带也有不落夫家的习俗。黎族婚后禁忌再有私情，如犯禁违忌则群黎立杀之。黎族妇女在夫死后，也便回娘家与兄弟父母一起生活。妇女患病要“赶鬼”，须祈求娘家的“祖先鬼”，病重要抬回娘家，死后埋在娘家的公共坟地，死者遗物归亲兄弟所有。这些说明不落夫家是对偶婚家庭向一夫一妻制家庭过渡时的一种婚姻形式，反映了母系制对父系制的顽强斗争。如今个别地区仍有残留。

江苏一代，旧时会给婚后多年不育的夫妻送上一幅《张仙送子》图。

【回门禁忌】

回门又称“归宁”，亦即“回娘家”。回门禁忌也多是关于新妇的禁忌，不过是指新妇在回娘家方面的禁忌事项。

河南一带，除了上文提到的正月十五禁忌回娘家看灯以外，还忌祭灶、忌正月初一回娘家。因为女不祭灶，所以祭灶日亦不叫闺女回娘家。正月初一是一年之始，嫁出去的闺女泼出去的水，嫁到夫家便是夫家的人了。大年伊始，合家团圆，自然不便回娘家去。正月十五也是一年之中第一个月圆日，恐媳妇回娘家举家不团圆。所以一般都是正月初二回娘家，正月十六回娘家。以便照顾到婚姻双方的团圆喜庆。鹿邑县有“正月十六请（闺女），二月二送，一辈子不生病”的俗语。

浙江等地，旧时忌新妇在冬至节回门，否则以为将克死其夫家家长。俗谚云：“娘屋住个冬，夫家去个公。”江苏也有此俗，不过，理由不同，谓如冬至在娘家过，则娘家家道将因之而衰落。

陕北一带有六月六回娘家的习俗，传说是为了联络姻亲间的感情，届时娘家要请闺女、女婿回门团聚。河南也有此俗，不过，是与收麦打场的季节相联系的。俗谣云：“收了麦，打罢场，谁家的闺女不看娘。要是闺女不把娘来看，不死公公就死婆母娘。”

回门时日的禁忌，是要让新妇遵守往来之序，据说不该回门时一定不能回门，否则会有凶事发生；该回门时，一定要回门，否则，也会有凶事发生。一般结婚三日时，新郎新娘要回门看望二老，但是当晚必须在日落前返回夫家，因为新婚不能空新房。河南林县一带，新妇三天回门时要顺着迎亲的那条道走，所谓“三天不走两条路”。彝族新妇回门时忌在路上与新郎交谈，两人像陌生的路人一样。这与其不落夫家习俗有关。汉族回门时小两口总是亲亲热热，有说有笑的。民间有“回娘家”的小调流行。新婚夫妇回门带的礼物，都是成双成对的，忌单数。娘家不能全收下，待回夫家时，还要再捎回去一部分。有些新妇，受迷信思想影响，直到一百二十天（四个月）后才能归宁，还有的要三年以后才能回家。浙江一些地方有女子命犯所谓“破娘家”的，这样的女子，不可在家中上轿，出嫁时由男家接女出门，女穿破衣，扮作讨饭模样，在庙宇中换装上轿，谓之“借嫁”，女家父母亲属必须避匿，一切由夫家照应；婚后一百二十天，才可归宁。否则，娘家定会破败或遭受不幸。还有所谓命犯“离窠”（夫妻离散）及“回头禄”（遭天火）的，都要在四个月后，甚至三年后才能回家。

一般新婚满一个月之后，姻亲间便可自由往来。回门时，新娘可住在娘家。住的天数颇有讲究。河南一些地区有几日去的住几天的习俗。俗语云：“八对八，两头发”，“九对九，两头有”。就是说初八日归宁的就可在娘家住八天，初九日归宁的就可在娘家住九天。这样，最多的时日是住个对月。如果是按这样住的，对男、女两家都是吉利的，否则便不好。不过，也有忌住八天之说，所谓：“住七不住八，住八穷娘家。”这一禁忌的形成一般是出于嫁出去的闺女不易在娘家多住的思想考虑。其中有感情的限制、道义的制约，也有经济的压力和生产的需求，是多种因素促成了这一习俗的约定。

如果新郎和新娘一起回娘家，那么，他们在娘家的住宿也有不同的禁忌。在汉族和满族中都有新婚夫妇回娘家忌同房的习俗。满族准许姑爷住在西炕，别的客人一律不许住在西炕。但姑娘和姑爷是不能住在一起的，据说新婚夫妇在娘家同房会使娘家家道衰落。这也是性行为不洁、会亵渎神明的观念导致的。民间常以为，男女间的事，女方总是吃亏的。出于这种考虑，女家心理方面总有一点受压抑的感觉。再说，娘家、婆家不归一个血统，怎么能在娘家室内为婆家提供传宗接代的场所呢？假如真的是在娘家怀了孕的，岂不将娘家的“人势”、“财势”带到婆家去了吗？娘家一定会因此而衰落的。所以是绝对禁忌小两口儿在娘家同房的，这是这一风俗下的思想观念。但是，同是在汉族，也有许多地方是不忌讳新婚夫妇在娘家同床共枕的。有时，这两种截然不同的风俗还会并存于同一县境之内，例如在河南林县这两种风俗就同时存在。

新妇回门后，身份已经变了，是人家的人了，因而娘家也时常“防着她”。鄂伦春族出嫁的女儿回到娘家，禁忌刷锅，据说刷锅会把娘家的财运刷跑。河南修武县也有类似的禁忌。当地民间忌讳出门的姑娘摸、拿娘家的勺和火柱。说是“摸勺不死公公，死婆婆”，“拿火柱不死公公，死女婿”。还忌讳拿娘家的刀、剪，禁忌逮娘家的狗等等。说是：“恐怕日后割断娘家的关系，咬断路。”总之是生尽百法，防止出嫁的姑娘再动用或者拿走娘家的东西，如果出嫁后再拿娘家的东西，并且因此而发生了口角、争执，那势必会影响男女两家的关系的，但是，严加防范毕竟不是好办法，怎么才能让她自觉地不拿呢？于是就用“死公公”、“死女婿”的咒语来吓唬她，以警戒之。

新妇归宁，忌把在婆家遇到的不顺心事一一说给娘家人听，又忌回到婆家，再把娘家的事不分轻重地都倒给婆家人听。这样“学舌”的结果常常会引起事端，影响男女两家的关系，新妇也会落一个“饶舌婆”的名声。因而俗间有“会当媳妇两头瞒，不会当媳妇两头传”的谚语。这在新妇处理男女两家关系方面也确实是很有实用价值的经验。

离婚禁忌

旧时无婚姻法，俗以礼（理）为法，关于离婚之礼，古有七出、三不去的说法。据《中国礼俗学纲要》云：“《大戴礼记·本命篇》有七出：（1）不顺父母；（2）无子；（3）淫；（4）妒；（5）有恶疾；（6）多言；（7）窃盗。复有三不去：（1）有所取无所归；（2）与更三年丧，（3）前贫贱，后富贵。”此与汉族民间传说着的“七出”、“三不去”意思完全一样，只是有次序和语词方面的稍异。在夫权社会中，这“七出”完全是男性主掌着婚姻离合大权的表白。至于“三不去”的说法，几乎是有名无实。汉族及其他一些民族都忌讳婚姻破败，夫妻分离。认为夫妻白头到老、终身相伴是幸福、美满的姻缘。如果中途离异，便觉得丢人，是很羞耻的事。这一点尤其在于女子，就更是悲伤而凄惨的。旧时，离婚完全取决于男子的意志。离婚叫做“休妻”，就正好说明这一点。虽然，有些情况下也并非男子本人的意愿，如《孔雀东南飞》中的焦仲卿和宋代著名诗人陆游等，他们的休妻都是婆母的意志。但也是在“不顺父母”的名下，通过男子一方来强令执行的。女子是丝毫没有反抗的权力和辩争的余地的。所以，“七出”实际上成为女子婚后一切行为中的禁条，是要处处小心，避免犯忌讳的。旧时维吾尔族的离婚在一般情况下，男子一怒之下说了一句“塔拉克”（意为休妻），就等于宣布离婚，夫妇俩就不能待在一起了。如果要恢复夫妇关系，必须请宣礼员或诵经人诵经。如果男方说了三遍“塔拉克”，就不能再复婚了。这一习俗禁忌虽然有警告男子不要随便说“塔拉克”以免自食苦果的意思，但毕竟是把离婚休妻的权力完全地、毫无保留地交给了男方。伊斯兰教允许离婚，但认为离婚是无奈之举。穆罕默德说：“最惹真主厌恶之合法事件，便是离婚。”这一点对回民有很大影响。但是，回族中禁忌把妇女没有生育能力作为离婚或抛弃之的条件和理由。蒙古族一般是禁忌离婚的。认为离婚最不道德，是很不吉祥的事。婚后虽然感情不和，特别是女方受男方的打骂、婆母的虐待，也不敢提出离婚，只能拧着鼻子过一辈子。有的女子离婚后，不仅要受到父母的严厉指责，在社会上也要受歧视，远亲近邻也忌讳离了婚的妇女进院门屋门。台湾也忌离婚，忌在家中写休书。写离婚书多就废宅荒寺。俗谚云：“休妻一片地，三年不生草。”民间甚恶之也。达斡尔族人认为离婚是极不吉利的事，俗语说：“写离婚书的那块地方，三年不长草。”如果男方坚持要离婚，也要举行离婚的仪式。仪式由娘家主持，男人俯伏地上，妻子跨过他的颈，然后在男家的炉灶口和烟囱上缠一块白布，象征丈夫已经死亡，这样才算正式离婚。以这样的方式来禳解离婚带来的不祥。今天，离婚的程序由法律规定，各民族离婚大都按婚姻法办理，但民间仍以离婚为禁忌事。

再婚禁忌

中国婚俗，多为一夫一妻制。旧时允许男子再娶，但禁忌妇女再嫁。所谓：“夫有再娶之义，妇无二适之文。”男人再娶，一般是以无子嗣为由。如有子，则纳妾亦遭人非议。《中国礼俗学纲要》云：“有子纳妾，人多非刺，谓非齐家之道。”然旧时往往仍有嫌其妇年老、貌丑而娶媵妾者。男子再娶，俗忌得新忘故，谓之“负心郎”。赫哲族男子忌娶被休弃（离婚）的女人，谓之“不找活人妻”。汉族亦有此俗，谓之“娶活头妻”，人必耻笑之。旧时，维吾尔族女子改嫁，必须要经过三个月零十天或六个月零十天的“待候期”。离婚时，如果男子说的是“塔拉克”，待候期为三个月零十天；如果男子说的是“乌其塔拉克”，待候期为六个月零十天。离婚时，女方如果怀了孕，就须等生下孩子四十天后才能改嫁。所生子女，仍归原夫。

中国大多数民族忌娶寡妇。亡夫为寡。俗以为其夫之魂魄常随妇身，有娶之者，必受其祟。《中华全国风俗志》云：“（广东）寡妇俗称孤矜，又称鬼婆，人咸目为不祥人，以为其夫主之魂魄，常随妇身，又娶之者，必受其祟，故辄弃置不顾，无人再娶。”又以为娶寡妇，到阴间将要与原夫争夺其身。所以娶寡妇是民间一大忌讳。若男子丧妻续弦，则不忌寡妇，以为条件对等、命运相同也。汉族忌讳娶近亲孀妇，恐有乱伦之嫌。苗族、门巴族、景颇族等许多民族中旧有“转房制”，不避近亲遗孀，常常是兄死，弟娶其嫂；弟死，兄娶其弟媳。门巴族同父母兄弟和从兄弟之间都可以转房，但必须征得女方的同意，并在发丧后一两年才转。不同辈分之间，禁忌不一。墨脱县的门巴族严禁转房，但错那县的门巴族可以转房。赫哲族旧时也有转房制婚俗，但限制不严，也可改嫁外人。据说还有忌嫁夫兄的禁制。景颇人以为通过转房得到的妻子不能算正室，因为她与原夫正式结婚时祭过“家鬼”，跨过“草蓬”，将来死后还会去找原夫共居，所以作为一个男子，光娶转房妻是不行的，还要娶一个正妻，否则，死后会过孤独的生活。

寡妇改嫁，古称“再醮”，意思是再举行一次酒宴，并无禁止之意。历史上寡妇改嫁的事例也很多，不论宫廷还是民间，都是允许寡妇改嫁的。据说隋文帝时，曾立禁命九品以上妻妾不得再醮。事实上，官民皆不受此约制，直至五代北宋，犹是如此。只是程朱理学之后，民间始有“饿死事小，失节事大”的忌讳。“从一而终”、“好马不吃回头草，好女不嫁二夫男”、“好马不鞴二鞍，烈女不嫁二男”的思想逐渐得到强化，遂以为寡妇改嫁为大逆不道。因而在寡妇改嫁时，便有许多禁忌，并在风俗惯习方面明显地区别于正常的婚姻嫁娶。江西、河南一带，俗耻再醮，有寡妇嫁，必走偏门、后门或从墙壁上凿洞钻出，不能走正门、大门。嫁时还要在夜晚，不能用鼓乐。假如被人看见，人们便以为是不祥之兆，有的还要唾骂几声，以为破解。鄂伦春人的习俗，寡妇如有儿子，一般不能改嫁。如要再嫁，须把儿子养大才行。如娘家愿让寡妇改嫁，原夫家不同意，娘家就要“抢婚”。只要抢出“仙人柱”，男家就无权强留女方了。朝鲜族也忌寡妇再嫁，认为改嫁不贞节。改嫁者往往受到歧视。山东汉族娶再醮妇仪式极简，无鼓吹、不亲迎。迎亲用车不用轿，俗称“拉后婚”。台湾俗间寡妇改嫁，也忌像初婚那样从娘家坐轿，必须徒步走到半路上再坐轿。有的寡妇还要在上轿的地方，丢下一件自己平日所穿的衣服，然后才敢放心上轿。如果不这样做，据说前夫的灵魂就会跟随寡妇来到新夫家中，是不祥之兆。寡妇先走段路的用意就是让前夫的灵魂发生错觉，误认为他的妻子是到某地办事去。当她在途中上了花轿后，前夫的灵魂再想要跟去也就无法找到她了。丢下旧衣，也是为让前夫的灵魂不能再认出自己。桂中一带的壮族，把蜜月里死了男人的，称为“伞下寡”；生儿育女后死了男人的，称为“鸳鸯寡”；男人不是因病而死的，称为“断桥寡”。由于情况不同，各种寡妇改嫁的习俗也就不同。“伞下寡”改嫁，出门忌梳妆打扮。半夜里一个人从后门悄悄走出。半道上，还要有人朝她走来的方向打枪，吆喝：“不准他跟来，打死他，打死他！”意为赶跑原夫的灵魂。然后，像押解犯人一样，把她押送进新夫家门。“鸳鸯寡”改嫁，先要半夜三更来到深山野林的小草棚中，躲避原夫七七四十九天，然后才能去新夫家生活。“断桥寡”再嫁，要先到野外呆三个晚上，每晚都要搂抱大树多次，意思是让她“克树”、不再“克人”。被“断桥寡”搂抱过的大树，人们忌砍伐使用。河南沁阳一带，旧时汉族娶孀妇，都在傍晚或夜间。孀妇坐的是没顶轿，周围没有围布。还有的坐大椅或反坐方桌。上轿（椅、桌）均在村外的十字路口。不用鼓乐，不放鞭炮。下轿（椅、桌）时，双手端一斗粮食，转椿树，或者转碾道、转磨道。用这种办法使前夫的灵魂不再跟来捣乱。寡妇改嫁后，禁忌再到原夫家去。俗谚云：“寡妇回房，家败人亡。”赫哲族寡妇改嫁不受歧视。只要给前夫撂过档子、脱了孝服，就可改嫁。喜车喜船，不扎彩棚，仪式简略。到男家去的途中如遇着大树，要抱住停上一会儿。说是可以免除灾难，过好日子，不“妨”丈夫，过好后半生。寡妇出嫁后，忌讳再回到前夫家去。锡伯族寡妇要为亲夫守孝三年，三年之内禁忌改嫁。

新中国成立后，由于婚姻法的贯彻执行和对性歧视、性压迫的批判，寡妇和离婚妇女的再婚已被社会所承认。因而，再婚方面的许多禁忌，也都消失或者明显地改变了。

结语

以上所谈及的婚俗禁忌，大都是过去存在于中国各地各族民间的一些旧俗。中国是一个文明古国，辛亥革命以前，几千年时间里，中华民族正是在这些婚俗的携裹下繁衍生息、发展壮大的。中国人历来重视婚姻嫁娶，把它当作自身终生之大事。所谓："有天地，然后有万物；有万物，然后有男女；有男女，然后有夫妇，有夫妇，然后有父子；有父子，然后有君臣；有君臣，然后有上下；有上下，然后礼义有所措！"可见夫妇关系的建立是一切父子人伦、君臣礼义的先导和基础。无婚姻便无子嗣，无子嗣便无后代。在"不孝有三，无后为大"的思想统治下，婚姻是人人必经历的一件正事。不过，婚姻的目的，有很大成分是为了"传宗接代"而并不看重男女间爱情的分量。所有一切婚姻的程序、习俗仪礼都是向社会表明婚姻的合法化而并不在于表明男女间感情的笃诚与真挚。所以随着现代社会文明程度的进一步提高，夫妇间要求的基础由外界的条件、环境进而转向男女双方的内心世界，一切旧有的习俗、禁忌都相应的被改造或抛弃了。这种变化和物质文明的进程也是相适应、相同步的。轿子的消失使所有关乎轿子的习俗禁忌也都随之而消失或者转化了，西服革履的兴起也淘汰了凤冠霞帔以及围绕着凤冠霞帔的一些习俗禁忌，自由恋爱使得媒婆的职业逐渐销声匿迹或者改为婚姻介绍所等公办事业的形式。总之，现代婚俗发生了很大变化，尤其在城市里更是重树一代新风，几乎完全不见了昔时婚俗的旧影。旅行结婚、集体结婚等新式婚俗逐渐形成时尚。许多婚姻禁忌在新一代年轻人的观念中已是荡然无存了。只有老年人还时常记起旧时风习禁忌的例规，也只是在口头上说说而已，无意也无力再要求青年们去遵从它了。但是，习俗的力量是很顽固的，有些习俗表面上看似不复存在了，实际上则变换形态又挤进了新的生活中来。像择日、避凶趋吉、慎始、善终、求子嗣、图吉祥、求富贵等思想都可能在新的婚俗中再度表现出来，虽然形式不同了，但实质还是一样的。而且，现代婚俗也不可能一下子把所有的旧俗全都排斥开、改换掉，总有那么一些习俗禁忌依然如故地传递下来。民俗学的任务之一，就是发现和认识这种习俗禁忌传递、演变的情状和规律。因为新的风尚习俗、禁忌规约需要有一个沉积、认识、总结的过程，或者将来若干年后，再可来做这项工作。

房事禁忌

婚恋房事禁忌

房事是指性行为、性生活。婚姻是性行为、性生活的合法化。那么在婚姻禁忌中，凡属于男女双方禁忌结为婚姻的，实际上都包含有禁忌他们之间发生性关系的意义，因此在上文中所提到的择婚禁忌（包括民族内外、同姓异姓、表亲血统、长幼异辈、等级差别等情况下的择婚禁忌）和议婚禁忌（包括婚龄、生肖、门户等方面的禁忌）都有房事禁忌的性质。例如佤族婚俗中有同姓不婚的禁制，实际上也意味着严厉禁止同姓之间发生性行为，他们以为这是大逆不道，会触怒鬼神。如有人违犯，全村人、全姓人都要受鬼神的惩罚，会遇上旱灾或涝灾。如果发生了什么灾祸，他们也往往会从这里寻找原因，怀疑是有同姓人发生了性行为。据《佤族简史》云："一九五七年春旱，西盟永广寨饮水都感到困难。该寨头人认为有人乱伦了，便到处侦察，一天晚上，发现艾香的养子与同姓人发生性关系，于是头人便击响了木鼓，立即有很多人手持火把、长刀奔跑寨内，边跑边砍家畜（按他们的习惯，在这种情况下，谁家的家畜都可以砍，最后由乱伦者赔偿）。艾香的养子吓得逃跑了。艾香赶快请魔巴杀鸡做鬼，求鬼神饶恕，并向因此损失家畜者一一赔偿。"可见性行为的禁忌是可以与婚姻禁忌相一致的。

黎族在允许通婚的范围内，可以参加"放寮"。据吴存浩《中国婚俗》云："（黎族）参加'放寮'的男女主要是未婚青年人，但是，已婚尚未落夫家的女子亦可参加。这样的女子'放寮'中发生性行为一般也不受社会舆论的谴责，与别的男子所生子女不但不被夫家刁难和歧视，反而受到欢迎。至于寡妇参加‘放寮’，更是无可非议的事情。但是，‘放寮’对象必须和通婚范围一样，严禁在同血缘氏族内部进行，同血缘的人不能通婚，也不得‘放寮’。”这里，通婚的范围几乎等同于“放寮”的范围了，当然这不是一个共性的规律，并不是所有民族都是如此的。但从反面来看，不能通婚的人，也不得“放寮”却对理解性行为禁忌和婚姻禁忌的一致性是有所帮助的。

从以上列举的两个例子来看，性行为禁忌和婚姻禁忌是可以相一致的。凡是禁忌通婚的，也就禁忌发生性行为。这一点尤其在婚姻的群体意识方面，表现得更为显著。这是与原始时期的图腾禁忌和乱伦禁忌有直接关系的。至于婚前性行为禁忌，主要是指允许通婚的男女在结婚前的性行为禁忌。它主要是关于个人的身体和精神的，而一般于群体无直接的利害关系。当然，从道德风尚出发，这种禁忌也体现着整个群体的意向。由于这方面的实例，我们在前面“婚姻禁忌”中已经谈过不少，这里，就不再重复了。

婚外房事禁忌

中国大多数民族禁忌婚外性行为，以为是极其不道德的事情。

广义地说，婚前性行为也是属于婚外性行为范畴的。婚前性行为的禁忌，在于女性更为严厉。汉族旧时“洞房验贞”和男性对于新娘一定要是处女的强调都体现了这种观念的存在。对于男子，虽然也是禁忌婚前有性行为的，但旧时实际上并不十分严格。尤其是对于富家子弟，有些地方甚至鼓励男子婚前在性生活方面的放荡行为。这虽然不合礼教，但至少这种性行为是被认作一种享乐的，而非危险的、可怕的事情，因而它不是被坚决的制止的。如果同一民族中一种禁制只是针对一部分人的，而另一部分人则可以不受此约束，那么它一定是社会化了的、制度化了的禁制，而不再是与恐惧、危险相关的，出自人们内心的禁忌了。中国还有一些少数民族对男女婚前的性行为并不看重，不但不禁忌，还设有公房，为之提供方便。但是，发生了性关系，或者有了孩子之后，便要结婚，否则会受到舆论的非难或物质的惩罚。一旦结了婚，便不能再有婚外的性关系了。有些民族有不落夫家的习俗，其婚外性行为禁忌的时限是被延续到长居夫家之前了的。这说明，结婚或者有孩子，或者长居夫家便是一个禁忌的符号，一个自由的（不受婚约限制的）性行为的终止符号。凡是有婚姻形式存在的民族和社会里都会有婚外性行为禁忌（亦即婚外房事禁忌）。违犯这一禁忌的性行为都要受到谴责和惩罚，因为，没有被禁止的性行为也就无所谓合法的性行为了。

狭义地讲，婚外性行为禁忌，是指已经结了婚的人又与第三者发生的性关系、性行为。这种婚外性行为是不合法的性行为，因为它极易引起乱伦畏惧。据信，婚外性行为是会给自己或他人带来灾难的。汉族中流传的俗谚："赌近盗、奸近杀"、"赌博场里出贼情，花柳巷里出人命"、"过去桃花运，就是窟窿山"，便是这种思想观念的反映。民间还以为"万恶淫为首"。如果有婚外性关系，将会导致轮回报应，所谓"淫人妻女，吃谷还米"。许多传说故事中都有淫人妻女的人，自己的妻女又被他人所淫乱的情节。这是冥冥中落在当事人头上的自我报应。如果被人捉了奸，大家还可以对其实施公众的现实的处罚。汉族是这样，其他一些民族也是这样。据《佤族社会历史调查》云："（佤族）男女婚后不能再与第三者发生性关系，否则当事双方会受到全寨人的处罚，有因此而被罚牛数十头的。"《开封民俗》也指出："按伊斯兰教的教规，除了正当合法的婚姻外，严禁两性之间发生不正当之男女关系，一旦发生，会遭到严厉的罚处，且为全体回民所唾弃，几无容身之地。"可见婚外房事禁忌在中国许多民族中都是很严格的。

养生房事禁忌

即便是合法的夫妇间的性生活、性行为，也有许多禁忌，这多数是出于健康方面的考虑。俗以为淫欲过度，会损伤身体。前文已经讲过，人们对于精液的认识是很神秘的，以为那里面含有某种精气、元神，"一滴精水，万滴血水"，精液是比血液更珍贵的东西，因而房事过多会损神折寿的。俗话说，"色是刮骨钢刀"、"贪花，不满三十"就是这个意思。房事与年龄的大小、体质的强弱，也有关系。台湾俗谚"惊死暝暝一，不惊死暝暝七"，是说怕死的一晚上只交合一次，不怕死的一晚上交合七次。谁不怕死，所以男女房事过度就成为一种禁忌了。还有一种说法是“二更更，三暝暝，四数钱，五烧香，六拜年”，意思是，二十岁时每更可交合一次；三十岁时一晚上可交合一次；四十岁就要像一五一十数钱那样，每五夜交合一次；五十岁时就要像初一、十五烧香那样，每半月一次；到了六十岁就要像一年一度的拜年那样，一年只能交合一次。这些规劝节欲的俗谚是有一定的养生健身的道理的。在民间，也确实起着禁忌淫欲过度的告诫作用，直至现今，社会中仍有不少事业心强、成就欲大的人，每每以禁约房事来逼促自我上进。甚至有禁欲、节欲可以直接影响到货币、粮食、物质增长的迷信思想存在，俗以为禁绝房事可以使精力得到储存，并因此而影响到其他事物也产生类似的效应。

《素女经》中也有此类劝诫。其言曰：“人年二十者四日一泄；年三十者，八日一泄；年四十者，十六日一泄；年五十者，二十一日一泄；年六十者，毕，闭精勿复泄也。若体力犹壮者，一月一泄。凡人气力，自相有强盛过人，亦不可抑忍。久而不泄，至生痈疽。若年过六十，而有数旬不得交接，意中平平者，可闭精勿泄也。”

还有的时候，房事虽不过多，也会损伤身体的。如在身体劳累困乏时是禁忌房事的。俗话说：“百里行房事者病，行房百里者死。”意思就是远行前后禁忌行房事。走远路后再房事会生病的，而行房事后再走远路就更危险。行房事的危害还与人的情绪有关。一般心情郁闷、愤怒的时候是禁忌房事的。因为情绪闷躁、恼怒是肝火太盛的表现，此时行房事，会火上浇油，伤肝损脾的。另外，受到惊吓之后，情绪紧张，也不能行房事。还有吃得太饱或空肚腹时也不宜行房事。俗以为醉饱后行房事会损伤五脏，空腹时行房事会大伤元神。凡有病，或病未痊愈时都禁忌房事，俗以为痨病者，性行为的要求很强烈且频繁无克制，然而痨病者最忌行房事，虽已养好痊愈，看上去很强健了，仍要断欲一年以上，否则，将无可救药。生疮出痘后，如未完全复原，千万不可行房事，否则，疮破痘发，无可收拾。眼疾未愈或始愈，不可行房事，否则眼会失明。伤筋动骨的，要养好伤后再断欲两个月才行。俗话说，“伤筋动骨一百天”，即是一百天才能复原的意思。那么行房事则需要再加上七十天才行，否则百日内行房必死，刚过百日就行房也会导致残废。行房的场所忌阴冷，竹席上忌行房事。因竹子性寒冷，犯者易感寒气，将来会落得腰酸腿疼。台湾民间有忌与白虎女子行房事的禁例。

绘有男女交媾图的魂瓶

白虎指女阴无毛者。其由或为对少女的保护作用，或以成年女子阴户无毛为异常凶象，故禁忌之。

行房事时男女的精力十分集中，事后，双方都松懈下来，需要休息。此时是本身防御力量最虚弱的时刻，因而也就有许多禁忌，以保障房事后不会发生灾难。民间以为行房后，最忌饮凉水，尤其是刚从井中打上来的“井巴凉”（水）。喝凉茶，扇扇子也不行。行房后，暑天不可贪凉，冷天不可冒风雨，否则男缩阳，女缩乳，四脚冰冷，不是落疾病，便是会死亡。妇女行房后，忌马上乳婴，恐血气受损，对婴儿也有不利。

为了节欲，为了防止性行为的混乱，民间禁忌男女平日接近能够引起性欲的事物。要求“多沐浴，少情欲”、“男勿看春，女勿看灯”、“美女不观灯”。因为灯节上人群簇拥，男女混杂，摩肩擦背，难免引起苟且之事，所以干脆禁忌女子观灯，也就防止了淫秽的事情发生。鄂温克族还有禁忌寡妇参加群众性的娱乐活动的习俗，也是防止有不名誉的事情发生的。汉族民间以为“寡妇门前是非多”，一般男子都要尽量少与寡妇来往，以免发生误会，或者真的有不正当的性行为发生。这些除了对寡妇不公正的歧视态度以外，也都是房事禁忌的扩延。《红楼梦》、《西厢记》过去是被认作“淫书”的，因而禁忌妇女观看。俗语有“男不看西游，女不看红楼”、“男人莫看三国，女人莫看西厢”。但是，为什么只限制女的看红楼西厢，而不限制男的看呢？显然，旧时在夫权社会中，妇女是被看做“淫佚”的祸水的，一切不正当的男女关系，都归罪于女性了，男性只是受诱惑而已。这当然是不公平的，是性歧视、性压迫的表现。

不洁房事禁忌

中国民间有性行为不洁的观念。其不洁之来源，主要是妇女不洁的观念引起的。妇女之月经，被视为“血污”，俗以为是不洁的。李时珍在《本草纲目》中就指出：“女子阴类也，以血为主，其血上应太阴，下应海潮，月有盈亏，潮有朝夕，月事一月一行，与之相符，故谓之月水、月信、月经……女人入月，恶液腥秽，故君子远之，为其不洁，能损阳生病也。”所以男子以此鄙视女子，说女子是不洁的。除了在月经时禁忌行房事外，也视一般房事为不洁的行为，常常小心避忌之。东北地区有“宁承丧，不承双”的说法，即是宁可把炕借给人办丧事用，也不愿意借人结婚用，认为借给人结婚用，会脏了自己的炕，会遭晦气的。如果夫妻外出借用人家的炕了，临走时一定要扔下几个钱，叫“买炕钱”，是对自己不洁行为的一种赎罪。汉族、布依族及其他一些民族中都有忌外来夫妇在自家同宿的习俗，包括自家女儿、女婿也是如此。否则便于家不吉利，或说会影响自家后代子嗣的续衍等等。浙江一带，船家也忌讳男女搭客在船上交媾。鄂伦春族、汉族等许多民族中都有禁忌孕妇、产妇行房事的禁忌习俗。在怀孕期间，尤其是大月份（8—9个月）时，忌房事，是恐胎儿受损，怕早产。又有此时行房事，会导致生下的孩子长大后好淫佚的说法。产后“过月子”期间，忌房事，是认为产妇身上不干净，会使男女染上疾病。

亵渎房事禁忌

由于认为性行为是不洁的，所以又产生出性行为会亵渎神明的观念。于是在鬼神常在的地方，或者鬼神出没的时间里，在与鬼神交往（遭遇）的场合下，或者涉及鬼神意志的方面都是禁忌行房事的，唯恐亵渎了鬼神，使人们自己遭受不幸。

送瓜祝子

例如在日食、月食、暴风、骤雨、地震、电闪、雷鸣、水灾、旱灾、雹灾、蝗灾、瘟疫等情况下会有房事禁忌的心理反应。以为此时行房事是对天意的违背，是对天神的不敬，是对鬼神意志的亵渎。或许那灾厄正是由于这种亵渎才来临的，或许还会因这种亵渎而继续发展下去，恶化下去。因此，人们在这些情况下禁忌房事，并幻想由自己的节欲而能感动上苍，感动神灵、鬼魅，使它们不再降下灾难。

另外，在宗祠里、祖堂上、庙宇内、宫观中、神龛下、井灶旁、坟墓地、棺柩处等位置都是严禁行房事的。因为这些地方都是鬼灵神明常居地或出入处，男女如在此交合，势必会亵渎、触犯了鬼神精灵。如果惹得它们恼怒起来，是会给人类降下灾祸的。

云南彝族阿西（阿细）人有祭密枝活动，这期间，禁忌夫妻同床。清代南方赛水神活动期间也禁忌夫妻同床。据纪晓岚《阅微草堂笔记》“槐西杂志篇”云，在赛水神活动中，曾经有一名当会首的舵工，因“一夕犯不洁（即指房事），方跪致祝，有风刮灰扑其面，骨栗神悚，几不成体。退而拂拭，则额上现一墨画秘戏图，神态生动，宛肖其夫妇，洗濯不去，转更分明，故以膏药掩之也”。其意皆为祭祀神明期间不得行房事，否则必会受到神的惩罚。

因为天地是天神地祇的驻处，所以民间有禁忌在露天野合的俗信。俗以为男女交合必在避开天地的房间里、床铺上。因而将性交行为雅称为“房事”、“床笫之欢”。不在房中交合的则称之为“野合”。野合是犯忌讳的。野合会污秽天地，冒渎神明。违犯禁忌者会遭五雷轰顶，被劈而死。其用意当在于以此来恐吓那些男女间不正当的性行为。汉族及其他一些民族在这种思想观念的影响下，积久成习，养成了行房避天地，进而避人耳目的习俗。据张紫晨《中国民俗与民俗学》云：“（真腊国）行房不欲令人见，此俗与中国同。”胡朴安《中华全国风俗志》云：“（苗族）獠人夫妻异宿，唯于晴昼，牵臂入山为乐。于路口插松竹，以断往来。谓之插青。见者即避。如或误入，刀斧相加。”又云：“（苗族）夫妇野媾，插青路衢，以断行路，不知误入，张弩射之，媾精入地，是生短狐。”性行为忌讳直露人前的观念，还形成了一种道德风尚。俗话说，“上床夫妻，下床君子”，“君子厅，小人房”。即是要求尽量使夫妻之间的性行为、性生活不外露的。民间，不但忌讳公开谈论性行为，就是夫妻间在这方面也都讳言极深。一般行房事还要避开日月灯光能照耀到的地方，要在黑暗中进行，否则，即使在房中也怕不够隐蔽。这足以反映出民间对房事的保守性和隐蔽性。由于长期以来，行房事都是隐蔽的，因而，一旦行房时被人撞见，便会惊慌失措，羞愧难当。虽是夫妻，也会骇然，若是不正当的两性关系，就会更加惊恐。然而，行房被人撞见，因而受惊吓，感羞耻而病伤夭亡者也确实不乏先例，所以行房忌被人见也成为一种禁忌风习。比较起来，在一般民众心目中，行房事避天神地祇的观念倒不是那么自觉明朗的了，反而不如忌被人见显得更切实、可信，这也许是体现了风俗传承中某种正常的变异性规律吧。再者说，人言可畏。被人看见了自己的“丑行”，难保他不到处传说，“好事不出门，坏事传千里”。人人都知道了的事情，还能再瞒得了神灵吗？所以被人知道也就等于冒犯了神明，同样会遭到神鬼的惩罚的。这就又联想到了冥冥间的惩治，各种各样的因果报应等等，所以房事是绝对禁忌裸露的，必须极其隐蔽才行。

日时房事禁忌

中国传统的观念，把男女分归为阳阴，男归阳，女归阴。男女交合方可繁衍后代，所谓“孤阴不生，孤阳不长”。然而，男女交合必以时，才能达到阴阳调和，否则，阴阳不调，不但不能有利于后代的繁衍，还会生出许多祸患来。所以男女行房事也要有阴阳时日方面的禁忌。

民间在一些特殊的日子里禁忌房事，如冬至、夏至前后半月内禁忌房事，据信，冬至阳气尚微，夏至阴气尚微，如草木萌生，易于伤伐，阴阳不能调和，虽说指的是自然界里的阴阳二气，也怕感染了男女体内的血气精神，这时候行房事恐怕不能配合节气而走泄了精血，导致神气疲乏，引来祸灾。每个月的初一、十五是月廓亏空盈满之弦望时日，民间也忌房事。每年五月初五，俗称“五毒日”；九月九日，俗称“九毒日”，均忌房事。五月俗称“恶月”，据说五月初五日这天，阴阳之气争雄，阴胜阳，鬼魅、邪祟、瘟疫、毒气猖獗一时。此时行房事自然危险，或谓会“倒阳”，或谓会“中毒”，所以要禁忌行房。九月九日称“重阳节”，或者是因阳盛阴衰，或者是因“重九”是阳数之巅峰，恐过后则一转而为阴数了，所以禁忌一切冒失的行为，小心慎行，包括房事也在禁忌之列了。每日的晨昏，也是阴阳转换交接的时刻，此时亦恐阴阳不调而禁忌房事。实则昏时人体劳累困乏不易行房，晨起精神未振，行房事也易影响一天的劳作，所以晨昏刻均不易行房。阴阳之说只不过是对此类民间经验的一种解释。除此之外，本命生辰日正冲甲子、庚申晦朔之日行房事也是忌讳的。还有各地不尽相同的祭神持斋日也忌讳行房事，否则，以为是对神明的大不敬，会受到神鬼的惩罚或阴谴的。《素女经》中提到的“合阴阳”、“避九殃”，也是指的此类禁事。其言曰：“人之始生，本在于胎合阴阳也。夫合阴阳之时，必避九殃。九殃者，日中之子，生则殴逆，一也；夜半之子，天地闭塞，不痦则聋盲，二也；日食之子，体戚毁伤，三也；雷电之子，天怒兴威，必易服狂，四也；月食之子，与母俱凶，五也；虹蝗之子，若作不祥，六也；冬夏日至之子，生害父母，七也；弦望之子，必为乱兵风盲，八也；醉饱之子，必为病癫疽痔有疮，九也。”又据台湾1988年《中国民历》讲：“每月初一、初八、十四、十五、十八、二十三、二十四、二十八、二十九、三十诸日为神明降鉴，察人善恶之期，宜戒斋不可行房，以免冒渎而受阴谴。”又《台湾民间禁忌》龚序云：“忌初一、三、五、七、九、十五日行房。”如果再加上诸如“月经期”、“风雨日”等等禁忌，那么可以进行房事的时日实在是没有几天了。可见，禁忌事项的繁多已经到了令人无所适从的地步了。禁忌太多，适得其反，顾不过来的，也就不能再顾及了。

结语

房事禁忌是一种远古的禁忌，从图腾时代直到现今，这一禁忌始终存在。因为它直接关系到人类、族群的繁衍、生息，所以历来被人们所重视。往往会有这样的情形，越是大家都慎重对待的事情越是避忌谈论，生怕触动了什么而引出不好的结果，损伤了那共同珍视的事物。房事一直是中国人视为神秘禁区的事情，人们习惯在各种情况下尽量避开它，而不习惯使这类事情或与之有关联的事情被自己看到或听到。中国人在性方面讳莫如深，因此，这方面的禁忌很难传播、很难搜集。许多有关习俗，也囿于某一社区，或者在家族、种姓系统等极狭窄的范围内传继着，很少为外人所知。只是近年来，人口问题成为中国一个至关重要的问题之后，人们才不得不开始正视性的问题。为了控制人口的过快增长，人们开始公开谈论生育问题了。这必然涉及性生活，于是房事禁忌也就相对公开一些了。

房事禁忌是个体的事也是集体的事。大的方面可以影响到一个族群的生存、伦理、秩序，小的方面可以制约个人的性生活规范。其中有些是带有人类发展的共性特征的，有些则是地方性、个别性很强的经验归结。不管它们正确与否，事实上这些禁忌总体上说，在形成一个民族的社会生活风貌方面和促使其发展至今的过程中都是起了重要的不可或缺的作用的。

生养禁忌

如果把孕育和最初的抚养比作人类的“摇篮”的话，那么编织这个“摇篮”的过程中，就充满了禁忌。

孕妇禁忌

孕，怀子也。孕，是两性结合的直接后果。有孕，才有可能有育。孕，又是生命之开始。在重子嗣的中国社会中，孕是一件喜事，俗称妇女怀孕为“有喜了”。然而，自从妇女受孕那一刻起，一个个难解之谜就诞生了。那小小的生命是男是女？将来会成就一个什么样的人才？产时是顺利还是难产？希望和忧虑交织并存，再加上怀孕期间生理方面的反映，头晕、呕吐、偏食、懒倦、无力、浮肿等等，会时常引起孕妇以及亲属们的焦躁不安。于是，能不能度过这一关，让那喜事真正安全地降落在自己家中便成为周围人们最最关切的事了。为此，大家都觉得有必要而且应当乐于遵守一些共同的禁忌。

【胎神禁忌】

古时，人们不清楚胎儿是怎样孕育的。他们只看到妇女的身体发生变化，肚子渐渐地大起来，但是，是什么原因导致妇女如此地怀上了孕直至最后生下一个孩子来呢？他们理解不了。于是就想象是由超人力的神灵起的作用。中国古时候有许多关于妇女怀孕是因神鬼感应的传说，比如

保生圣主像

说，妇女的怀孕是与龙、凤、麒麟、大鸟、巨人、虹、日、月等有关，或者说是命中注定的，是前世的缘分等等，总之是由某种超人的力量所决定的。这种超人的力量后来就被人们想象成为一个具体有形的“胎神”了。“胎神”是专管胎儿的神灵，它通常存在于孕妇的周围。人们对胎神既敬又畏。因为胎神有保佑胎儿和伤损胎儿的双重性质。当胎神有益于胎儿时，人们自然敬它；当胎神有害于胎儿时，人们又畏惧它。这时，人们不管它叫胎神，而管它叫胎煞。其实神、煞一也，不过是反映出人们对胎神敬畏的双重态度而已。神可敬，煞不可犯。据民间信仰认为，胎神对胎儿的损伤皆因人们对胎神亦即胎煞的触犯。俗传胎神能与胎儿的魂魄交通。胎神按一定的时刻有规律地出现在孕妇周围一些固定的方位或者附着于某些物体上。人们不得触犯、伤害到它，否则，便等于伤害到了胎儿，严重的会导致孕妇肚痛难产，或者胎损子夭。

布依族孕妇的丈夫忌狩猎、捕鱼。据信，动物、鱼类的灵魂因敌不过男性的阳魂，被捕杀，便会寻了孕妇所怀的处于阴阳界中的胎儿腹婴进行报复，使之夭亡、流产。孕妇的丈夫也忌参加征战，如果丈夫在征战中面临恐怖场景，腹婴也会受到惊吓，受到伤害。

基诺族妇女怀孕期间丈夫打猎时忌砍棕树，不能打猴子，不能割岩蜂，不能打黑色、红黑色、黄白色、花色的鸟类，不能打大嘴鸟、犀鸟、叫声不好听的鸟，否则认为会影响婴儿的容貌和声音。妻子怀孕时，丈夫还忌参加某种社会活动，如葬人忌参加抬死人、忌参加绷大鼓、忌斗刀把、忌打蛇、忌爬树摘果子。

否则，孕妇生育时会难产。

畲族孕妇也有许多禁忌，如三种事情不能看：一是孕妇不能看做功德。因为他们认为祖图花花绿绿，如果让孕妇看见了，这将影响胎中幼儿，小孩将来会得神经错乱之病；二是不能看戏。戏服也是色彩斑斓的，孕妇看后会使胎动；三是不能看棺材出殡，否则会相冲。另外，人们认为，孕妇横跨扁担会引起难产、跨越牛绳犁耙会使孕妇延长孕期达十二个月才能生出婴儿。孕妇也不能进产妇房，否则将来会难产。在饮食上忌食田螺、牛肉和兔肉。但凡有孕妇人家，其墙、砖、瓦等都不能动，也不能敲钉子，否则会引起胎动。

据信胎神是会按月令的变更自动调换位置的。瑶族称胎神为“胎魂”，大概是指胎儿灵魂的意思。据说一月和七月怀孕的，胎魂在正门，禁忌修理正门和在正门处挖地；二月和八月怀孕的，胎魂在庭院，禁忌在庭院存放重物；三月和九月怀孕的，胎魂在舂米的臼里，禁忌移动米臼；四月和十月怀孕的，胎魂在厨房里，禁忌在厨房里淋水；五月和十一月怀孕的，胎魂在卧室，禁忌修理或挪动孕妇卧室；六月和十二月怀孕的，胎魂在孕妇的腹腔，禁忌将孕妇的衣服泡在开水里。以上禁忌，如有冒犯就会导致流产、死胎或婴儿先天残疾等灾异。过去汉族、畲族、土家族等许多民族都有此俗流行。如今大陆胎神信仰已经淡漠了，除了个别偏远地区仍有残留外，一般很少有人讲究了。据有关资料表明，台湾关于胎神的信仰，还是比较普遍的。不过和瑶族胎魂的流动存在情况不同，台湾胎神的流动存在不是按妇女怀孕月份分定的，而是按月份定死了的，对每个孕妇来说都是同样的适用。据说胎神的流动是按下表的顺序进行的。

月份	正月	二月	三月	四月	五月	六月
胎神位置	房床	户窗	门堂	厨灶	房床	床仓

月份	七月	八月	九月	十月	十一月	十二月
胎神位置	碓磨	厕户	门房	房床	灶炉	房床

另据《古今图书集成》记载，宋代陈自明“胎煞避忌产前将护法”中有一种按农时节气分定胎煞位置的办法，其文曰：“月游胎煞：立春在房床，惊蛰在户，清明在门，立夏在灶，芒种在母身，小暑在灶，立秋在碓，白露在厨前，寒

露在门，立冬在户及厨，大雪在炉及灶，小寒在房母身。”还有一些以天干地支来推算的胎神日游方位禁忌大都出于江湖郎中或者游方术士之口。这些玄言，由于太繁复、艰涩，极难在民间生根。民间还是易于接受那些一目了然、便于记忆的东西，像以上所列举的几项与月份、节气相关的胎魂、胎煞禁忌便是民间可通行的。其中谈到的胎神所处的位置，也都是中国普通农家小院的典型环境，更是一般中国家庭妇女经常所到之处。这也可以看出，所谓触犯胎神的禁忌，实际上是要处处提醒孕妇小心行动，并且尽量限制孕妇的活动范围和劳动强度，以便保护胎儿不受伤害。其他人在胎神存在的地方也要小心从事，否则，伤着了胎神就会通过感应的方式伤损胎儿。据说，刀犯者形必伤，泥犯者窍必塞，打击者色青黯，系缚者相拘挛。总之以什么方式触犯了胎神，便都会以相应的损伤体现在胎儿的形体上。因此，民间在妇女“有喜”之后便有许多禁忌存在。

【室内禁忌】

孕妇的住室也是胎神常驻的主要处所，民间似乎有把孕妇的腹腔与孕妇的住室相类比的惯习和信仰。或者是把胎儿的驻处由腹腔扩大到寝室了，以为在室内的活动会感应到孕妇的腹中。因此在孕妇室内的行为要处处小心谨慎，不可稍有大意，否则便会影响到孕妇腹中的胎儿。归纳起来，孕妇室内必须注意的有以下几点：

（1）忌动砖瓦土石

室内墙壁房上的砖瓦土石禁忌移动、毁坏，恐怕触动了胎神。胎神自己可以按月令变更位置，但忌讳它不变时，人为地给它变动。也就像胎儿自己可以在孕妇腹中移动，但不能人为地推拿、帮他移动。否则，恐有拔苗助长之虞。

（2）忌钉钉子

室内墙壁上、家具上、门窗上都忌钉钉子。俗以为会伤害胎神。如果万一不幸把胎神钉在那里不能动弹了，岂不意味着胎儿也不能正常发育而变成“死胎”吗？故而严禁之。

（3）忌挂人物画像

湖北一带孕妇室内忌挂人物画像。据说多看画上的人会使孕妇腹中的胎儿和画上人物长得一样。俗称“换胎”。《清稗类抄》“鄂妇妊忌”篇云：“湖北妇人妊子，避忌最甚。有所谓换胎者，言所见之物入其腹中，换去其本来之胎也。故妇人妊子，几房中所有人物画像，藏之弃之，或以针刺其目，云其目破不为患矣。”

（4）**忌动剪刀、针线**

动剪刀会剪断东西，动针线、锥子等会扎穿衣物，如果恰逢胎神在时，岂不又伤着了它。一旦伤着了胎神就会生下无耳朵、豁耳朵等不全活的孩子，或者生下瞎眼的孩子。

（5）**忌捆绑东西**

据说在室内捆绑东西，会生十指不能伸直或手脚弯曲的怪孩子，又有的说会使胎儿生时肚脐带缠绕在脖子上。

（6）**忌塞瓶口**

据说孕妇塞瓶口，会使胎儿的口、鼻、耳、肛门闭塞。亦是出于同类相互感应的信仰。浙江温州一带有此俗信。

（7）**忌拆、堵门窗**

恐弄瞎胎儿的眼睛。

（8）**忌手臂上举**

俗以为胎儿在母腹中咬着一个奶头一样的东西（有称为“奶筋”的）才不致坠落。孕妇如在室内举臂向上摘、摸、够什么东西，会使胎儿所含的奶头（奶筋）脱落，导致胎儿饿死或滑胎（流产）。

（9）**忌搬动大型家具、器物**

忌随意移动室内箱笼、桌椅、橱柜、床凳，以防触动胎神，导致滑胎，或生下五官不齐全的婴儿。

（10）忌声响过大

恐生下耳聋的孩子。

（11）忌烧烤东西

恐生下有痣、胎印（紫斑）或被烧伤的孩子。

（12）忌属虎的人闯入

因畏虎的心理和属相即为本命的思想，所以担心属虎的进入孕妇室内会暗伤胎儿。

（13）忌坐、睡在熊皮、獐子皮上

鄂伦春族孕妇忌坐、睡在熊皮、獐子皮上。不能接触熊皮、獐子皮。否则，会引起流产。

（14）忌冷水洗浴

孕妇忌冷水洗浴，恐伤胎气。

（15）忌肩披线、绳

孕妇忌肩披线、绳，恐婴儿绕脐生。

以上孕妇室内的禁忌所起作用，明显的是要给孕妇制造出一个清静悠闲的环境，让其平平稳稳地产下婴儿来。但是，有些时候又不得不做某些禁做的事情，那又该怎么办呢？民间常常用一张红纸，上写“胎神在此”四字，安贴在室内某处，意思是先把胎神暂时请到一个安全的处所，就可以翻箱倒柜、钉敲穿凿而百无禁忌了。还有的人家先请道士、和尚来祈祷一番，贴上咒符，再办那些素常禁忌的事也就没什么要紧的了。如果事先没有准备，无意间触动着了胎神，便要举行一些“安胎神”的仪式。情况轻微的，只需用扫帚在“动着”的地方，比划着轻拂三次，口诵“请胎神退避，庇佑母子平安”就可以了。据说扫帚是有灵力的，而且家家具备，使用方便。旧时轻贱妇女，说妇女是专司洒扫的人，汉字扫（掃）与妇（婦）的偏旁是一样的，民间又有蔑视妇女为扫帚星的说法，所以用扫帚去安胎神，亦有以孕妇本命去安胎神之意。假如情况比较严重，触动胎神后已经造成孕妇肚子疼痛了等等，那就必须请道士、法师来作法祈祷，并加贴安胎符、镇煞符，以保母子平安了。当然，这是迷信的做法，如今已没有多少人相信了。如果孕妇肚子疼痛不适，人们首先想到的已不是扫帚和法师了，而是马上到医院去检查治疗。现时期，以上所谈禁忌也起了很大变化。由于科学知识的普及教育，人们不但不再相信胎神、胎魂，甚至也放弃了一切靠静养保胎的办法。

【室外禁忌】

如果说胎神主要是在孕妇寝室内驻足的话，那么孕妇假如要离开寝室，实际上也就要远离胎神了。虽说胎神还可能在孕妇的腹中，但毕竟有时是不在孕妇身上的，所以当孕妇离开住室时，往往会暂时得不到胎神的护佑。因而，离开室内到室外去，对孕妇来说是更有一层危险的，归纳起来，孕妇在室外的禁忌又有如下几种：

（1）**忌手抓食盐跨过户磴**

孕妇忌手抓食盐跨过户磴。据说分娩时，会因此而难产。俗信孕妇手抓食盐跨过户磴会得罪户磴（门槛）神，将来孕妇分娩时，婴儿的手会先出来。

（2）**忌在门口伸头缩头**

孕妇忌讳站在门口看人。这样一会儿伸头到门外，一会儿缩头到门内，会使婴儿出生时伸伸缩缩不能顺利地产下。这和上边一条禁忌相仿，都说明民间俗信是把门户和阴户相类比、视同了，也和把寝室等同于孕妇子宫宫室一样，是出于相似互感的原始思维逻辑的。

（3）**忌夜晚不归，在外露宿**

孕妇忌讳夜晚外出不归。因夜晚室外多鬼祟，恐胎儿被鬼煞的邪气伤害。据说夜间会有黑虎神、白虎神出没，如孕妇撞见，对胎儿最为不利。忌夏夜在室外露宿，恐有妖魔扑身，而生怪胎。尤其在雾夜，孕妇最忌在室外露宿，俗说会“雾（误）了胎儿”。

(4) **忌爬果木树**

云南巍山地区彝族孕妇忌爬果木树，更不能摘果子。爬果树可能会被摔着，当然是危险的。树上的果子和孕妇腹中的孩子也有相同之处，因而摘了果子也会感应得胎儿早产。

(5) **忌接近牲畜**

满族妇女怀孕五个月以上者，禁忌再进入马棚内，也不许牵马。鄂温克族孕妇忌坐毛驴车，恐会被牲畜踢咬碰撞着，伤了胎儿。

(6) **忌跨过牵牛绳**

汉族、畲族等民族都有禁忌孕妇跨过牵牛绳的习俗。据说孕妇跨过了牵牛绳，就会发生难产。因为牛的怀胎期为十二个月，孕妇如果跨过牵牛绳，就会和牛的怀胎期一样长，那自然是难产的象征了。另外，要跨过牵牛绳一定离牛很近了，所以忌跨牵牛绳的习俗也包含有忌讳接近牲畜的意义。

(7) **忌跨过戥秤**

旧时，孕妇忌跨戥秤。过去的戥秤为十六两一斤，据说孕妇从上边跨过就会使她的孕期延长到十六个月。

(8) **忌跨过扁担**

畲族孕妇忌跨过扁担，否则难产。

(9) **忌把澡盆拿到室外**

台湾七月份普渡孤魂饿鬼期间，一说是在盂兰盆节（农历七月十五日，又称“中元节”、“鬼节”）期间，禁忌把孕妇的洗澡盆拿到室外院子里。恐夜间忘收回，触怒了普渡公、黑虎神或孤魂饿鬼，对胎儿不利。

(10) **忌坐房檐下**

河南有此习俗，俗忌孕妇坐于房檐下，恐胎儿中风。

（11）**忌在葡萄架下乘凉**

河南有此习俗。传说葡萄架下易藏仙家、鬼祟，怕孕妇中了邪气，又恐将来会产下葡萄怪胎。

（12）**忌足践落花**

湖南有孕妇忌踏落花的习俗，否则，分娩时必致踏花生。俗谓小儿生时双脚先下为踏花生。据《中华全国风俗志》云，旧时，此禁忌习俗在当地闺中少女中亦流行。

（13）**忌在非常地大小便**

孕妇大小便忌在生地。在平日不常去的地方大小便，会有“异常”之虞，或谓将导致难产，使母子伤亡。

（14）**忌把衣裤晒在蜂窝旁**

云南巍山彝族孕妇禁忌把衣裤晒在蜂窝旁边。

（15）**忌见月食、月晕**

月亮属阴，俗称“月娘”、“太阴娘娘”，是女性的象征。因此，民间忌讳孕妇看见月亮发生异常现象，如月食（月食）、月晕（月亮周围的亮圈，又称“白虹”或“风圈”）等。唯恐受此感应，导致孕妇贫血、流产，或生下四肢残缺的婴儿。

（16）**忌看戏曲**

俗间多以孕妇不宜看戏听曲。其由不一，有的说看布袋戏，会生无肝肺内脏的孩子；有的说是看傀儡戏，会生无骨或有软骨病的孩子；有的说看戏，会使胎儿面花（因剧中有花脸出现）等等。这些都是“换胎”禁忌观念的演绎。即认为看戏能把戏中人物形象的特征带给（由感应而传染给）腹中的胎儿。湖北一带还有忌讳孕妇见优人的习俗。原因也是怕生出胎儿来和戏台上化了装的优人相像，成为怪人。据《清稗类抄》“鄂妇妊忌”云：“又一妇偶观优，及生子，头上有肉隆起，如戴高冠，两耳旁各有肉一片下垂，如以巾幂之者然。因忆观优时，有优人之冠如是，为其换胎矣。”换胎观念在民间的影响颇深远，许多人笃信不疑。或者有不甚信者，亦不敢冒险犯忌。然而，从另一方面看，禁忌孕妇看戏还是有一定的客观实际意义的。这样做可以限制孕妇到人多嘈杂的热闹场合中去，令孕妇深居简出，以避免孕妇被挤着、撞着，以至闪腰扑跌，确保胎儿不被损伤；再者，戏中情节大起大落，有悲有喜，或使孕妇感伤落泪，或使孕妇喜乐大笑，或令孕妇情绪郁结，或令孕妇岔气不支，都对胎儿不好。所以禁忌孕妇看戏，并非全无道理。

以上室外活动禁忌，多数仍是与胎神禁忌有关的。是从孕妇及孕妇腹中胎儿的安全、吉祥方面考虑的预防措施。

【冲犯禁忌】

另有一些孕妇的禁忌项目，是从冲犯的观念中生发出来的。冲犯观念，又源于妇女不洁和妇女的不洁会亵渎神明等观念。在妇女不洁观念中，是以孕妇为尤甚的。

（1）忌接触嫁娶

由于孕妇不洁的观念和“喜冲喜”的忌讳，孕妇禁忌接触嫁娶方面的事物。孕妇不能参加别人的婚礼，也不能观看嫁娶，不能到新娘身边去，忌摸新娘的轿子、嫁妆，忌到洞房里去，忌坐新人的婚床，忌出席喜筵。这方面的禁忌前文（“婚姻禁忌”）中已谈到过，这里就不多说了。汉族、满族、白族、彝族等许多民族都有此类禁忌的习俗。一般说来，这类习俗，其中当然也有为怕“喜冲喜”而影响到胎儿的意义，但更多、更主要的是在于害怕影响到嫁娶的一方，以为孕妇接触嫁娶的事物，会对新娘子产生不利的影响。因为孕妇乃是被视为不洁的因素而加以避忌的对象，孕妇（俗称“双人体”）此时因其具有更为突出的异常性和危险的特征而成为一种禁忌体。

（2）忌接触孕妇、产妇

民间俗信，孕妇忌接触孕妇、产妇。这里边有“喜冲喜”的顾虑，也有不洁对不洁，结果更不洁的思想，还有同类相斥、“二虎相斗，必有一伤”的推导。

总之，是担心双方或者对其中的一方不吉利。

民间忌讳孕妇与孕妇同坐一张长椅或同睡一张大床。其中除了一般禁忌相见的顾虑之外，还担心会与对方“换胎”。假如自己本来怀的是个男孩，对方怀的是个女孩，据信，两个在一起时，就可能会暗中调换过来的。这在重男轻女的时代，是很计较的。一旦有一个生男、一个生女时，那生女的就会想到，是因和那生男的孕妇在一起坐、睡时，被她偷换掉了的。这虽然是属无稽之谈，但在人们极端失望而又无其他理由可寻的时候，便也会很自然地联想到这一层的。

台湾高山族孕妇禁忌与曾流过产的妇女交换用物、借贷钱货，恐怕被沾染而难产。对于多产、顺产妇女家的东西则喜好借用，以求自己也多产、顺产。

东北鄂伦春族孕妇忌入产房。据说曾经有一个孕妇对一个产妇说：“你等等，咱俩一块儿生吧。”结果那产妇就生不下来了。所以再不准孕妇进入产房。河南林县一带孕妇忌进产房，据说是怕孕妇自己会难产。东北一带也有类似的习俗。当地禁忌孕妇看产妇分娩，也是怕将来自己难产。也许这是有一定科学道理的，因为孕妇看到产妇分娩时痛苦的样子，会使自己产生某种心理上的压力和精神方面的过度紧张，以致引起难产。白族也忌讳孕妇进产妇的家门，产妇生下小孩后往往在门前挂上蒸笼底，见到这个标记，孕妇就不能进去了。否则，认为孕妇会把产妇的奶踏干，使新生婴儿无奶吃。据信，孕妇腹中的胎儿会将产妇的奶吸了去。一个人的奶喂两个婴儿是不够的，一般做母亲的最怕的就是自己的婴儿受屈，所以禁忌孕妇上门。如果孕妇无意中进了产妇的家，按白族的规矩，必须到这家泼水，以示赔罪和补救。东北一带也有此俗，孕妇如果进了产妇的家门，并把产妇的奶给“带走”了，产妇家一定要让孕妇再把奶“送回来”的。“送奶”的具体做法是：由“带走”奶的孕妇做一大碗面汤送给产妇喝。进院时要喊着产妇的名字说：“喂，××，给你还奶来了。”这时产妇在屋里要应声：“哎，奶回来了！”接过面汤后，产妇要背着人，脸冲墙把面汤全喝光。这和白族泼水一样，是一种赔罪仪式和补救的措施。民间相信通过这种仪式和措施，那水和面汤就会变成乳汁再回到母体身上，从而挽回孕妇所造成的损失。

（3）**忌接触丧葬**

汉族、畲族、鄂伦春族等许多民族都有禁忌孕妇接触丧葬方面各种事物的习俗。俗以为是“凶冲喜”，对胎儿不利。

孕妇忌看丧葬时做功德、上供、祭祖等，否则认为是大不吉利。畲族因祖图花花绿绿的，据信，孕妇看了，会导致小孩生下后精神失常。孕妇忌触棺木，忌看入殓、出殡，忌食葬仪食品，忌受丧家赠物，忌摸丧葬用具。否则，皆为大不吉利。孕妇忌入坟地，忌入丧家，忌走抬过死人的路。这一切都是为孕妇及孕妇腹中的胎儿着想。丧葬是凶事，有邪气、秽气，怕冲犯了孕妇，伤着了胎儿。即便孕妇是丧葬家亲人，也要避开丧事。因为孩子未生就去送终是不吉利的。如果再悲伤痛哭起来，更会使孕妇母子双双受损。迷信者还以为接触丧葬事物阴魂还可能会扑在孕妇身上，使胎儿受害。这些禁忌，总的说来，是担心“凶”冲了“喜”，是要求孕妇节哀、保重身体的防御措施，是为胎儿着想、重视子嗣的表现。

（4）**忌接触神事**

妇女的不洁会亵渎神明。孕妇因其不洁，所以忌接触神事。汉族孕妇一般是禁忌参与祭祀的。据说孕妇靠近神龛、巫祝，都会污染神地，冒犯神祇。满族忌孕妇侍奉祖先神。台湾禁忌孕妇擅入寺庙。湖北忌讳孕妇见到弥勒佛像。据《清稗类抄》云：“（湖北）其地每月游僧担荷衣装，乞食村落，担上有弥勒像，此尤为所忌，孕妇见之，谓生子必肖弥勒像矣。故此僧所至，村人辄噪而逐之。孕妇或不及避，猝与相遇，必坐于地，自解其履，以左履换至右足，右履换至左足。此僧亦必将所荷之担，从右肩换至左肩，从左肩换至右肩，如此相持。及人众咸集，逐此僧去，乃得无事。”民间还忌讳孕妇观看盖庙、雕塑神像。据说，建庙、塑神像时如有孕妇在旁，此庙无香火，此神不灵验。这些都是旧时轻视妇女、贱视妇女所致。在男权社会中，一切都是男子的意志体现。在男子眼中，妇女是“污秽”、“不洁”的，被人轻贱的，所以也就想象神也是厌恶女人的。如果有女人，尤其是有孕妇在旁，举行神事就是对神的大不敬，对神的亵渎。神事活动一般都是在严肃、庄重、圣洁的场合。男人们对神灵都要小心敬奉，磕头求拜，女人们就更不能自由行动了。因此，孕妇禁忌接触神事，在客观上也使孕妇免去了叩拜大礼和战战兢兢的心情，对于孕妇和胎儿是有一定的好处的。然而，这却未见得是出自于此一禁忌习俗形成的初衷的。

（5）**忌接近要地**

由于旧时对妇女的轻视，许多重要的活动都禁忌妇女参与。说妇女“头发长，见识短”、“办不成大事”还是轻的，重则将一切失败的原因都归之于妇女。说妇女是“丧气鬼”、“丧门星”、“灾星”、“祸水”。什么事办坏了、办砸了，都往妇女身上找原因，说妇女会把本来可以办好的事情毁了。孕妇又是将临危险的女人，更是挨不得碰不得的。俗以为无论什么事，一挨近孕妇就算“触了霉头”，十有八九是要倒霉的。因此民间禁忌孕妇到重要的地方去。过去，农村里的大事，要算打井、建灶、上梁了。凡属此类事，都禁忌孕妇近前观看。据说，打井时，孕妇要靠近了，这口井就肯定白打了，不是打不出水来，就是打出的水是苦的、咸的，不能食用。建灶、上梁，过去都是很慎重的事，灶有灶神、梁有梁神，如果被孕妇的秽气冲犯了，人家是不会善罢甘休的。在一家之中，锅台、窗台、磨台这三处是最重要的地方了，这三处最忌孕妇坐。孕妇或许可以在这些地方的旁边干活，但累了，想坐一坐，是不行的。孕妇的秽气会污染这三处要地，使全家“霉气”。东北汉族还忌讳孕妇到酱缸跟前。过去，做酱也是农家普遍重视的事情，有许多禁忌。下大酱时，酱缸上要系红布条，酱缸忌挪动等。因为在生活水平很低的农家说来，酱是一年中重要的副食品。因为相信孕妇不洁，所以，也不让孕妇接近酱缸。

（6）忌接触巫事

由于冲犯的忌讳，禁忌孕妇接触许多事物，而孕妇本身也怕被巫术所伤害。江苏民间俗信，认为雄黄精会有“转女为男”的巫术力量，因此，妇人怀孕，常将雄黄精佩在身畔。若想要女孩的，则避忌之。旧时，民间不理解怀孕生男生女的道理，尝以为胎儿的性别决定于临出生的一瞬间，或者决定于出生时的那一瞥。因此担心会被人使用巫术的力量“栽花换斗”，将男孩换成女孩，或者将活胎儿变成死胎儿。旧时，广东东莞一带民间有一种“打席”的习俗。“打席”又名“打胎”。某家有了病人时，经过百般治疗，不见好转，便会怀疑病人将死。根据转世再生的迷信观念，又认为病人会投胎到别的人家。这时，就要运用“打席”的巫术，把病人投胎的去路断绝，使病人的灵魂重新回到病人身上，使其好转过来。“打席”的时候，请邻居老媪数人，各人拿卷成一捆一捆的席子，携带香烛冥纸，来到十字街头土地神处。先焚化香烛冥纸，然后大家一齐动手，把席在地上用力乱拍乱打。从土地神处一直打回家中，沿途还要不断地叫着病人的名字，是一种叫魂压惊的法术。俗以为，这样做后，便可把病人投胎的胎魂打下追回。所以当地孕妇最忌见着此事，唯恐腹中胎儿真的会被打落而致流产了。

【执炊禁忌】

俗话说，“妇女围着锅台转”。这是旧时妇女家庭活动的真实写照。一般中国人的家中，多是妇女执炊。但是妇女有了身孕之后，在执炊做饭方面也就有了许多禁忌。

（1）忌砍柴夹住斧子

基诺族孕妇砍柴，忌把斧子夹在柴中间。又忌采摘白参、黄色菌、独朵的鸡棕。背柴时，忌把竹子柴和树木柴背在一起，否则会难产。

（2）忌用草绳升火

台湾俗信，孕妇要动手烧灶煮饭时，忌讳使用草绳起火，因为草绳一绺绺的形状，类似婴儿的垂涎。如不避忌，恐怕将来生的婴儿会有不断垂涎的毛病。

（3）忌切肉、鱼

浙江一带孕妇做饭时，忌切肉、鱼，否则，以为胎儿会皮肤破裂、四肢畸形，或者五官不端正。

（4）忌煎焦食物

民间还忌讳孕妇在锅里将鱼、肉、蛋等食物煎焦炒煳。否则，将来生下的婴儿身上会有烧烂的疤痕或黑痣。

（5）忌烤肉食

俗以为孕妇烤肉会生烂手脚的孩子。

（6）忌胳肢窝夹葱

河南郑州一带有此禁忌，据说恐生下的孩子得狐臭。

以上执炊禁忌，都是将执炊中各类现象与胎儿的未来相互联想，由此大约可以推断，此类禁忌最初可能是由孕妇本人心中生发出的某种禁忌思想，经过传播、递继，造成一定影响，而成为一方一地之习俗的。

【饮食禁忌】

民间俗信，胎儿的成长，以及日后生下小儿的形象、禀性，都与孕妇的饮食有关。因此孕妇的饮食一定要注意，不能吃下影响胎儿健全发育或会造成日后小儿某种缺陷的食物。这方面禁忌，主要有以下几处。

（1）忌想吃的吃不到

据信，孕妇想吃什么实际上也是胎儿想“吃”什么。这时一定要让孕妇吃上她想吃的东西，而且，最好是让她吃足吃够。否则，怕胎儿在腹中急出红眼病来。

（2）忌食兔肉

这一禁忌，在中国流行最广泛，也最久远。意思是恐吃了兔子肉，胎儿会像兔子一样长一张“豁嘴”。《论衡·命义篇》云：“妊妇食兔，子生缺唇。”可知汉代已有此俗信禁忌存在了。熊伯龙曾在《无何集》中发问道：“世间缺唇之母，皆食兔乎？”这是不同意此一禁忌的疑问。无疑，熊伯龙的质问是有道理的，食兔和缺唇之间并无必然的联系。然而民间却也不光是认为食兔一项可导致生子缺唇的。河南一带还有孕妇跳豁墙，或在门槛上劈木材，都会导致生孩豁嘴，缺唇的习俗禁事。其中反映的都同样是民间的一种“同类互感”的巫术迷信思想。

（3）忌食驴、马肉

这一禁忌也是流行很广的。据说孕妇如果吃了驴、马肉，会使孕期延长。就如驴、马的怀胎期一样，会超过十个月而到十二个月。这当然是令人不安的。这种“食驴马肉，令子延月”的俗信，医圣孙思邈曾经在其著述中提到过。可见这一习俗禁忌早在唐代就已经广泛流行于民间了。

（4）忌食羊肝、山羊肉

古俗。据说孕妇食羊肝，令子多厄；食山羊肉，令子多病。

(5) **忌食糯米、鸡肉**

古俗。据说孕妇食糯米、鸡肉，令子多生白虫。

(6) **忌食鸭肉**

古俗。据说孕妇食鸭肉，令子倒出。

(7) **忌食鱼肉**

河南一些地区，有孕妇禁食鱼肉的习俗，据说会使婴儿皮肤上生鱼鳞刺。古代有禁忌孕妇食干鲤鱼的习俗，以为会使生下的孩子多疮。

(8) **忌食狗肉**

黑龙江一些地区孕妇忌食狗肉，否则，将来生下的孩子爱咬人，吃奶时爱咬奶头。河南也有孕妇禁食狗肉的习俗。豫东虞城县一带尤忌孕妇吃黑狗肉。据说孕妇吃了黑狗肉，会化胎、流产。旧时汉族未生育的妇女也禁忌食狗肉，以为狗肉不洁，如食之，日后有孕时会导致难产。

(9) **忌吃熊肉、獐子肉、獾子肉**

鄂伦春族孕妇禁忌吃熊肉、獐子肉，否则会流产。鄂温克族孕妇禁忌吃獾子肉。台湾泰雅人孕妇禁食动物血和内脏，否则以为会流产。

(10) **忌吃田螺、牛肉**

畲族孕妇禁忌吃田螺和牛肉。

(11) **忌食豆酱、雀肉**

古俗。据说孕妇食雀肉和豆酱，令子满面多雀斑黑子。如食雀肉和酒，令子心淫情乱，不畏羞耻。

(12) **忌食虾米**

古俗。据说孕妇吃了虾米、鳝鱼，令子喑哑。俗间也有说是吃狗肉，或其他畜、禽肉，令子无声喑哑的。各地禁忌不同。

（13）**忌吃螃蟹**

江浙、台湾一带有此习俗。据说孕妇吃了螃蟹，会使胎儿横生难产。据说宋代已有“食螃蟹，令子横生”的记载。可见此俗亦颇久远。

（14）**忌食鳖肉**

古俗。据说孕妇若食鳖肉，令子短项。此是出于老鳖常将头缩进龟壳中的联想。

（15）**忌吃异常鸡蛋**

河南郑州一带，孕妇忌食异常鸡蛋，如鸡因缺钙而下的“软蛋”，或杀鸡时从鸡肚中扒出的未成熟的小鸡蛋等。俗以为孕妇吃了这些蛋会流产。

（16）**忌吃辣椒**

河南一带，有孕妇忌吃辣椒的习俗。一说是恐怕将来生下孩子烂眼圈、害红眼、长眼疮；一说是恐怕将来孩子脾气火暴，性格毒辣。

（17）**忌食桑葚**

古俗。据说孕妇食桑葚，令子倒出。

（18）**忌食梅、李、梨**

古俗。以为孕妇食梅、李子，令子目青失明。梨性寒，孕妇亦忌食用。台湾高山族孕妇及丈夫不吃并蒂果实、并生野菜和橘子（橘子多瓣儿），忌怕生双胞胎、多胞胎。

（19）**忌食豆酱和茴香**

古俗。以为孕妇食豆酱和茴香，会导致堕胎。

（20）**忌吃鲜姜**

这一禁忌习俗，也非常普遍。见鲜姜外形“多指”，恐孕妇食后生下的孩子有余指。据说东汉张仲景已有“妊妇食姜，令子余指”的记载。可见此俗流传是很久远的了。又因为姜有辣性，所以又以为孕妇食后，会得眼疾。还有的因姜可以散气，便说孕妇食后，会导致散胎、流产。总之姜是孕妇严禁食用的。

（21）**忌食生冷物**

俗以为，孕妇不能吃生冷食物，不能喝凉水。否则会闹肚子，影响胎儿生长。古时也有“妊娠食冰浆，绝胎”的说法。

以上孕妇饮食禁忌主要是从食物的性能，包括外形和内质可能对胎儿造成影响这一角度进行的考虑。其依据无非是“同类互感”的俗信原则，担心对胎儿或者孕妇会造成灾难祸患，所以要禁止食用。其中有些食物禁忌甚至被医家所引用，这是因为中国自古就有巫、医不分的历史。中国的医术很多都是心理上的医治同药物上的医治并举同用的。有时下一味药，或者减一味药，究竟是物性方面的考虑还是理性方面的考虑连医师自己也很难说得清楚。此风至今犹存。民间用药很可能由于药名的谐音、语义的忌讳而导致禁用此药。据河南鹿邑县同人讲，当地民间医师为孕妇用药，就忌用“虫退”（蝉蜕）、“丹皮”、“无寸”（麝香）、“班毛”（斑蝥）、“红娘子”等等。其中的意义，多是出于药名的忌讳，怕对胎儿不利。严格地讲，这也是一种禁忌习俗的反映。当然，从药性来讲，对孕妇的病或胎儿不利的也有忌用的，比如含麝香的药，孕妇禁用，就是有科学道理的，这不是有关信仰而是有关经验的。这种禁忌不属于我们所谈的范畴。

另外，出于冲犯的观念，孕妇还禁忌吃食诸如礼饼、喜果、冬瓜、冰糖、酒菜等等有关嫁娶的喜物，以防“喜冲喜”，对人对己都不吉利。还忌讳孕妇吃食用以祭神的酒饭。佤族禁忌尤严，不仅孕妇忌食祭品，就连孕妇的丈夫也要受此禁约。这是怕孕妇不洁的身体冲犯了神明，给大家带来不幸（这方面的内容还可参见本书“婚姻禁忌”和“祭祀禁忌”等有关篇目）。

【胎教禁忌】

胎教的观念源于物事间相互感应的观念。《周易》中就有阴阳二气相互感应的思想表述。人们在现实生活中观察到“铜山西崩，洛钟东应”的现象，又看到

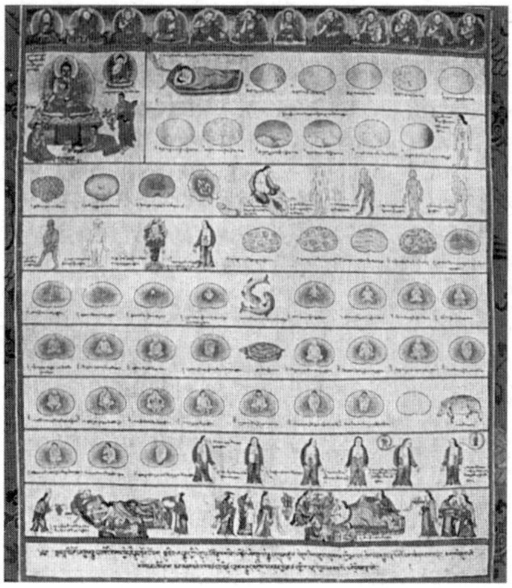

古代胚胎发育图

母子之间有许多类似之处，所以相信母亲的言行举止会直接影响到胎儿，因而要求母亲在怀孕期间的一切行为必须谨守礼仪，给胎儿以良好的影响，这就是所谓的“胎教”。

“胎教”一词汉代或汉代以前就有了。汉·贾谊《新书·胎教》云：“周妃后妊成王于身，立而不跛，坐而不差，笑而不喧，独处不倨，虽怒不骂，胎教之谓也。”（转引自《辞源》“胎教”条）从这里看，当时的胎教已经注意到了要以母亲的行为影响胎儿将来的身体和禀性等诸多方面。汉·刘向《列女传》中也有这类记载，据云：“古者妇人妊子，寝不侧，坐不边，立不跸，不食邪味，割不正不食，席不正不坐，目不视邪色，耳不听淫声，夜则令瞽诵诗书、道正事。如此则生子形容端正，才德过人矣。”不过，这里的记载都是以儒学礼教的规范筛滤过的民间信仰了。有许多原始意义的胎教信条，很可能因儒家不语“怪、力、乱、神”的缘故而未能收录记载下来。

到了北齐，胎教的规约更进一步详尽。据徐之才《逐月养胎方》云：“一月，宜食大麦，毋食腥辛，不为力事，寝必安静，勿令恐畏。二月，毋食辛臊，居必静处，当慎护之，勿惊动也。三月，欲生男者操弓矢，欲生女者弄珠玑，勿悲哀、思虑、惊动。四月，当静形体，和心志，节饮食。五月，卧必晏起，沐浴浣衣，深其居处，厚其衣服，勿大饥，勿甚饱，勿食干燥，勿自炙热，勿大劳倦。六月，身欲微劳，勿得静处，食甘美勿太饱。七月，居处必燥，饮食避寒，勿大言，勿号哭，勿薄衣，勿洗浴，勿寒饮。八月，和心静息，勿使气极，勿食燥物，勿辄失食，勿怒大起。九月，勿处湿冷，勿着炙衣，不可转侧。十月，但俟时而生。”其中“三月，欲生男者操弓矢，欲生女者弄珠玑”一点，透露出古人相信“妊娠三月，未有定象，见物而化”的思想，这种思想现今仍存在于民间。郑州现时流行一种说法：妇女怀孕后，先吃一只公鸡，可生男孩。又说孕妇吃鸡蛋生女孩，吃核桃生男孩。唐代医圣孙思邈也在《千斤方·养胎论》中指出：“旧说凡受胎三月，逐物变化，禀质未定。”这里边都含有胎教还可以通过感化而影响到胎儿性别的意思。这就是比较原始的感应巫术信仰了。其实，胎教本身，说到底，就是一种巫术信仰。像上文我们提到的孕妇禁忌，包括孕妇饮食禁忌在内都有胎教的性质，也都曾被引入一些礼教、医术书籍中去。只不过有些属于道德行为规范的，其巫术性质不大容易觉察，而那些能令孕期延长，或者能够造成胎儿发生异常变化的，其巫术性质更明显一些罢了。巫术可以分成两种，一类是积极的法术行为，如“欲生男者操弓矢、欲生女者弄珠玑”、“宜食大麦”、“居必静处”等等宜行的主动性行为；另一类便是消极的禁忌行为，如以上所谈到的一切忌戒的避讳行为。

中国人历来重视开端、伊始，所以在重视子嗣方面，尤其重视胎教。据《大戴礼记·保缚》从“胎教之道，书之玉板，藏之金柜，置之宗庙，以为后世戒”。可见胎教是非常重要的。只是胎教有上层文化与下层文化之分别。在于上层文化中的胎教其礼教意味太浓，其中的禁条已远非民间的禁忌习俗信仰，而几乎成为统治阶级按照自己的思想意愿要求规范子嗣德行模式的一部“法典”了。如果说民间也有民间的胎教，下层文化中也有下层文化的胎教的话，那就是以上我们谈到的那些孕妇禁忌，它们真实具体，并且客观上也是一直流行在民众之中的真实思想。这种分别也是自然的，不以人的意志为转移的，因为，文化层次不同的人，对子女的希望和要求，也确实存在着差异和区别。

【小结】

孕妇禁忌带有一种妇幼保护的性质。不过这种妇幼保护完全是为男子着想的，是为男子的子嗣递继、宗族传承着想的。妇女的利益只是其中的附属成分。由于这种性压迫、性歧视、性偏见的根源的存在，孕妇实际上并不是根据自己的意愿来行使禁忌的。各种禁忌实际上对孕妇形成一种更加密不透气的禁锢氛围，孕妇在此间并不能感到有执行了禁忌后的坦然，相反，她们常常为不能够完全地、正确地、严格地执行那繁多博杂的禁忌而感到恐慌和紧张。事实上孕妇不是在享受优待，而是如身陷囹圄，处处不得伸展，不得自由。单是饮食方面的禁忌就几乎剥夺了她们享受任何新鲜、特别口味的权利，除了主食，家常饭外，其他食物几乎一概不能品尝了。这难道不是一桩苦事吗？行动、视觉方面的禁忌就更苛刻而带有蔑视的意味。所以，总的来说，对孕妇的禁忌乃是一种妇女压迫的表现形式。从这里不难看出旧时中国妇女卑贱的社会地位和所经受的苦难折磨。如今，妇女的地位提高了，国家实行计划生育、优生优育的政策，妇女在怀孕期间得到了真正的科学的人道主义的保护，一些陈旧的无理的禁忌事象已经逐渐地被人们抛弃了，有些甚至已经早被人们遗忘了。

分娩禁忌

分娩是婴儿脱离母体，降生世上的神圣时刻，也是决定大喜大悲的关键时刻。母子平安，阖家欢喜；若遇难产，或可造成悲剧。因此，这期间，人们的心情是复杂的，既有热切的希冀，又有焦急的等待，还有恐慌和畏惧。就像下了大赌注，马上要揭宝时的心情一样，人们必须做好喜悦、失望、悲伤、遗憾等等各种思想准备。因此，就要屏气凝神，不能稍有疏忽，不能稍有分心。于是禁忌事项在此种场合就又该大显身手了。

【产地禁忌】

分娩时随着婴儿的降生，会有血水、羊水相伴而下。民间以为这是污秽不洁的，并会亵渎神明，带来灾害，俗所谓“血光之灾”。因此，在分娩的地处方面就有许多禁忌事项存在，现略归纳如下：

（1）忌在原住处分娩

产妇分娩是一件吉凶未卜的要事，因此，通常都专门特设一产地，忌讳在原来的住处分娩。

旧时，鄂伦春族产妇禁忌在原来住的“仙人柱”里分娩，要远离住处，在另

福建、台湾一代的民间认为能保产护幼的临水夫人。

外搭起的一个“仙人柱”（“纠哈汉”即“产房”）内分娩。新中国成立后，为了尊重鄂伦春族这一习俗，鄂伦春自治旗在已定居的鄂伦春人村屯修盖公共产房。谁家妇女分娩，可以到那里去“坐月子”，满月后再回自己家中。后来，一些人家渐渐改变了这一习俗，现在妇女也可以在自家分娩了。过去，鄂温克族、赫哲族也有此习俗，规定产妇必须到另搭的简易窝棚里去分娩，直到“满月”后才搬回原住处。

藏族妇女也不能在帐房内生孩子，分娩一定要离开住家。独龙族禁忌产妇在室内分娩，说是怕产妇的“不洁”之气，冲犯了室内的弓弩等狩猎用具，致使有猎无获。产妇分娩时必须到室外，生下婴儿洗净后方可抱回室内。此俗今仍流行。羌族忌在室内生产，其俗规定，产妇必须到牛羊圈中分娩。

汉族也有忌讳产妇在原住地分娩的习俗。早在汉代，就有这方面的记载。据王充《论衡·四讳篇》云：“讳妇人乳子，以为不洁。将举吉事，入山林，远行，渡川泽者，皆不与之交通。乳子之家，亦忌恶之，舍丘塞庐道畔，逾月乃入，恶之甚也。”可见当时忌妇人乳子的习俗与今时仍存于以上一些民族中的这一习俗是颇为相像的。又据王充所记，当时江南、江北，其俗又各不同。“江北乳子，不出房室，知其无恶也。”可知，这一习俗也有地域上的不同。经过几千年的历史演变，这一习俗如今在汉族已很少见了。一般汉族产妇分娩还是在室内，或者也仍然是在产妇原来的住室内，或者到医院里（接生婆处）等等。只是个别地区还有这一习俗的遗迹存在。

（2）**忌回娘家分娩**

汉族、哈尼族、壮族、苗族等许多民族中都有孕妇忌回娘家分娩的习俗。出嫁的闺女，就成了婆家的人了，再到娘家生产是不合情理的。如果母子有了什么差错，娘家也是担待不起的。据说还会因分娩的血污、秽气，给娘家带来“血光之灾”。苗族妇女怀孕八个月后，就禁忌转回娘家了，怕因早产而把孩子生在娘家，俗以为姑娘把外姓人生在娘家家里，会把娘家的“福气”带走，给娘家留下灾难。苗族孕妇如果万一来不及回婆家生产了，就由娘家人（一般是她的妹妹）在室外搭一个小草棚，让她在那里分娩。如果连草棚都来不及搭了，孩子生在了娘家里，那么等满月后，回到婆家，要让丈夫请一位巫师（“阿爷布说”）到娘家举行“净屋”的仪式。巫师作法，直到把屋内的污物都“洗净”了，恶鬼都撵走了，娘家的灾难才能被免除掉。可见，民间对这一禁忌习俗的重视。哈尼族妇女一旦怀孕，就须立即停止“不落夫家”的生活，改为长期定居夫家。按哈尼族的传统风俗，孕妇一律不得在娘家分娩，否则认为不吉祥，甚至是全村人的灾难，会遭到娘家亲属及村人的严厉谴责和处罚。汉族忌在娘家分娩的习俗，由来已久。《风俗通义》云：“不宜归生，俗云令人衰。按，妇人好以女易他男，故不许归。”可知汉代已有此俗，且是由男方做主的。其理由，一是怕孕妇身体受损、衰弱；二是担心回到娘家后，怕人“移花接木”，换了他姓人。山东泰安一带，认为在娘家生孩子，会使娘家一辈子受穷。临清一带认为，在娘家生的孩子不成人，如果真在娘家生了，丈夫要把自己的宅院用牛耕一遍才能破解。总之，忌在娘家分娩的习俗，在中国流传较广，许多民族都有此禁忌。这是中国宗法制度的影响，也是中国家族观念的表现。不过，现今城镇有一种逆反的风习似乎正在兴起、流行。即，产妇分娩反倒常常是在娘家进行。由娘家负责产前护理，送往医院分娩，然后又被接回娘家，在娘家住一段时间才回婆家。俗说，闺女是娘身上掉下来的肉，还是娘家会疼她，闺女吃不了亏，受不了气，对母子身体也都有好处。当然，这一现象还不足以成为一时代的风俗特征，但也可以看到男女平等的思想观念以及主要从母子身心健康着眼的新风尚对于旧惯习俗中迷信思想的干预和抵制了。

（3）**忌在他人家中分娩**

随着长期的定居生活，许多民族不再以为一定要在室外分娩，汉族隋唐以后，民间已无在自家室内生子的禁忌了。只是分娩“不洁”的思想观念依然普遍存在，所以仍然忌讳别家产妇在自家分娩，同时，也禁忌自家产妇在别家分娩。据说，借给外人房屋分娩的人家，“福气”会被新生婴儿带走。又说会因别人在此生了孩子而影响到本家不能再生孩子，或者不能再生出如此有福气的好孩子来。因此，一般人家都忌讳借给产妇房屋，让其在自家分娩。如果万不得已，产妇在别家分娩了，按东北一带的习俗，事后产家要为主家买红布铺炕、盖锅盖，以祛邪气、讨吉利。台湾俗间有此事时，产家也要给借家挂“红彩”、烧“糕仔金”（即备办糕饼、香烛、鞭炮、金纸等物，向借家神龛礼拜），以挽回借家的损失，保障借家的福气不被产家带走。这些习俗反映在俗谚中就是所谓“宁借人死，不借人生”。可见此一禁忌的严重性，是比凶丧事间的某些禁忌更加厉害的。

（4）**产房禁忌**

即便是在自家分娩，也有“不洁”的忌讳。因而产房安置在何处，也很有讲究。满族产房忌设在西屋（又有忌设在正房的）。在居住方面，满族有“崇西”的习俗。西墙是供奉祖先的神圣部位，不准悬挂其他东西；西炕俗称“万字炕”（也就是“姓氏炕”的意思），是神圣的位置，不准随便坐卧。西屋如果作了产房，也恐怕会冲犯了祖灵，亵渎了神明，所以忌设产房于西炕。云南哈尼族孕妇的产房多设在丈夫的小屋内，忌讳设在公婆居住的大房中。西双版纳的基诺族，过去是一个大家庭住一座竹楼，内含许多小家庭，每个小家庭有一个火塘。妇女生孩子不能在竹楼楼上，只能在竹楼下炒茶叶用的小房内分娩。婴儿脐带脱落后，才能上楼。

（5）**产床禁忌**

东北人睡火炕，汉族有句俗话，说“门槛是当家人的脖子，炕席是当家人的脸”，旧社会，生孩子忌讳沾炕，必须首先把炕席掀起来，铺上谷草，把孩子生在谷草上，俗称为“落草了”。否则，如果在炕席上生孩子，会认为脏了当家人的脸，今后日子必定过不好。

东北一带，孕妇分娩时，产床忌对有烟囱的墙，说是怕冲犯了“太岁”。据说冲犯了太岁会有碍生育。俗以为太岁神在地，与天上的岁星（木星）相应而行。天上为大，地下为小。冲犯了小太岁，六年内不能再生育；冲犯了大太岁，十二年内不能再生育。这在信仰“多子多福”的年代里是足以对人们形成很大威胁的。台湾至今有相信“产图”风习。“产图”又称“安产图”，是对产床方位的限定图示，据说唐宋期间大陆民间就有张贴安产图的习俗了。俗以为“不依产图，令子母多妨”，或者将发生难产。台湾也有产妇分娩在稻草堆上的习俗，和东北地区不同的是，台湾普通人家是在床前地下铺上草分娩的，而不是在床上。据说是怕血污冲犯了床母（神）。哈尼族元江、墨江一带的多塔（豪尼）孕妇是在大房火塘前面分娩的，其俗规定产妇的身向必须直对屋脊，不能偏斜。否则，不吉。

（6）**玉器禁忌**

满族产房内禁忌放置玉器。产妇忌见玉器。产前要把玉器拿出去，或者用红布包好。

（7）**出入产房禁忌**

产房是禁地，许多人是被禁止出入产房的。汉族、苗族、鄂伦春族、达斡尔族、满族、阿昌族等许多民族都有禁忌男人入产房的习俗。

鄂伦春族男人不许进产房，包括自己的丈夫在内。妇女分娩时，如家中无妇女照顾，男人做好了饭，用木杆拴牢饭桶，挑进产房给妻子吃饭，也不准进去。彝族妇女分娩时，丈夫也不能留在产房内服侍妻子，要和全家的男人一样离开屋子。产妇如要出门时，必须选择吉日，并洗脸、扫地，不然便认为产妇会把脏东西带到屋外。达斡尔族忌讳男人进产房，据说是男人容易踩了孩子。假如有男人无意间进了产房，他走后，小孩如有什么毛病，如鼻塞等，就会认为是那个男人踩的，必须找到他，把他的脚趾甲剪下几片，拿到产妇家和艾蒿一起点火烧掉。等冒烟时，把小孩子抱着在烟上悠几下，吐几口唾沫，说：“唾唾，邪气快跑掉！”如此，才能消除灾厄。阿昌族孕妇分娩后七天内，别家的男子禁忌进入产家的院子。

禁忌男人入产房，一是怕产妇不洁，恐对男人形成威胁；二是，男属阳，女属阴，分娩时女阴虚弱，难与男子阳盛相抗衡，恐男子进入产房后对产妇母子不利。除此之外，也还有男女易避忌、产期内禁忌房事等顾忌的因素存在。

产房不但禁忌男人进入，女人也不宜随便出入。产房内的人数不能太多。黑龙江一带有产房人多产妇难产的俗信。据说产房内多一个人就会使产妇分娩延长一个时辰，胎儿也就要晚出生两个多钟头。因此，产房内的人即便都是女的，也要尽量少才好。白族孕妇分娩后，忌讳女人进屋，据说会踩掉孕妇的奶水。这是担心妇人会把别人哺乳的能力吸引、转移到自己的身上。鉴于此点，白族家中如有牛、马生子，也忌讳妇人进屋，道理是相同的，怕被妇人踩掉了牛、马的奶水。这种产妇的奶水可以被人"踩掉"的观念在许多民族中都存在着。尤其是孕妇进产房，更容易"踩掉"或"带走"产妇的奶水。河北定县又称此为"蹬嘴头"。如果有人无意中走进产房，蹬了小孩嘴头的话，这进屋的人就得同产妇调换腰带。俗以为这样一换腰带，产妇的奶就能恢复过来。当着孕妇的面，还忌讳说"填圈"、"糊窗"等话，也是怕产妇失奶的一种禁忌。

为了防止外人进入产房和产妇失奶，各地各族有许多规矩、禁忌。青海藏民孕妇分娩后禁忌接待一切客人。汉族产妇分娩后，一个月内禁忌生人入产房，其中孕妇、寡妇、属虎的、新娘子、信佛教神灵的、戴孝的，更是忌讳。即便通常以为是照料产妇分娩的最合适的家里人，如果属于这几种情况的，也必被拒之门外，不得入内。因为俗以为她们会给产妇母子带来灾难。正闹眼病的人也不能进产房，否则眼病会越闹越严重。汉族还禁忌带铜、铁等金属器皿进入产房，尤其禁忌带钥匙的人进入产房。更忌讳产房的东西往外拿，也忌讳外借。这些禁忌都是怕将产妇的奶水带走。为了防止万一，东北一带，还要用锁锁住炕席，意谓锁住了奶，即便有人带了钥匙等物进来也不害怕了。鄂温克族除了忌讳进产房的人带钥匙，还忌讳带枪或马鞭子的人进产房，大约这些东西都是与男人有某种联系的，因而会引起"男人进产房"的联想。

产房忌门，在许多民族中都有类似的习俗存在。古时，家中生男孩，即在门左挂弧，"弧"是木弓，象征男性阳刚；家中生女婴，则在门右挂帨，"帨"是佩巾，象征女子阴柔。如今，汉族多改为悬挂红布条，以为警戒。山西定襄县一带，产房忌门，是将带根的黍谷与红布连结扎成一束悬挂在门口。俗称"挂红字"，又称"看葫芦"。生的是男孩，就在"红字"上佩以弓箭和大蒜；生的是女孩，就只佩大蒜。俗以为如此既可以阻人进入产房禁地，又可以避免婴儿生病夭折。云南蒙古族产房忌门是在门外挂一顶篾帽。按男左女右，生男孩挂左边，生女孩挂右边。据说也是为了防止被外人踩断了奶水。瑶族人产房忌门是以新生青草扎一个小人儿，以示婴儿降落人间。其俗尤忌外人穿草鞋进产房。苗族、壮族忌门以草帽。苗族俗有不慎误入产房者，出门时要洗脚，并喝下一碗冷水，以防将产妇的奶水"踩干"。哈尼族人产房忌门是在门头上悬挂起用红泡刺、野姜汁、笋叶剪成的人像和锯形木刀等物。一方面具有抵抗恶神的符咒意义，一方面也提示人们，不得入内。如果不知情的外人无意中闯进了产房，家人便立即将一块烧得通红的火块浸入小盆水中，并用手指蘸起一点盆中水向婴儿轻轻弹去，以避邪祟，以为破法。羌族以红旗为门标，忌生人入产房，认为生人会带"鬼"进入，于产妇母子均有妨害。侗族产房忌门是用柔草缚鸡翅毛，另加一块布（生男用红布，生女用青蓝布），合挂于产房门前以为记号，禁止外人进入。又有一些地区的侗族人是在门上挂蛋壳和青树叶。达斡尔族的忌门，是在门前横放车轴为标志，外人不能擅入屋内。非进不可时，可在屋门外放一铲火，让进来的人从火上跨过。俗以为这样经过了"火的袚除"之后，产妇和婴儿便无被惊扰和伤害之虑了。其他，如畲族、拉祜族等民族也都有此类禁忌习俗。

（8）产地忌刮锅、劈柴

产房宜静，尤其是产妇分娩后，忌讳在产地附近刮锅、劈柴。这是怕刮锅时发出的刺耳的噪音和劈柴时发出的轰然巨响惊吓着了婴儿。

（9）产家炊事禁忌

河南林县一带，产家月子里忌烧干锅，忌烹、炒、油炸，否则，婴儿身上要起泡。实际有注重炊事，忌让产妇食油腥物的效用。若实在避不开时，也有破法，可在锅台上放碗凉水解之。

（10）产褥忌烧毁

产妇分娩使用过的产褥，一般是埋掉或抛进河中冲走，忌讳烧掉。据说如烧掉产褥，会使婴儿身上长红斑，就像被火烧着似的。这是因为产褥和婴儿有过接触粘连，所以俗以为二者之间可以互相感应。产褥被烧，婴儿也要受到某种感应，这是典型的"接触巫术"思想的体现。还有的说产褥如被烧掉，婴儿就难养活。这也是一种认为产褥始终与婴儿有着某种连带关系的迷信思想。

（11）产房内忌烧金冥纸

烧金冥纸，意在与神明沟通，求神明保护。在产房内烧金冥纸，神灵降临，会受到产妇不洁的血污冲犯，对产妇也可能造成伤害，于双方都不吉利，所以禁忌在产房内烧金冥纸等物。俗传，如不注意，在产房内烧了金冥纸还会使婴儿身上长红斑或黑斑。

（12）忌乱丢胎盘

胎盘，即胎衣，又称胞衣。民间很重视胎盘的保存。常用石灰铺垫，装在大瓦壶内，埋在床底下，忌讳乱丢乱弃。河南林县一带，旧时要将胎衣埋在屋内炕跟或墙角，或院内避人处。还有人把男孩女孩的胞衣分开来埋，男孩的埋在门里边，意谓男孩"顶门势"；女孩的埋在果树下，取意"花繁子多"。黑龙江一带有人为使子女能得高官厚禄，又将胎盘埋在山坡、高岗上，取意"站得高，看得远"；或者将胎盘埋在大门口，取意"眼观六路，耳听八方"；也有希望子女光宗耀祖、顶立门户的，就把胎盘埋在房屋门槛下边，取意"顶门杠"。这些都是以为胎盘关系着婴儿前途、命运的思想观念在民间习俗中的反映。黑龙江一带还有胎衣的埋法关系着婴儿的食欲的俗信。以为胎盘不能随便埋，必须将胎衣的开口朝上，这样才能装住奶，婴儿才能安生吃奶；否则，若是开口朝下，就会漏奶，婴儿也不会好好吃，光吐奶。另外，胎盘正反面也与胎儿的性别有牵连。如果胎盘翻过来了，下胎会生一个不同于上胎的孩子，如上胎是女孩，下胎便会是男孩。如果胎盘未翻过来，那么下胎将和上胎生的一样，是男仍是男，是女仍是女。光生女孩，想要男孩的家庭是很注意反转胎衣的。埋胎盘时禁忌张扬，多是在夜深人静时悄悄掩埋。埋好后不许乱动。

俗信以为胎盘与婴儿始终有着某种神秘的连带关系，胎盘埋不好，会使婴儿噎乳吐奶，不得安生。又说，如埋胎盘的地点发生火灾，这个孩子就会被火烧死。明朝有人记录了当时的藏胞衣法，并说明了胞衣与小儿的互应关系。现摘转其文如下："儿衣（胎盘）清水洗，勿令沙土草污，又清酒洗之，仍纳钱一文在衣中，盛新瓶内，青绵裹瓶口，密盖置便宜处。三日后，依月吉地，向阳高燥处，入地三尺埋之。瓶上土厚一尺七寸，须牢筑，令儿长寿。若不谨，为猪狗食，令癫狂；虫蚊食，令病恶疮；犬鸟食，令儿死；近社庙，令见鬼；近深水污池，令溺死；近故灶，令惊惕；近井旁，令聋盲；弃道路街巷，令绝嗣；当门户，令声不出耳聋；著水流下，令青盲；弃火里，令生烂疮；著林木头，令自绞死；此忌须慎。”此记录该俗，可谓翔实。可知当时人们对胎盘处理的慎重，简直把胎盘认作是第二个“自我”了。胎盘的安危直接关系着小儿人身的安危，并且还联系到后世子嗣，这种俗信的繁琐程度和联想之丰富、有趣，即使是不迷信此说的今人，也不得不由衷地惊叹而感慨万千了。

云南哈尼族多塔产妇对胎盘的处理方式，有的是用炭火将其烧毁，任其消失；有的是在火塘近旁挖一个小洞，将胎盘埋入，盖上灰土。如果遇到脐带缠绕婴儿脖颈的现象时，胎盘要用棕片包住，带到村脚（村后）或村两侧，不到村头（村前），丢在树上任其干枯腐烂。日后如果发现树上的胎盘生蛆虫，要用开水浇杀蛆虫。从哈尼族人对胎盘处理的态度和用开水浇胎盘上蛆虫的行为来看，哈尼族对胎盘的处理也是极慎重的，也有关于胎盘和婴儿间存在着某种神秘的连带关系的信仰。所以违背这些习俗，对胎盘任意所作的其他行为也是属于禁忌的事情了。

（13）忌乱丢肚脐带

肚脐断后，忌将肚脐带乱丢。俗以为肚脐带和胎盘一样，是与小儿的本命元神互通灵犀的。据信肚脐带如能好好保管，等这孩子长大后，和人打官司时，把肚脐带带在身上就可以见官不畏，增强胆力，获得胜诉。还说肚脐带是个宝，带上它打赌，可以赢钱等等。总之，是相信本人的肚脐带有保佑自己的某种神力，所以要妥善保管，切忌乱丢，也忌讳被人偷走。

【产妇禁忌】

分娩对产妇来说是人生的一大关口，是悲是喜，是吉是凶都要看分娩的成败了；分娩也是产妇身体和精神经受考验的最严峻时刻；又由于产妇分娩不洁净的观念存在，所以，不论是从外界对产妇分娩易冲犯的防范角度考虑，还是从产妇及婴儿身心健康的角度考虑，对产妇来说都有一系列的禁忌事项需要遵从。

（1）忌紧张、忧郁

产妇心情易紧张，特别是生头胎时，更是如此。因为听说或见到过一些难产的凶事，就不免容易引起联想，唯恐自己临产时也遇到类似情况，想得多了，就产生忧郁的心情，整天闷闷不乐，郁郁寡欢。这对胎儿不好，对分娩也不利。俗以为，“人越怕，狼越吓”、“事情是人想出来的”，想的凶事多了，闹不好，还真就应了。临分娩前想什么，往往有一种兆示作用，据信还很灵验。所以忌讳产妇心情紧张、忧郁，忌讳想不好的事。要多给她讲些顺心的、开心的话，让其精神放松，保持乐观。俗话说“瓜熟蒂落”、“自然成活”。这样分娩时就会减少麻烦，顺利多了。

（2）**忌冷水、冷风**

产妇分娩后要注意保暖，不能受凉。俗说分娩时产妇的骨头榫都张开了，这时如果被冷风吹着了，或被冷水激着了，会落下病根，一辈子受罪的。所以产妇分娩后，要捂得严严的，连房间门窗的缝隙都封上，一点不能透风。河南一带要求产妇产后避冷风一百天。否则，会得“产后风”，或称“月内风”。汉族、苗族、瑶族、畲族、布依族等许多民族都有禁忌产妇用冷水沐浴的习俗。苗族产妇产后三日内禁忌洗衣服；瑶族、畲族产妇分娩后四十天内禁忌接触冷水。河南、山东、安徽一带，均忌产妇分娩满月前用冷水洗浴、洗衣服，甚至洗脸、洗手的水也严禁用冷水。由于怕产妇接触冷水，河南一带还忌讳产妇坐月子期间到井里打水。布依族（荔波县一带）也忌坐月子的妇女到井边去。当然，其中也有产妇不洁的观念存在。据河南鹿邑县一带人讲，产妇去井中打水，水井内会生出小红虫子来。

（3）**忌阳光直射**

白族产妇在产期内要出门，必须戴笠帽，忌让太阳直照头顶，否则，认为是冒犯太阳的行为。实则有护卫产妇，使其免受强太阳光直射的作用。

（4）**忌污水乱泼**

产妇临盆，分娩时的污水最忌随意乱泼，俗以为会污及送生娘娘，或污及其他神灵鬼煞，遭其谴责或报复。此俗流行甚广。

（5）**忌早掀炕铺**

产妇在产后满月前忌掀炕铺，否则小儿难成。意在保障产妇产后静养足月。中原一带有此俗。

（6）**忌遇红白喜事**

产妇分娩前后，都忌遇红白喜事，以防“喜冲喜”、“凶冲喜”，对双方不利。

（7）**忌月内串门**

民间最忌产妇产后未满月就到别人家去串门。俗以为，产妇坐月子期间，“血污”未退尽，秽气重，俗称之为“血腥鬼”。如入他人家门，则被认为是“产妇冲宅”、“热血扑门”，是污秽不堪的事，是不祥之兆。如有犯讳者，俗传她死后做鬼也要去洗人家的门槛。除非她头顶红布（条），焚香、纸祭人家宅神，插柏枝谓“百（柏）不忌讳”，方可破除不祥，得到解脱。此俗流传甚广，几乎遍布全国。汉族、佤族、白族、畲族等等许多民族都有此禁忌。基诺族生孩子的人家要在大门边插两枝带叶子的桐树尖，作为不准外寨人进家的标志。在楼梯头的门头上放些竹叶片和桐树叶，以阻止鬼神进屋。傈僳人家生孩子，家门口挂茅草叶或刺枝，防鬼进来。婴儿多啼哭，则家门口挂毒箭一支（或非毒箭二支）。若生的是男孩，客人不能带弓箭和长刀入门；若生的是女孩，客人不能穿鞋进家；远道来客则不能进门。家里不能烧包谷花，不能取燃烧着的柴块，等等。认为触犯这些禁忌，小孩会夭折、短命。

（8）**忌参与神事**

产妇产后未满一月，忌到寺庙中去，忌参与祭祀和敬神的一切活动。也是出于产妇不洁的观念，恐对神灵有所冲犯。

（9）**忌见产妇**

产妇忌见产妇，两个分娩未满月的产妇忌互相贺喜，恐犯“喜冲喜”之讳。

（10）**忌夜间外出**

产妇坐月子，忌出门，尤其是夜间，更忌外出。在家中院子里也忌讳坐到星星出全。俗以为夜间是鬼煞四处活动的时候，恐冲犯了神煞鬼魅，给产妇及婴儿带来不幸。如果实在需要夜间外出，可用一把雨伞遮秽，中原一带及台湾等地有此俗流行。

(11)忌触打小儿

俗传产妇手指有毒，忌以手触小儿眼睛或打小儿，否则，婴儿会染上红眼病，或长大后不畏挨打，不好管教。南方有此习俗禁事。

(12)忌养鹅

俗传鹅粪有毒，恐产妇饲养时，不小心脚踏鹅粪，使婴儿受到感染而出痘疹。南方有此习俗。

(13)忌穿蓑衣、担空桶、踏火炕

土家族产妇忌穿蓑衣出门，忌担空桶进屋，忌脚踏火炕及三角架。

(14)忌房事

产妇分娩前后禁忌房事。恐孕期、产后不洁净而损伤身体，对男女双方不利。（参见本书“房事禁忌”）

(15)饮食禁忌

产妇饮食禁忌是各地各族中普遍存在的习俗现象。俗信产妇分娩后的饮食直接关系到产妇母子的身体健康，尤其关系着产妇奶水的多少。所以在安排产妇膳食结构方面，要尽量使其避免吃那些“叉奶”的食物，多吃“下奶”的食物。由于地理环境、自然条件和民间信仰的不同，所以各地产妇饮食禁忌的习俗也不尽相同。一般说来，刚分娩后的头几天里，中原一带汉族和多数畲族地区以及其他一些民族和地区都禁忌产妇吃生冷的馍饭，忌吃硬性食物，和难以消化的食物，如肉类、油类等。而让产妇多吃（或者只吃）鸡蛋、红糖、鸡汤、面汤、小米稀饭等。按河南一带说法，生、硬、冷食“叉奶”。虞城县一带还说产妇过月子吃大肉，怕到年老时屙屎提不上裤子。实属对产妇戏谑性的恐吓。湖北也有忌产妇吃食猪肉、牛肉的禁忌。据当地人说吃猪肉会滞气血，吃牛肉会使产妇乳子“吞謇”，亦即会令婴儿吃乳难吞咽之意，也都是与乳养有关的。不过，河南俗间又盛传吃猪蹄“下奶”。不知猪蹄上的肉与其他地方的猪肉有何不同，或者是民间贫家无力供给产妇吃食猪肉，只能让其吃猪蹄才有此说法的吧！除此之外，河南一带还忌产妇食芹菜、花椒，说是此亦为“叉奶”之物。畲族产妇产后不足一百天，忌食鸭、鹅，不足四十天忌食青菜和食盐。哈尼族产妇产后半个月内，忌食酸、冷、辣、腥味和香油煎炸的香脆食品，忌食牛、鸭、鹅、公鸡肉、鸭蛋和姜等。鄂伦春族妇女在产期中忌吃狗、鹿、犴的内脏和头肉。在产房内忌煎食野兽的鲜肉。据说吃了这些东西，狩猎时枪弹就打不中野兽了。台湾产妇也忌食鸭肉和生冷食物（如白菜、萝卜）以及盐等，据说都是怕得月内风。当地人相信，盐会生风；鸭属寒性且有毒，并谐音“押”、“哑”，所以有诸多不吉的因素，故而一概忌之。产妇饮食禁忌南北方差别较大，这和南北方水土不一，产物不同有关。北方气候干燥，所以产妇分娩后多以稀饭为主，忌食干硬米饭。南方气候湿润，平日以米饭为主食，习以为常，产妇分娩后亦不忌干饭。如此之类，是谓风俗异趣。

【小结】

以上所谈分娩禁忌，多是在以往家庭中自行安排产事的情况下兴起和存在着的。如今整个社会的医疗保健水平大大提高，处处有妇产科医院、诊所，孕妇未临产前就多次经医生检查、治疗，临产时又住在医院里，不要说没有难产的情况，即便是出现了难产的情况，经过吃药、打针、手术等医疗处理，也大都化险为夷了。如今，产妇分娩的危险性已大大减少。人们信仰方面也发生了许多明显的变化。人们把分娩的安全不再是全部寄托在神灵保佑之上，而是转向了现代科学医术；人们淡漠了往昔那些严厉的禁忌惯制，转而渐渐地习惯于谨遵医嘱了。妇女地位的提高，男女平等的思想，使分娩不洁的俗信越来越没有市场。产房、产地的公共设施化，分娩知识的普及教育，产妇对产厄顾虑的基本解除等等，都使得许多旧有的民间禁忌自行消除了。还有一些意在保护产妇母子身心健康的禁忌习俗（包括一部分迷信禁忌），虽然还一时难以磨灭，但除了在一些偏远地区仍然有着实用的“价值”而外，大多数只是作为一种辅助性的保险措施，作为一种心理上的补偿而徒有虚名地保留着罢了。然而，分娩的危险性，毕竟没有得到彻底地消除，分娩的神秘性也依然存在，所以，旧时的分娩禁忌也必然会长期地残存于人们的集体意识之中，并且不断得到新的禁忌信仰意识的补充。而且，新旧禁忌信仰在一定的场合下还会显出它们共同“干预生活”的力量。

婴儿禁忌

婴儿，一般是指人周岁以内的一段时间。这期间是人的生命最脆弱的阶段，需要各方面严格的护卫、细心的照顾才行。在特别看重子嗣的中国，对婴儿有着丰富的看护经验和诸多的禁忌事项。

【始生忌】

中国人重“始”，总以为“始”为“终”兆。所以婴儿刚刚生下的时候，有许多类似占卜的俗信，相信是以后婴儿成长过程中的征兆，其中，属不吉或凶厄者，是谓忌讳。

（1）产期变异忌

俗信在临近产期的某月份上生产，可以兆示生下的婴儿是否能够成活。一般是怀胎十月，正常分娩。如有异常，则俗语有“七成八不成”、“七成八败九难育”的说法，即是讲，如果早产，七个月时早产的婴儿尚能成活，八个月、九个月早产的婴儿倒难以成活了。据说这种俗见还是挺效验的，很可能是民间对大量早产婴儿成活与夭折的经验的正确总结。过去，有的民族对怀孕七个月生下的婴儿，还要作进一步的占卜（神判）才能决定弃、养。据《中华全国风俗志·苗族》云：“（僚人）妇人孕七月生子，置之水中，浮则养之，沉则弃之。”另外，还有“男怕生前，女怕生后”、“男怕超前，女怕落后”的说法，这是从婴儿性别上总结出的产期变异后果。意思是讲，男孩怕不足月而出生，女孩怕超月份出生。假如男孩超前出生，女婴落后出生，恐难成活。

（2）多胎不站忌

如果产妇前边有几胎连续未成活，旧时，东北一带俗以为此属“多胎不站”，是犯了“白虎吃子”的忌讳，很可能此胎仍然不活。其破法是：等胎儿生下后，将灶上的大锅掀起来，把赤身的婴儿从锅上口送入灶内，然后从灶口接

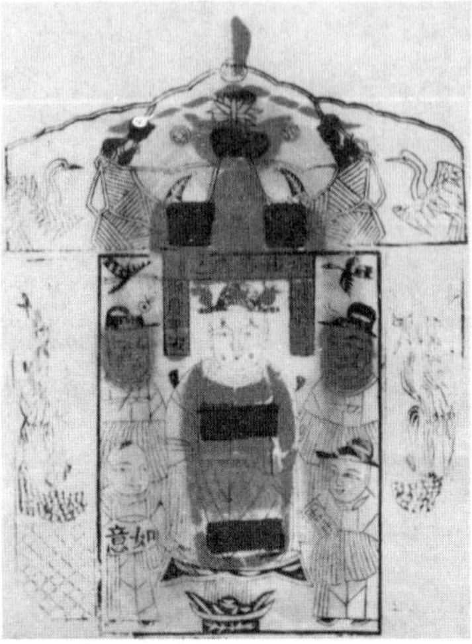

瘢痧痘疹之神

传说中掌管人间痘疹的神仙，统称痘神。

出。因为民间有“死孩子走烟囱”的说法，这样做的意思是表明孩子没被“白虎”领走，给拉回来了，也就意味着灾难祛除了。当地有些孩子的乳名叫作“拉锅子”、“虎剩子”，大约就是源于此俗的。

(3) 生辰忌

“八字”是中国特有的能够寓人一生命运祸福于其中的信仰习俗。婴儿呱呱坠地，其“八字”就确定下来了。“八字”，不过是以干支排列出某人出生的年、月、日、时。人的出生时间是难以自定的，然而中国民间却认为人的命运全在于出生的那一瞬间。汉族人的“八字”是必须记清楚的。否则，不但无法求人算命，不识前途吉凶，甚至将来长大后连找配偶结婚都有困难。因为，在那笃信“八字”命的时代里，不知“八字”，不知命运的人就像一个来路不明的“黑人”一样，是没有人敢跟他谈婚事的。汉族古俗，忌婴儿与父亲同月出生。据《风俗通义》云：“不举父同月子，俗云妨父。”所以婴儿“八字”与父亲“八字”月份上两字相同，是犯忌讳的。这种习俗信仰也影响到许多其他民族。例如白族也必须记住婴儿的“八字”，并且，婴儿一出生，就须请算命先生排“八字”，算本命，如果“八字”上有与父母的“八字”正冲（如子、午，卯、酉）的，便很忌讳。必须把这婴儿拜寄给别人或神灵，或于大路口上立指路碑，以消除隐患。

在“八字”命相中，生年还忌属羊。据说羊年出生的人会遇到各种灾难。俗话说："十羊九不全。"但据有人调查，属羊的人和其他属相的人情况是大致相同的，并无所谓一定有所"不全"的现象。许多属羊的人父母健在，儿女齐全，自身也无疾病残废等情况。可见，这只是一种盲目的讳忌。而且，这种在婴儿出生时就判断其命运的做法本身就是不科学的。

在婴儿出生方面，旧时，中国有几个日子是很忌讳的。一是正月的初一、十五，一是五月初五，一是七月十五。

正月里，是过年的闲暇热闹日子，如果婴儿赶在正月里出生，俗以为是婴儿性毒，不让父母安生，好容易过年时想轻松一下、欢乐一下，一生孩子，又很紧张、繁忙，甚至于还要担心、害怕、受苦、受累。所以忌讳此时生的孩子，说是长大妨父母。河南一带有俗语："男怕初一，女怕十五。"初一是年节，年节出生的男孩，命大。过年不能打骂小孩，所以这孩子将来父母不敢管教，会妨父母的。正月十五，是元宵灯节，正是观灯的时刻，女孩这时出生，大人不能观灯游赏事小，还恐怕女孩生在这个时辰，长大了会贪玩耍，无管教，成为一个"疯丫头"，克伤父母。据说，民间曾有把正月十五出生的女孩儿抛弃不要的事情。

"五月五日生子不举"，在中国民间的影响是很普遍、也很久远的。据《风俗通义》云："俗说五月五日生子，男害父，女害母。"又据《史记·孟尝君列传》所云，五月五日生子不举的原因是，"长与户齐，将不利其父母"。而《西京杂记》又云："俗谚举（五月）五日子，长及户则自害，不则害其母。"民间还有一种说法，是说这一天出生的人，因五、户、父、母，同音，所以有妨于"门户"，有害于父母。男克其父，女克其母。实际上，整个五月，旧时民间都认为是恶月，五月五日又称"五毒日"，是不吉祥的。这一天生下的孩子，或有"五毒"转生、投胎之嫌，故而民间这一天中常有弃婴、溺婴之举，实为迷信所害。这一习俗的影响，也曾达于上层社会，如《世说新语》、《孝子列传》、《宋书》、《唐书》等典籍中都有五月五日生子不举的记载。据说因为此俗的"威力"，连五月五日出生的宋徽宗也不得不隐匿自己的生日，而改作十月十日出生，并定为"天宁节"。当然，这一禁忌本来是毫无科学道理的事情，所以，古时就有人反对过它，如孟尝君。如今，就更无多少人还相信它了。

七月十五日，旧时俗称"鬼节"，民间有放河灯的习俗。俗以为这天是野鬼还阳的日子。这天出生的婴儿，多半都是野鬼托着莲花灯转世投胎而来的。这日生的孩子长大后不好管教，会克害父母，北方多有此说。河南林县还有七月十五日是牛、驴、骡、马生日的说法，大概以为野鬼在这一天多数转生为牲畜而为人们效力了吧。人们在这一天不役使牲畜，还要善待之。在民间，也就因此而忌讳说人是七月十五日出生的了。只有开玩笑、骂人时才说："你是七月十五日生。"可见七月十五日出生是人们非常忌讳的事情。

（4）仰俯忌

黑龙江一带有以婴儿生时仰俯来卜日后是否好淫逸的习俗。有些老年人爱打听刚生下的婴儿是仰脸来的还是趴着来的，如果女仰、男俯，则认为不吉。尤其女仰，忌之更甚。

（5）便溺忌

民间忌讳婴儿刚出生就大小便，俗称此为"屙爹尿娘"，据说意味着孩子命硬，会克父母。对此忌讳的破法，各地不一。河南林县一带是抱起婴儿，将其头在墙上轻碰三下，便可化解了。台湾民间常常事先做好了禳祓的准备，在产房内放置一壶清水，等婴儿一旦生下时就便溺，连忙用清水将其大小便冲洗干净，也就相安无事了。

（6）啼声忌

正常的婴儿降生，都伴以哇哇的啼声。听到婴儿的啼声，产房内外的人都一颗心放到了肚中，喜笑颜开。如无声无息地降生，则令人心焦，无声无息表明婴儿呼吸不通，必须赶快抢救。民间常常倒提婴儿双腿，轻轻拍打后背，使婴儿气出声发。古时，也有用灌暖水、捋脐带，或用葱白慢慢鞭打的办法，使婴儿发出啼声的。如果婴儿降生后，较长时间无声响，便是凶厄的征兆了。古医道又有忌婴儿啼声断绝、散、深等说法，以为婴儿初生时啼声连续紧凑者寿；啼声断绝，或时断时续，或又突然很急迫者不寿；啼声散者不成人；啼声深者不成人。这也反映了民间从婴儿始生时的啼声中判断吉凶祸福的俗见，有些还是有一定道理的。

（7）逆生、横生忌

逆生，是先生出脚，后生出头。这种婴儿降生的情况，多数属难产。民间很忌讳的。俗说："逆生者子孙逆死，顺生者子孙顺亡。"意思是，逆生者，虽成活了，亦不得好死。横生，就更是难产了，常常是先生出手来，这是很危险的，往往导致母子双亡。所以民间最忌"横生"、"倒养"。有时骂人时，还以此来诅咒对方。

（8）**寤生忌**

寤生妨父母，古来忌之。《春秋左传·隐公元年》云："庄公寤生，惊姜氏，故名曰寤生，遂恶之。"后虽有"黄泉相见"的故事流传，但最初庄公因寤生遭忌，确是无疑的，可知这是当时就已存在着的一种婴儿始生禁忌。然而，何谓寤生，历来却众说不一。寤字本意为"睡醒"，或根据此字意，林明峪先生在《台湾民间禁忌》中说："寤生子，指婴儿一坠地即能睁开眼睛看人，属不正常现象。"今人也多有从此说者。而与此说恰恰相反，东汉学者应劭在《风俗通义》中却又有另一种解释，他说："不举寤生子。俗说儿坠地未能开目视者，谓之寤生，举寤生子妨父母。"（见《风俗通义校释》天津人民出版社1980年9月版，第435页）这两种说法虽然意思相反，但有一点却是一致的，即推论寤生与否的根据都在于眼睛的开合方面。另有一些说法，却不与此同。据《辞海》（1979年版）"寤生"条云："逆生，谓产儿脚先下。"其根据为"朱骏声《说文通训定声·豫部》：'寤假借为牾，足先见，逆生也。'"显然，这里是把寤生解释为一种难产现象了。和这一解释几近将反的另一种说法，似乎又把寤生解释为一种顺产现象了。而且顺产之容易，竟使产妇不自察觉地生了下来。例如，晋·杜预、唐·孔颖达便持此说。他们在《春秋左传·隐公元年》"庄公寤生，惊姜氏"的注疏中意见是一致的。杜预在"注"中说："寐寤而庆公已生，故惊而恶之。"孔颖达在"疏"中又进一步说："谓武姜寐时生庄公，至寤始觉其生。故杜云：'寐寤而庄公已生。'"这里说姜氏是在睡着时生下庄公的，当她醒来发现庄公已经降生了，便以其"寤生"而恶之。以上所举四说，大相径庭，莫衷一是，笔者因无深入的探究，也不便指定某说正确与否，姑且罗列于此，以期明君指教。不过，无论寤生是其中的哪一种，其妨父母的禁忌俗信，总是存在于民间的，或者至少是曾经于民间存在过的。

（9）**有须忌**

俗以为婴儿始生即有鬓须者为怪异，谓其妨父母。《风俗通义》云："不举

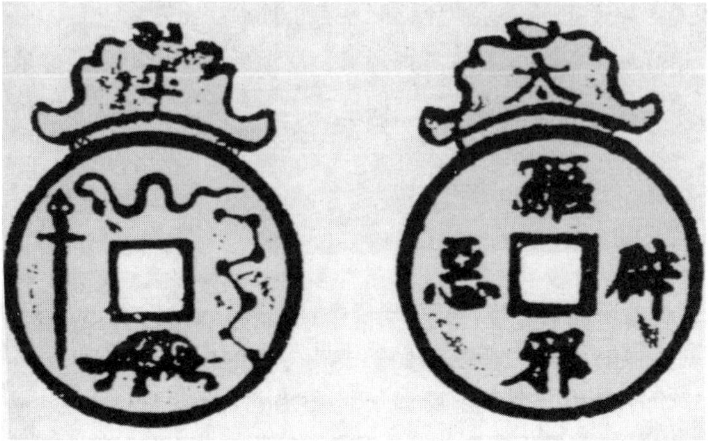

中国古代专门用来避邪的压胜钱。多由小孩子佩戴，以抵挡邪恶的侵害。

生鬓须子。俗说人四十五乃当生鬓须，今生而有之，妨害父母也。”俗间又忌初生婴儿额上有旋毛，以为其子早贵，会妨父母。

（10）有牙忌

婴儿始生即有牙齿，据信会克父母。

（11）余指、豁嘴忌

婴儿有余指（多为六指，即拇指上多长出一指），或缺唇豁嘴，俗以为不吉。哈尼族以为在日食或月食之日婚娶会生六指儿和缺唇婴。旧时，若有人生下六指（趾）婴，则视为大不吉，全寨必“竜（lóng）”多日。婴儿被处死，婴儿的父母被逐出寨门，房屋烧毁，财物分尽。许多人曾因此被摧残得家破人亡。如今，此俗已被革除。

（12）畸形忌

畸形儿系指初生婴儿形体非同一般，如连体婴、双头婴、多臂婴等等，民间谓之怪异，俗信以为大不祥，多弃之。又以为能兆示国运、世运。《风俗通义》云：“光和二年，洛阳上西门外女子生儿，两头异肩，四臂共胸，俱前向，以为不祥，因弃去。朝廷瞀乱，上下无别，二头之象也。”民间还忌初生婴儿骨骼不健全，以为不能成活。据说："儿生枕骨不成者，能言语而死；尻骨不成者，能倨而死；掌骨不成者，能匍匐而死；踵骨不成者，能行而死；膑骨不成者，能立而死。"

（13）**阴部白赤忌**

初生婴儿，忌阴部白赤。据说，男孩刚生下时阴囊下白赤者死，卵缝通达黑者寿。

（14）**一胎多子忌**

双胞胎、多胞胎，因各族习俗不同，抑扬不一。汉族等许多民族不忌双胞胎，俗以双胞胎为喜事，大吉大利。但古时汉族也有忌一胎生三子的。据《风俗通义》云："生三子不举。俗说生子至于三，子似六畜，言其妨父母，故不举之也。"现在，人们对一胎生多子已不再有什么忌讳，多是顾虑、担心如何能够更好地抚养他们健康地成长。过去，也有一些民族很忌讳一胎生多子的。例如，云南西双版纳哈尼族就特别忌讳妇女生双胞胎，以为是怪异事，大不吉，须要"竜（lóng）"。由全寨的首领和主持宗教迷信活动的儒玛下令处死婴儿，驱逐婴儿的父母，烧毁房屋，分掉财产。若当事人富有，可请儒玛做九天"大礼"，大量杀牲献祭，才可回寨居住，但一年内仍不得与他人交往，并从此不能参与全寨性的宗教活动。家贫者，无力做"大礼"，只好迁居他寨，或栖身山野。此俗现已革除。

（15）**肚脐忌**

婴儿出生时，忌肚脐带盘住脖子，民间俗称"犯锁"、"双挂珠"等，是大不吉利的事情。俗以为此儿难活，或者即使活了，将来也要被扼杀或有上吊的厄运。东北一带有"破锁"的习俗。遇上"犯锁"的婴儿降生，要由产家的人将一把锁头锁在脐带上，然后将钥匙交给助产士，由她把锁打开，就可以破灾免祸了。等婴儿安全生下后，产家还要向街坊邻居讨要七家的大钱（古铜币），用七家不同颜色的彩线将大钱一一串起，挂在婴儿项上，叫做"长命锁"，直到六七岁时，才能摘下不带。台湾遇到"双挂珠"的情况也深以为忌，婴儿长大后，要多次请巫师禳灾，以期消除灾厄。

婴儿的脐带，忌小，忌脐中有血，否则，不吉。断脐时，忌讳用刀剪。如非用不可时，应在怀中暖一会儿。否则，恐婴儿中“脐风”。断脐时，一般是先沐浴，后断脐，忌讳先断脐后沐浴，以免脐带内进水。断脐后，忌讳包裹得太紧太厚，忌尿浸湿，忌风寒邪气。

脐带间，据信藏有婴儿的本命元神，所以，肚脐带忌乱丢弃，否则不吉。（参见本书“产地禁忌”一节）旧时北京一带还有忌脐带五日落的。俗以为五日落脐的婴儿，必忤逆不孝。（参见《中华全国风俗志》）

（16）**性别忌**

汉族俗重生男，忌生女。生男民间称“大喜”，生女则称“小喜”，或称“如意”。又男曰弄璋，女曰弄瓦。俗谚云，“生个男子满堂红，添个女孩年年穷”，“生个闺女，灶王爷撅嘴三天”。旧时，有溺女婴的现象。其他一些民族也有此俗。塔吉克族生男孩，鸣枪三响或大喊三声，祝其长大英武有为；生女孩则在其头旁放一把扫帚，愿其长大后善理家务。都是重男轻女的思想体现。由于俗重生男、讳生女，所以产妇生下婴儿，忌问是男是女。一是怕生了男孩时，一经说破，万一婴儿不成活，就应了“乐极生悲”的俗话，会给家人带来痛苦；二是怕生了女孩时，一经道出，被产妇听见，会令她心沉气闷，有伤身体和精神。如今，实行计划生育，一对夫妇一般只生一个孩子，俗间仍还是以为生男比生女好。在“从妻居”的时代和一些“从妻居”的民族中，也有“俗重生女不重生男”的，如古代沿海一带民族和如今台湾高山族中就有此俗存在。

以上所谈婴儿始生禁忌，远没有概全民间对婴儿初生时的讳忌。民间各处还有许多很细微的禁忌事项。有些禁忌虽属极个别的现象，并不见得能够称之为一方一地的风土民情，但其中对婴儿初生时的视察之重视以及由此而呈现出的占卜心理却也是值得注意的，如民间盛传的包公，就曾因其生时面黑且丑而被丢弃了。若不是其嫂将他捡抱回来，抚养成人，那“包青天”抑恶扬善，为民除奸的千古佳话，便也就无从谈起了。可见民间对婴儿初生时的状态是很看重的，有时一些并不见得怎样严重的怪异现象，也极易引起父母的讳忌，并且会因此而抛弃自己的亲生骨肉。为的是将来不至于受到他（她）的克害。如今，人们对生育的问题有了较为科学的理解，这类禁忌习俗，才渐渐失去了那种“疯魔的威力”。

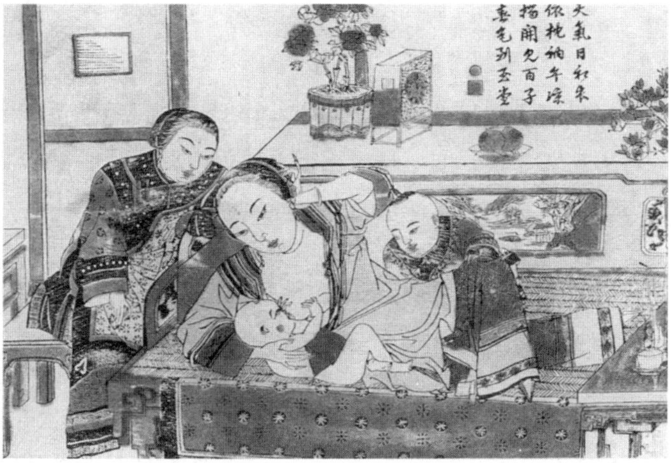

哺乳图

【育养忌】

婴儿初生，如果一切顺利，安定下来，接着便是婴儿的乳养和照顾了。在最初时期里，婴儿的发育和养护方面，也存在许多禁忌。因为这个时期里，婴儿的生命仍是很脆弱的，需要精心地照料，才能发育成长得好。这方面的禁忌，有如下一些：

（1）乳儿忌

浙江及沿海一带，民间有婴儿周天（24小时）讨“开喉奶”，亦即“乞奶”的习俗。有些地区有婴儿降生的第二三天，只让其喝点甘草水或蜜水，不给奶吃。要到“三朝”以后，才开始喂奶。喂奶之前要先“乞好缘奶”，即向邻居家讨要奶水喂婴儿。生男孩者要向生女孩家讨要，生女孩者要向生男孩者讨要。并且，乞奶忌同姓。其意在于祝愿自己的孩子将来能够得到好姻缘。被乞奶的一方要是产后四个月的人家，否则，会有“喜冲喜”之虞，民间甚忌之。

在哺乳婴儿方面，忌乳母在热、寒、怒、醉、房事时乳婴，以防婴儿受损。如果请别人乳己婴，应选身体健康，有福气的人家。忌用有狐臭、疥癣、癫痫等病的人作乳母，以免婴儿受感染患病。婴儿忌喂得太饱，防积食。据说乳儿太饱，会中脐风。

（2）襁褓忌

襁褓是指包裹婴儿的布和被褥。一般忌新喜旧，主要是恐新布会损伤婴儿。又有人说最好是用高寿老人的旧裙袄做襁褓，可保婴儿长寿。襁褓又忌太厚，俗谓易使婴儿生疮，或说易令婴儿体弱畏寒。襁褓被婴儿的便溺弄脏，忌洗完后搭在高处晾晒，又忌夜晚不收回室内，否则，俗以为会遭鬼祟，伤害婴儿。

（3）穿衣忌

婴儿降生三朝时，民间一般要给婴儿洗一次澡，俗称“洗三”。洗完澡后，可给小儿穿件小褂子，但忌讳穿裤子。其中，迷信的说法，是婴儿不到一百天不许穿裤子。不穿裤子腿脚灵便，如将夭亡可速转生，否则，将被绊住腿脚，到了阴间将一去而不复返。实际上，因为婴儿不受束缚有利婴儿发育。

双生（双胞胎）婴儿，穿戴忌不一致。如双生子（女）穿戴不一，别人见了会责怪的。大概因其相像是天意，而天意不可违。实则也是以双胞胎为喜、为荣的习俗下，其父母的一种炫耀心理的表现。

（4）饮食忌

婴儿忌食生硬、不好消化的食物。北方忌让婴儿吃大米饭、馍、油饼、青菜等，未满月时，只吃母乳，别的忌食。满月后，可喝稀粥、面汤、菜汤、肉汁等，忌食肉类、豆类食品。直到满周岁后，才能动荤腥。否则，认为婴儿会积食、生病。南方，婴儿满月后，即可开荤，吃米饭、肉食。浙江温州一带，还有“叨光”的习俗。即婴儿满月开荤时，忌食自己屋里的食品，必须到人口多的人家办喜事的地方，去乞取鸡、鸭、鱼、肉之类的食品来开荤。俗信，可以将那种兴旺热闹的喜庆之光“叨”回家来，所以叫做“叨光”。如果碰不上这类机会，甚至有一连等待几个月才给婴儿开荤的，无非是要图个吉利。

（5）洗浴忌

婴儿宜勤洗浴，否则，恐生疖、疮。用水要冷热适中，洗得时间不能过久。俗以为洗浴后用蚌粉扑身，可避邪。旧时给婴儿洗浴还要择吉日，有“寅卯酉日吉，壬午丁未癸巳凶”的说法。勤洗浴是好事，对婴儿健康有益。洗后扑粉，也

满月后，洗儿图。

洗婴图

可爽身。唯择吉日，无一可取，纯属迷信。

洗婴水，尤其刚生下来头次洗婴水，忌讳乱泼，恐会亵渎神明。据信，婴儿四个月内，胎神还在附近滞留未去，因而处处仍须小心，如果污及胎神，就将使婴儿罹难。

（6）惊吓忌

婴儿忌受到惊吓。婴儿初来世上，对一切均属首次感触，未免奇异惊觉，常常最易被“吓着”。所以产房内忌大声喧哗，忌器物碰撞，忌生人来往，忌灯光过强，忌冷热物触动婴儿，让婴儿先保持一个相对稳定的环境，等慢慢长大后再渐次扩大视野，接触更多的新鲜事物。如一旦婴儿被吓着，忌大人大声喊叫。俗以为可轻轻摸摸婴儿的耳朵垂，便能使婴儿安定恢复过来。河南林县一带还有一种“挂神锁”的习俗。为了防止婴儿的魂魄被惊吓着或者被生人、野鬼“带走”、“摄去”，当地人在婴儿降生后，即用一把锁，锁在门上，直到满月后才开开；或者用红线穿一到四枚小铜钱挂在婴儿脖子上。俗以为婴儿的魂魄也像自己家中的物什一般，是可以用这样的办法“锁定”、“拴牢”的。

（7）剃胎发忌

婴儿的胎发，一般要在百天日或满月时剃去。俗说，因胎发沾染有母体的血污及秽气，所以要在百日或满月孕妇出产房前剃掉，以免触犯神灵。江浙一带，剃去婴儿胎发叫做“打光光”。杭州一带百日为婴儿剃发，叫“百禄”（“禄”读如“罗”。参见下文“言语忌”一节）。剃时脑门上（俗称“脑忽门”、“天灵盖”，或“忽歇顶”）要留足方一寸多的头发，叫做“孝顺发”。河南、山东等地也有此俗，叫做“胎里带”。俗间将所剃之胎发用红布包裹好，送到神庙中，求神保佑长生高寿。有些地方，剃去胎发，还要用杏仁等物擦拭婴儿头皮，以避风邪，免生疮毒。还有一些地方剃胎发的时间不都在百天日或满月日，且有男女的分别。如，女儿剃胎发有选在二十日的，男孩剃胎发有选在二十四日的，据说是取意“二十四孝”。也有的地方男孩剃胎发要在满两月日，女婴剃胎发要在满一月日。剃胎发和成人剃头理发一样，有避忌正月之说。（参见本书“人体禁忌”中“发须禁忌”一节）

（8）挠脚板忌

婴儿忌挠脚底板，俗以为挠婴儿脚底板会使其长大后没胆量，不敢过桥。实则，恐惊吓着婴儿。

（9）见人忌

婴儿出生后，许多民族、许多地区有悬物忌门的习俗，其中的道理之一，就是忌讳婴儿见到生人。浙江温州一带婴儿百天以内禁忌出门，外客也禁忌入内看视婴儿。认为婴儿见到生人“犯冲”，会对婴儿不利，甚至会引起死亡。畲族也有此俗，忌婴儿月内见生人，怕“冲”。瑶族认为有穿白衣、草鞋的外人进入产房，会引起月子里的婴儿日夜啼哭，不吃奶，不睡觉，后果会是很严重的。白族禁止带弩弓的人进产房去看女婴，看男婴倒还无妨。台湾忌属虎的人看视婴儿，恐被其“虎性”冲犯、吓唬着（以上参见本书“产地禁忌”一节）。侗族人家添丁生子，将第一个来家者称为“踩生”人。若是男踩女婴，则认为阳气重，女婴吉利，易养成人。而踩生者要晦气三载，主人须热情招待。若女踩男婴，则认为阴气重，男婴不吉，会体弱多病。踩生者三年内必交好运，但要受到主人冷遇。这显然是男尊女卑，男祥女晦的俗信在此间的反映。

（10）见物忌

婴儿忌见生人，也忌见生物。云南佤族婴儿不满月忌把老鼠、蚂蚱带到家里来，认为婴儿见了身上会起疙瘩。基诺族婴儿满月时，猎物和瓜菜忌带进产房。直到太阳落山后，才能解除此类禁忌，否则对婴儿不利。

（11）摇篮忌

鄂伦春族忌往婴儿摇篮里搁置马镫、猎刀和猎斧一类的器物，否则，婴儿会遭不幸。汉族有忌摇空摇篮的习俗，认为摇空篮婴儿会爱哭，或将遭受不测，也意味着失去了婴儿，大不吉利。

（12）看戏忌

忌婴儿看布袋戏、傀儡戏。恐受冲害，或惧怕婴儿因此而身残体弱。

（13）言语忌

河南林县一带，生男孩之家，一个月内禁忌说“男”字，怕走漏真相，被邪魔拉去，甚至要伪称是个“女孩”。这一方面说明民间重男轻女的思想严重，另一方面也看得出生男孩者是怎样地害怕再失去他！当人们无比珍视某种东西时，甚至不敢提到它，唯恐一说出口，这东西就没了。禁忌的作用之一，就是帮助人们维护这种心理的变态平衡。

杭州婴儿百日忌言“百日”，而言“百禄”。因百日专指人死后百天而言，故避之。“百禄”又因与“不禄”同音，不禄者，亦死也。故又读“禄”如“罗”，以避之。

基诺族在婴儿满月那天，甚至一整天都禁忌讲话，以此来确保婴儿满月日的顺利度过。

汉族大部分地区都有忌言婴儿有病与否的习俗。说婴儿有病，固然犯忌，恐其真的病了，或者病会越来越重；如说“这孩子身体不错，从没病过”，却也同样是犯忌的。因为，说“没病”若被病魔听去，提醒了它，倒非叫婴儿大病一场不可，岂不就糟了。民间还忌议论婴儿胖瘦。说瘦，怕真的瘦起来了；说胖，怕被神灵误听成“嫌胖”的意思，反而使其羸瘦起来。这些都反映了民间在“说凶真凶”、“说吉反凶”之类矛盾心情下的求吉心理。所以，最好的办法是禁口，处处少说为佳。这也正是民间繁重的禁忌所必然造成的一种死气沉沉的公共禁约现象。

【冲犯忌】

旧时民间“冲犯”观念很严重，动不动就说会冲犯到什么什么神灵。尤其在婴儿刚出生的前几天里，人们的行动更是百倍小心，甚至头三天内不敢畅快地高兴、热闹一番，唯恐高兴过了头，折了婴儿的福气，弄个乐极生悲，夭折了婴儿，到那时可就又后悔莫及了。这种“慎行”恐“触犯”、怕“冲犯”的观念，形成了各种禁忌，反映在鬼神信仰方面。俗以为，婴儿降生后不久，眼睛是干净的，干净到既可以看清尘世，又可以看清鬼魅。所以，许多时候，婴儿突然发颤、抽搐，惊恐不安，或者眼睛发直，视线导引不转，就是他（她）看到了什么成年人看不到的东西了。正因为如此，出于对婴儿的保护，要让婴儿尽量避开神事，以免在人们还不察觉的时候，被神鬼惊吓着了。所以民间一般庙会、打醮、道场、佛事、祭祀、朝拜等事，都禁忌让婴儿参加或者靠近。一般婚丧事，也忌婴儿靠近。如果不小心碰上了这类事，要赶紧躲开，并请人占卜化解。天一黑，就不准再带婴儿出门了。否则，婴儿会被野鬼吓着。

南方有床母神灵的信仰（床神有床公、床婆之分，但通常称作“床母”）。俗信，婴儿一出生就受到床母的保护。床母还能在婴儿睡觉时，教导他（她）。俗以为婴儿睡眠中时有微笑、皱眉、嘟嘴等表情，便是床母正在教他（她）呢。这时候忌讳将婴儿弄醒，使他（她）“学习”中断，恐将来变成呆痴。因为有床母信仰，所以也怕冲犯、触怒了床母。常常要拜床母。拜时要用衣食、香烛等物敬祀，但忌用酒。据说是怕床母喝醉酒，疏忽了看护婴儿，使婴儿从床上滚落下来。另外，婴儿睡着以后，据信床母神还会带着婴儿的魂魄四处游玩。这时候最忌在婴儿脸上涂抹各种颜料，以防魂魄回来时，不认得归宿了。如果真的如此，婴儿会失去生命的。

民间许多到寺庙中求过子的人家，真的生了孩子后，要到寺庙中去还愿。否则，恼怒了“送子观音”、“送子老奶”、“注生娘娘”等神灵，会把婴儿再“收回去”的。还愿时除交上许愿时说的钱数外，还要用黄金纸包一整块砖，放在寺庙中，写上还愿人的姓名，用这种方式表达对神灵的酬谢。这是至今仍残留于民间各地的一种求子还愿习俗。在台湾，若是替婴儿祷告神灵，敬奉神明的鸡腿与通常敬神的鸡腿不同，即鸡腿不能屈入鸡腹中，而要完全放直，取意使婴儿“脚骨长，有食福”。敬神的酒也不能像通常那样分三巡注满，而要一次斟满酒杯，取意婴儿尿大泡，不要一会儿一尿，使母亲多洗尿布。从此看到民间是事无论巨细都要依靠神灵的，在敬神求吉祥的严肃场合中，竟连鸡腿的作用和小孩撒尿之类的事联想了进来，也是民俗中极有趣味的一例。

关于婴儿冲犯的禁忌，旧时还与“灶神像”和“孩儿灯”两事有关。据《中华全国风俗志》云，辽阳人逢朔望必敬灶神。灶神像上绘一犬一马，俗传买回的灶神像，像上之犬口若张开，当年所生的婴孩，必不能长寿；口若紧闭，则婴儿发育壮旺。所以有初生婴孩之家买灶王神像，忌讳买有犬张口的。“送孩儿灯”是旧时江苏一带的习俗。俗传用泥捏制成的孩儿灯送至不生育人家，能使之生子。故望子心切的人家遇有人送孩儿灯来，必以酒食相待，且将此灯供奉于堂前。婴儿生下后，则更要好好敬奉这孩儿灯，好像孩儿灯就是婴儿的本命一般。如果这个泥偶的手足有所损伤，则以为是神意受到了冲犯，那么这个婴儿将来也势必要遭残疾。以上这些都是与婴儿冲犯迷信有关的习俗禁忌，也可见到旧时民间对婴儿看护的一些神秘观念。

【喜礼忌】

中原一带最重添人进口。生子养女是一件大喜事，俗中有许多庆贺的礼节。据旧志云：“新乡县初生男女，三日报喜。抬礼盒，用米、面、鸡、酒之类。男用雄鸡，女用雌鸡。母家但受酒，余物各添少许。鸡之雄者，配以雌，雌者配以雄。仍令抬回。亦有牵羊者，须添配一羊。否则，折羊钱。越五日，母家备礼叩喜，男家择吉请酒，谓之‘吃面’。母家赠小儿以首饰、衣物之类，厚薄不等。亲友亦以鸡酒致贺。弥月后，母家来接女，谓之‘叫住满月’。”这一记载，基本上反映出了中原一带在庆贺新生婴儿之喜中的习俗和禁忌。各地也还有一些细微的差别和特色。林县一带，头胎婴儿，不论男女，报喜最隆重。新中国成立前富裕人家抬食盒、酒坛，赶两只褐山羊，项系铜铃，一路叮当作响，为让众人知晓。新中国成立后，一般农家，报喜时将“喜帖”放在一小木匣中，装入钱袋内，让一童子背着去报喜。生男孩用左肩背，生女孩用右肩背，“男左女右”，一路不准换肩，是男是女，一目了然。到姥姥家后，款待报喜者，要烙油饼、做鸡蛋面疙瘩汤等，忌讳给报喜者做面条饭，否则，据说婴儿会爱流鼻涕。上蔡一带报喜，俗称“吃喜酒”。男家又称“吃喜面条”，女家又称“送祝米”。生头胎婴儿后，男方的上辈要到女家报喜。报喜时，除送常礼外，生男孩要抱一只公鸡，谓之“大喜”，生女孩则抱一只母鸡，谓之“小喜”。双胞胎，抱两只鸡。女家见到鸡，不言而喻，就知道生的是男是女了。报喜时，双方商定“送祝米”的吉日。“送祝米”忌讳在中旬，因“十”与“死”谐音，故避之。“送祝米”抬礼盒，挑礼挑，忌讳用竹篮子。俗话说，“竹篮子打水一场空”，因而避忌之。礼物之中要配一只鸡。男孩配母鸡，女孩配公鸡，有祝婴儿成人婚配之寓意。男方招待女家吃饭，主食一般是蒜面条，俗称“吃喜面条”，即从此出。

据有关资料讲，云南彝族生了孩子后，姑爷也要到岳父岳母家报喜。除带酒食外，也要带一只鸡。不过与中原一带的习俗不同，生男孩不是抱公鸡，而是抱母鸡；生女孩不是抱母鸡而是抱公鸡。岳父岳母看来抱来的是母鸡，就知生的是男孩；看到是公鸡，就知是女孩。岳父岳母收下鸡后，要换只鸡给姑爷。抱来母鸡，换只公鸡；抱来公鸡，换只母鸡。姑爷把换来的鸡抱回饲养，不准杀吃。这意思，抱走的鸡，只是报信用的，换回的鸡才是婴儿的“本命属性”，所以是杀不得的。从生子报喜送鸡的不同习俗中亦可见到风俗之异曲同工之妙了。

开封一带，生子报喜又尝以鸡蛋（鸡子）为象征物。头胎产婴之当天，就由女婿持鸡蛋到岳家报喜。如生男孩儿，煮鸡蛋六个或八个，必为双数，忌单。用红颜色染过之后，在鸡蛋的一端，再用墨或锅底炭涂一黑点，表示为“大喜”。如生女孩则煮鸡蛋五个或七个，必为单数，忌双，也用红颜色染了，不再涂黑点，表示为“小喜”。报喜后，岳母要烙面饼一张，令婿带回，沿途撕碎喂狗，直到抛尽为止。俗信，如此可保婴儿成人，免于夭折。因为代表其“本命”的那张面饼已经喂过狗了，所以婴儿可以不必再有什么顾虑，也不会再有什么灾难了。俗间有孩子小名称作“狗剩儿”的，也大体是属此意。

未满一个月的婴儿，河南沁阳一带俗称“胎毛鬼”，禁忌走门串户。等到满月时，女家要来接闺女住娘家，俗称“接腿”，或称“走满月”、“过满月”等。走前，须先给婴儿剃去胎发（参见本书前文“剃胎发”一节），给理发师封礼。离家门时，产妇头上扎红布条，插桃枝或柏枝，婴儿头顶红布。俱是怕秽气未退尽，恐有所冲犯，故以红布、桃枝、柏枝禳解之。走时，婴儿的姑姑要在婴儿的鼻梁上抹一道黑色记号，到外婆家后，由婴儿的姨母擦去。民间俗话云："姑姑抹，姨姨擦，婴儿能活一百八。"又云："姑抹姨擦，婴儿强似铁疙瘩。"在外婆家，至少要住十天，否则，恐婴儿将来不够十成人。多则住一个月必须返回。返回时，婴儿的姨姨还要在婴儿的鼻梁上抹一道白色记号，由婴儿的姑姑给擦去。民间俗话云："黑来白走，婴儿能活九十九。"

开封一带，产妇满月后回娘家时，娘家要由产妇的亲兄弟迎接婴儿。产妇无兄弟时，才可由外祖母迎接。住满月返回婆家时，男家要由婴儿的祖父来迎接，祖母、伯母等禁忌迎接婴儿。俗说女性属阴，恐在婴儿初次出门时，迎之不吉，故忌避女性迎接。

总之，从婴儿出生到回外婆家小住，这一段时间内，姻亲双方家庭中都是很热闹、喜庆的。同时又要倍加小心谨慎，以免造成什么失误和差错，使得那已经来临的喜事再生什么变故。其目的，都是祝愿婴儿健康、长寿，阖家幸福美满的，只不过，这些旧惯习俗中也难免含有迷信思想的困惑和封建礼教的侵扰。

【命名、认干亲忌】

婴儿一生下，或者未生之前，长辈们便要给婴儿起一个名字。汉族一般是沿用父姓，下添两字，或一字，成为婴儿的姓名。旧时，子女多，还有以伯仲顺序或字辈形式固定下一字的，实际婴儿也就是再起一个字，连缀成名了。这是大号。大号的起名是很慎重的，往往要请有学问的人来仔细推敲，反复研究，才能定下婴儿的名字。由于过去迷信五行克妨的思想严重，有些地方在与婴儿起名时要先请算卦先生算命，命中缺少什么的，便设法在姓名中补上。比如，命中缺水，则起名时要有"氵"旁；命中缺火，则起名时要加"火"字等等。实属一种禁忌迷信，包括心理上对这种禁忌迷信的适应办法。民间又有一种"碰姓"（或称"闯姓"）的习俗。河南郑州、开封一带婴儿出生后头天早上，婴儿的父亲要出门碰姓。碰上第一个人，不管是男女老幼，跪下就磕头，然后说明家中生孩子，让对方起名。农村过去早起的，大都是拾粪老头，有的毫无思想准备，碍于习俗，不能推却，只好信口胡诌一个，于是"粪筐"、"箩头"、"狗妞"、"猪娃"的，就出来了好多。不过，这一般都是小名儿，小时叫叫也没什么要紧的。有人还说，这样的名字反而不生事、安稳。有些地方，给婴儿起过名的还要被认成干亲。干亲最喜姓"刘"的和姓"程"的，因其与"留"、"成"等吉祥的字眼儿声音相谐；最忌讳的是碰上姓"王"的和姓"史"的，因"王"、

“史”与“亡”、“死”等凶厄的字眼儿相谐，恐不吉利，会使婴儿夭折。但若真的碰上了，也不能不算，不能再去另碰一次。最多暗地里祷告、禳解一番也就算了。可见“碰姓”习俗中也含有“碰运”的占卜性质。白族孩子出生后，如果八字与父母正冲，也要把他（她）拜寄给别人或神灵取名字。如拜寄给爱氏皇帝，就从爱字取，叫爱某；如拜寄给关帝君，就从关字取，叫关某等。这也是和“碰姓”、“认干亲”相类似的一种习俗，其中有些是直接把孩子托付给某一神灵护卫了。

至于被认干亲的一方，也是有忌讳的。河南滑县一带，未结婚成家的人，或虽结了婚但尚未有子嗣的人，或自家婴儿也还很小的人都是忌讳被认做干亲的。俗以为，认了干儿之后，自己就不会再有亲儿子了，所谓“认干儿，失湿儿”。可见，人人首要的，还是要顾及到自己的子嗣安全才是。

【死亡禁忌】

民间以为婴儿在母胎内死亡，或降生不久死亡的，都要将死婴丢弃在水中。俗以为，如不这样做，婴孩就会变成邪鬼来作祟，母亲也不能再怀孕了。所以，死婴尸体常常在水坑内或河水中发现，即是此迷信习俗影响的恶果。

【小结】

关于婴儿的禁忌习俗是琐碎、繁杂的。我们所录下的都是比较普遍存在着的，还有许多更细微处，本书实难一一详述。不过这些禁忌总的来讲，其作用在于始生时刻，是判断吉凶，表达民众关于婴儿近期前景（成活还是夭亡，健康还是残疾等）的占卜信仰的；在于育养阶段，又多数是为着维护婴儿正常的发育和茁壮成长的；在于冲犯方面，是防止获罪于神灵或者希望得到神灵的佑护的；在于喜礼方面，是遵守礼教，联络姻亲情谊并且祝愿婴儿幸福长寿的；在于命名、认干亲方面，也是防止婴儿有什么缺憾，有什么闪失的；最后，在于死亡方面，又是于无可奈何之中寻求死者与生者的安稳以及新的转机的。总之，禁忌指出的总是凶厄灾祸，要求的总是避忌躲闪，而希冀的却又总是美满、完善。这种希冀尤其在于婴儿身上是更加丰富而闪烁着理想的光芒的。又因为，婴儿自身本是无所谓禁忌的，所以关于婴儿的禁忌实际上仍是关于大人们的禁忌。千百年来，正是这些民间禁忌习俗，像一架古老陈旧而又灵活多变的心理调节机器一样，随时调整着家家户户做父母的心态，使他们在恐慌、欢愉、担忧、亲昵、满足、渴望等等多种复杂的情感中度过了产育婴儿这一段令人难以忘怀的日子。

幼儿禁忌

幼儿，即是幼小的儿童，也就是一至十岁的儿童。这个年龄正是小孩长身体、长知识、“全盘接受”的时期，他们不能独立生活，需要父母长辈的照顾、引导。在父母的教导中就会有一些需要父母们注意（禁忌）的事情和一些需要教育给幼儿们注意（禁忌）的事情。从这些值得注意的（禁忌）事项来看，大体上不外乎是关于幼儿身心健康，体智发展方面的禁事。但是，由于民间知识的科学性不足，或者根本是迷信、荒谬的，所以这些禁忌的事项又常常是与其目的、用意毫无关联或者根本无济于事的。不过，从这些禁忌事项中，我们还是可以感觉到一种东西，一种十分可贵的东西，那就是火一般炙热的天下父母心。

【病灾忌】

幼儿时期，身体发育很快，几天不见就又是一个模样。做父母的都喜欢别人夸奖自己的孩子，但夸奖时又有忌讳。河南忌讳抱人家的孩子时说“沉”、“重”，忌讳说“这孩子身体真好，从不生病”。俗以为，说吉反凶，说“沉”、“重”，孩子会瘦下来，变轻；说“不生病”，反会引得孩子生起病来。

幼儿生病，也是常有的事儿。有些小病小灾的，民间常用一些小法术祛魔消灾，进行破解。如幼儿夜间不寐，民间就喜用纸符，上书：“天皇皇，地皇皇，我家养个小儿郎，仁人君子念一遍，一觉睡到大天亮。”以这样的办法，使幼儿熟睡。广东一带还有于晨、昏时“喊太阳”的习俗，也是通过向太阳祷祝的办法来使自家的小儿安眠。但是，如果幼儿的病情严重，就不能自行其是了。一般要采取忌门的措施，即在门上贴挂红布条，插树枝，挂草帽、竹笠，或于门前生火等，禁忌生人进门。旧时，汉族、藏族、彝族等许多民族有此习俗。

白族在小孩出天花时，用小红纸旗和柏枝插在大门上，表示禁忌生人进门。将生病的幼儿与外界隔绝开来之后，一般还要再请巫师、鬼师、端公等来作法驱魔。布依族小孩生病要请鬼师“端命宫”，请鬼时，忌外人过路或接近讲话。幼儿生病如有昏迷不醒的状况，俗以为是被鬼祟所迷惑，或者是魂魄离体，被妖怪、鬼魅摄去。要行“喊魂”术。这些迷信的举动，大都牵涉到鬼魂信仰。据说如果不“喊魂”，幼儿就可能病逝、夭折。这是父母最害怕出现的情景，所以忌讳违犯此俗。

小孩蜕牙虽然是自然的生理现象，也有忌讳。蜕掉的奶牙忌乱扔。上牙要放在门枕上，或埋入土内，下牙要扔到房顶上，否则新牙长不出来，或长歪了。这也是顺势巫术在民间的遗存。

【服饰忌】

贵州忌小孩穿着鞋子睡觉，以为会被鬼迷着。浙江温州一带有忌幼儿穿鲜艳衣服的习俗。如果小儿穿了红色衣裤，外边还要罩上网衣，佩带虎爪，或特制的腰带，以避邪恶。中原一带俗忌幼儿衣物过夜不收。据说夜间多鬼鸟，恐污衣物，使幼儿患疾病。《荆楚岁时记》中有些记叙，据称还有一种鬼车鸟，能入人家收魂气。如果让其袭取幼儿露夜衣物，恐对幼儿不利。因此荆楚一带入夜闻其声，则灭灯、打门、捩狗耳以压之。台湾也有此俗。据说忌儿衣露夜不收的原因有两种：一是怕感染八邪之害，即温、热、风、寒、惊、积、饿、饱是也；二是怕感染无辜鸟屎，无辜鸟或为姑获鸟。传说此鸟夜飞昼藏，盖鬼神类；无子，喜取人子养之；如有小儿露其衣者，此鸟度，即取儿去也。这种传说从隋唐至明清至今时，相继不绝。开封一带也有九头鸟的传说，其伤害小儿之法，与此类同。景颇族忌用统裙直盖熟睡的小孩，否则便认为孩子永远也不会再醒了。这些幼儿服饰的禁忌都与幼儿的灵魂有关，说明民间有服饰是灵魂驻地的信仰存在。因此，伤害到服饰也就会伤害到幼儿的灵魂或者其本身；而成年人的服饰又有成年人更强的灵魂附着，或者与成年人可以伤害到幼儿一样，成年人的服饰也对幼儿有着某种伤害的强力。

【饮食忌】

民间禁忌幼儿吃鸡爪子。据说是怕上学读书写不好字，使字形如鸡爪子。还有的说是怕抓破书本，怕写字手发抖，怕与人打架。总之，由鸡爪子能够联想到的不吉之事，都是所顾忌的原因。民间还忌幼儿食鱼籽，说是怕长大了不识数，

佩戴项圈锁的儿童

大概是因一团鱼籽本来就难以数清而联想到的吧。据说幼儿吃猪脑也不行，长大了也不识数，这是因猪素有“笨”名而来。幼儿还忌吃猪尾巴。据说吃了猪尾巴会事事落后，一辈子赶不上趟。又说吃了猪尾巴胆小，走夜路怕后。土家族还忌幼儿吃猪鼻子，说是吃了长大后睡觉打鼻鼾。台湾禁忌小孩吃猪蹄，说是将来婚事难成，恐怕会溜跑了媳妇或者女婿。没有蜕奶牙的小孩儿忌吃生葫芦种，认为吃了蜕牙后要生龅牙。忌小儿舔牙根儿，恐将牙抵出唇外，以牙露唇外为忌。民间祭祀祖灵神明的肉、菜、饭，忌让幼儿吃，据说吃了会影响记忆力，长大好忘事；或者还会得罪神灵，受到冲克损伤。这些幼儿饮食禁忌，多数是从食物会给幼儿造成不良的发育后果方面考虑的，然而其中的联想又很荒唐可笑，反映出民间某种带有原始意味的落后的愚昧的思维方式。现在这些禁忌习俗已无甚说服力了。不过，由于望子成龙的殷切期望，人们宁可让孩子少吃一口，也不愿冒降低儿童智力的任何风险，所以这些禁忌还真的能够在民间实施并存在下去呢。

【游戏忌】

忌幼儿数星星的习俗，是很普遍的。天气晴朗的夏夜，繁星点点，小孩子们爱数着玩。这时大人总要告诫一声：“小孩子不能数星星，长大了不识数！”这和上文中吃鱼籽的禁忌差不多，星星是数不尽的，恐怕幼儿数来数去，数糊涂了，如果长大了还继续糊涂下去，那就是不幸了。所以禁忌之。还有玩米时，也禁忌小孩儿数米粒，道理上和数星星禁忌是一样的。

小孩子玩耍的兴趣很广，然而水、火两样是犯忌讳的。俗话说，“水火无情”。在室外水边玩有可能掉进河里、沟里，会淹死的。在室内，也忌碰热水瓶，一不小心，就会被开水烫伤的。玩火更危险，弄不好就失火，不但家具房屋会烧坏，人也可能被烧死。因此，小孩禁忌在河边、沟边、湖边、井边玩，又禁忌玩缸里、盆里、壶里、锅里的水，特别是热水；凡是与火有关的，如火柴、打火机等都禁忌小孩子玩，小孩也禁忌靠近火炉、煤气罐、火坑洞、火塘、火盆等。以上都是为防止幼儿玩水、玩火发生事故。俗间还常敬祀水神、火神，祷祝其保佑幼儿，不要伤害他们。小孩忌捉麻雀，不然，写字的时候，手要发抖。大约是由于麻雀的“麻”字和手麻可以形成通感而成忌。小孩又忌捅屋里的燕子窝，据说捅了燕子窝要瞎眼的，不吉利。这是人们愿意保护燕子，以玄鸟为吉祥物的心意体现。贵州的小孩还常被告诫，不要弄死毛虫、蚂蚁，不然睡觉后要被索命。夜晚不能照镜子，否则会梦魇。不能用手指着未圆的月，否则耳根要溃烂。

山东郓城一带又忌讳儿童在家过立春日。不满十岁的孩子要到邻家渡过立春的时刻，称之为“躲春”。

幼儿喜爱模仿，但模仿口吃的游戏却作不得。俗以为小儿模仿口吃会真的成为口吃。尤其是在阴天下雨时模仿口吃，一学就会，而且很难再纠正过来。

【教训忌】

幼儿是必须加强管教的。中国民间谁家的孩子有出息，都认为是与家教有关的，所谓“教子有方”。俗语有“子不教，父之过”、“逞子如杀子”之说，又有“惯儿不孝，惯狗上灶”、“国败出妖，家败出娇”的说法，都是禁忌养儿不管教的。管教的方式，民间有主张体罚的俗见。所谓：“棍头出孝子，娇养是逆儿。”据说贵州的小孩早晨禁忌谩骂吵架，也不能说鬼神及猛兽等事。说者，谓之“放快”，主这天有灾，或者打破碗盏，或者有其他过失。为此，小孩非挨一顿打不可。但体罚也有所忌讳。一般说来，打孩子只打屁股，不打上身，更忌讳打头、打脸，否则会“打傻了”，或者打得脸皮厚了，更不好管教。打孩子的器具忌用尺子。俗以为尺子是量长短的，恐怕用尺子会妨碍其长个子。民间禁忌在过年期间打孩子，尤其是正月初一日，更忌讳。俗以为正月初一为一年之始，始则有预示意义。这一天里打孩子，就预示着一年内要经常打孩子，孩子则要挨一年打。这是极不吉利的事，所以过年时孩子即便做错了事，大人们也都尽量克制自己，不打骂孩子，好让孩子痛痛快快地过个新年。另外，平时吃饭时也禁忌打孩子，所谓于家事、年景不吉利。

上学的年龄也有宜忌。俗以为男孩入塾，多以单数为吉，常在五岁、七岁时入学。俗称“男忌双，女忌单”，又有“男阳忌双，女阴忌单”的说法。至冠笄亦然。北齐时，李浑弟绘，六岁愿入学，家人以偶年俗忌约弗许。绘伺其伯姊笔牍之便，辄窃用，未几通急就章。则其来久矣（参见本书“社交禁忌”宗法礼教有关部分）。

【小结】

从以上禁忌事项看，到了幼儿阶段，已经不像婴儿那样禁忌繁多了，而且禁忌的理由也大都不再是担心其夭折、死亡了，而是在一个生命业已存在的基础上所做的进一步的保障。比如，如何使孩子长得更结实健壮、智力超群、有出息、有作为等等。而且从此往后，再过几年，小孩子就长大成人了，其禁忌事项也就与成年人相同了。

结语

生养禁忌中包括了从怀孕到分娩，从婴儿到幼儿几个阶段。这方面的禁忌对于每个人来说都有着重要的意义。总的来说，它是中国人种族繁衍的民间信仰和民间经验的概括与总结。其中虽然有浓重的迷信色彩和愚昧落后的思维形式、思想观念，但确属民间笃信过或仍然笃信着、遵循过或仍然遵循着的东西。有一部分禁忌事项还带有真正的“经验”的性质，只不过，多数这类“经验”的正确性并不确定，而且它们还与一些原始的迷信思想杂糅在一起，所以，仍不能完全脱离禁忌的樊笼。

服饰禁忌

服饰有社会文化的特征。风俗的不同，可以直观地从服饰上表现出来。俗语说“十里认人，百里认衣”，正是表达了这层意思。在服饰方面，不同的民俗文化有着不同的禁忌规约。但一般说来，关于服饰的禁忌都是有某种信仰根据的。或者是人与服饰的认同关系，或者是人与服饰的相互感应，或者是服饰本身的魔力信仰等等，都可以导致禁忌或者禁忌符号的产生和形成。《中华全国风俗志》一书中就曾提到一个女子上衣禁忌的实例。其文曰：“倮倮女子皆有上级位置，故众庶咸尊敬之。外人欲游历其地，非以女子为安全之向导不可。女子着上衣，随游历人前行，若途中遇灾厄，女子脱上衣，铺以地上，然后诉之于酋长。酋长则立捕匪徒，为之判决。若事无着落，决不收取其上衣。此时尊重上衣，正如公使馆之国旗，不能触犯。”这里所说的女子上衣禁忌，实则是由该地习俗尊重女子之故，且女子上衣与其人等同之观念存在，故不敢触犯之。关于服饰的其他各种禁忌还常常表现于服饰的颜色、材料、款式、穿戴、放置、制作等等方面。

颜色禁忌

颜色在中国人的心目中是有明确的象征意义的。表现在服饰方面，不同颜色，寓示着高低贵贱、好坏吉凶。因此，许多颜色在一定的环境场合、一定的身份人格方面是禁忌使用的。

【贵色忌】

中国人以黄色、紫色、香色（降纱，次明黄一类）等为贵色。这些颜色曾经一度是皇室或权贵人士的专用色，民间百姓禁忌用于服饰。黄色常令人联想到金子的颜色，因有尊贵的寓意。历代皇帝大都喜尚黄色，俗称登基做皇帝为“黄袍加身”。据《清稗类抄》云：“皇子得服金黄蟒袍，诸王非特赐者不能服。”民间就更是禁忌有黄色的衣服了，否则，视为“要造反”、“想篡位”。历来不乏以此来判刑定罪的实例。宋朝时，黝紫色和赤紫色一度成为贵色，民间禁用。据《燕翼贻谋录》云：“仁宗时，有染工自南方来，以山矾叶烧灰，染紫以为黝，献之官者洎诸王，无不爱之，乃用为朝袍。乍见者皆骇观。士大夫虽慕之，不敢为也。而妇女有以为衫褛者，言者亟论之，以为奇褒之服，寝不可长。至和七年十月己丑，诏严为之禁，犯者罪之。中兴以后，驻跸南方，贵贱皆衣黝紫，反以赤紫为御爱紫，亦无敢以为袍者，独妇人以为衫褛尔。”（转引自《中国民俗与民俗学》第79页）到了清朝，又有香色为贵的习尚，民间也曾一度禁用。据《清稗类抄》云：“国初，皇太子朝衣服饰，皆用香色，例禁庶人服用。后储位久虚，遂忘其制，嘉庆时，庶民习用香色，至于车帏巾帡，无不滥用，有司初无禁遏之者。”由于皇室、官宦上层社会喜好的变幻和高贵专有的等次不一，民间服饰颜色禁忌还不止如此，据明代何孟春《馀冬序录》内篇云：“庶民妻女用袍衫止黑、紫、桃花及诸浅淡颜色。其大红、青、黄色悉禁勿用。”这里民间禁用的颜色，至少有一部分是由于颜色的尊贵性质而使然的。服饰上的颜色可以标明穿着者的身份。因此，服饰的高贵颜色的禁忌实质上仍是身居高位的人体禁忌的变形。普通的人们禁忌服用某些颜色，实际上亦是他们禁忌接触某些大人物的“禁忌体”的表现。换一种说法讲，即服饰颜色禁忌，在这里，实际上是把颜色当成了人体禁忌的隔离物——“绝缘体”了。

【贱色忌】

民间常以为绿色、碧色、青色为贱色。元、明、清时只有娼妓、优伶等“贱业”中人才用于服饰。据《中国娼妓史》云：“后代（元以后）人以龟头为绿色，遂目着绿头巾为龟头。乐户妻女大半为妓，故又叫开设妓院以妻女卖淫的人为龟，或叫当龟。又以官妓皆籍隶教坊，后人又呼妻女卖淫的人为戴绿头巾，或叫戴绿帽子。”明代也有此说，并且从制度上加以规定。如郎瑛《七类修稿》云：“吴人称人妻有淫者为‘绿头巾’，今乐人，朝制以碧绿之巾裹头……”又沈德符《万历野获编》云：“按祖制，乐工俱载卍巾，系红绿搭膊；常服则绿头巾，以别于士庶，此《会典》所戴也。”何孟春《馀冬序录》云：“教坊司伶人制，常服绿色巾，以别士庶之服。”可见明代乐人、伶人、乐工必得“常服”绿头巾。清代亦有此类记载，翟灏《通俗编》云：“又以妻之外淫者，目其夫为乌龟，盖龟不能性交，纵牝者与蛇交也……国初之制，绿其巾以示辱，盖古赭衣之意。至今里闬，尚以绿头巾相戏也。”《清稗类抄》云：“嘉庆时，优伶皆用青色倭缎、漳绒等绿衣边，以为美饰，如古深衣。”清代优伶，以青衣、绿衣为美饰，或是常服而不察其辱，反以为美吧。但从更远古时代的习尚看，碧、绿、青等色，也仍然是轻贱不尊贵的标志。汉代绿巾虽不限于淫业、“王八”戴，也是贱服。当时只有庖人（宰夫）、卖珠人等戴绿帻。颜师古说：“绿帻，贱人之服也。”唐代碧巾甚至是侮辱囚犯的一种刑罚。据《封演闻见录》云：“李封为延陵令，吏人有罪，不加杖罚，但令裹碧头巾以辱之，随所犯轻重以日数为等，日满乃释。吴人著此服出入州乡以为大耻。”宋代也以著青巾为不肖子弟、屠沽之徒。如沈括《梦溪笔谈》云：“苏州有不逞子弟，纱帽下著青巾。孙伯纯知州判云：‘巾帽为青，屠沽何异？’”可见历来青、绿、碧色均为贱色，士庶黎民皆避忌用于服饰。皇室贵族就更忌服用了。即便与此等颜色接近的，也很忌讳。据《清稗类抄》云：“衬服初尚白色，嘉庆时，尚玉色，又有油绿色，国初皆衣之，殆沿前代绿袍之义。高宗恶其黯然近青色，禁之。”

除此以外，还有其他一些颜色，也与贱业、贱民相联系着。如清代奴隶有以红白鹿革为背子的服饰习俗。但红白色并不是奴隶的专用色，它只是与背子的服饰款式相结合而常用于奴隶辈的，所以，红、白色不作贱色论。

凡属于贱色的，民间普通人士皆禁忌服用。如前文所引，贱色属古来惯习养就的成见，又加之附会地传说，用以特指某些贱业人等的身份。这些人实际也有“不洁”、“污秽”的性质，因而贱色禁忌仍然是一种贱人（不洁）人体禁忌的转换形式。

【凶色忌】

中国人以为白色、黑色等为凶色，在服饰方面都有所忌讳。黑、白两色都与死人的事相关联，或者能够令人想起阴间的勾魂鬼——黑无常、白无常来。现时期，举办丧事，都戴黑纱，或穿白色孝服，佩戴白纸花等。所以白色、黑色都容易使人联想到凶祸丧葬等不祥之事，故而一般人忌讳穿着，尤其在婚嫁、生育、过年、过节等喜庆日子里更是忌讳穿纯白、纯黑的衣裳，唯恐大不吉利。

服饰忌白的习俗，当起于染术精湛的后世。中国染色的起源，虽是很远古的，但因染术不精，古人用之不多，故上古时，人们还并不忌白。当时人们通服白色衣，丧服以精粗为序，不以色辨。素服色白。虽然当时王公大人服有章采，但民间大都素服。《礼记·典礼》云："为人子者，父母存，冠衣不纯素。"这是与丧服不同处。丧服是纯素的。《礼记·郊特牲》云："素服，以送终也。"素服是冠、衣、裳皆白色。民间父母在，冠衣不纯素，即是恐有丧象的意思。不纯素者，或者冠、衣、裳有部分是染过的，带彩的。这时民间仍可服用一部分白色衣冠，说明白色还并不是严厉禁止使用的凶色。但是一般不可"纯素"，以免不吉之象。说明已开始有"纯素"不吉的讳忌心理存在了。鄂温克族近世的服饰习俗中，也是把白色看成是孝服的。其民除内衣外不穿白色衣服。内衣也绝没有用白色扣子的，而多用有色线缝。这样，也就认为不是"纯素"了。这说明不"纯素"是极易变通的。但是，由于"送终"以"素服"的习俗已转化为一种色彩的辨别方式，再加上民间染印技术的不断发展、日益精湛，使得"纯素"成为"送终"的唯一服饰色标，于是白色便在日常生活中演变成为一种令人非常惧恶厌憎的凶色了。大约到了唐宋时期，厌白尚采的风习便普遍流行于民间了。据《宋史舆服志》云："凉衫其制加紫衫，亦曰白衫。乾道初礼部侍郎王曮奏：'窃见近日士大夫皆服凉衫，甚非美观。而以交际居官，临民纯素，可憎有似凶服。'……于是禁服白衫。……自后凉衫只用为凶服矣。"这恐怕要算是民间服饰忌白和认白色为凶色的官方从制度上加以禁制的滥觞了。据《清稗类抄》云："臣工召对、引见，皆服天青褂、蓝袍，杂色袍悉在禁止之列，羊皮亦不得服，恶其色白，近丧服也。"近世的鄂温克族，白色皮衣也都要染色后才穿。其方法是将熟好的白皮子用马粪和松树子燃烧烟熏成黄色。据说既可避忌白色，防止凶患，又很实用，可以防潮、防雨。

民间亦有不以白色为凶而喜尚白色的习俗。据《陇蜀余闻》和《清稗类抄》云，陕西汉中、临潼、华州、渭南等地都有衣饰尚白的习俗。传说是为诸葛亮戴孝留下的风习。蒙古族牧民亦以白为祥瑞之色，习俗尚白，衣冠纯素，喜骑白马，住白色“蒙古包”，以白色哈达为敬献礼品。汉族如今人们亦有不忌白色的，在夏季常穿白衣白裙，着纯素服饰。有的甚至在婚礼上亦穿戴纯白色的服装，不以为凶，反以为吉祥、高雅。这或许是对西方婚仪习俗的仿效。但中国民间绝大多数地区和民众仍视纯白为凶饰。乡间老妪在说民谭讲故事时，还以“白胡子老头”、“穿一身白”作为恐怖、凶厄的象征来吓唬小儿。这也体现了一种服饰忌白的心理。

黑色，在中国民间曾经也是常用服色，因为染起来很方便，穿着又耐脏，比较实用。所以旧时许多人喜好穿黑色衣服。在农村，至今仍有不少人喜好黑色。但一般也忌讳纯黑色，总要与蓝色、橙色、杂色搭配起来穿。如果穿一身黑，也要扎一个白头巾或棕腰带等等，以为这样就不是纯黑了。另外，在做寿衣时，一般是禁忌用黑色的。给死者穿寿衣，要穿蓝衣，禁用黑色。俗以为穿黑衣会使死者转生为驴。有些地方忌用黑色，必用红色。俗以为人死后要上剥衣亭的。穿上红衣，剥衣鬼见到红色，就以为已剥出了血，会停手不剥的。否则，若是只穿了黑衣，剥衣鬼非把皮肉剥烂不可。不过，黑色尚未见有官方从制度上的明禁，其凶色的俗见，还是流行于民间，其忌讳纯黑的惯习，也是由不同地域内民众的心意自然调节的。

另外，有些颜色在一定的场合气氛中也有凶色的性质。例如红色。红色一般是吉色，有喜庆的性质，常用于婚嫁、生子、过年过节等喜庆日子。但红色又与血色同，因易引起伤害、流血的恐怖感，所以，丧葬期间禁忌穿着红色衣裳，唯恐冲犯鬼魅、神灵。且红色属阳，其与太阳色同，黑色属阴，穿着红色也恐阴阳不调，恐对逝者不利。旧时国殇禁忌一切人等服饰红色。曾有一段相声，讽刺某皇帝驾崩时禁忌红色，竟要人把红糟鼻子也用蓝墨水染了。可知丧事忌红之慎重。古时有人说，白色“于凶事为吉，于吉事为凶”，而红色却是“于吉事为吉，于凶事为凶”。二者正好相对应起来，白色是相反于吉、凶之色，红色则是相同于吉、凶之色。此亦为中国民间关于颜色禁忌的一项趣事。

【艳色忌】

浓妆艳抹，穿着华丽，在中国民间也是犯忌讳的。俗以为服饰的色彩是应当与人的年龄、相貌、品行、德才相符合的。如果不相符合便有“超越本分”之嫌，被视为一种“越轨”行为。女人艳妆过分被视为轻浮下贱之人，男人穿着鲜

寓意富贵相连的宋代男子锦袍

亮过头，被视为浪当好淫之辈。所以过去中国人服饰色彩单调，女人非红即绿，大红大绿，而且红色只限三十岁以下女人穿着。俗话说："红到三十绿到老。"男人非蓝即黑，灰蓝黝黑，四十岁以上的男子就要少穿蓝色了，否则，怕人家说"不合适"，说"老来俏"。如今，这种禁忌已经逐渐被打破，人们在穿着上日益考究起来，服饰的色彩也越来越鲜艳，越来越多样化起来。

以上谈到几种服饰的颜色禁忌，除了颜色的崇尚与否常随时代的发展而变化一点需要补充说明以外，不同民族、不同社群对某种颜色的好恶，也是不尽相同的。这一点尤其在族徽、国旗等集体意识的标志中最易得到显示。据说中国历代服饰"夏尚黑、商尚白、周尚赤；秦复夏制尚黑，汉复周制尚赤；到了唐代服色尚黄，旗帜尚黑；宋沿袭；元尚黄；明改制取法周、汉，用唐宋旗色而服色尚赤；清又复黄"。民国尚白，中华人民共和国尚赤。国民党尚白，共产党尚赤。而崇尚的反面，便有所讳忌。现代史上曾有称"国统区"为"白区"，称共产党人为"赤色分子"的说法，都是以颜色论辖区和政见的。其中有对颜色的崇尚，也有对颜色的讳忌。可见颜色于服饰装点方面是有着象征意义和禁忌意义的。

材料禁忌

严格地讲，颜色也属材料之一种。这里所说的材料主要是就服饰的用料质地而言。古时有禁忌用车帷帐做衣服的习俗。据《风俗通义》云："俗说帷帐车不可作衣，令人病疠。"满族人忌穿狗皮衣，忌戴狗皮帽。（参见本书"动物禁忌"部分）清代在庄重的场合下，忌穿着亮纱做的服装。据《清稗类抄》云："夏不得服亮纱，恶其见肤也，以实地纱代之，致敬也。"民间红布是一种服饰禁忌信号。豫北一带，小孩种牛痘后，在外衣胳膊袖上缝制一个红色"小公鸡"或"红布条"以为禁忌触碰的标志；某处生疮化脓了，也在外衣该处缀一红布块，禁忌碰撞；闹眼病时，在眼镜上系一红布条，以防传染。民间做寿衣时材料忌用缎子，恐有"断（缎）子绝孙"之虞。旧时还忌用带"洋"字的布料。洋布，过去是对应农家自制的土布而言。虽然质量好，色泽鲜，价格也便宜，但丧葬时还是禁忌用于寿衣的。因为"洋"字谐同于"阳"字。寿衣是给去世的人穿的，穿了寿衣就要到阴间去了，带洋字的布料会使寿衣带有"阳间"的含义，而去阴间的人就用不上了。这样做了也是白做的，所以忌用。另外，还有一些出于技术性的考虑，如土葬时怎样长久保持尸体不腐、火葬时怎样不致烧不化等等，也有一些服饰禁忌，因多属经验的而非俗信的，所以这里就不多说了。

款式禁忌

服饰款式禁忌，主要是指一般普通民众的衣冠制作式样中有关信仰的禁忌。与衣冠款式有关的禁忌原则，有两点是中国人最具特色的。一是裸露的禁忌原则，二是"身体发肤，受之父母，不敢毁伤"的禁忌原则。这两点都于前文人体禁忌中提到过。

裸露肉体是中国封建礼教所严格要求避忌的。在服饰款式方面，民间有"男

仕女读书图

不露脐，女不露皮”的说法。因而中国服饰将身体各部位捂遮得严紧是一大特色。直到近年间，才有所“开放”。汉族居住地区，城市里夏季服装款式开始趋向于裸露胸、腿、臂部分；农村服饰款式，除可裸臂外，其余仍禁忌裸露。至今有些地区的回族还禁忌穿着短袖衣、短裤和裙子。维吾尔族也禁忌衣服款式短小，上衣一般都要过膝，裤腿达到脚面；忌讳穿短裤在户外活动；旧时甚至妇女外出还必须蒙面纱，否则会受到民众舆论的谴责。云南有些地区的妇女外出，也必手执一伞。伞有布围，借以遮首，不欲使人见其面目，且最忌人揭开布围看视。这些都是禁忌裸露的习俗所致。

发须，古人不剪不剃。以为剃之有损身体、精神，不吉利，也是不孝的行为表现。因此，或披于肩，或挽于顶。只有犯法的人才被剃去须发，称为“髡首”。商代以前人们用兽骨、玉石制成“束发器”，罩于头上。后常梳成辫子，盘绕于顶。再到后来，人们制成冠、冕、弁、巾、帻、幞（袱）等各种各样的帽子。帽子的款式随时尚的演变而演变，其款式禁忌，常常与朝代的更替有关，冠戴常被统治者视为风俗、礼教、制度化一的标志。据《清稗类抄》云：“明之士人类多方巾大袖者。至顺治甲申，则戴平头小帽，以自晦匿。而禁令苛暴，方巾为世大禁，虽巨绅士子，出与平民无异。间有惜饩羊之遗意，私居偶戴方巾者，一夫窥瞷，惨祸立发。常熟有二生，于巡按行香日，戴方巾杂行众中，为所瞥见，即杖之数十，并题奏将二生磔之于市。”可见冠戴的款式一旦与朝政治理相关，将遭苛禁，违者能至于杀身之祸矣。民间自此而后，恐再无敢戴方巾者。此外，从上而下限定冠戴款式的，还有宋史中一例。据《宋史·舆服志》记载，宋代曾明令禁止民妇禁用金器首饰，以防“上币弃于下民”，并规定“袱（幞）头巾子自今高不过二寸五分，妇人假髻并宜禁断，仍不得作高髻及高冠，其销金、泥金、真珠装缀衣服，除命妇许服外，余人并禁”。如果说这是从“实为虚费”的节俭角度的考虑，那么，还有从“不祥”、“妖服”的角度发出的禁令。同书又云：“皇佑元年，诏妇人冠高毋得逾四寸，广毋得逾尺，梳长毋得逾四寸，仍禁以角为之。先是宫中尚白角冠梳，人争效之。至谓之内样冠，名曰垂肩等。至有长三尺者，梳长亦逾尺。议者以为服妖，遂禁止之。”这些出于信仰方面的顾虑而实行的冠戴款式禁令，是更易于在民间形成习俗惯制的。在民间，发型、冠戴的款式还往往成为人的某种身份的标志。例如河南旧时梳辫子或垂发于肩，插花、结红头绳的是未婚女子；挽“纂儿”、别“发卡”、“簪子”的是已婚女子。冠戴款式和发式是不准打乱这个规约的，否则，就犯忌讳。轻者人家笑话，重者要受谴责或惩罚。

民间做寿衣时，服饰款式方面也有一些禁忌。如衣服的袖子要长，须将手完全盖住，忌讳袖短露手，否则，据说将来儿孙要讨饭的。

由于在社会中人的社会地位不同、职业行当不同、男女性别不同、婚嫁与否不同等等，其在服饰款式方面也是有差别的，这种差别也不容混淆，否则，亦是有所忌讳的。由于这方面的差别很多，不能一一枚举，所以只举清朝几个例子说明一下，其余类推即可。如清代团龙褂为贵式服装，用于皇室，且有皇帝、皇后、皇太子、太子福晋等差别，民间禁服。蟒袍亦贵，用于大臣，且有品位等级的差别，民间禁服。补服，俗称补子，是一般官吏的服装。作为徽识，所补之物，又分等级。文职以鸟，武职以兽，民间禁服。清代戴毡帽者一般属农夫、市贩等贱民。清初民间还有一种关于服饰款式的传说，叫做“生降死不降，老降少不降，男降女不降，妓降优不降”。其意为：生不能不从时服，死者古服无禁；成人不能不从时服，幼儿古服无禁；男人不得不从时服，女人则可仍穿明代服装；妓女不能不从时服，优伶则可在演戏剧时穿着古服。这似乎是清朝初建时在服饰问题上与民间达成的一种“协议”，其实也是朝代交替变更期间服饰民俗演化的必然现象。一种新的服饰款式不可能立即让人们普遍接受，马上更改一新，即便有强令禁制也不行。人们心理上不能很快适应的，总要有一个部分演变、部分存留的过程。这也是服饰款式禁忌中上“禁”与下“忌”的较量结果，是很值得从民俗学、社会学等方面来认识的。

在服饰款式禁忌方面，山东一带禁忌衣服的下摆有毛边，说那是丧服的样式，恐不吉利；又忌讳衣服的扣子为双数，俗话说“四六不成材”，以为扣子双数会影响到穿衣人的事业成功等等。除此之外，民间还忌讳男女服饰款式不分，男女不辨（参见本书“性分别禁忌”一节）。又有忌讳婚否不分的。旧时，四川西部一些落后地区，未嫁女子无裙裤，必嫁后始具。贵州布依族未婚男子在衣襟或衣扣上拴红线一缕，已婚男子禁用红线系襟扣；未婚女子腰间丝带和胸前的围兜上都绣着红花，已婚女子则禁用绣红花的丝带和围兜。这些禁忌都必须严格遵守。这些都说明服饰款式是有象征意义的，如果不遵守服饰款式方面的禁忌，就会打破社会业已存在的秩序，造成混乱，导致灾祸发生，所以必须有这方面的禁忌习俗存在。

穿戴禁忌

服饰的穿戴方式，也有讳忌。衣冠忌穿着随便，尤其忌异常穿戴，如反穿衣、反悬冠等。河南沁阳一带有“反穿罗裙，另嫁男人”的说法。孀妇改嫁时才反穿罗裙，若平时女人反穿罗裙，自然是不吉祥的，所以忌讳。民间又有亲人死后要反穿衣的习俗。许多地方，给死人穿寿衣，并不直接穿在死者身上，而是先让孝子或亲属反面层层穿好，再剥下来一次穿到死者身上。于是，平日里就特别忌讳将衣服反穿着，否则，就意味着是在诅咒自己的亲人死去。旧时，又有人死后反戴帽子的，据《无何集》云：“毋反悬冠，为似死人服。”可见反悬冠也是凶相，所以禁忌之。

穿戴不能随便，还包括忌穿别人穿过的衣服。在衣服与本人有着同一性的思想观念下，或者认为衣服上会附着本人的魂灵，那么穿上别人穿过的衣服自己的灵魂就要不得安宁了。青海藏民特别忌讳这一点。汉族等其他民族中也都有类似的习俗。南方沿海一带甚至忌讳晾晒干的衣服不收下叠好放一段时间就直接穿在身上。俗以为这样人会变成“竹竿鬼”。因为过去当地人晾晒衣服是用竹竿把衣服穿撑起来，看上去像是一个竹竿人穿着衣服似的。如取下衣服来直接穿在自己身上，还怕自己也受到那竹竿人灵魂的侵扰而成为一个“竹竿鬼”了。而收下衣服，再折叠一下，放一段儿时间，就起到了化解的作用，不会再有什么不吉祥的事了。

民间还忌讳服饰不整齐。旧时山西一带习尚最重帽，俗以露顶为羞耻，忌讳不戴帽子。塔吉克族也忌讳随便脱下帽子，一般进屋谈话时双方见面都不脱帽。一旦脱帽谈话，那问题就很严重了。汉族民间忌讳帽子戴歪，俗语称，“歪戴帽，狗材料”；忌讳衣扣不系，或系错；忌讳不穿鞋袜，或只穿一只鞋袜。旧时妇女还忌不裹脚。又忌妇女裹脚带松弛拖地，说是这样的女人必犯酒色。尤其是祭祀的场合，衣着穿戴更要整洁，不敢过于简率，恐怕冒犯神灵。旧时，苗族人甚至平日居家入寝时也不解裙，唯恐衣饰不整，冒犯了鬼祟。

有些民族的某些服饰带有神圣性，禁忌穿戴时被人触动、摸碰。例如彝族男子头上的“天菩萨”禁忌他人触动；景颇族禁忌幼辈人乱动乱翻长辈人的包头；德昂族也忌讳触动包头、衣物；汉族禁忌男性触摸女性的服饰、衣物，否则，视为“有邪念”；羌族小孩平时多挂铜镜，帽上钉海螺壳，用以避邪，忌生人触动，否则，以为会冒犯神灵，招致不吉。

还有一些饰物，佩戴时有所忌讳或者佩戴本身便是某种避忌的符号。例如傣族人挂刀时忌刀口向内，否则，认为居心不良，是“刺客”。民间妇女的手饰——戒指，传说古代曾是嫔妃禁戒“御幸”的标记。据《清稗类抄》云：“纣作宝干指环。汉宫人御幸，赐银指环。盖古宫禁中本用以为嫔妃进御或有所避忌之符号，后世遂用为普通之指饰，故曰戒指。”如今，民间仍有以戒指为聘定礼物的。有些地方，以戴戒指标志已婚，少女则禁忌佩戴。

放置禁忌

在服饰的放置方面，民间主要禁忌在不适当的时候到不适当的地方晾晒。忌讳从衣物上跨过或踏踩、弄坏衣物。民间忌讳将妇女和小孩的衣物在夜间晾置在室外，恐怕落到衣物上贼星或沾染上鬼祟邪气。小孩的衣服还忌搭在高处，俗称三尺以上有神仙，恐伤害着小儿。青海藏民忌在帐房上晾晒裤子、靴子和毡子。达斡尔族等忌讳别人从自己的衣物上跨过，以为不吉。汉族也忌讳别人从自己放在或掉在地上的帽子上跨过，更忌讳别人，哪怕是小孩子坐在自己的帽子上。以为如此则等同于被人从自己的头顶上跨过，等同于自己受到了胯下之辱，是很不吉利的。如果衣物放置不当，被牧畜踏踩了，鄂温克族人认为是凶兆，非死即病，必须请萨满跳神破解之。鄂温克族、鄂伦春族等还忌讳女人的衣服、鞋袜放置在男人的衣物上边。以为女人的衣物在上是对男人的侮辱，男人们会因此而“失运”的。阿昌族男子甚至不走晒着妇女统裙的地方，以免沾染不洁，招致不吉。

缝补禁忌

衣物如破了，需要立即缝补起来，否则不吉。缝补衣服时，忌讳穿在身上缝补。河北定县一带，如不脱衣就让别人给缝补，自己嘴里必须衔一样东西，如筷子、秫秸等物。据说不衔的话会被贼偷。实则可能系家庭中的戏谑，或者是出于补衣如补洞，有了洞，不把东西“咬住”便会被人偷走的联想。山东也有类似的习俗，不过不是怕丢东西，而是说这样针不扎人。

结语

总之，服饰在以上若干方面是有许多禁忌俗信的。这还不包括上文曾提到过的婴儿、幼儿时期一些特别的服饰禁忌在内。当然，服饰禁忌也远非我们提及的这些方面，肯定还有许多是未被收集起来的。应当指出的一点是，服饰既是人们喜爱的、需要的，又是人们恐惧的、畏忌的。人们需要服饰，就像鸟类需要羽毛一样，那是人们爱美和保暖的需求。人们害怕服饰，因为它是某种禁忌的标志，某种权力、神威的象征，而且，服饰又与魂灵不可分割，如果自己的服饰落入坏人之手，那坏人就能通过服饰来行施黑巫术，使自己遭受不幸，所以服饰又常常使人感到畏惧。所有这一切都增强了服饰的神秘感，从而使服饰的周围蒙上了一层层禁忌的光环。

饮食禁忌

中国有句俗话，叫做“民以食为天”，反映了中国人重视饮食的习尚。的确，“人是铁，饭是钢，一天不吃饿得慌”，而吃什么，怎么吃，中国人又颇有讲究。俗以为饮食可以关系到人的长相、禀性、吉凶、祸福、生死等等，甚至还可以关系到周围环境的变化，影响到他人的利害。这或是基于古老的图腾信仰，或是出于后世的宗教信仰，或是一般的民间俗信，总之，在饮食的食物食品方面，食品制作方面以及饮食方式方面都存在着许多禁忌习俗。这些饮食方面的禁忌习俗，直接影响到各地各民族的饮食文化结构，因而也直接影响到整个中华民族的民间文化形貌。

食物食品禁忌

中国人对食物食品有许多独特的鉴别方式，比如从阴阳的角度，分析出各种食物是热性还是凉性，热性的食之有火，凉性的食之有寒。一般说来，物性相反的不可同食，但如热、寒太过，则热上不可再加热，寒上不可再加寒。从营养的角度，又分出是大补还是大损，补品有益，损则不宜。但“补”又忌过分，“损”或在积食、需泻等时也可适当食用。有些食物还被认为是有毒的。热、凉、补、损、毒的各种食物又可以专攻人体的某一部位，某一器官，因而成为一种食物食品禁忌的信仰根据。这方面的食物禁忌信仰往往是与医道相关的，中医很讲究这些。因为中药许多都是直接取之于可食用的动植物的。比如，俗以为多食韭菜可以导致

进食图

神昏目眩；多食蒜，可伤肝痿阳；多食冬瓜，可发黄疸；多食鳝鱼，会得霍乱；吃食鸭蛋，会使疟疾病加重等等。俗语有“黄瓜上市，医生行时；茨梨上市，医生背时”、“黄瓜上市，医生行运；萝卜上市，医生倒霉”的说法，也是说黄瓜会使人害病，茨梨、萝卜对人体健康大有益处的。中原一带还有“桃养人，杏伤人，李子树下埋死人”的说法，也说明桃、杏、李三种水果对人身健康的不同影响。俗以为河豚鱼、夹竹桃、房檐水、蛇、蜈蚣等是有毒的，食后伤人。这方面的例子也很多，不胜枚举。又由于民间自古巫医不分，所以许多这类食物禁忌又常常是包含着某种神秘意味的巫术遗迹的。比如，俗信鲫鱼春天不能食用，以为头中有虫，恐食后脚气病重；又因鸡食蜈蚣百虫，蓄毒，故夏不食鸡，恐食之杀人；还说吃秋姜会早死等等，把食物禁忌限定在季节性上。还有的是颜色方面的禁忌，比如“孝服”色白，白为不祥之色，因而香港、深圳等地，买鸡都忌讳要白色的；还有食物名称方面的禁忌，比如湖北一带，有六月尝新忌鸡的，谓禁饥（鸡）也；又有食物形象方面的禁忌，例如土家族未婚青年男女忌吃猪蹄子叉叉，说是吃了找不到对象，找到后也会被那个叉叉叉出去（台湾也有此俗，恐少女食猪蹄，将来婚姻不成）。杭州、湖州一带，曾经有忌食螃蟹的习俗，俗以为死后将被驱入蟹山受罪，饱受蟹爪刺伤。又以为蟹背有星者、脚不全者、独目者、腹有毛者，食之能害人，有风疾者更忌食。山东一带，供神供祖的饭菜酒，一般忌双数。

总之，食物食品在时间、颜色、名称、形象以及食用数量方面所表现出来的禁忌心理都是带有巫术性质的。由于民间相信食物食品有各种相互对应的性质，并且以为这些性质不同的食物食品可以相互作用而产生出新的性质来——新的毒性——于是就又产生了许多食物食品相克禁忌。食物食品相克，实际上是说它们相互作用的结果会对食用的人产生不利的影响，因而也就是讲要禁忌同时食用这些食物食品。旧时一些历书上多有食物相克之类的图表。然而因各地物产、惯习的不同，这一类图表也差别很大。古代笔记小说中也常记录此类禁事。如清代·竹柏山房《闲居杂录》中就有“物性相反”、“物性相感”两类食物食品禁忌的记载。其文曰：“有物性相反者，如河豚同鹿肉食之，杀人；羊肉同鲙酪食之，害人；羊肝得生椒，破人脏；猪肉得胡荽，烂人脐，是也。有物性相感，入腹成动物者。如鲙生同酥乳食之，变诸虫；鳖鱼与苋菜食之，还生鳖；牛肉同猪肉食之，成寸白虫；猪肉羊肉以桑楮柴煮炙食之，亦成寸白虫也。”中原一带民间也流传着许多关于食物相克的禁忌。如：鱼肉禁忌与荆芥同食，食之必亡，谓之“鲤鱼犯荆花”；鱼子与猪肝禁忌同食，食之必亡；葱与蜜禁忌同食，食之必亡，谓之“甜砒霜”；花生与黄瓜禁忌同食，因其物性相反，故以为食之断肠、亡命；柿子与螃蟹禁忌同食，因其物相同，皆寒，故食之得痢疾，或曰成膈疾；烧酒与生姜禁忌同食，食之坏心肺；鸡与韭菜禁忌同食，食之生虫；苋菜与鳖禁忌同食，据说鳖遇苋菜会复生，食之生血鳖。这一说法流传甚广。总之，这类禁忌也是很多的。如果不慎同食了相克的食物食品，民间以为大多数还有补救的办法，一般可用绿豆水、黑豆水、甘草水、芦根汁、冬瓜汁、橄榄汁、粪汁等化解之。但亦有一些严重相克的，无药可解。如“驴肉与荆芥同食”、“茅檐水滴到肉上同食”等，均认为无化解的可能。民间亦有不信此说的。20世纪60年代，广州曾经有人登报打赌，专食相克的食物食品，据说吃了许多种也仍旧是安然无恙，这说明此类禁忌所说的犯禁后果也并不那么确凿，甚至多数是荒谬的。不过，民间仍有人笃信不疑，并且相互传承递继着。这实在是民间习俗的顽固性和民间习俗的魅力所致。

食物食品的热、凉、补、损、毒等等性质是人们对食物食品某种属性的主观判断和理性的赋予，由于它的直观感性差，所以一般只有少数几种能为民间所掌握，而大多数只有职业的郎中医师们才能分辨得清。而食物食品中另有一些自然属性则是民众可以一目了然的，可以凭直感觉察得到的。比如熊、豹子是凶猛

宰羊图

的，老母鸡的皮肉是粗糙的，辣椒是辣的等等。因而，还有一种更为原始的饮食俗信原则，即相信食物食品的这一类自然属性也会传染给吃者。据《博物志》云："孔子家语曰，食水者乃耐寒而苦浮；食土者无心不息；食木者多而不治；食石者肥泽而不老；食草者善走而愚，食桑者有绪而蛾；食肉者勇而悍；食气者神明而寿；食谷者智慧而夭，不食者不死而神仙。"如今民间也仍有类似的信仰，俗以为"吃了熊心豹子胆"，人就会变得同熊和豹子一样凶猛彪悍；而吃了老母鸡的肉，人的皮肤也会变得疙里疙瘩的粗糙起来；吃辣椒会使人心眼变得毒辣无比，成为不孝子孙；吃鱼肠会写出弯弯曲曲的字来等等。还有一些俗话，比如"吃了火药，脾气暴躁"、"吃了秤砣，铁了心"、"吃了灯草蕊，说得轻巧"等等，虽然是一些比喻，却也径直地表明了民间是有食物的素质能够转化为吃者的素质这一俗信的。正是由于这一信仰原则的存在，不但某些地区把吃食老母鸡、辣椒等这样比较正常的食物视为禁忌，而且尤其禁忌吃食那些具有异常形态的或者处于异常情况下的食物食品。因为异常的食物食品，其性质发生了变化，是没有定数的，是不可捉摸的，食之，唯恐导致某种不吉利的变异。关于各类变异食物的禁忌，清·竹柏山房《闲居杂录》中有所记载，其文曰："凡禽兽虫鱼之属，或有感珍气形质变异者，如兽有歧尾，蟹有独螯，羊一角，鸡四足是也；有形色变异者，如白鸟乌首，乌鸡白首，白马青蹄，白马黑蹄是也；有肉变怪者，如落地不沾灰尘，经宿肉体尚暖，曝炙不燥，入水自动是也；有肠脏变改者，如肝色青黯，肾气紫黑，鱼无肠胆，牛肝孤叶之类是也。"这些有异常变化的食物食品都是禁忌食用的。另外，民间还忌食双蒂的甜瓜和能沉入水底的甜瓜，忌食一荚五粒仁的大豆，忌食五爪猪，忌食三足、赤足、腹下有“主”字、腹下有蛇文的鳖等等，也都是出于这种对食物“异常”现象的恐惧而形成的禁忌。

民间还有忌食不洁净的食物食品的禁忌。据《中华全国风俗志·蒙古》云：“他如水族鸟类，则视为不洁之物，绝不沾唇。”俗以为一些动物的内脏和血液等是不洁净的，因而禁忌食用，唯恐食之不吉，会得病或招致灾异等。比如仫佬族忌食动物的心脏；鄂温克族忌食病死的野兽和家畜的头、五脏、淋巴腺、膝下骨髓等；锡伯族、达斡尔族等除羊血外，禁食其他动物的血；台湾也有少女未满十六岁忌食鸡鸭血的习俗等等。这一类饮食禁忌自古有之。据《礼记》云：“不食雏鳖，狼去肠，狗去肾，狸去正脊，兔去尻，狐去首，豚去脑，鱼去乙（乙，鱼目旁乙形骨），鳖去丑（丑，鳖窍也）。”又云：“牛夜鸣则庮（庮，恶臭也）；羊冷毛而毳，羶；狗赤股而躁，臊；鸟皫色而沙鸣，郁（郁，腐臭也）；豕望视而交睫，腥；马黑脊而般臂，漏（漏，如蝼蛄臭也）；雏尾不盈握不食；舒雁翠（舒雁，鹅；翠，尾肉）；鹄鸮胖（胖，胁薄肉）；舒凫翠（舒凫，鸭）；鸡肝；雁肾；鸨奥（脾）；鹿胃。”其注疏云，此皆为不利人、不可食者。当然，古今民间食物不洁禁忌中又常常是含有其他俗信因素的。例如相信内脏、血液中含有动物的精灵魂魄等等，因而也是不敢食用的。据说兰州多鸽，盈城皆是，当地人不敢食用，以为食之必有灾。这即是超出了不洁信仰的。民间还以为有些不洁净的食物食品还可能影响到食者以外的事物。如鄂温克族人禁忌小孩子吃羊的肥肠，否则，以为会找不到好草场，影响放牧，将给大家带来不幸。

另有一些不洁食物禁忌形成了宗教信仰的特色，并且超脱宗教范畴，成为信徒们普遍遵从的一种生活惯习。例如信仰伊斯兰教的回族、东乡族、乌孜别克族、维吾尔族、哈萨克族、柯尔克孜族、撒拉族、塔塔尔族、塔吉克族、保安族等，都视猪、狗、驴、骡等为“不洁之物”，禁忌食用。尤其禁忌食猪肉，并不能言及和接近之。伊斯兰教还禁忌食用自死物、血液，以为同样是不洁净的“秽物”。据《天方典礼择要解》中说，回族禁食的有：“暴目者、锯牙者、环喙者、钩爪者、吃生肉者、杀生鸟者、同类相食者、贪者、吝者、性贼者、污浊者、秽食者、乱群者、异形者、妖者、似人者、善变化者。”其中禁忌的原因就不仅仅是“不洁净”一项了，还包括了食物的许多“不好的性质”在内，可见亦

扑杀青蛙

是有担心这些“不好的性质”会传染给吃者本人之类的顾忌的。即使是可食的畜禽，也必须经过阿訇或者懂得宰杀规矩的人宰牲才能食用。这是对食物禁忌的最后一次“把关”了，这种规约，无疑是带有鲜明的宗教色彩的。

有些民族在祭祀祖灵神明时禁忌吃食某些食物食品，以表示对神灵的虔诚。如高山族在祭祀时禁忌食鱼；佤族卜卦“做鬼”的鸡肉、鸡蛋，主人禁食，亦禁买卖，全要由魔巴食用；哈尼族凡为祭奠死者剽杀的牛肉，本家族或氏族的成员都禁食，只能按亲疏之序分给外姓亲友吃；汉族祭祀、吃斋时禁忌吃葱。俗谓“吃蒜不吃葱，吃葱假斋公”。河南一带祭灶的糖果，禁忌幼女吃食，否则，不吉。

民间又有恐伤害生命，遭报应而禁忌食用兽畜类的。如鄂伦春族人禁忌妇女吃食熊前半身的肉，否则，以为会被熊抓住。俗信还以为吃斋敬神是积阴德，而吃荤腥伤害生命会遭到阴间的报应。汉族中有些地区有禁食牛肉的习俗，据说就是与这种俗信有关的。旧时，牛在人们的生产中贡献最大，是农家不可少的好伙伴，因其有助于人，所以不忍心杀食。食者，良心受谴责，便想到会遭受神鬼的报应。因而非到饥荒年景，万不得已的情况下，是绝对禁食牛肉的。过去，苏州人不食牛肉，牛死后常将其抛入苏州河里。这一情况曾在当地“白蛇传”的传说中得到反映，说是白蛇在苏州河里还吃到了有人抛入河中的死牛。宋代人洪迈在《夷坚志》中也记载了这种禁食牛肉的传闻。如“食牛梦戒”一篇，说泰州一人因酷嗜牛肉而梦被拘斥，后遂恪守此禁，不敢再犯。《食牛诗》一篇中有一首诗

宰牛祭祀

云："万物皆心化，惟牛最辛苦。君看横死者，尽是食牛人。"这些都说明宋代或者宋代以前民间是有禁忌食牛肉的习俗的。其实早在汉代时，也就有了不敢食牛肉的记载，如《风俗通义·怪神》云："会稽俗多淫祀，好卜筮，民一以牛祭。巫祝赋敛受谢，民畏其口，惧被祟，不敢拒逆。是以财尽于鬼神，产匮于祭祀。或贫家不能以时祀，至竟言不敢食牛肉，或发病且死，先为牛鸣。其畏惧如此。"不过，这里所说的禁食牛肉其信仰不在于担心阴间的报应，而是担心阳间巫祝使术行祟。因食牛肉，发病且死，先为牛鸣之虞，只不过是拒淫祀的一种托词。然而，这种托词很可能传承下来，成为民间惯于接受的禁忌理由。或者此与后世惧报应的禁食牛肉习俗也是有着连带关系的。此俗自元游牧民族执掌朝政后，有较大的改变，食牛肉之风日盛。如今，汉族民间仍有禁忌食牛肉的习俗残留。佤族青年人也禁忌吃黄牛的心、肝，否则，认为会生病，家人不吉。汉族民间至今除极端困苦的时候不食马肉，认为马也与牛一样，有功于人，所以不忍心杀食之。这种感恩于某种畜类而禁忌杀食其肉的风习，与远古图腾禁忌也有某种相似性。图腾表达了人与生物间某种特殊关系的发展，图腾不仅把人与人之间的关系组织起来，同时也把人与环境的关系组织起来。人们常常把最能影响到自己物质与精神生活的某种生物（动物或植物）当作自我群体的图腾。对于动物图腾来说，一般是禁忌杀食它们的（或者即使杀食它们，也要举行某种庄严的仪式），因为人们对它有一种认同感。马、牛之类的牲畜虽然不是原始意义上的图腾（有人认为马、龙是一类的东西，因而相信龙的图腾也指马），但由于它们有功于人，所以人们对它也有一种认同感，故而不杀食其肉，也含有不杀食同类（至少是“朋类”）的意思。这也是人禁忌杀食人肉的一种心理上的乃至行为上的扩延。和牛、马等大牲畜相类似的还有狗。狗与人的关系也极密切，尤其以狩猎为主的民族，是离不开狗的。许多民族禁忌食狗肉，如瑶族、畲族、锡伯族、满族、拉祜族等。畲族不食狗肉，狗死后放到溪水中冲走，俗以为食狗肉会破相或生病，所以禁食。锡伯人不吃狗肉，是把狗看成一种神圣的动物和忠诚的猎伴。拉祜族认为狗是他们的好朋友，故忌杀狗、食狗肉，并忌食狗肉者入其家门。满族人禁忌食狗肉，忌戴狗皮帽子。传说其祖上老罕王为“义犬”所救，为感狗恩，故传留下此俗。这些禁忌都和人与动物的认同感、一体感有关。

不但长期和人们生活在一起的动物，人们会因感恩戴德而禁忌杀食之，甚至有些偶尔有功于人的一些动物，也能得到此种“殊荣”。例如南昌、瓯江一带的人忌食鼋、鳖肉，便是鉴于此。据《清稗类抄》云：“南昌人畏鼋与鳖，呼之为老爷。南康府附近有老爷庙，所祀为鼋老爷。相传明太祖与陈友谅战时，曾救御舟出险，赣人祀之甚虔，且相戒不食鼋鳖，恐犯老爷之怒也。”瓯江人禁忌食鼋肉，据说食之会亵渎神明。因为鼋是有功之物，是它在唐僧取经时帮助唐僧师徒渡过了八百里通天河，又驮回了经书。所以人们敬之如神，禁忌杀食。

当然，民间还有一些食物禁忌是出于一般的惯习的，其中并没有什么特别重要的信仰意义。比如广州一带视为名贵佳肴的“龙虎斗”，即蛇、猫肉，还有当地人爱吃的鼠肉等等，中原一带人就不习食用；而中原人爱吃鱼、禽类食物，藏族大部分地区却又没有吃食的惯习。这基本上属于各地生活习性的不同，谈不上更多的信仰根据。由于“习惯成自然”，所以对于不常以为食物的东西，就常常会有一种厌恶进食的感觉，俗称“反胃”，也可以自然形成一方一地的饮食禁约。就如中国人不食蜗牛一样，或者根本就没人去尝过它。只是在听说别国人都很爱吃的时候，才想起来。所以，真正的饮食禁忌应当是有吃食的环境，甚至有吃食的欲望而实行着吃食的禁忌的。而有些习惯上不吃的东西，实则并不能算作是真正的食物食品的禁忌，或者仅仅只是一种不为的惯习而已。

有些从卫生角度考虑的食物食品禁忌如今在民间也蔚然成风，如忌食生冷食物，忌食生葱生蒜，忌喝生水，铜器盛水隔夜忌饮等等。否则，认为会得病、肚子痛。这些都是蛮有道理的，已被现代科学、现代医学所证实了是正确的，为民间普遍接受和禁行。

饮食方式禁忌

习俗不同，饮食方式亦不同。饮食方式中的禁忌也反映出一定的民俗信仰。俗以为神鬼是能够影响到人们获得食物的多少的。农业、狩猎、捕鱼等生产活动常常与宗教、祭祀活动结合在一起，形成一些独特的饮食习俗。过去，人们在获得丰收或捕猎到食物后常常是先祭祀祖先神灵，感谢神明的保佑，然后再自己食用。《礼记·少仪》云："未尝不食新。"疏云："尝谓荐新物于寝庙也。未尝则人不忍前食新也。"佤族习俗，不举行迎谷神、棉神、小米神和瓜神的仪式，就禁忌吃食任何新熟的庄稼和瓜果；景颇族认为谷子是有灵魂的，打俗时谷魂被吓跑了，必须举行叫谷魂的宗教仪式把谷魂再叫回来，这样谷子才能吃；鄂温克族打住鹿、犴、狍子，当日不能吃其舌，也不能切断其食道。宰杀时忌切断或弄破野兽的阴物。内脏忌食，只吃肉。吃肉时要举行祭火、祭神的仪式活动，喝酒时也必须先献祭佛神和"白纳查"（山神爷）。藏族、佤族等民族喝酒时要用小拇指从杯里醮一点儿，洒向空中或地上，表示敬献神灵，然后才能自饮。这些都是为饮食而举行的祭神活动和敬神的仪礼，以表示酬谢敬奉神明的心意。否则，不敢擅自饮食，或者以为擅自饮食后，神灵不再保佑，将来不能获得新的、更多的食物，会遭受饥荒灾祸。台湾高山族在祭仪、出猎、丧葬时，有禁忌食鱼的风俗，也是饮食禁忌在礼仪中的体现，是重视神圣事物的特殊表示。另外，一些大型的祭祀活动中也常常附带有公共的饮食聚餐活动，同时也有许多饮食方式方面的禁忌。如伊斯兰教的"斋月"期间，维吾尔族、回族、哈萨克族、乌孜别克族、塔吉克族、塔塔尔族、柯尔克孜族、撒拉族、东乡族、保安族等十个民族的成年穆斯林们，都要进行斋戒。整个斋月期间，每天日出前吃好封斋饭，从日出到日落，严格禁忌吃食任何东西，平时抽烟的也要戒烟。老弱病幼者可不守斋，但也要尽量节制饮食。期满二十九天，寻看新月（月牙）出现时即行开斋，次日为开斋节（新疆地区又名"肉孜节"），如不见新月，则继续斋戒一天，开斋节顺延。这种斋月间的饮食方式，据说是为了表示笃信真主安拉，表示宗教信仰的虔诚。满族中又有吃肉大典的习俗。旧时满族富贵人家，有大祭祀或喜庆事，要设肉食宴会。是日，无论认识不认识，凡是明白这个礼节的人都可以参加。事先不发请柬，来人向主人“打千儿”道喜问候之后，就可随意入座。吃完就走，忌道谢，忌擦嘴，忌漱口。据说道谢、擦嘴、漱口是对主人的不尊敬。满族祭天时，还有吃小肉饭的习俗形式，即祭祀结束时，由族中老年妇女分小肉给众人吃。据说吃小肉时屋内屋外的人不许乱串。做好一锅肉丝粥，无论什么人赶上就吃，吃完也不用道谢。只此一锅，不许再做。以吃净或不够吃为大喜，最吉利。忌讳吃不完。这种祭祀活动中附带的饮食习俗，类似《礼记·曲礼》所云：“共食不饱，共饭不泽手。”往往带有一种古朴的淳厚，或者会令人想起洪荒时代祭礼时人群聚餐的场面，那时候，人们都是神的奴仆，彼此不分你我，是共生一体的。所以这时的饮食不互致谢，不避粗野。有人以“古之淳俗犹存一斑”来形容它，实在说，也并非是过分的言辞。

中国人讲究尊重当地的习俗，所谓“入境随俗”。因而到某地某人家中做客，要明白当地的饮食习俗，了解当地饮食方式上有何禁忌，切莫犯了人家的忌讳。不然的话，就会闹出笑话，或者发生误会。

到信奉伊斯兰教的民族地区做客，要尊重其宗教信仰，饮食时禁忌提及猪肉。在维吾尔族家中做客，吃饭时，禁忌随便拨弄盘中食物，禁忌随便到锅灶前面去。如吃抓饭，食前要洗手。通常是洗三下，然后用手帕擦干，禁忌不擦手乱甩手上的水，俗以为这样是对主人的不尊敬。共盘吃饭时，禁忌将自己抓起的饭粒再放进盘中。吃饭时忌让饭粒掉落地上，如不慎掉落地上，要拾起放在自己近前的“饭布”上。吃饭时忌擤鼻涕、吐痰、放屁，否则，会被认为是失礼。这些禁忌，其他信仰伊斯兰教的民族中也都或多或少地存在着。

满族人禁忌杀狗，禁忌吃狗肉。去满族家中做客，忌戴狗皮帽子，如戴着狗皮帽子，必须在进门前脱下夹在腋下。鄂伦春族人平时多食肉，或烤或煮，均忌用刀子叉肉。到鄂伦春族人家中做客，也要注意这一点。哈萨克族禁忌用手背擦摸食物，不准乱丢食物，不准坐在装有食物的箱子或其他用具上，绝对不准跨过吃饭用的餐巾，青年人不能当着老人的面饮酒。如果到苗族家做客，吃饭时，家长会把鸡心、鸭心掂给客人。但此时禁忌客人一人独食之，必须与在座的老人们一起分享。否则，以为你不懂礼貌，不懂事，会被人看不起的。到景颇族家中做客，景颇人喜欢上山采来阔叶供人吃喝时当碗碟，但饮食中，千万不能把阔叶倒用，否则，会被误以为有敌意而当成仇人的。在汉族人家中赴宴，也有许多忌讳。如言谈举止，须小心谨慎，节奏放慢，不可匆忙急躁。如在席间毛手毛脚，移转酒樽将酒洒了，便是犯忌的。《风俗通义》云：“坐不移樽。俗说凡宴饮者移转樽酒，令人讼诤。”另外，座次、举箸、饮酒，或以齿或以贵，禁忌无长幼、尊卑之序（参见本书“交际禁忌”部分）。饭菜忌食太饱，要留有余地；席间忌脱衣、松裤带；忌谈论饭菜不好；忌站起身来夹远处的菜；菜盘忌食空食光；忌主动要求添菜添饭；吃鱼时忌主动把鱼翻转过来，俗谓“客不翻鱼”；忌不道别就离席而去等等。总之，到人家家中赴宴，要尊重人家的饮食习俗，在饮食方式方面，也不能违犯人家的禁忌俗规。这方面的禁忌，晚周时期中原一带就有了。据《礼记·曲礼》云：“（与人共食时）毋抟饭，毋放饭，毋流歠，毋咤食，毋啮骨，毋反鱼肉，毋投与狗骨，毋固获，毋扬饭，饭黍毋以箸，毋嚃羹，毋絮羹，毋刺齿，毋歠醢。”从这一类禁忌的目的来看，一般说来都是讲究卫生、讲究节约、讲究礼仪的。除了少数带有神秘意味之外，大多数又是具有一定的积极意义的，而且流传至今的这类习俗，保留、变异程度不同，因而往往还具有独特的民族风格和浓重的地方特色。

中国人是热情好客的，他们很乐意在自己家中款待亲朋好友，尤其是来自远方的客人。在如何待客饮食方面，也有一些禁忌。如果说上文谈到的做客饮食禁忌主要的是要求客人对主人的尊重的话，那么这里要谈的待客饮食禁忌则又主要的是要求主人对客人的热情、坦诚与虔诚了。汉族人讲究敬宾客，在吃饭前要给客人递上热毛巾，请客人洗脸擦手。把客人让到首席座位上。山东一带，客人进门的第一顿饭忌吃水饺，因为水饺是送行的食品，俗称“滚蛋包”，意味着客人不受欢迎。河南郸城一带待客忌三盘菜、八盘菜，说是“三个盘子待鳖，八个盘子待王八”。一般是菜多为好，豫北一带有“七个碟子八个碗”的说法，表明菜肴丰盛、待客心诚。吃饭时，主人要亲自给客人布菜、敬酒。盛饭时忌勺子往外翻。一说这是犯人牢食的舀法，一说是为了避免财水外流。宴客席间主人始终陪坐，忌讳提前离席。吃饭时，忌讳将空碗空碟收走，忌讳席未散就抹桌扫地，俗以为这是“赶客”的举动。宴客时又忌茶壶、酒壶壶口向人，否则，以为会有口舌。《礼记·少仪》云：“尊壶者面其鼻。”鼻者，柄也。口柄前后相对，柄之所向，主施惠，为尊；口之所向，主受惠，为卑。不以口向人，实为敬客之意也（参见《无何集》第353页）。河南一带，宴客忌问客人“吃醋不吃醋”，因讳“醋”字，要称醋为“忌讳”；酒席上，莲菜盘忌放首席前，要放远离客人的

“席口”处。因莲菜俗称“眼子菜”，若放客前，恐有“捉眼子”之嫌，“捉眼子”含贬义，是一种污辱人的俗语。家中来客，打荷包蛋时，忌打两个鸡蛋，恐犯“二蛋”的忌讳，“二蛋”俗谓“傻瓜”之意，一般都是打四五个鸡蛋，才显得热情。招待客人吃水果时，忌讳两人分吃一个梨，讳避“分离（梨）”二字。其他民族中也有这类待客饮食习俗。其禁忌事项或略有差异，然敬客之心大体如此（参见本书“交际禁忌”部分）。

饮食方式方面的禁忌不唯对外客如此，对内、对家中人、对亲友也是一样的。而且从这类饮食禁忌的形式上看，主要的还是基于当地人自家日常饮食习俗之上的。外客来到此地，也不过是顺从当地的惯习而已。

在日常饮食方式方面，民间也有一些禁忌习俗。比如，大多数人们习惯于在自已家中吃饭，他们进食时总喜欢躲开家庭成员以外的别人。农村中，旧有端着饭碗上街吃的习惯，但大家是吃极为普通的家常饭时，才这样的。一旦改善生活，吃别样饭或者来了客人时，就又要待在家里了。这可说是一种共食惯习的遗存。上街吃表明了“我们家没吃什么特殊的好饭菜，是与大家一样的”，可以产生一体感。而避开别人，就说明饮食有了差别。随着经济的发展，分配方面日益显现出差别，如今，尤其在城镇里饮食避人的习俗是越来越强化了。到了开饭的时候，一般是禁忌串门的。小孩子吃饭时仍待在人家家中玩耍，父母也是要训斥教训的。如果吃新禾时，有人离家未归，民间忌讳提及此事。如有人提及，则全家戚然不安，认为是不祥之兆。这又联系到民间吃饭时喜举家团聚共食而忌讳有人不在或分散开来吃“流水席”。这又是以家庭为单位的“共食惯习”了。俗以为看人家吃饭也是不礼貌的。锡伯族人吃饭时，禁忌边走边吃，又禁忌端着饭碗在外头吃。土家族禁忌吃饭时端着碗站在别人背后。俗以为在别人背后吃饭是吃别人的背，别人会因此而“背时（食）”的。旧时，吃饭时又有男女不同桌，尤其儿媳不能与老公公同桌的习俗。主要是对妇女的轻贱和男女性隔离的观念使然。

民间还忌讳吃饭前用筷子敲空碗。俗以为“穷气”。因为，旧时乞丐要饭时才这样敲的。拿碗的手势一般是五指自然捧着饭碗，忌讳用手掌平托碗底，又忌用手攥着碗边，这也像乞丐要饭的样子。盛饭时，汉族有忌从窗口递进食物的习俗，据说吃了会得噎食病。佤族人忌讳用芭蕉叶盛饭。俗以为芭蕉叶是做鬼用的，恐其中藏有鬼魂。饭盛好后，民间又忌讳将筷子插在米饭碗上。据说这是丧葬时敬鬼神的方式，容易让人想到死人，是不吉利的。山东一带又忌把筷子横担在碗上，说这是供奉死人的放法。据说明代之前有把筷子担在碗上的习俗，后来明太祖斥为恶模样，因而后来逐渐成为一种禁忌。有些讲究的人家，酒杯碗筷的放置都有规矩，叫做“杯不出栏，筷不出缘”。又有筷子不放于杯子同一侧的忌讳。若是杯子两边，一边放一只筷子，就觉得不吉利，因为“快（筷）分开”了，这样，看上去也不雅观，不正常。并且，每双筷子应一般齐，不可一长一短，令人想起“三长两短”等不吉语，故以为不祥。这些，也是一种礼法的禁约。

中国人是用筷子吃饭的，筷子一般用右手执拿。《礼记·内则》云：“子能食食，教以右手。”左手拿筷子，民间以为反常，俗称“左撇子”。拿筷子的位置一般要适中，忌讳拿得过高或过低。俗以为从手执筷子的部位上可以占卜出来小孩子日后结婚对象离家是远还是近。手拿筷子过高的，对象一定离家远，手拿筷子过低的，对象一定离家近。这样，担心孩子将来远离父母或者不愿孩子没出息地守在父母身边的就必定是所忌讳的了。河南郸城民间又有吃饭时用筷八忌，即为：一忌舔筷（忌用舌头舔筷子）；二忌迷筷（忌拿不定主意，手握筷子在餐桌上乱游寻）；三忌移筷（忌刚吃了一个菜接着又吃另一个菜，中间不停顿，不配饭）；四忌粘筷（忌用粘着饭菜的筷子去夹菜）；五忌插筷（忌把筷子插在饭菜上）；六忌跨菜（忌别人夹菜时，跨过去夹另一个菜）；七忌掏菜（忌用筷从菜当中扒弄着吃）；八忌剔筷（忌用筷代牙签剔牙）。也是家庭吃饭或者宴客时的禁忌俗规。多是关乎卫生、谦让、礼貌的。说明中国人是重视饮食的庄重性和严肃性的，如不以此为戒，违犯这些禁忌，则会被认为是不文明的“匪类”或污秽不堪的“丐帮”。

许多民族吃饭时的衣着穿戴以及吃饭时的身姿形态也有所禁忌。比如哈萨克人食忌无冠，如果事急来不及戴帽子或者忘记戴帽子，也必须用一根草茎插在头上，才敢就食，否则以为不敬。乌孜别克族也有类似习俗。用餐时，长者上座，幼者下座。家中人口多的，一般都分席用餐，妇女与孩子一席。用餐时严禁脱帽。鄂温克族吃饭时最忌穿一只鞋吃饭，俗以为如此则儿媳会变成小偷。达斡尔族人禁忌吃饭时坐在门槛和窗台上，或者边走边吃。俗以为如此，则会长粗脖子，或者会导致乳牛立着下犊。汉族也忌吃饭时以足践椅栏上，俗谓如此则食必噎。又忌吃饭脱鞋、摸脚趾。还忌吃饭伸懒腰，俗谓“吃饭伸腰，天打勿饶”。

李太白醉酒图

吃饭是一件正事，俗忌心不在焉，思想不集中。汉族民间忌讳吃饭时看镜子，忌讳边吃饭边干活，或者边吃饭边玩耍，以为是对家神的不敬，俗谓“吃饭不要闹，吃饱不要跑”。许多地方还忌吃饭时说话，民间有“食不语”、“吃饭不拉呱，酒醉不骑马”的俗谚。蒙古族吃鱼时也忌说话，因鱼有刺，易伤喉，相戒临食不语，并称熟鱼肉为“哑口菜”。食不语除了卫生的功用外，还有防止说出不吉语的作用。吃饭时说出不吉语是更遭人忌的。俗以为饭时忌提到伤、亡、病、灾、祸等凶事，否则，不吉。山东一带又忌饭桌上说“蒜”和“醋”。因为当地方言“蒜”与“散”同音，恐家人分散，大不吉利。说“醋”恐有不贞事发生和令人生妒忌。

吃饭是一件严肃、神圣的事情，古代饮食常与祭祀活动结合在一起，某些宗教信徒也常在就餐前默诵经文或作祈祷。汉族饭时虽无甚明显的祈神行为，但也视吃饭为一天乃至一生中之大事。平常人们相遇时总爱问：“吃饭了没有？”可见吃饭是人人注意的一个焦点。因而在这样的时刻里是忌讳出任何差池的。河南一带，忌讳吃饭时将筷子掉在地上，俗以为不吉利。林县人如果吃饭时掉了筷子，要用掉下的筷子在地上画个“十”字作破法，然后再使用。河北一带禁忌吃饭时把碗扣在桌上，据说扣碗会得噎食病。还有一些地区忌饭时扣碗是因与吃药相类。吃汤药时，喝完后常将药碗扣于桌上，以示今后不再生病服药。如扣饭碗，还恐易生病将不能进食。白族（勒墨人）吃饭时忌把香油瓶弄倒了。如倒了香油瓶，俗以为是闹鬼，要死人。鄂温克族忌将奶制品洒在地上，如洒了就等于洒掉了自己的福气。不慎撒掉时，常以所撒之奶类涂在额前少许，以保福气不失。汉族及其他许多民族中都有吃鱼吐刺，忌吐在地上，要放在桌上的习俗。吃饭时还忌讳掉饭粒、撒米和剩碗根。实则是民间敬谷神、惜谷物的心理表现。俗以为“作践谷物，必遭雷击”，又以为“小孩剩碗底，长大娶麻妻”、“吃不光，好生疮”。因此家长从小就要求孩子吃多少盛多少，要学会掌握自己的饭量。民间还有许多劝少食的俗谚，如“少吃多滋味，多吃坏肚皮”，“爽口食多偏作病，快心事过恐生殃”。尤其忌讳晚饭多食。俗说“少吃一口，安稳一宿；少吃一碗，安稳一天”，“少吃一口，活到九十九；多吃一勺，半夜睡不着”。并且忌暴食狂饮，所谓“饥不暴食，渴不狂饮”。

吃完饭后，俗忌躺卧不动，所谓“饭后不动，定要生病”。以为最好是走走步，活动活动。所谓“饭后百步走，能活九十九”。饭后又忌洗澡、剃头。民间有“饭饱不洗澡，酒醉不剃脑”、“肚饱不剃头”的说法。

烟、酒、茶是中国人饮食方面的特种嗜好，历来也有一些饮食方式上的禁忌。

烟草，据《续本草》云：“醒能使醉，醉能使醒，饥能使饱，饱能使饥。人以代酒代茶，终身不厌，与槟榔同功。然火气熏灼，耗血损年，人每不觉。”因其“耗血损年”，故民间忌食之。又因“人每不觉”，所以忌之不绝。有人曾论吸烟之宜忌，曰：“烟有宜者八事：睡起也，饭后也，对客也，作文也，观书欲倦也，待好友不至也，胸有烦闷也，案无酒肴也。忌者七事：听琴也，饲鹤也，对幽兰也，看梅花也，祭祀也，朝会也，与美人昵枕也。宜节者亦七事：马上也，被中也，事忙也，囊悭也，踏落叶也，坐芦篷船也，近故纸堆也。”这虽是“雅士”的评论，却也反映出了民间吸烟的大部分习俗现象。就其禁忌事项来讲，祭祀、床笫之禁大概是更能普及于民间的。

饮酒，是民间一大快事。往往在酒兴正浓之时，猜拳行令，以为劝酒之方。胜者不饮为乐，输者喝酒受罚。古俗或亦有赌酒获胜者得饮的风习，如“画蛇添足”之传说，即是说“请画地为蛇，先成者饮酒”。而如今民间酒场上的博戏则大都以能使对方多饮为幸事，实则亦是敬酒的另一种方式，所谓“敬酒不吃吃罚酒”。民间的酒令游戏有很多种，此不一一赘述。然而一般通行的俗规禁忌却也不少，如：酒令大似军令，在场人均不得违犯；隔席不说话，隔席不问

饮茶图

酒；交架腿不坐席，歪戴帽子不坐席；忌迟到，迟到者，罚酒三杯；罚酒必喝干，滴一滴，罚三杯；划拳伸手指时忌用食指和中指表示“二”，俗以为像“挖眼”；忌用小拇指表示“一”，俗以为小拇指是比喻“小人”的，常用大拇指表示“一”，这是尊重对方的意思。总之，这类规约很多，更有一些是因地因时因人而异的。山东一带，没有孩子的人忌喝瓶子底下的残酒，俗说喝瓶子底生闺女。民间还有忌卯时饮酒的，卯时为清晨时分，一大早就吃得醉醺醺的，恐怕会耽误一天的活计。俗语说：“莫吃卯时酒，昏昏醉到酉。”饮酒又忌过量，以免酒后失德。《闲居杂录》云：“酒浆面上不见人影不可食。”实则也是一种戒多饮的方式。试想，人如喝多了，便什么东西都看得模模糊糊起来，又哪儿能于酒浆面上看见人影了呢？俗以为“气大伤人，酒多伤身”，所以“饭要少吃，酒要少饮”、“不贪意外财，不饮过量酒”，否则，“酒极作乱”，会导致“乐极生悲”的。

饮茶的禁忌，明清之际，曾有人总结为七条。曰：一不如法，二恶具，三主客不韵，四冠裳苛礼，五荤肴杂陈，六忙冗，七壁间案头多恶趣。亦是文人雅士自视清高的品茶戒旨。清代苏州官方还有过禁民家婢及女仆饮茶肆的地方法规，因而，曾一度茶肆无妇人入。但民间饮茶习俗已久，终不能禁。民间尚有一些关于饮茶的俗信禁忌。俗以为饮茶令人少眠，吃茶多，腹胀（可以醋解之）。故禁忌晚间饮茶和饮茶太多。又以为"隔夜茶，毒如蛇"，不可饮。据清代《闲居杂录》云："惊蛰后至九月，凡茶水在几上经宿者不可饮。因守宫（壁虎）之性，见水则淫，每于水内相交，余沥遗入，为性最毒。如误饮时，急觅地浆水解之，或吐或泻，尚可救一二。掘地以冷水拨之，令浊，少顷取饮，谓之地浆。"这里所说的隔夜茶不可饮的原由及其破法，颇带有民间俗信的韵味。虽不一定确当，总比空泛的"毒如蛇"一句比喻要形象、实在多了，因而是更具"说服力"、更能止饮"隔夜茶"的。

浙江一带新年互贺时，要饮红糖泡枣的茶。据说温州一带光饮茶水不吃枣，俗说，"无家教，吃茶泡"。闽南一带饮红糖枣茶却要吃掉茶泡，谓之"吃红枣，年年好"。还有的地方，办喜事时，新娘要吃"卵茶"。是时，新娘只低头饮茶，不吃卵。如吃卵，就被视为不稳重，日后不会受到丈夫和邻居的敬重。这也是与不吃茶泡相类似的习俗禁忌。其取意为"不贪婪，懂礼节"。

宋代，居丧时饮茶，或以茶待客，忌用茶托。《齐东野语》"有丧不举茶托"，专门记载了这种俗礼。据说是因为"托必有朱，故有所嫌而然"。乃是恐茶托为朱红色漆器，犯丧讳。

食品制作禁忌

食品制作方面的禁忌是与食物食品禁忌有关的，俗以为食品的制作可以直接影响到食品的性质。如信仰伊斯兰教的民族不食不洁之物（猪、驴、骡等），而牛、羊之类是可以食用的。但可食用的牲畜又要看宰者是谁。恪守教规的穆斯林有"刀口"要求，宰者若是阿訇或者懂得宰牲规矩的伊斯兰教信徒，则认为是洁净的，可食；否则，若是非信仰伊斯兰教者所宰，则仍以为是不洁净的，仍要忌食。有的地区甚至只食一刀宰死的牲畜，一刀未致死而宰第二刀的亦忌食。或以为，一刀未宰死表明主示意，不该食之。天意不可违，故不肯食。

壮族有吃狗肉的习惯，但绝对不能在厨房里杀狗，也不能在灶上煮狗肉。认为在厨房杀狗就会秽污灶王，狗血一淋，灶王会跑开，大家就没有神灵保佑了。所以，人们杀狗时多在屋外进行，烧火刮毛也在外边做，砍好狗肉拿来煮时，另用石头、砖头来砌临时的火灶，或在田边挖个灶，吃后就将灶毁掉。汉族也有惧杀牲禽的习俗。以为杀牲禽会给自己带来不利。多半是上了年纪的人杀牲禽，年轻人忌上前看，忌动手宰杀。不得不杀时，动手前，常用嘴噙一下刀背，以为“破邪”。传说这一噙，死后到阴间可吓跑兽怪，免遭报复。有的在下刀前还念几句咒语，如“不怨你，不怨我，光怨你主家卖给我”云云。杀完之后，还须蒸一碗血吃，以弥补杀牲的罪过。

吃饺子，旧时是很慎重的，一般都是过年节时才吃的。中原一带包饺子忌讳数数，据说一数数就少了。忌讳说“够了”、“不够”、“多了”、“少了”，怕被神灵听去了整治人。据说有的人家因为说了这类话，饺子一下锅里就不见了。东北一带又有忌包饺子不捏褶的，说是捏光边像“和尚头”，不吉利。其俗又忌包好了饺子摆成圈。据说摆圈表明日子越过越死门子。而要摆得横竖成行，这样才显得财路通达。过年吃饺子时，又爱在饺子里包上钱或小煤块。吃着有钱的饺子兆示要发财，吃着有煤块的饺子就预示要倒霉了。因此都忌讳吃着有煤块的饺子。这些包饺子中的禁忌也表达出食品制作中人们趋吉避凶的神秘观念。不但包饺子如此，做其他食品也是这样。过年蒸年糕，也忌讳孩子们在灶前指指点点、乱说话。俗以为孩子们一插嘴，年糕就发不起来了，就蒸不好了。就是平日里蒸馍馍、炸油条时，也有恐怕得罪鬼神的忌讳。为了防止“鬼捏馍”和“鬼喝油”，一般这时是禁忌外人串门的。在门口，有的插把剪刀，有的放碗冷水，还有干脆关门闭户，以防人来。有人串门赶上正在蒸馍、炸油条时，必须先到火灶旁帮助烧把火，以为破解。壮族忌煮夹生饭，特别是周围熟，中间有一团口盅大或鸡蛋般大的米不熟，就认定是一种不祥的预兆，不久必有灾难或横祸。因而，要出门远行的改期，在一段时间里，处处小心谨慎，与人交往，也多加小心，言行举动都比较克制。有些还要求神拜佛，请师公道公来消灾。做饭时还忌讳秽柴烧火，俗以为也会导致食物不洁的。壮族忌烧被风刮倒的树木。壮族传说，古代柴草的枝叶为脚，与各种动物一样走路，其根部是头，根须是头发，后来柴草走到人家里，连人走动的地方都挤满了，人们去向始祖神布洛陀告状，布洛陀命倒生神把树木颠倒过来，将其头部插入土里，不许走动。从此，柴草要由人去砍割，才能进家。过去，壮家村边被风刮倒的大树，人们不敢用，生怕倒生神见怪，遭受祸殃。由于月经期妇女、孕妇、产妇均为不洁之人，所以有些重要的炊事亦禁忌她们参与。没有福气的人，如孀妇、无子嗣者、戴孝者，恐身上有凶煞气，不吉利，也常禁忌参与炊事。尤其是上祭的供品，更是忌讳得厉害。鲁迅小说《祝福》中就曾反复描写了这样的细节。旧时，由于做豆酱和酿酒一样，成败很难掌握，不是发酸便是发霉。于是民间就怨天尤人，乱找原因。《风俗通义》云："雷不作酱，俗说令人腹内雷声。"民间则又有忌讳作酱时不洁女人、戴孝者近前偷看的说法。俗以为经这些不洁净的人一看，豆酱必坏无疑。这是基于事前忌说破的心理。不论什么事儿，事前一经说破，一经看见，便不灵验了。

药物饮食禁忌

中国的医药学是建立在民间关于药物食品性质的俗信基础上的。中药俗称"草药"，实则不仅包括植物，而且包括动物和一些矿物在内。除了一些外敷的药物外，大多数是煎服食用的，所以又称"汤药"。汤药入腹，事关人命，所以是较他事更为慎重的，所谓"医不三世，不服其药"。然而，中国自古巫医不分，后世民间也有许多巫师术士、巫婆神汉假借迷信活动为人"治病"的，再加上野医、庸医等等，使得中医的"理论"博杂纷纭，良莠不辨，颇为混乱。当然中国医药学中可贵的东西仍然很多，医学界也自有自己的学术见解，本书无意介入此事，现仅就民间广为人知的一些药物饮食禁忌，略述几项，以为说明。

民间俗以为有些东西，本身有毒，故而食之病亡。据《博物志》云："《神农经》曰，药物大毒不可入口鼻耳目者，即杀人。一曰钩吻。"又云："黄帝问天老曰：'天地所生，岂有食之令人不死者乎？'天老曰：'太阳之草，名曰黄精，饵而食之，可以长生。太阴之草，名曰钩吻，不可食，入口立死。'人信钩吻之杀人，不信黄精之益寿，不亦惑乎？"可见古人便信一种叫做钩吻的草为毒物。民间还以为"食燕麦令人骨节断解"、"啖榆则眠不欲觉"、"蘑菇有毒不可食"、"巴豆（据清《壶天录》：'腊梅花结实如豆，即药部中巴豆也。'）食之令人泻而死"、"蝎子胡蜂皆极毒之物"等等。民间又以为有些食物是因与其他某种食物同食而产生毒性的，所谓食物相克之类。这点上文已谈到不少，这里就不重复了。总之，俗以为饮食某种食物会使人中毒生病甚至死亡，所以对于有毒性的食物（药物）必须禁忌食用。

华佗神像

另外，有些药物虽然本身无毒，也无相克之虞，但用药不对症也会造成灾患的。比如人参、鹿茸，本为补品，可治血寒，但若用于热毒，则会导致吐血、尿血、流鼻血、腐肠而死等严重后果。还有痧症腹痛忌服生姜汤，疔疮忌服火麻花，骨蒸似怯症忌服生地黄，等等不一而足。所以《神农经》曰："夫命之所以延，性之所以利，病之所以止，当其药，应以病也；违其药，失其应，即怨天尤人设鬼神矣。"

由于食物、药物各有性质不同的特征，所以有时治病服药后还要特别忌食某种食物食品，谓之"忌口"，又称"忌嘴"。俗话说，"吃药不忌口，医生跟着走"，"吃药不忌嘴，大夫跑断腿"。比如，治痢疾时忌食油腥物、治脓疮时忌食鱼肉发物等等。土家族不但吃药者有所禁忌，就连农村草医本人也要忌吃狗肉和其他五个爪子的各种兽肉，否则，认为他的药物就不灵了。这与其俗禁忌用狗和其他五爪兽肉、死肉祭神，说是对神灵的侮辱有关。民间也相信草医吃了狗肉和其他五爪兽肉，其降病祛魔的神力也就会削弱甚至消失的。

关于用药方式，民间也有一些禁忌。比如山东一带民间以为抓中药时，药方不能反叠。否则，药与病反，没有功效。抓来的药，又忌放在锅台、窗台、炕台上。湖南一带病人服药，忌将药端过门槛再服，以为如此，药将失效。河南一带吃完了中药，忌讳药渣乱倒，俗有“药渣倒高不倒低”之说。又有忌讳倒在垃圾堆和厕所内的。因为民间相信，即使是吃过的药渣仍然是与病人的病体相关联的，如倒放不妥，就会影响病人康复。沁阳一带以为最好是倒在马路上，这样人来车往，可将药渣踩碎踢飞，与此同时，病人的病患也就得到解除了。

结语

以上我们列举了食物食品、饮食方式、食品制作以及药物饮食方面的一些禁忌，再加上本书其他篇章中所谈到的一些特殊情况下的饮食禁忌，就基本上可以看出中国人饮食方面的禁忌概貌了。中国人是十分重视饮食的，自古以来饮食与男女并列而为人生的最大欲望，所谓食色性也。男女传宗接代，用以解决人种延续的问题；饮食吃喝烹饪，用以维持个体生命的存在和发展。所以吃喝是关系到人的自身的现实问题。饮食禁忌习俗，也大都是从主观愿望上对自身的一种护卫，防止因吃喝而发生疾病，损年折寿，带来祸患。当然，其中又掺杂着许多迷信的思想和礼教的限定，以至在客观上使许多饮食禁忌陷入了非科学和伪科学的泥沼之中，并不能真正是有益于人的。我们有责任在尊重民族的、宗教的信仰、惯习的基础上，逐渐以科学的道理来影响人们的思想，改进人们的饮食文化，改善人们的饮食结构，使人们的饮食更趋于合理、更科学化、更丰富多样。

居住禁忌

中国是一个农业大国，大多数民族早已有定居的风习。人们大都有一个相对稳定的居处，称为自己的“家”。家所在的地方，称作“家乡”。一个人的一生或者会有许多家，但其出生的家，便是其“老家”。中国人有热恋故土的风习，对于自己的家乡、老家总有一种落叶归根的缠绵情感，这实际上也是每日里劳作一天后要回归到自己现实家中那种感情和惯习的放大。现实的家是人每日每天的归宿地，家乡是人一生一世的归宿地，这其中的道理、情感是有着相通性的。当然，有些人一辈子只有一个家，那就更是如此了。总之，家就是人们日常生活中的一个相对固定的活动基地。在中国，家的含义是指“婚姻居处”的意思，一对男女结婚了，大家就称之为“成家了”；再婚者，称为“又成家了”。《周礼地官·注》云：“有夫有妇，然后为家。”家是一个社会中的最小单位，有人比作是“社会的细胞”。家庭的兴旺发达与否，是与整个社会的繁荣昌盛密切相关的。因为家庭是人自身生产的第一个环境，它必然关系到整个民族的种属的繁衍。中国人习惯把全社会比作一个大家庭，旧时有“天子无外，以天下为家”的说法。每一个家庭都希望自己能够发展壮大，耀祖光宗，因而各家又有自己的努力追求。这些努力追求，在同一个社会环境中必然呈现出某种共同的信仰基础。这里所要谈的便是集中于家庭居处范围内的一些禁忌习俗。

建舍禁忌

家宅房舍，是人定居的基地，也是人常处的地所，所以中国人最重视之，俗以为建舍立家，犹如植树培根。这一事体处理得妥当贴切，才能够子孙昌盛，枝叶繁茂，家业兴旺。否则便会家运衰败，子嗣无继，灾祸横生。在重视建舍的习俗影响下，旧时风水术大盛，民间有专司其职的"风水先生"，以"看风水"为业。看风水又称"堪舆"、"相宅"。堪为天道，舆为地道；相庐舍为看阳宅，相坟墓为看阴宅。"风水"一词，最早见于晋·郭璞《葬书》，是指相看坟墓葬地的。根据"气乘风则散，界水则止"的道理，欲得水，藏风，使不行，使有止，故曰风水。后来才又分为看阳宅与看阴宅两种（看阴宅将在本书"丧葬禁忌"中再谈，此不论及）。看阳宅的风水术涉及许多迷信思想，长期以来是被现代科学嗤之以鼻的。自古以来，也有许多人对堪舆、风水之类的信仰持反对意见。如东汉·王符在《潜夫论》中便有"吉凶兴衰不在宅"的明断。不过，近年来亦有人指出，古代的风水术中亦包含着对住宅、村镇、城市等建筑环境的重视和关心以及关于这方面的基本选择和规划、设计的某种原则性。并且指出，风水理论是与地质地理学、生态学、景观学、建筑学、伦理学、美学等都有关系的。根据本书的宗旨，这里只能从民俗学民间信仰的一个方面去认识它。由于风水术过去是掌握在专司其职的风水先生手中的，所以其道理的玄奥之处多不属民间信仰的范畴，而且常常是术士们信口胡诌或者又是由好事的文人进行"加工"、"编纂"过了的。这些，我们且不去管它，我们的任务只是把民间通俗的建舍禁忌，包括那些风水术士们常言而且已为民间所接受、所承认下来的禁忌信仰记录下来，加以分析、研究、认识。

【择地禁忌】

建家宅，需选好地基，选地基要顺势，忌逆势。按中国人的习惯，建房一般都是坐北向南，忌讳坐南向北。这是根据地理、气候的环境，为避风、向阳而设的。这样的走向，地势上东西方向还问题不大，最忌南高北低，看上去极不

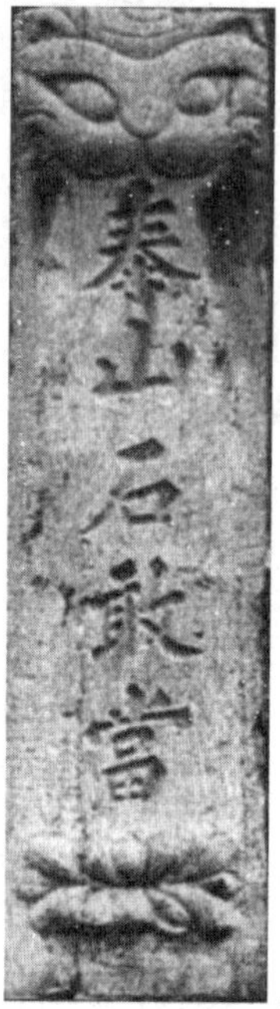

泰山石敢当

中国民间禁忌

顺眼，俗说：“前（南）高后（北）低，主寡妇孤儿，门户必败；后（北）高前（南）低，主多牛马。”实际这也是顺乎自然的，人们都是把房院建在山南水北向阳处，而不会建在山北水南背阴地里。出门就登山爬坡也是很不方便的。选宅基地要选在向阳有水的地方，阳光和水源都是人们生活中不可缺少的。忌讳选在干燥无润处，或太潮湿背阴的地方。据《营造门》云，凡宅宜居宫观仙居侧近之处，主益寿延龄，人安物阜。不宜居当冲口处，不宜居塔冢、寺庙、祠社、炉冶及故军营战地，不宜居草木不生处，不宜居正当流水处，不宜居山有冲射处，不宜居大城门口及狱门、百川口去处。这是明代人建房宅选地基的要领，可见是以求神佑、避鬼祟、躲战乱、图清静、多生殖、恐讼争等等为准则的。这些在民间都是很有代表性也很有说服力的。

另外，基地的选择还要看周围的地理环境。山西一带，喜散居，旧有居不近市的习俗。河南一带，也忌讳宅无出路。如果宅基地四周都是住家户，还恐将来遇见红白喜事不好借道。因为按俗理，红白喜事皆走公道，忌人私宅。所以在建房选地基时就要考虑到这一点。但是，又忌讳房院正冲山丘、豁口、河流、道路等等，恐有冲射，如实在避不开，亦应在适当的地点埋桩立石，契书“泰山石敢当”等字样，以灭邪去灾。据说房宅东边喜水忌路。宅东有流水达江海者吉，取意“财源茂盛达三江”、“福如东海”。而宅东有路则为泄财，不吉。北为寇方，北有路，亦凶多吉少。

宅基地的形状，俗以为四方形或南北长，东西狭的主吉；东西长南北狭的主凶。子午线为南北线，宜长；卯酉线为东西线，宜短。俗语有“卯酉不足，居之自如；子午不足，居之大凶”的说法，又有“当院横着长，必损少年郎”的说法。

古时候，还有宅分五音，姓分五声，禁忌宅姓不符的。据《论衡·诘术篇》云：“《图宅术》曰：‘宅有八术，以六甲之名数而第之，第定名立，宫、商殊别。宅有五音，姓有五声。宅不宜其姓，姓与宅相贼，则疾病死亡，犯罪遇祸。’”可见汉代已经将五行相生相克的说法套用在姓宅方面了。按其说，住宅的方位只要与主人姓氏所属的五音相宜，即符合五行相生的原则，就可以富贵昌盛，否则就要受到惩罚、遭祸患。当然，王充是反对这种说法的，他指出，住宅的方位与姓的五音二者相宜，未必“安宫迁徙”；不相宜，未必“失位贬黜”。后世这种姓宅五行推衍的道理，逐渐消匿，不知是否与王氏的据理驳斥有关。

古俗又有“宅不西益”的忌讳，即宅地忌往西边扩大。据说会害于宅神，或有死亡事发生。据《风俗通义》云：“宅不西益。俗说西者为上，上益宅者，妨家长也。原其所以西益者，礼记曰‘南向北向，西方为上’，尔雅曰‘西南隅谓之隩’，尊长之处也。不西益者，恐动摇之耳。”关于西方为上、为尊一点，在蒙古族、鄂温克族等民族的居处习俗方面至今仍然可以看得很清楚。蒙古包的西面是上位，因而建新的包一定要在主包的东侧，而不能设在西侧。通常萨满家的包设在最西边。蒙古包内来了客人，男性尊，要坐在火位的西边；女性卑，要坐在火位的东边。可见西方是尊长所处的地方。宅不西益即是恐怕有伤尊长。熊伯龙在《无何集》中也说道：“实说其义不祥者，义理之禁，非吉凶之忌也。尊长在西，卑幼在东，尊无二上，卑有百下也。义于不善，故谓不祥。不祥者，不宜也。于义不宜，未有凶也。”然而，在民间是分不了这么清爽的，传来传去，便将义理与吉凶混到一起去了。

有些民族选择建舍基地的方式不仅是勘察查看，还要通过占卜来判定吉凶再作出抉择。例如珞巴族选择房基地时，要在地基上用三根小棍支起一个穿孔的鸡蛋，然后用油松枝烧。如果鸡蛋烧裂，流出的是蛋白，那就意味着修成房子后会死人，就绝不敢再在这儿盖房子了。白族人选择盖房地基时，是在新地基上罩一只公鸡。如果公鸡啼鸣如常则认为是吉地，可以在此起屋盖房；如果公鸡一连三天不啼鸣，则认为此地为凶地，不宜盖房，必须另择新地。叶车人建寨时，一踏上新选的地基，就要点燃一堆大火，昼夜不熄。每天晚上要派人守着大火塘。第一天晚上，守火人听声占卜，如果听到的第一声是人的声音或禽畜的鸣叫声，表明这里是无鬼无神的干净地方，可以建寨立业，并相信会发展成为一个繁荣昌盛的大寨子；如果第一声听到的是小鸟鸣啼声，表示这里还遗留着一点微微的鬼影，人是可以战胜它的，寨子也会逐渐发展起来的；如果第一声是野兽的嚎叫声，则认为是大不祥之兆，表示这里的鬼神没有驱逐干净，是巫师撵鬼咒语不得力的结果，将来会人畜衰败，灾难横生的。遇到这种情况，就一定要另请巫师重新占卜，改在别处新的基地上建寨了。

尽管旧时的择地建舍信仰中有种种迷信、不科学的俗见，但建舍必须认真选择基地一点，仍被今人所承认是正确的。今天，人们在建房舍中已经不再相信风水先生那一套云天雾地的邪说了。但一些化为了民间通俗道理的含有着某种科学成分的择基地的信仰，仍然在实际生活中起着作用。同时，生活又给人们许多新的这方面的警示，也形成了某些新的禁忌，例如火山多发区里禁忌建房，离铁路沿线或高压电线太近的地方也禁忌建房，高层建筑与高层建筑之间必须保持一定的距离等等。这说明，随着生活的发展，这类禁忌也在变化着、发展着。

【择日禁忌】

旧时民间以为建舍盖屋必择吉日。择吉日有一大忌，即忌讳冲犯太岁。太岁是中国民间一种颇为特殊的信仰。它与天体崇拜有关，但又不代表任何星体，也不象征某种天象。有人说太岁就是岁星（即木星），是主宰一岁之尊神。但实际上它是地下和岁星相对应的、运行方向相反运行速度相同的一个非实体，一个想象物。它是人们根据纪时的需要而想象出来的。据说它“左行于地”，在地下与天上的岁星作相对运动。从汉代起，人们已经认为太岁每年所经的方位，与动土兴造、迁徙、嫁娶的禁忌有关了。《论衡·调时篇》云：“世俗起土兴功，岁月有所食，所食之地，必有死者。假令太岁在子，岁食于酉，正月建寅，月食于巳，子、寅地兴功，则酉、巳之家见食矣。见食之家，作起厌胜，以五行之物悬金木水火。假令岁月食西家，西家悬金，岁月食东家，东家悬炭。设祭祀以除其凶，或空亡徙以辟其殃。连相仿效，皆谓之然。”这种俗信虽被王充等人斥为“虚妄迷也”，但在民间却一直盛行不衰。人们传说，如在太岁方位动土，就会挖到一种会动的肉块，即是太岁的化身。如果人的精神荣盛，命运正旺还倒不至于怎样；如果运气不佳，命象衰微，就会遭到丧亡的祸灾。因而人们最怕遇到太岁，常常畏之如虎，比喻什么人凶恶、难惹，就称之为“太岁”。“胆敢在太岁头上动土”成了吓唬人的口头禅，“不得在太岁头上动土”也就成为民间普遍知晓的一大禁忌了。因而民间动工建造房舍是绝不敢冲犯着太岁的。河南一带民间建房舍，如正赶上太岁当年所在地，方向不利，又不能等待下去时，可在农历正月初五（*破五*）黎明日出前破土动工；或者在“太岁出游日”进行“偷修”。据说太岁逢子日出游，巳日回归。人们可以趁它出游之日偷偷地奠基盖房，据说，可以逢凶化吉，遇难呈祥。但偷修必须在额定日期内完工，即要赶在太岁出游回来之前把活干完。这种“偷修”，也是民俗禁忌的一种“变通”形式。

旧时还有忌五月盖屋的习俗。据《风俗通义》云：“五月盖屋，令人头秃。”佤族除了盖房的月份外，其余时间均忌盖房。其盖房的时间，一般是在举行拉木鼓祭祀后的下个月。河南上蔡一带有忌单日盖屋的习俗。据《无何集》云，还有观星择日的。凡四孟玄武、四仲朱雀、四季白虎，皆主不可起造。

关于建舍立门择日禁忌，林县一带，俗以为“春不宜建东门，夏不宜建南门，秋不宜建西门，冬不宜建北门”。看来，此禁忌可能与季节的风向有关。立门又有忌干支日的。俗以为“造门，正月、七月忌用卯日，二月、八月忌用巳日，三月、九月忌用未日，四月、十月忌用酉日，五月、十一月忌用亥日，六月、十二月忌用丑日”。这就比较麻烦了，很可能是风水先生的玄言流传于民间的。

【格局禁忌】

旧时民间建房舍很讲究格局，一般以一院四屋为定格，主房、偏房、门楼、厨房、厕所各有定位，不可错乱，否则不吉。俗说宅院宜实忌虚。实有五实，虚有五虚。五实令人富贵，五虚令人贫耗。五实为：（1）宅小人多；（2）宅大门小；（3）墙院完整；（4）六畜齐全；（5）水流东南。五虚为：（1）宅大人少；（2）门大内小；（3）墙院不整；（4）井灶不处；（5）地多屋少。实际五实五虚的比较一方面是要求建舍格局要殷实不虚，另一方面也是家庭贫富的必然表现。

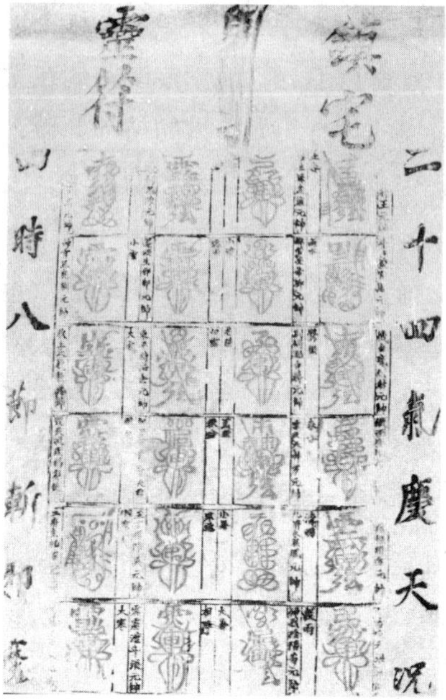

镇宅灵符

对于家院宅基地的形状，俗以为，房基地势要前低后高，忌讳前高后低。河南林县一带有“前低后高儿孙英豪，前高后低儿孙不昌”的说法。宅院忌讳呈簸箕形，即左右陪房外展，俗以为会失财。所以建左右陪房时，要注意外段向里收三分。俗以为这样可以拢财聚宝。宅院又忌不呈四方形，尤忌三角形，俗谓“三条腿的院子”。建东西屋，“宁叫青龙出头，不叫白虎张嘴”，“宁叫青龙高一丈，不叫白虎压一头”。亦即，西屋不能比东屋的间数多。盖房的间数，习单忌双。通常以单间、三间、五间为一座。不盖双数房间的房屋。俗说：“四六不通脊，通脊死闺女。”又以为“四六不做主”，若盖成四、六间房屋住进去不能主家，家人皆无主见。这种把偶数难决疑的思想用于建房、用于家事的现象恐怕与用于表决、用于政事的惯习也是有着一定的内在联系的。

在同一处聚居的各家，建房的高度要大体一致。民间一般是很忌讳某家的房子、院墙高于其他人家的。否则，说是会压了人家的“吉利”、“风水”、“运气”。人家大病小灾都要归罪于此。往往会因此而招致邻里纠纷，甚至会结下世代怨仇。盖房出檐、留滴水，忌讳超出自己的宅基地，遮盖或滴露到邻家房上、院中。后房檐忌砌“狗牙砖”，否则，认为是“咬着后家”了，后面的人家会竭力反对。房山墙忌照冲着邻家的院子，否则，以为是以“箭”射人、邻家不会愿意的。如躲不开，须在山墙脊头扣一沙锅。执意不扣沙锅的，邻家会在院中安一面镜子反射，以为这样就使灾祸又返回到对方家中了。厕所不能建在上首，即不能建在房子的左边。否则，不吉。鸡窝忌垒在正屋的屋檐下，谓之“双落泪”，不吉利。修阴沟（下水道）也不能通过别人的宅院，否则，会把别人的家财冲走。这些以迷信的形貌出现的禁忌，实则大都含有礼法的内核。

门，是家的代称。俗谓成家立业为“立门户”。民间有“一个门里的”说法，也是指一家子而言。家，谓一门之内，可见门对于家庭来说是多么重要了。俗谚有“死门上，活灶上”的说法。门的设置在建舍盖房立院中是最受重视的，因而也是禁忌最多的。

古时就有门向宜忌的说法，并且与住家的姓氏五行相关。《论衡·诘术篇》云：“《图宅术》曰：‘商家门不宜南向，徵家门不宜北向。’”及《无何集》云：“角家门不宜西向，宫家门不宜东向。”等便是这种古俗信仰的例子。俗以为“五姓之宅，门有宜向。向得其宜，富贵吉昌；向失其宜，贫贱衰耗”。这类迷信思想历来又遭到王充、王符、熊伯龙等名士学者们的驳斥。近代已不习见。维吾尔族等民族中又有宅门禁朝西开的习俗。因为伊斯兰教的圣地在西方。但有些地区由于房区地形的限制，也可例外。据说这一禁忌在北疆一带并不严格。

门前环境涉及整个房宅布局，因而也有所禁忌。俗信以为，凡人家门前有双池，为哭字头，不祥。西边有池，为白虎开口，不吉，皆须忌之。门前直冲河、井也不吉，恐被水射，生灾起祸，门口冲大路、小巷也不行，恐会遭鬼祟邪气。俗语云：“交路夹门，人口不存；众路相冲，家无老翁。”如不能避，则于门口处高悬“八卦境”，或竖“泰山石敢当”等避煞法物等以禳解之。门前又忌大树正冲，俗说，易招瘟疫。门若与邻家相对，忌正冲，忌门小。俗以为二门相对，双方不吉。尤以门小者更遭其害，俗谓之“大口吃小口”。若不能避，须于各自门内垒影壁墙，以挡避邪物侵袭。瑶族也有类似习俗。瑶族的房舍都是一排排的建筑，因为他们禁忌房门相对，禁忌门前有物遮蔽。这种禁忌很严格，起源也很早，据说《瑶经》中就有“门不相对”的记载。门又忌邻家的山墙或房脊兽头正冲。俗以为不吉，亦要设法破解。门还忌正冲房檐滴水。俗说：“房檐滴水滴门帮，一年之内死一双；房檐滴水滴门口，不伤大口伤小口。”可见民间忌讳之严厉。另外，门前又忌讳有坟墓和砖瓦窑。门前有坟者，阴阳相克，不吉利；门前有窑者，恐烧断财路，也不祥瑞。在宅院内，也忌讳这屋和那屋的门窗相对，俗谓："门对窗，人遭殃，窗对门，必伤人。"总之，这一类关于建舍中门的开向、方位的禁忌，一是与"开门卜吉凶"的俗信有关，一是与"门为家防之用"的俗信有关，都是尽量力求避凶趋吉的，也是建舍格局定位中最受重视的。

【结构禁忌】

在建房舍中，房舍的间架结构都受民俗风习的制约，有一定的禁忌规矩。造屋的地基要平实。屋形宜前低后高，忌前高后低，俗谓"前高后低，主人被欺"。更忌房子的中间高两头低，说是"小鬼担挑"，不吉利。草房和瓦房房顶的坡度又有不同。草房怕积水，所以要陡，瓦房房顶分量重，所以应平缓一些。俗语云："草房平，住不成；瓦房陡，住不久。"

盖瓦房覆顶，瓦的行数喜单忌双。河南林县一带传说木工祖师鲁班乳名叫"双"，为避其讳，所以房瓦忌双行。房子盖好后，还要在房脊上设"五脊六兽"、插红旗等以避邪压火。但民房上禁忌装饰龙形，龙是圣物，只限用于宫殿、庙宇、牌坊等神圣的建筑物，民间禁用，否则，将有灭门之灾。

房上檩条的摆放，要注意根梢方向。不过这方面各地要求不一，甚至恰恰相反。河南一带就有两种截然不同的说法。一是，"晒根不晒梢，晒梢把祸招"；一是，"晒梢不晒根，晒根绝一门"、"晒梢不晒根，晒根断儿孙"。看来后一种禁忌原由指示的更明显一些，是因檩条之"根"与家门之"根"字同音同，因而恐绝户、断嗣而生出的禁忌。但从房屋的建筑规则上看，檩梢留在下面（外边）也是比较顺当的。所以这种禁忌也不能说没有道理。不过，一般说来，檩条并不曝露在外的，所以，这种禁忌的实际作用，无非是要取得建构方面的一致性，而其信仰方面的传说却成为一种行之有效的保障手段。

同一座房屋，门的开向，必须一致，忌讳一房多门，又朝前开又朝后开，俗谓"鬼推磨"，大不吉利。房门门扇大小要一样，忌一大一小。俗谓"左大换妻，右大孤寡"。亦是根据"男左女右"的本命原则，推断妨克的。左大即男大，男大而强，所以克妻，妻死则须更换；右大即女大，女大命强，其夫必被克伤，夫死岂不落得孤寡。房门又忌比窗户低，俗称"门"为"眉"（门楣），"窗"为"眼"。一般应是"眉高眼低"的，否则便不吉利。平时比喻人不懂行，不会办事，也说是不知"眉（门楣）高眼低"。

旧时，民间房间的窗户不能做得比门更宽大了。俗说："眼不能比嘴大。"

否则，日后不顺当。现在许多新建的房舍，为了采光好，也有窗宽大于门的。过去民间建房舍，讲究对称一致，忌讳窗户一大一小。俗称："大眼瞪小眼"，主家庭不和睦。农村建房又忌后墙留窗。俗称房屋不能长"后眼"。孟县一带称后窗为后窑，俗说安了后窗即要有后窑（后窑又为继母）。林县一带有的地方盖楼房忌安楼窗，说是恐"风脉紧"、"遭灾邪"。

旧时农村有住草房的。草房铺砖根脚，喜单忌双。尤忌铺八层砖，因"八"与"扒"谐音，恐不吉利。

【材料禁忌】

盖房所用木料，也有所宜忌。房梁一般喜用榆木，取其"余粮"之意。忌用桑木，俗说"桑不上房"，因"桑"、"丧"同音，恐不吉利。豫北一些地区，还忌桃木、枣木、椴木、柿木、杏木、椿木上房。俗以为桃木上房主荒，要跑财；枣木上房人早亡；椴木上房绝后代；柿木上房出祸殃；杏木上房家不宁；椿木上房，人财将被"冲没"。其中有的是树木名称不吉引起的禁忌；有的则属树木材料质地差，不宜上房。民间还以为以果木为门插关，可以远盗。又忌讳用楝木做床，俗说，用楝木做床主灭子嗣。苗族禁忌用被雷电击断的树木造屋或制作家具。云南巍山彝族普通百姓盖房时禁忌用方木为房柱，只能选圆木为房柱。傣族盖房备料，必须选高大挺拔的树做柱子，而且要选用蛇日砍的第一根柱子。这棵做房子中柱的树被砍倒时，必须直接倒地，不能架在其他树上，砍掉树梢、树枝后拖进寨子，即可请木匠加工做房架。同时，所有用来做梁、柱的树都不能是藤萝爬过的。如果用藤萝爬过的木料盖房，就认为不吉利，如媳妇会开小门、房子会倒等。鄂温克族旧时平民禁忌住六块犴以上的大包，并且禁忌把犴染成红色和黄色；八块犴以上的大包只有少数贵族才能使用。

【建造禁忌】

俗以为建造施工的过程是有兆示作用的。因此这一段时间是很警觉的，唯恐稍有不慎，而招致祸灾或埋下隐患，对日后不利。布朗族建寨时，要举行圈地仪式，圈好地后要撵鬼，不让鬼呆在寨里祸害人畜。壮族建房忌向西、北，房子都是大门朝南或朝东开，忌向西或向北开。认为向西表示上西天是死亡的象征，向北是家庭破落，不但不添丁发财，还会天灾人祸或者瘟疫不断。汉族建房舍时，开工、上梁、完工等时刻都要燃放鞭炮，驱逐鬼祟，以求吉庆。动工后，忌讳说“倒、塌”等不吉利的字眼儿。建宅院应先盖好房屋，然后再立墙围。忌讳先造墙围和外门，否则，主难成。扎根脚、上梁时，要放爆竹、烧纸、割肉、宴客，还要在梁柱间贴上对联，如“青龙扶玉柱，白虎架金梁”、“吉星高照”等等。在钉椽子时，忌讳正冲着门中心，俗称“扎嗓椽”，不吉利，忌讳匠人在房内埋藏“祟物”。如果主家对匠人招待不热情、不周到，或者匠人对主家有仇气，匠人们便会暗中在砖瓦、梁檩中埋藏一些诸如面人、面兽、草人、纸人、木头人、木船、头发、牛骨、字、画、笔之类的祟物。据说上面写上主家的姓名、生辰等，或者有意按照一定的方位方式放置等，就会使这家家运不幸，连遭横祸，甚至能使之倾家荡产、家破人亡。所以没有不热情款待匠人的。这也许是匠人们从树立职业“威望”出发，利用一般民间视盖房建舍为家族兴旺的象征，惧怕招灾引祸的谨慎心理，而有意所作的一些宣传，再加上迷信术士信口胡言的推波助澜，所以形成了此种普遍的禁忌俗信。实则完全是一种巫术迷信观念的遗存。

傣族盖房要找属兔或属鼠的日子认为这些日子最吉利，猴、马日也可以，而且这些日子还必须是双日，即二、四、六、八、十等；单日子不好，有的双日子也不能用，因为每月至少有一天忌日，如五月忌狗日。盖房竖柱子，一定要先竖右边的一根中柱。竖中柱时，要放鞭炮，并在中梁上挂一块红布，画上八卦图。有的挂一种叫雅披牙的草，据说这是地球曾被烧光后重新长出来的第一棵草，在人盖房建家时，必须供奉纪念它。

庭院禁忌

【庭植禁忌】

人们喜爱在住宅院内、四周种植一些花草树木，生活在绿色的植物丛中。然而，由于种种原因，民间又有一些庭院种植方面的禁忌。河南一带，有“前不栽桑，后不栽柳，院中不栽‘鬼拍手’”的说法。院前不栽桑树，是因“桑”与“丧”同音，出门见桑（丧），唯恐不吉。后不栽柳，说法不一。一说是与殡葬死人有关。因“丧杖”、“招魂幡”都是柳木做的，坟墓后边又要栽柳树作“摇钱树”、“墓树”。所以柳树也易被人想到丧事，不吉。另一说是讲柳树不结籽，若栽于房后、院后，还恐妨害、感应得这家人家也无子嗣后代了。“鬼拍手”是指杨树。风一刮，杨树叶哗啦哗啦地响，像是“鬼拍手”。院内栽上杨树，还恐招来鬼魅，大不吉利。山东临清一带也有类似的俗信，是说：“前不栽桑，后不栽柳，院中不栽‘刽子手’”。以为如果前栽桑后栽柳，就合丧（桑）失人口，留（柳）不住后代，“刽子手”指的是桃树。因为桃花、桃枝、桃实都是血红色的，妖魔鬼怪都愿意在桃树上住，所以不敢种在院里。胶县一带，桃树只能种在后院，禁忌栽到前院，俗以为桃树上有邪气。如果种到前院，树根扎到屋里，人就有性命之忧。河南方城一带也忌院内种桃树，俗以为桃木有法力，桃木多用来作避邪桩橛用。谁家种桃树，主邪灾多。也有说种桃树主逃荒要饭的。这是因“桃”与“逃”谐音的缘故。民间还有“门前一株桃，讨气讨不了”的说法，也是与谐音有关的。

民间又有“屋后不栽槐”的说法。据说古时有尊槐的风习，槐树在古代是吉祥、长寿和官职的象征，因而民间不把槐树栽于屋后。河南一带禁忌在院内种植楝树，以为楝子为苦豆，兆主人食苦果。滑县一带，忌在院内种植杏树，俗谓“人兴树不兴（杏），树兴（杏）人不兴”。林县忌种柏树，俗谓柏树是坟头树，是死人的象征，种之不祥。天津一带，忌院中种梅树，俗以为梅花属媚，主人沾花，克妻败家。南方沿海一带及台湾等地忌种榕树，俗以为树成人亡。又忌在房屋周围种芭蕉、香蕉，俗信易聚鬼，或令妇人得血疾。《无何集》云：“有指草木言者：如宅东有杏主败；宅西有李主淫；槐主富贵，芭蕉，招祸之类是也。”民间还忌院内大树盖顶，俗谓如此则阳气不通，阴气升腾，吉利不至，灾病无穷，即所谓“大树通轩，疾病连绵”。假如院内种植的树木死了，是很不吉祥的，必须立即刨掉，或另栽新树，否则，兆示家运破败，大凶大难。

【庭事禁忌】

在居处庭院里，人们的活动也有所禁忌。河南一带汉族居住地，下午禁忌打扫庭院。俗说，下午打扫庭院，容易发生口角。有的地方还忌讳从里往门外方向扫地，一般要由外向里扫。据说这样扫可聚财，否则要失败的。白族在太阳落山时刻，忌讳扫地，否则，认为不吉利。客人或家人离家出门后，家中任何人不能扫地，否则，据说会把他们扫死的。布依族三月三、九月九扫寨时，要在各路口

钟馗镇宅

设标记，禁路，忌外人入寨。旧时吉林一带，普通百姓家中，庭院里都竖有一竿，竿头系布片。说是祖先的凭依处，忌讳外人触动。动之如掘其坟墓。达斡尔族禁忌在院子里打鞭子，否则，认为会把牲畜的灵魂撵跑的。

室内禁忌

新房屋一旦盖好，室内就要住人。俗以为新房忌空室，不然会有鬼祟。如一时无人住进，也要将衣服置于梁上表示有人在此。基诺族所住的大竹楼里必须有男性家长。如果某家男人死光了，就要拆掉房子，让妇女回娘家或者改嫁。佤族人所住的楼房下层中间柱子上禁拴牲畜。佤族人还视绿色为不祥之色，平时忌将青树叶及其他绿色物品带进室内。旧时相信瘟疫流行是因为瘟疫鬼在作祟。据《台湾风俗志》云，瘟疫鬼的居所，依日时不同，常在室内各处，如中庭、东西壁下、床上、床边、灶前、堂前等等。如果不知瘟疫鬼何时正在何处，乱动乱撞室内东西，便会受其祟患染上疾病的。

汉族最重子嗣，屋门与家门一致，因而民间忌讳常关屋门，唯恐“关门绝户”。又以为门槛是家神凭依之处，故忌坐、踏、站在上边，尤忌用刀砍或以刀砧，在上边砍东西。否则，以为家中会招灾异，或破财。有些地方只忌外人，家人不忌；有的只在某一季节（如布依族罗甸县逢亨一带是在秋收季节里）有此禁忌；有的只在某一天（如南京一带只在立夏这一天）有此禁忌；有的只在某种特殊情况下（如佤族是在“作鬼”时）有此禁忌；除了汉族、布依族、佤族外，还有白族、达斡尔族、瑶族、纳西族等民族也有此禁忌。

河北一带，有糊窗禁忌。据《定县社会概况调查》云，秋后农家糊窗，如果在十月初一以前糊好，必须在窗上一角留一小孔，等过了十月初一这一天后再补上。据说酆都城到七月十五日把鬼放出来，散在各处，等到十月初一再收回去。如果十月初一前糊窗不留孔，就会把鬼糊在屋里了。

傣族人住竹木架成的独幢楼房。室内多柱。一般有四根柱子代表女性，中间较高大的两根柱子代表男性。中间靠里面的一根多贴有色纸，插有蜡条，视为神灵凭附处。禁忌靠在上面休息或聊天，也不能在上边挂东西，否则，以为会冒犯神灵，招灾引祸。纳西族也禁忌背靠神位坐下。许多民族，例如蒙古族、锡伯族、满族、赫哲族等都有西方为尊上的习俗。因而蒙古族忌讳坐在蒙古包的西北角处。锡伯族佛爷供在西边，长辈住西屋，西面的物什忌乱摸乱动。鞋、袜、裤子之类的东西禁放西边和高处，恐冒犯神明。满族西为大，西墙是供奉祖先的神圣部位，禁忌挂衣物，张贴年画等；西炕俗称“佛爷炕”，供有“祖宗板子”，禁忌随便乱坐，尤忌女人坐。一般客人也不能睡西炕，更不能把狗皮帽子或鞭子放到西炕上，否则，以为是对这家祖先的大不敬。赫哲族也以西方为贵。西炕禁忌随便住人，尤其是经期妇女和戴狗皮帽子的人，禁忌坐在西炕上，否则，以为是冒犯和玷污了祖先神灵。傣族火塘旁一般都是家长的床铺，禁忌随便乱坐，也不能乱动床边的“圣水瓶”。思茅等地傣族居处中厅所设的床，禁忌悬挂蚊帐。哈萨克族住宿处有为老人特设的木床，其他人禁忌在上面坐卧。床上如遮挂布幔，外人禁忌牵动，否则，认为是对主人的失礼、不敬。

房子有一个很重要的作用，就是供人们睡眠休息的，但在室内禁忌烘着火埋头大睡，俗说“房里无人莫烘火，烘火犹恐埋头睡”。不然的话，会失火烧毁了房屋的。俗又忌睡觉时头朝窗户，忌讳头枕窗台、门槛。《风俗通义》云：“俗说卧枕户砌，鬼陷其头，令人病癫。”《淮南子·氾论训》云：“枕户欞而卧者，鬼神蹠其首。”达斡尔族人忌讳在炕上横卧，以为如此会招至灾异。汉族民间室内床的方向禁忌与屋梁交叉，否则，睡觉时身体与大梁成交叉状，即所谓“担梁”，据说会导致贫穷凶厄的。维吾尔族人睡觉时禁忌头东脚西，或四肢平伸直仰。黎族人睡觉时禁忌头朝门外，因其俗在人死后，必将尸体头朝门外停尸待葬。故平时忌头朝门口睡觉。若客人无意间犯忌，主人不悦，以为将会有祸事临头。傣族也有类似习俗。吉林一带，旧时睡卧忌头近窗，足向人。据《中华全国风俗志·吉林》云：“凡卧，头临炕边脚抵窗，无论男女尊卑皆并头，如足向人，则谓之不敬。惟妾则横卧其主脚后，否则贱如奴隶亦忌之。”此俗的形成与当地气候严寒有关。中原一带也很注重睡眠时的身体保护，俗忌睡处太凉，有“夏不睡石，冬不睡板”的讲究。

住室里另一个经常性的活动，就是吃饭。锅灶、火塘是每一个家庭中必备的。汉族民间十分重视建灶。浙江一带，二八月不造灶，俗谓是月造灶不吉。建灶时，禁忌孕妇、产妇或戴孝者在场观看。以为这些人“不洁净”，会冒犯灶神、火神。如果神灵怪罪下来，不是断炊就是失火，便会酿成悲剧。建灶须备新土净水为泥，不可用壁泥相杂。建灶的方向也颇讲究。河南一带旧时忌讳火门（锅门）朝东、西、南三向。火门朝东、西，犯了“烧东西”的忌讳；朝南也不好，只有朝北才是好的。俗说：“向南烧，燎太阳，向北烧，无祸殃。”又说：“扭南烧北，金银大堆。”不过，有的地方也有说“灶口宜向东南，忌向东北”的。还有一些地方垒砌锅灶忌讳盛饭时勺子往大门以外的方向舀，一定要使饭勺子往屋里的方向舀，否则，以为会失财，不吉。许多民族还把锅台、灶火、火塘等视为神圣的地方，或在此处供有神灵的偶像。禁忌从锅台、火盆、三脚架上跨过；禁忌用脚蹬或者随意坐在灶台上边和旁边；不能在灶口烤脚、袜子、靴子；吃剩下的食物、骨头等禁忌扔进火里；禁忌在灶头舂盐巴或在灶门前梳头；禁忌随便摸、碰或挪动支锅石或三角脚，忌掏挖火灰；忌在灶火旁边吐痰擤涕或往火上倒水；忌在火塘旁分娩、裸露身体、大小便，或烧、洗脏东西；熄灭灶火时忌乱敲打或用脚踏；刷锅时，忌用筷子敲锅沿、灶沿。这些禁忌在汉族、满族、锡伯族、土家族、布依族、佤族、傣族、瑶族、纳西族、彝族、普米族、羌族、德昂族、傈僳族等等许多民族中均有流行。民族与民族间这类禁忌或许有这样那样一些不同，但对灶火锅台的敬畏是大体一致的。俗以为如果违犯了这类禁忌，将会惹恼了灶王爷、火神爷及各种神灵，从而导致灾祸降临，甚至会有死人的凶事

张天师镇宅灵符

发生。

在室内，有些响动和活动也是被禁止的，比如景颇族、彝族、傣族、土家族、傈僳族、哈尼族等民族中就有禁忌在室内吹哨的习俗，尤其是夜间和在他人家中更忌讳。其中一些民族还忌讳在室内唱山歌、说粗话及玩弄琴、笛、锣、鼓等乐器，俗以为这些响动能招来野鬼，唤鬼入室或者会引来百鸟和恶风，使人和庄稼受到损害，或者还是死人的象征。佤族人忌讳外人在其住室内数钞票，以为这对自己不利，将有灾祸发生。傣族人以为在家中剪指甲不吉利。在景颇族家中，倒洗脸水、吐痰、大小便都要问清方向，禁忌随意泼水倒脏物。汉族室内禁忌将两把扫帚放在一起。因为扫帚常令人想起“扫帚星”等不祥之物，又与妇人相关，恐怕两把扫帚放在一起，使其恶性的灵力大增，会惹出祸事来的。俗谓，如此则会导致夫妻不和，家败运衰。打扫屋子时，又忌将两把椅子对叠在一起，令人有“收场”的感觉，不吉利。扫室内的地面时，忌讳用扫院子的大竹扫帚，俗以为“丧气”，或会令女婿不再上门来。和扫院子里的地一样，扫室内的地时，也忌讳从里往外扫，而要从外往里扫，否则，会把财运福气扫出去的。

迁居禁忌

中国人一般是不喜迁居的，俗说“人搬穷，火搬熄”、“人搬三道空，火搬三道熄”，但遇有特殊情况，如洪涝灾害、疫病死亡等情况就不能不迁居了。在这种情况下又认为“树挪死，人挪活”，所以“辄捐弃旧宅，更造新居”。

迁居时，俗忌太岁。《论衡·难岁篇》云：“《移徙法》曰：‘徙抵太岁凶，负太岁亦凶。’抵太岁名曰岁下，负太岁名曰岁破，故皆凶也。假令太岁在子，天下之人皆不得南北徙，起宅嫁娶亦皆避之。”因为面对太岁所在方位和背向太岁所在方位迁居皆凶，所以民间为了稳妥起见，迁居时必须避开太岁。

除了要避开太岁神之外，民间还有“六腊月不搬家”的习俗。浙江一带又忌正月、九月迁屋，以为是月迁屋不吉。裕固族俗以为虎日、狗日、鼠日、蛇日为凶日，忌讳于是日搬迁。由此可见人们均视搬迁为大事，不能不慎重对待之，否则，或者会由此而遭受凶祸。

迁居时，汉族人以为“搬家先搬灶”，灶王爷与家谱要先迁移到新居处，其后才能搬别的东西。鄂伦春族搬迁时，也是要先把“仙人柱”后面放的神像盒子搬走，然后再搬家。民间迁居时，忌在原住处墙上留“人头画”。鄂温克族搬家时，也忌讳在死人的地点留下不洁的东西，如指甲、头发、破布包、包脚布等。必须扔得远远的。这些都是人们由惧怕行施黑巫术的心理反应，从而采取的禁忌措施。

结语

以上我们从建舍、庭院、室内、迁居四个方面，谈了居处的禁忌习俗。严格来讲，居处的禁忌习俗不止这些，它还可以包括很多内容。可以说，凡是在家中，在人们居住的地方所发生的一切禁忌的事情都可以包容进来。但是为了分类的清楚和避免重复，我们把能够归入其他专类的都尽量放在其他专类中谈了，这里所谈的只是不再能归入其他专类的以及和家庭住宅的客观环境紧密相关的那部分居处禁忌，也可以说是狭义观念上的居处禁忌而不是广义观念上的居住禁忌。这部分禁忌习俗旧时多与“风水”、“相宅”迷信思想及迷信活动掺杂在一起，有些是民间自发生成的，有些则是来自方士术士、迷信职业者的宣扬以及上层文化的下渗和影响。一些需要反复推演卜算方知吉凶的宜忌，已很难纳入民间记忆、民间信仰的范畴，这些我们未加收录，也没有详谈，这里收录的只是民间惯常通行的一些说法和做法，其中也带有迷信的色彩，这是难以避免的，也不必避开它。需要指出的是，这些禁忌，尤其是带有迷信色彩的部分，历来就有不少先哲给予批驳、斥责、解释。例如王充、王符、熊伯龙等等，民间对这类禁忌也多有不相信者，不以为然者。如俗谚“不在宅子不在坟，但在有福人”等等便反映了这一类思想，尽管先哲们的批判还很不深刻，民间也有以迷信反迷信的不足取处，但在迷信禁忌铺天盖地、结网成灾的旧社会里，能够敢于站在世俗的对立面，向迷信挑战，也确属难能可贵的了。现在，这一类禁忌习俗，随着人类物质文明和精神文明的发展，大都自然地消失了。有些则转化为它种形式或者蜕变为一种纯生活的仪礼规则而模糊了，从而失去了其思想方面的信仰依据。如今，我们只能以历史的眼光，从这些禁忌习俗的回顾中去感知人们在居住方面的某些思想信仰的历程和人们从未失掉的对于居住地的依赖、看重的深沉的情感。同时，我们也要注意到信仰习俗的顽固性，尽可能地防止各种迷信思想的死灰复燃。对于危害人民生存生活的迷信活动，应当不排除使用风俗以外的力量来加以制止。

行旅禁忌

家宅居处是人们经常活动的处所，是人们某种归宿意识的体现。人们待在家中，自然会有一种安全感。人们习惯于以家宅为中心的日常活动，很看重家宅。正是这样一种思想观念，使得人们同样地不能不看重出行。因为，出行即意味着暂时离开自己的家宅，离开自己的安全归宿地，会有一种安全失落感。所以，在行旅方面有一些禁忌俗信便也就很可以理解了。

旧时以为，人在行旅途中的安全是由神掌管着的，古时有路神，亦称道神、行神的信仰。其神为谁，说法不一。一说是共工之子，名修；一说是黄帝之子，称为嫘祖。此说或有异议。《史记·五宗世家》“索引”云：“祖者，行神。行而祭之，故曰祖也。《风俗通》云，共工氏之子，曰修，好远游，故祀为祖神。又崔诰云，黄帝之子嫘祖，好远游而死于道，因以为行神。亦不知其何据。盖见其谓之祖，因以为嫘祖，非也。据《帝系》及《本纪》皆言嫘祖黄帝妃，无为行神之由也。”虽然，路神为谁，向无定论，但仍不妨碍人们对路神的敬祀。《礼记·祭法》中王为群姓立七祀，诸侯为国立五祀，大夫立三祀，適士立二祀，其中都有行祀一项。可见古时祭祀，適（嫡）士以上至诸侯、王，皆有行道之祭。庶士、庶人立一祀，或立户，或立灶，以求日常生活安然无恙，并未从礼法制度上作祭行之礼的规定。然而民间实际上也并不敢因此而怠慢了路神。晋·嵇含《祖道赋序》云：“祖之在于俗尚矣。自天子至于庶人，莫不咸用。”可见祭祖路神的习尚是通行于上下民众之中的。这种祀行的目的，不外乎是要取悦于神，使之不为邪祟，令人旅途平安，化险为夷。因而无论陆路、水路，生前、死后，都有这方面的祈祷祭祀。《吴越春秋》中

康熙出行图

有群臣送越王等人臣于吴，临水祖道的描述；长于哀诔的晋人潘岳亦有“启殡今夕，祖行明朝”的说法。古人以为，行役时有事于道路，会触犯行神的威严，故而祀之。同时，还以为人死之后，魂归地府，也会有旅途安危之虞，故出殡时也要祖祭。然而，一般离家外出的人在祭祀路神时，又禁忌获罪受刑的人和凶服者（穿着孝服的人）参加，恐会因此而冒犯了路神。

中国人素来有慎出行的惯习。孔子《论语·里仁篇》云：“父母在，不远游，游必有方。”这是从孝道出发对子辈的规劝。意思是不要因“出远门”耽误了侍奉父母。其中也包含着“出远门”会有一定的危险性，或者虽有心也未必还能再尽孝道的意思。假如真要出远门，也要有一定的去处，可以让家人放心，或者便于前去寻找。古时又有出门应占卜方向的俗信。以为出门方向是有吉凶兆示的，因而也有所宜忌。民间有俗谚云：“老不上北，少不上南”、“老不入川，少不游广”、“老勿走新疆，少勿走苏杭”，也是出门的禁忌。

出门不但要忌方向，而且还忌时间，出行时必须选吉日才行。据《无何集》云：“《阴阳书》言，鹤神日游，五日正东，六日正南；五日正南，六日西南。西北仿此。元旦出行，忌向此方……或曰，鹤为噩字之讹。”所以，俗以为有噩神在四方云游，出行时要避忌之，尤其元旦日出行，忌之更甚。山东一带，俗忌正月初五出行。初五为破五，恐有不吉。又有忌黑道日出门的，每月的初五、十五、二十五都不能出远门。河南虞城县一带有“要出走，三六九；要回家，二五八”的说法。萧县一带有“三六九，向东走；二四七，向正西”的说法。在民间流传最广的出行日禁忌俗谚是“七不出门，八不回家”，或者说是“七不往，八不归”。这里的七和八是逢七、逢八的意思。即凡初七、十七、二十七日忌出行，凡初八、十八、二十八忌回家。其中的道理不详。有说“七出”令人想到休妻的“七出”，或者径直忌讳的其谐音“妻出”；“八归”之八，令人想到“王八”之八，因而避忌之。这些说法并不可靠。现在，一般民众早已是只知其然，而不知其所以然了。如果是去看望病人，河南林县一带忌讳在初五、十四、二十三出门。山东则忌讳下午出门去看望病人，据说下午属阴，恐使病人的病情加重。民间还有一种“杨公忌”，亦是专门避忌出行的日子。据《无何集》云：“世俗多畏杨公忌，谓不宜出行，皆未悉其原委，故为所惑耳。今按其说，乃是‘室火猪日’。其术元旦起角宿，依二十八宿顺数，值室即为杨公忌。”按这样排列下来，杨公忌应当为：正月十三、二月十一、三月初九、四月初七、五月初五、六月初三、七月初一、七月二十九、八月二十七、九月二十五、十月二十三、十一月二十一、十二月十九。这些日子都是禁忌出门离家的。至于杨公何许人也，考之不详。有人说是指的宋代术士杨救贫，是他推算出的这些忌日。旧时还有出行忌月的。俗谚云：“六、腊月出门，神仙也遭难。”大约是指六、腊月大暑大寒，气候恶劣，出门困难而言的。六、腊月也不宜出兵作战。《风俗通义》中有“俗云五月到官，至免不迁”的说法。《清稗类抄》也说：“官吏上任及人民移家，每忌正、五、九月。”据说是因为这些月份当“至尊之位”，所以人皆避之。

独龙族人要出门打猎时，忌客人来访，否则，认为客人的灵魂会把猎物夺走。

出门上路，最好是有人结伴而行。俗说“一人不上路，二人不看井”，就是担心一个人出远门遇上难处，无人照应，也不能捎个信儿回来。这当然是指旧时交通不便的情况下的思想，如今，交通、通讯条件都大大改善了，一个人出门也没有什么不好的了。

过去，在出远门时，要做好一切准备。俗话说，“在家不敬月，出门招风雪”，所以出门前要敬路神、天神、日月神，祈祷神灵的护佑。出门前禁忌与家人争吵，否则，出远门心不安宁。民间出行前常有一种占卜行旅吉凶的心理要求，如果吃饭时噎住了、折断了筷子，或者打碎了碗等等，便认为是不吉利的预兆，一般会中止外出。壮族出门忌碗碎。有事出远门，最忌碗、盆、碟子打碎。认为这是不祥之兆，出门办事不顺利、经商会亏本，甚至路上会遇到抢劫或其他意外的灾难。碗突然碎时，往往会因此而改变行期，以免遭到不幸。如事情紧急非去不可时，也要祭祀祖宗再三跪拜，祈求祖宗保佑。汉族及其他一些民族也有类似的习俗。反映了民间对出远门的谨慎态度。

在行旅途中，要舍得花钱，忌讳吝啬，俗称“穷家富路”。因为路途劳累，不比寻常在家，“在家千日好，出门一时难”。如果不舍得花钱，损伤了身体，就更不划算了。但是，出门要防贼，忌讳财帛外露。俗说，“出门不露白，露白会失财”，一定要“财不露白，货不离身”。出行，最好在白天赶路，忌走夜路，因为“爱走夜路，总要撞鬼”。不是受鬼的惊吓，就是受强贼的掠夺，总归是不安全的。若总是在白天赶路，就好多了。万一非走夜路不可时，听见有人叫喊，切忌轻易应声。如果找不到人，就是有妖怪在作祟了，可连吐三口唾沫禳之。行路时，还忌讳遇上殡葬的，俗以为不吉利。或将衣帽脱下，扑打数次，以为破解，谓之“散晦气”。不过也有的人不忌遇见殡葬之事，如经常在外边跑东跑西的艺人，就说这是件好事，因见着棺材为遇财（材），棺材里边抬的有死人更好，谓之“财（材）不空”。跑生意的人行途中忌讳碰见兔子，说见了兔子住不下脚，还得跑，主生意无成。普米族人出门途中忌讳遇上背空筐者，以为不祥；若遇见挑水、担柴者则以为吉祥。大约也是希望从他人实实在在的收获、劳作中看到自己的成效而不愿空手而归。

在出行途中还要待人格外有礼貌，这样不会吃亏的。如果愣头愣脑的，不懂礼节，出门在外是要受苦的。问路时，要先施礼，后问话；尊称对方，语气谦恭，忌讳说话粗声大气，指手画脚；遇尊长，应施礼让路；遇年龄相仿者，应先打招呼，礼让先行。如途中行人很多，生人不必拘礼，熟人应打招呼，忌视而不见，恐疑为高傲自大，目中无人。农村尤忌之。

以上所谈，都是旧时民间行旅方面的一些禁忌习俗。如今，交通事业日益发达，汽车、火车、飞机、轮船等现代化的交通工具已将原有的民间有关行旅的禁忌习俗冲碾得支离破碎。不过，行旅方面的禁忌心理并没有从根本上消除，其避凶求吉的愿望也或隐或现地存在着。这方面禁忌的结构，亦即它注意的方方面面，可能发生了很大的变化，但就其本质来说，仍然难以完全摆脱原来的旧故。比如，人们可以不再要求“少不远游”，但不可能不要求旅途平安。正是这个基本的原因，使得种种原始的禁忌一直保留着它们的“遗迹”。

便溺禁忌

“吃喝拉撒睡”是人之常情，便溺也是人的必要行为。由于人们有以便溺的粪尿为污秽之物的惯习，所以存在着便溺亵渎的忌讳心理。便溺毕竟又是出自于人体的排泄物，所以，其不正常的异常的情状也会引起人们的恐慌，唯恐伤害了自己的身体或者兆示某种灾祸即将发生。正是这些因素促成了便溺方面的禁忌习俗。

便溺的方向禁忌是与神祇的敬祀有关的。旧时汉族禁忌北向便溺的习俗，就是出于对北斗星辰的信仰。《搜神记》云：“南斗注生，北斗注死。凡人受胎，皆从南斗过北斗。所有祈求，皆向北斗。”北斗星辰既然有着掌管寿夭的大权，民间岂能不敬而祀之，哪里还敢以便溺来亵渎它呢。隋唐以后，北斗星在民间又有本命神的信仰。俗以为北斗七星分掌诸生辰，只要虔奉本命星辰，就可得到护佑。这就更与人的自身祸福联系起来了，所以人们不敢北向便溺。以免触犯了北斗星辰，给自己带来厄运。再有一点理由，就是对皇帝“王权”的敬畏。旧时皇帝都是南面登基，面向南临朝问政的，百姓则须北向称臣，如果北向便溺，岂不是有辱圣上吗？慑于皇上的威严，民间亦不敢如此大胆妄为的。彝族人禁忌对着太阳便溺。其道理是一样的，也是出于对太阳神的敬畏，不敢有所亵渎。

便溺的处所也有禁忌。一般民间便溺都要在指定的地点，如厕所、茅房等背人的地方，忌讳随处大小便。俗以为大小便应当在离开住宅远一点儿的地方。柯尔克孜族人严禁在住宅或帐篷附近大小便；哈萨克族也忌讳在毡房附近或羊圈、驼场大便，以为不洁净、不卫生；京族禁忌在渔箔里大小便；维吾尔族在墓地和清真寺内，以及涝坝和伙房等地，均禁忌大小便；达斡尔族禁忌小孩子在牛、马棚内和灰堆上大小便，俗以为在这些地方大小便屁股上会长疱疖；鄂伦春族禁忌在河里小便，否则，以为到阴间后阎王爷和小鬼们会让他把水和尿分开，到那时就作难了；鄂温克族最忌讳外人在炕上尿湿了褥子，俗以为这等于灭了这家人的火，会导致断香火绝根苗；汉族等民族忌讳在坟地里大小便。俗说坟地为乱葬岗，是鬼魂栖息之地，若在此大小便，会冒犯鬼魂。鬼魂一旦恼怒怪罪于人，那便溺之人就会生病或者暴死。小便又忌冲灶口，或者尿在烧锅的柴火上，亦是恐怕会亵渎灶神的。

便溺的过程中也要注意禁忌某些行为。民间为了强健身体，有小便忌开口的说法。俗以为解小便时人力作用于下部，此时若开口，风寒诸邪会乘虚而入，久之，将导致牙齿动摇或患疾病。明·万启贤《贮香小品》云："每于小便时闭口咬牙，永免齿疾，且年高齿不摇。"解大便时又忌讳用手抓头，据说如这时用手抓头，指甲会裂开的。大小便后忌讳不洗手。俗以为便溺中浑身用力会产生毒气，毒气又会从手指头上冒出去（大概这是对大小便时一用力手指头就充血发热的一种误解），所以担心便后手上仍可能留有某些未散尽的毒气。因为便溺的屎尿是秽物，人们又有"性不洁"的认识观念，便溺时，手接近或接触到了这些不洁净的秽物，必然会受到感染，所以，便后不洗净手是绝对不行的。旧时，由于"尊孔"思想的影响，民间有"惜字纸"的习俗。一切写有字迹的纸张，都要爱惜，不得糟蹋，实在不能用了，也要烧掉，不能乱扔、践踏或者剪鞋样等。尤其忌讳用字纸擦拭屁股，以为是对"孔子"的大不敬。据说如此糟蹋字纸的结果，会使当事人眼睛瞎掉，或者令其世代功名不成。由于性不洁的思想观念存在，便溺时忌讳被异性看见，因此，公厕都有男女的分别。家庭中虽有男女公用一个厕所的，但亦需设标志或门卡以避被异性撞见。尤其女性便溺，更是忌讳被男子看视。如万一被男子看见了，俗信对男女都不吉利，将会有祸事发生。男子会触秽气而倒霉，女子就更遭殃，或者会因此而丧失名节和性命。

便溺是人的基本生理机能，它很少受到社会历史发展的影响，和衣食住行、婚丧嫁娶又有所不同，这方面的禁忌习俗显得更加隐晦。人们好像忘了这些事情，所以，虽然他们是每天都离不开这些事情，但谁也懒得提起或者不愿议论它们。它们似乎是一种完全被人们所遗忘了的习俗文化。可能是由于它更加惯习化、更加习焉不察的缘故吧，这方面的禁忌习俗，其惰性也比较大。直至今天，实质上并无多大变化。所以，它们所反映的人们的羞辱观、生死观、敬神思想等等许多深刻的伦理道德观念，以及卫生健身的俗信等等更可深见文化本质与习俗本质。这一点，或许对于我们认识文化传承的稳定性和文化的基本特质等等问题会是有所裨益和帮助的。

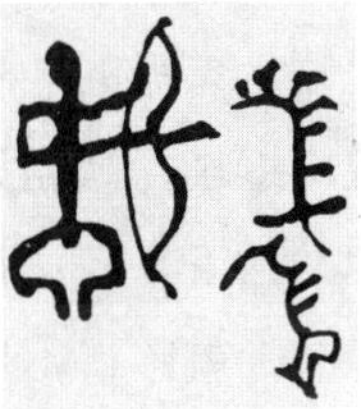

语言禁忌

人们用语言来进行社会交往、交流思想，但语言并不简单的只是一个工具的体系，而是风俗的和精神文化的一部分。人们通常相信语言具有某种魔力，相信语言这种符号，与它所代表的真实内容之间确实存在着某种完全同一的效应关系。因此在某种事物须要避忌时，也就包括了从语言上的不提及。“不说”是语言禁忌的一种形式，就是“噤”。《说文解字》释噤曰：“口闭也，从口噤声。”当人们噤言时，可能会用手指，用目视，以摇头、摆手等无声的语言来表达自己的心意。但是，如果这样仍不能准确地表明自己的意思时，就不得不用某种变通的说法来暗示自己须要表达的意思了。这时候，就有了另外一种语言禁忌的形式——避讳。这里，我们所要谈的也正是这一种语言禁忌。避讳，是很富有方言（包括地域方言和社会方言）特色的语言风俗现象。避讳的原则，大体上不外乎是出于礼教、吉凶、功利、荣辱，或保密的诸种考虑。语言避讳，小到一个家庭，大到一个社会，下及平民百姓，上达王公大臣，几乎是无所不在，无时不有的。违犯这些语言禁忌的人，轻者自己可以破解，重者将导致抄灭九族，所以历来都是民间十分看重的一项禁事。以下，就分别着重于民间语言禁忌的几个方面来谈一些避讳的实际例子。

称谓禁忌

称谓禁忌亦即名讳方面的避忌。讳始于周，《左传·桓公六年》云：

“周人以讳事神名，终将讳之。”（孔颖达）〔疏〕：“自殷以往，未有讳法。讳始于周。”《礼记·檀弓》云：“死谥，周道也。”（孔颖达）〔疏〕：“以殷尚质，不讳名故也：又殷以上有生号仍为死后之称，更无别谥。尧、舜、禹、汤之例是也。周则死后别立谥，故总云周道也。”可见，自周朝开始，人们有了讳避称谓的习俗。当时，是在人死后，开始讳称他的名字。《礼记·檀弓》云：“卒哭而讳。”如必称死者的名字时，应称其讳，即其神名。这种人死后称其讳，而不称其原名的习俗，是要将一个人的阳世与阴世区别开来，使得鬼神不能知晓他的原名，因而不能危害与其原名有着许多联系的阳世间的所有事物。周朝讳事初兴，并不完善。到了秦汉时代，避讳制度渐臻完备。《史记·秦始皇纪》中已有“秦俗多忌讳之禁”的记载。且，不但人死后讳名，生前也要讳名了。这可能与当时用名字实施巫术的风习兴盛有关。俗以为默念仇人的名字，或是书写某人的姓名就可实施黑巫术，将其人致于死地。最初的避讳是在上层社会、权威人士之间实行，后来流行于民间，影响到各家各户，成为一种民间习惯。

中国人向有尊祖敬宗的习俗，祖先的名字和长辈的名字都不能直呼不讳。汉族、鄂伦春族、鄂温克族、哈萨克族、布依族、藏族等许多民族的祖先崇拜习俗中都有这一类禁忌事项。鄂伦春族认为直呼祖先的名字是对祖先的不尊，恐触怒了祖先而降灾于子孙。对于长辈，也不敢直呼其名，甚至不能把长辈的名字告诉别人，否则，认为家中会生下没有骨节的孩子来。如果有什么物件与长辈的名字相同，要把物件改一下名称、改一个说法，否则，就要折寿早夭。汉族不论说写，都忌言及祖先、长辈的名字。司马迁写《史记》，因其父名“谈”，所以把“赵谈”改为“赵同”，把“李谈”改为“李同”。六朝时，有人为避家讳“桐”字，把梧桐树改称作白铁树。清朝刘温叟，因其父名“岳”，竟终身不听“乐”。可见历代家讳之严。直至现时，子女仍然禁忌直呼长辈的名字，更不能叫长辈的乳名，与长辈名字相同或者同音的字也有所避讳。尤其忌讳的是，晚辈的名字绝对不能与长辈的名字相同，或者有谐音字、同音字，否则，认为不尊长，是“欺祖”的行为。晚辈称呼长辈时，一般应以辈分称谓代替名字称谓，如叫爷爷、奶奶、姥爷、姥姥、爸爸、妈妈等等。这类称谓可明示辈分关系，也含有尊敬的意思。不但家族内长幼辈之间是如此，师徒关系长幼辈之间也是如此。俗话说，“子不言父名，徒不言师讳”。

不但晚辈忌呼长辈名字，即使是同辈人之间，称呼时也有所忌讳。在人际交往中，往往出于对对方的尊敬，也不宜呼其名。一般常以兄、弟、姐、妹、先生、女士、同志、师傅等等相称。在必须问到对方名字时，还要客气地说“请问尊讳”、“阁下名讳是什么”等等。鄂伦春族夫妻间也不能互相叫名字。德昂族凡结婚生过孩子后，别人就不再直呼其名，而是按其子女的名字，称为“某某他爹”、“某某他妈”。汉族也有类似的习俗。甚至一结婚，一成家，就改了称呼。妻子叫丈夫“外头的”、“掌柜的”、“当家的”，丈夫称妻子为“屋里的”、“做饭的”、“内当家的”。再不然就是互相以“哎”、“嗯”来招呼，一般很少再直呼其名。外人称呼他们，也是“某某的男人”、“某某的女人”，“某某的老头”、“某某的老婆”。虽然这样说着麻烦，而且也指出了另一个人的名字，但因为所说的不是其本人的名字，所以也算是做到了没有直呼其名，因而是不犯忌讳的。

在给孩子起名字的时候，忌讳也很多。避忌与祖先、长辈之名同字、同音之外，还要考虑命相克妨，比如，命中缺金，忌讳以火或火旁字命名。总之，命相八字不得以相克之字命名。小孩儿又有小名，据张亮采《中国风俗史》云：“幼小之名谓之小名。长则更名，而以小名为讳。”至今此仍盛行不衰。俗以为，称人小名，是对人的不尊重，或者还会被鬼神听去，使魂被鬼摄去，所以避忌。但历来也有不少人以小名作大名，一生不改者。成年人又忌讳别人给自己起外号、绰号，俗话说：“地怕走斜道，人怕起绰号。”《礼记·内则》云：“凡名字，不以日月，不以国，不以隐疾。大夫士之子，不敢与世子同名。”这其中，命名忌以日月、忌以国均是避讳神圣的意思，恐有冒犯。郑玄注云：“终使易讳。”忌以隐疾，是忌讳用身上的残疾、痣疤等命名，否则，将难以治愈。郑玄〔注〕云：“讳衣中之疾，难为医也。”不敢与世子同名，是出于宗法观念的考虑，对世子的尊重，但若先于世子出生的，亦可不改。

旧社会，有权势的官宦和皇帝还把自己的名讳强令形成法度。例如，州官田登，因避讳登（灯）字，竟把“放灯”改为“放火”，于是留下“只许州官放火，不许百姓点灯”的成语典故。历代皇帝更是借此禁俗大耍威风。秦始皇姓瀛名政，为避讳“政”字，就改“正月”为“端月”，或改“正”字的读音为平声。这一类禁忌很多，唐宋期间，讳制已经极盛。元朝法典中“回避字样”竟多达一百六十个，再加上“随音旁避”的嫌名嫌字，就更多不胜数了。明清讳禁之严，可谓登峰造极。触犯讳禁成为文字狱案件的重要组成部分，人们动辄因此而被杀头的事经常发生。避讳的方式有换字、避音、空字、缺笔等等。避讳最初是有一些规律的，如《礼记·曲礼》云："礼不讳嫌名，二名不偏讳。逮事父母，则讳王父母。不逮事父母，则不讳王父母。君所无私讳。大夫之所有公讳。诗书不讳，临文不讳，庙中不讳。夫人之讳，虽质君之前，臣不讳也。妇讳不出门。"然而汉以后，随着讳忌的日益发展，这些"讳法"、"讳律"也就逐渐被突破了。这些虽是属于制度方面的事，但因起之于民间俗信，又直接涉及民间语言禁忌，所以也概略地提一下，以便说明问题。

由于民间有浓重的地方观念和民族自尊观念，所以在地域和民族称谓方面存在着一些带有轻蔑、歧视意味的贬称或讳称。例如，中国有"南蛮子"、"北侉子"的说法。就是北南地域中人对异域人的蔑称、贬称。据说畲族人忌讳外人称他们为"畲客"，更不能称他们为"畲客儿"、"畲客婆"。他们以为这是对他们的极大侮辱。只能称他们为"畲民"或称为"畲族人"。过去，他们自称为"小姓人"，称汉民为"大姓人"，或自称"我边人"，称汉民为"你边人"。这是民族的惯习，应当尊重。苗族忌讳外人称他们为"苗子"，而喜欢别人称他们为"亲家"。彝族人最嫉恨别人叫他们"老彝胞"和"蛮子"，认为这样称呼是对他们的最大侮辱。旧时，（开封）满族过节时，长辈要给小辈九十九个钱。其中含有"多而忌满"的意思，也是怕触犯了自己族名的威严。

以上所谈到的称谓禁忌大都与民俗礼法有关，是关乎某种尊卑、上下秩序的俗礼。当然，如果追溯其原始的禁忌观念，也多是基于吉凶方面的考虑。这方面的例子还有我们在前文"命名、认干亲忌"中所提到的那些。不过，如今这方面的许多称谓禁忌已经惯习化、传统化，人们只是习以为常地避开了某种称谓，而按另一种称谓去说而已，其中的吉凶意识大都转化为表层的礼貌意识，或者说人们只记住了什么是可行的，而不再去注意那些已经不可行的禁事，更不愿再去追究那些不可行的禁事的原始意义了。

岁数、属相禁忌

人的名字要避讳，人的岁数、属相也有所避讳。中原一带最普遍的岁数忌讳是四十五、七十三、八十四、一百岁等等。据《北平风俗类征·语言》引《朔经》云："燕人讳言四十五，人或问之，不曰'去年四十四岁'，则曰'明年四十六岁'，不知何所谓也。"又据河南、河北一些调查资料表明，讳言四十五岁的由来是与包公陈州放粮有关。传说包公陈州放粮这年是四十五岁，中途遇盗，乔装王八（妓行鳖腿一类的角色），逃出险地，幸免于难。又有传说为，当年包公设计捉拿赵王。因赵王好淫，包公诈言身死，密嘱夫人与前来哭祭吊唁的赵王调情，骗取其上方宝剑然后一举将赵王拿获铡死。这些传说虽不一定确切，然而从传说中可以看出，忌言四十五岁，实际上是与遇险、假死、当王八等凶祸不吉之事相关的。这些事中任何一点都足以形成民间的禁忌习俗。河南、河北、山东等地，至今仍有此俗流行。岁数忌言七十三、八十四，据说与孔孟二圣的终年有关。传说孔子是七十三岁死的，孟子是八十四岁死的。因此人们以为这两个岁数是人生的一大关口，连圣人都难以逃避的，一般人更不用提，所以都很忌讳。俗语中有"七十三、八十四，不死也是眼窝刺"、"七十三、八十四，阎王不请自己去"等等一些说法。此俗流行于中原一带，其他地区也习见，至今不衰。岁数又忌称言"百岁"。百岁常常用来指人寿之极限，如"百年和好"、"百年之后"等等都是暗指寿限之极的，所以若要问到某个人的岁数时，是忌讳说百岁的。真正是一百岁整，也要只说是九十九岁，否则，不吉。山东一些地区还有说百岁是驴、刺猬等动物的。关于岁数的禁忌，各地还有一些特别的说法。例如山东一带，男人又忌说四十一岁，传说四十一妨妻，不知是根据什么说的。然而到了这一年，则必须跳过去，多说一岁。台湾忌讳岁数逢九。以为九岁、十九岁、二十九岁……九十九岁等等为厄关，恐有病灾伤亡祸事发生。可能与九是最大的吉数，过此则必转而为凶的信仰心理有关。

因属相可以标明一个人的年龄，且又指代自我的本命，所以俗间有忌言属相的禁事。旧时，艺人进宫唱戏除了记住当天宫中的"忌字"外，还要记住皇上、太后、皇妃等人的名讳、属相的忌字，否则，就要受责罚。清太后慈禧是属羊的，因而讳忌唱戏时提到羊字。连剧目、台词都要改。像《变羊记》、《牧羊圈》、《苏武牧羊》等都不能演，《女起解》中"羊入虎口，有去无还"也要改成"鱼儿落网，有去无还"。据《清稗类抄》云："盐城有何姓者，其家主人自以子为本命肖鼠也，乃不畜猫，见鼠，辄禁人捕。久之，鼠大蕃息，日跳梁出入，不畏人。"可见此种视属相为本命忌言及的习俗是有着广泛的民间信仰基础的。

凶祸词语禁忌

民间有“说凶即凶，说祸即祸”的畏惧心理，因而禁忌提到凶祸一类的字眼，唯恐因此而致凶祸的真正来临。

死亡是人们最恐惧、最忌讳的了，所以“死”字是不能提及的。《礼记·曲礼》云：“天子死曰崩，诸侯曰薨，大夫曰卒，士曰不禄，庶人曰死。”这是从贵贱、尊卑方面对死事的异称，是某种等级观念的表现，然而也含有对“死”字的避忌意义，除了社会底层的百姓外，其他人均以改称避之。后世人士庶阶层也极力想要摆脱、避开“死”字的不吉阴影。士大夫阶级又称“死”为“疾终”、“溘逝”、“物故”、“厌世”、“弃养”、“捐馆舍”、“弃堂帐”、“启手足”、“迁神”、“迁化”等等，庶民百姓也把“死”称作“卒”、“没”、“下世”、“谢世”、“逝世”、“升天”、“老了”、“不在了”、“丢了”、“走了”等等。如今在战场上为国家和民族而战死的人，也被称做“捐躯”、“牺牲”、“光荣了”等等。以这些满含褒义的赞词来讳避开那个“死”字。鄂温克族老人死了，不许说“死了”，而要说“成佛”了。小孩死了，也不许说“死了”，而要说“少活了”。回族忌说“死”字，要用“无常”、“殁”等代替。其他各族及各种宗教中都有许多字词是用来代替“死”字的。如果认真统计一下，恐怕不下百八十种。产生这种语言情形的原因，恐怕不能不说是与人们讳言“死”字有关的。民间平日说话为了避忌“死”字，广州一带，还把“气死我”说成“激生我”，把“笑死我”说成“笑生我”。就连与“死”字同音的字也都要避开。有些地方的人们常常有意识地把姓“史”的史念成“吏”，把姓施的“施”，念成“胜（生）”。还有的连“四”、“十”等字音也避忌，因其与“死”音相谐。台湾医院里就没有四号楼或第四号病房，连军舰的编号也忌讳用“4”。据香港《大公报》披露，台湾20世纪90年代初计划建造的8艘军舰，顺序编号，却有意回避了“4”字。没有“1102”和“1104”号。因为前者4个数字加起来是“4”，后者明显含有“4”而不被采用。公共汽车也没有四路，机车牌照的尾数也没有“94”，因“94”台语与“碾死”同音。其他如四月忌婚嫁，送礼应酬忌送四百元等等也都是出于这类语言禁忌。

关于“死”事，民间还相信不能儿戏。据清·袁枚《续新齐谐》云，有谦语成谶的实例。其文说曾有两位好友，一人病甚，另一人往视，随口说道：吾辈均老，不知谁先作古人。病者拱手相让，说，还是您为先吧。当时只是习于谦让，谁知探病者果然回去后便死了。由于这一类事情，使得人们不敢在“死”事方面戏言。唯恐弄假成真，更忌讳有意以死亡事咒人。如果无意间说出“死”、“丧”等字，要作喷嚏状或连唾几口唾液，以破解之。

平时与死亡、丧葬相关的事，也忌讳提及，以免引起不好的联想。比如民间忌讳说“棺材”，要说成“财（材）”、“寿材”、“寿器”等等。殡葬时棺材进门要说“官（棺）也来，财（材）也来，财丁（材钉）两旺一齐来”等等吉语，以破不祥。

为了防止凶祸的事情发生，民间在语言方面还忌讳说出与凶祸直接或者间接有关的词语。比如太平天国用干支纪年，却因讳言“丑”字，而改“丑”为“好”；讳言“害”字，而改“亥”为“开”；讳言“冇”字，而改“卯”为“荣”。广州一带，旧时因为方言“空”与“凶”同音，所以把“空屋招租”改成“吉屋招租”。乘船的人，忌讳说“住”、“翻”，所以称“著”为“筷”，称“帆布”为“抹布”。其他“沉”、“停”、“破”、“漏”之类的话语也都在禁言之列。平时人们忌说“眉毛倒了”，是忌讳“倒霉”之意。忌言“梨”、“伞”，而称“圆果”、“竖笠”，是避讳“离散”的意思。忌言“苦瓜”而称“凉瓜”，是要避开苦难之“苦”字。忌言“吃药”，而称“吃好茶”，是忌讳“生病”之意。香港探望病人和亲友时，忌讳送剑兰、茉莉、梅花等花束。因为“剑兰”与“见难”（意为日后难相见了）谐音；“茉莉”和“没利”、“末利”谐音；“梅”与“霉”谐音，故被视为“倒霉”、“不吉利”的花卉。特别不适宜送给病人和从商的亲友。这一切都是避凶求吉的语言禁忌现象，民间称之为“讨口彩”。

冲犯禁忌语常于人生仪礼或生活经历的关键时刻存在。《淮南子·说山》云：“祭之日而言狗生，取（娶）妇夕而言衰麻，置酒之日而言上冢，渡江河而言阳侯之波。”高诱注曰：“皆所不宜。阳陵国侯溺死，其神能为大波，为人作害，因号阳侯之波，舟人所不欲言。”俗间又有地名冲犯的禁忌，以为某些地名有凶厄的意义，或者能够冲犯自己的本命，因而忌讳提及或者忌讳过往、居住于此地。《三国演义》中凤雏死于“落凤坡”的传说，便是基于这一俗信禁忌而形成的例证。河南林县有“失阵村”的传说，因其名不吉，商客、军伍向不进驻，后改为“石阵村”。又有杨家营与郎垒村，毗邻相望，久不往来。皆因“杨”与“羊”谐音，“郎’与“狼”谐音，杨家营人恐与郎垒村人往来会被冲破克伤自己的本命。至今两村通婚仍有忌讳。这一类的例子也很多，举不胜举，也属语言禁忌的一个侧面。

民间以为睡眠时灵魂会暂时离开肉体，直到清晨灵魂回到体内，人们才醒转过来。因此，清晨有许多禁忌，如不许讲龙、虎、鬼、梦等等词语。据说不管是有意无意，说了这些字词，这一日便会遇凶厄、不吉利。早晨最忌说“梦”字，又忌讳对人讲说自己睡眠时所做的梦，所谓“朝勿讲梦，夜勿讲鬼”。无非是惧怕谈论鬼魂事，招致祸殃。

有些数字在民间也有吉凶的分别，因而也有宜忌。数字的单双有吉凶的感应性质，一般喜事忌单喜双，凶事忌双喜单，这是人们趋吉避凶的心理反应。然而，人们又常常说，“福无双至，祸不单行”。或许是人们常常不能如愿以偿，故而总结出了这样一条俗谚。各地在种种场合下单数、双数的忌讳又有这样那样的差别。结合种种具体情况，还有许多数字方面的禁忌，我们在本书其他章节中已谈到过，这里就不多说了。需要补充说明的只是数字吉凶禁忌的不一致性。比如民间通常是以“三、六、九”为吉祥数字的象征的，然而也有以此三数为凶的。例如广东潮州人言语间就讳说“三”字，否则，祸不可测。故当地人称三点钟为两点六十分。湖北天、沔一带，人们以为“六”是不吉利的，做菜（特别是吃鸡蛋）、送礼物等数目绝对不能是“六”。当地人读“六”为“禄”音。因而“六”有“满禄”，即“死”的意思，所以忌讳。并由此而演化生发出许多骂人的话，如“六点”（即钟表的“半转”，有“差火”、不成人的意思。跟“二百五”、“半吊”的意思差不多）等等。畲族某些集居地禁忌书写“九”字。遇“九”字一律改写作“仸”。据说与畲族祖先为神犬的神话传说有关。“犬”与“九”形近，故忌之。由此可知，语言禁忌的吉凶观念是因时、因地、因民族、因行业等等因素所不同的，不能一概而论。

破财词语禁忌

旧时，中国人见面打招呼，爱拱手说“恭喜发财，恭喜发财”。因为财运好坏直接关系到人们的切身利益，俗话说，“人为财死，鸟为食亡”，所以民间很看重此事，时时处处惦念着发财，也时时处处提防着破财。

春节期间，各家各户要祭祀财神，民间有串胡同卖财神画像的。财神画像忌讳买卖，要说“送”、“请”。串胡同的，带着许多财神画像，挨门喊：“送财神爷来了。”一般人家，都赶紧出来，到门口回话：“好好，来，我们家请一张。”如不想买的，也不能说“不要”，更不能撵送财神的，只说“已经有了”。否则，财神爷会怪罪的，假如财神真的不来了，这家就要破财的。香港人过年从不说“新年快乐”，平时写信也不用“祝您快乐”。因为“快乐”与“快落”（失败、破产的意思）听、说起来都容易混淆，是犯忌讳的词语。所以，一般香港人过年见面时总说：“恭喜发财”、“新年发财”、“万事如意”等。

香港酒家饭馆的伙计及掌勺师傅最忌讳说“炒菜”、“炒饭”因为“炒”字在香港有“解雇”（炒鱿鱼）的意思，不吉利。当然香港的菜馆、酒家也有不少带“炒”字的菜饭，而菜谱上写的则是“爆××”、“干煎××”、“炸××”、“滑××”或“肉饭”、“叉烧饭”等，以此来避“炒”字讳。

河南一带做饭时，忌讳说出“少”、“没”、“光”、“不够”、“烂”、“完了”等等不吉利的字眼。以为说了这些字，饭食就会真的缺少、没有了。这也是一种担心破财的禁忌心理反应。如果问“年糕还有吧”，没有的话，要回答“满了”，不能直说“没了”。饺子烂在锅里了，也不能说“烂了”，要说“挣了”，挣是“赚钱”的意思。尤其是过年过节，计较得更厉害。包饺子时连数数都犯忌讳，因为数数本身就包括了“怕少”的意思。俗认为，饺子包好了越数越少，所以忌讳数数。放鞭炮拟声也忌说“砰砰砰”，只能说“叭叭叭”，因为在河南方言中，“砰”音谐“崩”，有“砸锅”、“事情办糟了”的意思；而“叭”音谐“发”，则有“发财”、“发家”的意思，所以有此忌讳。

广东一带，旧时赌博的风气很浓，因此民间特别忌讳“输”字。有一种中秋夜所卖的木鱼书，被叫卖者呼为“月光赢”，便是忌讳“书”与“输”字谐音的。又因广东方言“丝”与“输”的读音相同，所以把“丝瓜”改称作“胜瓜”。又因为“干”犯了“输得干干净净”的忌讳，所以便把“干”改为“润”，“润”取时时润色之意，显得有油水，所以是发财的象征。于是“猪肝”被说成了“猪润”，“鸡肝”被说成了“鸡润”，“豆腐干”被说成了“豆润”…… 广州旧时商行里为了发财，为了账目上多进少支，特别忌讳支出的“支”字。为此把长衣（长衫）的读音“长支”改称作“长进”，以求只“进”不“支”。香港对中老年人忌讳称“伯父”、“伯母”，因为“伯父”、“伯母”与“百无”谐音，就是“一无所有”的意思。所以，在香港，无论商人、公职人员或是普通家庭妇女都忌讳这种称呼，而是称“伯伯”、“伯娘”。四川一带，旧时忌讳说“舌”字，因为“舌”谐音“蚀本”、“蚀财”的“蚀”字。为此，便把“猪舌”称作“猪招财”，“牛舌”称为“牛招财”了。江浙一带，逢年过节，要书写“招财进宝”和“和气生财”等字样贴在门首。因为“财”字的偏旁“贝”字谐音“违背”的“背”字，唯恐因此而“背运”、“失财”，所以就把“财”的偏旁“贝”字有意写成“见”字。以为如此，便可时时处处见财，大吉大利了。河南驻马店一带有一座山名叫确山，“确”在当地方言中有“坑”、“骗”、“砸锅”、“糟糕”的意思，因此，生意人都忌讳称其为确山，而要改称为“顺山”，以求吉祥，避免破财。

总之，这一类有关财运衰败的语言禁忌很多，都是为了避防破财倒运的。说明社会中人对于谋求生计的艰难有着深切的体会。动荡不安的社会生活，使他们不得不将自己的命运寄托于神灵的护佑，特别是财神，他们绝对不敢得罪。因为他们不愿经受贫困的折磨，不愿让生活的财路断绝。正因为如此，这一类语言禁忌还有一个特点，即不仅仅停留在避开不吉的词语不说这一点上，而且还要改凶为吉，力求通过语言上的变通、调整而在现实生活中得到一个最为吉祥的理想效果。

亵渎词语禁忌

民间的荣辱观也促使一些带有亵渎意味的词语成为禁忌。

民间通常以为涉及性行为和性器官的词语是一种亵渎语，一般所谓“有教养的”或者“老实本分的”人都羞于启齿。在不得不说到性器官时，要用“那个”、“下部”、“阴部”等来代替。说到性行为时，也要用“办事”、“房事”、“同床”、“夫妻生活”、“男女关系”、“偷鸡摸狗”、“寻花问柳”等等委婉词语来代替。甚至连容易引起生殖部位联想的“拉屎”、“撒尿”、“上厕所”、“月经”等等也都在忌讳之列，一般要改为“出恭”、“解手”、“方便方便”、“如厕”、“上一号”、“例假”等等。 骂人时，常以生殖器或性行为来羞辱对方，说明人们相信这一类词语具有诅咒力，能够毁伤仇人的灵魂或者肉体。从另一方面来看，在没有仇人在场，或不想诅咒什么人时，这一类词语就是应当避忌的了。《清稗类抄》云：“北人骂人之辞，辄有蛋字，曰浑蛋，曰吵蛋，曰倒蛋，曰黄巴（王八）蛋，故于肴馔之蛋字，辄避之。鸡蛋曰鸡子儿，皮蛋曰松花，炒蛋曰摊黄菜，溜蛋曰溜黄菜，煮整蛋使熟曰沃果儿，蛋花汤曰木樨汤。木樨，桂花也，蛋花也色黄如桂花也。蛋糕曰槽糕，言其制糕时入槽也。而独于茶叶所煮之鸡蛋，则不之讳，曰茶鸡蛋。”这里讳言“蛋”字的原因就是因为它是骂人之辞。而之所以用“蛋”来骂人，是因为蛋指睾丸，是男性生殖器的一部分，因而它有亵渎人、诅咒人的作用。山东一带喜称“二哥”，忌称“大哥”，据说是与“武松”的传说有关。武松排行老二，长得高大魁梧，因在景阳冈上打死一只猛虎而被民间称为“打虎英雄”；武松的哥哥武老大却长得矮小丑陋。但光是这些还不足以形成忌称“大哥”的禁忌，主要的恐怕还在于武老大的媳妇和西门庆勾搭成奸一点上。人们忌称“大哥”实际上是怕像武老大一样，成为一个“妻子和人乱搞的”人。这种人，民间又称作“王八”、“乌龟”。龟，在唐宋以前是与龙、凤、麟合称为“四灵”的神物，人多视为祥瑞，并不见有什么忌讳。以龟命名的人也有不少，如李龟年、陆龟蒙等等。元代以后，开始用龟来羞辱娼妓之夫或妻子外淫之夫。据说是因为龟不能性交，纵牝者与蛇交之故。现在这种忌讳仍然流行，若骂人为“龟儿子”、“王八”，其必勃然大怒。民间忌言“醋”，称“醋”为“忌讳”，也与性行为有所牵连，因为俗常是把情场上爱嫉妒的人说成是“爱吃醋”的。实际上，不但非正常的性行为会形成某种语言上的禁忌，就是正常的性关系也会形成某种语言上的禁忌，例如，民间嫁女忌说“嫁”而要说“出门”或“成人”，怀孕、生孩子不说怀孕、生孩子，而说“有了”、“添喜”等等。都是尽量避免引起性行为联想的一种委婉词语，而委婉词语的基础仍然是禁忌。

除了以上与性器官、性行为有关的一些语言禁忌之外，还有一些其他方面的带有亵渎性质的语言禁忌。例如“兔”、“狗”、“驴”、“牛”等畜类常常被用来咒骂人，因而平时便忌讳在人前说到这些动物，尤其不能和人相提并论，否则，会伤害别人，引起斗殴纠纷。与和尚、道士说话，更不能说出“驴”和“牛”字，因为和尚最忌被骂作“秃驴”，道士最忌被咒作“牛鼻子”。有生理缺陷的人，也讳忌当面嘲笑他的缺陷，这也是对人不尊重的亵渎行为。如当着秃头的人忌言秃，当着跛腿的人忌言瘸等等。民间一般都喜少恶老，湖南一带，无论老幼都以“芽里”相称。虽七八十岁的老人也不例外。若称其为“老人家”，则要生气的。现时代，青年女子喜瘦忌胖，若言其瘦，则喜以为是称赞其身材苗条，长得漂亮；若说其胖，则满脸不悦，以为是挖苦她体形难看，长得不美。类似此种禁忌也是很多的，各地不一，举不胜举。总起来一点，凡属于对人不尊重、轻慢待人的亵渎话语一般都是有所忌讳的。

集团禁忌语

社会中一些职业性集团和黑社会中一些流氓集团、帮会集团、匪盗集团等等，由于某种信仰上的原因，存在着共同的语言禁忌（参阅笔者所著《艺风遗俗》一书中“禁忌的隐语”一文）。

比如旧社会北方戏班、女巫以及娼妓行业中都有关于“五大仙”的禁忌。现将笔者所见到的有关资料列表如下，以作比较。

<table>
<tr><th>行业</th><th>流行地域</th><th colspan="6">禁忌语</th><th>统称</th><th>参考书目</th></tr>
<tr><td rowspan="2">戏班</td><td rowspan="2">河北</td><td>忌言</td><td>狐狸</td><td>黄鼠狼</td><td>刺猬</td><td>蛇</td><td>老鼠</td><td rowspan="2">五大仙</td><td rowspan="2">《艺术生涯》（新凤霞）《新凤霞回忆录》</td></tr>
<tr><td>改称</td><td>大仙爷</td><td>黄大爷</td><td>白五爷</td><td>柳七爷</td><td>灰八爷</td></tr>
<tr><td rowspan="2">戏班</td><td rowspan="2">东北宁古塔</td><td>忌言</td><td>狐狸</td><td>黄鼠狼</td><td>刺猬</td><td>蛇</td><td>老鼠</td><td rowspan="2">五仙门
五大家</td><td rowspan="2">《黑龙江民间文学》（第九集）</td></tr>
<tr><td>改称</td><td>胡三爷</td><td>黄四爷</td><td>白五爷</td><td>柳七爷</td><td>灰八爷</td></tr>
</table>

行业	流行地域	禁忌语						统称	参考书目
戏班	开封	忌言	老虎	黄鼠狼	兔子	蛇	老鼠	五大仙师	《河南文史资料》（第五辑）
		改称							
女巫	京津	忌言	狐狸	黄鼠狼	刺猬	蛇	老鼠	五大家	《清稗类抄》（第10册）
		改称	胡氏	黄氏	白氏	柳氏	灰氏		
娼妓	开封	忌言	老鳖	黄鼠狼	刺猬	蛇	老鼠	五大仙	《河南文史资料》（第一辑）
		改称							
民间	京郊及北方一带	忌言	狐狸	黄鼠狼	刺猬	蛇	老鼠	四大门（缺鼠）五大门	《萨满教研究》（秋浦主编）
		改称	胡门	黄门	白门	柳门或常门	灰门		

从表中可以看出这一类禁忌旧时在北方民间及某些行业中流行的情况。这类禁忌的信仰基础，是与动物崇拜的信仰有关的。俗以为某些动物各具一套从凡俗到神圣的修炼方法，通过吸取天、地、人之“精气”作补益，经过漫长岁月的修炼便会成为“聚则成形，散则成气”的“精灵”。于是，他们便可脱离动物的躯体，经人的七孔和阴部进入人体，因而造成人们的许多疯狂或特殊的反常举动。如跑跳哭喊、扭摆做作、胡言乱语等等，这叫做被仙家“拿法”了。被拿法的人其精力又会被这些动物所吸取。这样，久而久之，它们就可以修成“正果”，成为名列仙班的仙家了。如果修炼失败，便会重新落入凡俗。旧时戏班伶人、女巫、娼妓都需要“迷惑”人，取悦于人、取信于人。因而在心理上有羡慕这些动物修仙迷人本领的思想意思，所以将它们供养起来，敬为神仙，尊为仙师，并不敢直称其名，以此来表达自己的敬畏心情，否则便以为是对行业的背叛，会受到天神的惩罚的。这就是这一类禁忌的由来。

以上是职业敬神中的一些语言禁忌，除此之外，旧时江湖上还流行着一种“犯块”或称“放快”的禁忌语。江湖一般泛指下层社会中靠卖艺、行骗、搞迷信活动等谋生的人及其职业。其中也包括戏班、娼妓、卖药的、算卦的、说相声的等等。这些江湖中人有一套大体相同的禁忌语，称作“八大块”或“十大块”。这些词语禁忌说出口，一定要按着规矩改成其他说词，否则就要受到同行人的惩罚。下面，也将所得资料列出（见下表），以便看出其间的异同。

行业	流行地域	禁忌语											统称	参考书目
江湖	京津及北方一带	忌言	龙	虎	梦	牙	蛇	兔	桥	塔			八大块	《江湖丛谈》云游客著（第一集）
		改称	海条子	海嘴子	团皇亮子	柴	土条子	月宫嘴子	悬梁子	土堆子				
江湖	河南	忌言	龙	虎	梦	牙	鬼	哭	桥	塔			八大块	《河南文史资料》（第二辑）
		改称	海条子	海嘴子	幌亮子	老财	倭罗子	撇苏	海空子	锥子				
娼妓	开封	忌言	龙	虎	梦	灯	鬼	哭	桥	塔			八大块	《河南文史资料》（第一辑）
		改称	海条子	海嘴子	幌晾子	亮子	倭罗子	撇苏	海空子	锥子				
相声	京津及北方一带	忌言	龙	虎	梦	牙	鬼	神	桥	塔	庙	妖	十大块	《传统相声汇集》（第三集）
		改称	嗨条子	嗨嘴子	黄亮子	柴掉子			梁子					
曲艺	山东	忌言	龙	虎	梦	牙	鬼	雾	桥	塌			八大块	《民俗研究》（1988年第4期）
		改称	天良	高鹰	闯亮子	老扇儿	黑影子	倒壳	梁子	长				
坠子	豫东	忌言	龙	虎	梦	牙	鬼	雾	桥	塔（塌）			八大块	据河南省虞城县邢相云口述
		改称	海条子	海嘴子	查黄留	彩条子	矮骡子	挂帐子	悬空子	震尖				

行业	流行地域	禁忌语											统称	参考书目
坠子	京津	忌言	狼	虎	梦	牙	鬼	雾	桥	塔			八大块	据北京董桂芝口述
		改称	豺嘴子	海嘴子	凉子	柴掉子	哀骡子	帐子	梁子	橛子				

从表中可以看出，江湖各行业之间的“犯块”、“放快”禁忌是大同小异的。有些字，音同字不同，可能是记录的关系。其所以要禁忌的道理也说法各异，很难统一。其中龙、虎、狼之类是某种神兽、猛兽的象征，恐道之不吉；庙、妖、鬼、梦涉及魂灵，恐触犯之会遭邪祟，或使好事化为泡影；戏行内又有人说禁言梦是为避祖师之讳的（参见《说剧》、《舞台生活四十年》、《二人转资料》等书）。牙，与衙门之“衙”谐音，言及恐吃官司；雾气遮目，又恐“误”（雾）事，故不敢说；塔，谐音“塌”，恐说凶即凶，提到塔字会使生意倒霉，塌了台而不可收拾；灯，是妓行特别的忌讳，据说是唯恐与嫖客弄“蹬”了，再无人来嫖宿。这些禁忌词语改为其他说词也有一定的规律。一般是和普通的行话、黑话密切相关的，有些则是和行话、黑话相一致的。比如，江湖中的黑话称“大”为“海”（嗨），所以“海条子”、“海嘴子”实际就是“大条子”、“大嘴子”，这样一“破译”，便知龙、虎的改称，不过是一种黑话里的形象比喻而已。其他如蛇为“土条”，塔为“土堆子”、“锥子”，桥为“悬梁子”、“海空子”、“梁子”，雾为“帐子”、“挂帐子”等等也都是如此。有的改称还可能出于某种典故，如“梦”改称为“黄亮子”、“幌亮子”等等，就很可能是从“黄粱美梦”这一成语演变而成的。把灯改称为“亮子”也是从灯的特征和作用方面所作的转化。哭改称为“撇苏”，又是一种反切的模式。总之，似乎都没能超出一般汉语中猜谜的格局。但是，也有的似乎不可推度，似乎不存在什么规律性，这在黑话、行话中亦是常见的事，惟其如此，才更显出它的神秘性，更表明它是一种神秘莫测的语言现象，因而也就更能达到它所要求的“保密”性质和禁忌功能。

以上表中所列是所谓“大块”。除了“大块”，还有许多“小块”，亦即许多要求的严格性次一等级的禁忌词语。江湖上有“八大块七十二小块”的说法。

可知小块和大块的比数，相差是很大的。因为小块太多，防不胜防，所以禁之不甚严格。

“犯块”（“放快”）最忌于一天之清晨。如果早晨“犯块”，说了禁忌语中的词语，要主动在祖师爷牌位前“跪香”请罪，认罚香钱。本人一天不出门，不做生意。而且，凡是听到“犯块”的人都有权要求“犯块”者赔偿一天的工钱。如果犯了小块，则可用拧耳朵、连唾三口唾沫，撕破衣角、摘掉衣扣等方法来自行破解，否则，也会不吉利的。当然，如果是用“改称”调侃（坎）说出某些禁事的，则不算犯块，也就什么事都没有了。

各种职业集团和社会团伙中的行话、黑话（亦称隐语、秘密语）是多种多样的，举不胜举。不过，一般说来，行话、黑话并不都具有禁忌语的性质。而其主要的作用和意义是在于语言的隐秘性，是为着某种“背人”的目的而设计、流行、使用的。有些行话，比如技术语（术语）和一般的行内惯用语等等，甚至从主观上讲也并没有什么“隐瞒”的意识存在着，只是客观上具有某种行业专有的性质，鲜为人知，因而使人感到有些陌生罢了。即便是一些黑话，也多是出于“保密”的需要而在行内、同伙内约定俗成的“隐称”，其与禁忌语的含义也有所不同。一般能说行话和黑话的人，同时也还有不说行话、黑话的自由。只是在一些特殊的场合下，在一些特殊的情况下，由于行规俗约的限定，同行人之间才不得不说行话、黑话。这时，被行话和黑话所替代的那些常语也就具有某种禁忌语的意义了。各种行业集团和社会团伙的行话、黑话是很多的，这不是本书的主旨，因而不能在此一一列举。但是，鉴于它们有些时候或者有些情况下可能会成为禁忌语的改称这一点，我们在此还是要举出一些行话、黑话的例子，以便说明问题。下面就是一些行业集团口头或者书面的一至十个数字的说法和写法，为了便于比较，特列成表格样式。

序号	行业	流行地域	一	二	三	四	五	六	七	八	九	十	参考书目
1	江湖	北京	柳	月	汪	载	中	申	行	掌	爰	驹	《江湖丛谈》（第一集）
2	魔术	天津	笛	超	汪	则	中	仁	信	张	爰	足	《中国魔术》
3	江湖	河南	柳	月	汪	则	中	申	兴	张	爱	足	《河南文史资料》（第二辑）

序号	行业	流行地域	一	二	三	四	五	六	七	八	九	十	参考书目
4	蹦蹦戏班	辽宁	柳	月	汪	宅	中	深	星	张	艾	车	《二人转资料》（第一集）
5	相声	沈阳	溜	月	汪	摘	中	申	星	章	耐	居	《传统相声汇集》（第三集）
6	理发业	江苏东台	台	月	望	则	中	神	仙	张	爱	台	《乡土》（1981年第四期）
7	鲜货	北京	窑	柳	飕	臊	扫	料	瞧	笨	较	勺	《江湖行话谱》
8	估衣	北京	摇	柳	搜	臊	外	撂	撬	奔	巧	杓	《江湖丛谈》（第二集）
9	估衣	北京	肖	道	条	服	罗	俊	现	世	歪	柯	《江湖行话谱》
10	收买旧衣的小商贩	昆明	逗	倍	毋	长	拐	土	兆	财	湾	分	《中国语文》（1957年第四期）
11	商界	苏州	〡	〢	〣	×	8	〦	〧	〨	夕	10	《台湾风俗志》
12	商界	上海	旦底	挖工	横川	侧目	缺丑	断大	皂底	公头	未丸	田心	《语言》（洑之珍）《中国语文》（1957年第四期）
13	商界	台湾	正	元	斗	罗	吾	立	化	分	旭	士	《台湾风俗志》
14	粮行	北京	由	中	人	工	大	天	主	井	羊	非	《江湖行话谱》
15	粮行	江苏东台	舟	关	市	镇	乡	街	桥	井	店	舟	《乡土》（1981年第四期）
16	瞽者	北京	埃鸡	阿艮	谁簪	赛字	歪古	列舅	浅杂	北干	偕柳	赛式	《江湖行话谱》
17	钱庄	扬州	夜明珠	耳朵边	散花	狮子猫	乌梅果	隆冬	棋盘	斑毛	舅子	省油灯	《中华全国风俗志》

此表所列，1－6种为一个类型，是属江湖上通行的一种集团隐语。笔者在河南、北京、辽宁等地也搜集到过这类行话、黑话。其起源尚不清楚，估计是清末民初兴起的，主要流行于中国中、北部地区。由于方言语音的差异和记录用字不同，看上去似乎还有一些差别，但实际上这个差别是一种传播过程中的讹误，其源出当无疑是同一的。在结构上不显示什么规律，这说明它的质朴性，很可能是出自于民间口头上的约定俗成的。7、8两种，从结构上看应当是同一类型。结构

有规律，是和寻常俗话中“幺俩仨肆伍……”的轻声读法或入声读法相近似、相关连的。因是发音方面的规律，所以仍然可能是从口语中形成的。9、10两种，都没有发现结构上有什么规律性，好像是一种“硬性”的规定。这两种说法未见有超出本行业的使用情况。应当说，越是无规律可循的，传播就越不易，而其保密性就越强。第11种曾经是通行全国的商用数字，因起于苏州，所以又称作“苏州码”。现在仍于台湾等地流行。12—14种属于文字游戏一类，是从文字字形取意的。第12种，每两个字的意思都正好说明了一个数目。如“旦底”，即为“旦”字的底部，亦即“一”字；“挖工”即挖去“工”字的中部，亦即“二”字，以下如此类推。第13种是取字头、偏旁，也就组成了常语中的数字。第14种是取每个字出头的数目，有几个出头的地方，便为几数。这一类行业用语，是从文字上兴起的，必然经过了“文化人”的一番精心设计，虽然巧妙，但也易被“破译”。第15种，看起来像是借用地方区域由大到小的层次排列来表示数字顺序的。那么第一个“舟”字，似乎应当记为“州”字，但，这一规律又不很贴切，所以不敢肯定是这样的。16、17种又是读音方面的规律，是以反切的形式形成的。北方又称之为“瞎子语”、“徽宗语”，南方称之为“盲佬语”、“燕子语”、“麻雀语”、“老鸦语”等等。不过，这种说法因为是可以拼读出来的，所以保密性不强，常常很快就被外人掌握了。旧时这类隐语常流传、扩散到下层社会中去或被中小学生们视为一种好玩的语言游戏。总之，这里所举的十个数字以及没有列举出来的其他许多行话、黑话，只有在行业中人必须使用的时候，比如识别同伙或者须要在公共场合公开而又保密地传递某种情报、信息的时候，它们才具有禁忌的意义。因为这时是不能也不肯说常语的，必须以这些行话、黑话来代替之，否则，就要遭到灾祸和惩罚。

结语

以上我们从称谓、岁数、属相、凶祸、破财、集团等等方面，谈到了一些语言禁忌的例子。从这些实例中我们可以体会得到民间对语言魔力的信仰。这首先表现在“名”与“实”的关系中，民间以为语言之“名”，是完全等同于物质之

“实”的。因而作用于语言上的任何“力量”，也完全等同于作用在实际的事物之上的力量。这是一种很原始的巫术思维。由于这一思维形式一直在民间民俗文化的深层意识中存在着，所以在民间信仰中语言就产生了两个主要的作用，即谶语的作用和咒语的作用。谶语的作用，是指语言的兆示作用。俗以为，语言的形式一旦确定下来，那么，和这语言形式相应的实际的事物，其发展的规律和结局也都被语言的形式所限定了。因而，又进一步有了吉语、凶语的区别。吉语与凶语，有些是一目了然的，可以直接看出来的；有些则还须要推衍、辨别。吉语兆示吉祥如意，是人人都乐意接受和刻意追求的；凶语则兆示凶厄灾祸，是人人都厌恶并且极力要避忌、防范的。避忌凶语，便是所谓的“语言禁忌”；防范凶语则还要包括其他的一些禳解方式。咒语的作用，是指语言的禳解作用。俗以为说出的话语或者写画出的字句、符号可以起到支配自然、控制自然的作用，可以帮助人们达到自己的主观愿望。东北挖参的药农，旧时一见到参苗，就要大喝一声“棒槌，站下”。据说这一喝参苗就跑不掉了。过年过节人们贴的对联。福字、喜字，庆寿时书写的寿字，平时人们咒人的话，还有术士的符箓、巫师的经咒等等，都是一些咒语的形式。咒语所禳解的不仅仅是关于语言的凶祸，还有其他生活各方面的灾祸。咒语可以禳灾，也可以求吉。咒语用来消除凶语祸殃的才与语言禁忌有关。所以语言禁忌主要包括凶语的识别——凶语的避忌——凶语的禳解这样一些过程。凶语的识别，涉及许多风俗惯习，各个地域，各种社会集团都有自己的吉凶观、利害观、荣辱观，这就形成了各种不同的语言禁忌的风格特色。凶语一经鉴定，就要采取避忌措施。通常的避忌措施有三种。一是闭口不说，即所谓“噤言”；二是改称求吉，即用各种手段破除掉凶语，而用其他变通的形式代替之；三是禳解，即在前两种方式无效的情况下，进一步采取的防止凶祸发生的积极措施，其中包括使用咒语的形式。为了防范的有效、禳解的有力，在整个语言禁忌的过程中，都很注重忌避和凶语、不吉语相近似的语言现象，比如谐音字、近意字等等。尤其是谐音字，在民间常常是不能与原本的凶语、不吉语相区别，而一并加以禁忌的。

总之，语言禁忌是建立在语言神秘感、语言魔力信仰基础上的。俗话说，“一言兴邦，一言丧邦”，足见语言的威力之大；“祸从嘴吐，病从嘴入”、“多说话，多是非；少说话，少祸根”、“饭好乱食，话不好乱讲”、“白日勿谈人，谈人则害生；昏夜勿说鬼，说鬼则鬼至”、“不如意事常八九，可与人言无二三”，足见对语言魔力的崇信和畏忌；“说破大吉”、“说破不准，道破不灵”、“说破无毒”亦可见语言禳解功效之神奇无比。设若人们只把语言看做一种交际的工具，是一切事物的外壳形式，是人们自己创造、主宰的一套符号系统的话，那么语言的神秘感便会马上消失，语言的魔力信仰也再没有什么可怕的了，而语言方面的禁忌也就会自然而然地淡漠乃至不复存在了。

社交禁忌

风俗是在人与人的社会交往中形成的。除了语言，人们还有其他许多方面的交往。在多方面的交往过程中，人人都找到了自己适当的社会存在的位置和方式，亦即把自己纳入了某种社会风俗的框架之中。这就是说，不管自觉与否，人们实际上都在遵守着许许多多的社交方面的禁忌习俗。

社交禁忌是一个很宽泛的说法，因为社交本身就是一个很宽泛的概念。人际往来是社交，个人独处同样也是属于社交范畴的事。公共事业中有社交活动，家庭宗族间也会有社交活动。社交不但有礼法惯习的规约，也有道德风尚的禁制，既有群体的干预，又有自我的修养，所以社交禁忌是在思想和行为、宏观和微观中都可见到的一类颇能反映民族民俗风格特征的禁忌事象。

人际交往

在为人处世方面，民间有民间的道德要求。民间所谓的坏人，是有其风俗的、文化的、伦理的较为恒定的标准的。一般说来，淫乱、偷盗、赌博、酗酒、吸毒、斗殴、凌弱、妒忌、不孝、贪婪等等都是不好的行为，是属禁忌之列的。古时有所谓三风十愆的忌行。三风为：巫风、淫风、乱风。其中巫风有二：舞、歌；淫风有四：货、色、游、畋；乱风有四：侮圣言、逆忠直、远耆德、比顽童，合为十愆。这虽为惩治官吏，使其不敢陷于此类过错的规定，然正如张亮采在《中国风俗史》中所说：“当时

（商汤）此种风气，必已传染于民间，盖上有好者，下必甚焉。官刑之作，治官即所以治民也。”可见民间亦以此等情事为禁忌。《论语·季氏》云：“孔子曰：‘君子有三戒：少之时，血气未定，戒之在色；及其壮也，血气方刚，戒之在斗；及其老也，血气既衰，戒之在得。’”这些思想源于民间，又对民间有着深远的影响。民间有“好人不入三场，即赌场、酒场、杀人场”的说法。又相信人的一切善恶行为都逃不脱神灵的耳目，所谓“善有善报，恶有恶报”、“善恶之报，如影随形”。这些为人处世的禁忌事项必须从内心深处去把握，要在动机上就调整摆好，如果主观愿望上有了偏差，如“愿人有失”、“愿他破散”、“愿他流贬”、“愿他身死”、“偏憎偏爱”等等，就必然会导致行为上的错误，从而招致祸灾。俗以为“心起于善，善虽未为而吉神已随之”，相信“天地有司过之神，依人所犯轻重以夺人算”，所谓“作善，降之百祥；作不善，降之百殃”是也。所以，归根结底，为人处世要抑恶扬善，从善忌恶。从这一点出发，中国人建立起自己基本的伦理道理观念以及有关的禁忌习俗。

虽然民间相信神是万能的，是可以明辨是非的，但仍然又担心自己的善意被误解，所以常常在行为上进一步约束自己，以免被别人或神灵猜疑而错惩了自己。“男女授受不亲”、“男女有别”、“男女不同席”、“阿姨勿上姊夫门”是恐人猜疑男女间有不正当的性行为发生；“寡妇门前是非多”，因而连寡妇之子，也“非有见焉，弗与为友”；为避猜忌，人与人的往来亦须有所选择，俗话说“贫不串亲，富不串邻”，因为“贫串亲，易遭白眼；富串邻，易诬奸犯”；“瓜田不纳履，李下不正冠”、“小子不舀麻糖篮，闺女不看瓜菜园”都是恐人猜疑自己的行为动机不纯的。这种恐惧发展到极端，甚至走向了见死不救的反面，如“贤不荐医，智不荐药”、“勿救水中人”等等，这就又转而成为一种极端自私自利的行为准则了。在这种自私自利的原则指导下，人们的善念往往会变成一种只对自己负责而不对他人负责的处世态度，所谓“出头椽子先烂”、“事不关己，高高挂起”、“凡事莫要强出头”等等。不管是非曲直，一律“能忍者自安”，忌争斗，忌诉讼。《风俗通义》云：“俗说二人共澡手，令人争斗。良无异器，当共澡者，其祝曰，‘人相爱，狗相齿’。”河南民间，旧时以干涉诉讼为耻，以认识差役为羞，以“片纸不入衙，终年不进城”为荣。俗说“饿死莫做贼，屈死莫告状”，这种视被告原告，有理无理的诉讼者为一样的羞耻固然是愚顽的表现，但其中另一个社会原因，是民间“畏官”的心理障碍在起着作用。

清代男子相见拱手礼仪

因为历来“官官相护”、“衙门口朝南开，有理无钱莫进来”，即便你是理直气壮的，又有什么用处呢！“近官如近虎，伴君如伴虎”、“见官三分灾”、“斗官穷，斗鬼死”，这也是民间的经验之谈。生活告诉他们，必须强压怒火，忍气吞声，避忌官府，禁忌讼争。否则，理未说清，更遭一番欺凌；或者虽然胜诉，也弄得家败人亡，得不偿失。当然，压迫到了忍无可忍的时候，也会引起不顾一切的抗争的。不过，不到万不得已，中国人是不会造反的。中国人不愿意走极端，讲究“中庸之道”、“和为贵”、“互谅互让”。就是争执起来，也要有所克制。俗话说“打人不打脸，骂人不揭短”，否则，得理不让人，大吵大闹，穷追猛打，会走向反面，有理也变成无理了。

俗间还以为客观环境是造成祸患的一个重要因素，因而除了自身修善行好之外还要特别注意与人交往的选择。俗以为“跟着好人学好人，跟着巫婆学下神”，“近朱者赤，近墨者黑”，所以一定要与好人交往，不与坏人交往。民间的“宁跟红脸人打一架，不跟黄脸人说句话”、“黄眼绿睛，莫谈交情”一类的说法（参见本书“人体禁忌”），虽然不见得是科学的，但反映着民间愿交好友，忌结恶人的良好愿望。避忌、隔离本来就是禁忌的一个主要方式。如果知道某种事物是有危险的，就一定要割断与它们的联系。在人际交往中，如果一方有病灾，那么，其他无病的人都有可能对他形成威胁，或者，反过来说，他也可能对别人形成威胁。因此，病人需要停止或者尽量减少社会交往，以免相互间造成危害。过去，汉族、苗族、佤族、珞巴族、瑶族、普米族、藏族、彝族、侗族等等都有“忌门”的习俗，就是在病人门上用树枝、草、旗、鞋、红布、竹笠等物件记号，设门标，禁忌他人进入。有些民族还常与鬼神信仰结合起来，以解释“忌门”的必要性。古俗还有上朔不会客的习俗。《风俗通义》云：“堪舆书云‘上朔会客必斗争’。”年纪大的人，也忌留住宿，恐有不测。俗语云：“七十不留宿，八十不留坐”、“七十不留饭，八十不留宿”即是此意。在人际往来中又忌与和尚、道士、尼姑等来往。俗语说：“前门不进尼姑，后门不进和尚”、“会交朋友，交些铁匠、木匠；不会交朋友，交些道士、和尚”，其中既有避嫌的意思，也有恐招来祸端的担忧。德昂族旧时在狩猎、播种期间，忌有客人来访，否则，以为猎而无获，种而不萌，猎物与种子会被外人的灵魂摄走。这也是归罪于他人的一种俗信。所以在这些特殊情况下，忌讳与人交往。

除了有特别的顾忌、在特殊的情况下忌讳有客来访外，中国人在平时正常的情况下都是非常好客的。俗话说：“有理不打上门的客。”既然人家来到自己门上，就是瞧得起自己，一定要礼貌待客，恭敬待客。如果待客不周，是要被街坊邻居、亲戚族里的人嘲笑、蔑视的。哈萨克族人对前来拜访或过路的客人不论认识与否都要竭诚招待，其谚云：“如果在太阳下山时放走了客人，就是跳到水里也洗不清这个耻辱。”佤族忌让过路的陌生人睡在门外，一定要请进家来住，否则，这家人将被族人所指责。汉族有客人进门时，要主动上前打招呼、让坐，忌不言不语，不理睬客人，或者光站着说话不让客人坐下。客人坐下后，忌抹桌子、扫地，忌光口说请客人喝茶，实则并不沏茶，或者，说了半天话后，才沏茶让客。这些都有“撵客”、“逐客”、“赶客走”之嫌疑，是对客人不恭敬、不欢迎的表现。如果是比较尊贵的客人，除了捧茶、递烟外，还要以酒饭相款待。招待客人，一般是“浅茶、满酒、整盒烟”。即，茶水要沏得浅一点，酒要倒满盅，烟要递给一整盒，忌只递一支。递烟、酒、茶时，都要双手，忌单手。如用烟袋敬客，递烟时应擦净烟嘴，装好烟丝。要主动给客人点烟。点烟时忌用一根火柴连点三支烟。如需对火时，应将烟嘴（烟蒂）向客递上，忌以烟头直递对方。酒以敬客多饮为荣，忌自饮不敬客。宴客时禁忌子女上桌共餐，尤忌媳妇、女儿。否则，以为待客不诚、不敬。待客一般菜忌单数，喜用双数，取意“好事成双”。待客忌无酒。佤族有“无酒不成礼，说话不算数”的说法。鄂西土家族待客要筛一碗鸡蛋茶，即在油茶汤里打几个荷包蛋。其俗鸡蛋茶内常用三个或四个鸡蛋。俗说，一个为独吞，两个为骂人，五个是销五谷，六个是赏禄，七个八个九个又应了“七死八亡九埋”的不吉语。所以忌讳打一、二、五、六、七、八、九等数目的鸡蛋待客（参见《中国民俗辞典》）。拉祜族待客常用鸡肉稀饭，但忌用白鸡。若用白鸡之肉熬稀饭待客，即表示主人要与来客绝交。维吾尔族、柯尔克孜族两人对面谈话时，忌讳咳嗽、擤鼻涕、打呵欠等，否则，认为是对别人的不恭敬。此外，民间招待客人时还有“让食不唾”、“尊客之前不叱狗”、“当众不放响屁”、“客前勿动刀剪”等等禁忌规约，都是恐对客人不敬，而引起不吉的。

宴客的座次，民间是很讲究的。首先，席位的方向要摆正。俗间有“席不正不坐”的说法。如在南北屋宴客，桌缝应东西向摆置，如在东西屋宴客，桌缝应南北向摆置。忌方向错置，否则，认为会“直冲首席”。因为首席总是在面向屋门口的方向。一般宴客都是在面南屋内，正宾面朝南坐于首席。其座次，是按齿德尊善的顺序排列的，年长而德高，尊贵而善良者居于上。主人自卑，常坐于下位。旧时有乡饮酒礼的习俗，据河南《确山县志》云：“乡饮酒礼，序长幼，论贤良，别奸顽，异罪人。其坐席高年有德者居于上，高年淳笃者，并之，以次序齿。而列其有曾违条犯法之人，不许干善良之席，主者若不分别，致使贵贱混淆，察知或发觉，以违制论。奸顽紊乱正席者，全家移化外。”可见座次错乱，是宴饮社交中的一大禁忌。青海省藏族、蒙古族宴饮时，俗人不能坐在僧人的上位，牧民不能坐在头人的上位，妇女不能坐在男人的上位。过节请客时，也必须按各人社会地位的高低，分坐在高低不同的座位上。地位高的大活佛，如果没有和他相等人可以同席，就要为他另设一席。入席和离席，都是依照不同的等级，按秩序先后行动，不能逾越。主人送客时，要送出牲畜圈才分手告别。

关于坐处的尊卑，由于民族不同，时代不同，地域不同也有一些差别。旧时，尊位有尚右的习俗。如今凉山彝族待客仍是主居左，客居右，同时，禁忌孕妇上楼。若有违犯，则为失礼。又有中为上的习俗。据《清稗类抄》云：“俗尚右，包房则以中为上，右次之，左为下。其坐卧均依次序。贵宾尊长至，则让中坐，主居右，妇女为下，居左。”同时，民间还有尚左的习俗，大约是从“男左女右”而来的。不过，若宴客饮礼是在堂上举行，正宾的座次则通常都是以南向为尊的，其余的宾主则又是依顺序交替坐于左右上下的。

一般情况下，乡饮酒礼的座次为：

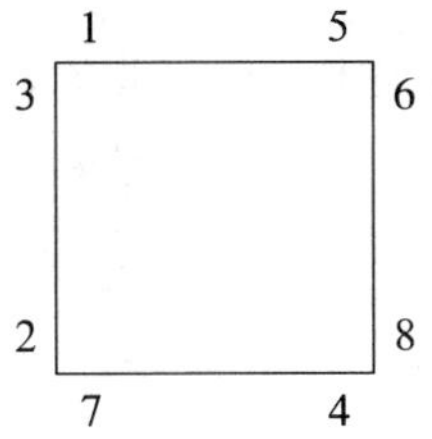

中国北方通行的宴客座次为：

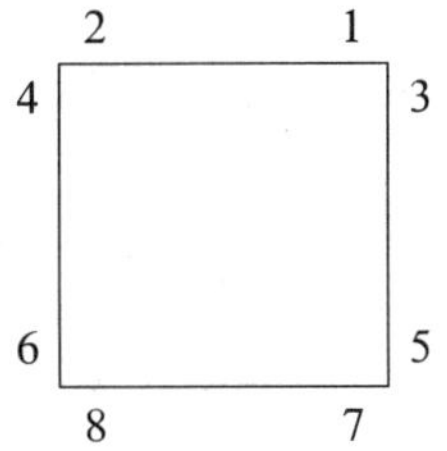

中国南方通行的宴客座次为：

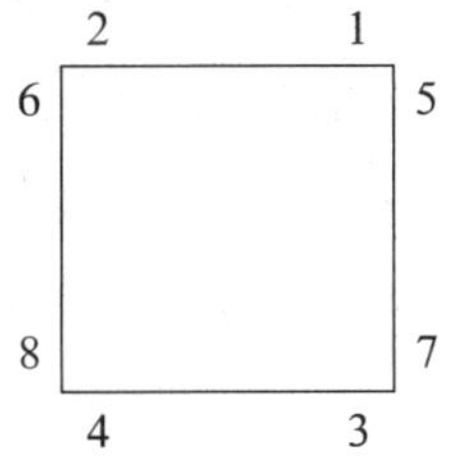

其中：1为正宾；2为介宾（副宾）；3为三宾；4为僎（尊善）；5为次僎；6为再次僎；7为工；8为主人。此顺序忌错乱，否则为失礼。如今此俗仍有残留。

如果是到师友家去做客，也有许多必须注意的风俗礼节。汉族旧时习惯于午前专程拜访。若午后日夕前往或趁他事之便兼往则显得不够敬重，是谓“残步”。尤其对尊贵人家，须特别忌避。哈萨克族、蒙古族、柯尔克孜族、塔吉克族等畜牧区牧民往来多骑马。如去他人家中做客，忌讳快马至人家门口下马，因为只有报丧或传递不吉祥的消息时才这样，故而忌之。一般应是慢步绕到毡房后面下马，再步行至门前，这样显得对主人尊重。彝族、佤族、傣族等民族寨子多建有寨门，来访者骑马至寨门必须下马而行，禁忌骑马入寨，否则，是对主人的轻蔑，会触怒主人的。到塔吉克族家中做客，忌讳骑马穿过羊群，也不能接近主人的羊圈或用脚踢羊，否则，认为是大不敬，是欺主行为。在德宏傣族中，来访者欲进村寨，须对空鸣枪一响，通知主人。若村寨内主人也鸣枪一响，就是表示欢迎，来访者可进村寨，否则，私自闯进村寨是犯忌讳的。汉族以及其他一些民族有养狗护院的习俗，来访者不得随便打主人家的狗，否则，以为是“打狗欺主”。

进入人家的房屋时，应先敲门，得到主人允许后再进入。通常是轻敲三下。如主人家门大开，也要先招呼一声，室内有人应声时再进入,否则，不礼貌，犯忌讳。俗话说：“不蹈无人之室，不入无人之门。”傣族客人进屋时必须重步行走，脚步太轻则易被误认为贼。蒙古族、达斡尔族人进入他人住所时，忌手持马鞭、弓箭、刀枪等，因为只有寻衅者才如此。

进到主人家后，客人要主动向主人打招呼。瑶族的习俗是客人应先向主妇打招呼，否则，以为无礼貌，轻视主人，中原一带，客人到主家后，忌讳东张西望，乱翻乱找。民间有“客不观仓”、“客不观灶”之说。如今仍沿此俗。若客人到主家随便拉抽屉、翻衣柜、开冰箱是犯忌讳、讨人嫌的。哈萨克族忌讳客人当着父母的面夸奖他们的孩子，还忌讳客人当面数他们的牲畜数目。到满族人家中做客，忌讳坐在西炕上，西炕是供祖之处，不能乱坐。到景颇族家中做客，忌讳在房内久站不坐，应按一定的位置就座。如果有人告辞离去，其他客人忌抢坐其位置；土家族客人忌与少妇坐在一起，但可以与姑娘坐在一条长凳子上。到佤族家中做客，须先弄清何处为妇女之座位，若误坐于妇女的木墩之上，则是犯忌讳的，主人会以为这是对其进行侮辱。在维吾尔、哈萨克族家中做客，应跪坐或盘腿而坐，禁忌双腿直伸，脚底板朝人，尤忌将鞋子脱掉，否则，会触怒主人，以为太无礼貌。

在宴席上，客人要尊敬主人，忌讳先于主人饮食。俗说，“主不动，客不吃”、“主不吃，客不饮”。柯尔克孜族待客时，忌讳客人推让或转送给其他客人，彝族待客也忌客人拒而不受。最忌客人嫌主家脏。客忌说“我不要了”。若实在吃不下了，应说“饱了”、“吃不下了”。饭后忌付钱，以为如此则显得不亲密了。汉族及其他一些民族也有类似习俗（参见本书“饮食禁忌”有关部分）。总之，到人家家中做客，应处处尊重主人的风俗惯习，否则，便要犯忌讳，伤感情的。

在人际交往中，礼尚往来是一般人之常情。俗话说："有来无往非礼也。"交往中人们常常互相馈赠礼物，以表达友好的情感。然而，由于人们之间社会关系的不同，礼物又常常带有一定的象征意义，所以，赠物中也有一些禁忌习俗存在。

汉族自古就有送礼的习俗。客人来访时，必带见面礼，即所谓"执贽"。古有"不以珍奇为贽"的习俗。《礼记·礼器》云："天不生，地不养，君子不以为礼。"不过，古之贽礼并非馈赠之物，而是用于表明身份的一种礼节。所以，回拜时，也应送还客之所执。后世探亲访友，亦多携带礼品，其义与古贽礼不同，是一般的酬酢馈赠，所以回拜时是禁忌将原物送还的。只有在拒绝收受对方馈赠时才如此办理。按大理白族地区的礼俗，送礼时礼品的数目必带"六"字。如送礼钱，若是一百六十几，主人会很高兴；若送五百元，主人反而会以为不吉祥而拒收。其忌无六数的原因，一说是与唐代贡礼为六份有关；一说是取汉字"有福有禄"之义；一说是汉语方言"六"与白族语言中"足够"一词音相近似，因而送礼只要有"六"就足够了。汉族在岁时节日期间送礼时，还喜以礼品讨口彩，如在礼物上加万年青柏或太平钱等，以求吉利，否则，会被人指责为不祥。可见，送礼的意义主要的还不在于礼物本身的价值贵贱方面，而是表达了一种祝福、吉祥的意愿。俗话说得好，"千里送鹅毛，礼轻人意重"，正是由于礼品的这种象征意义使得有些礼品又成为馈赠的禁忌。比如佤族日常生活中就禁忌以辣椒、鸡蛋为馈赠物。这是因为旧时佤族部落间交战常以送给对方辣椒来表示宣战；复仇则先送给对方鸡蛋。所以民间有此禁忌。台湾民间馈赠，忌送手巾。俗说"送巾，断根"、"送巾，离根"，这是因为旧时丧家常于丧事办完后送手巾给吊丧者，用意在于让吊丧者与死者断绝来往。因此，在通常的情况下，赠人手巾，就会令人想起不吉的丧事，或永别的意思。其俗又忌以扇赠人，扇子，夏天用完之后，就无使用价值，常被捐弃，所以有"送扇，无相见"的说法，也会引起绝交的猜疑。其俗还忌送人剪刀、雨伞、甜果、粽子等。其意也是顾虑剪刀会有"一刀两断"、"一剪两断"的不吉之意；雨伞的"伞"字则与"散"字谐音，唯恐引起对方的误解；甜果、粽子是丧家不做的食品，若以此物赠人，还恐怕人家怀疑自己是暗指人家为丧家。所以是绝对禁忌的事情。总之，赠物本是好意，若引起误会，或者真的起到了不好的效果，那就完全违背了馈赠者的初衷和本意了。所以这些禁忌习俗的形成也完全是可以理解的。

如果别人的东西不是赠送给你，而是暂时借给你使用的，那情况就不同了。借人家的东西，使用过后，要及时地还给人家，忌讳拖欠。俗话说，“好借好还，再借不难”、“快借快还，再借不难”。如果无力偿还，忌讳借贷。年岁大了，也忌借贷。俗说，“六十不借债”，唯恐来不及偿还。另外，如果别人也需要时，忌讳向别人借用。俗话说：“夏不借扇，冬不借火。”借还钱物，忌讳中间有人转手，最好是借贷双方当面交结清楚。民间有“隔手不支物，隔枝不打鸟”、“官前不保人，私下不保账”的说法。一般没有什么交情，或者没有什么瓜葛，忌讳拿人家的东西、吃人家的东西。因为“吃人口短，拿人手短”、“吃人的口软，拿人家的手软”，将来自己还是要吃亏受害的。即便是亲兄弟，也要分清财产。所谓“兄弟亲，账莫混”、“亲是亲，财帛分”。有些民族间生活习惯不同，忌讳相互间借用餐具。如在回族地区居住的其他民族，忌讳向回族人家借用餐具。旧时民间还有“宁借人死，不借人生”的说法。意思是，宁肯借给人住处让人办丧事，不愿借给人房子让人生孩子。这是基于一种“替代”观念的考虑。俗以为，借人住处办丧事，就等于让人家替自家死了人，可以把凶祸带走；相反，如果借地方让人家生孩子，就会使自己家少生孩子或者不能再生孩子，因而是为禁忌。河南一些地方还有婚嫁忌借住房的，也是出自类似的俗信。由于相信吉凶祸福可以随物转让，所以民间还有借用药锅忌归还的习俗。俗说，“怕把病还给人家了”。幼儿坐的小轿子车，也是许借用，忌归还的。据说是怕还“轿子”还走了“娇子”。和这类俗信相仿，鄂温克族在老人死去的周年日上（忌日），数年内禁止向别人借用东西，否则，会遭人埋怨、不满。汉族等许多民族中，办红白喜事借用人家的东西，用后归还时都要“封钱”，以求吉祥，避免凶灾。这些借贷方面的禁忌事项，如不注意，便会造成邻里不和、亲朋反目。至今这些习俗仍然存在于民间。

宗法礼教

在宗族家法中，民间禁忌大体与宗法礼教相一致。其着重的方面在于尊上敬祖、重子嗣、忌乱伦、别男女、明辈分等等。

旧时，民间家规甚严。俗以为，家有家长，族有族规。一家之内，总要有一个人当家做主。俗话说“家有千口，主事一人”，忌讳“一百口人乱当家”、“十八口子乱当家”。通常当家做主的都是家里年长辈尊的男人，俗称“当家的”、“掌柜的”。协助家长料理家务的家庭主妇，叫“内当家的”、“内掌柜的”。一般父母在，子女不能擅管家务，所谓“父在堂，子不能专”。不但“父在子不得自专，父在子不得留名”、“父在没子财”，而且父子忌同桌、同席，否则，以为“没大没小”，与禽兽无异。彝族父子禁同凳同床坐；朝鲜族则严禁晚辈在长辈面前吸烟，吸烟必须避开长辈；景颇族忌在父母面前蓄长发，留胡须，不准在长辈面前开玩笑、作怪动作；满族、鄂温克族等也有类似习俗，又严厉禁止辱骂老人，认为骂老年人一定会折寿少活的。俗话说：“抬手不打无娘子，开口不骂老年人。”汉族俗以为“叛父母，亵神明，则雷霆下击之”。民间普遍虔诚敬祀祖先神灵，不敢稍有怠慢。开封一带，旧时有为使父母病愈而自刑“上锥”的习俗。“上锥”即以锥去刺穿胳膊肌肉，忌疼痛呼喊，否则，以为不孝。这一陋俗，现已革除。据《清稗类抄》云，畲族“每月必三次入山，取一种黑色木之汁，与米同饮，谓之吃黑饭，以示不忘祖先。盖自言其祖盘瓠为龙犬，曾吃黑饭也”。在封建时代，子女的婚事也大都是由父母包办，子女无任何自主的权利。而最不孝的算是无子嗣。孔子云：“不孝有三，无后为大。”

宗族中又特别忌讳乱伦。因而有许多禁约章法。“中国民族，一个人在其伦类中，有其前后左右上下之关系。此即所谓五品、三纲、六亲、六纪、九族等关系是也。”（参见《中国礼俗学纲要》第19页）这个伦秩不可变动混淆，民间深以乱伦为忌。俗以为公媳应远避，忌接近。民间咒语“扒灰”，即是指公媳间发生不正常性行为的。汉族有“公公不搭媳妇肩”、“公公背儿媳，出力不落好”的俗话。山东等地老公公还禁忌到儿媳妇屋里去。彝族忌讳公公与媳妇说话；苗族、白族等还忌讳媳妇与公婆同桌吃饭；柯尔克孜族忌媳妇的臀部对着长辈，因而媳妇从屋里出来时，禁忌转向，只能退着出去；哈萨克族妇女忌在长辈面前走过，要在背后行走；傣族女人若要在长辈男子面前走过时，必须弯下腰走；侗族妇女忌长辈男子在楼下时上楼。这些都是忌讳乱伦的避防规约。除此之外，平辈间也忌发生不正当的男女关系，这也是家族中应当小心避忌的事情。许多民族都有“嫂叔不通问”的习俗；弟弟跟嫂嫂开玩笑还可以，但哥哥却不能与弟媳开玩笑。有的民族甚至禁忌兄弟婚后再进对方的居室（这方面的禁忌习俗还请参阅本书“性别禁忌”部分）。

在家族中还忌讳内部闹意见，所谓“骨肉纷争”。俗说，“斗气不养家，养家不斗气”，每个家庭成员都要为家庭和睦着想，因为“和气生财”，如果整天闹意见，争争吵吵，是会遭到家运破败的报应的。

旧时，儿童入学忌八岁、十岁等偶数。俗有“七上八下”的说法，相信七岁为阳，八岁为阴，七岁上学必能上进，八岁上学则反之（参见本书“幼儿禁忌”教训忌部分）。如今儿童上学也多在七岁，亦有在六岁的，均非信守此说，而是由儿童发育健康状况而定的。旧时女子长到七八岁，还要缠足，亦是家教之一项要事。如今早已破除。旧时，男子十六始冠，亦有婚而冠者，女子于归乃笄，冠笄始讳其名而字之。凉山彝族旧时流行“换童裙”礼。仪式一般在十五至十九岁之间的单岁举行，忌双岁。为女子换童裙时，忌男子在场，只许妇女们向换裙者逗笑祝愿。过生日，是各族人民普遍都有的习俗。一般家庭中无论长幼，谁的生日到了，大家都要为他庆祝一番，说些吉利的话，送些礼物给他，大家在一起吃一顿“长寿面”，祝福其健康、长寿。吃“长寿面”时，忌讳用筷子把面条夹断，恐有不吉之兆。面条往往做得很长，以象征长寿。若是为长辈过生日，又叫做“拜寿”。那是比较隆重的。民间习惯为老人庆祝六十大寿、七十大寿、八十大寿等等。也有的地区，从四十就开始祝寿了，逢十周年便要祝寿一次，但是，浙江温州一带却忌讳四十岁时祝寿。因为温州方言“四十”谐音“死日”，恐有不吉。当地俗谚云：“在世不祝四十，死了不祭四七。”还有的地区有“贺三不贺五，祝九不祝十”的说法。盖因“十”数为“满”，唯恐有“到头了”的嫌疑，而“九”为吉数，还可再加，所以要在逢九岁（如九岁、十九岁、二十九岁、三十九岁等）时来祝贺生日。在祝寿行礼时，忌讳外人当面行跪拜大礼，只有极亲近的人才能行跪拜大礼，否则，怕折了寿星的福分，使受礼者遭到灾厄。实际乃是从伦理方面的考虑，亲有亲礼，疏有疏礼，行礼祝寿也要分别亲疏远近，以明伦理秩序。

行帮规约

民间社会中，常有一些秘密帮会组织（又称黑社会组织）。这些帮会组织中有些帮规俗约，是该帮会组织中的“土法”，对其所有成员具有禁忌约束的功效，但又不能成为全社会的“制度”。这里暂且把它列出，以作为社交禁忌中的一些特例，仅供读者参考。

据《清稗类抄》云，清末民初，中国民间有所谓青红二帮。其帮规有十戒，即戒忤逆、戒强奸、戒盗、戒贼、戒扒灰（此与世俗翁淫媳之扒灰不同，盖帮中之事至为秘密，若以告外人，则为扒灰，轻者挞，重则丢。丢，杀也）、戒吃水放水、戒酗酒滋事、戒杀人放火、戒骂天地、戒弟兄不和。犯戒者必受严刑责罚。三合会亦有十禁：“（1）兄弟之妻室必须务正，有妻室即不宜贪色。如妻室不务正者，刵其两耳；如贪色者，处以死刑。（2）兄弟之父母死后，无力埋葬，告贷于兄弟者，无论何人不能抗拒。抗拒者，刵其两耳；再抗拒者，加重刑。（3）兄弟诉说穷乏而有借贷者，不能拒绝。若侮辱之或严拒之者，刵其两耳，再拒，则加重。（4）兄弟至赌博场，不可故令输财或私行骗取之。犯者处以笞刑百八十。（5）自入洪门以后，不可私与外人以会章，犯者处以死刑。（6）兄弟营谋事业，或有所营运于国外，因而封寄钱财托寄文书者，不可私用之或骗取之。犯者刵其两耳。（7）兄弟与外人争斗而来告知，必当赴援。诈为不知而不赴援，则处以百八十之笞刑。（8）入洪门之后，恃自己之尊大而侮蔑贱者，恃自己之强盛而凌虐弱者，刵其两耳，并加以七十二笞刑。（9）兄弟遭遇困厄，必当贷以金钱，惟借者不可不还。若恃强硬借，不思归还者，处以百八十之笞刑。（10）兄弟危急时，或遭官吏之悬赏而被捕缚，告知后不可不救。诈托不知而规避，违此规则者，处以百八十之笞刑。”哥老会又有十戒：“（1）不准欺兄灭弟；（2）不准咒骂爹娘；（3）不准挑灯搏火；（4）不准以大压小；（5）不准瞒天过海；（6）不准扰油别汤；（7）不准不仁不义；（8）不准抽红采蘸；（9）不准行路争先；（10）不准坐席要礼。”这些禁戒忌讳也都是社会交往中的禁忌行为准则，只不过是属于某一特定社会组织下的行为准则罢了。其中有民间信仰的根据，但更多的是以该帮会组织的宗旨需要为根据的。它或许应当算作是介乎于民间与政治制度之间的一种禁约文化现象。

总之，社交方面的禁忌是很多的，这里只是从人际往来和宗教礼法以及行帮组织几个方面说了一些大概的提示性的例子。有些具体的例子，在衣食住行、婚丧嫁娶中也涉及了，读者还可以比照参考一下有关部分的禁忌习俗。因为社交涉及的面过于宽泛，具体到某一地域、社区，又相当细密迥然，所以这里只是记叙了一些基本的禁忌原则。如果须要进一步了解这方面的禁忌习俗，还必须在与中国人的实际社交往来中虚心请教，不断学习才行。

行业禁忌

行业是人们的社会分工所造成的。人们的社会存在与社会发展决定了人们必须付出一定的劳动，但劳动的形式可以是多种多样的。那些相互独立而又相互依从的不同类型的社会劳动就是所谓的行业分工。行业分工规定了人们的各种不同的职业身份。同一行业内的人有许多同一性、相似性，人们称之为“同行人”。同行人因为利害关系的一致性，往往形成某种独特的职业风貌和职业特征，从而以某种特有的风俗形态存在于社会之中。

中国民间有三十六行、七十二行、三百六十行的说法，还有三教九流、江湖四大门七十二寡门的说法等等，这些行业数目都是一种泛称，指代行业之众多。各行业间也有一些共性的禁约，如规定“不得跨业”（即不得兼做两种生意）、“不得跳业”（即不得任意改行）等等。俗说，“生行莫入，熟行莫出”、“改行三年穷”等等，都是为保护行业发展的稳定性，维护行业的根本利益而对同行人的基本要求。旧时，各行各业都有自己的祖师爷。凡行业中人都要绝对尊崇祖师，不能稍有不恭，否则，便会遭到责罚（参见任骋《七十二行祖师爷的传说》代前言“行业祖师简论”）。这也是行业禁忌习俗中一个重要的共同点。以下，我们将重点谈谈，各行各业中特殊的禁忌习俗。因为“行有行规，店有店规”，各行各业独特的禁忌习俗更能反映出人们在社会劳动（社会活动）中各自所受到的不同禁约，而其总和，也就正好是行业禁忌的全貌了。

农业禁忌

中国是一个农业大国，从事农业生产劳动的人口一直占绝对优势。在旧社会工商业很不发达的时期，农业方面的习俗禁忌几乎可以代表了全民的风俗禁忌。就是现在，农业的风俗也是极具代表性的，并且对其他行业的风俗有着极大的影响力。中国早期的农业是小农经济型的，是自给自足的。农业中除了种植业，还包含着畜牧、养殖、编织、铁匠、木匠、石匠、纺织、印染等等其他行业形式的劳作。因为这些劳动都依附于农业生产，并没有形成完全独立的职业群体，而是由农业劳动者业余兼作的，所以不好区别。但是后来，随着社会经济的发展，这些行业逐步地有了一定的独立性。然而仍旧没有完全摆脱与农业生产劳动的联系。这里为了便于认识各种行业的风俗特色，仅将农业限定在种植业方面。农业中附属的其他行业形式的劳作，虽然有些情况下是同出于一人的，也将另作别论。

农业生产，在科学很不发达的旧社会里，人们主要是“靠天吃饭”，依赖自然。这首先是要顺应农时，不得违拗。同时，还将收获的希望寄托于神灵的护佑和恩赐，因此要定期祭祀，不得稍有怠慢。俗以为种子种在地里并不是因为其适应了农时而自然发芽生长起来的，而是因为人们对神明祭祀的虔诚，感动了上苍，才使得谷物萌芽、生长、成熟的。因此农业生产劳动中有许多定期和不定期的祭祀活动是必须严格遵从的。在祭祀的时间里往往要停止一切生产活动，全力以赴，确保祭祀的顺利进行。后来，有些定期的祭祀活动虽然不存在了，但仍留下了这一天或这几天禁忌生产的习俗。

过年是祭祀活动最集中最频繁的时期，因而过年期间大都有禁忌生产劳动的习俗规约。如汉族、彝族、仡佬族、毛南族、白族、畲族等等许多民族有春节、过年期间禁忌生产劳动的习俗。各族因地理环境不同禁忌生产的时间不等。有禁三四天的，有禁半个月的，有禁二十天的，还有整个正月里都禁忌下田劳动的。据说此间耕作会冲犯神灵，主一年百事不顺，或遭遇天灾、虫害、荒年。彝族过了正月十六开始下田劳动时，还要先在地边烧香祈祷，然后才能干活儿。这说明过年禁忌生产劳动的确是与祭祀神明有关的。

清朝雍正皇帝祭先农坛图　（先农坛是明清两朝皇帝祭祀农神、祈求丰收的地方。）

许多民族中还有农时节令、节日时期禁忌生产的习俗。例如畲族、白族等在春分、清明、大暑、小暑、立秋等时日忌下田耕作。据说是恐挖着地脉龙神，庄稼长不好。傣族冬至日忌劳动，否则，以为牛马会死掉。白族、畲族、彝族等还忌二月初八、三月三、火把节（农历六月二十四、二十五）、分龙日（夏至前后）期间下地劳动。据说这期间下地会挖着龙神，切断水路，庄稼长不好，或者会遭受虫灾，所以要禁忌下田。畲族又忌七月七日下田抬水，说是此日下田抬水会招惹水鬼，使稻田坏掉；仫佬族八月十五日要举行集体祭神仪式，停止生产，会众聚餐。

还有一些民族或地区，在某些特殊的日子里禁忌生产劳动。例如，土家族旧时每月初五、十五、二十五都禁忌下田耕作。俗以为逢五即谓“破五”，破则不吉，故忌耕作。白族、彝族等忌初一、十五劳动，恐有灾荒。汉族湖北一带，以及彝族、毛南族中都有忌戊日、戌日锄犁、种地的习俗，否则，说是会妨农事。彝族还忌兔日播种荞麦，以为是日种荞麦会死人的；哈尼族中也有忌羊日、猪日、鼠日生产劳动的习俗，为的是避免灾祸降临。壮族沙人春节期间的属猪日，是忌日。这一天无论在家或出远门的人，只能闲着饮宴，一律禁忌做活，否则要受众人责罚。《齐民要术·卷一·种谷第三》有“九谷有忌日”的记述。其文曰：“凡种五谷，以生、长、壮日种者多实。老、恶、死日种者收薄。以忌日种者败伤。又用成、收、满、平、定日为佳。氾胜之书曰：‘小豆忌卯，稻麻忌辰，禾忌丙，黍忌丑，秫忌寅未，小麦忌戊，大麦忌子，大豆忌申卯。凡九谷有忌日，种之不避其忌，则多伤败。此非虚语也。’”

傣族、白族等一些民族认为粪便是污秽物，禁忌施田，否则，以为会使人害病。畲族也忌正月初一、二月十九日（观音生日）、三月二十三日（白马王生日）、六月十九日（观音成道日）、四月春分日、立秋分龙日、每月的初一、十五日等等时日里挑粪上田。否则，以为会触怒神灵，影响收成。

汉族、彝族、水族、仡佬族、布依族、壮族等等民族中都有闻雷辍耕的禁忌习俗。俗以为雷声是天神对下界的警告，晴天响雷尤为不祥，故闻雷必辍耕。所忌时间因族因地而异。壮族正月开春后响第一次雷声的次日，禁忌撒种，否则，以为禾苗会发黄枯死；布依族每年头次闻雷三天内不耕作；水族每年响第一次春雷后若干天禁忌耕作，并要向天放枪，还以雷声的方向推断一年的雨水多少；仡佬族在“牛日”、“马日”里逢打雷则忌动土、插秧；彝族每遇雷鸣均忌下地生产；普米族亦忌雷响时下种；汉族同样有类似的习俗，只是如今已不多见。

有些忌耕日是与牲畜的崇拜相关的。牲畜是农业生产的好帮手，旧时民间对牲畜有着某种崇拜仪式。如河南林县一带，俗以为农历七月十五是牛、驴、骡、马等家畜的“生日”。这一天凡有牲口的农家，都要停止使用，晚上做一锅炒米汤给牲口喝。民谚云：“打一千骂一万，七月十五喝顿炒米饭。”还要燃放鞭炮，庆贺六畜兴旺。宝丰县一带，正月十六有敬牛王爷的习俗，在牛槽上贴着牛王爷的牌位。这一天要喂牛几个饺子吃，并说：“打一千骂一万，正月十六吃顿饭。”就算把平时打骂牲口的罪过给遮了。这一天再忙，也不能使用牲口，更忌讳借给外人使用。布依族、畲族等民族中有忌四月八日动土耕种的习俗，尤其忌用耕牛。畲族是日要带牛去吃露水草。传说这天天上会掉下馒头，牛吃了可以长到千斤。这一天绝不让牛干活儿。门巴族每年藏历四月十五日和六月四日为忌耕日。是日，戒杀生，禁下田耕作，否则，以为会冲犯天神，招致冰雹等灾害。

还有一些凶祸不祥的日子也是禁忌耕作的。如青海藏民耕种收割庄稼等重要农业生产活动，都要事先求神算卦，选择吉日。如其日不吉，便不敢进行。白族、佤族有人死亡，尤其是凶死，都要全村寨禁忌生产一天。谁家死了人，这家要停止农业生产活动七天。彝族村中有人烧尸，大家也忌下地劳动，否则，以为会遭虫害。哈尼族寨内死人、野兽进寨、狗爬屋顶、发生火灾等等都认为是忌日，必须停止生产。有的还要搞祭祀活动，以禳解灾祸。佤族寨内失火后要停止六天生产。作鬼的人家在作鬼仪式结束以前均忌生产。做梦不吉，也忌生产。旧时砍人头、将人头供在木鼓房中、砍牛尾巴等等活动中都有禁忌生产劳动的风俗规定，否则，以为会遭病灾、风灾、雨灾等等灾难。彝族生小孩的当天，全家人禁忌下地生产，否则，以为会给土地带去脏东西，影响庄稼生长。彝族还有“火日不撒种”、“苦焦日不撒种”的习俗禁忌。所谓火日、苦焦日都是根据天干、地支及十二属相来推算的，纯属一种凶厄忌日的迷信陋俗。

农业中除了以避忌生产的方式防止灾祸发生以外，在生产活动中，也还有许多须要避忌的事情。例如一些民族在农业生产活动时，先要举行一些祭祀的仪式，然后才能干活儿。云南佤族人在没有祭寨神和家神之前，是不得播种的，否则，认为谷物就长不好。在举行播种仪式时，人们要象征性地把谷种、瓜种、小米、棉花等农作物的种子播种在地中间，禁忌播种在地边上。俗以为，如将种子播在地边上，就是对地神的不尊敬，会惹恼了地神而受到惩罚的。白族及其他许多民族在撒秧和栽秧时，都忌说不吉语，否则，便认为会影响当年的收成。出于对自然灾害的恐惧心理，旧时青海藏民禁忌挖山泉、开水渠，以为如此会得罪龙王，会遭受水、旱灾害，或者还会使人得麻风病而死亡。水族也忌打井、修沟，认为会挖断龙脉，使农作物减产。水族和傣族等民族又有“男不插秧，女不犁田”的禁忌。而瑶族却有忌讳女子插秧的习俗，说是女子插秧不能丰收；鄂温克族认为老年人撒种子庄稼长不好，播种的必须是青壮年人。这是将人的精力旺盛与否与种子将来长势如何联系起来了。其俗还以为播种时不能接近坟地，否则也会影响庄稼的成长。毛南族人种田时忌讳吹口哨，因为口哨声与说话声相比属于怪异之声，故以为口哨声能引来恶鬼作祟，致使农作物歉收。除此之外，毛南族种田时还忌讳谈论鸟兽。以为此时谈论鸟兽，会导致鸟兽糟蹋、危害庄稼，使庄稼减产；水族在种棉花、小米时忌说有关棉花、小米的话，恐会有所冲犯。天旱时也禁忌抬水淋秧，否则认为是违反天意，庄稼更长不好。傈僳族、彝族下地种田时，忌将锄头等掘土农具扛在肩上，因其地只有埋葬死人时才如此，故以为不祥。河南驻马店一带播种日不准小孩先吃饭。收麦要祭茔，打场要祭磙。打麦场禁忌女人和光屁股的小孩进入。河北定县一带有农民田间吃饭敬“青苗神”的习俗。据说田里有一位手拿小鞭的青苗神，绕地行走，若吃饭时不敬它，它就拿小鞭打庄稼穗，使庄稼无收。所以田间吃饭时先盛一勺撒在地上，以敬青苗神。

到了收获的季节，更忌讳说不吉利的话语。否则，眼看到手的粮食便会又失去的。粮食收到场上，忌讳别人打听亩产多少斤，忌讳别人估计总产量是多少，也不能说“粮食快收完了吧”之类的话。俗以为这些都是不吉利的。恐因一语之错，少打几斗粮食。这些习俗禁忌反映出农民十分珍重自己的劳动成果的谨慎心理。旧时，汉族地区收获完毕后，照例要到八蜡庙中供祭八蜡。这是自古就有的农业习俗。八蜡即为：（1）先啬（神农一类的神）；（2）司啬（后稷）；（3）农（古来对于种田有功于民的官）；（4）邮表畷（田间祭古时劝农官“田畯”用的小亭子）；（5）猫虎（能吃田鼠野兽、保护田苗的一种动物）；（6）坊（堤坊）；（7）水庸（沟城）；（8）昆虫（螟螽之类，祝其不害田苗）。若不到八蜡庙中祭祀八蜡，还恐来年收成不好。

以上是农业生产中的一些禁忌习俗，主要的是采取避忌生产的方式，以此来避开灾难。在具体的生产活动中还有许多禁忌，如“种豆忌雷多”（又有与此相反的说法）、“六月不热，五谷不结”、“要得棉，谷雨前”等等，都包含着禁忌的因素。但由于这类俗信禁忌非常繁多且各地差别较大，又多是带有地方狭隘经验性质意义的，所以不能一一记录下来。这方面的禁忌俗信还可参阅有关农业谚语等方面的书籍。在此，只是就农业禁忌中的几个类型的例子略举一二，以见一斑而已。

狩猎业禁忌

狩猎业也是一项古老的谋生职业，甚至比农业更为原始。中国许多民族具有悠久的狩猎史。狩猎者常常困惑于遭逢猎物的种种机遇，将打到野兽与否视为神灵的恩赐或惩罚，再加上一些巫术思维、原始思维观念的支配和影响，狩猎业中就有许多禁忌习俗存在着了。

狩猎者出猎前要举行祭祀、供献猎神的仪式。未进山之前，要宰鸡祭山神。进山后，到了猎场，还要用鸡、鱼、猪肉三牲礼供献猎神。彝族供的猎神叫赵彝，供祭时选一块奇险的石头当神位。傈僳族则尊卡玛女神为猎神，供祭时，取出早已准备好的五色花纸，系上一尾小鱼，再以一支青松毛为神位。白族及汉族则用纸钱作神位。祭祀时，傈僳族猎人禁忌使用茶叶敬猎神。传说茶叶能遮住猎人的眼睛，使之打不到野兽。佤族头次使用狩猎工具，也一定要先祭山神和火神，同时还要祭鸟兽之神，否则，以为会打不到野兽野禽。壮族村民围山打猎前，必须祭祀山神，求山神庇护人身安全，让人们猎获到野兽。路过神山时，骑马者下马，戴帽者脱帽，背小孩者解下小孩。任何人不得对山神便溺，禁忌动神山上的树木、土石。鄂伦春族崇拜山神“白查那”（“白那恰”）。“白查那”是专司狩猎业的神灵。据说他日夜在山林中走动，所以猎人进山，绝对禁止高声喧哗，不然就会触犯“白查那”。在山岭路旁，刻有“白查那”形象处，猎人们每经过这里，都要叩拜，敬烟献肉，或在“白查那”嘴边上抹点兽血。据说这样能使狩猎成功，打到更多的野兽，否则，将一无所获。鄂温克族也敬山神，并忌向山神树小便。

猎人们还相信野兽是有灵性的，一般不敢直呼其名，而要改用一种称呼。如称虎为“大虫”、“神”、“长尾巴”，称熊为“大爷”、“老爷子”等等。还相信它们具有事先预知的本领。如果狩猎者不严格遵守某些禁忌，野兽就可能知道狩猎人的动向而提前跑掉了。例如，鄂伦春族、鄂温克族都禁忌狩猎前把猎事告诉别人。禁忌说，“我们去打围”。更忌讳告诉别人打猎的地方和方向，就是自己家里的人也不例外。他们相信野兽——特别是野猪和熊的肩胛骨上有孔眼，有事先预知的本领。如果猎人行猎前一说破，野兽就会跑掉。打猎前也不能说大话，不能说这次一定会打着什么野兽或者说要打到多少野兽，否则，将什么野兽也打不到。这是“唯恐好事说破无成”的心理反应，也是一种常见的禁忌原则。

出猎前，鄂温克族还要占卜出猎的方向。如占卜东方为吉，而东方没有山，那也要先向东方走几步，再转向有山的地方去打猎。出猎的日期也遵照“七不出，八不入”的禁忌习俗，逢七日、十七日、二十七日禁忌出门打猎。

在狩猎期间，鄂伦春族、鄂温克族猎人禁忌给家捎信，家里也不能捎东西来，否则，对狩猎不利。狩猎时禁忌把木棍横放在经过的路上，必须用木棍标志时也要顺着放。据说横放木棍会使打猎遇到阻碍，不顺利。打猎时烧木柴，禁忌烧崩火的木柴，怕崩火的木柴崩着了山神爷（白查那），使狩猎无获。烧的木柴喜短忌长，据说烧的木柴长，打猎的日子也会拖得很长很长。还有的说烧的木柴长野兽就会走得很远，烧的木柴短，野兽也就走不太远。这些都是猎人们某种美好愿望的折射体现，是带有消极巫术感应思维印记的禁忌俗信。狩猎期间还禁忌一切响动。不准唱歌、跳舞或吵闹。鄂伦春族打猎时不能随便吹鹿哨，否则以为会刮大风。鄂温克族狩猎时做饭不可拖锅响，盛饭时不可刮锅响。见了野兽也不能乱指说。这些禁忌都是为猎人悄悄接近野兽而不致把野兽惊吓跑掉而设的，是有助于捕获猎物的。

鄂伦春族和鄂温克族在打猎时，还禁忌猎人之间闹不团结。禁忌出猎中互相吵闹或打架，否则，必定打不到野兽。大家必须精诚团结。如两个打猎组的人相遇，要联合起来，共同围猎，平分猎物。但两个组最多在一起打一两天，就要分开。打猎时，看到野兽不能争先开枪，否则，谁也找不到猎物。在打到鹿、犴等猎物后，要把地上的血迹、污物收拾干净，否则，将被认为是不道德的表现。因为不清理血污，其他的动物就会远远避开，别人就难以再猎获野兽了。狩猎的现场上还禁忌丢弃烟头、弹壳，遗留粪便等，也是怕后来的狩猎者受到影响。

鄂伦春族打猎时，还禁忌射击正在交配的野兽。俗以为打了这种野兽就再也打不着其他的野兽了。但是等到野兽交配之后，便可以射击了。看来，这一禁忌并不是从野兽的繁殖考虑的，而似乎是一种性行为的直接禁忌或者是某种道德意识的体现。这和猎人狩猎期间禁忌发生性行为、禁忌进产房等等禁忌习俗似乎有着某种内在的联系。

有些民族打猎时，还怕受到其他人的灵魂或者猎神以外的神灵的干扰。例如，珞巴族狩猎时忌讳碰上外人。万一碰上外人时要迅速悄悄走开。下捕兽器尤忌外人看见，否则，以为外人的灵魂会把猎物夺走，致使狩猎无获。佤族主人没有用过的枪弩，禁忌借给别人，否则，主人自己将打不到野兽。鄂伦春族在出猎时禁忌在篝火上洒水。俗以为洒水会触犯火神，也会使狩猎失败，打不到野兽。

鄂温克族狩猎时，打住了野兽，绝对不能表示高兴，要宁静。猎人们应当想着，这是从仓库里拿来的东西。直到把野兽捆在了驯鹿背上时，才算真正打住了野兽。在此之前，唯恐稍一大意，野兽就会跑掉。打到的鹿犴的头要轻拿轻放，切忌让它从驯鹿背上掉下来，否则，不吉。鄂伦春族人出猎时打到的第一只鹿、犴或野猪等，必须首先祭祀当地的山神。不先祭它，人畜在出猎中就会患病或打不到野兽。用狍哨引获的狍子，他们还忌讳割断其脖子，以为如果这样，就再也不能用狍哨引来狍子了。在长白山一带猎鹿的猎人，每逢打中一头公鹿时，要迅速跑过去，抱住鹿头，以防鹿因伤痛把鹿茸撞碎。猎公鹿忌猎鹿茸未长成者，猎母鹿只在须取胎时。平时打“菜围”，则只寻野猪、狍子之类，最忌射杀公鹿、母鹿。锡伯族人旧时禁忌猎杀狐狸，如今已不怎么严格。

鄂伦春族、鄂温克族人打到大的野兽，如熊、犴鹿、野猪等，开膛扒内脏时，心脏和舌头必须连在一起，只有在煮熟吃的时候才可以割断，否则，据说以后就不能再把这类野兽引来了。大概是要让其用舌头发出的叫声与代表其生命的心脏紧密地联系起来，以便用模仿其声音的办法，诱引其就捕。出于这样一种考虑，他们才不敢割断舌头与心脏的联系。如果夫妻有一方死亡，另一方三年内不能吃犴肠子和犴头肉，否则，打不着或者打不死犴。吃犴时，剩下的骨头不能随地乱扔，必须全部扔进河里，否则，让狗和野兽吃了，对打猎不利。佤族人打猎，信守“见者有份”的格言，忌讳分漏了人头，否则，是对同伴的极大的蔑视，会引起争斗。其俗以为上山狩猎，每餐野味要吃干净，不得带回家，否则，山神会说：“他吃不完，以后别让他打得。”佤族人如打到豹子，须作鬼，停止五天农业生产活动。壮族人猎获的野兽，都要以猎物之头祭献山神。

鄂伦春族和鄂温克族对熊有一些特殊的禁忌和崇拜仪式。猎人们打到熊后，不能说“打着了”，而要说“可怜我了”。熊被打死了也不能说它“死了”，而要说“布土恰”或“阿帕恰”，即“成了”或“睡了”。在猎场上，猎获到熊后，要先由老年人去看是公还是母，禁止青年人看。因为熊的生殖器与人完全相同，俗以为青年人看了会患尿塞症。剥皮时会用毡子或其他东西将熊的下身盖上。如果是公的，先割睾丸，挂在树上，然后剥皮。以为只有这样，公熊见了人才能老实。同时要把动脉血挤进心脏，禁忌割断动脉。把肠子取出来绕熊头三圈后再切断熊的脖子。熊头禁忌食用，要割下来用草包捆起来，放在木架上进行风葬。猎人们还要向熊头跪拜，给熊敬烟、磕头，向熊头祈求猎物，并用烟头熏熊头。然后，拿着熊皮到各户串门，让熊向人们告别。把熊皮留给老人。往回驮运熊时，还要假装哭泣。熊只能用骟马驮运，不得用骒马或公马驮运。俗以为，若用骒马驮运，马要流产。若用公马驮运，则公马会像熊一样凶猛，会咬人咬马。熊运到家时，猎人们要发出“嘎嘎嘎”的声音。熊肉要全村的人一起聚餐。切熊肉的刀子不能叫刀，而要叫“刻尔根基”，意思是什么也切不断的钝刀。打死熊的枪，也不能叫枪，而叫“呼翁基”，意为打不死任何动物的工具，或称作“吹火筒”。吃熊肉时，人们嘴里也要发出“嘎嘎、咕咕”、“咕咕、嘎嘎”的声音，表示不是人在吃熊肉，而是乌鸦在吃熊肉。熊的前肢，男人禁食。如果吃了，将来会被熊夺去猎枪。熊头、熊心及内脏任何人都禁忌食用，要和吃剩下的熊骨一起风葬。风葬时，人们要装着很伤心的样子哭，还要向熊磕头、敬烟、祷告等等（参见本书“动物禁忌”有关部分）。总之，熊在鄂伦春族和鄂温克族中是非常神圣的动物，带有图腾崇拜的某种遗迹。猎熊，是一种不得已的行为。猎人们也以为是冒犯祖先神的举动，所以要费尽心思地推卸责任，并规定许多禁忌，运用各种仪式和敬语来讨好熊，以求得熊的谅解和同情。唯恐熊会怪罪下来，给自己带来灾难。

饲养业禁忌

饲养业本来也是农家自给自足的一些辅助性生产活动，后来渐有独立为职业的趋势。特别是能够关系到人们共同的吃穿问题的一些饲养业逐渐地成为一种独具风貌的职业性群体，成为一种行业。以下我们着重从养蚕和养猪两个行业谈谈饲养的有关禁忌习俗。

种桑养蚕，是中国自古以来农耕经济的一大特色。蚕丝可织成绸缎，制作服饰。民间旧时，“男耕女织”是最具代表性的生产组织形式。中国两千多年前就有了养蚕的风习。自商周历秦汉以迄明清，国家均将蚕神列入祭礼大典。民间对蚕神的敬祀就更是虔诚而不敢稍有怠慢。关于蚕神，民间有许多传说。例如《搜神记》中关于“桑”、“蚕”来历的传说，《周礼·春官》中“禁原蚕者”的记载，史书典籍中关于“祠先蚕”、“祭蚕神”的记叙等等，以及嫘祖、菀窳妇人、寓氏公主、青衣神、马头娘、马明王、蚕姑的传说故事等等都是民间养蚕业敬蚕神的习俗反映。张紫晨先生在《中国民俗与民俗学》一书中说：“据《农桑经》载，卧蚕时有祷神俗：卧种之日，割鸡设酒，要祷先蚕寓氏公主之神，念祝祷之词。……而且祝祷后不能动土，不能诛草，不能沃灰，外人不能进室。还要忌扫尘、煎油、哭泣，忌孝、产，忌酒、醋、辛辣、麝香、血腥。”可见养蚕、祭蚕神中都有许多禁忌。

养蚕业的神祇有两类。一类是养蚕人的行业守护神，亦即祖师神，如嫘祖、苑窳妇人、寓氏公主、青衣神等等。他们是始蚕事、肇兴蚕织者，或者是劝蚕事、教民蚕事者。民间一般于正月十五祀之。《搜神记》、《续齐谐记》中均有蚕神显灵的传说记叙。谓祭蚕神时，须做白粥，泛膏其上，可令蚕桑百倍。于是民间纷纷效仿之。后世白粥改为肉粥。俗说，如不祭祀，蚕将被雀、鼠伤害。另一类蚕神是桑蚕之神，如马头娘、马明王、蚕姑等等。它们是化为桑蚕的原身被立为蚕神的。人们祭祀祖师蚕神是为了祈福，而敬祀桑蚕之神则有更为直接的目的，那就是为的让桑蚕长得好，能结出好茧来。因而对桑蚕本命之神的敬祀常常会与养蚕的实践经验结合在一起，杂糅在一块儿。所以，这类蚕神敬祀中的禁忌习俗，是有着一定的饲养桑蚕的参考价值的。只不过，旧时民间没有将其精华与糟粕区别开来的文化基础和科学常识而不能做到这一点罢了。

民间以为，蚕是极娇嫩极神圣因而又是极有灵性的动物，稍有不慎就会使其受到损伤。如果冒犯得罪了它，它会神秘地离去或者死亡。

三四月份，蚕初出时，由于蚕怕风冷、怕香臭异味，养蚕者俗有“关蚕房门”的惯习。苏州一带的蚕户以红纸、花纸等贴于门上，谓之门神将军，可避邪护蚕。居家比户不相往来。蚕娘少妇治其事者，往往独宿。蚕室忌生人出入，尤忌叩门，以为会冲去蚕花。元人《农桑辑要》云：“蚕有七忌：自小至大忌烟熏；忌酒醋五辛；忌香麝油气；忌饲雾叶；忌侧近舂捣；忌丧服产妇。”明人《蚕经》云：“蚕不可受油镬气、煤气，不可焚香，亦不可佩香，否则焦黄而死；不可入生人，否则游走而不安箔；蚕室不可食姜暨蚕豆；上簇无火，缲必不争；蚕妇之手不可撷苦菜，否则令蚕青烂。”清人《豳风广义》云：“蚕室一切禁忌开列于后：蚕属气化，香能散气，臭能结气，故蚕闻香气则腐烂，闻臭气则结缩。凡一切麝、檀、零陵等诸香，并一切葱、韭、薤、蒜、阿魏等臭，并有气臭之物，皆不可入蚕室。忌西南风，忌灯火纸燃于室内，忌吹灭油烟之气，忌敲击门窗、箔槌及有声之物；忌夜间灯火射入蚕室窗孔；忌酒醋入室并带入酒人；忌煎炒油肉；忌正热忽着猛风暴寒；忌侧近舂捣；忌蚕室内哭泣叫唤；忌秽语淫辞；忌正寒骤用大火；忌放刀于箔上；忌不洁净人入蚕室；忌水泼火；忌烧皮毛诸骨臭物；忌当日迎风窗；忌一切腥臭之气；忌烧石灰之气；忌烧硫磺之气；忌仓促开门；忌高抛远掷；忌湿水叶；忌饲冷露湿叶及干叶；忌沙燠不除。以上诸忌，须宜慎之，否则蚕不安箔，多游走而死。”由此可知，元明清各朝，养蚕之禁忌是越发展越繁细了。其中大多数是经验之谈，如今仍须注意避忌。除了以上所谈，据说养蚕的桑叶也必须用铁剪剪，忌讳用手采摘。并且剪摘要等太阳出来，湿气收了才能进行，忌剪摘有雾湿和露珠的桑叶。有些养蚕禁忌，如山东一带，出蚕后忌蚕室动土，忌老人、产妇进蚕室，忌在蚕室睡觉，恐蚕会变懒不作茧等等，看上去似乎是有迷信的意义，实则也有一定的经验因素。蚕室动土，或会有土气烟尘污染了蚕室；老人、产妇都有行动不便的特点；在蚕室睡觉，人一懒，喂蚕不及时，自然可能出现一些不利于蚕茧收入的情况。当然，这些经验的因素又都是与民间俗信，甚至民间迷信相杂糅在一起的，所以要对其进行一番分析、鉴别，不能一概而论。

养蚕业中最富有神秘意味的，是其语言禁忌。比起其他行业，养蚕业的语言禁忌是很突出、很普遍的。蚕不能叫“蚕”，要叫“宝宝”或“蚕姑娘”；蚕爬不能说“爬”，要说“行”；喂蚕不能说“喂”，要说“撒叶子”；蚕长了不能说“长”，要说“高”；蚕不能数数，否则，会减少；忌讳说“跑了”、“没了”、“死了”等不吉语。连容易引起这些字词联想的词语也禁忌说出。如忌说“伸”字，因为蚕只有死了才是伸直的。所以说“笋”时，因“笋”与“伸”谐音，也要改为“萝卜”。忌说“饭吃完了”，要说成“饭吃好了”。因为“完了”会令人想起“没了”。与蚕病有关的字词也禁言。如“亮蚕”是蚕病的一种，所以忌说“亮”字。“天亮了”要说成“天开眼了”。“僵蚕”也是蚕病的一种，所以忌言“僵”字，说“姜”也要说成“辣烘”，说“酱油”要说成“颜色”或“罐头”。“葱”要说成“香火”，因为“葱”与“冲”谐音，恐有冲犯。当然，姜、酱、葱等本身也是蚕室的禁物，所以说话中也应避忌。除此之外，各地养蚕禁忌的语词还有很多，不能一一枚举。总之，都是担心语言上的违犯禁忌会给实际的养蚕事业带来真正的损害。这种禁忌无疑是一种迷信的禁忌习俗。无论守禁违禁，对养蚕并不产生任何直接的影响，只不过反映了人们小心谨慎、兢兢业业的一种心态罢了。

江浙一带养蚕户，如见蛇入蚕室，禁忌惊呼、扑打。俗以为是“青龙”降临，会福佑蚕事，故要叩拜斋供，听其自去。

中原一带，每当收完蚕茧，民间还要到庙中谢蚕神，并祈祷来年蚕事兴旺，蚕丝丰收。宋人陶谷《清异录》云：“齐鲁燕赵之种蚕收茧讫，主蚕者簪通花银碗，谢祠庙，村野称为‘女及第’。”若无此举，还恐来年蚕事萧条，也属一忌。可见养蚕者于蚕事之慎重。

旧时，养猪业也是分散在各家各户的。养猪，在农家是普遍被看重的一项副业，是穷人的一条“富路”、“财路”。农家视猪为宝，称其为“聚宝盆”。养猪的习俗蔚然成风，许多禁忌也在民间约定俗成。这一点，对养猪业有着重要的影响和一定的规范作用。

湖南一带，民间养猪业敬奉“养育大神”、“狮王大圣”。据说过年时，或每月逢三（初三、十三、二十三）日，或每月初一、十五日要在猪栏里用红纸写上“养育大神之位”，有的还绘神像挂在猪栏墙上，烧纸、插香、摆斋饭敬奉；正月初一至十五要接狮灯，耍狮子，敬“狮王大圣”（“狮王老爷”）。俗说，如此，则可避免生猪瘟。如有瘟神降临，还可在五月五日午时用红纸写“姜太公在此”，贴在猪栏门扇上，瘟神就不敢进栏，或会很快离去。如果不敬这些神灵，或者敬祀不虔诚，瘟疫就会流行，猪就会得病而死，养猪户就要破财了。

养猪户从建猪栏就开始有所禁忌了。因为猪是财气的象征，所以建猪栏也很慎重。有的甚至要像建家宅房舍一样请人看“风水”、“地基”，还要择吉日才能破土动工。至少，也要选个双日，避忌单日。动工时还要撒“神水”，画“井”字符，以驱煞、压煞，确保此地平安、发达。整个建栏期间，匠人都不说一句话。俗语有“王木匠做猪栏，撬口不开”的说法。据说匠人一出声，日后猪就会吵栏，闹得举家不宁。做猪栏时，主人给匠人的茶、酒、饭食，忌讳匠人客气不吃，或不吃完。俗以为，吃得越干净越好，那样将来猪就爱吃潲食，否则，猪就不爱吃潲，不肯长肉。有的主家见匠人客客气气，不吃茶饭，就要自己当场抢起来吃个一干二净。有的老太婆甚至怀着对违犯禁忌的恼恨，抢过饭食，侧身躺在猪栏地上猛吃。吃不完时，谁拉也不起来。建猪栏的木料，喜欢选用枫树，取“风吹夜长”之意。装上猪栏杆时，禁忌从栏杆上边跨越。需要进出时，必须从栏杆下边钻，否则，将来养的猪会往栏杆上边爬跨。修猪栏地面，砸三合土忌东一坨，西一坨地砸，要集中砸，砸一块拍平一块，否则，以为猪将来屙屎撒尿也会东屙一坨，西屙一坨。修涵眼时，匠人还要模仿屙屎撒尿的姿势。俗以为这样，以后猪也会到涵眼处来屙尿，猪栏干净，出粪方便，否则，以后猪会乱屙乱尿，主家“财气”不旺。猪栏落成后，主人要迎“养育大神”进栏，挂红纸以兆兴旺。以上建栏中的禁忌，大多数是出于一种象征意义的巫术思考，希望以人的行为方式感应、影响猪的行为方式，避免那些人们不愿遇到的情况，而达到某种理想的境域。

猪栏建好后要买猪仔。买猪时，要选好日子。 旧时有“猪相图”。俗以为

“耳日”、“尾日”是好日子，说是“耳尾风吹长”；而“口日”、“舌日”买猪就不利，说是“口舌必遭亡”。买猪要选吉庆日，喜双忌单。买猪仔忌买头太大的猪，俗说这样的猪不肯长。猪头上的毛也有讲究，通常忌买“破头猪”（即黑猪头上有一线白毛或白猪头上有一线黑毛）和“戴孝猪”（黑猪白头或黑猪白尾），俗以为这样的猪活不长，不吉利，买到家里难得顺畅。头上生“旋”的猪也忌买，俗说这样的猪“盖水淋头，十人见了九人愁”。猪嘴忌长、忌尖。俗说猪嘴过长，喜拱壁撬栏，是不安栏的吵栏猪；尖嘴猪光吃不长。俗话说：“尖嘴石鞍头，吃潲如牛；要它长，磕响头。”细耳猪也不肯长。耳朵又小又尖像片叶子的猪是“铁砣猪”，更不肯长。俗话说：“梽木子耳朵鹿子脚，三十六斤上屠桌。”猪鬃毛忌生得浅，俗说这类猪不肯长。忌白猪身上有黑绒毛，黑猪身上有白绒毛。忌猪全身的毛倒状，俗以为这样的猪会背时倒运。养猪还忌养五爪猪。北方俗说五爪猪是神龙变化的，民间不敢饲养，养之不吉。谁家有了五爪猪，不毁、不阉，让其饿死。所以买猪时切忌买回五爪猪。南方管五爪猪以及其他畸形猪统称之为灵官猪，也就是神猪。据说是灵官菩萨变的。民间不敢饲养，说是养之会遭凶祸。灵官猪的种类很多，有三爪、五爪、绣花、马蹄、黑脚、黑脸、白脸、花脸、三眼、铁嘴、骑马、蛇舌等等。虽然对灵官猪的种类和区别说法不一，但总起来讲都是不同于一般猪的畸形猪。这也是畸形恐惧心理的和迷信心理的某种结合，才产生了这类禁忌习俗的。

买猪成交后，卖家一般要索回牵猪绳，叫做“卖猪不卖绳”。俗以为连同绳索一块卖出后，自己再养猪就不吉利，因为牵猪绳象征着“运气”，是把握猪财的牵线。卖主一般也不送猪到买主家。若送了，卖主会被人取笑，说是“嫁女送亲”；另外，对买猪家也不好，会使其破财。

猪买回来，邻里人来看时，主家要冲糖水请大家喝，忌讳喝不完，喝得越干净越好，兆示猪喂得顺手，“一盘清水长千斤”。众人要闭口无言，更不讲“撬口不开”、“闭嘴闭眼”之类的话，否则，猪不好喂。猪若赶不进栏去，也要默声默气，千万不能骂它是“瘟症死的”，否则，还恐猪真的会得了猪瘟症。

猪进栏后第一次是屙屎还是尿尿，据说是有兆示意义的。若是屙屎，就有财气；若是尿尿，财气难保。大约是从“稀”、“稠”二字上引起的联想。有的地方还忌讳买猪进门头一天喂猪吃食，据说“好猪不吃上门食”，吃了“上门食”，日后不肯长。台湾有忌属虎的人看视猪仔的禁忌习俗。据说属虎的人有

"虎性"，恐伤害、冲撞了猪仔。

哈尼族喂猪禁忌将猪槽反扣起来，否则，以为会得罪家畜神，使家畜不昌盛。如猪自己拱翻了猪槽，则要将这猪杀死或卖掉，并向家畜神供牲品赎罪。汉族忌讳人家养的猪没看好，跑进自己家中。俗说"猪来穷，狗来富"。若遇上这类情况，养猪人家要给人赔礼道歉，放炮驱邪，才能将猪领回。

宰杀猪时，忌讳一刀杀不死。俗说这是不祥之兆，预示来年养猪不顺，人丁不旺。如果是灵官猪，一般是不杀的。真要杀时，因其为"神物"，必须避防不测。杀时要"化身"（化装），用锅底灰、墨汁等涂个大花脸，衣衫罩头、戴斗笠壳，倒背蓑衣倒穿鞋，杀一刀转身就跑。灵官猪禁忌在室内杀，要到大路口杀。血不能敬神，人也不吃，让其流走。杀死后至少要过半个时辰才能运回屋里来。但也有养猪家不信这一套的，照样杀了过年。养猪家一般禁忌杀吃老母猪（猪婆），否则，认为是丧良心。

杀猪的屠户不吃猪血，但可吃新鲜猪肉。主家杀猪后要先割一块一二斤重的方块肉，供献"养育大神"，然后才能自己吃，否则，来年养猪就不顺当。

以上我们从养蚕和养猪两方面谈了饲养业的一些禁忌习俗。实际上民间饲养的动物还有很多很多，比如牛、骡、驴、马、羊、狗、鸡、兔、鹅、鸭、鱼、鸟、猫等等，以及近年来又发展起来的养鹿、养蝎子、养土鳖、养貂等等，都与人们日常生活、经济生活有着密切的关系。这些动物民间都有着丰富的饲养经验，也有着不少的禁忌习俗。总之，饲养业方面的禁忌一是与动物的精灵崇拜有关，一是与人们主财求吉的愿望有关。人们以种种禁忌的习俗形式来确保饲养物——动物的成长顺利和繁衍的发达，与此同时，人们也就受益于其中了。但是，由于种种局限性的存在，禁忌习俗中难免有许多谬误和迷信的成分，这是我们在认真总结经验，进一步推动饲养业的发展时，需要清醒地注意到并严格进行甄别的。

捕捞业禁忌

濒临江河湖海的人们，多有以捕捞水中生物为业者。鱼、虾、蚌、蟹等丰富的水产资源，都是人们捕获的目标和谋生的条件。长期水上作业，使得人们与船、网等捕捞工具结下了不解之缘。围绕着对劳作工具和劳作方式的迷信以及语言和信仰的求吉避凶意识，捕捞业中也存在有许许多多的民间禁忌。

捕捞业者崇信龙王、水神、妈祖、河伯等等，以为自己捕捞收获的多少是与这些神灵有关的。神灵会保佑丰收，也会使人劳而无获；能使人们得福，也能使人们遇难。所以要诚心敬奉、祭祀，不敢有半点怠慢或得罪。湖南船户信奉杨泗将军（水神）。旧有专门敬祀的庙宇，各船开到庙前，必到庙中敬祀。据《中华全国风俗志》云："清宣统时，有某船泊于樟木市，夜间舱内忽来一绿蛇，头有黄章，长约尺许。该船户以为杨泗将军显身也，花香供奉，恭运至衡。于是城乡轰动，闻风来观者甚众。邑使恐民间骚扰，投之于河。是夜蛇复至舱内，于是船户益信其神，恭抬至神座上，演戏玩龙以敬之，自是庙内异常热闹矣。"可见，民间又信水神为蛇形，可能与龙为司水之神的信仰有关。中原一带多信龙王，古时祭水神曰河伯。东南沿海一带又多以妈祖为海上捕捞业的守护神。除了对神灵的敬祀，还有对鬼祟的恐惧。俗谚云："船帮船，水帮水，撑船老大怕水鬼。"如果不慎得罪了水鬼，也是要受其祟害的。

船是捕捞业的重要工具。人们在水上劳作、活动，一时一刻也离不开船。船和人是结合在一起的，船就是捕捞业者的"生命线"。造船时有"头不顶桑，脚不踩槐"的说法。即是说造船时船头不用桑木，脚下不用槐板。因为"桑"、"丧"同音，犯忌讳。所以桑木绝不用在船头上。槐木为福气的象征，故不能踩在脚下。浙江一带，忌讳女人走上船头。外人脚不洗净也不得上船头。大约也是以为船头处有神灵，恐被秽气玷污的缘故。台湾渔民忌讳人从船头经过，以为是不祥之兆；江浙一带，如果两船并行，忌讳用铁链并同带往；浙江、安徽，船内忌载死人，俗以为不吉利；浙江湖州一带，忌讳男女搭客在船上交媾；台湾出海捕鱼忌讳老鼠从船中跑掉，俗以为这是不祥之兆。遇此情形，须想办法将老鼠请回船中，然后才敢出海捕鱼。民间以为老鼠会掐会算，有预知吉凶的本领，所以有此忌讳。台湾还忌讳女子登上渔船，恐冲犯船中神堂的供奉，对出海不利；舟山群岛一带也有类似的习俗，忌讳妇女乘船下海。俗说，"妇女乘船船要翻，妇女下海海要荒"。当地渔民还特别忌讳七男一女共乘一船出海。意思是七男一女乘船出海，类似"八仙过海"，恐惹恼了海龙王，会翻船的。

除了渔船，对其他捕捞用具也很慎重。俗以为渔网是不能跨过的，怕秽气冲

捞虾图

犯了渔具，对捕鱼不利。鄂温克族捕鱼时忌跨过渔网，京族则忌讳跨过放在海滩上晾晒着的渔网。新造出来未下过水的竹筏，也禁止人在上面坐。请人装渔箔时，还忌讳煮生鱼、焦饭。

捕捞业在劳作时，也禁忌颇多。湖北有“七九不开船”的习俗。豫南放鱼鹰捕鱼也遵循“逢七不出门，逢八不还家”的禁忌。满族先民是“春秋不射鸟，盛夏不网鱼”。鄂温克族捕鱼时禁忌切开鱼的胸骨。浙江一带，鱼从江心跳舱者可食，鱼从岸边跳舱者，忌食。还称“赶条”鱼为“棺材杠”，“鳗鱼”为“棺材索”，忌食。台湾禁忌抓食“路边鸟，溪边鱼”。俗以为落在路边的鸟和游到河边的鱼虽然好抓到，但最好不要去抓，也绝不可食，因为这类东西很可能是水鬼的化身。如果去抓，会失足落水淹死的。尤其是船上的人更忌讳这些。舟山一带，忌讳打捞海上漂着的面朝天女尸。在船上时忌讳双脚荡出船舷外、吹口哨等等。宁古塔满族捕鱼出网时，忌倒背双手，否则，打不着鱼。

在船上作业，说不定什么时候会出什么差错，经常是处于危险的境地，因而禁忌的气氛很浓郁。而语言禁忌是最能使人保持一种经常性的警惕了。所以捕捞业中的语言禁忌是很突出的。

船上最忌讳的是“翻、沉、破、住、离、散、倒、火”等等字眼儿。为忌“翻”讳，船上称“帆布”为“抹布”。凡与“翻”字有牵连，或者能够引起联想的都在禁忌之列。吃饭的碗、盛饭的盆，都不许“口朝下放（讳翻过来放）”，连锅盖的盖子也因有翻扣的意思而讳避之，不叫锅盖，而叫“捂气”。摘下帽子，也要口朝上放，而不能翻扣在那里。船上人都不能翻卷裤腿。煎鱼时忌讳翻面，吃鱼时忌讳翻个。为忌“沉”字，连盛饭的盛字也禁忌说，必改“盛”为“添”。船老板忌讳姓陈。为忌“破”字，船上使用的碗盘多是木、铁制品，或铝、塑料制品，而忌用陶瓷制品。为忌“住”字，船上称“著”为“筷”，并禁忌将筷子架在碗上。俗以为碗犹船，筷犹著，恐船住（箸）而无生意可做了。为忌“离”字，称“梨”为“圆果”；为忌“散”字，称“伞”为“竖笠”；为忌“倒”字，称“倒水”为“清水”，称“倒桅”为“眠桅”；为忌“火”字，禁忌在船头上小便。盖因俗语小便之臭味为‘骚”，“骚”与“烧”谐音，故有此忌讳。除此之外，像“没有”、“洗”、“虎”、“猴”、“鬼”等等不吉或凶厄的字眼儿，也是噤言的。河南方城一带，放鱼鹰捕鱼的还特别忌讳与猴子照面，遇到玩猴的都绕着走，还要连声“呸！呸！”地吐唾沫，以求禳解。

以上捕捞业的一些禁忌习俗说明，旧时水上作业很艰难，人们征服自然的能力很低，很难把握自己的命运，所以处处提心吊胆，正所谓“半寸板内是娘房，半寸板外是阎王”。如今，捕捞业的工作环境和工作条件都有了进一步的改善，人们对靠天吃饭还是靠人吃饭也有了进一步的认识，相信这些禁忌习俗也会有所改变的。但是，水上作业的危险依然是存在的，因而禁忌习俗的信仰也绝不可能完全消失，它还将以各种方式在人们的心灵深处存在一个相当长的时期。

商业禁忌

旧时，中国人有轻商的习俗。据《清稗类抄》云：“《会典》载，凡农家许著绸、纱、绢、布，商贾之家止许著绢、布。如农民之家有一人为商贾者，亦不许著绸纱。此可见吾国之贱农商，而商尤轻于农也。”民间亦有“农不与商斗”、“无奸不商”的说法。按旧礼风俗，民间很看不起商人斤斤计较的职业习性。其实这是经商之人必备的作风，如果不精打细算，经商是难以赚到钱的。

经商要懂得行情，知道什么时候生意好做，什么时候生意不好做。俗谚云："要正月，玩二月，君子无钱过六月；年年有个烂九月，赚钱莫靠十二月。”又云：“赔八月，赚腊月。”这是经营的商品不同，经营的季节要求也不相同的一个例证。什么条件下好做什么生意，是有讲究的，不能乱来。俗话说，“百里不贩粗”、“千里不贩樵，百里不贩籴”，即是说远途贩运粗重廉价的商品，是得不偿失的。而“千里不贩青”的说法，又道出了旧时运输条件不好的情况下，远途贩青会误事砸了生意的道理。如果不遵循经商的规律，不懂得经商的行情，往往会造成“货到街头死”的败局。尤其是蔬菜，以及须要经常保鲜的商品，可不能大意。俗话说：“鬼精鬼精，不敢贩葱。”河南鹿邑县流传的一首蔬菜经营歌云：“蔬菜是个宝，生活离不了，农商要配合，求鲜应抓早。上市宜均衡，安排须周到。运送要及时，装卸莫乱抛。堆码放均匀，洒水防干燥。芹菜忌断节，叶菜忌折销，果菜忌破皮，根莱忌泥糟，冬菜忌断梗，蒜菜忌水浇。优质来论价，顾客称公道。”

商业中人积累经营经验，避免失误赔本固然可以形成一类很切实际的禁忌原则，但更多的禁忌习俗，却反映了商人们避凶求吉的心理状态。汉族人经商者最忌招牌无故倒掉下来，以为不吉利。笔者亲见一商号门前招牌被风吹倒，店家急忙出来扶起，口中念道：“快啦，快啦。”我问她“快啦”是什么意思，她说“就是快快发财”的意思。商家就是用这样的办法来破掉招牌被风吹倒的霉气。又如佤族人赶街忌讳说不吉利的话，不能踩别人的脚后跟，否则，总落人后，晦气，赚不得钱。汉族旧时卖财神的不能说“卖”，要说“送”；店铺忌讳有人踏踩或坐在门槛上；禁忌玩算盘和反搁算盘；忌讳坐卧在柜铺上、桌柜上或躺睡在待客的条椅上；店伙计禁忌面朝里、背朝店门坐着；忌讳敲打账桌；禁忌冲店门小便；扫地时忌讳往门口处的方向洒扫；在店堂门口禁忌打呵欠、伸懒腰等。否则，俗以为会把财神挡在门外，对经商不利，生意不顺，发不了财。

做生意的眼皮儿要活，要多说好听的，拢住顾客，生意就好做了，否则，得罪了买主，对自己也没有好处。当然，做什么生意要说什么话，不能盲目热情。尤其是药店、棺材店的经营者，说话要注意，忌讳说“再来坐”、“欢迎再来”之类的话，否则，顾客以为是在诅咒人家“再得病”、“再死人”，就事与愿违

财神

了。

商人多敬财神。财神有文财神（比干）、武财神（赵公明或关公）以及五路财神（何五路）等等说法，民间祭祀时虔诚无比，俗以为会佑人以福，解人凶难。民间商界又以为春秋时代，越国大夫范蠡为敛财之能手，也有敬奉范蠡（陶朱公）的。河南鹿邑县有经商十八忌流传于民间，据说是范蠡弃官经商，在山东定陶定居，改名陶朱公后传下来的。现录于后，以供参考：

生意要勤快，切忌懒惰，懒惰则百事废。
价格要订明，切忌含糊，含糊则争执多。
用度要节俭，切忌奢华，奢华则钱财竭。
赊账要认人，切忌滥出，滥出则血本亏。
货物要面验，切忌滥入，滥入则质价减。
出入要谨慎，切忌潦草，潦草则错误多。
用人要方正，切忌歪邪，歪邪则托体难。
优劣要细分，切忌混淆，混淆则耗用大。
货物要修整，切忌散漫，散漫则查点难。
期限要约定，切忌马虎，马虎则失信用。

买卖要适时，切忌拖误，拖误则失良机。
钱财要明慎，切忌糊涂，糊涂则弊窦生。
临事要尽责，切尽妄托，妄托则受大害。
账目要稽查，切忌懒怠，懒怠则资本滞。
接纳要谦和，切忌暴躁，暴躁则交易少。
立心要安静，切忌妄动，妄动则误事多。
工作要精细，切忌粗糙，粗糙则出品劣。
说话要规矩，切忌浮躁，浮躁则失事多。

戏业禁忌

戏业，包括一切说唱表演艺术，是一种娱人的职业行为。这类职业行为可以上溯至远古时代的“巫觋”，当时的巫觋是娱神的。后来，由于神祇的人格化、历史化、现实化，才使得巫觋转而为优伶而专事娱人。最初所娱之人还主要是部落、族群和社会上层的统治者。而后，随着历史的发展，民间有了适宜于职业艺人生息的条件时，戏业艺人才又有了进一步的分化。一部分仍为统治者所利用，一部分便生存于民间，成为民间的戏业艺人。从现在世界各地的神事活动、巫觋活动来看，在鼓乐声中摇摇摆摆，手舞足蹈，口中念念有词，唱着什么曲谱的现象，仍然是很普遍又很相似的一种娱神（也包括娱人）的举动。由于戏业在渊源方面的这种与神明相沟通的性质一直并不曾彻底消除掉，所以戏业中素来就有某种神秘的气氛。戏业中的神祇信仰和迷信禁忌也是非常顽固和多见的。

戏业中的祖师敬祀就是一个庞杂的信仰系统。据笔者所见到的资料和亲身的社会调查表明，戏业的祖师神有“老朗神”、“唐明皇”、“周庄王”、“观音大士”、“九皇爷”、“耿梦”、“翼宿星君”、“二郎神”、“优孟”等等。民间说唱也分别敬奉“三皇”、“庄王”、“唐明皇”、“东方朔”、“孔夫子”、“魏征”、“邱处机”、“范丹”等等为祖师爷。这其中，有的是因地域不同、戏种曲种不同，习俗信仰也不同。有的则是同一祖师，几种说明，对祖师的确指不一，解释不同。比如“老郎神”究竟指谁，就众说纷纭。有的说是唐明

多才多艺的唐明皇

皇，有的说是耿梦，有的说是周庄王，有的说是二郎神，还有的竟说是一只真正的狼。其实，这些所谓的祖师神也大都是一种“讹祖”现象。不过，戏业中人对其祖师都非常虔敬。俗以为对祖师神的敬奉，可以使他们得到艺技方面的“神授”。据说“老郎神”可以在梦中给艺人指点、传授艺技。只有拜祖师，才能演好戏。俗话说：“拜过唐明皇，演戏胆就壮，心里勿会慌。”拜时，还要弄点香灰放在酒碗内，喝下去。说是喝了之后，记性会好，嗓子勿会哑。出入家门，上下场都要向祖师神揖拜敬礼，否则，“上台不拜老郎神，装什么不像什么”。敬庄王的戏班，每逢巡回演出时，庄王爷的神像都要装在大衣箱里，安置在头一辆车上。车上不准坐女人，更不准女人坐在大衣箱上。下车时，装庄王爷的大衣箱不准放在地上，下面必须用木板或棚杆垫住才行。庄王爷（老郎神）虽可用于道具（孩形），但必须是太子身份才行，否则，要用普通的布娃娃。庄王用于孩形，在前场时任意颠倒，不以为亵，但到了后场则要尊敬礼遇之，否则，祖师父会怪罪，大则降灾，小则生病、生疮。信奉“九皇爷”的戏班，每年九月初一到九月初九，做“九皇会”，要吃九天素食，用“斋戒”的方式敬奉祖师。认为只有这样，才不会在台上唱错词儿和翻跟头跌伤。信奉唐明皇为祖师爷的戏班，传说唐明皇曾经扮演过小丑（小花脸）的角色，因而至今演小丑的演员有许多“特权”。如别人不能坐的地方，他可以坐；别人不能说的话，他可以说等等。又传说唐明皇是打鼓佬，所以打鼓佬坐的位置叫做“九龙口”。至今场面“九龙口”的位置也只有鼓师才能坐得，其余的人一概不许乱坐。这些也是祖师敬祀的一种习俗反映。

河南一带，戏班有“请神”的戏俗。一个新的戏班组成时，必须要举行请老郎神的仪式。事先用梨木或檀香木雕刻成一小孩模样，屁股上挖一个小洞，准备“安脏”（“安魂”）。夜间三四点钟全班人按一定的顺序在一个盆内洗手，不准换盆换水，不准说话。洗手之后，掌班的抱着神像，领着大伙儿来到乱坟岗、破庙或传说经常闹鬼的“不静”之处，把神像供放在桌上，焚香化纸，摆上供食，有的还用香灰撒成三道城垣。大家跪地祷告，于暗中窥视静候。如遇什么鸡啼、犬吠、猪跑、人走，或风吹草动，便认为是神魂入体了。有一人说：“来啦！”大家齐声应道：“接住啦！”掌班的赶紧用早已涂好糨糊的一小块白布封住神像屁股上的小洞。这时候众人敲锣打鼓，鸣炮吹号，将木雕神像抱回住地，就算是请来了祖师爷。这个戏班也就可以正式挂牌唱戏了。以后每年腊月年三十夜里（实则属年初一凌晨）都要照样举行一次请神的活动，以祈新的一年里财运好。迎神时遇到的是什么动物，是有讲究的。据说遇到白羊、狗、牛、人都好，是吉兆。遇见猪的说法不一，有说是吉兆的，认为遇见猪时表示“诸”（猪）事吉利”，猪好坐窝，预示一年无奔波劳累之苦；有的则说遇见猪不好，猪肥，不赶运场，特别是黑猪，更不好。如果遇见的是兔子和飞禽，就认为来年会四处奔跑，不得安生。反过来，如果一年到头东奔西跑，扒扒揸揸也没发了财，就认为是迎神时封了个兔子精或者老鼠精；如果这年挣了大钱，腰硬气粗，就都说是迎神时封了个龙、虎精。如果迎神时遇见了人，对戏班是好事，“人旺，多唱神戏”；而对这个人来说就不是好事而是件霉气事了。有的要给戏班送礼物，以求免灾。有的会找上门来，要求戏班破灾。这时，掌班往往会让其人去拿一个戏班供神的蒸馍，脸朝外坐在门槛上一口气吃完。据说，如此一来，便相安无事了。

旧时戏班里还敬奉“五仙爷”、“八仙爷”等神灵。有不食牛、马、犬、骡、雁、鸽、鸠、鹁的习俗。据说这样不长恶性疮，不生杂疾病。所敬的五仙爷即刺猬、狐狸、蛇、黄鼠狼、老鼠五种动物。平时禁忌直呼这五种动物的名称，必须改为“××爷”的敬称。一般也根本不许正眼看它，可见戏业中人对其敬畏之情。河南西华县一带，戏班敬庄王的庙中还有八位仙爷的塑像，此八爷为：座大爷（老雕）、白二爷（刺猬）、三太爷（狐狸）、柳四爷（蛇）、黄五爷（黄鼠狼）、团六爷（龟）、飞七爷（野鸡）、灰八爷（老鼠）。这种敬“八仙爷”的说法虽不及“五仙爷”普遍，但敬“五仙爷”的戏班中也称老鼠为灰八爷。可见，八爷的序号是存在着的。或许是因后来有些动物不常见到，加上习俗的变迁而减为五仙爷的，也未可知。（有关此项禁忌，还请读者参阅本书“语言禁忌”的有关部分。）

有些戏班中，各种戏曲行当又有自己行当的守护神。据李洪春《京剧长谈》云：武戏供“五昌兵马大元帅”。五昌是战国时期白起、王翦、廉颇、李牧、孙武的总称。武行又单供一位“斛斗祖师”白猿，设在供奉牌位的桌下，连同五昌一起称为“武猖”。乐队单供音乐祖师李龟年。管戏箱的单供青衣童子，又称“指天划地聋哑童子”，尊称“指天划地佛”。梳头的祖师是南海观世音。俗说观音菩萨是男的，女菩萨是他的化身。旧时演戏唱旦角的都是男演员演的，所以和观音男女像拉上了关系，所以敬他为祖师。其牌位供在梳头桌上方，梳头桌上除了戏具用品外，禁忌放置其他物品，否则便是对祖师的不恭。各行当都要诚心敬祖，不能怠慢，否则，对演出不利，要受责罚。

旧戏班里，不但要敬祖师爷，对神、对人、对动物要烧香祭奠，对把子、砌末也要烧香磕头。演什么戏要对什么道具顶礼膜拜。否则，认为台上会出事的。舞台上使用的兵器，如鞭、杵、刀、棍、枪等等都禁忌随便乱动，上场前都要给这些兵器行礼，名曰“祭刀”、“祭叉”、“祭砌末”等。否则，台上要出事故。不遵从这些禁忌的人就不能吃唱戏这碗饭，要受到责罚。可见此类禁忌之严厉。

旧时，新建的戏楼、戏院、会馆、庙台等等，首场演出的戏班，都要举行“破台”的祭礼。如果演戏时出了大事故，死了人，也要破台。戏业人称台口朝南、朝东的戏台为“阳台”，朝北的为“阴台”，朝西的为“白虎台”。俗说：“要想发大财，最忌白虎台。”所以，凡是台口朝西的“白虎台”。也必须“破台”，然后才能演出。否则，俗以为戏班内会出现吵嘴、打架的事；或者演文戏出错，演武戏伤人；甚至使戏演不下去，以后也无人来邀班演戏。

破台的形式，各有不同。有的比较简单，仅在后台墙上挂一红胡须，意为代表判官，以此避邪祛灾。一般的是在夜间让一有武功的演员扮演灵官，在舞台上追赶一由旦角扮演的“女鬼”。把“女鬼”赶跑。杀一只公鸡，把鸡血洒在戏台四周。然后放鞭炮、敲锣打鼓一通，就算破台了。破台之前禁忌在前台点灯，后台的小油灯，化完妆后也得吹灭。“破台”时忌外人偷看，忌说话，演员嘴里叼个朱砂包，据说可以避邪，免得引鬼上身。这一习俗，如今已被革除。

除了职业性的敬神思想所形成的禁忌习俗而外，戏业艺人还立有许多行规、习俗，规定了一系列的行为禁忌。

戏业艺人靠演唱艺术吃饭，因而对技艺特别看重，有“江湖一点诀，不对妻儿说”的规矩，如果一定要传的话，也是“传男不传女，传媳妇不传闺女”，生怕艺业传到了外姓人家中，砸了自己的饭碗。说书唱戏的，不能“父子门”，要另外拜师投门。未经投师学艺的，不能行艺。旧时，说书唱曲的艺人有盘道问师门的习俗。如果没有拜过师就行艺卖唱，同行人见了可以携家伙、撵场子，把人赶开，不准其行艺。戏班里收徒，规矩更大，常常是闭门教演，禁人窥视。艺人不能临场推诿，临场告假。禁忌在班思班，在班结党。演出时，不能误场。扮戏禁忌耍笑，不能懈怠，不能出纰漏，不能当场阴人，不能笑场。禁忌“搜台”、骚台（禁忌在台上偷看女人）。扮戏忌“行头”穿着不正确，俗有“宁穿破，不穿错”的说法。另外，在扮相和演唱技巧方面还有许多禁忌，均属专业技艺方面的，如“净行不得忝彩条，贴行不得赤背，生行忌落髯口”、“忌倒音均韵，忌喷字不真，忌慌腔西调，忌板眼欠劲”等，不可一一枚举（请读者参阅拙著《艺风遗俗》）。后场、后台也有许多规约。后台禁忌乱闯乱撞，乱躺乱坐，乱动乱摸。祖师龛、銮驾、供桌、道具禁忌碰砸损坏，各种衣箱、盔箱，都按行当分类，不能随便乱坐。俗有“坐箱不乱行”的说法。只有丑角（小花脸）可以随便坐，但也禁忌骑坐于两箱之间。平时面具要用布帛掩盖住，不能让演戏的艺人看见。禁忌戴着面具照镜子。不准演员坐在九龙口处，禁忌乱敲边鼓堂鼓等一切响器。忌说伞、更、梦等不吉语，忌“犯快”（“放快”）（参见本书“语言禁忌”有关部分）。后台不得张伞，不准弈棋，禁忌合掌、搬膝。晚上，禁忌夜不归宿。禁忌不卸装就入睡。禁忌夜晚串铺。睡觉时，禁忌鞋尖朝外放置，否则将会被班主解雇。日常生活中又忌养鸽、养猫。“鸽”谐音“搁”字，恐于演戏行艺不利；猫吃鼠，恐于灰八爷（老鼠）不利（参见本书“语言禁忌”有关部分）。禁忌学公鸡叫，恐坏嗓子。吃饭时，同行当的同坐一席，不能乱串。只有丑角（小花脸）可以串桌吃菜。吃饭忌吃泡馍，俗以为对戏班不吉利。旧时伶业与妓业关系微妙，从“五大仙”、“八大仙”敬祀到禁忌语“忌块”的习俗等等，都很相似。世人也常将二者视为一体。然而，伶、妓之间的往来却很慎重。据《清稗类抄》云："京师之伶不敢谒妓，猝然遇之，必屈一膝以致敬，称之曰姑姑。"光绪庚子以后则不然，亦有相狎者矣。旧时，戏业有所谓梨园行会。会首必从生行演员中推选，如果是旦行的，虽演技精湛，名望甚高，亦难涉足会首之列。可见戏业中人有将生活与舞台视同的观念。重男轻女的思想甚至影响到扮演的角色方面来了。

旧时艺班，班规习俗禁忌很多，各地亦不尽相同，此列河南一带流行的"行规十禁"与"演出十不准"以为一例，谨供参考：

(1) **行规十禁**

一禁踏行灭道，二禁灭祖忘师，
三禁忤逆不孝，四禁私买私卖，
五禁屙门尿户，六禁抛菜舍饭，
七禁戏谑民女，八禁卧巷躺街，
九禁私闯民宅，十禁偷摸拐骗。

(2) **演出十不准**

一不准坐班邀人，二不准见班辞班，
三不准临场推诿，四不准错报错唱，
五不准无故闹戏，六不准吃酒误场，
七不准无袜上场，八不准演间中断，
九不准扒场外观，十不准瞟台笑场。

艺人社会地位低下，生活没有保障，他们渴望平安，希望顺利，因此日常生活中也有许多禁忌，尽量避免讲不吉利的话、做不吉利的事。比如艺人最忌聋哑，聋了、哑了就没法演唱了，就无以为生了。所以与此有关的行为和语言就要避讳了。早上漱口不许说话，因为口里有东西，说话含混不清，就有哑巴之嫌；不许看小人书，意为不能同这些"哑人"打交道；龙、牙等类的字眼也得忌讳。龙、牙与聋、哑谐音，遇到这种情况就要用其他字眼儿来代替，把龙说成"海条子"，牙说成"柴调子"。

演堂会时必须格外注意主人家里的忌讳。管事儿的先要打听好主人家是什么样的人物，忌讳什么东西，比如去王府做堂会不能穿蓝衣服，因为蓝色是朝廷官衣的颜色。主人的姓名、小名、绰号以及他个人不喜欢的字眼儿都不能说。逢人办喜寿事，“杀”、“死”、“剐”、“亡”等不吉利的字更得避讳。戏文唱段儿里有这类字的能掉坎儿（调坎儿）就掉过去，实在躲不开的就得把这一段删掉。

演戏又受时间和地点的限制。河南一带演戏忌黑道凶日，必于黄道吉日方可。有些地方还规定某某月不能演戏，或者二、八月，或者三、七月不同。据说此间若动响器、演戏会冒犯天神，招致雹灾等凶祸。艺人必须遵从当地的习俗。

有些戏中的角色，传说是某地人氏，于是在此地演这类戏时就要注意，不能演有伤这一方民众感情的戏曲。如《清稗类抄》云，兖州阳谷县西北有墓，俗称呼西门冢，传说是西门庆的葬所。这一带就有禁演《水浒传》的习俗。湖北丹江某地，传说是陈世美的家乡，该地禁演《铡美案》。另外还有关公的家乡禁演《走麦城》，南京禁演《取金陵》等等，都属此类禁忌。唱行会戏时，也要注意，不能在戏目方面犯该行的忌讳。如鞋行唱行会戏时，禁演《五雷阵》。因为孙膑是鞋行的祖师，戏中有孙膑被困五雷阵中的情节，会伤害鞋行人的感情。据李洪春在《京剧长谈》中讲，曾经有一次犯了此讳，结果向鞋行赔礼道歉不算，还白唱了三天戏。如果戏中涉及民族宗教信仰，就更要小心谨慎了。例如河南开封，禁演《马思远》。陕西演《恶虎村》时，禁忌丁三把戴回民帽等等，都是与回民的宗教信仰及生活习俗禁忌有关的。有回民角色时，所用“砌末”也要注意，卖羊肉用的白皮柜子，绝对不能换成红漆柜，因为红漆柜是用来卖猪肉的。否则，将引起回民观众的不满，会导致一场民族纠纷的。由于迷信的缘故，也可能导致戏曲的被禁演。比如演关公戏时失了火，就会被认为是“关老爷显圣”了，这戏暂时就不能再演了；假如演的戏中有财神，财神是绝不能被杀伤的。旧时曾有《封神传》一出戏，其中有姜太公用钉头七箭术射死赵公明。后因财神不可能被杀而禁演了此戏。除了民间由于种种信仰崇拜的原因而禁演一些戏目而外，统治者从维护礼教的尊严的角度，也常常禁演一些戏曲。如《清稗类抄》云：“优人演剧，每多亵渎圣贤。康熙初，圣祖颁诏，禁止装孔子及诸贤。”有些甚至以“有伤风化”为名，禁止某些剧种的演出。不过，这就不是民俗风习的力量，而是政治力量的禁约了。

旧时戏业被视为贱业，是专门侍奉人的“玩意儿”。元、明、清都明令禁止艺人应试科考。《元史·选举志》云："倡优之家及患废疾，若犯十恶奸盗之人，不许应试。"明朝还规定，"教坊司伶人制，常服绿色中，以别士庶之服"，并"不容街中走，止于道旁左右行"，"乐妇布皂冠，不许金银首饰。身穿皂背子，不许锦绣衣服"等等。民间也视戏业中人为"下九流"，认为一人从戏，满族皆辱。艺人死后不准入祖坟，当客不能坐堂屋。每至一地，不准进村，不准随便入民宅。一般都是在破窨、破庙中住，称为"下处"。俗说："台子搭在庙前头，演员住在庙里头，死后埋在庙后头。"就是戏箱压了人家的宅地，人家也不愿意。戏班走时，必须放鞭炮，用黑牛拉犁，将宅地犁翻一遍，以破凶灾，俗谓之"净宅"。如果是主家请戏班来唱还愿戏，未开戏前，主家要在台子上撒一圈儿麦秸。意思是："戏子低贱，怕踩坏了地皮，后代子孙不能做大官。"演完戏后，还要把麦秸集中起来烧掉。民间流传"不学吹手不学戏，不学剃头刮毛羽"、"王八戏子吹鼓手，好汉不在台上走"、"宁做要饭花子妻，不跟戏子名声低"等等俗语，可见戏业艺人在旧社会是多么受人歧视。但是，民间对于戏曲艺术却又十分喜爱，这种戏子"台上人人爱，台下遭人厌"的习俗现象，或许亦是民间乐于虚幻，逃避现实的一种心意体现。进入新社会以后，戏业艺人的社会地位才得到了提高，往日那种行矮人低的自卑心理也逐渐消除了，戏业中许多旧惯习俗禁忌也大都被破除改革。

工匠业禁忌

工匠业方面的禁忌，在居住禁忌里建舍部分已经谈到过一些。旧时期，工匠也是从农业自给自足的经济形态中分化出来的手工业形式。其中包括木匠、铁匠、石匠、竹匠、窑工、泥匠等等。这些工匠业一般都有自己的祖师神灵敬祀。如木匠敬鲁班、铁匠敬老君等。一般来说，对祖师爷不虔敬或背叛祖师是视为禁忌的。因为他们常年分散在民间各处，靠一技之长谋生，所以其俗又多随同于当地一般民众的习俗。旧时大规模的土木工程很少，他们也很少能常聚于一处，许多人是属于"农闲工"，不可能完全脱离农业生产，因而他们行业自身的习俗很少系统性，多属一些点滴的"说法"。其禁忌也不是十分严格的，而且大都与当

木工祖师鲁班神像

地的民间普通禁忌习俗结合在一起。

河南一带，木匠、泥水匠在盖房间，因忌讳祖师爷鲁班的小名“双”，所以盖房时安瓦忌双行；铁匠因忌讳祖师爷老君的小名儿“吹儿”，有于老君生日（农历九月九日）这天禁忌吹哨子的习俗。这些便是把行业祖师爷敬祀的禁忌习俗与一般民众讳言小名儿的禁忌习俗结合在一起了。木匠做活有“留尾巴”的习俗，至少也要在干完活后留点刨花，让主家自己收拾。据说是取“还有活干”的意思。但在做棺材活时，就不能再留任何尾巴，一定要收拾得干净利落，否则，俗以为是咒人家再死人，是犯大忌讳的。石匠打钻眼忌打空锤，否则不吉，是要挨骂受罚的。凿石料时忌言语，否则石料凿不成。如果采的是厕所用的石板“茅厕梁”，禁忌说出“茅厕梁”等有关的话语，恐因此冲撞了山神，于采石不利。

油漆工忌谈“油漆干了”，要说“离手了”。裕固族泥匠忌六月和腊月干活，俗说这时动土不吉。台湾工匠做活，忌讳不小心受伤后，血沾到器物上。据说，若忘了擦掉血迹时，那血迹久而久之会变成精魅祟人。这是视血为灵物的迷信禁忌，也是为了提醒工匠们干活时要多加小心，不要弄破了皮肉。

畜牧业禁忌

中国有许多民族和地区至今仍以畜牧业为主要经济生产方式。那里流传着许多古老的禁忌习俗，听起来饶有风趣。哈萨克族放牧人禁止当面数主人的牲畜数目；禁忌跨过拴牲畜的绳子；遇羊群要绕道而行，不能乘马闯过羊群。鄂温克族放牧时，傍晚回到家中忌讳家里断火。新疆牧区一带忌讳用手或棍棒指点以清查人数，以为这是对人的侮辱，因为只有清查牲畜数目时才这样做的。白族人赶马时禁忌说出“豺、狼、虎、豹”等字或同音的字，犯忌者要受罚。塔吉克族放牧的母畜产羔时，忌外人观看，否则，以为不吉利。汉族使役牲畜者要在牲畜的生日（牲畜统一的生日，亦即畜神的生日如七月十五等）或大年初一停止使役一天，并喂饺子等好饭吃，否则，以为会得罪畜神，不吉利（关于畜牧业民族或地区的生活其他方面的禁忌，请参阅本书其他各有关部分）。

军伍业禁忌

军伍也是一个社会、一个国家必备、常设的一行。历来行军打仗靠的是严明的纪律约束。除了各种军伍制度化的纪律规定外，中国军队还有一些俗礼俗信也形成一些禁忌规约。如“军中无戏言”、“军令如山倒”等等，是历来被军人所公认的。军伍中又有“慈不掌兵”、“无粮不驻兵”之说，也是选将用兵之道。旧时用兵打仗，还忌营寨扎在龙头地脉上，俗说于出师不利。军旗是军伍的象征，因此，军队内最忌军旗被焚、被毁。《清稗类抄》中有“旗杆被焚之兆”，其文曰：“康熙甲寅二月，两广总督辕门前之旗杆，白昼飞火，忽焚其右，焦灼过半。是年孙延龄叛，窃据桂林，大军攻之，屡为所挫。”古代以为，晦日不宜出兵打伏，否则必败。杜预曾在《左传·成公十六年·注》中说：“晦，月终阴之尽，故兵家忌之。”军伍中还有一些用兵打仗的战略战术性禁忌，例如“骄兵必败”、“忌师出无名”、“忌扰民”等等。

医药行禁忌

民间过年时医药行忌讳出诊，怕“触霉头”，除非给双份诊费破灾才行。平时出诊，也忌讳敲患者的门，俗有“医不扣门，有请才行”的说法。为了保守职业技能的秘密，民间又有医生郎中“施药不施方”的说法。浙江宁波一带，药铺店员忌嗅药。送药忌转手。送药忌说“送药”，要说“送补药”。否则，亦认为是触其霉头。医药行旧时敬华佗、孙思邈等祖师爷，不敢稍有不恭。如今这些习俗仍可以见到。

理发业禁忌

理发业旧时也属侍候人的“贱业”，俗敬罗祖、吕洞宾等为祖师爷，待到祖师爷生日时常停业聚会敬祀。理发业与饭馆业、戏业人有“行交”。理发的用饭馆里的或戏班里的开水不给钱，开饭馆的和演戏的剃头理发也不给钱。理发的去打水时，必须在洗脸盆上搭块毛巾，不然不礼貌，俗说像是没穿衣服一样。这样，人家是不给开水的。据《台湾旧惯习俗信仰》云，理发业者，还忌讳给同是下九流的娼妓理发。

采菇业禁忌

采菇人祭天地时，要一刀将鸡腿切断，否则，预示出门不利。平日吃完饭时忌将筷子平放在饭碗上面。放下碗筷时，禁忌碰响桌板。上山后，忌讲不吉利话。手脚受了伤，禁忌大喊大叫。恐让山神、鬼怪听见了，不吉利。

磨坊业禁忌

河北一带，旧有水磨磨坊业。各水磨坊都供奉老君、河神和财神。因为供奉的老君骑的是青牛，所以凡手执鞭子的人一律不准进磨坊，以免惊跑了老君的坐骑。另外，进过产房的人也禁忌进磨坊，恐“血腥鬼”冲了磨坊，发生灾祸。如果非进不可，也要先在门外祷告，承认自己有罪才行。

杠房业禁忌

旧时，北京一带有抬杠为主，兼营寿材的杠房业。俗以为是“贱业”，属“行外行”。杠房业者忌讳到住户中串门，怕彼此都不吉利。

赌业禁忌

赌业赌徒忌说不吉语，尤忌言“输”字（参见本书“语言禁忌”有关部分）。湖南赌博忌剃头洗脚。俗以为如此入赌场后必输。大概亦是犯了“净”、“光”之讳。其俗赌钱打牌还忌旁人负肩，否则亦认为必输。台湾亦有此类禁忌，并且忌讳旁人用脚踏椅下横杆，也说与赌博不利。江浙、安徽一带赌博者忌见尼姑（师姑），俗以为见之大不祥，必蚀本不利。而民间多以赌博为戒，俗说“穿威风，吃受用，赌对冲”，“盗贼出于赌博”。个别赌业中人受尽赌博之苦之后，也彻悟出“暴赌三年手快，老赌一生负债”和“开场聚赌，犹如杀人放火”的道理，实则赌业本身即是赌徒之大忌也。

丐业禁忌

旧时，行乞也是一种谋生的手段，乞丐们有自己的行帮，对坐乞、行乞、街中行乞、登门行乞等都作了分派，禁忌“串行”。河南乡间，女丐可以入宅行乞；男丐禁忌入宅，须在大门外讨要，否则，将受斥责打罚。丐帮有自己的头目，丐头必有竿子为证。京师一带，过去还有蓝竿子、黄竿子之分。丐业者统称之为“竿上的”。其祖师爷据说是朱元璋、伍子胥等，忌不虔诚敬之。

盗业禁忌

民间有作盗贼以为生计者，俗忌偷空而回。俗话说：“贼不偷空”、“贼不空回”、“贼走不空手”。实在偷不到什么东西，就是扫帚也要拿上一把，否则，将再也偷不到什么。贼又忌熟路常走，而是“得便宜处不再去”。民间所说“盗不过五女门”、“贼不偷五女之家”，实际并非贼人心慈手软，而是指五女子之家贫寒无所有也。贼人是无善念的，若可怜别人，他也就不干这一行了。只有坚决地抗争才是贼人所担忧的。俗说“贼忌官威”，即是此意。

淫业禁忌

淫业旧时是公开的，妓女像做买卖一样，忌讳早晨开张第一个嫖客不玩而去，俗以为“是败兴”的“歹头彩”。因为淫业是枕上之生意，所以妓行又忌将枕头竖直放着，俗以为是反常现象，唯恐于接客不利。旧时妓女又分南帮、北帮，其俗不同，界限颇严，素有“南不侵北，北不扰南”之说。因为妓女是老鸨赚钱的资本，所以最忌妓女与恩客私约婚嫁。淫业是最低贱的行业，《新元史·舆服志》中曾规定：“娼家出入，只服皂背子，不得乘坐车马。”清末时期，也有妓女禁忌穿着红色裙子的规定，只有大年初一才可破例。据《清稗类抄》云：“妓女若与优伶共宿，则人皆贱之；若与阉人共宿，则闻者不复顾。”

结语

以上各行业的禁忌实例，只是行业禁忌习俗之一部分，而且是其中易于表露于整个社会之中的那一部分。还有许多行业的禁忌习俗，尤其较为深层的职业性禁忌习俗没有搜集起来。须要在此强调的一点是，行业禁忌并非是一种地域概念范畴禁忌习俗，而是属于某种社会意义范畴的禁忌习俗。它在现实生活中往往表现为跨地域不跨行业，或者从地域上看是交织多变的而从行业上看却是清晰易辨的习俗形态。当然，从大的文化区域上看，行业禁忌也并非与地域因素毫无干系，因为它毕竟又是难以脱离当地民众的风俗惯习的，是必须在整个民俗文化基础之上来加以认识的风俗现象。至少，我们是在说着中国的事情。这里，只是认识角度、认识方式上有了一些特殊的选定罢了。

民间游艺禁忌

逢年过节或有重大喜庆事、庙会事时，民间便有狮子、龙灯、旱船、高跷、秧歌等等游艺活动出现。这是中国富有民间气息的一种自娱性活动，其俗遍布全国各地，自古至今，久盛不衰。

最初的游艺活动，是与祈禳活动有关的。人们玩龙、舞狮、歌舞，是为了娱神，以祈求丰收，禳解灾厄。早在西汉就有了上元节观灯的习俗。上元节习称元宵节，又称龙灯节。据说古时候龙灯分黄、青、白、赤、黑五色，分别代表金、木、水、火、土，遇旱灾玩水龙，遇水灾玩火龙，以祈风调雨顺。因为游艺活动带有神事活动的性质，所以常有一些禁忌规约，不得违犯。如浙中东阳县一带，有禁止妇女迎龙灯的习俗。迎龙灯时忌碰破灯罩，要小心，灯烛不能吹灭，灯板不可落地，灯列不许拆断，灯桥不可横跨等等，讲究颇多。湖南岳阳一带，五月五日划龙舟时，严禁妇女触摸龙舟，更禁忌女人划龙舟。湖北一带，五月五日要造龙舟，俗谓“打龙船”。传说此俗为凭吊屈原而设。民间有“不打龙船人多疫病”的说法。有的山村无水，就用纸作龙船、龙灯，名曰“干龙船”。过后烧之，即所谓“打鼓送瘟船”是也。青海乐都县上元节期间要举行九曲黄河灯会，俗说“转了黄河灯，能够交红运”。当地人把转黄河灯会看作能够消灾祛疾、祈福求禄的圣事。有些患恶疾者，还让人用车推着去转灯。但是，一般人认为，走进灯城迷失方向是不吉利的。会中还有“偷灯”的习俗，据说可“赐子嗣”。但忌讳偷到的灯未带到家就熄灭了，所以有心偷灯者要多带蜡烛。中原一带，忌讳出嫁女回娘家看灯，俗说“新娘不看娘家灯，看灯死了老公公”，又说“看灯婆眼瞎”。这实际上是要让公婆管住儿媳妇，使她尽快地脱离原有的社交活动圈子而重新确立以婆家为家的

划旱船

思想和新的社交活动范围。江西黎川县民间舞狮有白狮、黑狮、红狮之分，又以白狮为王。每一种狮子代表一个大家族。旧时常因争舞白狮而闹纠纷，甚至引起宗族械斗。民间游艺活动中也常因争路口、争人势、比艺竞技等闹纠纷，因为谁都不甘落于人后，又怕别人占了上风与己不吉利。这些仍是一种求吉心理的自私表现。

放风筝，如今只是一种民间的娱乐活动了，而最初的意义却是“放晦气”，是要通过放风筝把灾祸晦气全放跑，以求福禄常在，所以叫“放”风筝。旧时放风筝不像如今，放一会儿又收回来了。那时是要剪断牵线，让风筝飞去的。正因为如此，民间是忌讳捡拾人家放掉的风筝的，否则，会染上“晦气”。北方民间禁忌风筝断线落到房顶或院内，以为是不吉的征兆。

芦笙是苗族人最喜爱的乐器，但吹奏时间亦有一定的规定，即每年六月初收新禾以后开始，至明年二月春社之日止。其他时间则为禁吹之期。据说这期间禁吹芦笙是因为吹芦笙有风灾发生，不利农事。又说是因为有一家独生儿子曾被芦笙竹管刺死，之后大家相约数月不吹芦笙的（参见《中国民情风俗》第176—177页）。

浙江绍兴一带，俗称五六月为凶月。此间农村必演平安戏，意在驱鬼。夜间演戏之后，伶人要扮许多恶鬼在台上乱跑，至天明被赶到台下，说是将村中恶鬼赶跑了。届时村民男女都来看戏，非常热闹。惟忌中途退场，俗说若不待终局而散，必有真鬼随之而去也。

西北回族“花儿”是当地民间喜爱的一种民歌。因其内容多是关于男女爱情的，所以民间禁忌在村里、人家门前唱。有“花儿”唱道：“花椒树上你甭上，上去时枝丫扎哩；庄廓院墙外你甭唱，老汉们听见时打哩。”可见唱“花儿”须在野外，而且忌讳被自己的亲属或被尊长听见。和“教门”（宗族）有关的内容、术语也忌讳出现在“花儿”的唱词中。汉族民间一些言情内容的小戏，也忌讳少男少女和年轻寡妇们听看。俗话说：“花鼓滩簧唱十日，十个寡妇九改节”，“看了花鼓戏，到老无志气”。

广西融水苗族，为了消除灾害，人人平安，春节期间都演芒蒿舞。扮演芒蒿的人要单数，忌双数，扮演的人也只能演单次，不能演双次，否则，便不能达到祛病消灾的目的。

哈尼族叶车人五月有“苦扎扎”的活动，其中有撵磨秋等民族游艺活动，但其本意是要迎请“威嘴”（神）巡视山寨和接请祖先神灵回家，驱走灾害病魔，保佑山寨平安，生活富足。“苦扎扎”的禁忌规定，砍磨秋杆时，第一斧要由“勒斯”先砍，其他人不能随意动手。属猴日上午，在天井里杀的白鸡外人不能吃，吃剩的肉和用过未洗净的碗筷不得带进灶房。属猪、属鼠两天，寨寨忌日子，不得上山砍柴，不得下田劳动，也不得带绿叶子进寨子。婴儿不得带进磨秋场。不过了属狗日，“威嘴”（神）不送走，禁忌撵磨秋。

开封旧时的斗鸡习俗形成不同的帮派。各派的帮规大体相同，一般是禁忌卖鸡；禁忌私自把斗鸡转让给别人，更不准私自宰杀斗鸡。如斗鸡死了，必须将鸡头鸡腿送交原主（饲养该鸡者）。帮派之间可在一起比斗，但互不掺连鸡子，叫做“过斗不过鸡”；而帮派内部则相反，叫做“过鸡不过斗”。斗鸡坑旁禁忌拍手叫好，禁忌大声喝彩，否则，必引起纠纷，甚至械斗。斗鹌鹑忌斗时一旁有物影摇动，否则，将吓着鹌鹑，使之怯场。斗蟋蟀忌养一种扁头蟋蟀，俗称“棺材板”，据说养之不吉，斗则尽输。

民间玩棋类游戏时，常以“落子为定”、“能输能赢”为好棋风，忌讳“回棋”，旁观者忌讳多言语。俗话说，“下棋不语真君子，落子无悔大丈夫”，否则，斥之为“臭棋”。

贵州都匀、三都一带苗族有“打毛毽”的传统体育活动，形式类似打羽毛球。男女双方对打时，可边打边对歌或答话。按当地俗规，毽塘由本村姑娘把持，严禁本寨本亲族的男性青年进入，只许外寨外地外姓的小伙子进塘打毽。实则是一种婚恋社交的场合，为防近亲族内结婚，故有此禁忌。

河南灵宝县杨平乡一带有“骂社火”、“赛社火”的风习。据说此俗的兴起与防止“聚赌”有关。赛社火在春节期间举行，为怕对方不应赛，在赛社火之前要“骂社火”。农历正月初十开始，每天晚上，两村人各集合数十人，鸣炮击鼓到对方村头叫骂。叫骂者可以进行化装。骂时要指名道姓，不虚言、不伪造。俗规约定，禁忌被骂的人打击报复，若有打击报复的事发生，本村人要罚其全家人用手剥一斗稻谷皮。这样，一直骂到正月十四日，随后便正式进行“赛社火”活动，开始各种民间游艺的竞赛。

以上我们列举了一些民间游艺中的禁忌事例，说明民间玩乐中也有禁忌。从这些禁忌中可以看出原始形态的民间游乐事项其意义也常常是带有神圣性质的，只是到了后世，这种神圣的性质才逐渐改变或只剩下一个热闹欢快的场面而成为一种纯粹的自娱性的风俗传统了。

丧葬禁忌

中国人有强烈的“慎终追远”的意识，表现为一种祖先崇拜。祖先崇拜是鬼魂观念和血缘观念的结合。从出土的原始时期的墓穴中放置的工具、武器、食物等随葬品即可看出当时人们已形成“人死后仍然继续过着一定的生活”的观念。认为人生有阴、阳两界之分，死亡即是阴、阳两界的交接点。人死为鬼，人死后到了“那边”还和生前一样知冷知热、知亲知疏、知善知恶。只是灵魂脱离了肉体，成为一种无形无质、变化无常的另一种存在形式，并且具有比阳世中人强大得多的某种神秘力量，因而能够危害或者护佑还活在阳世上的人们。这种观念导致人们不再随便处置尸体，而是要讲究葬式，并通过葬式表现出对死者的尊崇和敬畏，或者厌恶和唾弃。如果希望死者的灵魂得到“超度”，并在冥冥中保护后代子孙，那么，葬式还将包括殡葬死者之后很长时期里对亡灵的供奉祭奠等等仪礼。

直到如今，人们对于丧葬仍然十分看重的。各民族、各地区都有自己的葬俗。这些葬俗都表达了民间对死者的态度，并且相信，只有严格遵从有关的葬俗仪礼才能使死者的亡灵得到“安息”。否则，不但死后的亡灵不能得到安息，连活着的人们心灵也不能安静平息下来。现实中，丧葬仪式在于某些庄重的场合，对于某些重要的人物，甚至是其生平的一种认定形式，如果事后公众的舆论起了变化，有了新的认识时，原来的葬式必将重新改过。这就是丧葬礼俗的严格之处。实际上，丧葬礼俗本身已经成为某种象征意义的表述方式了。在民间，丧葬习俗不但可以表明人们与死者血缘远近的关系，还能够体现出人们与死者的感情亲疏关系，然而，不论人们与死者的关系究竟如何，死亡本身总是有着一种凶厄不祥的俗信意

大傩图

义，因此在整个丧葬习俗过程中处处充满了危险和灾难的侵扰，人们在心理上是处在一种极度的禁忌状态的。俗以为遵从这类禁忌是确保葬式顺利进行而又可趋吉避凶的唯一选择。以下我们就按丧葬习俗的大致程序来谈一些禁忌的事例。

死亡禁忌

死亡虽然是人人都最终不能回避的，但人人都极力回避它。死亡对于人们来说，是最可怕的凶祸灾难，因而人们害怕听到或接触到死亡的事情。如果不是老人、病人本人主动谈到，一般是忌讳别人当面提及、谈论后事的。即便是谈论，也要尽量用委婉的词语来替代“死亡”一词（请参阅本书“语言禁忌”有关部分）。伊斯兰教义也严禁任何人预料个人的后事，所以信仰伊斯兰教的民族也禁忌谈论身后之事。

由于对“死亡”的恐惧，河南一带，老年人最忌脸色突然发黑。俗话说：“脸发黑，不过半月。”印堂发暗、脸色变黑是死亡的先兆，民间是很忌讳的。甚至忌讳有人说自己的“脸黑”，以为是不吉祥的。老年人还忌讳欲抱小孩儿时，小孩害怕、躲闪，俗以为这是不吉祥的征兆，是老人的鬼魂出窍被小儿看见了的缘故。民间盛传小儿的眼睛“净”，可以看得见鬼魅。俗谚中还有“男怕穿靴，女怕戴帽”的说法，即是说男的脚肿，女的头肿，也是死亡的前兆，是不吉祥的（其他一些死亡兆示又见本书“动物禁忌”等有关章节）。

人总有一死，但死的时刻和地点又有许多禁忌。白族人认为，让老人在自己怀抱中咽气，是报答养育之恩的最后机会。俗称让老人在自己怀中去世为“接气”。白族老人死时，忌讳没有亲人接气，在儿女们看来，这是最对不起老人的事。汉族及其他民族也忌讳人死时跟前没有亲人，或者死者见不到自己想见到的人。俗以为这样死去，灵魂不得安宁。汉族许多地方都禁忌亡者死于原来睡卧的床上。河南一带，人快死时，要把他抬到外间的草铺上。如果在原来的房间断了气，叫做“隔梁断气”，不吉。出殡时，须买一只活公鸡随棺抬出，方可破之。中国古俗，忌死于偏房寝室，而要死于適室，即正厅、正寝内。俗以为正厅、正寝是家中最神圣的地方，在这里咽气是幸福的。这也是一种礼遇的规格，所以称之为“寿终正寝”。俗信以为，假如在搬铺之前不幸死在偏房寝室里了，那么死者的灵魂就会留在偏房寝室的床架上，同时也不能马上获得转生，将来会对家人有所困扰。有些地方在这种情况下，往往都会把原来的床（包括铺盖）烧掉，以促使逝者的灵魂升天，或者请僧侣念经禳解。搬铺时，如果将死的人还有长辈在世，一般不能搬进正厅，只能搬到其他偏房（袖房）中去。对家庭有特殊功劳的长子和叔父伯父等人，虽然仍有长辈在世，也照样可以搬铺到正厅中去。搬铺，是指成年人而言。未成年的子女死亡只能在偏房寝室的地方铺些稻草，移铺其上。台湾一带，在搬铺时，还必须把室内的神像、香炉等物转移到其他地方遮盖起来，以免有所冲犯。满族忌讳在西炕和北炕上死人，因其俗以为“北炕为大，西炕为贵”，在这两个方向的炕上死人是很不吉利的。一般人临死时，都要移铺到南炕上。有的地方还必须移铺到专门的灵床上。云南彝族，父母病危时，如果是住在楼上的，要将其搬迁下楼，必须在主房的正寝室内断气。据说，其意有二：一是怕人死于楼上，亡灵下不了楼；二是怕今后楼上有响动。实则仍是基于鬼魂会回来依恋断气的地方，亡灵会在阴阳两界交接处徘徊，因而会导致这地方“不净”、“闹鬼”的思想观念，所以才有了搬铺的习俗禁忌。但是，这一习俗常常会使得濒临死亡之人再被折腾一番。因为人死后，其咽气的床铺照例是要被搬出去丢弃或烧掉的，所以，这一习俗归根结底还是替活着的人的“安生”考虑的。当然，这样不但节俭、卫生，从客观效果上讲也是有一定的积极意义的。

在人即将断气时，还要马上把毛毡抽掉。河南一带，有“断气不抽毡，来世难转人”的说法。恐怕人死在毛毡上会转生为猪、马、牛、羊等带毛的兽类。这恐怕也是出于人断气死在毛毡上，毛毡便不能再用的“务实”的考虑，所以要抽出来的。附着其上的信仰方面的解释，是人们掩饰自己“吝财”、“惜物”心意的需要，是唯恐人们说此行为不合乎孝道（人道）的一种借口。我们有理由这样怀疑，因为民间有许多“务实”的精神都是靠托言于鬼神而取信于民众的。这个自古有之，后世则更甚。

死亡的时辰，民间也很“在意”。中原一带忌讳死在正月初一至正月十七日内，俗称死于“大年下”；忌讳死在腊月里；忌讳死在“五黄六月”。平素里骂人往往以死于“大年下”、“大腊月”、“五黄六月”等为咒词。据说死在这期间的人是办了缺德事，坏了良心。其实，是因为年下、腊月是闲暇的日子，五黄六月又是繁忙的日子，这期间死亡，会给亲友们更添一层烦扰，使活着的人们不能正常地尽情欢乐和劳作。所以，人们有此怨责。台湾民间又忌病人于晚饭后断气。俗信在清晨用早饭之前断气最佳，说是替子孙留下三顿饭，俗称“留三顿”，意思是将来后代人一日三餐都有饭吃。若在早饭后断气，则预示后代人将有断炊的厄运发生。最忌讳的是于晚饭后断气，好像死者将一日三餐全都带走了，预示着后代子孙将要沦为乞丐。这是大不吉利的事情，必须很好地禳解一番才行。

民间以为，死亡与年龄有一定的关联。安徽一带，凡幼丧（即死者尚为少年），值春庚申、夏甲子之日，则以为大不吉利。据说会有僵尸之患。必请术士画符贴于棺上，以种种迷信的方式“破解”之。民间还以为“明九”、“暗九”（九的倍数）都是死亡的关口。所谓“明九”，即九岁、十九岁、二十九岁等等；所谓“暗九”即，十八岁、二十七岁、三十六岁等等。逢到这些年岁时，都会有死亡的危险，就是不死，也会生病。“暗九”较“明九”更为厉害一些，更容易病、死。二十三岁，也是一关，俗称“罗成关”，因为罗成是二十三岁死的。传说，二十二岁这一年要有大蛇来比个子。如果人没有蛇长，人就要死去的。所以，民间就把一根竹竿搁在床上，用竹竿作代表，蛇比不过，就不要紧了。民间还有“三十六岁是人的本寿”的说法。据说，一个人只要活到了三十六岁以上，来世的寿数就能增长，否则，来世的寿数会更少的。所以民间忌讳在三十六岁以下“早夭”。人活到五十五岁死亡，就是比较正常的了。俗谚云：

五代时期《引路菩萨图》

古人相信，身前行善，身后灵魂不死会升入净土天堂。画面上部三排小型宫殿就是象征净土天堂。

"五十五，自己要入土。"过了六十岁死亡就是高寿了。俗谚云："人活七十古来稀。"六十六岁，是老年人的一个"坎儿"。俗谚云："年纪六十六，阎王要吃肉。"东北一带老人六十六岁生日时，要由后辈人给他包六十六个饺子（一般都尽量做得小些）。如果能一次吃完，就预示这个"坎儿"能够平平安安地过去，否则，就过不去。河南一带，老人六十六岁生日时，闺女要送一块肉来，大概是为的还上阎王的债。客观上却是解了老人的馋，还了女儿的愿。有的地方，还要把肉切成六十六块，让老人吃下去。据说如此一来，就能顺利度过这一关了。"七十三"、"八十四"也是老年人的关口。俗说"七十三、八十四，阎王叫你商量事"、"七十三、八十四，阎王不请自己去"。据说是因孔子七十三岁死、孟子八十四岁亡而成为寿数之大忌的。河南一带，逢老人到了这两个关口时，须给老人买条鲤鱼吃。俗说，吃了活鲤鱼猛一蹿，就能蹿过这难关了。还有的地方是在当年立春日的早晨，由女儿亲自煮两个鸡蛋，悄悄到麦场上，滚上几滚，然后带回家中，让老人躲在门口吃掉。以此象征老人在神不知鬼不觉地情况下，"骨碌打蛋"地就渡过了这个难关。这些民间的风俗颇为有趣，其法之妙，其思之奇，竟是孔孟二圣所望尘莫及的。浙江一带，如果死在八十一岁上，也是一忌。因为九九八十一，此乃财数算尽之意，预示后代有穷败之相。遇此情景，即将一具算盘拆散，俟死者将气绝时，隔窗洒出，即为破法也。

民间有善终恶死的观念。以为人死有善有恶。有的人死得重如泰山，有的人死得轻如鸿毛。又以为，善人得善报，可得善终；恶人得恶报，必得恶死。一般死在远离家乡的外边，非正常寿终而死，孕妇分娩而死，死时尸首不全、身首异处，被杀害、被淹死、被烧死、被轧死等等都被视为恶死，是非常忌讳的。以为不但死者自身痛苦，到阴间还要受罪，还会危及后人，使子孙不得安宁。所以，咒人时常说“让你不得好死”。真有恶死事发生，必须请僧道超度亡灵，以禳解祛灾。

成殓禁忌

人死后，要为其穿上一套新衣服，称作“殓衣”，俗称“寿衣”、“老衣”。给死人穿寿衣要及时。东北、京津一带，民间忌讳死者光着身子去见阎王，必须抢在死者断气之前，穿好殓衣。另有一些地区，虽然不一定非要在断气之前给死者穿上寿衣，但也必须在死者刚刚断气之后就抓紧时间穿，否则，肢体一僵硬就不好穿了。穿寿衣时，可由孝子一件一件穿在自己身上，然后一次剥下，让死者正套上去。此时禁忌孕妇近前，恐会被死者的亡灵扑着胎儿。

死者的寿衣颇有讲究，汉族俗以为单数为好，一般是五、七、九件不等。忌讳双数，唯恐死亡的凶祸再次降临。有些地方因“九”与“狗”同音，又忌寿衣为九重。否则，以为不吉、不敬。做寿衣忌讳用缎子，因为“缎子”谐音“断子”，唯恐因此会遭到断子绝孙的果报。寿衣一般用绸子，“绸子”谐音“稠子”，可福佑后代多子多孙。寿衣又禁忌用皮毛料制作。《淮南子》中就曾说过，葬死人者，裘不可以藏。裘即为兽皮，是难得的贵物，葬之无益于死者，留下来对生者倘还可以有用。又说，不然的话，死者来世会转生为兽类的。还有一种说法是从“全尸”考虑的，说是恐人尸与兽革混杂一处而不能辨别。总之，禁忌以皮袄、皮裤乃至革带等物为寿衣（参见本书“服饰禁忌”中有关部分）。

成殓死人的棺材，汉族习尚以松柏制作，禁忌用柳木。松柏象征长寿；柳树不结籽，或以为会导致绝嗣。有的地方用柏木做棺材要掺一些杉木，据说完全用柏木做的棺材会遭天打（触雷电）。寿材做好后，搁在那里不能再随便移动。俗说随便移动，对本人不利。寿材要放到干燥处，越干燥越好，据说如此能使本人来世疾病稀少，否则，就会多病灾。寿材要早早漆好，不然的话，殓后再漆，死者要摸暗弄堂。布依族棺木多用梓木、杉树或红椿制作，禁忌使用松树和刺包树制作。俗以为，松树砍了，再不会发芽，若用松树做棺材，会使子孙断种；若用刺包树做棺材，会使子孙得麻风病，像刺包树一样癞疙癞包的。晋中一带，入殓时棺材内一般要铺些谷草，放上死者生前的用物。死者脸上要盖上遮面纸，说明人已归阴间，不应再见天日。死者身上不能带一点铁制的东西，否则将被认为很不吉利。汉族其他地区也都有随葬品的遗俗，但一般禁用金银器随葬，这可能与历代朝廷的禁令有关。阿昌族埋藏死人时，也禁忌用金属饰物随葬，连牙齿上镶嵌的金、银和衣服上的金属纽扣等也都必须取下来。俗以为这些东西影响转世。赫哲族殡葬禁忌以皮革物陪葬，以为如此则死者的亡灵不能升天，也不能再转生为人。鄂伦春族人死后，要把死者的马杀掉陪葬，意思是让其到阴间继续骑用。殉葬品中死者生前用过的碗，要敲去一块，不然对活人不利；烟袋锅，要铜制的，不要木制的；烟袋嘴要玻璃制的，不要石制的。河南一带入殓前，死者嘴里要放一枚铜钱，叫做“噙口钱”，不然的话，死者再转生时会变成哑巴。入殓时，要把“噙口钱”取出，否则，以为死者会把家财带走。入殓前死者的双脚要用麻纰拴住，为的是防止死者游魂乱跑，闯入阳宅。有的地方是用白纸裹住脚，等入殓时再把脚放开，否则，死者到了阴间不能走路。入殓前还要给死者蒙上“盖脸纸”（蒙脸纸）。盖脸纸须吊唁的亲人到齐后才盖上，不齐时不能盖，因为盖了之后就不能再揭了。入殓时，要用扇子扇掉，而不能用手揭下。用手揭下盖脸纸是对死者的侮辱，有“曝尸”之意。咒语中有“我前世揭你盖脸纸”之说，意即我和你前世有仇。不过，亲人齐时，要马上盖上盖脸纸，否则，死者会暗中数椽子，是对家中人极为不利的。广西、云南、贵州三省交界处，有一种习俗：人死了不准放在外面，必须在家中成殓。如家人死在外乡，则不准死尸抬进家门，甚至不准抬进村、镇、城内。中原一带也有类似习俗。俗说：“小殓迁尸沐床，大殓置棺于堂。”入殓时，首向外，足向内。死者如有妻或夫尚健在，落殓时用的枕头要低，低到看不见自己的脚才行，否则，是要叫他的妻或她的夫一同去的。大约此俗与睡眠时夫妻两头睡的风习有关。民间想象，能望见自己脚时也就望见了自己的配偶。

浙江一带，成殓忌双日。或一或三，必逢单日成殓。安徽一带，女出嫁后死亡，忌娘家亲属未到齐就殡殓。云南彝族也有类似习俗。人死后，要请“苦主”（即死者的所有亲属）一同来主持丧事。如果苦主不亲眼看过死者的穿戴和包殓之物，是不能包殓入棺的，否则，村人往往会产生非议，甚至要刁难死者的家属。河南开封一带，人死穿好殓衣后，还必须等三党之亲到齐应允后，始许入殓。入殓时，俗忌有与死者生肖相冲克者在场，唯恐受到凶厄的影响和冲犯。一般外人禁忌靠近棺材。尤其盖棺时，除了死者最近的亲属外，其他人都退后几步甚至退入别的房间，因为如果人的影子被关进棺材，此人的健康便将受到危害，其魂魄将有被一同封入棺中之虞（参见本书“人体禁忌”有关部分）。盖棺时，河南一带，禁孝子进前，孝子要在门外候听。里边打棺者敲击一声，外边孝子高呼一声“勿警”，俗谓之“躲钉”。山东一带，如出嫁之女在夫家病死，收殓盖棺必须由女家之父母兄弟亲自钉盖，名曰“引钉”。若女家亲人不到，其公姑本夫俱不敢专主。虽中年以后，儿孙满堂者，亦必如此。有女家因此而妄行勒索者，是为习俗恶陋之处。白族入殓加盖时，须留下一颗钉子不钉死，要由其亲人加钉。若系女子或入赘男子，则由其娘家人或父家的人亲手加钉。彝族在加盖敲钉时，位于棺木中间的一颗“子孙钉”不兴打紧。要在它上面拴上一条红线，由孝子用手拉着，木匠轻轻地敲一下就算了，意思是“留后”。禁忌将这颗钉死，否则，以为对后代人不利。撒尼人认为“天下以舅公为大”，所以，其俗封棺时舅家必须来人才行，否则，棺木就不能起动。

旧时汉族人死后还有“出魂”、“出殃”、“避殃”、“避煞”、“逃煞”、“接煞”等等说法。所谓“殃”、“煞”系指死者灵魂而言。俗信以为死者灵魂按一定日时出、返其家。民间以其吉凶决定迎接或者避忌。北方一般认为人死之后，有出殃日。殃者，灾祸也。是日死者亡灵化为某色气而出，遇者必有大灾大难。传说殃出时，碰到人人死，撞着树树亡。出殃日是由阴阳术士推算的，一般是人死后三天出殃。入殓后殡葬前，按照阴阳术士指定的殃日、时，丧家要将家中一切门扇大开，全家老幼离开宅院，鸡犬畜禽，一概不留。大门外要悬挂出殃标志，载明某日出殃，以防他人误入。据说人死后，不到出魂（出殃）日时，阴魂恋家不走。到了出魂（出殃）时日其魂魄厉气才不得不去。这一天有阴间鬼差前来将其阴魂带走。大约过了一个时辰之后，家人先从墙外往院内扔一根钩担，“哗啦”一响，把尚未离开的小鬼赶走，随后再敲打铜锣从大门进入家中。至此，“殃”就算躲过去了。南方有“接煞”的习俗。“煞”为死者本命之神，据说人死后，某日时，其煞必返。回返的日期要根据死期推算。旧时浙江萧山一带就有此俗。接煞时前列道士，后随孝眷，周行停柩之堂及厨。然后至门

唐代人面镇墓兽

外，向庙宇方向，行若干步一回头，如是六次，名三转六回头，取死者眷恋生者之意。堂中设死者衣服，状如人形，设供品以祭。此类习俗历来各地信仰不一。据清人卢文绍《颜氏家训》校定本云："北人逃煞，南人接煞。余在江宁，其俗不知有煞。"对于亡灵的出、返，是避、是接，跟民间信仰亡灵为凶神或者福神有关。而不论是避是接，都是为生人的幸福考虑的，无非避凶趋吉而已。其间一些禁忌必须遵从，否则，必将罹难。

入殓后，俗忌雨打棺，否则，以为后代子孙会遭贫寒。俗谚云，"雨打棺材盖，子孙没有被褥盖"、"雨打棂，辈辈穷"。所以停柩忌在院中。殡埋途中若遇雷雨，也认为是不祥瑞的。如果恰巧在葬埋之后下起了雨，则以为是吉兆，俗云："雨打墓，辈辈富。"流行豫北一带。

入殓前后，停棺在堂，直至出殡前这一段时间里，最忌猫近尸体、棺柩。俗以为猫或其他动物靠近尸体，会炸尸。尸体会跳起来，死死抱住活人或其他东西不放。又说猫是有虎性的动物，传说猫（尤其是白蹄猫、油蹄猫）若从尸体上跳过去或者触碰了尸体，猫会立即死去，尸体却会苏生而变成僵尸。据说这是因为猫的阳气移入尸体的缘故，尸体会直立而起，一直朝前走去，遇见什么就死死抱住不放。这时可用粪勺、粪扫帚将其推倒，或者抛掷扫帚、枕头等器物，让僵尸抱住，方能破解。否则，若被其捉住，必死无疑。这些传说，纯属迷信，无非是要利用这一禁忌，提醒孝眷谨慎看守尸体，精心守护灵柩，以尽孝心而已。

哀悼禁忌

亲人亡故是件悲伤的事，死者的亲友往往以哭声表示自己的哀悼心情。然而，哀悼也有章法，悲伤也须克制。什么时候可以哭，应该哭，什么时候不能哭，不许哭，都在风俗惯例中有所规约。《礼记》中就有“妇人迎客送客不下堂。下堂不哭。男子出寝门见人不哭”等等规定的记载。安徽、河南一带，俗忌泪洒尸身。人死时为之穿衣服者不得悲泣，唯恐悲泣涕泪落到死者身上，引起走尸、僵尸之恶果。锡伯族人如父母去世，在给死者穿寿衣之前，禁忌亲属号啕大哭，以为此时大放悲声是不吉利的。哈尼族在没有给死者洗澡更衣之前，只能单纯的哭，而禁忌唱挽歌。彝族老人落气时，十岁以上的后辈亲人全去接气，即用嘴或空竹筒吹一口气到死者口中，此时禁忌哭泣。旧时广西、云南交界地带，有一些“赶尸者”，属于“巫婆”、“神汉”之类的神秘人物。他们有一种密传的“咒法”。据说是用红巾蒙了死者的面，贴一种符箓于死尸的背上，然后，掐诀、念咒、踽步，敲着小锣在前边领路。这样，不会活动的尸体，就能僵直地站立起来，一蹦一蹦地跟着他（她）往前走。他们用这样的办法，可以把尸体从很远的地方运回家乡。一般是夜间走路，白天休息。有时运尸的时间很长，尸体也不会腐烂。但是，唯一的禁忌是亲人的哭声，倘若亲人放声一哭，那么死尸立刻化成臭水。所以当死尸由巫婆神汉引回家来的时候，大家必须含悲忍泪，一直要到成殓好了之后，才可哭出声来。这种赶尸人的传说虽然流传很广，笔者却以为是绝没有此类事情发生的。但不知它何以能够流传开来并且被传说得神乎其神，仿佛确曾有过一般。安徽一带有人死三日之后，禁忌家人泣哭之说。俗以为人死后三天，亡灵要上望乡台。本来死者自己不自知其死，及上望乡台后，始知其已为鬼魂。若此时家人哭泣，必使死者之心更加悲痛也。山西定襄一带，为死者穿完寿衣，要烧炕沿纸，送死者灵魂出走。烧剩的纸灰包起来要放在死者胸上。烧纸前禁忌哭诉，待纸灰包放在死者胸上后，方可下跪痛哭。满族人死后，少辈可放声痛哭，但出殡回来，就不准再哭；如再哭，就意味着又要死人了。旧时民间还有“辰不哭泣”之说，俗

超度亡灵

语云："辰日不哭，哭有重丧。"

以上所举丧葬哭禁之事，虽然说法各异，无非出于两点考虑：一是为故人考虑，二是为生人考虑。为故人考虑，恐惊尸，恐尸变，恐魂悲；为生人考虑，恐重丧，恐不吉，恐不能节哀是也。当然，丧事期间更不能笑语声歌，这是更犯忌讳的事情。俗语"临丧不笑"、"望柩不歌"，古语"邻有丧，舂不相，里有殡，不巷歌"，正是指此禁事而言。

家中死了人，要向有关的亲友"报丧"。报丧时不能进屋门，要在屋外行跪礼。中原一带，孝子报丧时，不论长幼辈，见谁给谁磕头，俗话说："孝子头，满街流。"南方一些地方，报死信者，无论晴雨，均须带伞。俗信以为死者的魂会躲在伞内跟着去的。所以，伞拿在手中，伞柄必须向前。北方民间举丧期间，禁忌子女或年轻女子在灵床上坐卧。通常是非丧事不谈。面垢禁洗。女忌脂粉，男忌剃须、理发。马不修剪鬃尾。备马车，凡金属饰具，一律改为木制，彩丝改用绳索。常熟一带，凡赴丧家送入殓后，归时，家人必于门前焚稻草一束。人从火上跨过而后才可入内。否则，将不吉利。旧时，吊丧时，往往要送礼。丧家收礼时要有回礼。一般的惯习是：送礼忌双，回礼忌单。亦是"双吉"、"单凶"的观念使之然。丧礼，古不用乐。《礼记》云："父有服，宫中子不与于乐。母有服，声闻焉不举乐。妻有服，不举乐于其侧。大功将至避琴瑟。小功至不绝乐。"又据张亮采《中国风俗史》云："自谢安期丧不废乐，王坦之以书喻之不从。衣冠效之，遂以成俗。”这里，虽然举的是反风俗的实例，也可见当时民间的惯习已与上古时代迥异。再到后世，民间举丧期内用乐就更无禁忌了。凡财力可达者，争相效之。河南商水县旧志云：“丧礼之坏，尤甚。富者间有作佛事，惟初丧即用鼓乐。亲族赙奠者，设酒馔待之。孝子亦饮酒食肉如平时。设祭则请绅衿为礼宾，赞之行礼作乐以娱尸。不为者皆以不孝非之。岂知丧葬用乐，律有明禁。习俗踵而为之，坦不为怪。”从此可见，习俗的衍变常常使一些旧的礼法规约走向自我的反面，不管这种衍变是否正确、可取，它都不会因为某些个人的见解而停止下来，除非这些见解影响到了全体的民众。

葬埋禁忌

【葬式禁忌】

中国人的丧葬方式是非常繁多的，最常见的就有土葬、火葬、水葬、风葬、天葬、树葬、塔葬、荒葬、悬棺葬等等。其中还可再分别出合葬、集体葬、折头葬、袱葬、捡骨葬、土棺葬、柜葬、挂葬、房草葬、裸葬、床下葬、坐葬等等不同的类别。这些不同的葬式，大体上讲是由两方面的原因所造成的：一是环境，二是信仰。环境是地理方面的限定，或者说是物质方面的限定；信仰是文化方面的限定，亦即是精神方面的限定。当然，这两者之间是有联系的，一般来说是客观环境决定着人们的思想内容，是物质决定精神。很简单的例子，在水源缺乏的地域不可能风行水葬，在平原地区也绝不会产生悬棺葬。这就是客观环境的决定意义。然而，在各种葬式都许可的环境条件下，人们选择葬式的依据就往往决定于信仰了。出于信仰方面的原因，人们往往会对某种葬式作出取舍的决定，或者会在某一葬式中特别注意到约制一些行为。这，就是我们所要说的禁忌。

（1）**火葬禁忌**

汉族主要的葬式是土葬。俗信“入土为安”。历来，汉族民间就有反对火葬、禁止火葬的习俗。《孝经》云：“身体发肤，受之父母，不敢毁伤。”由此，父母的身体发肤就更不敢毁伤了。火葬不但有违孝道，简直是大逆不道。所以一直受到儒教教义的谴责。宋太祖赵匡胤曾有“禁民以火葬”的诏书（见《东都事略》），元、明、清三朝都有禁止汉民火葬的法令。但从另外一个角度看，汉族民间历史上也确曾有过实施火葬的事情，否则便无须采取制止的措施了。据说，宋时，江南已有火葬的葬式盛行，许多地方还建有“化人亭”。元代时更兴盛。据《马可波罗游记》载，京、冀、晋、江、浙、巴蜀等地方均有“人死焚其尸”之俗。但火葬在汉族中毕竟是少量的、个别的现象。直到现今，虽然政府倡导火葬，民间仍不习惯，总以为土葬更“安生”些，认为土葬好，畏惧火葬。只是城市里的丧葬风俗已彻底变革，大都成为火葬方式了。这种变革，有政府法令的效用，也有环境的限定，同时，也有信仰转变方面的因素。

火葬，在中国出现还是很早的。《墨子·节丧》中就曾记载：“秦之西有仪渠之国，其亲戚死，聚薪柴而焚之。”《列子·杨朱》中也曾记述晏仲平的话语，说：“既死，岂其我哉，焚火亦可。”在藏族、拉祜族中都有火葬的习俗。藏族中主要葬式是天葬，但一般活佛和有地位的喇嘛、头人是用火葬的。有些地区则不分尊卑、不别男女普遍实行火葬。方法是在尸体上涂上酥油火化，将骨灰和泥放置固定地点保存供养。如果是庄稼生长时期或收获季节，则忌用火葬。以为此时火葬，庄稼将无获，人畜要遭灾。因为实行火葬的民族，俗以为火葬能够使死者灵魂升天，所以对于乞丐、疯人及恶疾的死者是不能用火葬的，必须投尸于河流中，以水葬的方式使其灵魂永不得复返。对于刑死、凶死的尸体也必须拖去掘坑掩埋掉，以土葬的方式使其灵魂永坠地下而不得转生。小凉山彝族也是如此，其主要葬式为火葬。但癞子、麻风病人及三个月以下死亡的婴儿禁忌火葬，必须土葬。火葬时，女婿必须参加，子女则禁忌参加。烧时尸体必须侧卧。死者为女，面向北；死者为男，面向东。烧尸必须一次烧成灰，忌讳中途加柴，俗以为中途加柴是不祥之兆，预示家中还要死人。

鄂伦春族的葬式有三种，即土葬、风葬和火葬。火葬只限于孕妇或得急病而死的青年人。俗以为他们死后会变成鬼缠绕家人，所以要把他们烧掉。相信孕妇死后，若不烧掉，她还会抚育她的胎儿变成妖精危害活人。火葬时，要通知孕妇的娘家人。火葬必须将死人烧透，尤其是其心脏部位。如果不烧透，剩下什么，还会闹鬼的。有时候，实行火葬时还请萨满跳神驱鬼。傣族、景颇族和德昂族也是如此，一般实行土葬，但久病或孕妇难产而死的人则要用火葬。苗族凡吊死、雷击死、落岩死、蛇咬死、虎咬死、落水死等凶死者，都不埋尸，须火化后再埋掉。满族、赫哲族也有此俗：凡孕妇死亡，或凶病死亡者，必火葬，据说是为的防妖，以为火葬会把魂一起烧掉；如若土葬，则会因死得屈而闹鬼，使活人不得安宁。

（2）**土葬禁忌**

主要实行土葬的民族，往往把土葬看成一种礼遇。土葬的规格有尊卑贵贱之分。封建统治者为显示君权的至高无上，不惜耗费巨资来兴建陵墓。而一些贫苦庶民，有的死后竟连一张裹尸席片也买不起。汉族民间还以“不能入祖坟”来区别和惩罚从事贱业的人或者非正常死亡的人。如优伶、娼妓及暴病、凶死之人，均不得入祖坟。民间以死后能入祖坟为做人的起码条件之一。非本姓骨血的人自然不能入祖坟，有痼疾的人、未婚早夭者、妇亡夫前者等等也都不能埋入祖坟地。回族中也禁忌吸大烟、酗酒、赌博、受刑罚、凶死、违犯教规的人死后进公墓，要在公墓以外的地方埋葬他们，以示与正常人们的区别。鄂温克族、达斡尔族被熊咬死的、被枪打死的、被雷击死的、孕妇难产而死的以及萨满死后都不得正式入葬，不能葬入家族公共的坟地上。

东北一带，赫哲族、鄂温克族中幼儿死后，禁忌埋葬。赫哲人通常是用桦树皮裹住尸体挂在树上。鄂温克族人通常是用一个白口袋将尸体装上，扔到山坡向阳而草长得很旺盛的地方。俗以为，小孩儿灵魂小，若埋到地下，恐出不来，以后就再不会有孩子了。

旧时汉族死在外乡的人禁忌回家安葬，一般是就地安葬。即便尸体运回来，也不能进家门，只能放在村外，直接埋葬，唯恐客死他乡的人把灾祸带到家中来。俗话说：“野鬼不能见家神。”恐有冲犯祖灵之虞。

（3）**天葬禁忌**

天葬一般是在信奉佛教的民族和地区内流行。中国藏族、蒙古族、土族、普米族、怒族、羌族、拉祜族、畲族、裕固族等均有天葬，葬式各异。按不同的葬式，又可分为鸟葬、风葬、荒葬、树葬等等。大多数天葬流行区的人们都相信，天葬会导致人的灵魂“升天”。例如实行鸟葬的藏族，要把尸体运到天葬场。把尸体解剖，剁碎喂成群飞来的“神鹰”。尸体被吃得越干净，越认为是吉祥的事。若食而不尽，或者无鹰来食，则认为是不吉祥的事。说明死者生前有罪，灵

明祖陵神道石刻群

魂不能升天。蒙古族的荒葬也是如此。人死后，将尸体放在木轮车上拉着跑，直到掉下来为止。尸体置于荒野，如果被鹰、狼等鸟兽吃了，即认为死者的灵魂升天了。如果七天后，死者的尸体还在，便认为不吉祥，要请喇嘛念经，替死者祈祷消灾。基诺族的“风葬”和鄂温克族、鄂伦春族的“树葬”，都有天葬的意味。俗以为尸体越是被风吹雨打、腐烂得快越好，说明他的灵魂升天了，会变成天上的星辰，能够为后人带来希望和光明，否则，是不吉利的。

（4）捡骨葬禁忌

壮族主要的葬式为捡骨葬。其俗在人死后，以木质疏松的树木或薄木为棺，浅葬以求尸体速朽。然后，开棺，去骨上腐肉，按坐姿置骨架于陶瓮中，再葬埋于家族坟地中。开棺一般应在三、五年上，忌双数年开棺。再葬不用陪葬品，尤忌金属布帛。

从上边所谈可见，以某一葬式为主的葬俗，往往又以另外一些葬式来作为陪衬和补充。这些作为陪衬和补充的葬式常常是用来处置非正常情况下死亡的尸体的。不管是使用哪种葬式，都有一定的风俗规约，不得违反其禁忌。而这些禁忌的形式又都是有着民间信仰方面的依据的。

【葬时禁忌】

各种葬式对殡葬的日时都有一定的俗规。汉族古时就有“三日而殓”的礼法。《礼记·问丧》中对三日而殓的理由讲述颇详。其文曰：“死三日而后殓者，何也？曰，孝子亲死，悲哀志懑，故匍匐而哭之，若将复生然。安可得夺而殓之也。故曰，三日而后殓也，以俟其生也。三日而不生，亦不生矣。孝子之心，亦益衰矣。家室之计，衣服之具，亦可以成矣。亲戚也远者，亦可以至矣。是故圣人为之断决，以三日为之礼制也。”这里所说的“圣人为之断决”，实则仍是在民俗惯习的基础之上所形成的俗礼法规。直到如今，民间仍沿用此俗，只不过有些地区在这一点上要求并不甚严格。有人死后一天就殓葬的，还有在死后七天或者更长时间才殓葬的。前文我们提到过民间成殓有忌双日，用单日的习俗，这在汉族、满族、朝鲜族等民族中均有流行。成殓之后，还要择吉日才能葬埋。而葬埋日时的禁忌就更多。据《论衡·讥日篇》云：“葬历曰：葬避九空、地臽，及日之刚柔，月之奇耦。日吉无害，刚柔相得，奇耦相应，乃为吉良。不合此历，转为凶恶。”其中“九空”、“地臽”都是葬历上规定的忌日的名称。所谓日之刚柔，是指天干、地支。俗称甲、丙、戊、庚、壬等为刚日，乙、丁、己、辛、癸等日为柔日。按照迷信的说法，人在刚日死，应选在柔日下葬；柔日死，应选在刚日下葬，刚日、柔日要配合好才行。否则，不吉。所谓月之奇耦（偶），是指单月、双月而言。按照迷信的讲究，凡于奇月死者，应在偶月下葬，偶月死者，应选在奇月下葬。奇月、偶月也要配合好才行。否则，不吉。若不能及时葬埋，可先柩起来。河南沁阳一带，还有葬埋忌月的习俗，并且与姓氏有关。据说，张、王、李、赵四姓人，禁忌六、腊月动土葬埋。其余姓氏，三月、九月禁忌动土葬埋。若在忌月内有丧事者，要排至三七、五七殡葬，必得避开忌月才行。如特殊情况须及时出殡者，也只能先用青砖柩之，不得入土葬埋。台湾以及南方一些地区，俗忌七月出葬。因民间传说，七月为鬼月，该月阴间的鬼魂要到人世上来讨食。为避鬼煞，故忌此月内殡葬。

旧时，民间还广泛流传着忌“重丧”的习俗。浙江一带，俗说“重丧”是指死者出生的年月日，与死者死时的时辰有干支重字，俗称“日不清”。遇上这类情况，要举行特殊的葬仪，往往是在三、五更盖棺，抬至郊外。丧家不穿麻，不能哭，要等七日后，才呼号奔告亲朋，然后再补行丧礼。但是，在台湾一带，“重丧”却是指某种葬埋忌日而言。俗说在某月某日葬埋便会犯重丧，亦即丧家还会再死人的。当地的重丧日为：一月甲日、二月乙日、三月戊日、四月丙日、五月丁日、六月己日、七月庚日、八月辛日、九月戊日、十月壬日、十一月癸日、十二月己日。如果因特殊事情不得不于重丧日安葬时，要采取一些禳解的方法。如在一小纸盒内装上写有符咒字样的纸条，一起葬埋在圹穴中即可。符咒字，一般是正月、三月、六月、九月、十二月书“六庚天刑”，二月书“六辛天庭”，四月书“六壬天牢”，七月书“六甲天福”，八月书“六乙天德”，十月书“六丙天威”，十二月书“六丁天阴”。不过，每月书写字样的规定不甚严格，也有互相串写的现象，但大体上就是这类字而已，皆属术士们的玄言。

河南林县一带流传有“重丧日谣”，即：“正七逢庚甲，二八乙辛当，五十一丁癸，四十丙壬防，三九六腊月，戊己是重丧。”（此与上文所记台湾流行的说法正是一样。）重丧日忌哭，须杀生破灾后（如杀一只公鸡，意思是够一双了，不会再死人了），才能放哀声。河南孟县一带，遇到“重丧”，要另做一个小棺材，内装面人，放置在大棺小头底座上，同埋地下，以做搪塞，可破解之。这里的“重丧”含义既不同于浙江一带的生死日时干支重叠，又不同于台湾一带出殡葬埋的忌日，而是属于一种单纯的死日干支禁忌。凡是属于该日死亡者，均有“重丧”之忌，必须进行禳解。这类“重丧日谣”，据有关资料表明，它们在白族、彝族中也有流传。有些异文仅个别字词不同，其实际意义毫无二致。“重丧”的含义也是一样的。在彝族中，若是死者犯了重丧，死尸入殓的时间要推迟几个时辰，并且，出殡安葬的时间也要推迟。白族若犯重丧，须在中堂上挂一匹红绸，或在棺木上倒吊一只鸡，将其致死，再用笋叶做一口小棺，把装着死鸡的小棺从门槛下挖的小洞中送出，然后埋在路上，以此破之。

民间还有所谓“三丧日”，即假如在这天举行丧礼，俗信以为便还会再有两个人死亡，造成三条人命的悲剧。又有所谓“冲克日”，即殡葬的日期忌与死者及孝子的生年月日相同。俗以为如此则不吉祥。阿昌族埋葬死人的时期，必须选择龙（辰）、虎（寅）、猴（申）日，否则，传说就会栽秧不能成长，子孙不得兴旺。白族的习俗是，出殡日不宜用寅日（虎日）、辰日（龙日）。锡伯族以为，申日出殡不吉，故忌讳之。可见，这几个民族的殡葬忌日亦是在信仰上相通的，都注重某几个特定的日时。还有一些民族和地区不但忌日还忌时。如河南方城一带，父母双亡，讲究不大。如系单亡，则按农历说，不能择双日出殡，必在单日出殡。通常还要等到午后方可。否则，对活着的另一位老人不利。彝族人家中有人去世，一般在家停尸很短，多是上午死，下午葬；下午死，翌晨葬。但忌讳正午出殡。俗以为正午出殡会招致灾异，不吉。

风水极佳的秦始皇陵

【葬地禁忌】

汉族人对葬地的选择颇为讲究，俗以为葬地的坟墓安置的好坏能够直接关系到后代人的穷达寿夭、贫富吉凶。这种思想，一是客观地要求着人们必须慎重地对待丧葬事宜；二是反映着人们“祈福于神灵”的信仰观念，希望“鬼福及人”。据说，“坟墓必择吉地”的思想起始很早。晋朝郭璞就曾著有《葬经》一书，能预言葬地变迁和后世兴衰。后来，人们对葬地的选择越来越神秘起来。民间产生了专门为人相看墓地的术士，俗称为“风水先生”。其与看“阳宅”的“风水先生”是一样的，都是利用人们为后代子孙祈求福禄的心理，骗人钱财的一种迷信职业者。他们所信口胡诌的葬地禁忌，非常繁多博杂，大都是一些似是而非的谶语。讲究一套“龙脉地穴”、“水法”、“砂法”等等。玄而又玄，民间很难把握。所以，其中的一些禁忌，也并不形成风俗，而是随时随地听信“风水先生”胡诌一通而遵照执行的。只有很少一部分“葬理”符合民间的信仰，而被民间俗信所接纳、流传，成为一方一地之葬俗。例如，山势喜两头起，忌两头垂。俗谓“装担山将两头起，世代儿孙富贵是。若然山势两头垂，儿孙乞食去无回”；水忌冲射。水法云：“水深处民多富，水浅处民多贫，水聚处民多稠，水散处民多离”；砂又忌斜、臃、肿。俗说：“砂有三，富、贵、贱。肥、圆、正为富局，秀、光、丽为贵局，斜、臃、肿为贱砂。”一个总的规律，是喜自然环境壮美，忌地理形貌崎岖古怪、歪斜险峻。旧有“十不葬”民谣流行，即：

一不葬粗顽块石，二不葬急水滩头，
三不葬沟源绝境，四不葬孤独山头，
五不葬神前庙后，六不葬左右休囚，

七不葬山冈缭乱，八不葬风水悲愁，
九不葬坐下低小，十不葬龙虎尖头。

又有“龙怕凶顽，穴怕枯寒”、“砂怕反背，水怕反跳，穴怕风吹”等等说法。

葬地的选择，又要与人品、道德的修养相结合。设若不修德而仅求佳风水，就譬如不耕种而求粮棉丰获一般，是不能如愿的。俗说：“欲求阴地好，先须心地好。”有了这一点，风水先生的过失就很好遮掩了。假如后代子孙无福，就说不是阴宅未选准，而是德行未修好的缘故。其实，风水先生自己也很明白，选阴宅，看风水是骗人的把戏。民间流传着一首打油诗，嘲讽风水先生说：

风水先生惯说空，指南指北指西东，
世间若有封侯地，何不寻来葬乃翁。

一语道破了风水先生看阴宅的骗局。如今此俗已渐绝迹。

白族中也有选葬地、择风水的习俗。俗以为选择坟地，要靠山，而且山脉要呈“左青龙”、“右白虎”的形势，后气要足，方向要远。勒墨人习惯于将死者的脚朝向山，否则，以为死者的脚踩不稳，会影响后代子孙的寿命。

吉林一带，葬地坟旁要树碑，但禁忌为暴死者立碑。河南一带，如果两次殡葬时间挨得很近，就得把前一座新坟用红纸盖严，然后，再埋第二个坟墓，否则，不吉。俗语云：“新坟见新坟，必定还死人。”

【葬仪禁忌】

平日里，凡属葬仪用具都禁忌随便乱动。尤其是棺材，最忌开启，否则，以为不吉。

参加葬仪的人，忌与亡者生辰八字相冲。如死者为子年生人，那么不论亲朋好友，凡午年出生的人就不能送葬。因“子午相冲，水火相克”。另外，孕妇、恶疾、刑罚之人，也禁忌送葬，恐不吉利。

有些民族中，人若是凶死的，为了超度其灵魂，俗有做替身的习俗。如布依族中，若有人死于刀枪之下，就要杀牛做替身。羌族中，若有人坠崖而死，就须

晚晴时期，思茅的一个葬礼现场。

请端公招魂，并将一只羊从死者坠崖处推下，作为替死魂。如果这只羊被推下悬崖之后未死，就是凶兆：一是亡者之灵魂未能超度，二是兆示日后还会有人在此摔死。

自古以来，中国许多民族的葬仪中都有“浴尸”一项。古时汉族浴尸，“侍者迁尸浴床南首，诸子哭踊”。男丧，妇人出；女丧，则男出。苗族、壮族、瑶族中，有“买水洗尸”的习俗，即入殓时要到溪边烧纸钱，谓之“买水”。然后用溪水洗尸。俗以为用此水洗尸后，亡灵方可顺利到达祖宗处，否则，将不被收容而成祟鬼。滇西北的摩梭人洗尸由家中成年男人承担，妇女不能参加洗尸仪式。男尸用九碗水洗，女尸用七碗水洗,从头到脚要象征性地洗完全身。彝族人洗尸，男人给男的洗，女人给女的洗，洗必干净，否则，以为后人会有祸灾。洗尸用的白布要严密保管。洗尸水禁忌乱泼。俗以为活人不能踩着洗死人的水，若踩着的话，脚会开裂的。洗死人用的木盆或木槽，用后要送到房外较远的地方，日后任何人不得捡回家中，否则，不吉。回族人将要“无常”时，要为其大净。将其手、脚指甲剪短，若镶有金牙、瓷牙等物也要一一去掉。待其“无常”后，立即脱去全身衣饰，放到“水流子”上，再次大净。净身时上半身和下半身要分别进行，用两壶水，两副手套。净身前夫妇可以善面，净身后，妻子或丈夫就不得再和亡者善面了。否则，被认为会冲犯对方，使亡者身子又不洁净了。除夫妇外，其他亲朋在亡者净身后，仍可与之善面。

入殓后，放棺之室内禁忌红色。河南一带俗忌以红笔题主。彝族孝子却要以

1909年11月9日，慈禧太后大出殡图。

指血点主，说是感谢父母养育之恩。生前既应孝养，殁后亦应刻木还血，永远奉祀。俗以为，不扎一针，以血点主的孝子，无权继承父母的遗产。旧时民间死人后要点燃一盏灯草灯，直到出殡为止，其间此灯不得熄灭。据说，此灯熄灭一次，亡者在阴间就要跌倒一次，因为这盏灯是亡者在阴间照明引路用的。堂前停着棺材，就不能扫地了，直到出殡前，本家人才用扫帚把棺材上的土扫下来，叫做“扫财”。意思是说财不外出。

出殡时，孝子要用一小瓦盆摔在棺前，谓之“摔老盆”或曰“摔牢盆”。牢盆者，煮盐器也。人死无用，为人子者，睹物伤情，故摔之。据说摔老盆者可继承家财。摔老盆忌一次不能摔碎。亦有棺木进入坟地后，摔于坟墓地头的。

畲族在棺木抬出家门时，忌讳触撞门的两旁，否则，以为不吉。塔塔尔族为死者净身后，用白布缠绕尸体，放在清真寺公用的抬尸架上。出门时，要先出脚再出头，然后改变方向，运至墓地。布依族未出嫁的姑娘死后，禁忌从正门抬出去，只能从侧门抬出。东北一带，满族、柯尔克孜族、赫哲族、鄂温克族等有尸体从窗户抬出的习俗。俗以为门是为活人出入而设的，忌讳死人通行。外姓人、幼儿死后要求更严，必须从窗户中将尸体抬出。否则，不吉。独龙族出殡时，尸体也不能从大门里抬出，只能从撬开的地板下抬出。俗以为尸体从大门抬出，这家就还可能再死人，甚至会导致全家死绝。

出殡途中，德昂族十分讲究棺木的方向。一般都是小头（脚）朝前，大头（脑）朝后。意思是送亡灵一直朝前走，不让其回转过来。否则，不吉利。开封旧时，城内居民的坟地，多在城东或城东南乡。殡葬时，大都出曹门、宋门和北门，忌讳出南门、西门。即便坟地选在南乡或西乡，也要出东北几个城门，然后再绕道至南乡或西乡的坟地。民间出殡时，忌讳抬棺者说“重”字，恐因此而生变故，棺会掉落地下。河南一带最忌讳出殡途中棺木落地。回民清真寺有装亡人用的“经匣”，须八人合抬。直至墓地，一律步行，途中绝不能让经匣落地。江苏一带，丧家出殡，邻居各家，均将旧笤帚倒竖于大门外边，据说如此可避棺前丧煞神。否则，恐遭晦气。中原一带也特别忌讳丧家把殡葬用的纸扎、花圈、招魂幡等物放在自家门口，俗以为这是最不吉祥的。

埋葬时，鄂伦春族忌讳让死者面向太阳出升的方向，否则，不吉。河北定县一带，葬埋时要在棺材头部挖一个小洞，把一个小食罐放在里边，叫做“下食罐”，意思是让死人在阴间还有饭吃，不致饿着。塔吉克族人殡葬时，禁忌妇女接近墓地。河南一带也忌讳孕妇送葬到坟地里去。一般孕妇禁忌参与殡葬事。民间还有禁忌寡妇送葬的习俗。俗说寡妇送葬是有意改嫁，以此来讥刺寡妇，使其不敢在这哪怕是丧葬的场合下抛头露面。傣族人忌讳观看殡葬事，否则，以为会引鬼入家门的。葬埋时，孝子孝女忌在墓坑边上，忌其人影入墓坑，否则，不吉。实则可以起到令女节哀的效用。

葬埋之后，汉族民间以为，死魂随时可能从墓中跑出来，跟着活人回家。所以要“绕墓三

唐代民间，常在桃木上书墓穴符放在墓穴四角以驱鬼避邪。

周，（使）鬼不追”。在回家途中严禁回头看视。怕看见死魂在阴间的行影，对双方都不吉利。实则也是一种节哀的措施，否则，亲人返回途中，总不舍得离去，是很不好劝说的。青海蒙古族实行天葬时也是如此，送葬者将尸体送到天葬场后，立即返身跨过点起的火堆，急速回家，不能回头。驮尸的牛马一年之内，禁忌使役。青海土族实行土葬。葬埋后，人们一起向坟墓跪拜，然后把铁锨等葬具拖在地上拉走，不能扛着走。入家门时要洗手，并燃起一堆火后方能进家门。葬埋后洗手是必须的，有的还要用酒来洗手。一方面讨吉利，表示今后再不干这类事了，即不再死人了；另一方面也有去秽气的用意。就现在的观点来看它也是符合卫生要求的。特别是用酒洗手，是可以起到消毒作用的。

殡葬时，凡借用他人之物什，归还时一律要付给吉利钱，多少不限，但喜单忌双，否则，不吉利，人家会不愿意的。

丧眷禁忌

丧眷与丧事有着直接的关系，民间常常把丧事视为凶事，所以，丧眷也常常被看做带有凶兆意义的，是晦气的。丧眷也成了异常的事物，因而具有禁忌的意义。就丧眷本身来说，除了前边我们提到的诸如哭丧吊唁等等的禁忌之外，还有生产活动、社交活动以及服饰、饮食等等方面的一些禁忌。

【生产活动禁忌】

中国各民族中，葬式虽然花样繁多，各不相同，但葬期内禁忌生产活动的习俗，却是很普遍地存在着的。几乎各民族都有类似的习俗。比如：佤族人埋葬死人的当天，全寨人都要停止下地劳动生产。丧眷本家要忌生产数日，一般是六至七天，以后隔十天再忌三天，再隔十天忌两天，再隔十天忌一天，以后就不忌了。如果亡者是凶死，全寨人都要禁忌生产数日（各寨所忌天数不等）。怒族，凡成年人死亡，全氏族或全村社要停止劳动生产三天，以示哀悼。苗族人父母死后，其子一月内禁忌耕作。西藏僜人，男子死后，同一姓氏的人都要停止生产十一天；妇女死后，则要停止生产十天。其他如珞巴族、白族、独龙族、哈尼族、拉祜族、傣族等等民族中也都有此类禁忌丧期生产的习俗。其中的原因，一是视丧事为凶事，视丧眷为凶兆。若丧期内参与生产劳动，会危害庄稼，使谷子开花不结粒，或虽打苞而粒不满。庄稼歉收，或者坏死、绝收。二是出于对亡灵的敬畏。为了祭典亡灵，所以要停止生产。认为如不安顿好亡灵，还会有凶祸事发生，如山上会滚下石头或者还要再死人等等。汉族、黎族等民族中还有忌日不下田的习俗，也是这类禁忌的延展。黎族人家中有人去世，其亲属在三年内逢忌日均不得下田生产。若死者为组织和领导生产的“苗头”，其“亩众”则须共同守忌。黎人以十二属相计日月，因此每十二天即有一个忌日。此俗对发展生产极为不利，现已基本革除。汉族故人的忌日，每年一次，俗有过三年、五年、十年的讲究，即是在此忌日里丧眷要停止生产，上坟祭扫，以示缅怀。如今多改在清明节日期间统一祭扫。

【社交活动禁忌】

丧眷在殡葬期间以至以后一个时期里要尽量减少社交活动。因为家有丧事是不幸之兆，运低三分，与人交往，恐怕会给别人带来晦气。汉族、苗族、达斡尔族、藏族、哈萨克族、蒙古族、鄂温克族等等许多民族都忌之甚严。一般丧眷在守孝期间禁止参加一切娱乐活动，禁忌和别人吵闹打骂，不能到别家去串门，尤其禁忌到病人家中去串门。服孝期间春节不贴红对联（可贴蓝对联），不走亲戚，不妨友，不集会，不拜年。据《道咸以来朝野杂记》云：“如有父母服者，未过小祥，上元节后始出贺年，以其不能穿补褂，而蓝袍石青褂恐戚家见忌；如愈小祥，初六日贺年，虽著素服，贺年而不叩头，此风盖亦久矣。”又《帝京岁时纪胜》云：“服制之家不登贺，不立门薄。虽有亲宾来拜谒者，亦不答拜。初五日后始往叩谢，名曰‘过破五’。”俗说：“身穿热孝，不登邻宅。”忌讳观看鉴井、建庙、安炊、婚嫁、产妇、婴儿，以免身上的“凶气”冲犯了神圣、喜庆的事情。

有关丧眷的禁约，如丧眷不能自觉执行，外人还要进行干预，强制其执行。如达斡尔不许戴孝人去渔场，寡妇为丈夫服丧期间不准出嫁；哈萨克族在人死后，要将他生前骑用的马匹剪去尾巴，其他任何人禁忌再骑用。柯尔克孜族死了丈夫的寡妇要用头巾将面部遮住，不能让别人看见。锡伯族每年正月十六“抹黑节”上要用锅底灰往别人脸上抹，以表示友善、求吉，但对于服丧之人，禁忌抹

汉墓兵马俑阵（陕西咸阳杨家湾出土）

黑。汉族、白族等民族中，对来报丧的，绝不能让其进入自家的门里，否则，认为自家将有不幸的凶祸事发生。

旧时，丧眷还有不入公门的禁忌习俗。如父母死了，在官的要“去官”，守制三年，以尽孝道。据《中国风俗史》云：“晋代期功之丧，犹以为重。自祖父母、伯叔父母，以至兄弟姊妹妻子之丧，初丧去官。除丧然后就官。”不然的话就会遭到“不孝”、“不义”等罪名的弹劾和俗众的讥议。

【服饰禁忌】

在服丧期间，汉族大都禁忌穿着红装、彩服，以白色为孝服色。根据与死者关系的亲疏远近不等，所服用的色彩和服丧的期限也有所不同。山东一带，子女在服孝期间，忌穿红、绿、黄等鲜艳色彩的服装，只能穿白、灰、蓝、黑等素色服装。鲁中一带，还忌讳孕妇腰系孝带，恐会损伤胎儿。达斡尔族给祖父母、父母、伯父母等服孝期为三个月；舅父母亡，无子戴孝者，外甥须替代之，孝礼如事父母同。妻为夫戴孝三年。妻之丧服，第一年为白色，第二、第三年青色。服丧期间，不得再嫁。鄂温克族舅父死，也要穿一个月的孝服，但不是全白。夫死妻戴孝，妻死夫不戴孝。叔死，只在身上斜一条白带子，腰上横一条白带子。父母死孝服全白。鄂伦春族父母死时，兄弟几个不能全部戴孝，只让一人戴孝。俗以为，戴孝人运气不好，打不到野兽。这样，不戴孝的兄弟们还可以照常打到野兽。可见这一习俗禁忌是从生产需要、狩猎需要出发而制定的。哈尼族老人死后，全寨男女老少都要在衣服或帽子上系一块姜，以防死者阴魂来缠身。在出殡前的日子里，丧家男女老少一律脱帽脱鞋，衣服不整，不梳头，夫妻不同房，以此来表示对死者的沉痛哀悼。塔吉克族妻子儿女在服孝期间禁穿花红色的鲜艳服装，腰间要扎白色带子和用白色包头布。藏俗凡人死，男子百日间不着美服，不梳沐。妇女要去耳环和念珠，以示哀悼，别无他忌。汉族自古就有孝服五等的区别，同是素服，轻重不等。最重孝服为“斩缞”，是用最粗的生麻制成，断处外露，不缉边。丧礼中子与未嫁女为父母丧服，承孙为祖父母丧服，妻为夫丧服，如是。服期三年。次重丧服为“齐缞”，是用粗生麻制成，剪断处缉边。为祖父母丧服一年，为曾祖父母丧服五个月，为高祖父母丧服三个月，如是。稍轻孝服为“大功”。系用熟麻布做成，比“齐缞”稍细。为伯叔父母及堂兄弟、未嫁姊妹丧服九个月，如是。次轻孝服为“小功”，是用较细熟麻布制成，为从祖父母、堂伯叔父母、未嫁祖姑、堂姑，已嫁堂姊妹，外祖父母、母舅、母姨丧服五个月，如是。最轻孝服为“缌麻”，是用最细熟麻布做成。为从曾祖父母、族伯父母、族兄弟姊妹、表兄弟、岳父母丧服三个月，如是。从以上汉族丧服古俗来看，越是血缘亲近的丧服越重，其服所用质料越粗，制作也越简陋。这说明丧服是孝眷的一种“自惩”形式，是以自我惩处的形式来表达孝心，或者说是对死者生前未能很好地尽到孝心的某种情感方面的自责的心理表现。这种孝心的过失补偿，还常常与“忠心”（所谓效命于帝王皇室等等）对立起来。旧时，丧服期间禁忌过问官场之事，即便是到了三年之祭，往祭者虽可常服，不着素衣，但仍然男忌穿着补褂，忌用顶戴（官服、官帽）；女则禁着红衣、艳服。个别地区，风俗也有特异者。据《清稗类抄》“昆人为母丧红裤”一篇云：“昆山乡女之居母丧也，必以红色布为裤，服三年乃除。谓母育己身时，恶露甚多，有血污之秽，死后必入血污地狱，服红裤者，为其祓除不祥也。男子亦间有之。”其俗虽异，其理一也，均为孝眷欲尽孝心之举也。河南一带孝服只有死者的儿子、儿媳、女儿、女婿、孙子、孙媳可以穿全身孝衣，头勒孝布七尺，俗称之为“大孝”。侄儿、侄媳、侄女等只穿孝裤，头顶五尺孝布。初订婚的女儿、女婿孝服禁忌用白色，可用蓝色。孝帽也分大、中、小三种，分别按关系的远近戴用。重孙、重外甥孝帽上的两角处要插戴红缨。这与现时期佩戴黑纱时，男左女右，孙子辈或重孙子辈的黑纱上要戴小红布条的意思差不多，俗称此为“隔辈”，是防止亡灵的阴魂损伤冲害着幼辈子孙的。服丧期间，鞋上也要罩上白布，而且，鞋上的白布只许自行破掉，忌讳用手撕扯掉，俗谓撕扯鞋上的白布是“扒死人的皮”。一般初丧时鞋上罩上的白布，过了“五七”就已烂掉。这时，儿、女、媳妇则要换成自做的白布面鞋，一年一双。一般对父亲穿一双孝鞋即可，对母亲则要穿两双三双才行。如今，孝眷多及时购买白鞋，以作孝服，不再赶做白布孝鞋了。民间孝服缝制也忌讳到别姓家去，恐不吉利，遭人忌讳。

汉族、鄂温克族、土家族、朝鲜族、满族、彝族等等许多民族中都有丧服期间孝眷禁忌理发、梳头、剃须、刮脸的习俗。据说，这是为报老人对小辈擦屎把尿，养育之恩；又说是父母不在后，长子须留起胡须来，否则一个家中没有一个蓄胡须的人，小孩子们就会死。其实，不理发、不刮脸究竟还是表示余哀未尽之意。

【饮食禁忌】

丧眷在服丧期间饮食方面亦有许多禁忌。汉族多数地区丧礼中禁忌饮酒茹荤。《礼记》云：“行吊之日，不饮酒食肉焉。”凡吊丧送葬，丧家只备素食，忌以酒肉招待吊客。尤其是有服之亲，酒肉更是忌讳。安徽一带，儿女伤亡之后，父母要戒食猪肉一个月。其俗以为，儿女是骨肉，既已殇亡，不忍再食，亦是追悼之意。瑶族亦有葬前忌荤的习俗。其俗在葬前忌食肉类，一般午餐很简单，下饭的菜只有辣椒和青菜。水族也是把老人安葬后才能吃荤，未安葬前只能吃素。普米族在丧葬期间亦禁忌孝子孝女喝酒、宰杀六畜。虽然一般民间有此禁忌，但大多数地区执行并不十分严格。据《中国风俗史》云：“虽阮籍以居丧食肉坐贬议，而六朝此种风气，未尝少息。甚至国恤宴饮，毫不为异，皆轻藐礼法之结果也。”可见，此禁忌习俗在民间早已败谢而无甚约束力了。现时期丧宴大摆酒席者，随处可见，亦是一种后起的恶陋之丧俗，理应从节俭的角度戒改之。

苗族丧葬，若是父母去世，三年内忌食狗肉，否则，以为不吉利。傈僳族家中若有小孩子接连夭折时，丧眷忌食羊肉和葱蒜。若有违犯，则认为会冲犯鬼神，将导致更重的灾祸发生。高山族丧葬期间忌食鱼。云南、广西、贵州一些地区的布依族有以牛肉款待吊客的习俗，而子女媳孙等亲属丧眷却要忌荤吃素。按照古老规矩，只忌禽兽牲畜的油肉，不忌水产动物，直到将老人埋葬后才开荤。杀丧牛以举行“牛祭”，是丧眷对先辈的崇敬。所杀丧牛的肉，同宗、同姓、同房的人决不能吃。因为牛代替了老人被宰割，俗以为这样老人在阴间会少受罪。

为此，丧眷是不忍心再吃替身牛的肉的。

不但酒肉之类可以成为丧眷饮食的禁忌，其他食物食品也有禁忌丧眷食用的。如台湾地区，在服丧期间，丧眷过年时禁忌做甜年糕，只能做萝卜糕。如果是赶在了五月节或七月节，禁忌丧眷做粽子，只能接受亲友们的馈赠。尤其忌做“红龟”（龟形红馒头），直到服孝期过后，才可一切恢复正常。中原一带，丧眷在七数以内，忌食面条。俗以为面条形似铁链儿，唯恐亡者到阴间受苦受累。傈僳族、苗族等民族地区，若是父母或同村人去世，一个月内忌食辣椒。俗以为不守禁忌者即是死者之仇人。黎族人殡葬后，丧家要宰牛或猪宴客。但死者家属只能以肉下酒而忌食米饭，饿时可吃杂粮。云南佤族丧葬时，要吃净米饭和肉，忌吃杂粮和蔬菜。否则，死人不高兴，会让活人的庄稼长不好，让活人也吃杂粮和野菜。据唐人张鷟《朝野佥载》云，南方实行悬棺葬的“五溪蛮”人，其父母死时，“初遭丧，两年不食盐”。可见，甚至连盐也曾经是一些民族的丧眷饮食禁忌。但不知这样的禁忌，是否能够执行得彻底。

在饮食方式上，汉族、彝族等民族中都有禁忌孝子孝眷同前来吊唁的宾客一同上桌吃饭的习俗。孝子孝眷一般应单独在一起吃。彝族在办丧事期间，孝子孝眷只能在棺木两侧的草荐上吃，以表示他们与死者关系的亲近。

祭扫禁忌

参加祭扫坟墓的人是有所禁约的。孕妇一般不能参加丧礼、不能祭扫坟墓。否则，恐死者亡灵会“扑”着胎儿，使孕妇难产。非但孕妇，民间许多地区的风俗中，甚至一般妇女都不准上坟祭扫。俗以为女人上坟，意味着家中无男子，无后代子孙。古时，犯了罪被处以刑罚，因此而留有残疾者禁忌为父母送葬，禁忌上坟祭扫。其意为“惭负先人”。孔子曰：“身体发肤，受之父母，弗敢毁伤。”被刑为徒者，愧负刑辱，深自苛责，所以忌上坟祭扫。再者，又恐祖先亡灵见子孙被刑，痛惜感伤，不忍临祀歆享，所以禁止被刑为徒之子孙临葬、祭扫。另外，修冢、祭扫，也忌讳请人代劳。否则，是对先祖亡灵的不恭敬，会招致不吉的。关于祭祀不可假手他人，孔子说过：“吾不与祭，如不祭。”是也。

清明扫墓图

祭祀的礼品，河南一带，凡是女儿抬送来的要全部收留，禁忌撇回头（退回其中的一部分）。丧葬祭扫时，若遇佛僧、道士，俗必供斋饭与之饮食。以为如此会减轻死者的罪孽，使之升入天堂。否则，对亡灵不利，或将使之入地狱。

办丧事，书写铭旌、碑文及“签点”时，有一种暗码须要注意。这种暗码，云南巍山彝族流传的是“生、劳、病、死、苦”五个字数，台湾一带流传的是“生、老、病、死、考”五个字数，从字音上看二者很接近，因而很可能是同出一源的。这五个数码，是用来限定铭族、碑文及“签点”上的字数的。这些祭文按规定某行的字数必须落到吉利的字眼“生”字上。即该行一定要是六字、十一字、十六字等等。这样用五一除，最末尾一字，正轮到“生”字上。否则，落到“病”、“死”等字眼上，便是大不吉利的事情，所以成为禁忌。彝族搞“签点”，主要忌讳中间一行的字数，其落尾一字一定要落在“生、劳、病、死、苦”的“生”字上。台湾写铭旌，三行字均要讲求吉利，一般是前两行落在“生”字上，后一行落在“老”字上，叫做“两生合一老”。俗以为这是最吉利的。而其中任何一行的字数假如落在了“生、老、病、死、考”的“病”字或“死”字上，是最不吉利的，是犯了大忌讳的，一定要改过来才行。

人死葬埋之后，还要给家神上祭，以安慰亡灵。云南佤族，如不给家神祭祀，就不得盖新房结婚，也不能在新的一年里播种。汉族旧时祭扫新坟，应于春戊寅日前。该日为天赦。俗谚云“新坟不过赦”。迷信者又以为祭扫应避忌太岁，古《葬书》言，太岁压祭主本命，故忌之。后世民间多于清明日前后祭扫。据《中华全国风俗志·江苏》云：“清明日各家扫墓。如有新丧者，必于春秋社前三日上坟致祭，焚化楮帛，谓之赶社。俗谓过社日之后，如不上坟，死者即为敲扑也。”

上坟烧纸时，忌用棍棒挑动冥钞，恐将冥钞挑碎，祖灵不好使用。如果有的冥钞（纸头板）烧去一半，剩下一半未燃尽，也忌讳重新丢进火里去烧。俗说，这留下的一半会变成钱财，是给活人用的，意思是祖上想着子孙们。又说这一半叫“子孙板”，只能留下，不能再烧掉。否则，子孙要绝。上坟烧纸，要专事专办，不能捎带着办其他的事情，更忌讳拐弯探访亲友。

上坟祭扫的时间，各处俗规惯习不一。河南一带有第二天就上坟的，叫做“复二”。这一天孝子上坟祭扫后，必须从其他道路返回家中，禁忌走来时的路，俗谓“迷路”。据说是为了防止死者亡灵跟随孝子一同返家。黑龙江一带，葬埋后的三天里，家人每天晚上都要到墓地里送灯。据说不送灯，死者晚上要害怕的。点灯的火柴必须是自己带的，忌讳借别人的火柴用。俗说借来的火柴点着了灯，祖先也是看不见光亮的。

民间上坟祭扫、烧纸，初丧时多以七数为期，逢七必祭。“七”数在民间，通常表示阶段性，往往又是以七七为终局。这一习俗，流传甚古。据清人钱泳《履园丛话》“七七”云：“丧家七七之期，见于《北史魏书》、《北齐书》及韩琦《君臣相遇传》，又顾亭林《日知录》、徐复祚《村老委谈》、郎瑛《七修类稿》，皆载之。要皆佛氏之说，无足深考。惟《临淮新语》，谓始死七日，冀其一阳来复也。祭于来复之期，即古者招魂之义，以生者之精神，召死者之灵爽。至七七四十九日不复，则不复矣，生者亦无可如何也。此说最通。”可见逢七日时祭扫有求死者还阳之意。

逢七祭扫，也不全是如此。河南、山东、浙江等许多地区都有忌“四七”上坟的习俗。大约是忌讳“四”与“死”字谐音的关系吧。河南一带还有祭七避子嗣的说法。如亡者有子一人，则一七不祭；有子二人则二七不祭；直到五七为满。一般民间都很重视五七的祭扫。五七时，儿女做水饺上祭，按死者年龄一岁一个，只许多不许少。上祭时，须在坟前吃完，禁忌剩下带回。六七的祭品要由女儿制作。民间有“说一千，道一万，六七不吃家常饭，单等女儿摆筵宴”的俗话流传。山东、河南一带，俗有“犯七”之说。是讲逢七祭之日，正好赶上农历初七、十七、二十七等明七或者赶上十四、二十一、二十八等暗七的日子。俗以为这是不吉利的，叫做“犯七”。必须在祭扫时，往坟上（或用一瓦盆）插小白旗，以驱赶邪恶，避开讳忌。河南、江苏一带，还有七七祭扫时禁忌以面条上供的习俗。俗以为面条象征绳索，死者亡灵看到会胆战心惊、六神不安的。

墓地是祖灵出没活动的地方，因而忌讳随便乱动。基诺族的公共墓地，若干年后，为了安葬死者，不仅可把原有的草房拆除，甚至可以把先死者的棺木尸骨挖出，抛撒于山野。这是因为每个村庄的公共墓地面积有限，而每一父系氏族的墓地就更加狭小，而且，墓地是不能任意扩大的。俗以为扩大了鬼生活的地方，将对活人不利。信奉伊斯兰教的民族，视猪为“秽物”，因此，忌讳在坟墓旁拴猪或垒猪圈，认为这是触犯神灵的事，必然会招致灾异。哈萨克族对墓地也非常敬重。行人骑马路过墓地时不能急驶而去，妇女则必须下马徒步走过去。每逢发生旱灾，人们就要到墓地去进行祭扫活动。羊群发生疫病时，也要把羊群赶到墓地上去过夜。有的甚至把墓地上的土视为圣药，用来给人治病，或者搅拌在水中给孕妇、产妇喝下去，以求顺利分娩。这是一种祖灵信仰的极端表现，也说明人们对祭扫以及祭扫的场地是何等的虔诚、崇敬。

坟墓上有种柏树的习俗，《风俗通义》中曾指出原由。其文曰：“墓上树柏，路头石虎。《周礼》：方相氏葬日入圹驱罔象。罔象好食亡者肝脑，人家不能常令方相立于侧，而罔象畏虎与柏，故墓前立虎与柏。或说秦穆公时，陈舍人掘地得物若羊，将献之，道逢二童子，谓曰：‘此名谓蝹，常在地中食死人脑。若杀之，以柏束两枝捶其首。’由是墓侧皆树柏。”可见，墓侧树柏，是恐亡者尸骨被邪怪吞食。民间又多有在坟头尸脚处栽柳树的，却不见经典记述其缘由。民间说是取其“易活”之意。然而，豫北一带，却忌所栽坟头之柳树早活。栽时就要由一人摇摇、晃晃，目的是不让其扎根，不能让它活了。以后每次前来上坟祭扫，都要摇摇、晃晃它。这样，柳树在短期内不会生根发芽的。否则，柳树如果很快就活了的话，别人会认为，此坟中亡灵无人祭祀，其家中无孝顺的子孙。

其实，上古时代是无有祭扫一说的。当时，人死之后，只是葬埋而已，所谓“送形而往，迎精而返，墓不封、不树、不修”也。《礼记》云：“葬也者，藏也。藏也者，欲人之弗得见也。是故衣足以饰身，棺周于衣，椁周于棺，土周椁。反壤树之哉！”［疏］云：“人死可恶，故备以衣衾棺　欲其深邃不使人知。今乃反更封壤为坟而种树以标之哉！亦不可封壤种树也。”只是后世渐重墓所，才有祭扫之行为。据孟子“东郭璠间乞祭食”之言，墓祭之事当在战国时就已普遍存在了，及于唐末五代，寒食上墓之风就更为盛行了。

据邓子琴《中国礼俗学纲要》云，祭扫之礼俗，古今多有变迁，其文指出七项，概为：（1）古代几筵立尸，后世设主或绘像；（2）古代焚萧灌鬯，后世焚香奠酒；（3）古代藏币，后世则焚纸钱；（4）古代祭礼，男女宾客共为之，后世无宾客 且有男无女；（5）古代受嘏有辞，后世受胙无辞，而遗意具存；（6）古代饺有次第，后世则同饺之；（7）古代祭有等级，后世则普遍为之。可见古今祭扫之事，变异甚多。然而敬祖灵，求福佑之心大体是一致的。

现时期，民间仍很重视七七祭扫，以及百日、周年、三年、五年、十年忌日的祭扫礼仪。在此期间，族人相聚于祖坟上、家神像前，供祭祖灵，烧香许愿，祈福禳灾，联络亲友情谊，还是可以经常见到的场景。

结语

以上所谈，多为旧时丧葬禁忌习俗。如今丧葬习俗改革、变化很大，中国民间对于死丧的观念也有了新的认识。城市里统一火葬的葬式规定，以及开追悼会、与死者遗体告别等葬仪都制度化了。因而一些往昔的丧葬禁忌习俗已难见于现代城市之中，只是在远离城市的农村、山乡中还是可以见到的。不过，也都在发生着演变。无论是民族的还是地方的葬俗风格和特色都在发生着明显的重大的革新。这是目前中国丧葬习俗的一个总的特点、总的趋势。

祭祀禁忌

上文中谈到的祭扫，也是祭祀之一种。不过，与这里所谈的祭祀，又是有着很多处明显地区别的。祭祀是与丧葬直接相关联的一种祭祀行为，可以说是丧葬习俗的一种延续。而一般的所谓祭祀则并不一定非要和丧葬的事情联系在一起，它通常出现在日常生活中人们需要与神祇、鬼魅、祖灵等所有超人力量的形象代表相互沟通的时刻里。中国民间的祭祀对象是非常广泛的，从天、地、日、月、星辰到水、火、雷、电、风、雨，从山石土地到家门灶厕，从动植物图腾到宗族祖先以及大大小小的精灵鬼魅等等，几乎无所不在，无所不包。当然，从神学意义上讲，有些神是依据父亲的亦即祖先的形象构成的，因而祭祀中一般所包含着的人神关系也都包含有人伦的关系。但是，毕竟在祖灵祭祀之外还是存在着许多其他形式的祭祀。如果说这些祭祀与祖灵祭祀还是有区别的话，那么可以说，祭扫式的祖灵祭祀主要体现的是人们的报答、孝顺的思想（也有邀宠和祈福的成分）；而另外的那些祭祀则更多的是体现着人们的祈求赐福的功利目的（也有还愿报答神恩的成分）；许多时候，祭礼还包含有请求“神判”、“神示”的占卜意义。这些，都是属于迷信的仪式活动和思想范畴。为了表示对神灵的虔敬态度和友善心愿，民间常用供献食物来讨好鬼神，并以请神灵吃喝享用或在神灵前吃喝享用等方式，来表示对神灵的崇敬和与神灵的一致。还有的情况下，民间甚至以“自惩”的严酷，来讨好神灵，向神灵邀宠，向神灵表示忠诚。这些行为实际是人类社会中下对上讨好的某种折射式的反映。这种反映适合统治者的需要，因而历代统治者往往很堂而皇之地表彰对神灵的顶礼膜拜，并把一些祭祀活动按照封建礼教的需要加以模式化、规范化，成为所谓盛大的献祭庆典。其作用，不外是以此来

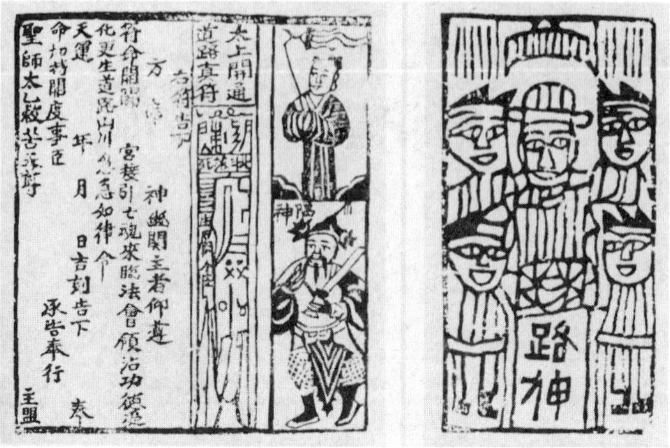

祭祀路神。左图为民间咒符，右图为民间纸马。

麻醉人民，强化统治秩序。古代的祫、禘、禊、禋、祔、祼、禬、祃、祊、禫、禖等等都是各种不同的祭礼仪式。在这些仪式中以及后世民间的各式祭仪中都有许多禁忌规约是不能违反的，否则，将会触怒神祇祖灵，人们的愿望就不能实现。如果能够恪守各种禁忌，神祇和祖灵就会福佑一方民众。河南浚县西山上有座庙宇前写着一副对联，即为：

诚无不应俾遐方异域咸仰声灵于浮山
有感斯通凡子庶群黎共沐恩泽于泰岱
横批：群生系命

这样的祭祀庙宇在中国是多如牛毛的，这样的对联也是颇能表达民间的寓意的。可见，在祭祀的迷信活动中，人们是多么的依赖于此，魂系于斯，沉湎而不可自醒。以下，我们就来看看，祭祀中的禁忌。

祭者禁忌

参加祭祀的人，古时候是有明确的禁约的。一般说来，天子祭天地，诸侯祭社稷，大夫祭五祀，上得以兼下，下不得以僭上。古时还有专司其职的主祭人，即主持祭仪之人，比如“祭司”、“巫师”、“萨满”等等。有时，重大的庆典祭礼还要由部落酋长、头人或氏族长、家族长等人主持。历史上（或者说神话传说中）著名的汤祷，便是一个由国君亲自以身祷于桑林的祭仪。传说，正当汤要自焚以祭天之时，火将燃，天降大雨。这是汤卜祭成功的一个实例。设若汤未祈得降雨，汤将以身为牺牲，献祭于天神。明朝时期还有令妓女祷雨的习俗。如求不下雨来，妓女将被统统斩首。实际也是与汤祷一样的性质。妓女的祷雨职责可能是从古代巫觋的职能中分化出来的（也有人说是从印度因袭、模仿来的）。

许多民族，例如彝族、怒族、傣族、佤族、哈尼族、傈僳族、鄂伦春族都有禁忌女人参加祭祀，禁忌外人撞入祭祀场所的习俗。傈僳族祭天神时，忌讳孕妇、家里死了人不满月和家里有狗、猫下崽不满七天的人参加，这天不小心划破手脚而出血的人也要自觉地离开。否则，以为会得罪天神。祭祀时，还要选择五十岁以上，德高望重的人来主持祭仪。否则，会因年寿不高，无福享受这样的殊荣而立即死去。汉族祭祀时禁忌不洁净的人参加。亦即禁忌有月经的女人、孕妇、产妇、婴儿、穿孝服者、受刑罚者参与其事。祭祀的时候，人们不能随意说话、咳嗽，不能随意行动、抓痒，不能随意随处大小便，便后不能不洗手。祭祀期间男女不得单独幽会，禁忌房事，忌食荤腥等等。俗以为违反这些规定的人会亵渎神明祖灵。如让他们参与祭祀，就必然要失去祭祀的诚意和效应，神灵还会怪罪，降下灾厄。

汉族自古男女界限分明，然而古时祭祀时男女可以不避授受。《礼记》云：“男不言内，女不言外，非祭非丧，不相授器。”这里的祭祀主要是指对祖先的敬祀。这是男女共有之事，所以有交爵献酬之节（后世祭家庙亦无妇女参与）。又因祭是严敬之处，丧是促遽之所，所以，于此之时，不嫌男女有淫邪之意。然而，设若是祭祀的其他具有性别特征的神祇，则又另当别论。例如，民间有“男不拜月，女不祭灶”（其异文又有“男不玩月，女不祭灶”、“男不愿月，女不祭灶”）的说法，就是因月神为女神，灶神为男神的缘故，唯恐异性拜祭，亵渎了神明。南方沿海一带以及台湾民间还有男人不得参与妈祖庙的清洁工作的习俗，也是因为妈祖为女神，恐男人参与，多有不便。俗以为男人如果参与清洁妈祖庙，将来这男人会比以前富贵繁荣，但要变成哑巴的。所以通常这项工作都是由女人来做的。

布依族三月三，年老辈长的人在村中祭神，其余的人都要到山上去“躲山”，不得参与村中的祭祀。白族堵塞鬼路的祭祀规模是比较大的，每年火把节时举行。祭时全村群众都必须参加。谁家如果不到，今后其家发生疾病、灾祸，全村就要他单独祭祀，以确保全村的平安无事。

由以上一些例子可知，祭祀的参与者是有种种限制的，该参加的不能不参加，不该参加的也不能非要参加。这就是祭祀的神圣性、严肃性。许多地方法规、民俗民法都是从这些祭礼中形成、产生的。祭礼往往是一种社会行为规范化的导源。

祭时禁忌

祭祀以时，是自古以来的规矩，许多重大的祭祀都有祭祀时刻的限定。远古时代，人们对自然的规律认识不足，常常担心：太阳落山后会不会再出来；庄稼种下去，会不会长出来；今天打到了猎物，明天还能不能再打到；水火灾难躲过去了，日后会不会还赶上。对于这些弄不清楚的事情，人们往往就会通过祭祀的礼仪来请求神的帮助和恩赐。由于巧合，在某些时刻，人们通过祭祀活动，满足了自己的愿望，于是这一时刻便会成为举行这种祭祀仪式的固定时刻。一些祭祀天地山石土地雷雨以及春夏秋冬、二十四节气等自然神祇的仪式便极可能是这样被民间习俗固定下来的。还有乡村城镇的守护神、行业祖师神等等，往往是在神灵的生日或者得道成仙的日时里举行祭仪的。家族祖灵的祭祀大都是在忌日、清明时节等祭典。家中的祖宗牌位以及家人笃信的神灵又常常是早晚随时祭典的。总之，祭祀一定要遵从日时，而且要持之以恒。如果三天打鱼、两天晒网，对神灵想起来就祭，想不起来就不祭，那是会得罪神灵的，是对神灵的不恭敬、不笃诚。神灵是要怪罪的，至少，当你真正有了灾难的时候，再求神灵保佑，神灵是不会应允的。俗话说：“大开庙门不烧香，事到临头许猪羊。”“临时抱佛脚”，这是不行的。

不但祭祀要应时，而且还得要准时。在忌日、时节里拜飨祭祖，俗以为不能推迟日时。如果移前数日举行，是可以的，但禁忌推迟三日后举行。否则，祖上等了三日，还不见有吃喝的供祭，便会对儿孙们失望的，不免叹口冷气而去。这口冷气，是“穷气”。家，便可能就要被这口冷气叹穷了的。东北一带，春节有接喜神的习俗，也是一种祭祀活动。大年三十夜，吃饺子前，人们把大门、二门敞开，院内摆上桌子，供上饺子，摆上香烛。孩子们打着灯笼，挑起鞭炮。正当二十四点时，点燃鞭炮和蜡烛，喜神被迎进家门。接喜神一定要准时，俗以为接得过早了会接到“丧门神”，接得迟了喜神会被别人接跑。可见祭祀仪式是很讲究时刻的准确无误的。否则，不但祭之无福，还会招来祸灾。黑龙江某地正月十四晚有请笊篱姑姑的习俗，也是一种请求“神判”、“占卜”的祭祀活动。这一活动须在掌灯时分开始，午夜停止，否则不灵。可见，祭祀活动的时刻，直接关系到与神明的沟通。离开这个时刻，就不再能与神明相联络了。民间有些祭祀活动是对凶神恶鬼的讨好，以求其不要伤害民众。比如布朗族对山神“雅”的祭祀，就是如此。传说叫做“雅”的山神，是一条龙，住在山上，掌管山林，吃野兽，也吃人。人们必须四时向它奉祀，否则，它就变成老虎来吞噬人畜，降灾祸于人，或使人生病罹难。在这种情况下，祭祀的时刻必须更严格的遵守，不然的话，将会给大家带来凶祸。

总之，祭祀必须保持经常和遵守时日，否则就不能达到祭祀的目的，而且还会受到灾难和惩罚。这就是祭祀必须以时的禁忌缘由。

祭地禁忌

祭祀是与神灵沟通，祭地，也就是可以上达神明的场所了。所以祭地本身就是带有某种神秘色彩的。对于祭地，民间也有许多禁忌规约。由于重男轻女的思想和女人不洁的观念存在，祭祀神灵的地方往往禁忌妇女进入。例如，鄂伦春族禁忌妇女到“仙人柱”后边供神的地方去。土族禁忌妇女走近神山、神泉。仡佬族全寨祭神树日，女人禁忌出门，不准洗衣晒衣，恐冒犯了神灵。基诺族求雨祭大龙时，也禁止妇女出门。瑶族猎获野兽祭祀神时，禁忌女人走近黑石祭处。彝族人敬献观音时，禁忌妇女进入庙内，尤其是孕妇，忌之更严。

除了妇女等不洁的人禁入祭地而外，一般外族、外姓和外地的人也禁忌闯入祭地、神堂。例如，哈尼族祭水，布依族三月三祭山神树，布朗族祭竜，拉祜族祭“祭霞”，傣族祭“丢拉勐”，基诺族、苗族、彝族、哈尼族“祭龙”等等都严格禁忌外人进入村寨、祭地。一般都要在路口处立木桩或杀狗、杀鸡，以狗皮、鸡皮挂在寨门外路口处，断路避邪，以禁来人进寨。普米族祭家神时也禁忌外人进房。苗族人“做鬼”时，“祭后插标于门，不许人入其家。若不知而入，谓惊其鬼，必勒入者偿所费之数，复祭如前而后已”（参见《中华全国风俗志·湖南》）。佤族人的“木鼓房”是神圣的祭地，外人绝对禁忌入内。

祭地非但人不能随便出入，对动物也有禁规。土家族祭神时禁忌猫进入祭地，祭祀时最忌讳听到猫的叫声。

祭地还不能随便动土、砍伐、钉楔。瑶族祭龙期间就禁忌在祭地一带动土。汉族的“风水”、“堪舆”迷信，说神龛、供台上方的山坡、土坎为“龙脉”，是神灵的所在地，神圣不可侵犯。禁忌在此随意动土和砍伐树木，并禁忌在此处大小便。否则，以为会得罪神灵，会使村寨或家族蒙受灾祸。鄂温克族在祭地处禁忌随意钉楔橛子，否则，会得罪土地神灵。俗以为钉橛子的人要受灾异，拔橛子的人能得到福佑等等。

以上这些，均是祭地禁忌的例子。实际上，祭地的禁事是非常繁多的，其用意，无非是为了保障祭祀重地有一个神秘的气氛和一种神圣不可侵犯的尊严，以显示人与神之间的联络、沟通即祭祀活动是必须慎重对待和在庄严的气氛中进行的。

祭品禁忌

祭品即祭祀时的供物。祭祀时祭品是不可省略的，否则，便不能表明祭者对神灵的真诚敬意，不幸也就会降临到祭者身上。祭品，通常是被认为一定能够为神灵所享用的东西。但是神灵的享用与人的享用不同，大多数情况下，神灵的享用只是一种精神、气息上的享用。例如人们在祭祀的时候，把牺牲、供品埋入土内或投入岩隙谷中以祭祀地神，用火焚烧掉牺牲供品使气息上腾于天空以祭祀天神，或者将牺牲露置于空地以待神自己秘密来歆受。俗以为神灵只吸取牺牲供品之精气而不食其实体。有时候祭者会以神的名誉将祭品食服之，或者在祭祀时祭者与神灵同享祭品。据说神人同食有着更为重大的意义，即更能说明神人之间的连带关系，因而也就更能达到神人相互认同的目的，祭者便可更多地得到神灵的眷顾了。

最初的献祭供品，是与图腾信仰有关的，祭品是献给图腾的，或者祭品本身就是与图腾相同的东西。后来，随着人类信仰史的不断发展和人们食物的不断更新和丰富，供献给各种神灵的祭品也就越来越多了。

一般说来，凡是人们自己食用的肉类、谷类、水果、酒、油等等，都会献祭给神灵。而那些人们自己不食用的，也多数是禁忌献祭神灵的。比如汉族一些地区，民间一向禁食牛肉、狗肉，以为它们可以耕田、看门，是有功劳于人的，所以不忍心食之。既然人都不吃，就更不能来献给神灵了。否则，将构成不敬之罪。神灵方面，或许会怪罪人将自己不需要的食物来搪塞神，或许会怪罪人对牛、狗的“忘恩负义”而惩罚之，所以人们不敢以牛肉、狗肉为祭品。

虽然人吃，但如果知道神是不吃的，也要禁忌用来祭神。比如苗族人祭雷神时，煮猪肉时就不准放盐，俗信以为，雷神是不吃盐的；因为观音是素食的，所以彝族在敬观音时，供品一律要用素食，谁要把猪羊肉等荤腥带进庙去，就被视为是亵渎观音的犯罪行为。汉族自古有“六畜不相为用”的习俗禁忌，即祭某畜神不用某畜类为牲也。如，若祭马先不用马是也。同理，祭稷谷不用稷谷作祭品，恐其自食也。俗以为自食其类是不道德不仁义的。人不为之，神亦不为之。故不以同类祀神亦是出于神不食者不以为祭品的原则而约定俗成的祭品禁忌。

有些祭品须要由人先尝一下，示意神“能食”，才可开祭。例如云南白族祭本主时，祭品用牛、猪、鸡三牲，禁忌用羊作祭品。有些地方也有用羊作祭品的，但在祭品上到供桌时主祭人要先尝一点，以示无毒药方才开祭。

人们祭神是为了祈福，从这一心理出发，祭神的祭品又多有求吉避凶的讲究。比如湖北一带，新谷登场，祭天地先祖，用鱼不用鸡，即是为取“有余（鱼）无饥（鸡）”之意。鄂伦春族禁忌用有爪类野兽上供祭神，否则，以为神灵会抓坏人体，与祭者不吉。南方沿海一带，祀神禁忌把鱼打鳞去鳃、剪头去尾。俗以为，这样就不是“全鱼”了，恐神灵怪罪祭者不是“全心全意”。祭祀的供品讲究“带皮”、“带鳞”，即猪肉、鸡肉、鸭肉等一律要“带皮”的。鲤鱼、鲫鱼等都是要“带鳞”的。而那些无皮无鳞的如鳗鱼、鳝鱼等是不能作祭品用的。鳝鱼不能作祭品，还有一条原因，是因为它的尾巴是渐渐小下去的尖尾

腊祭

巴，民间又称之为“绝尾巴”。“绝尾巴”意味着“绝后”，是没有子孙的象征。所以拜飨时是绝不可以用鳝鱼作祭品的，以免绝嗣。江苏一带，清明、七月半祭祖时，祭品用荤素均可。但禁用带“豆”字的菜作祭品。如绿豆芽、蚕豆瓣等。因“豆”与“斗”谐音，恐以此祭祖，会招致后代子孙争斗不休的厄运。豆类食品中，唯有豆腐是常用来作供菜的。因“腐”与“富”、“福”谐音，是财星高照的征兆，所以不忌。苦瓜和冬瓜，南方一些地区也禁忌用来祭神。因为苦瓜味苦，俗以为用苦瓜祭神，会带来贫苦的命运。冬瓜菜汤清淡，用来祭神，也嫌敬意不够，恐会招惹神灵生气，使祭者生活变得清淡而无油水了。有的地方称茄子为“吊杀鬼”，称吊死者为“生茄子病死的”。所以禁忌用茄子祭祀，唯恐不吉利，唯恐惹恼了神灵。拜飨的菜肴一般都是八样或六样，俗忌用五样和四样。因用五样，要出“忤逆胚”，用四样会出“叫花子”，是对祖先的侮辱。不过，也有些人家不忌四样，而只忌菜肴为单数。凡双数的，则都认为是吉祥的。总之，祭品要从各方面考虑，避凶求吉才好。

有些祭品禁忌，说不上是何种道理，或许是与某种原始的巫术禁忌有关的。比如土家族禁忌用狗等五爪肉和其他非宰杀死的肉来祭神，否则，说是对神灵的侮辱；彝族祭龙时只能用母猪，不能用公猪；南方沿海一带，禁忌用黄鱼、勒鱼等海鱼祭祀；民间祭马王神时，禁忌用黑牲肉作祭品等等都是如此。

祭神的供品都很挑剔，一般都要是最好的食物。满族祭祖时，要用雄羊一只，黑头白身，全白者更好。羊角大小要均匀，不能用破鼻、破耳、破尾者。汉族祭天神、天公的牲醴也很讲究，鸡要用阉鸡，像风头鸡（俗称“荔枝冠”）、白毛鸡、腊脚鸡和母鸡均不能用；猪的五脏也只用肝、肺上供。一些普通的食品或价钱低廉的食物是不能上供祭神的。俗话说："小黄米敬不得神，小老婆为不得人。"那些野生的杨桃、桑葚，以及外来的水果如番茄、番石榴等也是不能上供以充作祭品的，否则神灵就会怪罪。

祭祀的食物，禁忌先被人食用过。因为祭品应由神先享用才对，如果让神享用之前，人已食用过，无异于是让神吃人的"剩嘴巴"了，岂不是对神灵的最大不敬吗？一旦神灵知道了，肯定是不高兴的。

祭品的制作也是很讲究的。彝族禁忌已婚妇女制作敬神的粑粑。汉族开封一带民间祭灶要用干果五簋和鸡、鱼、猪三牲。鱼不去鳞；鸡用活的，宰鸡时头顶须留一撮冠毛，尾与翅上也须留几根长羽毛；猪肉上最好也要带几根黑鬃，表示是"全三牲"。白族杀牛杀猪献祭时，先念咒语。劈牛时要一斧把牛劈倒在地，否则，认为不吉利。并忌牛血溅身，如牛血溅在谁的衣服上，则认为其人必死。杀猪时，不能戳脖子，必须劈头，也忌猪血溅身。杀死之后，先生祭一番再煮。煮猪肉时不能加盐，汤要泼净，不能喝。猪血也不能吃。猪肉及五脏六腑煮熟后，每样切一点，放在一饭碗内祭祀。俗谓之"熟祭"。民间以为拜飨祭祀的菜肴应当是热气腾腾的，因为祖上不过哈（吸之意）一口气。如果冷了，祖上吃起来就不方便了。这些例子足见祭品的制作也是有严格的规定和要求的，也是直接关系着祭祀的收效和成败的。

祭品的处理，一般都是人们将其吃了下去完事。但是，祭品的吃食却不像一般时刻的就餐，大都是比较慎重的。民间拜飨后的菜肴，收起来之后总要拿到灶上放一放，然后，活人才可以吃的。据说，不这样的话，人们吃了会呆笨的。许多民族祭祀的供品要在祭地吃完，禁忌带出祭地。如白族祭地基神、吉林一带祭马神、哈尼族祭寨神等等都是如此。萨满跳家神祭祀时要杀猪招待来宾。猪肉煮熟后要尽量吃光。吃肉时必须在炕上，而不能在桌上。剩下的送给"外人"，送不出去的要扔掉。拿到室外的肉和骨头不能再拿进屋来。普米族祭山神时，先敬山神，然后把食物平均分给每一个祭祀者吃。但不能吃完，意思是神灵留给人们吃的。来祭山神的人要把神饭带回家去，再分给家里的人吃。据说吃了神饭，大人不会受风冷，不会得病痛；娃娃长得更聪明、健壮。傈僳族祭猎神的祭品不能给别人吃，一定要由猎人自己吃掉，否则，自己便打不着野兽了。汉族人祭灶，祀余糖果，幼女不得令啖（参见《帝京景物略》）。

有些专门用来作祭品的东西，是禁忌买卖的。如达斡尔族专门用来祭祀的猪、牛等，是不能卖掉的。佤族禁忌买卖鸡蛋，他们自己也不吃，因为鸡蛋是用来祭鬼的祭品。

从以上所谈可知，祭品在祭祀中的地位是非常重要的。它是人们借以向神灵表示心愿的信物，也是人们与神灵沟通的媒介。因此对于祭品从选择到制作，从供祭到最后的处理都是十分慎重和讲究的。这其中的禁忌帮助人们增强了祭祀的神秘气氛，也提醒人们更加重视祭祀的种种程序和规则。正是在这种充满迷信色彩的共享祭品中人与神达成了“休戚与共”的“协议”，并且使神灵即将福佑于人的幻觉充满了祭祀者的头脑，麻木了他们的整个身心。

祭器禁忌

祭祀的器具包括神灵的偶像、祭祀的用具、法师的法衣法器等等。这些都是举行神事时要用的，因而都具有神圣的性质，也就是说，它们具有禁忌物品的意义，一般来说都是不能随意触摸碰撞的。神灵的偶像是禁忌随意雕刻的。白族家堂上的祖先牌位，平时如果倒了，也不能随便乱动，必须要等到初一或十五才能移动、摆好。阿昌族家堂神龛除自家人外，严格禁止外人触摸、移动。汉、满等许多民族家堂祖先牌位都禁忌乱摸乱动，否则，便认为是对祖先神灵的侮辱。非但人不能随便乱触摸，就连灰尘落在上边，也是很忌讳的。光绪《祥符县志》云：“当除之夕也，洒扫庭阶，陈设供奉，入更后，启外门鞠躬迎神以入，奉爵以安神位，献岁三日，不敢洒扫，虑尘神几筵也。”台湾一带，禁忌用苦苓木制做供桌，俗以为苦苓木名带一“苦”字，恐于祭祀的效果不利。布依族神台上忌放桐油。佤族忌讳在村寨内的牛角叉上拴马，忌讳在剽猪石上践踏，牛尾巴桩也不能触动，因为这是剽牛、剽猪的场所，是用来向神献祭的。鄂伦春族禁忌妇女乘坐供神骑用的马匹。苗族在祭鼓节未开始前，严禁敲祖鼓、吹芦笙。白族人死后，葬前要祭一祭。祭毕，将尸体放在两根杠杆扎成的槽上，四人各抬一端。前有一人吹竹筒三遍，吹完即把竹筒弄碎，禁忌留用。东北蒙古族的萨满师公（孛额）所用的神服、神鼓，祭祀前要焚香圣化之，祭后也要用香熏染。师公平时不能穿戴、使用这些神具，更不能随便带上它外出。因为，那样的话，意味着将这些神具俗化。鄂伦春族萨满的法衣、法器绝对禁止妇女触摸，也不能放在妇女们坐卧的床铺上，女萨满的衣服也不例外。虽然法衣等物是经妇女的手缝制成的，但一旦萨满穿用过了，就成为神圣的祭器祭物而禁忌妇女再碰触了。否则，将会获罪于神灵，并且使祭祀失去功效。鄂伦春族萨满的神鼓（手鼓）可以用犴或狍皮蒙鼓面，但禁忌用有爪的野兽皮做鼓面。否则，以为神会闻声而来，抓破人的躯体。佤族屋内的神位，在作鬼以外的时间禁忌触动，亦不能在上面放东西。看鸡卦的鸡骨不能随便乱动。自拉木鼓至盖木鼓房之间的几个月内，可以任意敲打木鼓，其他时间里，木鼓不能随便敲打。汉族祭祀时未洗手禁忌接触神案上的香炉、烛台、花瓶、杯盏等祭器，更不能触摸司祭人所用的龙角、摇铃、法索、剑符等法器。否则，祭祀的灵验就会被破坏掉了。祭祀时还禁忌跨越祭祀所用的一切器具。否则，就像在神灵面前拉屎、撒尿、吐唾沫、辱骂神灵一样，是对神灵的侮辱、亵渎。神灵不但不会领供奉之情，还会怪罪人们，惩罚祭者的。

祭仪禁忌

中国民间的祭祀虽然很繁多，但自古就有忌讳淫祀的说法，祭祀要有章法，不能乱来。《礼记·曲礼》云：“凡祭，有其废之，莫敢举也；有其举之，莫敢废也。非其所祭而祭之，名曰淫祀，淫祀无福。”《风俗通义》云：“淫祀无福，非其鬼而祭之，谄也。”可见不该祭祀的，胡乱祭祀也是要不得的，不但显得人品不可取（谄鬼神），而且实际的祭祀效果也不佳（无福）。当然，民间迷信者难免祭祀有不准确、不合仪礼的地方。俗话说：“老太太进庙，见神灵就磕头。”人们总有一种想法，以为“礼多人不怪”，大概神灵也是如此，反正见神灵就磕头总没坏处。可在真正讲究的迷信者那里，祭祀神灵也是不能乱磕头的。不但对不该磕头的神灵不能随便乱磕，就是该磕头的也不是想怎么磕就怎么磕的。在河南豫剧旧戏班里，曾经流传着一种给鬼神磕头的不同仪礼，叫做“神三鬼四”，即给神、人磕头是三个，给鬼磕头是四个，其中的因由不甚知详，大约是鬼的凶恶使人们更多一层敬畏吧。

人们敬神的心愿完全是依照着敬人的形式来表达的。如果某种行为对人是不尊敬的，那么这种行为就绝对不能施用于神。比如，人们以手指人为不敬的表现，那么，在祭祀的时候也就绝对不可用手指神像。否则，好像是指着神明的鼻尖数落似的，有轻蔑之意，将对神明构成不敬之罪。若不小心犯了这个禁忌，必须立即跪地叩头谢罪，焚香烧烛一番，以祈免究。在尊敬的老人、客人面前，不能随意大声讲话，发出笑声，更不准放屁。因为这些都是不敬的表现。那么，在神灵的面前，举行祭祀仪式的时候，也是禁忌人声喧哗、发出笑声和放屁的。布依族在“老人房”内祭祀时，就有这样的规约。如有人违反禁忌，发出了声响，就以为会招致祖先对看管各种野兽的失灵。村寨里的家禽、牲畜就会遭到野兽的偷袭和咬吃。所以，违犯禁忌者，必须承担全部祭祀的费用，再重新祭祀一番。有些布依族的村寨，习惯上还要在祭祖的当天晚上在大门上放一个鸡蛋，到深夜，由祭献的人分头到每家门上取回。在此过程中，都不能发出任何声响。傈僳族在祭祀过程中也不能笑，其缘由说是猎神是女的，容易害羞。人们祭祀时一笑，猎神一害羞，整个祭祀就不起作用了。满族祭马时，人们在一起吃饭，开怀痛饮，放声歌唱。但是祭祀的最后一天晚上掌灯时分，大家要吃“小肉饭”，也叫“背灯饭”。吃的时候不许点灯，不许说话。据说是为祭一位有功德的裸体女神，所以才不点灯的。

湖北、河南、四川等地在祭神祈晴雨时都有禁忌屠宰的习俗。参加祭祀时还必须斋戒，忌吃荤腥及葱、蒜、芥等。若是祈雨，还必须将当地南门锁闭。南门属丙丁火，闭了南门，才好下雨。彝族参加祈雨祭祀时，男的禁忌戴帽子，女的禁忌打包头。浙江一带祈雨时禁忌带雨伞。大约是恐天神、雨师、雷公、龙王等掌管下雨之神灵误会了，以为人们是防雨、不想要雨呢。

如果是集体例行的重大祭祀活动，一般都禁忌在此期间从事其他活动，包括生产劳动、狩猎、打鱼、经商等等。如佤族的猎人头供祭、拉木鼓，哈尼族的祭山，基诺族的火把节，彝族的传统年节，汉族的各种祭祀节日等等都要专心一意地祭祀神灵，不能干其他事情。据说，祭祀期间干活会伤着神灵鬼祟，会受到惩罚的。

如果是遇到了偶然发生的事故，需要举行集体的祭祀仪式，人们也不能随便走动，或者去干别的事情。例如彝族村寨中如果发生了火灾，全村人要共同送火神。在此之前，村人不能到其他村去，外村人若火灾期间在本村的，也不能回

送灶图

去，必须等把火神送走后才能行动。

不但参加祭祀的人的行为受到禁约，就是不参加祭祀的人，也必须服从祭祀习俗的有关行为规则。例如羌族的青苗会，要宰羊献祭，以求土地菩萨保佑丰收。献祭时要禁忌行路一天，禁止过路人进入村寨。

参与祭祀者如果在祭仪中违犯了禁忌将会遭到严厉的惩治。佤族旧时的砍人头祭谷仪式中，砍人头决不能一刀把人头砍下来，否则，认为砍者自己必死。砍人头的人必须等人头供在木鼓房里以后才能洗手，否则，也认为他会死去。湖南湘西土家族祭献白帝天王，亦称天王神。每年小暑前的辰、巳二日，禁杀生、猎物、垂钓，禁忌穿红衣，禁忌举乐等等。俗以为违反禁忌者会遭疾罹难。

献祭时宰牲的过程也是祭仪的一部分，也有许多禁忌必须遵从。例如，彝族祭典死人用的羊，必须是公羊、绵羊。宰杀时，刀子不能从脖子杀进，要从羊的肋部进刀，然后灌进一瓢冷水，让羊慢慢死去。即使羊一时不能死亡，也不许补杀第二刀。否则，认为是不吉利的。满族祭祖用的猪是要纯黑而无杂毛的公猪。杀猪时用的绳子必须在西炕上搓，杀猪刀也必须在西炕上磨。捆猪绳子的系扣都要向着猪头部位。杀猪人必须左手持刀宰杀。杀时不许将猪放倒。刀尖禁忌朝天。这些宰杀牺牲的细节规定都有一定的意义，是绝对不能忽视的一些祭仪礼规、禁忌习俗。

不仅在祭祀中有祭仪的禁约，而且在祭祀后也还有祭仪的禁约。例如，佤族举行庆祝丰收的祭礼，到地里把谷、棉、小米神迎回家来。凡参加祭礼的人不得穿旧衣，并不得在回家的路口上东张西望，更不能站停。否则，以为是对以上诸神的不敬。哈尼族叶车人祭祀护寨神的主祭人，在祭祀之后，一个月内不能吃腥味食品，不能吃狗肉和水牛肉，夫妻不能同房。献祭的猪肉祭献完毕，除少量当场共食外，其余的要全部按户均分，即使有三月五月出门在外的村人，也要留上一点，等他回来吃，表示受到了护寨神的保佑。

汉族和其他许多民族中都有还愿的祭祀习俗，也可以算是祭仪的一个组成部分。还愿即是祈求神灵福佑的愿望得到满足之后，按祈求神灵时许下的诺言来对神灵进行酬谢、报答。民间许愿、还愿的形式很多，有的是许、还供品牺牲，有的是许、还欢娱（如唱戏、说书等），有的是许、还塑像（再塑金身等）建庙等等，不一而足。河南一带，旧时许多地方有求子庙。未生育的夫妇可以到庙内拴娃娃。如果真的生了孩子，就要再到庙中来“还愿”。否则，据说送子的神灵一旦气恼上来，就还会把孩子收回去的（意指孩子夭折）。还愿大多数是按许愿的数目给庙祝一些钱财。由于人们求子心切，得子又恐复失，因而此种迷信至今仍有残存。

结语

以上我们谈到一些关于祭祀的禁忌，因为本书的宗旨不是描述风俗的全貌，因此，这里也没有叙述所有祭祀的形态和礼仪，而只是将一部分祭祀中存在的禁忌习俗的例子举出。这些例子是有代表性的，许多禁忌在其他一些祭祀中也同样存在着。因为祭祀有许多共通性、共同性，所以，其禁忌也有类似的特点。这些禁忌的意义不外乎是为了确保祭祀仪礼的正确实施、顺利举行以及能够达到预期的目的。

如今，祭祀习俗已经有了极大的变化，许多祭祀活动已经演变为一种节日的庆祝活动；许多祭祀的仪礼也都整个地或者部分地取消了，变成了商业性集会贸易或者娱乐性、交际性的聚会游乐；过去非常隆重的祭祀或者仅仅成为一顿美餐盛宴而已；昔日的神灵也都变成一种点缀人们生活情趣的艺术品而完全服务于人们的兴致了。总之，随着迷信思想的日益被破除，祭祀活动也越来越少了，而且笃诚信奉者更是寥寥无几。祭祀大都成为徒具形式的“遗迹”。因而，有关祭祀的禁忌也都没有多少人再去认真对待它，再去关心它、坚持它了。只有那些没有被“无神论”的强光所照亮的地方，那些被民族民间信仰的厚布帷幔严密覆盖着的地方，祭祀仍旧被视为一种神圣的、不可缺少的、能够起到实际作用的事情。在这里，有关祭祀的禁忌也仍是具有威严和信力的，因为任何时候，祭祀禁忌的力量都是来源于被献祭敬祀的神灵的。神在祭祀在，禁忌的力量也在；神若被人遗弃，祭祀也就荒废了，禁忌也就失去了约束的力量。人类正是在这种不断地挣脱束缚自身的力量中前进的。

宗教禁忌

这里所谈的宗教禁忌，主要是宗教的教规、教义民间化以后所成俗的那部分禁忌。因而它一般说来并不具有宗教学意义上的严肃性，而强调的是民间口头和实际上的共知性、通行性，亦即它的客观的民俗形态。

关于民间信仰习俗与宗教信仰的区别，乌丙安先生在《中国民俗学》一书中曾经从组织、对象、权威（创始人）、宗派、体系、规约、神职、场所、仪仗、自觉意识等十个方面加以说明。并且他还指出，民间信仰具有多重性的特征，它可以是多重信仰重叠存在着的。他指出："满族在十七世纪以前普遍信仰萨满教，于是朴素的原始信仰成为满族民间信仰的基础，当满族勃兴时期，特别是入关之后，中原地区的佛教、道教都影响了满族的信仰，在满族中很快接受了很多佛教信仰习俗和成仙得道等观念，于是从满族信仰的芜杂对象中可以清楚地看到佛、道教与民间信仰的多层复合特点。我国大面积汉族聚居地区，民间信仰中渗入的佛、道教习俗更为充分。民间信仰的多重特点正是各民族信仰得以交流，各种人为宗教信仰在民间得以传布的内在原因。"这里，我们可以认识到，宗教信仰与民间信仰是能够水乳交融的。宗教的教仪、教规很可能会超脱宗教范畴，逐渐演变为该教流传地域内的民众普遍的生活惯习。然而，这一类民间生活惯习毕竟有了某种宗教信仰的印痕。所以，我们仍然可以姑且称其为某某宗教的信仰习俗。那么，其中的禁忌，也就可以说成是某某宗教的禁忌了。只不过不是那么正规和严格意义上的宗教禁忌罢了。

宗教一般都极力要影响民众，然而在中国，宗教又有极力脱俗的一面。汉族等民族民间亦有视皈依教门者为"出家"、"出世"、"出俗"

的惯习。僧俗双方都认为入了佛门便应是“超出三界外，不在五行中”的超凡脱俗之人。“僧勿管俗”、“出家不认俗”才是对的，才符合各自的身份。不但各类宗教的信徒要与俗众有所区别，而且宗教与宗教之间亦有明显的分界才行。俗谚云“僧道无缘”以及许多僧道斗法的民谭就是这类宗教禁忌习俗的反映。在俗众看来，僧道与尼姑亦应是根绝来往的，俗语说，“僧道尼姑莫来往，庭前莫走卖花婆”。这当然是宗教戒淫的教义与民间“乱伦”禁忌、“淫乱”禁忌的信仰的融合。

凡有宗教标志的地方，宗教供奉献祭及信徒聚居修行的地方，如塔、寺、庙、观等等都禁忌擅自接近，更不能毁坏、践踏。这是各民族、各地区宗教信仰的普遍禁忌习俗。

在佛教信仰的民族和地区，由于教派的不同，许多佛教禁忌习俗也不尽相同。藏族禁忌随便进入经堂。藏民视佛像、寺庙里的经书、钟鼓，以及活佛的身体、一般人所佩带的念珠、护身符等为“圣物”，一律禁忌别人随意触摸。否则，以为会触犯神灵，招致灾祸。信仰佛教的裕固族，旧时各家都敬奉“毛神”。外人的枪支、弹药、牧鞭、生肉、生皮等禁忌拿进自家的帐篷。不吃驴肉、马肉。据说，该族佛教教义中有吃了驴肉、马肉死后不能升天的说道。西藏昌都、甘肃拉楞南部以及青海的一部分流行藏传佛教的地区禁忌吃食鱼虾。傣族拜佛的日子里禁忌参加田间主要劳动。在进入佛寺前，均须脱鞋，禁忌摸小和尚的头。陕西一带作佛事，忌用刀斧，恐伤佛爷。

对于住寺修行的僧众，佛教又有许多禁戒事。如不准留女人在寺院过夜；外出不能不穿袈裟；念经时头不准摇晃，不准随便走动，不准随便怪声喊叫等等。大多数寺院都要求僧众必须遵守佛教的“五戒”、“九戒”或“十戒”。例如，青海省藏族佛寺中的五戒为：“（1）不杀；（2）不盗；（3）不淫；（4）不说谎；（5）不饮酒。”德宏傣族佛教中的五戒为：“（1）不杀生；（2）不偷不盗；（3）不奸淫妇女；（4）不开玩笑、不说谎、不打人、不骂人、不挑拨离间；（5）不吃酒，不抽烟。”这与青海省藏族佛寺中的五戒基本上是一致的。除了这五戒，还有四戒，共为九戒。另四戒是：“（1）禁欲及按时进餐；（2）不打拳、不跳舞、不冲鼓、不吹箫、不弹弦、不看戏、不擦粉、不戴花；（3）只许睡一尺高的床，不许垫棉；（4）不做买卖、不用金银。”北京汉族佛寺沙弥律戒条有十："(1)不杀生；(2)不盗；(3)不淫；(4)不妄语；(5)不饮酒；(6)不涂饰香鬘（不佩香、熏香、涂抹脂粉，不戴锦制巾冠、金宝妆饰）；(7)不歌舞观听（口不歌曲，身不戏舞，不弄琴瑟箫管，别人作时，不往观听）；(8)不坐高广大床；(9)不非时食（过日午不食）；(10)不提持金宝。"这"十戒"与傣族佛家"九戒"相比，也是基本相同的。可见佛教中的戒律是有统一传承的。各派系间，虽有微小差别，但大体上都是一致的。不过，个别寺院，也可能会因特殊的情况而有一些特别的变通规定。例如，河南少林寺的僧众们就不禁酒肉、拳脚。据传说，是与该寺的和尚曾经救过唐王李世民的御驾有关。藏传佛教中占主导地位的格鲁派戒律，严禁僧人娶妻。而其余各派的僧人则可以结婚，并且要在所属教派的寺院中举行宗教仪式。这是教派不同戒律不同的明显例证。一般说来，佛教寺院中的僧徒们都明白，戒堂中的一切情况和受戒过程，都要绝对保密，不得向任何人泄露。如有泄露，其罪较破戒还要严重。所以佛教中有一句惯语："宁破千条戒，不令一俗知。"这又是僧俗之间的避讳了。

和尚（僧徒）分两种，一种是定居某寺庙中，称为当家和尚；另一种是云游四海，到处化缘的游方和尚。游方和尚有禁足度夏至的惯习。据说"和尚禁足"是宋朝时兴起的制度。《梦粱录》云："四月十五日结制，谓之'结夏'。盖天下寺院僧尼庵舍设斋供僧，自此僧人安居禅教律寺院，不敢起单云游……其僧人一刻不敢妄出，祭戒严肃，不敢触犯，神天报应在目前。……盖孟夏望日，乃法王禁足、释子护生之日，自此有九十日，可以安单办道。"所以，一般百姓夏日里不会在街道上遇见化缘的僧人。这时，僧人们全都躲进各个寺庙中去了。关于"护生"，明人谢肇淛解释说："盖妨长养之辰，出外恐伤草木虫蚁，故九十日安居。"（见《五杂组》卷二）。实际上，禁足这一惯习，恐怕主要的还是顾虑到僧人们炎夏三伏外出化缘的辛苦而实施的。起码，在客观上，这样对僧人们的身体健康是大有好处的。所以，这一惯习才得以保存了下来。

道教是中国土生土长的宗教，汉族民间最为流行。道教也有脱俗的一面，但道教所敬奉的神仙又是与民间信仰联系最紧密的。道教信奉的神有三清、玉帝，日月星辰之神，风雨雷电之神，五岳、五镇、四渎、四海之神，山川、社稷之神，五祀、八蜡诸神，城隍、土地诸神，灶君、门神诸神，先农、先蚕、马牛、

道教创始人张道陵（34—156）

瘟疫诸神。除了这些天神地祇外，还有人鬼一类的神，如各姓祖先，圣哲贤才、忠孝义烈之士，如关羽、岳飞等等，都为道教所奉祀。除了神灵，还有仙人。仙和神不同，大抵神是执政管事的（大小是有个神事职位的），犹如人间的帝王及其下属官吏；仙则不然，仙是不管事的散淡人，犹如人间的名士和富贵者。神大都有帝王“封诰”，享受祭祀。仙则大都由“得道”而成，并不一定得到祭祀。仙有天仙、地仙、散仙之分。天仙可能为天神，地仙却只能在人间。散仙则天上人间飘忽不定，例如民间传说最多的“八仙”等，便是此类。可见道教所崇拜的对象是具有鲜明的民族民间的特点的。早期的道教，其禁忌也与民间十分接近。道教经书中的禁忌条文、口诀，有许多是属于医药方面的。《抱朴子·金丹卷》中说：“每合好药好膏，皆不欲令鸡犬小儿妇人见之。若被诸物犯之，用便无验”，“勿令俗人之不信道者谤讪评毁之。必不成也。……作药者，若不绝跡幽僻之地，令俗间愚人得经过闻见之，则诸神便责作药者之不遵承经戒，致令恶人有谤毁之言，则不复佑助人，而邪气得进，药不成也”。原始道教的戒律，规定十分细密，对一言一行及思想活动都做了详细规定。葛洪在《抱朴子》里就讲到“道戒”。以后又有老子百八十戒、三百大戒、千二百戒等等。后来，受佛教的影响，道教也订立了“五戒”、“八戒”、“十戒”等等戒律。如“五戒”为：（1）不杀生；（2）不偷盗；（3）不邪淫；（4）不妄语；（5）不饮酒。“八戒”，即是在五戒外再加三戒：（6）不得杂卧高广大床；（7）不得香油华饰；（8）不得耽著歌舞。这些戒律与佛教基本上都是一样的。《玉清经》中，又有“十戒”，为：（1）不得违戾父母师长，反逆不孝；（2）不得杀生屠害，割截物命；（3）不得叛逆君王，谋害家国；（4）不得淫乱骨肉、姑姨姊妹及其他妇女；（5）不得毁谤道法，轻泄经文；（6）不得污漫静坛，单衣裸露；（7）不得欺凌孤贫，夺人财物；（8）不得裸暴三光，厌弃老病；（9）不得耽酒任性，两舌恶口；（10）不得凶豪自任，自作威利。这里，可以看出，道教所戒，也首先在于不忠不孝。封建时代忠、孝、仁、信、诚等伦理道德，也正是道教的戒禁思想的核心。在最基本的杀、盗、淫、酒、妄五戒中，淫、酒两戒是最易犯的，所谓淫欲、食欲难禁。道教对此两戒，也禁忌之最严厉。以为若有违犯一条者，便不能成仙得道。《抱朴子·对俗篇》云：“人欲地仙，当立三百善；欲天仙，立千二百善。若有千一百九十九善，而忽复中行一恶，则尽失前善，乃当复更起善数耳。”教人行善去恶是一切宗教普遍的教义。而道教的特点正在于它是把宗教的修行与世俗的行善从伦理道德上紧密地结合起来，所以，它才更具有民族民间的信仰特色。

道教讲究长生久视。《抱朴子·微旨卷》云：“或曰，敢问欲修长生之道，何所禁忌？抱朴子曰，禁忌之至急，在不伤不损而已。”

对于教徒，道教也还有许多清规，用以处罚违禁者。例如《全真清规》有十条禁戒：（1）犯国法遣出；（2）偷盗财物，遣送尊长者，烧毁衣钵罚出；（3）说是谈非，扰堂闹众者，竹篦罚出；（4）酒、色、财、气、食荤，但犯一者罚出；（5）奸猾庸狡，嫉妒欺瞒者罚出；（6）猖狂骄傲，动不随众者罚斋；（7）高言大语，做事躁暴者罚香；（8）说怪事戏言，无故出庵门者罚油；（9）干事不专，奸猾慵懒者罚茶；（10）犯事轻者，并行罚拜。河南方城县道观所订清规禁忌有六，为：（1）禁离经叛道；（2）禁违背师训；（3）禁食自死动物；（4）禁非黄道日出门；（5）禁泄露道法道文；（6）禁炼丹日食荤、酗酒、近女色。道教中全真派有“大五荤”、“小五荤”的说法。大五荤为：牛、羊、鸡、鸭、鱼等一切肉食；小五荤为：葱、韭、芥、蒜等一切有刺激性气味的蔬菜。这些都是斋戒时禁食的食物食品。由于道派不同，清规也不尽相同。如全真道派是不茹荤腥并禁止结婚的，而正一道派就允许结婚和吃荤。各道观又有禁约道士的观规。北京白云观在留宿方面就有如下一些规定：宗派三代和籍贯

南宋理学集大成者朱熹

不清者不留宿；染恶疾及不良传染病者不留宿；奇装异服，短发疯狂者不留宿；妄谈异端，有医卜星相江湖术士嫌疑者不留宿；诵经不熟，未成年者不留宿等等。有些道教的忌习也传到民间，成为民间一种普遍遵从的习俗。例如道诞日禁屠割便是一例。据清·潘荣陛《帝京岁时纪胜》云："十五日为太上玄元皇帝诞辰，禁止屠割。太清观各道院立坛设醮，谈演道德宝章。"另外，民间祭祀道教中神祇也多依道教规矩，吃斋守戒，习然成风。

汉族及其他许多民族都深受儒家思想的影响。儒家究竟可否算作是中国的一大宗教，这在学术界尚有一些争议。由于儒家思想的创始人孔子主张"不语怪、力、乱、神"，所以，儒家并没有崇奉的神灵，更没有一个完整的"儒教神系"。儒家所信奉尊崇的"天、地、君、亲、师"以及祭天、祭孔、祭祖等仪式都是围绕一套宗法伦理的主张而宣扬、实施的"说教"、"仪礼"。所以，严格说来，它不能算作是一种宗教。但是，汉代封建统治者罢黜百家，独尊儒术，利用政治权力，把孔子学说（儒家学说）宗教化了。儒家的思想渗透到每个家庭，成为社会公认的伦理道德标准。因而它的教化力量是远远超过了其他各种宗教思想的。在中国，它成为一种特殊的宗教。隋唐时期儒、释、道并称为"三教"。此后，三教出现合一的趋势。在封建政权的支持下，儒教体系完成于宋代。它吸收佛、道教的宗教思想和修养方法，维护中国封建伦理"三纲"、"五常"的道德思想，提倡"存天理，去人欲"，使宗教社会化，把俗人变成儒教的信徒。如果说它是宗教的话，那么，它不是要求自己的信徒尽量脱俗，而是要求自己的信徒尽量去接近俗众，从而把所有的俗众都变为自己的信徒。所以，儒教的宗教礼仪就更加接近民众的生活习俗，或者说在封建政权的支持下，它要求民间的生活习俗要完全地向它的宗教礼仪看齐。因而，儒教的宗教习俗也就更加接近或者等同于民间的生活习俗了。

由于“三教同源”之说盛行，所谓“儒门释户道相通，三教从来一祖风”，因而，有人把佛、道中的“五戒”与儒家的“五常”相提并论。契嵩《孝论·戒孝章》云：“夫不杀，仁也；不盗，义也；不邪淫，礼也；不饮酒，智也；不妄言，信也。”可见儒、释、道三教在戒律和倡导方面的确是有相一致的内容的。儒教的伦理道德思想渗透在俗众思想之中，其禁忌习俗的表现，也都融入了民间生活禁忌习俗之中。在三教的影响下，汉族民间还有一些民间宗教，其戒律、教义，也都显现出了儒、释、道合流的信仰痕迹。比如，信仰天生老母的八卦教，其教义中有这样一段：

仁者不杀谓之良，良善慈悲为仁常。
义者不盗谓之温，温柔正道为义常。
礼者不淫谓之恭，恭敬不偏为礼常。
智者不毁谓之俭，俭者从宽为智常。
信者不欺谓之让，让心不失为信常。

这里，仁义礼智信与杀盗淫毁欺结合在一起成为该教的五行九戒，温良恭俭让也成了处理教内教外人际关系的道德标准了。其他如红阳教、西大乘教、罗教、闻香教、老官斋教等都有同样地维护封建伦理道德的清规戒律。

还有一些民族中有着自己民族的民间宗教，其教义和仪式中也都有着这样那样的一些禁忌规约。例如瑶族的成年礼仪，就属一种瑶族的宗教风俗惯习。男子在八、九、十六、十九、二十二岁时，通常要举行一次度戒（过法）仪式。度戒期间，该男子须在戒师家吃、住，不能出门，不可见天，走路时须戴帽低头，除戒师外，他人不得与之讲话。度时，由戒师将受戒之人引上巫台，招请诸神和众人到来，戒师便领受戒者对天发誓：不杀人放火、不偷盗抢劫、不奸女拐妇、不虐待父母、不陷害好人、不做官欺人等等。并且掷火于水碗中，以示如有违誓，命运将如同火入水而灭。度戒完毕之后，受戒者还要蜷曲身体从巫台上滚下，台下有八人拉一藤网接应。如“度下”时，受戒者两手松脱，四肢朝天，则不仅被人耻笑，且被认为“功德修得不圆满”，没有“过关”，是非常忌讳的事情。

伊斯兰教和萨满教在中国也有很大的影响。信仰伊斯兰教的民族在饮食、服饰、婚丧等习俗中都受到伊斯兰教教规、教义的影响，带有宗教习俗的印记。信仰萨满教的民族在祭祀、饮食、医药、丧葬等方面的习俗也都有萨满教信仰及其种种仪式上的共通性、共同性，亦即染有萨满的宗教色彩。这些，我们在本书其他各有关章节中已经谈到不少事例，这里就不再多说了。

一些外来宗教在中国民间传布之后，也形成一些适应中国民间道德追求的戒律。例如《林县民俗志》中记载：“天主教定有‘十戒’：一是钦崇天主万有之上；二是毋呼天主圣名，以发虚誓；三是守瞻礼；四是孝敬父母；五是毋杀人；六是毋行奸淫；七是毋偷盗；八是毋枉证；九是毋恋他人妻；十是毋贪他人财。”基督教要求教徒“敬天主，慎言行，不许拜他神，不妄称耶和华的名，六日勤做工、七日守安息日，毋忘敬父母，不许杀人，不奸淫，不陷害人，不偷盗，不贪他人财”。这样的戒律“俗众化”，很有利于该教在当地的传布、推广。但这些戒律（禁忌）所包含的伦理道德仍然是不能脱离封建性质的樊篱的。

总之，宗教的戒律，既有与禁忌的性质相同之处，又有与禁忌的性质不同之处。比如，在原始的禁忌意义中，违犯禁忌只能算作是一种“过失”或“过错”而不是“罪”。随着私有财产出现以后法律逐渐被神化，宗教把道德观念吸收进自己的领域，把道德规范变成了所谓神创造的“法”的一部分，“罪”的观念才作为“法”的观念的伴生物而产生并存在了。这时，触犯宗教戒律（禁忌）的行为（过失）才具有了宗教上的“罪”的意义，与此相应的惩罚也就是所谓的“神罚”了。

在中国封建社会，宗教又有正统宗教与非正统宗教的区别。从儒、释、道三教合一的情况可以看出，释、道的发展，不得不求助于儒家的社会伦理道德，而儒学的发展，也不能不求助于释、道。在这里，封建道德和正统宗教互相渗透，互为助力，相辅相成。说明封建伦理道德、宗法关系需要宗教来维护它的推重和传承，宗教的存在与发展也需要法律（权力）的强制性来强化它的社会地位和社会作用。在这种情况下，它们的禁忌和戒律就有了基本一致的趋向。这是正统宗教的情况。非正统宗教，如民间宗教及其他一些外来宗教，在封建时代的文化土壤中，其宣扬的道德观念都没有超出封建道德的范畴。但是，这些非正统宗教的道德观念中除了具有封建社会一般的普遍性的特征以外，还具有狭隘的社会集团的性质。这一点在戒律（禁忌）中亦能表现出来。比如一些民间教门中，首先强调忠于该教门教派的教主、祖师、当家的等等，便与封建统治者强调的“忠君”思想是有所抵触的。所以尽管民间一些非正统宗教中也实行的是宗法制度，也提倡封建道德，但却往往会成为与当局相对立的政治势力而遭受镇压。在认识和了解宗教禁忌、戒律的时候，我们不能不了解和认识到这些，否则，我们便不能真正地认识到宗教禁忌、戒律的基本性质及其宗教学、社会学意义上的性质差别。

目前，中国民间，宗教信徒信教的动因及其宗教意识还都是低层次的。信教的直接动因大都与疾病、家庭矛盾、精神空虚、文化生活贫乏、价值观念混乱，以及信教的宗教传统有关。大多数信徒并不是把宗教当作真理而信奉的，而往往是迫于客观环境的压力，出于对生活的某种希望才祈求依赖于宗教神灵的。他们的宗教感情虽然很浓重，但信仰意识却并不鲜明，因而表现为只知教规不明教理，对宗教神的信仰是与对民间鬼神的信仰搅混在一起的。大多数信徒只把宗教当作一种教人学好、守规矩的事情去做，面对宗教信仰带有很大的盲目性。正是由于这种状况，宗教的戒律才往往是和民间禁忌相互联系起来而起到禁约作用的。也正是在这一点上，我们把有关宗教的戒律拿到民间禁忌中来谈才是有意义的，才是合乎情理的。

物事篇

虽然，禁忌是人的自我行为限制，甚至我们可以说，无论如何禁忌都是以涉及人的行为为最终归宿的，但是，这并不等于说，只有人才是与禁忌有关的。除了人，自然界里几乎所有可以与人发生联系的事物也都可能成为禁忌的导源。当然，它是在与人的关联中起到这种作用的。这在原始时期，更是如此。人们崇拜自然界中一切异己的力量，他们真切地感受到，一切自然力量都在以各种不同的方式暗示着它们对人的行为的要求，当人们不能违拗这种要求时，便只有顺从，于是自然界中各种物事的某些形态便成为人的行为的禁忌信号。这实际上是基于万物有灵的信仰，基于人与自身以外其他物事之间有着相互交感作用的观念。在这种信仰、观念影响下，和人相对立的一切物事都有了和人一样的生命、语言和灵力。这些物事本身或者当它们处于某种情况下时便会成为禁忌体或者禁忌的警示讯号。这种禁忌的意向一经约定俗成便又会成为一种惯习在民间传承、沿袭下来。

以下，我们就来看看有关各种物事的禁忌习俗。

动物禁忌

如果把人和动物区别开来的话，动物，无疑是人类以外自然界中最活跃的一类事物。动物的存在可能对人们的生活构成各种各样的威胁，同时，又可能给人们的生活带来许多益处，甚至是人们生活中不可缺少的。因此，自古以来，就存在着对动物的崇拜。从远古的动物图腾到后世动物精灵的信奉，以及动物的预示吉凶的征兆作用等等，都反映了人们在恐惧心理和神秘感支配下所产生的对动物的幻觉，同时也反映着人们与动物之间的密切关系。在动物图腾信仰中人们对于动物和人的区别是不甚清楚的。许多情况下是认为人与某种动物（图腾）有着血缘上的关系。原始人对所崇敬的动物有的既不杀伤，也不肉食，有的却一贯杀戮肉食。虽然这是两类不同的崇敬，但都反映出人们对动物的灵魂的尊重，实际上是既期望从动物身上获得好处，又担心会遭到它们的报复。后来，到了农耕时代，人们的生活相对稳定下来，对动物的崇拜就转移到了对家畜、家禽的守护神的崇拜方面来了。家畜、家禽的某些异常现象，往往被认为是神示的吉凶征兆，必须避忌、禳解；对于那些能够伤害禽、畜和人的动物，也以为是有神性的或者是受神性支配的，因而也需要敬祀，不敢得罪。总之，自古至今民间对动物始终都有这样那样一些崇拜的形式存在。认为动物具有超人的能力与智慧，是一种很普遍的民间信仰。中国古代《山海经》中记述的神灵多与动物有关，《礼记 · 郊特牲》中关于腊八的祭祀也记述了对有功于农业的动物的崇拜。可以说，动物崇拜，一直伴随着人们的生活。动物和人们的关系越是紧密而不可分别，其存在及其异常情状就越容易引起人们的关注和警觉，也就越是能够影响人们的心理变化。因此，这种情况下，形成一些动物禁忌习俗，便是自然而然的事情了。

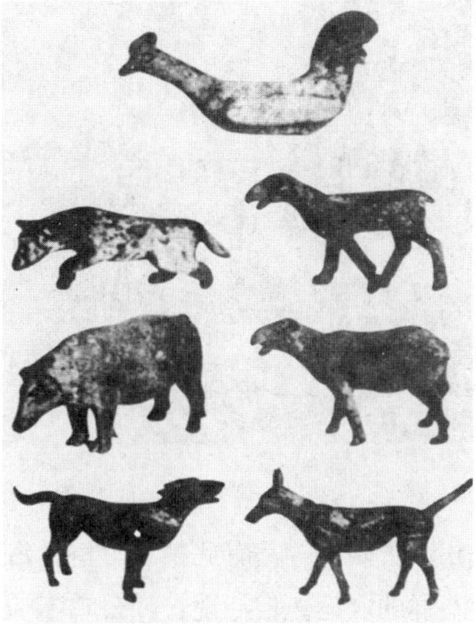

河南辉县出土的西周时期的土制家畜

飞禽禁忌

【家禽禁忌】

在飞禽中，鸡、鸭、鹅是早已被人们驯化而成家禽的鸟类动物了。它们的肉、蛋一直是人们的美味佳肴。它们和人们的生活联系也很紧密。因而民间有许多禁忌习俗也涉及它们。

鸡，在民俗文化中有着特殊的地位。民间以其读音谐“吉”，故常以鸡为牺牲献祭，并用以禳灾祛邪。据说鬼怕鸡血的缘故，还因为鸡是“知时畜也”（说文），它的鸣叫能唤出太阳，为人世间带来光明，从而吓退一切魑魅魍魉。鸡的这一“能耐”，无疑更加重了人们对它的迷信心理。但是，鸡的被“神圣化”，却又带来另外一些俗信观念的产生。即凡是发生在鸡身上的异常的现象，便也就极可能形成禁忌。比如，正常的情况下是公鸡司晨，如母鸡像公鸡一样“打鸣”啼叫，就属异常现象了。人们便以为是凶兆。《尚书·牧誓》云：“古人有言，曰：‘牝鸡无晨，牝鸡之晨，惟家之索。’”此即说雌代雄鸣则家必穷尽也。至

鹅

今汉族、鄂温克族、彝族、苦聪人等都有此禁忌习俗。俗以为母鸡报晨是凶祸临门之兆，会死人或带来不祥的厄运。俗话说：“公鸡不啼母鸡啼，主人不死待何时。”又说：“牝鸡司晨家必败。”因而必须将这母鸡立即杀掉，所谓：“鸡母会啼都斩头。”有的地方还要将鸡头挂在竹竿或树上，焚香禳解一番，以求消灾免祸。

即便是公鸡啼鸣，也有一些方向和时间方面的禁忌。如拉祜族旧时忌讳公鸡西向打鸣，俗话说：“公鸡西鸣，家有不宁。”盖因其俗多以西方言阴曹地府，故以为忌。犯忌的公鸡亦必立即宰杀，以祓不祥。旧时江苏南京及湖南一带又有忌公鸡在黄昏时或一二更天里打鸣的习俗。据说黄昏或一更天里打鸣兆有火焚之灾，二更天里打鸣，须防盗贼。二更天鸡鸣防盗，或者尚属“经验”之谈。黄昏和一更天鸡打鸣何以能与火灾相联系起来呢？大概是猜想公鸡具有“预示光芒”的本领吧。既然它能鸣唤出太阳，恐怕也是能预感到或者引出来火焰的。这种俗信，还反映到另一现象上，即旧时在河南、湖南、江苏、安徽等地所流行的“鸡飞上屋，家中必有火灾”的说法，这，也是鸡与火光（阳光的变异形态）有着神秘联系的俗信观念的反映。

由于鸡崇拜的俗信观念存在，所以有些时候是禁忌杀鸡的。如景颇族的传统节日新米节，按当地的惯习就禁忌杀鸡。民间平时虽常食用鸡肉，但杀鸡时也常常要念叨一句：“鸡是阳间一口菜，杀了你也别怪。”反映出人们对鸡的“灵性”的畏惧，同时也恐怕因杀食鸡而使“吉祥”的象征意义丧失掉了。

因为鸡是有灵性的，因而鸡头、鸡骨、鸡舌、鸡肝、鸡蛋等等也都有了某种神秘的性质。瑶族、黎族、水族、珞巴族、彝族、哈尼族、布依族、佤族以及汉族（如广东一带）又有以鸡头、鸡骨、鸡舌、鸡肝、鸡蛋等等占卜的习俗。常用于垦荒、建屋、出猎、疾病、丧葬等重大事情的抉择。如占卜的结果显示为凶兆，便忌讳得很，往往改变行径，不敢违拗神意。佤族一些寨子中的人一般不愿出卖鸡和鸡蛋。一方面，他们是为着留给着自己“做鬼”用的，另一方面，还因为它是禁忌，怕出卖后会触怒鬼神给自己带来祸事。

鸭，在南方一带常有忌讳。因水多的地方鸭子养得也多，而越是常见的事物就越容易引起禁忌的联想。因鸭谐音“押”字，有不吉祥的意思，所以在饮食和语言中常常避讳这一点。

鹅，也常被民间视为有灵性的禽类。河南方城一带，忌讳家养鹅跑到外村中去。俗以为这是主人要破财、破产和逃亡在外的征兆。大约是从“鹅”谐音“饿”字联想得来的。

【野禽禁忌】

有些习见的鸟类，虽属野禽，也常常被人们认为是有着神秘性质的。中国民间最通俗的观念是认为鹊噪主吉，鸦鸣主凶。俗以为乌鸦是凶鸟，遇之必遭不幸，不是有口舌事发生，就是有死伤事出现。浙江一带，旧时还有鸦夜鸣宜防火灾的说法，正所谓：“乌鸦当头过，无灾必有祸。”尤其是白顶乌鸦，有类似丧服之嫌，更是忌讳。假如被乌鸦拉了一头屎，就更加觉得是倒霉透顶的事了。一般人们遇到这类情况时都要破口大骂几句，如“该死的乌鸦”、“破嘴老鸹”等等，把它轰走。旧时江苏南京一带，如清晨闻鸦鸣，要默诵“乾元亨利贞”五字真言七遍，说是可以解禳其灾。但是，也有一些民族和地区并不嫉恨乌鸦，有的反而敬重它。例如满族旧时敬天的神竿祭，就主要是祭乌鸦。其俗严禁伤害或捕抓乌鸦。《吉林汇征》云：“满洲……祭院中杆，以猪肠及肺先置于杆顶之碗中，以祭乌鸦用。”河南方城一带传说砖窑业也视乌鸦鸣叫为吉利的征兆。盖因乌鸦的叫声“嘎拉”与“来拉”语音相近，所以兆示窑中货物有人来拉（购买）。鄂温克族以为乌鸦叫声的兆示意义并非都是统一的，而是有着吉与凶的分别的。其叫声像呛水时，吉祥，是好兆头；否则，凶祸，是坏兆头，会有狼来或者要死牲畜。有时，乌鸦的名声也会因偶然的事件而变更。《清稗类抄》中有“鸦报喜”一节，其文曰：“康熙某科乡试，华亭董含出闱后，返里。一日，忽

猫头鹰

鹰

有群鸦数千头，飞绕其居宅，晓夜屯宿，声喳喳，驱之不去。家人咸以为不祥，村夫辈且谓鸦噪主凶征也。如是者五日，及捷报至，鸦始散，人言亦息，群又言其为报喜也。”可见鸦亦能报喜的俗信同样也是存在着的。不过，民间又有“乌鸦报喜也是坏了名”的俗语流传。

喜鹊，名字上就有一“喜”字。大概是它的叫声清脆悦耳，受到人们喜爱的缘故，人们都把它当作吉祥喜庆之鸟。往往把它编进男女的爱情故事中去，如牛郎织女鹊桥相会的传说故事等。结婚办喜事时也常画喜鹊登枝的画幅以装点新房。正是这种俗信的广泛流传，深入民心，所以人们对喜鹊非常爱护，禁忌打鹊、掏鹊巢，否则，认为会遭不幸或者失去好的运气的。满族中，曾盛传清统治者的始祖布库哩雍顺为天女佛库伦谷神鹊所衔朱果而生，故人们均以鹊为神，从不加害。这很可能是属于鹊鸟图腾崇拜的某种遗迹。鹊鸟的神圣性质及其预卜的功能，也被人们用来占验水情等事。例如，湖南一带就有以鹊巢高低来占卜水旱的。俗以为鹊巢低主水，鹊巢高主旱。据说鹊鸟虽知水旱但性子却很别。知水大，偏要筑巢低处，云：“看汝能淹杀我否？”知天旱，偏要筑巢高处，云：“看汝能晒杀我否？”由此可知，俗信以为鹊鸟确实有着一种能够抵御凶祸使之退让的特殊的本领和能力。不过，也有一些地区，认为鹊噪虽大都属于吉祥喜庆之兆，但也有一些时辰，其鸣并非吉事的。例如台湾一带就认为鹊噪如在午时，兆示“有疾病”；若在酉时，是谓“不安前兆”；亥时，则会“有争斗”、“有口舌”等等。当然，其他一些时辰，鹊噪仍然是大喜大吉，得财事成的。

猫头鹰，俗以为是凶鸟。汉族、鄂温克族等民族中有忌讳猫头鹰叫的习俗。俗以为猫头鹰叫是人畜病、死的凶兆。不过有的地方在叫的时辰方面有所区别，所谓“日叫生，夜叫死”；有的地方则区别于叫的季节，所谓“春叫死，秋叫子”；有的地方还说猫头鹰的叫并不可怕，可怕的是猫头鹰的笑，所谓“不怕秃雕（猫头鹰的俗名，还有叫“秃鹫”的）叫，就怕秃雕笑”。虽然有这样一些区别的说法，但一般民众很难细细分辨，只听见猫头鹰的叫声便觉得不吉祥。往往都是赶快把它撵走了事，并且还要诅咒它几句。如说“秃鹫叫秃鹫死，秃鹫脸上蒙白纸”等等一些咒语，以此来避凶趋吉。

忌闻其声的鸟类，除了猫头鹰外，其他还有许多。如枭鸟，旧时浙江一带俗以为枭鸟夜鸣，主有火灾。清代传说：“枭乃天毒所产，见闻者必罹殃祸，急向枭唾十三口可禳。”（参见《无何集》）鬼车鸟，又称九头鸟，俗谓闻此鸟者亦凶。舟山一带传说听到九头鸟叫时，附近就有野鬼游魂，实则是指一种名叫勾蟹的海鸟的叫声。旧时安徽一带，早起听到沙和尚（一种喜食肉类的鸟名）的叫声，俗以为必遭病殃。夜间听鹳子叫，俗以为有水灾。汉族旧时还忌闻伯劳鸟鸣。有人说：“伯劳以五月而应阴气之动，其声鵙鵙然，故俗僧之。”（参见《无何集》）还有说初闻子规（杜鹃）令人吐血的。据《异苑》云：“杜鹃始阳相催而鸣，先鸣者吐血死。常（尝）有人山行，见一群寂然，聊学其声，便呕血死。初鸣先听其声者主离别。厕上听其声不祥。厌之法当为大声以应之。”满族忌闻麻雀舌闹喧天，俗以为是有隐火、毒蛇、瘟疫之兆。哈尼族春天“里玛主”节之后，要选一个好日子，在雀鸟未出巢、四山一片寂静的五更时分，把三丛秧苗插在自家田里，称作“开秧门”。据说，“开秧门”时忌讳听到雀鸟的叫声，否则，庄稼要遭受灾害的。佤族出门前要听鸟叫声以作占卜。一般是，鸟在右方叫主吉，左方叫主凶；前方叫主吉，后方叫主凶。凡是预示凶兆的，就要改变计划，不再出门了。

有许多鸟，人们禁忌捕杀，其缘由不一。鄂伦春族不打鸿雁。因为鸿雁总是雄雌在一起，如打死一只，另一只就会变成孤雁。云南蒙古族视燕子为吉祥之鸟，俗以为燕子进家是吉兆，燕子不进家是不吉利。禁忌打燕子，说是打了燕子头发会脱光的。赫哲族忌捕飞投住室的雀鸟。俗谓雀是亡童的灵魂所变，有飞投而来者是其灵魂要“转世”，若捕杀之，则会有不育之祸。

鹰雕，在民间信仰中也有一定的神秘意味。它往往象征着勇猛、慓悍，藏族以鹰雕为神鸟，禁忌捕杀。尤其在寺庙附近更不能打鹰雕。彝族忌讳看见老鹰抓野鸡，以为不吉。汉族、蒙古族等民族中也有对鹰雕的崇拜遗迹，忌讳轻易伤害鹰雕。

因为野禽的神秘性质，人们一般禁忌捡拾路边的死鸟。鸟是天上飞的，若死而坠落路边，必是凶兆无疑。土家族忌见死鸟，更不准把山上野外的死鸟拿到家中。见到死鸟也忌讳告诉亲人，尤其是正月里，忌之尤甚。鸟屎落房也是不祥之兆，俗有“鸟屎运”之说，是最为倒霉的事了。若正月初一、新年第一次出门或平时的初一、十五赶上这事儿，就更加惶恐不安了。旧时汉族、水族等许多民族均有此俗。台湾一带，若有鸟屎落在人头上，俗信以为必须吃猪脚面线，方可消灾。河南林县一带，若有小鸟屙身之事，常用钢针在衣服上鸟屎处挑上三针，以为破法。

古时还有始获鸟收人魂魄，钩鸽鸟入城城空，大鹏鸟至人家中主人当死，以及《山海经》中所记的章莪之毕方鸟，“见则其邑有之为（怪）火”，钟山之大鹗“见则有大兵”，钟山之鵕，“见则其邑大旱”。令丘之山的颙鸟，“见则天下大旱”等，都是野禽鸟类禁忌习俗的反映。

【小结】

总之，以上这些关于飞禽的禁忌迷信观念，有些已经不攻自破，自生自灭了；有些则转入民间传说而无实际的作用了；有些却仍在影响着人们的心理、情绪，仍在人们的生活、信仰中占有一定的地位，起着一定的作用。这是我们应当特别给予注意的。只是，恐怕至少在很长很长的历史时期里，飞禽的神秘感及其拟人的秉性和被神化了的预示力，不能够完全、彻底地从人们的头脑中清除干净，而且，这也未必是一个完全必要的追求目标。因此，这一类飞禽禁忌也就有其长久存在的可能性和一定的合理性了。

走兽禁忌

【家畜禁忌】

家畜，无外已被人们驯化了的牛、马、驴、骡、骆驼、羊、猪、猫、狗、兔之类，它们有的可供人们役用，有的可供人们食用，有的可逮鼠、守户等等，总之都在某些方面对人们的生活有贡献、有益处。因此，人们乐意与它们相处，并

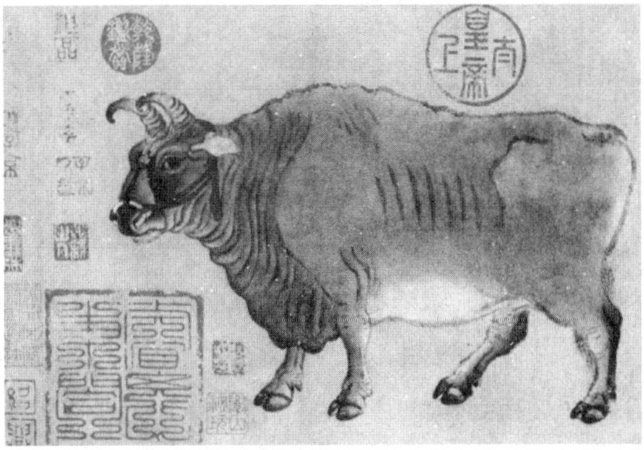
唐·韩滉《五牛图》局部

保障它们不受侵害、食宿有靠、繁衍生殖。由于家畜与人们生活特殊的亲密关系和人们对家畜的特别关心，便产生了一些有关家畜的禁忌习俗。这些习俗大体上说，总是为维护人、畜关系的正常化，尤其是或者说归根结底是人的基本利益不受损害而设的。

大牲畜，是人们的帮手，也是人们的财产。因此对待大牲畜，是要格外应心的。否则，会影响到家运的兴衰。鄂温克族忌讳买拉尸用过的牲畜，恐对家运不利；不能谩骂牲畜，不然，会变成赤贫；不得杀或卖未停奶的母畜，否则家里会有母子分离的事情发生；春季禁忌用牲畜的腮骨作游戏，俗以为春季是牲畜生崽期，玩弄畜的腮骨会使畜崽畸形。东乡族、哈萨克族等民族忌讳客人当主人的面数牲畜的数目或夸赞牲口肥壮，以为此举会触犯神灵招灾引祸。彝族宰杀家畜时，外人必须避开，否则主人不悦。这些禁忌都是视人、畜为一整体，认为人畜间会产生相互感应的俗信所造成的。然而，人畜毕竟不同，毕竟还是有所区别的。这一点，从某些禁忌习俗中，也能反映出来。比如彝族禁忌牲畜进堂屋就是一例（汉族及其他一些民族中也有此俗）。

牛，是旧时农家最重视的牲畜之一。牛如果有什么异常现象，则常常被视为禁忌。鄂温克族在两头牛顶架时，牛角别在一起拉不开时，认为不好，是不祥之兆。哈尼族忌讳黄牛与水牛交配，认为是不祥之兆，必须举行驱邪仪式。彝族忌放牛时，牛项上带回草圈或树杈，以为是不祥之兆，必须将牛杀死或卖掉。若犁地时，牛把犁耙脱落到另一头牛身上，也犯忌，要杀掉。牛尾巴夹在树枝上，说是有鬼勾引，不吉利，要杀掉。牛肚子发胀，也说有鬼，亦必宰杀之。汉族安徽一带，忌讳早起听到牛鸣，俗以为有人侵侮。河南林县一带，忌讳买青牛，以为青牛是凶牛，易克主家；黑牛前额有白色片点的，说是带“孝”牛，也忌买回家来，恐于主家不利。佤族、苗族等民族，还有杀牛以占验吉凶的习俗。这些习俗都反映出牛在人们心目中地位之突出。俗以为牛是有某种神性的，许多民族中都有“神牛”（牛王）一类的传说。中原一带有敬“牛王”的习俗。据《古今图书集成·神异典》云：“有自中原来者，云北方有牛王庙，画百牛于壁，而牛王居其中间。牛王为何人？乃冉伯牛也。”汉族、仫佬族等民族中还有牛的“生日”。这里的生日，不是指具体的哪一头牛的生日，而是指“牛”这一物种的整体的“生日”。比如“四月初八”、“七月十五”、“七月二十五”、“十月初一”等等，各地并不一致。在“生日”这天，禁忌役使牛，要让牛休息，还要备些好饭给它吃，并以酒肉祭“牛栏神”，祈佑“槽头兴旺”。为了感激牛对人的恩德、功劳或者骇于牛神精灵的报复，旧时汉族一些地方还禁忌吃食牛肉。这点前文（饮食禁忌）中已经提到，此不赘述。

许多民族认为马也是有神秘性质的。古代作战骑马出征时，忌讳马跌蹶，认为这是不吉祥的预兆。还有“雌马不上阵”的说法，忌讳骑雌马打仗。大概是以为雌总是弱于雄的，恐因此而招致失败。鄂温克族忌讳马牙挂在马蹬上拿不下来（马咬马蹬），据说如出现这种情况，马的主人会死去。主人最喜爱的马如果突然死去，则表明是马代替主人承受了灾难。鄂温克族有将最好的马献给神的习惯，献给神的马（“温古”马）不能随便卖掉或杀死。在其年老或患病必须处理时，要先请萨满祈祷另换一匹马献给神，然后才能将原来献给神的马处理掉。满族习俗中也有对马的崇拜仪式。其俗有专供祭祀用的马（“他合”马）。此马不事农务，不许骑（尤其不许女人骑）、不打鬃、不剪尾。因为它是献给神灵的，所以与神灵有了联系之后，本身也就成为一个“禁忌体”。汉族也有马神之信仰。旧时民间称为马王爷、马明王等等。各地马王庙很多，祭祀普遍。一般祭于仲夏。据说马王爷不享黑牲肉，所以多以白羊献祭，不用黑牲。按古代“六畜不相为用”的惯制，禁忌用马肉献祭马王。

安徽一带，忌讳夜间听见驴子叫，俗以为这是将有灾病的征兆。

鄂温克族养骆驼，有在骆驼五岁时割势的习惯。骆驼割势忌饱腹，割下的睾丸禁忌食用，一定要拴着系在骆驼的后峰上。

许多民族有悠久的养羊的历史。羊，对于一些民族，是主要的经济源泉。因

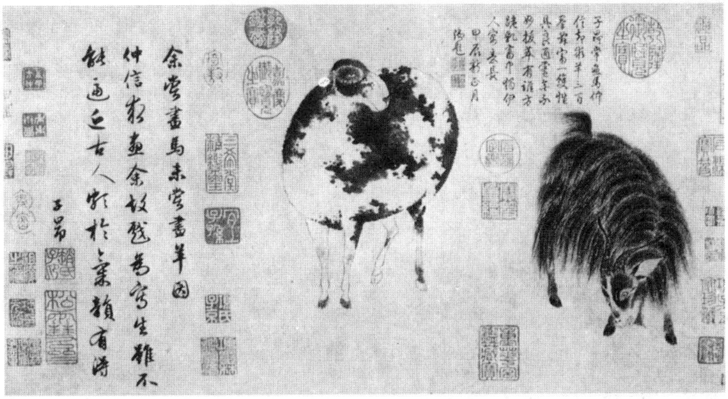

《二羊图》，元朝赵孟頫所画，现收藏于美国弗利尔美术馆。

而，有关羊的禁忌也很多。塔吉克族禁忌用脚踢羊，不得骑马穿过羊群或接近羊圈，最忌人们在生羊羔时去观看。彝族禁忌杀过人或打死过狗的人剪羊毛，以为这样的人剪羊毛后，羊不易长。其俗还视母羊未下羔儿时生殖器流血为怪异现象，必将母羊杀死；第二年母羊下羔儿时，如第一年生的小羊还吃奶，也为怪异现象，要母仔齐杀，至少要卖掉；在放牧时，羊如脖颈上带回树杈或草圈，便认为不吉利，必将此羊宰杀或出卖。鄂温克族禁忌杀吃种羊。种羊具有更大的神秘性。如种羊在冬天用角往圈外顶，就表示羊群要扩大。脖子上带有绳子的羊，也禁忌宰杀。如一定要杀时，须先解掉绳子。羊的迷信还常与人间社会的动乱相联系。湖北一带，俗信有独角羊出现，是招致匪寇兵乱的征兆。

对猪的俗信，非常博杂。信仰伊斯兰教的民族不养猪，禁忌谈到猪，更禁忌食用猪肉。其他许多民族，都以猪为上好的肉食品，普遍饲养之。但对猪也有许多不同的俗见。例如广泛流传的《西游记》故事中猪八戒的形象就反映出民间对猪的懒惰、脏、笨等等品性的认定和刻画。当然，在民间信仰中，猪八戒也还是有些能耐的。猪，也是有一定的灵性的。佤族人不肯出卖猪，是要留着自己“做鬼”用。他们认为猪是一种禁忌物，若是出卖了，还恐怕要触怒神鬼而给自己带来祸患。彝族、佤族等民族中还有以猪胆来占卜吉凶的。汉族则认为“猪来穷家”。养猪的人禁忌让猪跑到别家去，否则，人家会不愿意的。尤其是黑猪，民间称作“黑煞神”，忌之最甚。若有“黑煞神”闯门，视为大不吉，必让养猪家中人亲来烧香敬神，禳灾去难。《清稗类抄》中“猪头落地之兆”一节，记叙屠肆架上一猪头，落地跳进一富家门内，致使该家穷败衰落下来的轶事，亦说明死了的猪的一部分也仍有穷人之家的“魔力”。因此，民间对猪的灵气也不敢不防。所谓“灵官猪”是绝对不敢养，也不敢杀吃的（参见本书“行业禁忌”中“饲养业禁忌”部分）。对一些特别的异常情况，不敢稍有大意。彝族，母猪下仔时，如把小猪吃了，必须把母猪杀掉；母猪下仔，如生下一、二、四个小猪，认为不吉利，要仔母一齐宰杀；猪身上的毛自然脱落，或放牧时互相咬吃身上的毛，都要杀掉；蔓菁撒下去时，跑去吃的猪也要杀掉。杀猪时也有禁忌。黑龙江一带杀年猪要由专人来干。杀猪前念一套嗑：“猪羊一道菜，杀你别见怪，早死早投生，下世转人来。”然后才能动手杀。下刀时禁忌小孩看，禁忌小孩捶猪、搅血。禁忌说“胖了”、“瘦了”或“有痘”一类的话。刮下的猪毛禁忌乱扔，恐“黑煞神”给人带来不祥。

猫吃老鼠，所以民间多有喜好喂养的惯习。但和猪一样，据说并不是自家喂养的猫如果进了自家的门，是会使家运衰败的，或者直接兆示要有丧事发生。旧时汉族中有“猫来穷”、“猪来穷家，狗来富家，猫来孝家”、“猪来穷，狗来富，猫儿来时带麻布”等等俗语流传。关于猫来兆丧的俗信，大约是因猫能嗅出尸腐臭味的缘故吧，但民间信仰只从现象出发，把死丧、穷败一类的事都归因于猫的“入门来”，确实是一种迷信的观念。和丧葬有关联的还有禁忌猫进入停放尸体的房间。鄂温克族人死后，先要把猫抓起来，防止它接近尸体。俗以为猫从尸体上蹿过，要“炸尸”的。其实，也是怕猫损伤了尸体。台湾一带，一般喂养猫的人家禁忌属虎的偷看刚生下的猫崽。据说母猫如果发觉有人偷看，便会把猫崽吞食掉的。生下的小猫如果送给别人，忌讳收钱，否则，东家必穷。养猫忌讳养白蹄或白尾猫。白属丧相，恐有不祥。据《绿水亭杂识》云：“金华人家忌畜纯白猫。能夜蹲瓦顶，盗取月光，则成精为患也。”又忌养雄猫，据说雄猫的嘴涎有“毒性”，沾着人会使人生淋巴腺肿大的病。民间还相信“猫通人性”，据说雄猫会说人话。《清稗类抄》有“猫作人言”一节，其中说道：“永野亭黄门之戚串家有猫，忽作人言，大骇，缚而挞之，求其故。猫曰：‘猫无有不能言者，但犯忌，故不敢耳。若牝猫，则未有能言者。’因再缚牡猫挞之，果亦作人言求免，其家人始信而纵之。”这当然是属无稽之谈，不过，是否也是不养雄猫的禁忌缘由之一呢？既不能详，权作存疑。山东长岛一带忌养五月生的小猫，俗语有“三月避，四月咬，五月满山跑”的说法。意思是三月生的猫避鼠，四月生的猫咬鼠，五月生的猫什么用处也没有。又据《萨满教研究》一书的介绍：“在海南岛的一些黎族地区，直到解放初还可看到一种习俗，即是当地的人们将猫这种动物视作自己的祖先，称雄猫为祖父，雌猫为祖母，任何人不得伤害和食用。猫死之后，要有两个年约十二三岁的未婚男性，用竹竿将它抬至村旁山坡处或椰子树下进行埋葬，抬者在途中要如丧考妣似的痛哭呼叫，表示哀痛。黎族中只有对猫这种动物才有这种仪式。这种习俗看来与图腾崇拜有关，猫这种动物很可能是黎族祖先所崇拜的圈腾之一。”由此说来，黎族中关于猫的禁忌也是很久远的习俗了。俗话说“猫躲重阳”、“春狗秋猫，性命难逃”，是讲猫在秋天容易死。猫死后一般是埋掉的。但台湾一带禁忌将死猫埋掉。俗以为猫尸埋在地下，受雨淋露出后，经太阳一晒，会变成妖怪害人的。所以要“死猫吊树头”。认为吊在树上，猫尸会干僵，就能够再转生为猫了。

狗，也是与人关系很密切的家畜之一。尤其是在具有狩猎传统的民族中，狗更是受到人的崇拜。满族传说其民族的英雄老罕王（努尔哈赤）曾经被狗救过命，因而满族人禁忌杀狗、食狗肉、戴狗皮帽子。普米族中传说人和狗调换过寿命，狗搭救了人类。因此，人们对狗就十分亲热和善待。各地普米族都有年节不打狗，平时不杀狗、不吃狗肉的风俗惯习。拉祜族相传祖先是吃狗奶长大的，所以禁忌杀狗、食狗肉，并禁忌食狗肉者入其家门。藏族在寺庙附近也禁忌打狗。以上这类对狗的爱护和崇拜，有的是古代图腾信仰禁忌习俗的遗存残余，实际上，也都反映出了狗在人们生活中起着重要的“助手”作用和人们对狗的感激之情。

俗信“狗通人性”，因而民间忌看狗的性交行为。湖北俗语有“二月不看狗连档”之说。彝族如家中产下独狗，认为不吉利。河南方城逮幼狗喂养时不兴付款，否则，收钱者必穷。

民间又相信狗是能通神的，其某些“反常”情状有一定的预示作用。例如狗有时前足离地，身子直立，俗称“狗作揖”。据说见之不吉，必遭横祸。俗以为狗既能通神，其“作揖”必是先知将有祸事发生而在向神灵求情。狗如在物上小便，主该物价格昂贵；狗挖洞，主凶。狗上屋顶许多地方都忌讳，但所说兆示的内容并不相同。安徽一带俗以为兆示有贼警，可能从养狗防贼而来。台湾一带则说是兆示发生火灾。更多的则笼统讲有灾祸，不吉祥。河南方城在狗卧屋脊时，要鸣放鞭炮以破解之。彝族、汉族中都有忌讳听到狗哭的习俗。但汉族中所说狗哭的兆示意义，各地并不相同。浙江余姚、湖南一带以为狗哭兆示将有死丧事发生；安徽一带则说狗哭是兆示水灾；浙江湖州一带又说是兆示火灾；还有一些地方当做被盗、争讼的前兆。其实，狗哭是狗夜间凄凉长嚎的声音，如猫“叫春”一般，其声与平日里的犬吠声大不相同。俗误以为是狗看见了鬼，受惊吓才这样叫的，所以联想到将要死人、有火灾、水灾等祸事发生。

狗蜕毛，俗以为先从腿上和先从头上蜕都是不吉利的。俗语说：“狗蜕毛，先净腿，发大水；先蜕腰，油饼火烧吃一遭；先蜕腚，主人幸；先蜕头，主人愁。”有的地方以为先蜕腰也不好。俗语说：“狗落腰，家家憔；狗落肚，家家富；狗落头，家家愁。”从这两条俗语看，狗先从头上蜕毛是被民间视为异常现象而普遍有所忌讳的。

据说狗在春天容易死去。彝族旧时禁忌妇女看死狗，俗以为妇女看了死狗将会终生不育。台湾一带狗死后，禁忌葬埋土中，要放进水流里冲走。当地有“死狗放水流”的俗语。据说若将狗尸埋入土中，它会变成妖怪作祟，投入水中流走才能使它转世做人。

【野兽禁忌】

对于能够威胁人们生命安全的虎、豹、豺、狼等等凶猛野兽的崇拜，实际上是畏惧多于敬重的。白族外出时，禁忌提到虎、豹、豺、狼。鄂伦春人对虎也不直呼其名，而称它为“诺彦”（官儿）、“博如坎”（神）、“乌塔其”（大爷、老爷）等等（有些地方，如逊克一带，也有叫“老码斯”，即虎的）。达斡尔族平时如发现虎的足印，禁忌顶着走。否则，认为虎会觉出有人在跟它较量，会找上门来的。所以，一般看见了虎的足印，即使是迎面而来的，也要先顺着虎的足印走一节，然后再慢慢转过去。彝族忌讳看见豹子吃麂子。鄂温克族以为狼吃牛羊时，如把眼睛挖了出来，头皮扒了下来，意味着狼害多，很是忌讳。鄂伦春族、达斡尔族等民族，对于狼，也禁忌直呼其兽名，而是称它为“大嘴”，或者按它的叫声，拟音称之为“翁”等等。俗说直呼兽名，狼会身上发痒，觉出有人在叨咕它，就要来害人的。

熊虽然也是一种猛兽，但与虎豹豺狼还有所不同。前文在行业禁忌狩猎业禁忌部分中也已经谈到过一些。熊由于没有尾巴，能直立，有乳房，生殖器官也与人相似等等一些生理方面的因素，使人们感到它更具有与人的密切关系。鄂温克族、鄂伦春族都非常崇拜熊，民间流传着许多关于熊是人的祖先的传说。他们禁忌直呼熊的兽名，而代之以祖父、祖母、舅舅、老汉等称呼。在猎熊、运熊、杀熊、吃熊肉，以及葬埋熊、祭祀熊中都有许多禁忌规约（参见本书狩猎业禁忌、饮食禁忌等有关部分）。汉族旧时对熊则主要是视为凶兽的。但也迷信其有兆示火灾的功用。据《无何集》云：“明孝宗时，熊入京城。何孟春曰：‘熊之为兆，宜慎火。’未几，礼部毁，禁中亦火，乾清宫灾。或问孟春：‘此占出自何书？’孟春曰：‘曾见宋纪。绍兴中，永嘉灾，前数日，有熊至城下。州守高世则谓：‘熊，于字能火。’果延烧民舍十之七八。”这当然是一种偶然的巧合，是一种“拆字术”的迷信。熊伯龙对其批判时就曾一针见血地指出了“不能再验，则其验者偶然也”。然而，民间这种习俗的存在却不幸是客观存在的。

对于一些性情温顺的野生动物，因为它们常常是猎获的对象，也与人们的生活有着密切的关系，因而也被人们视为是有着某种神秘性质的。比如鹿、犴、麂子等动物，也常常被人们认为是具有灵性，可以预示吉凶祸福的。鄂温克族在发生传染病时，大家要遵守一系列禁忌。如禁忌割断鹿、犴的关节，禁忌切断鹿、犴的舌、肠、肺、肝、食道、生殖器，禁忌让病人看到生肉等等，否则，认为疾病会迅速的蔓延。哈尼族在猎获麂子时，一定要观察其死后舌头从何方伸出。若从右方伸出主狩猎将获丰收，众喜；若从左方伸出则兆示狩猎无获，颇为忌讳。

旧时民间崇拜所谓“四大家”、“五大门”等等通常是指狐狸、黄鼠狼、刺猬、老鼠、蛇（蛇将在下文“爬虫禁忌”中详谈）等等，人们认为这些动物都是有灵性的，它们的意志即仙家、神鬼的意志，假如冒犯了它们，会影响各家各户的兴衰吉凶。平时人们尽量躲避着它们，禁忌直呼其名。无意间碰见时，要讲几句祝愿的话，任其离去。为了不冒犯这些仙家，还禁忌在宅院里随便泼水、撒尿等。尤其是有月经的妇女，更要避忌之，否则以为会冲犯着仙家，给家人带来不幸。旧时汉族、满族等民族中较普遍流行这样的习俗（参见本书“行业禁忌”、“语言禁忌”等有关部分）。苦聪人若碰见黄鼠狼时禁忌再向前走，否则，认为必遭祸殃。

对于老鼠，民间俗信也很博杂。因其咬坏东西、偷吃粮食，所以人们恨它，以为是不祥之物。而它又生性机警、嗅觉灵敏，据说还能掐会算、善知吉凶，因而又不敢得罪，甚至还要讨好于它。

老鼠常在夜间出来活动。有时其鸣叫声如数铜钱一般。俗间对此认识不一。上海崇明一带以为是祸事将至；湖北一带则认为是吉祥之兆，而声啧啧者不吉；

老鼠娶亲图

浙江又有“鼠鸣如数钱声，若在前半夜主得财，若在后半夜主散财”的说法。老鼠咬坏室内的东西，本是其天性所致。民间有说是鼠在磨牙。而崇明一带却解释为是有人说了老鼠的坏话，被它听到了，故发狠将东西咬坏的。因而其地忌讳说老鼠不好，更不能骂它，甚至还要称呼它“老鼠伯伯”以媚之。

老鼠藏在人家中，是为的能够偷吃东西。如果吃不到什么，它就不在这里了。基于这样一种观念，民间还以为家中鼠多是一种吉祥富裕的象征。如果家中老鼠突然离去，反而认为不吉，是将要发生火灾的征兆。湖北一带，俗呼“失鼠”为“失水”。

浙江一带，以为老鼠咬什么东西，也有象征意义。咬物，则主物价昂贵。咬人，若咬头发，主有喜事；若咬脚底，则主有凶事。

旧时崇明一带，忌见老鼠落空。妇女见鼠出外寻食，从高处失足落地，以为不生疾病即有其他祸事降临，必亲到乡间沿户乞讨白米煮食，方可禳解之。俗语有“男怕跌蛇，女怕跌鼠”的说法。

老鼠一般是灰色的，如见到白鼠，因其反常，俗以为是凶兆，主失火或遭其他不测。如今，人们相信老鼠身带病菌，是传染疾病的媒介，故千方百计捕杀之。俗语说：“过街老鼠，人人喊打。”然而有些田间的鼠类，还受到特别的崇拜。例如布朗族（布朗族老曼峨一带），崇拜竹鼠。俗以为竹鼠代表祖先的魂灵。它爬出洞来都不能打，要远远地避开它。否则，认为亲人会死掉。后来，习俗演变，认为从土洞中挖出的竹鼠，还是可以吃的，不过要先举行一种特殊的仪式才行。显然，这是鼠图腾禁忌习俗的某种遗迹。汉族及其他一些民族中还有视老鼠为属鼠人之本命神的信仰习俗。迷信者以为对老鼠的杀伤会给属鼠人的身体和命运带来极为不利的影响。

爬虫禁忌

爬虫类动物，一般是野生的。但也有人工饲养的，如蚕。近年来从经济效益考虑，又出现了养蛇、养蝎、养蜈蚣、养蚯蚓、养蜗牛等等一些专业。养蚕业的禁忌我们在前文行业禁忌中已经谈到过，这里自然不必再说了。其他一些新兴的虫类养殖业因为时间很短，在民间也还尚未具备很有影响的禁忌习俗，所以也暂不论及。这里所要谈的着重在于民间长期以来对野生的爬虫类动物的某些禁忌实例。

蛇，俗称长虫，是颇具神秘意义的。人们常对它的来去无踪、脱皮蜕变、水陆两栖、无足无翼而能蹿突腾越感到惊讶和恐惧。而且一旦蛇狂怒起来，不但能伤害弱小动物和人，甚至还能毒死或吞食掉凶猛的野兽。这不能不令人感到蛇是具有某种特殊的神秘力量的，因而对蛇的崇拜几乎遍布各民族、各地区。人们对蛇举行特别的祭仪，希望它不要发怒，给人们带来丰收，保佑家室安宁富裕、人丁兴旺。相信蛇可福佑于人的，主张禁忌打杀蛇。宜兴一带，俗以为家蛇会运米。说是家里有了家蛇，米囤内的米就会挖而不空。无锡乡民也有所谓“蛇富米”、“蛇盘米”的说法。据称，有一种蛇，会用蛇鳞把富人家的米运到穷人家。因此，见了蛇盘在屋檐下，绝不能惊动它，更不能打杀它。浙江人如果长时间看不见家蛇反而会感到担心和恐慌。台湾排湾人认为百步蛇进家是吉祥之兆，要杀猪办酒席表示欢迎。五年之内若无百步蛇进屋，以为将有灾祸发生。以蛇为祖灵的，也禁忌打杀蛇。土家族七月间有蛇进屋，不准打杀，只能赶开它。俗以为这蛇是祖先的化身。以为蛇会讨命的，也不敢打杀蛇。宜兴俗话称：“打蛇勿死蛇讨命。”恐因打蛇而遭到报复。

河南民间忌讳见到蛇，俗说“见蛇三分灾”。如果见到蛇，会认为是某神的化身，不敢动它，往往避开它。古代北方也以蛇为凶象。这是因为北方蛇少的缘故，偶尔见到一条蛇，便成为“异常”的现象，很能引起人们心理上的恐慌。基于这一点，北方民间又有见蛇必要打死的俗信，所谓“蛇不打死害众人，虎不打死当祸根”。战国时代，楚相孙叔敖儿时见两头蛇，杀而埋之的传说便表现出这种俗信中蕴含着的道德意识和蛇为凶象、见蛇必打、打必致死的有关蛇的禁忌习俗。至今，清江一带还有俗话称："打蛇埋蛇，当做朝华。"意思是，见到蛇，打死它，并把它埋掉，不使人见，其功德就好比朝拜了华庙里的菩萨。在彝族中，见到蛇打与不打，还要看具体的情况。俗以为向上爬的蛇不能打，而向下爬的蛇就一定要打。这一禁忌，大概是考虑到蛇是否对人的安全构成直接的威胁而定的。不到非对付不可的时刻，人还是不愿意去招惹蛇的。

汉族人常把蛇与龙联系起来看。因为从形体上看，蛇与龙极相似。在十二属相中，民间就称蛇为"小龙"。又称蛇蜕（蛇皮）为"龙衣"。宜兴一带有俗语云："成了龙，还是蛇肚里出生"。湖南歌谣中有"南蛇蜕壳就变龙"的词句。说明民间有龙源于蛇的俗信。对于家蛇平时人们禁忌直呼其名，而是称作"苍龙"（江浙一带）或"仙家"（北方）等等。唯恐对家蛇不敬，若出祸端。

汉族民间有忌见蛇足的俗议。江浙一带，俗以为看见蛇足必遭病殃，或主死亡。蛇本是无足的，假如有人看见了蛇足，应属幻觉现象。然而，《博物志》云："华山有蛇名肥遗，六足四翼，见则天下大旱。"这里，蛇不但有六足，还有四翼。当然，也并不可信。但，大体上可知，所谓"见蛇足"之忌，乃为见"神龙"之忌的折射反映。有时候，在人们的思想深处，龙、蛇是不分的。蛇如果现出脚来，那就是龙神无疑了。但平时蛇或者虽是龙神的化身也并没有现出脚来。这时，千万不可说"蛇无脚"。台湾一带就有这种禁忌。俗以为，如果讥笑"蛇无脚"，还恐怕蛇真的会生出脚来追人。如果一旦说了这句话，要赶快指着自己的头发说："我头毛比你脚长。"以为化解。

汉族、土家族、彝族等许多民族中都有忌见蛇交配的习俗。湖北有"三月不看蛇起雾"的说法。土家族以为见到蛇交尾的人不死也要脱层皮。如果对谁说了，谁也要倒霉的。所以见到蛇交配的人不能对别人说。据说，说与树木，树木也会枯萎的。台湾人若无意间撞见蛇交尾，据说必须赶紧拔下一把头发，扭掉一颗纽扣，唾一口唾沫，以资禳解。有趣的是，这一破法，与旧时开封一带妓女犯忌的自我破解方法完全一样。不知其中有何瓜葛。

关于蛇，在人们的视觉上还有许多禁忌。比如江浙一带的人认为在米囤上、床上发现家蛇为吉，在檐、梁上发现家蛇为凶。若男子见到蛇从高处跌落下来，更是不吉。俗语云："男怕跌蛇，女怕跌鼠。"当涂人忌见家蛇。以为家蛇出现家主会死亡或有其他祸事发生。家主更忌看见。家中其他人看见了，也禁忌告诉家主。一般要焚香祭供，为之“送行”。清江人以为见蛇蜕皮和蛇出洞不吉利。彝族人忌讳看见蛇呈盘子形，忌见蛇吞吃青蛙，忌见猫抬蛇，忌见蛇从两人中间穿过。台湾一带，还忌讳看见蛇后用手指指蛇。俗以为以手指蛇，会生“蛇头疔”。

南方一些地区食蛇。北方无此习惯。据说吴语区的人食蛇禁忌用金属器具宰割和烹煮，要用破瓷片代刀，瓦器煮食。

青蛙在壮族，被视为神灵，据说是雷神之女。其俗禁吃青蛙，俗说：“我不抓青蛙，不怕雷神打。”这种对青蛙的崇拜，反映着当地人民祈求风调雨顺，渴望农业丰收的愿望。

俗信蚂蚁搬家主有火灾，又有以为会发大水的。民间有“杀蜘蛛救蚂蚁，长大做官当皇帝”的俗语，也似乎应看做禁忌杀害蚂蚁的一种别一样说法。民间常以“爱护蝼蚁”为“不杀生”美德的典型表现。

据说蝎子是能够带来灾难的。俗语有“狗咬呆，蝎勾灾”的说法。《清稗类抄》中有一则“蝎王挟暴风以至”的轶事，记述河南禹州产蝎，可为祛疯之药。汉口人辄往购之，但“人仅一度，逾此，则往往遇害”。

有些昆虫，在其生命的某个阶段上，是会飞行的。昆虫的这种变化能力也使人感到很神秘、很奥妙。因而，认为它也是能兆示吉凶的。例如，汉族广大地区以为蜻蜓云集低飞为降雨之兆。浙江一带以为红蜻蜓交集主大水。河南有“蜻蜓多，好淹坡”的俗语流传。浙江一带还以为蝇多主荒。水族忌讳蜂在门上筑巢，以为这是不祥之兆。

蛊，是传说中的一种毒虫。迷信者相信通过巫术的方式，可使蛊作祟害人。据《本草纲目·虫部四》云：“取百虫入瓮中，经年开之，必有一虫尽食诸虫，即此名为蛊。”广东、福建一带有所谓“金蚕蛊”。据说是用蛇、蜈蚣等虫类十二种，埋在十字路口，经过若干日取出奉在香炉中，即成金蚕。金蚕会听不会看，能替人做事，但要吃人的。主人须骗住它，才能免灾。金蚕的形，可以是蛇，可以是蛙，也可以是穿红裤的小孩儿。广西、广东民间又有痏蛊。制法是在端午日取蜈蚣、小蛇、蚰蜒、蚂蚁、毒蜂、蝉、蚯蚓等加头发曝干后研成粉末，供奉在瘟神像前，久而成蛊。此蛊放入饮食中，能毒害人。此外，还有壮族中流行的癫蛊、肿蛊等等。民间为了预防毒蛊也有许多禁忌。如忌与布满蛛网灰尘之家（疑为养蛊之家）往来；做客时，若主人先用筷子敲碗、杯，后盛饭菜，则疑为施蛊，忌食，并须道破；出门戒酒以防蛊等等。据说中了蛊毒可食甘草汁，或食熟鸭蛋白及银针，或服雄黄、大蒜、菖蒲煎水、石榴根水等等。如此则可化解。此种迷信活动，历史悠久，是一种掺杂着巫医成分的古代巫术与反巫术的信仰习俗遗迹。至今仍有残留，应当给予足够的重视。除了从民间信仰的角度加以认识外，还须要从更广泛的学科视野中去研究它、说明它。以便彻底揭穿这类迷信的真实原因，从而使之得到真正的“解脱”。

游鱼禁忌

鱼在水中游是属正常的自然状态，若忽有鱼儿搁浅在溪畔、水边，则属反常现象。对于“异常”的现象，人们自然有一种警觉，恐怕是什么“圈套”，担心会有什么灾祸降临，所以忌讳捡拾，以为不吉。

在水乡、海滨鱼类品种很多的地方，人们对某些鱼类有特殊的信仰，禁忌捕食。如禁忌鲤鱼与荆芥同食、鳖鱼与苋菜同食、鱼子与猪肝同食等等（参见本书“饮食禁忌”部分）。在高原地带，又有视鱼类为神圣物的习俗。例如西藏高原地区，在寺庙附近禁止捕鱼。西藏山南地区平时也禁忌捕鱼，更不能杀食这些生灵。据说这样会对达赖喇嘛“过关”（即过十三、二十五、三十七、四十九、六十一等岁数）不利。

鄂温克族出猎前要用鱼的下颌骨进行占卜。如果连扔三次，牙都是向上的，便是吉兆，预示能够打到野兽；如牙向下时，则认为不吉，是打不到野兽的征兆。

汉族禁忌小孩吃鱼子，也是与鱼类的神圣性有关的一类禁事。据说小孩儿食鱼子后不识数。

水中的鱼类，有形象特别古怪的，也为人们所忌讳。例如白族渔民禁忌捕食五六尺以上的大鱼。捕到后要焚香祷告，立即放回水中。不然以为灾祸将至。汉族也有以大鱼为精怪，不敢杀食的禁忌习俗。宜兴一带，以见黄鳝为不吉。搬迁祖坟时，若发现坑内有蛇，是吉兆，认为子孙能发达；若看见乌贼鱼，也好，说乌贼鱼是“朝皇板”（笏）；唯见黄鳝，则认为不吉利，说“黄鳝是讨饭棒”，子孙要败落。龟，也被认为是有灵气的，所谓“明于阴阳，审于刑德。先知利害，察于祸福”。因而上古时就有以龟进行占卜的习俗。民间一直崇信龟的神圣性质。黑龙江镜泊湖一带的渔民认为湖中的甲鱼（龟、鳖之类）就是水神爷。捕鱼时捞上来也不敢杀食，要赶紧磕头送回水中去。如今这一禁忌已不复存在，然而，民间对龟鳖的灵性的崇拜仍然隐约可察。

结语

以上我们谈到的一些动物禁忌，大都是实有的动物。其实，在民间还有许多动物是人们幻想出来的。比如龙、凤、麒麟等等。这些实际上并不存在的动物，在人们的传说中也逐渐形成了相对稳定的形象特征，从而“活”在了人们的信仰崇拜之中。人们根据自己的想象把它们描绘出来、雕塑成艺术品。于是，这些虚幻的动物也就真的因此而获得了某种神圣的不可侵侮的性质，成为某种禁忌体了。与幻想出来的形象相近似的，或者基本上说就是其幻想的根据的一类动物，比如蛇、鸡、鹿等等也都又因此而添加了一层神秘的色彩。至于其与皇权、贵妇、才子相关的崇信联想，则正是这一类神秘事物得以在民间长期流传不衰的真实内核。对龙、凤、麒麟等尊贵的幻想动物的崇拜和禁忌，实际上乃是对权势、财（才）力臣服、膜拜的曲折反映。

在远古文化中，以动物为祖先的图腾信仰是很普遍的。这些图腾信仰在有些民族中还留有清晰的遗迹。例如，据调查，云南西双版纳地区的克木人中就有豹氏、水獭氏、破脸狗氏、水鸟氏、野鸡氏、团鸡氏、山瓦雀氏等以动物为标志的氏族多种。这些氏族的成员，对于作为其氏族标志的动物，都有特殊的禁忌，如不能触摸、不能杀食等等。其俗以为，如违禁犯忌，摸了图腾动物，手会退毛；吃了图腾动物，牙齿会脱落，甚至会死掉。但是，大多数民族其图腾信仰的痕迹已经很少存在了。这方面的禁忌习俗学术界认识不一，并且还有待于考古学、人类学的进一步论证。

对于常见的动物，在民间信仰中也常常夹杂着某种幻想的成分。有时候视其为动物，视其为禽、兽、虫、鱼，有时候则又将自己的生命与其交感地联系在一起，甚至视其为“人”。对其“异常”的现象感到恐惧，认为会感应到自己的某种“异常”现象的发生。这些都是动物禁忌的思想观念的基础。而另一些，有关常见动物的有规律性的正常现象则一般不构成禁忌的心理态势。比如对于家畜的具体喂养经验及役使经验等等，像俗语中所说的“吃饱不加鞭，饮饱不转弯”、“马不吃夜草不肥”等等，这些我们没有列入动物禁忌的范畴。因为，它的后果是清楚地为人所掌握的，只是正常情况下的经验预测而已，它不造成人们精神上的惶惑感，心理上的恐惧感和直接的生命、利害的威胁，因而也就没有什么禁忌可言了。

植物禁忌

在生活中，人们不但与动物有着密切的关系，也同样与植物有着密切的关系。植物可供人们食用、住宿、蔽体、取火等等，是人们的生存所必需。在与植物的“交往”中，人们得到了植物的“恩惠”，也尝到了植物的“厉害”；认识到了一些植物的可食性、坚韧性、可燃性等等；也领悟到了一些植物的毒性、药性、脆弱性等等。由于需要、畏惧和神秘感，对于植物的崇拜也就生成了。原始时代，有以植物为图腾的。有些植物被认为是有意识、有感觉、有人格，甚至是有魔力和有神力的。直到后世，民间信仰中仍有许多关于植物灵性的神话传说。俗以为一些古老、怪异的植物是神灵鬼魅的栖息处所；有些植物具有预示的能力和祸福人众的魔法等等。所以对植物也有许多禁忌的俗信流传。以下就以草、木、花、实为序，来谈谈植物方面的禁忌习俗。

草本植物禁忌

旧时，中原一带，民间俗以为草丛中是鬼的藏身之所。因此，忌讳割坟上草。

佤族平时禁忌把姜、芭蕉叶、红毛叶、密花树叶、野茶叶拿进家来，因为这些都是做鬼用的东西。

河南、湖北一带忌讳烧用铺床草，因为死人身下铺的草才烧掉，故以为不吉利。

台湾一带，忌烧香蕉叶。据说香蕉结实很多，如果滥加烧化会绝嗣的，至少是子孙不会繁荣。种香蕉时，忌讳人影照入坑内，否则，不吉利。

葱有象征男阳的意义，故民间忌讳结婚办喜事时用葱。否则，俗以为会衰耗元气。

民间又有以野草为荒芜不吉的俗信。旧时有桑谷野草于朝，而谓之朝将亡者。又以为草生作人状者为草妖之兴，是争战之兆。

关于草类禁忌还有禁吃秋姜、巴豆、曼陀草等，以为其是有“毒性”的等等（参见本书“饮食禁忌”有关部分）。

木本植物禁忌

树木，常常在俗信中被认为是神灵附着的地方。一些高大、茂盛、粗壮、形状怪异的树，更是带有某种神秘色彩，往往被迷信的人们所崇拜、敬祀。旧时，怒族、佤族、彝族、傣族、壮族、哈尼族、苗族、普米族、布依族、布朗族、景颇族、纳西族等许多民族中都有神林敬祀的习俗。神林为某种敬奉的神树之林或祭祖之所附近的树林。俗以为是神灵的居处，神圣不可侵犯。忌砍伐、狩猎，尤禁在其中大小便，否则，会有灾祸发生。哈尼族、彝族、苦聪人等都有“祭龙”，亦即“祭龙树”、“祭龙林”的习俗。因为一般是在春天的某一属龙日里祭祀，所以才称“祭龙”。平时，任何人不能走近龙树，不能进入龙林。孕妇、产妇、有月经的妇女更不能进去，牛马牲畜也不能放进去。龙林里的树木、花草、土石都不能随便乱动，更不能砍伐、伤害龙树的枝叶。否则，便认为是冒犯了龙神，是不祥的预兆。这种崇拜某一林区，视其为禁地的习俗，当是属于一种原始自然崇拜。它是一种自然力被神化的典型，这一“自然保护区”被认为是村寨守护神的住地。举凡生产、争战、婚丧、生育等要事，都要在此举行祭祀的典礼。这反映了人们祈求神灵护佑的心理状态。平时，人们则尽量不去惊动这里的神祇，以免惹恼了神而遭到报复。苗族在神树老朽自然倒下之后，仍禁忌劈作柴烧。只有八十岁以上的老人死了，才可砍作办丧事的烧柴。大约这是将树的自然死亡与人的自然死亡相类比的缘故，才不以为忌的。

对于独棵树，如果是长得苍老、粗大，也常常以为是有灵性的，是神仙的落脚之地。一般也禁忌砍伐。尤其是神庙附近的树木，如果不先祭神祷告，也是绝对不敢砍伐的。汉族以为任何事物，一经年代久远就会“成精”的，所以常以为老槐树、老柳树、老榆树中有精灵鬼魅，所以非但不敢砍伐，还要烧香膜拜。哈萨克族对独棵树也特别恐惧，认为其中藏有鬼神。不敢在树下休息，更忌讳砍取这种树的树枝。若有人闹病灾，便以为是树中神鬼作祟，必在这树上挂些彩色布条，以祈求神鬼的宽恕。

瑶族认为古树中有神，因而禁忌足践和攀折。德昂族传说“活佛”飞来时先落于大青树之上，然后才由佛爷请进佛寺，故视大青树为神圣，禁忌砍伐。彝族称最粗的大树为“树王”。有的地方，还为树王规定有“生日’。在树王生日这天里，不砍柴、不割草、不讲汉话。布朗族砍树时，如果树压死了人，就认为“地鬼”不喜欢，此处不吉利，要另换别处砍伐。如果伐木人回来得了病，也认为是“山林鬼”作怪，精灵附体。须做饭菜一桌，请巫师赶走鬼。巫师会带上病人的衣服到被砍倒的大树旁做祈祷仪式，由巫师为之代言请罪。

彝族中有以“竹”、“木”为姓者。竹姓者视一种彝语称之为“务也”的细山竹为禁忌。不准砍伐，不准使用这种竹子。木姓者视红马樱花树为禁忌，不准砍伐，不准使用，也不准烧这种树木。马樱花开时，一般人也不能采摘马樱花，只有老年人才能将马樱花采回家中祭供。

汉族自古伐木以时。孟子曰：“斧斤以时入山林。”《礼记》曰：“孟春之月禁止伐木，仲春之月，毋焚山林。”又以用药杀树为大忌。庄子曰：“用药者，无斧斤而夭，厥志不仁。不斩伐而枯，其毒太苦。”这是把树木人格化了，以为树木也像人一样是有知觉、有意识的，绝不能待之以不仁。

汉族浙江余杭县一带，旧时流行种同龄树的风习。婴儿诞生后，家人即在院头地角种一棵枇杷树，谓之“种同龄树”。俗信同龄树与婴儿的成长及日后的命运有着某种连带关系。一般是人树互感，亦即荣枯壮衰互有感应。因此家人要精心培育管理此树，祈求其茁壮成长，枝繁叶茂，果实累累。忌讳同龄树夭折、毁坏，否则，俗以为会对同龄人有所不利。

汉族家院中禁忌种榕树、杏树，院前院后还有禁忌种桑树、柳树和槐树的（参见本书“居住禁忌”中“庭植禁忌”部分）。这些习俗，都是担心树木会对人造成不利的影响。《清稗类抄》中有一则“伐椒之兆”的轶事，记述一位读书人偶插一枝椒树，曰："若吾他年读书有成，则此枝当活。"后果椒活，其人亦功名成就。然而，"久之，或言椒不留子，苞一启，子即坠落，恐不利于子孙，乃议伐之"。后虽经亲眷力阻而不能止，伐椒二年，人亡家败。其中，也反映出民间关于花椒树能兆示祸福的信仰。

湖北一带，旧时民间忌讳枣树生成连理木，即两树曲干，合生为一。俗谓如是，则将有流贼之祸。

由于对树木存在着种种神秘感，所以使用时便也有所禁忌。佤族忌讳用生树堵塞水洞，否则，以为耳朵会聋。汉族有榆木不作棺的俗禁。一说是因榆木材质坚硬，条理不顺，俗有"榆木疙瘩不开窍"的常语流传，恐下辈小孩不知理，不聪明；另一说是由于榆叶、榆皮可食，易遭虫蛀，所以民间一般不用此木做棺木寿材。河南一带还有忌用枣木作门窗过木的。俗以为枣有核，核似钉，恐日后家中遇事会因之而不顺利，光碰钉子。造屋忌用楝木做梁檩，因"楝"、"殓"谐音，恐有不吉。做床忌用雄椿，喜用雌椿，也是重子嗣，恐不育的心理反应。达斡尔族忌用白桦树造屋和做木排的舵。佤族甚至禁忌把未干的树枝带回家中。否则，以为家神将不再保佑家人。鄂温克族禁忌妇女烧腐烂的木材，更忌讳烧一种叫做"甘那格他"的树。据说这种树兴安岭里很少见，是专门用来做神像的材料。

由于相信树与鬼神有着某种密切的关系，所以中国汉代以来便流传着一种习俗，即在坟地里植树以安慰死者的魂魄。据说坟间的松柏能保护尸体不被一些怪兽啃咬，免其遗体腐烂。坟地里种植四季常青的松柏，也对死者的亡灵有益。因为人们相信，坟地树木的荣枯，反映着亡灵魂魄的安否（参见本书"丧葬禁忌"有关部分）。所以，如果谁要毁坏人家坟上的树木是绝对犯忌讳的。

花蕾禁忌

民间因常见到植物开花之后将结出果实来，所以把花蕾视为某种"结果"的因由。这种思想延续到生活中来，常常表现为许多种稚气十足的迷信禁忌。例如，中原一带流行一种说法，说是若将一种俗称打碗花的野花草带进家中，会使家里的碗真的被打碎。湖南过年时，家中要放一盆水仙，花开茂盛，兆示家运兴隆。否则，即是家境将要衰败的不祥之兆。民间忌之颇甚。如果某种植物开花所预示的“结果”正是人们所期待和盼望着的，那么，这种花就特别地受到保护。佤族、汉族等民族中有忌讳以手指棉花蕾、瓜果花蕊的习俗。俗以为用手指，会使花儿脱落，果实难“坐住”，瓜果结不成。在玉米扬花时如遇大风，傈僳族禁忌妇女织麻布和男子砍伐竹木。在稻谷扬花时，也禁忌在稻田边洗衣剥麻。如违犯禁忌，则认为会使其花受惊吓而导致减产。

在长期的生产、生活实践中，人们知道植物开花是有季节性的。一般是在春季里开花。如果在冬季，雪天里开花，便是属于“异常”的状态的。人们往往以为这是不祥之兆，谓之“果木冬花兆荒年”，或以为兆示家运、世运衰败。世人必大骇，并深忌讳之。

江南某些地区，旧时有“竹子开花兆灾”的俗信。俗语说，“竹子开花，人要搬家”、“竹子开花，家破人亡”。相信竹子开花是饥馑或变乱的前兆。这种把竹子的生长情况与人的命运相提并论的说法当然是一种前兆迷信。不过，因为竹子是靠地下茎无性繁殖，惟临枯死或水旱虫害肆虐时才开花，所以，如果是对气候、年景的预测，也是有一定的科学道理和一定的内在联系的。而在海南岛、云南等一些地区，刺竹、藤竹每年必开花，实属正常现象，所以当地是无此俗信，也是无此忌讳的。

果实禁忌

由于人们生存要依赖吃食植物的果实，所以对植物的果实有着种种崇拜心理。旧时中国各地立春前都要举行鞭打春牛的祭谷神仪式。常由地方长官带头，用涂了各种颜色的鞭子向纸糊的或泥塑的牛身上抽打，直到把牛肚子里的谷物打得泻漏出来为止。据说这样可以祈得谷物的丰收。

旧时，在播种谷物的季节里，民间常常要举行“歌圩”、“歌会”，甚至于此时以人的性行为来象征、预示、促使谷物的丰收丰产。清代檀萃《说蛮》云：“峒人（壮族）……春秋场期，男女会歌为异耳，言会歌则年岁佳，人无疾病。”广西一带春季歌圩至今仍是盛行。《龙州县志》云：“相传此圩一禁，即年谷不登，人畜瘟疫。”在播种季节过后，有些地方直至收获季节到来，这期间都要禁忌房事，唯恐影响、损害了谷物的收成。

当谷子出穗时，水族人忌讳烧竹箩。据说这样做了，会导致歉收的。大概是联想到盛装谷物的物什毁坏了，谷神就不再乐意赐予人们谷物了吧。湖北一带，有“谷怕午时风，人怕老来穷”的谚语，即是说在谷物秀苗之后，最怕午间刮大风，尤其忌讳刮北风。如此，则谷物将会减产的。这些，都反映了人们对植物结实丰硕的渴望心情。依此而产生的种种禁忌，实际上是人们关心植物的生长及经济收入情况的曲折体现。

云南克木人收获谷物时，要用手勒，忌用棍打、足踩。据说，其俗以为，谷子对人有养育之恩，因此不能不善待之。如果用棍打，用足踩，相信会伤害到谷神，并且会因此而受到报复的。其实，用手勒，是原始采集普遍使用过的方式方法。如今，有的克木村寨也学会了使用镰刀割谷穗、足踩脱粒和用棍打谷把等方法。

汉族在收获季节，尤其是打谷场上，禁忌说不吉利的话。迷信者以为，随便说话，得罪了谷神，会使已经打到场里的谷物再失掉的。收获的五谷，食用要精打细算，不能抛撒浪费，否则谷神也会怪罪的。汉族、普米族等许多民族中都有谷米通神的信仰。民间不仅有多种多样谷米占卜的形式，还有以谷米为引物，直接招魂附体的习俗。这些都足以说明谷物的“神气”，是引起民间敬畏、禁忌的根由之一。人们不敢得罪谷物，正表现了人们对谷神的敬崇。

果树的兆示作用，也多体现在树木的果实方面。湖北一带有“桃荒枣熟”的俗语，便是以桃和枣的果实来预见年景好坏的。俗以为某年多桃则荒，多枣则熟。大约是“桃”与“逃”谐音的关系吧，所以忌讳桃子多产。然而，也不排除可能有某种地方上小气候的经验因素在内，不管其正确与否。

关于植物的果实，还有一些食用方面的禁忌，例如俗语中所说的“桃养人，杏害人，李子树下埋死人”等等。这些我们在前文“饮食禁忌”中已经谈到。

人工物禁忌

人工物，虽然是人所制造出来的东西，也不能免去其神秘性，也有可能成为禁忌品或者是禁忌的导源。人工物，在其被制造出来之后，就与原来的“材料”状态迥然不同了。这种变化的对比以及制造过程中的奇异感觉都能刺激人们的心理，并产生禁忌的观念。另外，人工物的应用价值以及使用者的“灵力”的凭附都会产生某种崇拜形式，而崇拜形式中也就必然含带有禁忌的信仰成分。再有，人工物的“变异”（或者说“怪异”）状态，也会令人惊诧，从而产生吉凶祸福的联想，进而对以为是凶兆的现象深讳不疑。

前文，我们在谈论衣、食、住、行等等许多方面的禁忌时，曾经涉及许多经过人工而成的事物，例如服饰、食品、房屋、车船等等，由它们所引起的禁忌或者与它们有关的禁忌，实际上也应当是属于人工物禁忌之列的。但是，为了使问题简略明了一些，已经叙述过的就不再重复了。在此，我们仅仅把人工物的概念大致限定在人们日常使用的器具方面，以便利于问题的说明。

在人工物的禁忌中，最常见的是那些具有杀伤力的人工物。人们制造出的刀、枪、斧、镰、刺等等凶器，由于具有一种杀伤猎物、敌手或误伤自己的性能，所以这一类器具便被认作是有某种魔力的，人们往往对之崇拜且有所禁忌。

达斡尔族、鄂温克族忌讳用刀剪等有刃的或筷子等有尖的器物在别人面前晃动。俗以为如果用有刃、尖的东西指人，刃、尖会长而致死人。其俗还忌用刀子捣锅或代替筷子。禁忌拿刀子进畜圈或用有刃的东西打狗。火筷子和剪子禁忌张着放置，忌讳剪空。不然的话，据说会有人说坏话或被人控告（这里暗示着会有人被伤害）。青海一带主人宴客，无刀者，主人授之。客还主人刀，忌讳刀锋向着主人。尤其忌讳将刀插于地上，或者插于脯。否则，即是对主人的不敬，将被驱逐出门。德昂族忌用刀削筷子和甑子，又忌置刀于锅、碗、谷子和米面上，否则，以为会丢失粮食，招致饥荒。彝族忌动家门上的鬼刀。禁忌带刀枪、棍棒、绳索等器械进堂屋和厨房。土家族禁忌将锄头扛在肩上。汉族禁忌将锄头、铁耙放在米囤上，禁忌在蚊帐、衣服上插针等等，都是带刃、带尖一类凶器的禁忌习俗。

在一些特殊的情景下，禁用带刃、带尖的器具，不仅是对人自身的直接保护，而且更重要的是还包含有敬神的意义。例如台湾高山族的传统节日——收获节，即稻谷成熟后的某吉日里，各家要备牲酒祭神，祭后到田间拔稻。此时，禁用镰刀，只用拔来的稻谷集体尝新庆丰收。这里的禁用镰刀就含有敬奉谷神的意义。通过这种方式告诉谷神要开镰了，希望不要伤着它。白族（保山阿不寨）过年忌用刀。平时人们所用的砍柴刀，也要择一个好日子敬山神，待“开山”后才能使用。汉族开封一带过年亦有“封刀”、“封剪”的习俗。其中都含有崇物敬神之意。景颇族男子经常随身带着的长刀和筒帕，平时不能在墙上翻挂着。只有在亲人去世时才这样挂，表示正在办丧事。汉族豫北一带，平时炊刀，禁忌放进盆里。只有在办完丧葬事后，家门外才放盆，盆内放炊刀，用来供孝子入家洗手洗面。这里，又是以刀来消除丧葬的晦气和利用刀的“魔力”来驱除鬼祟邪恶了。若在平时也这样做，便会引起不吉祥的联想，所以要避忌之。

人工物的功用或名称能够使人联想起吉凶祸福的，也往往因此而产生一些禁忌的惯习。例如成殓死人的棺材，平素就忌讳随便谈论，一般要改称之为“寿材”、“寿木”等等。做时一般要选择吉日，忌用某些材料。一些专门用于祭祀的祭器、祭品也都禁忌随便触摸。过年买灶爷、门神，也要讳“买”字，而改说“请”字。傣族祭祀供奉祖灵的吊笆（竹篮）平时禁忌放置东西，否则，轻罚鸡祭，重罚牛祭（这方面的禁忌，读者还可参见本书“祭祀禁忌”有关部分）。锁的功用使人们联想到乳汁的被禁锢。东北一带产妇的炕席上往往要锁上一把锁，即是怕奶水被外人带了去（详见本书“生养禁忌”有关部分）。乡间摘棉花要用篮子盛。因而河南、湖北一带，民间有以篮子占卜棉花丰歉的。其俗是夜间将篮子抛上房屋，第二天，如果篮子是口朝上的，兆示棉花丰收；口朝下，则以为棉花的收成不会好。人工扎制的风筝，旧时以其为祸殃灾害的代表。放风筝的用意在于“放公灾”。所以民间忌讳捡拾落地的风筝，更忌讳别人放的风筝落到自家院中，以为是要倒霉的凶兆。如果知道谁是风筝的主人，还要找他算账，让其买金纸化解消灾才肯罢休。“伞”与“散”谐音，故民间忌讳在室内张伞，恐因此而遭小偷光顾，丢失财物。

既然民间以为人工物也是有“神明”凭附的，那么，对于有灵性的人工物的亵渎行为必然是属于禁忌之列的。民间俗信，胯下是“不洁”的。因此，哈萨克族禁忌妇女从斧子上跨过；汉族也忌讳坐在扁担上，并禁忌妇女从扁担上跨过。桌子用过三年以上的，也禁忌妇女坐在上边。俗以为物久则灵，人工物用的时间久了，便会有神灵潜隐其间，是不能有任何亵渎行为的。否则，认为冲犯了神灵，便会遭到横祸了。

门户、井灶与人们的生活息息相关，代表着家运，所以也以其富于灵性而多有禁忌。如建灶忌向、忌择不洁地建灶；忌在灶前洗澡、啼哭、大小便，忌禁以污物送入灶口等等（有关这方面的禁忌参见本书“居住禁忌”部分）。

纸张是人工制造的，据信一旦写了字，便有了灵性。这是中国旧时文字崇拜的一种习俗信仰。旧社会，在文庙所在地，大都设有“惜字亭”。人们忌讳糟蹋有文字的纸，禁忌用来揩擦脏秽污物，甚至连足踩也要尽量避免。如果需要处理有字的废纸，必须放在惜字亭里火化，经过祭祈文昌神，然后才能把纸灰丢进河里冲走。如果是药方、春联等字纸，就更迷信其“神力”了。旧时江苏南京一带，药方忌反折，否则以为药与病反，不能起到医疗的功效。河南开封一带，春联忌讳上下联颠倒贴，忌讳弄脏，否则，以为一年之内都会不吉利的。

对于人工物的毁坏破碎，民间常以为是不吉利的。俗以为物的损伤与破坏会影响人的运气，预示着人将遭厄运、灾祸。汉族、佤族、彝族等许多民族都有忌讳打碎碗、盆、勺等器皿的禁忌。尤其是喜庆日子里，忌之更甚。河南、山东一带忌讳过年节时打碎碗盏。如果打碎了，河南一带要说一句“岁（碎）岁（碎）平安”以为破法；旧时山东胶东一带，如打碎了东西，禁忌说话，必须一声不响地把碎片收拾干净，扔到井内，路上遇到什么人也不说一句话。据说这样就可以消灾了。否则，主大凶。一年内不是死老人，就是死小孩。河南一带，老人用的碗打了，兆凶，意味着老人将要死亡。如果老人自己不知道这事，一定要尽可能瞒着老人，不使他知晓。湖南除夕打破碗盏，主次年遭凶事。新年打破碗盏，主一年事事发财。傣族楼中火塘旁边的茶筒很薄，用时要特别小心，禁忌弄破，否则，虽至亲密友，亦须赔偿一头牛。因为茶筒是很神圣的，在制茶筒时就要用牛来祭典。彝族出门人忌讳踩洗脚盆的盆底。俗以为，这是不吉的征兆。青海省的藏民很重视酥油桶和奶桶，以为这是福气的象征。禁忌洗酥油桶和奶桶的外表，恐会冲掉了自家的福气。

有些天然的物质，本来就有神秘感，经过人们的加工，制成某种器物之后，仍然具有这种神秘的性质。比如一些玉器、铁器、铜器等等。河南一带，在打麦场上，禁忌任何人坐在石磙上。石磙俗称为“青龙”，坐在上边，恐压了青龙头，对谷物的收获不利。民间还有称井帮石为龙头的，担水时禁忌水桶碰井帮。山东清明期间禁忌用磨；黑龙江一带，家里人过生日这一天也禁忌动磨。可见磨与人的生命、魂魄是有关系的。据信，犯忌是要折损阳寿的。广西一带相信“石鼓鸣，盗贼兴”。台湾人忌讳往石砚台上写毛笔字。写离婚书用过的砚台，禁忌再使用。否则，以为会倒霉的。铁锅嗡嗡作响，民间也以为是不吉祥的征兆，湖南湖北一带蒸饭时锅鸣有声，须以金器压其上，不然，主有凶丧事发生。此时，以亵衣盖锅，最不吉利。台湾一带，炊事时，釜锅发出响声，如在寅、卯、未时，便认为是有凶祸怪事将要发生的征兆。其他诸如针断、勺漏、秤折、镜破等等，也都是不祥之兆，民间各有忌讳和破解之法。

总之，人工物的禁忌绝不因为它是人们自己制造出来的就可以减免了。民间俗信中“物久则灵”、“久物成精”的思想是很沉重的。

自然物禁忌

这里所说的自然物主要是指无生命的天然物，比如日、月、星、山、河、土、石等等，以及它们在发展变化中的各类形态。自古至今，民间都有对这一类事物的崇拜信仰。因为这些自然物同样而且有时是更加能够影响人们的生存、生活的。《国语·鲁语》云："……加之以社稷山川之神，皆有功烈于民者也；及前哲令德之人，所以为明质也；及天之三辰，民所以瞻仰也；及地之五行，所以生殖也；及九州名山川泽，所以出财用也。非是，不在祀典。"可见，如果不是与人们生活有关的，人们是不会对之崇拜、敬祀的。这种对自然物的崇拜实际上反映了人们对大自然的某种依赖关系。在人们"得利"、"获福"于自然物时，他们会产生感激、满足之情，当人们"受害"、"罹难"于自然物时，他们会产生惊慌、恐惧之情。这些都促使人们视这些无生命的自然物为有意志和意识的，并且具有远比人类要强大得多的神秘力量。于是人们便自然而然地将其神化，对其膜拜起来。由于人们相信无生命的自然物也能够向人类散播幸福或灾害，所以对于这些自然物便也就形成了种种不同的禁忌习俗。以下我们便从天体、气象、水火、土石、岁时等等方面来分别谈一些实例。

天体禁忌

日、月、星是光明的象征，它们最能引起人们的猜测和想象。中国古代就有对日、月、星的祭祀。《礼记·祭法》云："王宫，祭日也。

夜明，祭月也。幽宗，祭星也。”旧时，民间还有许多关于天体的神话传说故事。生活中人们对日、月、星的依赖关系也是很明显的。据《中华全国风俗志》云，河北天津一带有接太阳的风俗。“每年六月十八日晚，各村寺庙中，锣鼓喧天，颇为热闹。村庄老年妇人，集成一会，于是晚住在庙中，念经诵佛，直到天将明之时。排列供案，燃烛焚香，向东致祭，至太阳出来始止。若值在晴，清晨放出阳光，大家欢喜，倘是天阴，便云不吉，异常懊丧也。”这一习俗很可能是古代祭日习俗的一种遗迹。人们最初并不知晓天体运行的规律，唯恐太阳落山后不再出来了。所以要祭祀，要“接太阳”，并且忌讳接时是阴天。如今各地的日食、月食禁忌也体现着这一点。据《风俗通义》云：“俗说临日月薄食而饮，令人蚀口”，“日有蚀之，天子不举乐”。俚语：“不救蚀者，出行遇雨。”此即是说，日月食时，禁忌饮食、举乐，且不能不相救也。古代儒家还将日食、月食分别归结为男女道德礼教不修整的过失所致。《礼记·昏义》云：“是故男教不修，阳事不得，适见于天，日为之食（蚀）。妇顺不修，阴事不得，适见于天，月为之食（蚀）。”民间又有日月食谓天狗吞食之故。全蚀复明，谓屙了出来，俗以为不吉，兆歉年；偏食后复明，谓吃不完又吐了出来，吉，兆丰年。所以，一旦日月食时，人们便鸣锣击鼓、敲盆打梆，惊天狗，以救日月也。中国北方阿尔泰语系各民族普遍崇拜太阳和月亮。直到近代，柯尔克孜族遇到灾害时，仍然祭太阳和月亮，以求免除灾祸。哈萨克族忌讳面向太阳大小便，认为那样是一种极不崇敬的行为。民间普遍认为太阳具有驱赶一切鬼魅的魔力。太阳一出来，所有的鬼怪便都悄悄隐匿起来，不敢再猖獗作祟了。而太阳一落山，鬼祟便又会肆虐起来。因此，民间有许多太阳落山后的禁忌。汉族、哈尼族等民族都忌讳太阳落山后扫地。以为这时扫地会把财神及其他善神扫出门外的。晚间外边凶鬼、恶神太多，如果万一把家中的财神、善神扫出门外，它们就不会再回来了。那样这家人就会衰落下来，难以兴旺了。汉族还忌讳日落后（有些地方甚至忌讳下午或傍晚时分）去探视病人。因为病人阳气衰弱，白天（最好是上午）探视病人，可以把太阳的阳气带给病人，使其精神好起来；而晚上，则阴气浓重，俗以为会对病人更加不利的。深夜中，还忌讳答应人的呼叫，恐中了鬼魅的圈套，被拘走了真魂。台湾一带，夜间还禁忌洗头、采花、吹哨、吹笛子、使用针线等，都是与太阳崇拜有关的习俗。唯恐在没有太阳的情况下，招惹了鬼魅，生出一些凶祸事来。

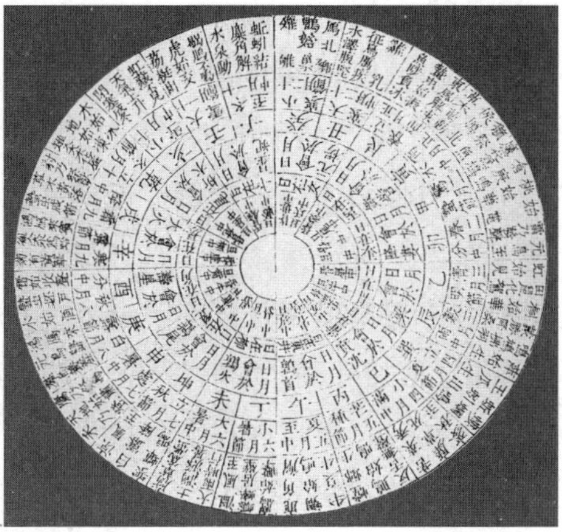

古代二十四节气图

汉族及其他一些民族中在农历八月十五日祭月的习俗也是对月亮的一种崇拜仪式。旧有男不拜月，女不祭灶之说。那是因为月神被认作是女性神，而恐男子拜月会亵渎了月神。

对于星辰的迷信也很普遍。民间以为天上的星星是和地上的人口相对应的，所谓："天上一颗星，地下一口丁"，"地上一个人，天上一颗星"。地上有一人降生，天上便增添一颗星星；天上有一颗星星陨落，地上便有一人死亡。若陨落的是颗亮星，就以为将要有大将、名人或显赫人物死亡，甚至兆示皇帝驾崩、国家有难等等。有人也会因观见星辰陨落而联想到自己的生命将危。豫东一带传说此时可以吐唾液来袚除不祥。有些地方，则忌讳唾流星和虹霓。平时，忌讳用手指星、月，也是汉族及其他许多民族中都有流行的禁忌习俗。俗以为用手指星、月是对星、月的不敬，会冒犯天神。星神、月神将会因此而降祸于人，轻则"割其耳"，或使其嘴角溃烂，重则会有亡命之灾。旧时还流行着许多关于星辰兆示的说法，如"四星聚为不吉，五星聚为吉"、"太白（星）经天，昼见为灾妖"、"日值天德、天恩、月德诸星则谓之吉，遇天狱、天火、土瘟诸星则谓之不吉"、"又以二十八日宿值日，指奎娄角亢牛鬼星诸日，谓行军必凶"。这些说法，大都出自于星相术士之口。一些无聊文人，也因为"好神其说"，而将史籍中记述的星变日食诸事解释为"天意示警"。熊伯龙在其《无何集》一书中便曾一针见血地指出这种做法是："遇治言吉，遇乱言凶，以为政事上应天象，而不知均失其实。"

但是，星相家的讹传，也并非凭空而来，它是有民间信仰的基础的。否则，它既不可能产生，也不可能流传。由民间的观察和体验而总结出来的，或者虽与星相家有关但已被民间广泛所记取了的星相迷信也是有的。最普遍的星相迷信即是相信彗星的出现将会给人们带来凶祸。彗星，民间又称扫帚星，古人又称妖星。《占经》云："彗星东出，有寇兵、旱。"《淮南子》云："虹霓、彗星者，天之忌也。"民间则盛传彗星出现是灾荒、瘟疫、死亡或战争的预兆。此外，天河的兆示，也是星相迷信的一种。旧时江南一带，有于七月七日夜，牛郎织女相会之时，观天河（银河）之显晦以占卜米价贵贱的习俗。俗以为显主米贱，晦主米贵。米贵者，年景不好也。故而忌之。

气象禁忌

气象变化万千，自古至今是民间最感神秘莫测的事情。人们虽也试探着对其进行预测，但总不能完全可靠地掌握它。因而民间说"天有不测风云"。对于天象，也有种种神奇的传说，俗以为天气是由诸位神灵掌管着的，这些神灵依据自己的意志和意识随心所欲地安排着天象气候，降给人们以祸福。人们对掌管天气的各种神灵崇拜祭祀，祈求他们不要降下灾害，渴望能够风调雨顺，年景太平。对那些凶恶的气候则恐惧万分，进而也就深切地讳避那些能够预示恶劣气候的征兆了。

【风忌】

（1）风向忌

风向，在某一时刻里，据信是有兆示能力的。江苏一带正月初一有早起观风向卜农事的习俗，以为是时东北风则吉，西北风则凶。当地俗谚云："岁朝东北风，五禾大熟丰；岁朝西北风，大水害农功。"江苏中部一带，二月二十八日，俗称老和尚过江，必有风报。忌讳南风，俗以为南风主旱。又忌小暑日东南风，也谓之主旱。崇明一带，忌讳白露日刮西北风或东北风。俗以为如此则会对棉花

雨神

风神

生长不利。谚云："白露日西北风，十个铃子九个空。白露日东北风，十个铃子九个脓。"旧时，农事生产中还有"八方来风，只有巽风（东南风）才吉，其余皆凶"的说法。可见，风向的禁忌是旧时极为普遍、极受重视的一种习俗信仰。

（2）旋风忌

狂风、大风，自然是使人们害怕、恐惧的。而旋风，虽不一定造成什么眼见得到的祸害，人们却也依然对之很恐惧。因为旋风的样子奇怪，属于一种"怪异"现象，所以人们害怕它、避讳它。俗信以为，旋风是鬼走路时带起的风，人们遇之不吉。万一碰上了，要用咒骂、唾唾沫，以鞋扣、物什投打等方式来破解灾难。常用的咒语、口诀有"旋风旋风你是鬼，我有大刀砍你腿"等说法。旧时汉族及其他民族中均有流行。

【雷忌】

雷电，民间相信是由雷公神主掌的。俗以为雷公神还能代天执法行刑，击杀有罪过之人。俗间赌咒发誓，便常言，若不守信义，便遭电打雷劈。有些被雷击毙的人，也常被说成是其本身的罪过所造成的恶果。尤其在不该有雷电的时期里，有雷鸣电闪，人们便更以为是将有灾祸的预兆。如汉族、瑶族等民族中就有正月、二月响雷的禁忌。河南方城一带，有俗语云："正月打雷土谷堆，二月打雷粪谷堆，三月打雷麦谷堆。"土谷堆，即为疫病将临，坟头激增之意。十月已进初冬，也不该再响雷了。故而民间亦有忌十月响雷的俗语。如河北一带云，

雷神

“十月雷，阎王不得闲”、“十月雷，人死用耙推”，意指十月内有雷电，主来年灾疫。江苏一带，也有“十月雷，人尸拌来推”的说法。其意相同。

有些雷电虽属正常时期该发生的，但对农作物不利，或是某种恶劣天气的征兆，也会间接地给人们造成灾难，因而民间也很忌讳的。如江苏一带有立秋忌雷的说法，所谓“秋瞉碌，收秕谷”、“秋孛鹿，损万斛”等等，均是指立秋日雷鸣主秀不实，故而忌之。广西一带也有“雷打秋，晚禾折半收”的说法。河南一带，则忌九月雷响。俗语说：“九月雷公发，春旱一百八。”俗以为九月雷响，来年必有大旱。

由于畏雷，布依族、水族等许多民族中还有雷天忌生产的习俗。从每年第一声雷响开始，有规律地禁忌耕种。直到撒秧播种，或者水稻长到一定的高度时为止。忌雷期间，禁忌犁田、翻地、播种等等。俗以为违犯了这些禁事，会得罪雷公，雨水会不好，庄稼会歉收（这一类禁忌，还请参阅本书“农业禁忌”有关部分）。这些禁忌充分体现了民间对于雷神的虔敬心意。汉族还有敬雷吃斋的习俗。据《中华全国风俗志》云，江苏一带，“六月二十四日，为雷尊诞。自朔日至诞日茹素者，谓之雷斋。郡人几十之八九，屠门为之罢市。或有闻雷茹素者，虽当食之顷，一闻虺虺之声，重御素肴，谓之接雷素”。此亦是敬雷神、勉善行之意。

旧时，民间还有雷不做酱的俗信，以为响雷日做酱，会令人腹内雷声（参见本书“食品制作禁忌”部分）。

【雨忌】

雨水对人和庄稼都是至关重要的，少了不行，多了也不行。俗以为雨水下得多少全是由天神（龙王爷）管辖着的。因有向雨神（龙王爷）祈晴、求雨的习俗。旧时农业生产力低下，大多数地区都需要靠天吃饭，因此，在一些农作物生长的关键日子里，人们忌讳下雨或不下雨。例如，河南鹿邑县一带，下雨俗说："三月怕初七，四月怕初一。初一、十五都不怕，就怕四月十二下。四月十二湿了老鸦毛，麦从水里捞。"江苏也有"小麦不怕人共鬼，只怕四月初八夜里雨"的说法。由此可知这些地方种小麦忌讳四月份多雨。江苏一带，七月二十日，俗传为棉花生日。当地谚云："雨打七月念（廿），棉花弗上店。"一些农时节气，也多是忌雨（或忌不雨）的重要日子。如河南立夏忌无雨，俗说："立夏不下雨，犁耙高挂起。"意指立夏不雨兆凶年。立秋夜则忌雨。江苏忌处暑日不雨，谚云："处暑若还天不雨，纵然结实也无收。"又忌白露日下雨，谚云："白露日雨，到一处坏一处。"又有"白露前是雨，白露后是鬼"的说法。这一类忌雨的俗谚中国各地多得很，举不胜举。而且，各地的忌雨习俗也不尽相同。但多数是与农事有关的。反映了人们关心农业生产、关心衣食来源的正常心理。当然，这些谚语的科学性是不能确保无误的。

【虹忌】

雨后出彩虹，本属正常的自然现象。但在一般迷信者眼里，却认为这是天意的显现，是神灵的兆示。鄂伦春族、汉族等民族都禁忌用手指点虹，唯恐冒犯了天神。南方或北方出现了彩虹，民间还以为是灾难的象征，深以为忌。河南有俗语云："东虹呼雷西虹雨，南虹出来卖儿女，北虹出来大杀大砍。"又云："东虹风，西虹雨，南虹出来卖儿女。"山东也有"东虹无露西虹雨，南虹出来摸点鱼，北虹出来杀皇帝"。这里，既把虹的出现与降雨的自然现象联系起来了——这是有一定科学道理的联想；又把虹想象为上天对人间某种政事的"垂象"和兆示——这就是迷信的部分了。

水火禁忌

【水忌】

水，对人们的重要性是显而易见的。而越是对人们重要的事物，人们对之也就越怀有一种神秘的猜测。大多数民族都认为，水中是能够隐匿鬼怪的。布朗族还认为水是由“水鬼”管着的。布朗人十分忌讳“水鬼”，因而禁忌把水引进寨子。他们认为只有这样才可以隔离开“水鬼”，确保村寨的平安。白族对自然出水的水塘很迷信，说是有龙神居住在龙塘内。这种龙塘，禁忌牲畜到里边饮水；禁忌小孩到里边洗澡，也禁忌妇女去洗衣服。人们有了病灾，就认为是触犯了龙塘中的龙神，要杀羊、杀鸡，到龙塘边去祭献龙神。回族也很重视水的清洁（圣洁），禁忌外族人用不洁之器具到回族的水井、水缸中打水。这与回族的宗教信仰有关。这一类禁忌习俗，在客观上起到了维护池塘、水井清洁，使水源免受污染的作用。同时，也体现了人们对水的珍重。

水族在干旱时禁忌抬水淋秧。俗以为这样做是违反天意。旧时，无论怎样干旱，都禁忌打井、修沟、引水灌田。以为这样会挖断“龙脉”，破坏了风水，带来灾害。这就完全是向大自然屈服的迷信禁忌了。如今人们已不再相信了。

沿海一带，还笃信海水的预示能力。广东一带，有些海边的农户入冬后，惯以海水之温度占卜来年的丰歉。以为海水热，兆荒年，海水凉，兆丰年。俗谚云：“海水热，谷不结；海水凉，禾登场。”也是属于对水的一种忌习。

【火忌】

民间自古以来就以为火是神圣的。汉族及其他许多民族中，至今仍有火神爷的崇拜仪式。俗以为火是一种神灵或者火是由一种神灵所掌管着、支配着的，如果哪里不幸失了火，受了灾，便说是火神爷显灵、发威所造成的。鄂温克族、鄂伦春族等北方民族对火最为敬重。在一些民间传说中，火神被描绘成一个蓬发老太婆，一位很有尊严的女神，如果谁得罪了她，就要受到惩罚。比如使他（她）再也生不着火，直到被冻死等等。

火神祝融

鄂温克族认为火的主人是神，每户的火主就是他们的祖先。各家各户必须谨慎地保存好火种，即使搬迁时亦不得熄灭。否则，火种一灭，就意味着这一家要绝户断根（汉族民间祭祀时要点长明灯或燃蜡烛，据说也与原始时期不断火种的迷信有关）。每年秋季要祭火，由妇女主祭。祈求火神饶恕自己过去一年中的罪孽或有所失礼之处。祭火时，禁忌用铁器、木棍弄火，禁忌掏灰、扔灰，禁忌打扫室内。新妇到男家时首先要拜丈夫家的火。只有先把自己介绍给火，然后才能成为这家中的一员。平时，也禁忌用有刃的东西捅火、拨弄火。俗以为这样会伤着火神，冒犯了火主。吃饭、喝酒时都要先往火里洒、滴上一点，说上几句祝福的话。如果不这样，也认为是会得罪火神的。往火里泼水，更是忌讳。因为水火不相容，泼水就更会伤害火神了。鄂伦春族、赫哲族也有这些禁忌。赫哲族人在必须用水浇灭火的时候，要说："请火神爷把脚挪一挪。"以为如此提醒一下，火神就不会被伤着了。

火神不能伤害，也不能亵渎。污秽的东西禁忌扔入火中。鄂伦春族禁忌往火里吐痰、便溺、倒脏物。做饭时，如果不慎将饭汤洒到火上时，也要立即祈祷火神不要发怒，甚至还要装烟赔罪。赫哲族、鄂伦春族等还忌讳用脚踏火、踩火。汉族、彝族、鄂伦春族、鄂温克族、赫哲族等等许多民族都禁忌随便从火上跨过，尤其是妇女，更不能跨过火堆。产妇甚至不能接近火，更不能拨弄火。平时妇女烧火做饭也禁忌正冲着灶门蹲看。火里也不得扔进葱蒜等有气味的东西。高山族还禁忌病人接近火堆。等等这一切禁忌都是唯恐亵渎了火神的。

汉族、彝族、白族、鄂伦春族、鄂温克族、达斡尔族、蒙古族、哈萨克族、柯尔克孜族、高山族等等许多民族都把火视为圣洁的象征，认为它具有某种驱邪逐魔、消灾去污的能力。在夜间走路时，常常点起火把来。一些节日里，也都点燃起篝火、灯笼、火把，燃放焰火、爆竹等等用以驱赶病魔、鬼祟、邪气。汉族的放花灯、送河灯等等民俗活动，也都与此有一定的关联。俗以为从火堆上跨过或从火堆旁走过都能祛病消灾。哈萨克牧民还利用篝火驱赶病魔，防止牲畜病亡。成吉思汗时代，蒙古各部的贡品，必须从火上燎过，才能送进宫廷。元代外国使臣晋谒蒙古皇帝时，也要从两堆火中走过去才行。正是因为民间相信火是有魔力的，所以人们对火又异常敬畏。赫哲族打猎时遇见烧火灰堆也要磕头。鄂温克族对打猎引起的山火非常迷信，既不利用，也不扑灭。认为这种火是神的意志的体现，人力是扑不灭的。甚至说，打猎引起的火不会烧好地方和好东西，是专门烧坏地方和魔鬼的。如扑灭这种火，就违反了神的意志，保护了魔鬼。直到如今，有些人对此还笃信不疑。鄂伦春族、鄂温克族在打猎期间还忌讳烧崩火星的木柴，以为烧火时如果火崩出声，火星飞溅，是没有福气、打不着野兽的征兆。高山族如果遇到了不吉祥的事，就会立即转移自己那堆常年不熄的火堆，而在另一地方生起一堆火来。否则，自己将一直难以摆脱不幸的命运。这大约也是相信，原来的那堆火的魔力、精气已经耗尽了，所以才重新换一堆火，以求庇佑自己的火神的神力永远强盛无比。

土石禁忌

【土忌】

土地上撒播下种子，就会长出庄稼、花草来。土地是生命之母。人们对于土地有着某种神秘的感觉。在定居之后，人们对土地的信仰发展为崇拜。中国自古以来就有不得任意掘土的禁忌。特别是五行阴阳说盛行以来，风水术中对土地的忌讳就更多了。汉族、苗族等等许多民族中都有“龙脉”的说法，俗以为在“龙脉”经过的地方不能随便挖土、取石。否则，风水就被破坏了，并且将会有灾祸降临。汉族还盛行“土地爷”、“土地公”、“土地神”的俗信。以为土地是由一位白胡子老头模样的土地神掌管着的。土地神掌管的土地，又是有区域性的，因而有“此方土地”之说。这也体现了人们对土地的信仰，已由对大地的整体信仰渐渐转向了土地的局部地区信仰。这是定居带来的变化，也是社区划分的结果。在一方一地生活着的人们热爱自己家乡的土地，也敬奉当地的土地神灵。兴动土木，都要祭告土地神灵得知。否则，土地神非但不予保佑，还会降罪、惩罚的。

生活在山区的人们，还有山神的敬祀。山神，应当说也是土地神灵的一种。只不过他的职责是分管着一座或几座大山而已。凡是在某一山神管辖的地区内的活动，都要受到这一山神的监督。东北一带，在山中行猎，遇到人们认为是山神栖息的山峰或山洞时，禁忌吵闹，以免惊吓、冒犯了山神。青海省藏民禁忌在“神山”挖药材、打猎，怕山神怪罪，降下灾来。布依族有些山区禁忌外人（尤其是携带武器的人）进入山间。直到今天，许多民族中都有强烈的“领土”观念、地域观念。在一定的地区界线内禁忌外人随便行动。每个家庭，甚至每个人都有自己的“地盘”、”禁区”，禁忌别人随便出入。这种禁忌习俗，也是与古老的土地崇拜、土地禁忌有着某种历史的渊源关系的。

【石忌】

坚硬的石头，给人以神秘的威力感。石信仰、石崇拜在民间流传得颇为广泛。汉族中流行的“石敢当”或“泰山石敢当”，就是由于相信石头是可以镇鬼压邪的，所以才兴起的习俗。民间建房舍，如果冲着街口、路口、河流等，便要设置石片、石块、石人等，并镌刻“石敢当”字样以镇之。否则，以为不吉，会有灾祸发生（参见本书“居住禁忌”有关部分）。蒙古族也供祭石头，如其俗中“敖包”（“鄂博”），即是含有石崇拜意义的。

佤族人祭鬼时要剽猪，同时还要在住宅附近一固定空地立一至两块双手可以拿得动的石头，俗称之为“剽猪石”。剽猪石立起后要世代保存。剽猪石的多寡，可以显示出一个家族的贫富来。人们对剽猪石也存有多种禁忌。如禁忌拨动、挪动，禁忌用脚踏踩等等。否则，便以为会影响这家人的命运，给这家带来不幸。

在西藏民间的信仰中，白色石头的魔力代表的是古代山神、雪山之神的魔力。例如冕宁县的藏族就认为石头是从人迹罕见的山中拣来的，因而是山神的代表。当地习俗禁忌妇女上房头，以免触犯白石。当地祭山神的活动中还有携祭品到山头置白石烧白香祭山的习俗，也反映了对白色石头的崇信和膜拜。

除了以上一些例子外，汉族及其他许多民族中对巨石、怪石、彩石等等“异常情状”的石头也有许多迷信的传说和禁忌的习俗。例如传说石头能预言、会飞、会变化等等，都是人们对石头魔力信仰的种种反映。因此，人们崇敬石头、石器，不敢对之稍有不恭。

岁时禁忌

什么时间里会发生什么样的事情？什么时刻会有什么样的变化？这是人们对历法进行研究和探索时所遇到的必不可少的问题。日、月、星辰周期性的显隐；风、雷、雨、雪季节性的变幻；花、草、树木节令性的荣枯等等，这些大自然的现象使人们逐渐认识到其中时间性规律的存在。又进而使人们意识到时间是与各种事物的发展、变化有着密切的联系的。于是，为了自我生存、发展的需要，人们强烈地渴望了解和掌握这类关系的规律性。经过千百万次重复的实践证明，人们在这方面的猜测和推断有错也有对。正是在这些正确与错误的比较中，人们逐渐认识了时间的某些规律。例如年、季、月、日、时，二十四节气等等，这些时间的概念，其划分和确定都是人们对事物（尤其是农事）发展变化的时间性规律认识的反映。但是，人们对历法的认识并不就此而宣告终止了。人们还在不停地探索、继续认识。谁也说不准将来的哪一天里，人们会在时间与种种事物之间的关系方面，是否真的能够发现什么样的难以想象得到的新奇的规律来。只要这一探索和认识的过程没有终止，这种可能性就一直存在着。当然，这其中仍然不可避免的有对的（科学的）成分和错的（非科学的、伪科学的）成分。民间俗信中对于单纯的时间的信仰也应当是属于这一探索和认识过程总体之中的一个组成部分的。它在实践中造成了一些时间方面的禁忌习俗。这些禁忌习俗仅仅把某一时刻或某一时间阶段看成是一种禁忌物、一种危险的信号、灾难的征兆、不宜做何种行为的禁制等等。时间在这里成了重要的甚至是唯一的禁忌根据。这样的禁忌，我们便称之为岁时禁忌。例如汉族中的“黑道”凶日禁忌，五月毒月禁忌，甲子年忌，以及天干、地支、五行中相生相克的忌日、忌月、忌年等等。旧时皇历上举凡婚娶、丧葬、造屋、远行、耕种、渔猎、就学、拜师、游乐乃至剃头、

原始历法图

洗澡等等事情都有宜忌，必须择吉日方可行动，如遇凶日则必禁止之。否则，便以为会遭厄运。《齐民要术》云：“凡九谷有忌日，种之不避忌，则多伤败。”可见岁时方面的禁忌在民间确是很早就有且流传很广的。以下，我们就分别谈一谈这方面的禁忌实例。

首先，我们来看一些有着特殊规律的岁时禁忌，如：

【朔、望、晦日禁忌】

这是以月亮的盈亏为禁忌的根据的。朔、晦之日，夜无月光，令人恐惧。俗以为在无光亮的黑夜中，精怪鬼魅会加倍猖獗地群出作祟的，所以要忌讳、禁行。朔、晦又是一个月的起始日与终结日。从中国民间慎始、慎终的观念方面，也可找出朔晦日禁忌的道理。望日，夜晚月亮正圆，虽说这时鬼魅的活动会比朔、晦日要收敛一些，但民间又有忌“盈满”的俗信。俗以为盈满之后，便是亏空，所以对望日也很忌讳。望日，还是后半月之始，因而，人们也很重视之。汉族古时有禁忌晦日歌唱的习俗，同时，还禁忌朔日哭泣。以为朔哭、晦歌都是同样不道德的，同样有罪过的。大体是指朔为始，始哭不吉；晦为终，终歌不敬之意。然而民间因朔晦相连，常不加区分，而只提朔、望之忌。河南修武一带有初一、十五不洗衣裳的禁忌习俗。据说如此，则红白大事，不会遇上刮风下雨的天气。否则，婚、丧时会遇雷雨。傣族中有逢初一、十五日均不出工的习俗禁忌。彝族旧时每月初一、十五早晨禁忌别人进家门，忌会客，该日内禁忌吃荤，禁忌饮酒。有些地区的彝族人在五、七、九月的初一、十五日忌与人争吵，禁忌杀生，禁忌远行。湘西苗族禁忌朔、望日挑粪。裕固族人禁忌初一、十五日出卖牲畜。否则，认为将会有祸事发生。

【干支日禁忌】

古代以天干、地支循环相配以表示年、月、日、时，俗以为有些干支日是“恶日”、“凶日”，有许多禁忌。《左传》中有“辰在子卯，谓之疾日”之说，民间亦盛传“子卯不乐”。据《中国民俗学》（乌丙安）云：“按古代迷信说法子卯恶日有三种解释：一种说子为贪狼，卯为阴贼；一种说以子卯相刑，为忌日；又一种是古代传说夏桀死于乙卯日，殷纣死于甲子日，为国君忌日。”《无何集》中还说到古时有卯日沐浴，令人白头的俗信禁忌。张紫晨先生在《中国民俗与民俗学》一书中指出：“还忌子日、巳日、亥日，每月这几日，不可为百事。嫁娶、埋葬尤忌。”汉族还有学书讳丙日的俗忌。据说是因仓颉死于丙日之故也。山东又有逢甲子为寡妇年，流年不利，不能结婚的俗信。布依族戌日、甲子日禁忌出行，禁忌生产。羌族、彝族逢戊日禁忌动土，禁忌耕作。否则，认为会招至灾异。全年戊日共有三十八个，旧时，因迷信禁忌给农业生产带来的损失，真是可想而知了。

【初一、初五日禁忌】

达斡尔族每逢初一至初五，禁忌把垃圾扔出去，怕因此而把福气扔掉了。畲族小孩从未出过门的，初一、初五日禁忌到亲戚家做客（第二次则不限）。初一、初五是月份的初始，小孩子第一次出门做客，也是其社交之初始。所以这是双重的慎始禁忌心理的反映。

【初六、初九日禁忌】

每月初六、初九日，青海省藏民禁忌抓羊。

【初七、初八日禁忌】

湖北一带凡七日、八日禁忌与小孩剃头，曰“七疔八蜡”。

汉族及其他一些民族中有“七不出门，八不回家”的俗信（参见本书“行旅禁忌”有关部分）。

【初四、十四、二十四日禁忌】

布依族（贞丰一带）每月的初四、十四、二十四日，禁忌挖土、修灶。

【初五、十四、二十三日禁忌】

汉族湖北、河南一带有此禁忌，其他地区也习见。凡遇这些日子，禁忌动土盖房、婚嫁、安葬、亲戚往来等。

据《清稗类抄》“月忌”条云：“月忌为初五、十四、二十三，世俗相沿久矣，有‘初五、十四、二十三，太上老君不炼丹’之谚。术家谓为廉贞独火，故以为忌。其说不经，实为洛书九宫数耳。宫数起于一，初一一宫，初二二宫，初三三宫，初四四宫，初五则入中宫。中宫为星位之极，专制时代认为至尊之地，臣民所当避忌，故曰月忌。初六六宫，初七七宫，初八八宫，初九九宫，而宫数尽。至初十，复至一宫。循环数之，十四日又入中宫，二十三日又入中宫，是以初五、十四、二十三为月忌，非有所谓不祥者在也。”

【杨公日禁忌】

旧时汉族中流行。杨公忌每年内共有十三天，计为：正月十三，二月十一，三月初九，四月初七，五月初五，六月初三，七月初一，七月二十九，八月二十七，九月二十五，十月二十三，十一月二十一，十二月十九日。其间隔均为二十八天。据说是依二十八宿顺数而定的（详见本书“行旅禁忌”有关部分）。民间以为这些日子不易出行。

【牛、马、犬日禁忌】

傣族每月属牛日禁忌使役牛，属马日禁忌使役马。

土家族逢犬日禁忌下种。俗以为是日下种庄稼会遭虫害。

【九天循环日禁忌】

佤族有九天循环计日的习俗。在这九天里，第二天忌盖牛马猪鸡圈。砍过牛尾巴者忌作鬼。第五天、第六天、第八天也忌盖牛马猪鸡圈。尤其是第八天，忌之最甚。九天循环往复，禁忌也按此规律执行。

【闰月年禁忌】

汉族及其他许多民族中流行。俗以为闰四月兆年荒；闰六月不宜婚娶，该年为“寡妇年”；闰八月兆兵荒马乱，俗称之为“杀年”。盖因闰月为平常年份的异常情状，民间便将其与社会活动中之异常现象相联系，得出一些惊人的俗见来，并引以为禁忌。除了以上闰月的年份有此忌讳而外，一般凡是闰年都多少有些禁忌习俗存在。如河南虞城一带有“闰年忌种十月麦”之说；黑龙江一带又有闰年里禁忌盖房，禁忌种韭菜，禁忌孵鹅鸭等等习俗。否则，便以为会对主人不利。

【双春年禁忌】

旧时，汉族民间流行此俗。山东、河北一带有“一年两个春，豆子（黄豆）贵如金”的说法。湖北、河南一带，则以为一年两春，不利牛畜。谚云：“两春夹一冬，十个牛栏九个空”，“一年两头春，黄牛贵似金”。盖因一年两个“立春日”，也属稀罕的“异常”现象，故而人们心中不安，总觉得会有什么不幸的事情要发生，所以有的地方猜测到了黄豆，有的地方则想到了黄牛（还不知是不是因为语言的讹传而造成了这一语音相近似的禁忌说法）。不过，河南一带，又因“春”是吉祥的观念，所以民间有主张“双春年里结婚大吉大利”的。有些人为避忌在无春年（即无立春日之年）里结婚，便有意提前婚期，赶在双春年里办喜事。如果实在提前不得，便又会推迟婚期，在下一年有春年里再办喜事，以求吉祥如意。也有忌在双春年里结婚的，俗话说：“一年两个春，死了丈夫断了根。”是担心盛极转亏，乐极生悲。

【属相年禁忌】

汉族及其他一些民族中都有关于属相年禁忌的习俗。一般都是忌龙年、虎年。因为龙、虎是凶猛的动物，会伤害人的，所以多有禁忌。俗话说，“龙年不顺”。龙年的灾害特别多，人们以为这是龙在发威。不过，也有说龙年大吉大利的。例如河南一带有“牛头鼠尾叹如何，转过兔年乐呵呵”的谚语，也是说属相年的年景好坏的。转过兔年，即是龙年。这又从另一方面说明了人们对龙神的祈愿。同时也表明了属相年禁忌的不一致性。虎年（寅年）也是凶年。传说虎年生人不运，或者秉性凶狠，厉害得要命。河南一带还有一种说法，是“羊、马年，广收田，防备鸡、猴那二年”。大约是把生活中鸡、猴爱糟蹋庄稼的事实搬移进了属相年禁忌中来了。这仍然是属相即为该年“本命”的迷信思想在作怪。

【属相日禁忌】

彝族行用一年十个月的历法，又用十二属相纪日、纪年。据《彝族星占学》云，不同属相者在不同的属相日里各有所禁忌。如：鼠日，属羊、狗、龙者忌；牛日，属羊、狗、龙者忌；虎日，属虎、猴、猪者忌；兔日，属虎、兔、鸡者忌；龙日，属牛、鸡、猴者忌；蛇日，属虎、猪、猴者忌；马日，属兔、鸡者忌；羊日，属马、羊者忌；猴日，属虎、猪者忌；鸡日，（缺）；狗日，属牛、羊、狗者忌；猪日，属猴、蛇、虎者忌。

其次，我们再来看一些与农时节令有关的禁忌。如：

【立春禁忌】

民间以立春日为一年农事之始，故有于是日占卜丰歉之习俗。俗以为立春宜晴不宜阴。晴则兆丰，阴则兆灾。河南一带民谣云：“立春清明又和暖，农人鼓腹皆翘天；倘若风阴与昏暗，五谷不登人不安。”又有“晴则诸事吉，阴乃万事愁”的说法。山东一带，俗以为立春日阴天，则虫伤禾豆。莱阳地区立春日还忌讳挑水和掏灰。说是挑了水，一年当中精神不振，光打瞌睡；掏了灰，一年的好运就掏跑了。龙泉县旧时立春日，家家要置春酒为欢，此时，小儿不得相诟谇。

【惊蛰禁忌】

俗以为惊蛰是开始有雷鸣的时节。惊蛰日及惊蛰日后听到雷声是正常的，主年景好，风调雨顺，五谷丰登。俗语云：“雷打惊蛰谷米贱。”“惊蛰闻雷米如泥”。但忌讳惊蛰日前响雷。江苏一带谚云：“未蛰先蛰，人吃狗食。”即是言惊蛰前闻雷声，兆凶年的。又有惊蛰日忌雷声的说法。贵州一带，有谚云：“惊蛰有雷鸣，虫蛇多成群。”俗以为，惊蛰日闻雷声，则夏季毒虫必多。

【春分禁忌】

山东一带，春分忌晴。民间常于春分日栽植树木，是日晴燠，则万物不成。畲族春分日禁忌挑粪、禁忌到河里洗衣服，也禁忌晒衣服。

【清明禁忌】

汉族民间有清明日戴柳、插柳的习俗。清明不戴柳已成为禁忌。这方面的俗谚有许多异文。如“清明不戴柳，死了变成狗”、“清明不戴柳，死后变黄狗”、“清明不戴柳，死了变猪狗”、“清明不戴柳，红颜成皓首”等等。关于清明戴柳、插柳的习俗成因，也有多种说法。一说是与寒食、禁烟有关，即从晋文公重耳祭介子推，号令家家插柳禁烟火的故事传说而来。《燕京岁时记》云：“清明即寒食，又曰禁烟节。古人最重之，今人不为节，但儿童戴柳祭扫坟茔而已。”山东、河南等旧方志中多从此说；一说清明带（戴）柳是与祭祖有关，不戴柳是不祭祖。所以世人咒骂不戴柳者“死了变猪狗”，言其不孝，猪狗不如。湖北一带多依此说；还有一说，以为清明戴柳的习俗与黄巢造反有关。清人让廉《春明岁时琐记》中云：“……清明日，妇女儿童有戴柳条者，斯时柳芽将舒，苞如桑葚，谓之‘柳苟’。谚云：‘清明不戴柳，死后变黄狗。’其义殊不可晓，或曰：‘清明不戴柳，死在黄巢手。’盖黄巢造反时，以清明日为期，带柳为号，故有此谚也。”其实，这些说法，都不见得确切。从清明又为“鬼节”一层意义上来看，插柳、戴柳实则具有驱邪避煞、消灾解祸的巫术作用。清明上坟祭扫，既要拜祭祖灵，又要防止鬼祟的侵扰。因柳树在民间信仰中具有驱邪的法力效用，所以要插柳、戴柳，以防不测。至于那些咒语，则不过是为确保此项习俗传承递继所采取的一种手段而已。人们在违忌犯禁恶果的恐惧之中，便不能不顺风随俗了。当然，如今，这类咒语的恐吓力已经大大减弱而几乎很少能再使人害怕了。因此，这一禁忌习俗也自然就在消亡之中了。由于清明是寒食节，旧时民间一般不动灶火，忌吃热食。否则，要遭神罚的。俗谚云：“清明不冷食，冰雹下满地。”山东即墨还有青年妇女躲清明（三月三）的习俗。据说这天有凶神要下凡抓俊俏姑娘。这一天妇女忌做针线，一律要出外踏青，荡秋千。这实在是青年妇女出门踏青、玩耍的极好借口。妇女们在这一天玩得十分痛快、开心。因此当地有“女人的清明男人的年”这种说法。刚过门一年的新媳妇也要在清明时节回娘家。俗称之为“换还寒食”。据说，不回娘家，会死婆婆。同样，这也给刚过门的新媳妇回娘家多了一个好理由。而临沂地区，则忌讳妇女在清明时节回娘家，否则，要死老公公。这又恰恰是对“回娘家”习俗的一种“回敬”。从这两地相反的禁忌习俗，可以看出娘家、婆家对新媳妇的“竞争”是很激烈的。可又都偏偏拿着公公、婆婆的性命来做“抵押”。设想，如果恰是即墨人与临沂人结了亲，那清明日可要难坏了做媳妇的了。

此外，在与农事相关的方面，清明还忌讳天阴、下雨、刮风。俗以为清明不明，即为荒年之兆。清明有风，主旱。清明夜落雨，对麦子不好。谚语云：“麦子不怕四季水，只怕清明一夜雨。”

【谷雨禁忌】

谷雨禁蝎。旧时汉族民间流行。山东一带有以朱砂书符禁蝎的迷信活动。此外，谷雨不雨，亦为荒年之兆，民间忌之。

【立夏禁忌】

立夏日忌无雨。河南、贵州、云南等地俗以为立夏日无雨，主旱。俗谚云：“立夏不下，犁耙高挂”、“立夏不下，高田不耙”、“立夏无雨，碓头无米”等等。立夏日又为夏季之始，民间畏忌夏季的炎热，有称人体重的习俗。据说这一天称了体重之后，夏天就不怕热，不会消瘦了。否则，夏季要畏夏怕热，吃不好饭，消瘦甚至有病灾的。浙江、江西均有此俗。江西一带还有立夏日饮茶的习俗，如不饮立夏茶，会“一夏苦”的。江苏东台一带，立夏日忌讳小孩坐门槛。说是“立夏日坐门槛，容易打瞌睡”。湖北一带，旧有占候法说：“立夏日青气见东南，吉。否则，岁多凶。”实属虚妄之言。

【夏至禁忌】

夏至是农事很重要的节气。俗以为夏至天气变坏会对农作物造成很大影响。因此农家在夏至里忌讳很多。《清嘉录》云：“夏至日为交时，……居人慎起居，禁诅咒、戒剃头，多所忌讳……”据说这些禁事都是害怕会引起老天爷下雨。夏至最忌有雷雨。俗谚云：“夏至有雷，六月旱，夏至逢雨，三伏热。”过去农家还把夏至到小暑之间的十五天，分成头时（上时）、二时（中时）和末时三段，称为“三时”。头时三天、二时五天、末时七天。俗忌末时下雨，以为会影响收成。又忌时中雨和时末雷，认为会带来水灾。所以，最好是夏至里别下雨，别打雷。河南一带，还有夏至赶逢在五月前期、后期的占候禁忌。谚云：“夏至五月头，不种芝麻也吃油；夏至五月终，十个油房九个空。”不种芝麻也吃油，说明其他庄稼长得好，丰收了。十个油房九个空，则表示出整个年景的歉收、萧条。

【小暑禁忌】

江苏有小暑日忌西南风的说法，谚云：“小暑西南风，三车勿动。”三车指油车、轧花车、碾米的风车。意思是小暑这天如刮西南风主年景不好，歉收。

【立秋禁忌】

立秋也是农家的大节气，民间十分重视。旧时云南等地禁忌立秋日在田间行走。否则，以为对秋收不利。识字人多用红纸书“今日立秋，百病俱休”字样贴壁上。妇女们也要用红布剪成葫芦形，缝于儿童后裙之上，用以祛病疾。山东莱西一带，禁忌立秋日洗澡，否则，以为身上会长秋狗子（即痱子之类）。黄县一带则以为立秋日洗澡，秋后要拉肚子。

河南、江苏、湖北一带，立秋日还忌雷、雨、风。俗谚云：“（立秋日）一雷波万顷”、“雷打秋，晚禾折半收”、“秋甲子忌雨，雨则多涝”、“秋前北风秋后雨，秋后北风干透底”等等。这些谚语，虽然说法不尽相同，但都表示出了农家对立秋日的重视，和祈愿风调雨顺的心境。

【处暑禁忌】

河南鹿邑一带忌处暑日下雨。俗谚云：“处暑若逢天下雨，纵然结实也难留。”江苏一带则忌处暑日不雨。俗谚云：“处暑若还天不雨，纵然结实也无收。”

【白露禁忌】

白露忌风雨。江苏谚云：“白露日东北风，十个铃子（棉桃）九个脓；白露日西北风，十个铃子九个空”、“白露日雨，到一处坏一处”、“白露前是雨，白露后是鬼”。

【霜降禁忌】

霜降无霜，主来岁饥荒。云南谚云：“霜降无霜，碓头没糠。”彝族还忌霜降日用牛犁田。否则，以为会导致草枯。

【立冬禁忌】

立冬意味着冬天的到来。民间忌讳立冬日吃生冷食物，如萝卜、水果等。否则，以为会损伤身体。

立冬忌无雨。俗谚云：“重阳无雨，立冬晴，立冬无雨一冬晴。”

【冬至禁忌】

冬至为一年间最冷的日子。汉族民间有冬至日吃饺子的习俗，俗称“安耳朵”。河南一带忌冬至不吃饺子，认为如此则会冻掉耳朵，且对农事收获不利。俗谚云：“冬至不过冬（指不吃饺子），扬场没正风。”

冬至忌无雨。湖北一带俗谚云：“立冬无雨看冬至，冬至无雨一冬晴。”意指来年将旱。

最后，我们再按一年内的月、日顺序，来看看岁时禁忌的实例。

【正月禁忌】

正月是一年之始，在民间最受重视。汉族及其他一些民族中都有视整个正月为新的一年年运好坏的兆示期的俗见，因而民间说“过年”或“新年里”时，可以是指整个正月而言的。这期间的忌讳、禁忌，也特别多。最常见的就有：

（1）**忌打碎器物**

平时打碎器物就犯忌，新年里打碎器物就更是不好的兆头。俗以为打碎了器物，新的一年内必有凶遇。一般打碎器物时要赶紧说一声“岁（碎）岁（碎）平安”，或者“越打越发”，“旧的不去，新的不来”等等，以作禳解。

(2) 忌遇殡葬

正月里忌遇殡葬事。遇之以为不吉，主是年有大灾祸降临。个别地区及赌徒，也有反以遇殡事为吉利的。盖因“棺”与“官”谐音，“材”与“财”谐音，有“口彩”可讨，主“升官”、“发财”。

(3) 丧家忌拜年

家有丧事，三年服丧期间，过年的一切行事都要取消。忌讳到别家去拜年，别人也尽量在正月里不到丧家去。不得已要来往时，不能进屋内，要站在门外说话。

(4) 忌吵架、骂人

正月里忌吵架、骂人。俗以为正月里吵架会败兴一年，骂人会带来凶祸。

(5) 忌请医生

旧时，正月里忌请医生看病。否则，以为一年到头都要生病的。医生也忌讳正月里出诊，以为不吉利。

(6) 忌宿娘家

旧时，正月里新媳妇忌住娘家。回娘家时，晚上必须赶回夫家。俗语云：“正月不空房。”直到二月二日（土地神诞辰）后方可解禁。鄂温克族还有不许寡妇在娘家过年的禁忌习俗。

(7) 忌迁居、忌糊窗

正月忌迁居，忌糊窗。否则以为不吉利。

(8) 忌更换、洗涤衣被

旧说正月长子解浣衣被，令人死亡。

(9) 忌穿坏新衣

正月里孩子穿新衣，忌讳穿坏了。否则，有晦气。

(10) **忌剃头**

旧时正月里讳剃头。俗说剃头伤舅。黑龙江、河北、山东、河南等地均有此俗。据旧方志云，前清下剃发之诏，于顺治四年正月实行，明朝体制得以更改。国民剃头，思及旧君，故曰“思旧”。相沿已久，遂误作“死舅”，今民间有谚云：“正月不剃头，剃头死己舅。”

还有一些正月里的禁忌是较特殊的，其流行范围虽不太广，但却很有特色。比如，壮族整个正月里禁忌妇女梳头。否则，以为天下雨时，水土会被冲走，引起水灾；整个正月里，人们不能剪指甲，否则剪下的指甲被鬼拿去打铁，人就会生病；正月里还不能舂米，否则，以为会影响年成收入，会造成家庭不睦；正月里禁砍燃烧时发出爆裂声响的木柴，否则，牛在耕作时，肩会裂开，家中的火种也会因此而熄灭；正月里吃饭不能敲碗，否则，也会影响粮食收成；正月里出远门，一定要请巫师占卜吉凶，如贸然出走，将会遇到灾祸。黑龙江一带，正月禁忌姑娘打袼褙。俗以为，正月里打袼褙会死舅舅。整个正月，母亲不许絮棉花，否则，就要“续”姑娘。所谓“续”姑娘，是指已出嫁的女儿死了，女婿又娶了一个媳妇，这个媳妇就为前一个媳妇的母亲的“续姑娘”。湖北阳新一带，过年忌讳条凳歪倒。因为当地死人入棺后，习以条凳承之。出殡时，抬棺踢凳，方可起步前行。故以条凳歪倒为不吉之事。湖南一带过年忌无鱼。正月里请客吃饭，两碗鱼只能吃一碗，另一碗是“看碗”。取意“有余（鱼）有剩”。吃鱼时忌讳弄断连接头尾的脊骨，取意“有余（鱼）无缺”。苗族、侗族聚居地，过年吃鱼时，还一定要把鱼的尾、鳍切下来展平贴在墙壁上，取意“有余（鱼）之家”。云南佤族过年时要喂牛、马糯米饭，并观牲畜在厩中的姿势以占卜吉凶。俗以为站立和头朝东方的是幸运、吉祥的兆示；卧睡和眼向西边的，是灾难、不吉利的兆头。后者主人不敢继续喂养，一定要杀了，或者卖掉。

正月里的禁忌还有按日子的不同而规定的习俗。下面我们便来看看正月中不同日子里的禁忌实例。

【正月初一禁忌】

正月初一，俗称“大年初一”、“年初一”、“岁首”、“元旦”等等。这

爆竹一声辞旧岁，桃符万户更新年

是一年的第一天，因此是民间最为重视的日子。在“慎始”、“求吉”的思想观念支配下，旧时，这一天里的禁忌最是繁多。比如壮族，正月初一凌晨就要起床，男的读书吟诗，女的挑水绣花，起床以后不能再睡，认为再睡就要田基崩塌，围墙崩塌；初一不杀生，也不吃猪肉。这一天主要是吃甜食品，如水圆、年糕、米花、油团等，或者只在晚餐吃一些荤菜。不准讲粗口话，认为这一天讲粗话，以后常年讲粗话；也不许打人骂人，挨打骂的认为“衰”，以后经常挨打骂；烤火时柴薪有燃红的火炭，不准敲，让它自己落，如敲了今后犁田犁头断，锄地锄头断，妇女拿针针断；整天不能扫地，认为扫地是扫财出门；不准使用耕牛，还要喂好饲料。人们认为这一天只能讲吉利的话，做正当的事，要是这一天失败，就认为这一年经常失败；这一天倒霉，这一年就倒霉了。除了正月里的一般禁忌，诸如忌打碎器物，忌遇殡葬事，忌吵架、骂人等等之外，民间还有许多特殊的禁忌。比如：

（1）**忌五更提名**

是日天亮前忌大声说话，禁忌呼唤姓名，催人早起。只许用爆竹声或其他东西的响声惊醒之。否则，以为被提名叫醒的人会患红眼病；或者会把臭虫叫来，主这一年内臭虫多。旧时，河南、河北一带流行。

（2）**忌在被中打喷嚏**

是日清晨，忌在被子中打喷嚏不止。俗以为如此则是不祥之兆，主有病灾。

(3) **忌风、雪、雾**

民间惯以是日天候占卜农事丰歉。这一天一般喜晴忌阴。俗谚云："元旦晴不阴，五谷扎下根"，"元旦日晴明，年丰人安宁；元旦日风雨，米贵蚕儿稀"。是日若五更时有风，则"东风水患，西风兵变，南风大旱，北风岁丰，东北风人有，东南风疾病，西南风小旱，西北风五谷成"（河南宜阳），又，"正月初一发西风，十个牛栏九个空"（浙江温州）；"岁朝西北风，大雨害农功"（江苏苏州），"元旦宜黑四边天，大雪纷纷是旱年"（湖北），"元旦雨，立春旱，元旦雾，岁必饥"（江苏苏州）。

(4) **忌拜年于床前**

年初一，各家争相早起，俗忌拜年于床前。若受拜者卧床未起，必以为大不吉利，兆年内将有病灾。旧时汉族地区流行。

(5) **忌妇女串门、拜年**

是日妇女整日不许往别家拜年，又忌串门。俗称之谓"正月忌门"。女儿嫁出去的更是不能回娘家。初一日回娘家，俗以为对娘家不利，会吃穷娘家。旧时，汉族、布依族、苗族、彝族、白族等许多民族中均有此俗流行。北京一带还将此一禁忌延长至初五日。一般人家也深以这期间遇见妇女为不祥之事。这是旧时代贱视妇女的陋俗，今已基本革除。

(6) **忌遇和尚、尼姑**

是日出行忌遇和尚、尼姑。若遇之，则兆示一年百事不利。旧时湖南一带流行。

(7) **忌动刀弄杖**

刀、杖，以及斧、剪之类，是有破坏作用的器具，初一日严禁动用。以避"破"、"凶"等事发生。否则，以为不吉，会有口舌或凶杀等祸事发生。汉族最重此忌，俗谓："动刀弄杖，主一年内家不安宁。"

（8）**忌洒扫庭除**

初一日，俗忌洒水、扫地、倒垃圾。谓之“聚财”。水、土为“财气”，垃圾、粪便为“肥水”，洒扫、倾倒垃圾，恐把“财气”扫走、倒掉，致使“肥水”外流。汉族及畲族、彝族等许多民族中均有流行。湖北一带又说，此日不倾水，能使一年内“行不遇雨”。彝族中，还将禁忌洒扫与农事年景联系起来。以为如果这天扫地，田里庄稼将长势不旺；如果这日泼水，主一年内四季多雨。许多地方，还将这一禁忌延长至初三、初四、初五。如江西新昌一带，“三日清晨，各家净扫堂室尘秽，以爆竹锣鼓送之水浒，曰‘送穷’。”黑龙江一带，这几日扫的瓜子皮、果皮、灰土等要放到床底下，叫做“聚财”。初四时，才可以倒掉。湖北一带也有“禁扫除三日，谓之不出财”的说法。畲族要在初五早上扫地，并把垃圾放到路口烧掉，叫做“送年”。

（9）**忌动刀剪针线**

是日忌用刀剪、针线。恐有差错，招致破、败事，不吉。

（10）**忌汲井水**

俗谓是日为井龙王（井水神）的歇息日，故忌汲井水。河南一带，这一天要在井台上贴一副对联，云：“一年长不安，自在今一天。”湖北有将此禁忌延长至初三日的。初三日汲水时，还要以香烛祀水神。

（11）**忌借火种**

是日不讨火。汉族、畲族等民族中流行。

（12）**忌讨债**

是日债主不许讨债。俗以为这一天讨债对信贷双方均不吉利。旧时，汉族、傣族、畲族等民族中有流行。

（13）**忌给人钱物**

是日，忌给人钱物。否则，以为这年会钱财外流，终至穷凶。

（14）**忌压岁钱为奇数**

是日，长辈给晚辈压岁钱，金额必是偶数，忌讳奇数。否则，以为不吉利。

（15）**忌购物**

旧时是日忌外出购买食物。一般，也无人再售食品，俗以为是日购物，意味着其家穷苦而无储蓄也。

(16) **忌上楼、入谷仓**

是日，忌上楼或进入谷仓。否则，以为会引起鼠、虫吃谷，意味着全年谷不满仓。壮族地区流行。

(17)**忌家禽、牲畜闯入别家**

是日，忌讳六禽、牲畜闯入别家门。彝族、汉族等民族中流行。彝族若遇有鸡、猪跑进家门，要将鸡、猪捉住，在其背上绑上纸火（迷信品）一份，再放回去。有的还要把猪耳朵割一缺口。俗以为“鸡来扒”、“猪来拱”都是不祥之兆，故忌之。背纸火可把“邪祟”送走，达到禳灾的目的。

(18)**忌杀生**

是日，忌杀生。否则，以为会有刀灾、兵灾、血灾等灾祸发生。旧时，汉族、阿昌族等民族中流行。

（19）**忌死人**

是日死人，为大不吉。一般虽是这天病故，也要谎称是初二日死的。汉族中原一带流行。

（20）**忌说不吉利语**

凡“破”、“坏”、“没”、“死”、“光”、“鬼”、“杀”、“病”、“痛”、“输”、“穷”等等不吉利的字眼，都禁忌说出口。汉族、傣族、土家族等许多民族中都有此俗流行。如有犯忌者，认为一年内将有大不吉。为防小儿违禁犯忌，是日清晨，家长要用准备好的干净草纸揩抹小儿的嘴，意思是把小孩的嘴当作屁股了。因此，小孩子再说了不吉利的话，就只当是放屁，不算数了。山东一带清早起家长先发纸，开门前还要放一挂鞭炮，然后，才能说话。俗以为如此，就不易犯忌了。土家族这一天早早起床，快点吃东西，动口之后再说话就觉得自然多了。若不慎犯忌，说了不吉利的话，还要以吐唾沫或说“童言无忌”等方式来禳解，以祓除不祥。

（21）**忌啼哭**

啼哭是“歹头彩”，兆示疾病、凶祸，故忌之。

（22）**忌睡午觉**

是日禁忌午睡。俗以为男人在这一天午睡，他的田畦就会崩溃，女人在这一天午睡，她的厨房就会倒塌。实为遵守古训“禁昼寝”之意。

（23）**忌在别家就餐**

是日，中原一带忌讳在别人家就餐。

（24）**忌吃荤**

是日，彝族忌吃荤。汉族北京、山东临沂、江苏南通等地也有此俗。据说该日吃素（斋），其功用等于一年。

（25）**忌饺子下破**

是日，汉族及其他诸多民族中有吃饺子的习俗。下饺子时忌下破。否则，以为不吉利。有下破饺子的，要说“挣了”，而忌说“破了”。

（26）**忌吃粽粑**

壮族是日忌食粽粑。否则，以为会引起脚痛抽筋病症。

（27）**忌吃稀饭**

是日，忌吃稀饭、泡馍。否则，以为这一年外出时会被雨淋，或者下大雨时会冲垮田土。汉族广大地区及苗族、土家族等民族中均有流行。

（28）**忌吃烤馍**

是日，忌吃烤馍。否则，以为对眼睛不利，或会出火毒。汉族、壮族等民族中均有流行。

（29）**忌吃甜馃**（年糕）

是日，忌吃甜馃。初二时才能吃。讲究的人要在过了元宵节后才吃。否则，以为会导致家贫。台湾一带流行。

（30）**忌吃红薯**

是日，忌吃红薯。否则，以为穷气，不吉。汉族广大地区流行。

（31）**忌吃药**

是日，忌讳吃药。否则，以为会常年吃药。

（32）**忌呼叫鸡**

是日，忌呼叫鸡。俗以为此日呼叫鸡，鸡日后难以管束，并容易失踪。台湾一带流行。

（33）**忌听乌鸦、狗叫**

是日忌听到乌鸦叫，否则，以为今年将是一个凶年，会有死亡事发生；又忌听到狗夜吠。俗以为狗夜吠兆病痛多。俗谚云："午夜狗弗叫，来年疾病少。"

（34）**忌夜间点灯**

是日夜间忌点灯。否则，老鼠将泛滥成灾。旧时，山东沂源一带流行。

【正月初二禁忌】

（1）**回门礼忌单**

中原一带，是日新出嫁的闺女回娘家，谓之"回门"。新女婿给岳父送的礼物要双数，忌单数。否则，不吉利。

（2）祭财神忌语

汉族是日祭财神。旧时有登门售财神像者。不欲购者，只能回答“已有”，忌讳说“不要”，以避不祥。

（3）祭门主忌外人

苗族是日（又初四、初六）杀猪祭门主。祭时禁忌外人和女子参加，汉族人亦不得偷看。俗以为祭门主后才能得到祖先的保佑。

【正月初三禁忌】

正月初一至正月初三，民间往往视为同一性质的时期，即同是“岁首”。因此，许多地方正月初一的禁忌习俗，都顺延至正月初三日了。如正月初一至初三，汉族忌乞火于他人，忌有乞者临门，忌动针线，忌汲水、泼水，忌扫地、倒垃圾，忌洗头洗脚。壮族忌灭火，忌砍柴。布依族忌动土等等都是如此。此外，正月初三又有其独特之处。旧时，正月初三又叫“小年朝”、“赤狗日”。赤狗是熛怒之神，遇之则不吉。“小年朝”，例应祀祖祭神。故而，正月初三这一天，人们大都不出门、不宴客，只在自家中祭祀天地神祇、祖先家神。此种风俗，安徽一带谓之“谢年”或“送年”。因为初三有“年节将过”之意，所以有的地方忌讳初三日再到人家中去拜年。江西一带还有初三日“婿不往妇家”之说，俗谓“送穷”。河南济源一带以初三为谷子的生日，是日忌食米饭，以为如有犯者，会导致谷子减产。台湾一带，俗以为正月初三日夜晚，是老鼠嫁娶的佳期。人们在这天晚上都要早早熄灯上床。此间的道理，一说是免得打扰了老鼠的喜事；一说是要让老鼠因黑暗而无法顺利结亲。两种截然相反的解释出自两种截然相反的俗信。一种是相信鼠多家富裕，愿意收成丰厚而与鼠共享。另一种则是相信鼠多为患，鼠类繁殖的越多，糟蹋粮食越多，对农家的危害越大。这两种俗信，表明了民间“好生之德”与“憎鼠耗物”的复杂、矛盾心态。然而，有一点还是相同的，那就是都以为是日必须早点熄灯。所以同有此俗。

【正月初四禁忌】

是日迎灶君下界。灶王爷要查点户口。因而各家各户人都禁忌出门。浙江某些地区流行。

【正月初五禁忌】

是日民间谓之“破五”、“五穷”。俗以为初五日以前，百事禁忌，初五日以后则可破忌。又因月忌为初五、十四、二十四，所以初五又是“新岁”中第一个不吉日，故而忌事颇多。这一天最忌走亲串友，相互拜年。北京一带，妇女禁忌出门，恐冲犯了诸神。如贸然前往，必被痛恶。旧时，陕西一带，是日须剪纸人送掷门外，谓之“送穷”。饱食，谓之“填五穷”。山东一带，是日燃放鞭炮，以驱逐之，谓之“赶五穷”。河南林县一带，是日寅时，家庭主妇掏炉灰少许，送至当街十字路口，谓之“送穷灰”。南阳一带，是日将家院扫清，将初一以来的垃圾送出去，谓之“送穷出门”。有趣的是，垃圾、秽物，在不能倒掉时，谓之“福气”；在能倒掉时，又变成了“穷气”。真是俗言多变，物随人意！无非讨个口彩，图个吉利而已。“破五”日又当包饺子（捏扁食），以捏合其破。但黑龙江一带，是日俗忌吃冻饺子。河南开封一带，是日待客饭忌用莲菜（藕），因莲菜俗称窟窿菜，恐食之破财、欠债、塌窟窿。汉族及锡伯族、土家族等民族中又有正月初五日内（即指正月初一以来的几日中）忌用生米、生面为炊的习俗。俗以为熟则顺，生则逆，过年以生米生面为炊意味着全年办事不顺利，所以有此禁忌。鄂西土家族相传正月初五日为五谷菩萨生日，忌打生米火。否则，以为会得罪菩萨，令五谷不生。汉族北方广大地区，还忌讳正月初五以内用火烤食品，如饼、馍之类。河南一带，俗以为初五以内如吃烤馍会烧断麦根，主来年麦季无收。湖南崇阳一带，正月初五为牛日，以饭饲牛，禁忌鞭牛、骂牛。安徽一带，谓正月初五日为“五忙日”，禁忌动土。俗以为是日动土必有灾害。河南、山东等地正月初五忌动剪刀、针线，禁忌梳头。俗谓是日铰物，主一家不安宁；动了针线，会招来蝎子、蚰蜒。

【正月初七禁忌】

是日，俗称“人日”。《燕京岁时记》云：“按东方朔占书岁后八日，一日鸡，二日犬，三日豕，四日羊，五日牛，六日马，七日人，八日谷。其日清明，则所生之物育，阴则灾。”因而，正月初七日晴为人安之兆，阴则疾病瘟疫生。道家还有一种解释，说是“天地先生鸡、次狗、次猪、次羊、次牛、次马，始生人”。为此，“正月一日不杀鸡，二日不杀狗，三日不杀猪，四日不杀羊，五日不杀牛，六日不杀马，七日不用刑”（参见《荆楚岁时记》）。

是日，黑龙江、河南、山东等地都有忌动针线的习俗。谚云：“人日做针线，专扎婆婆眼。”江西一带七日撤元旦所设香案，七日内禁的出灰粪，至是日开始扫除。台湾一带，“人日”又称“七煞日”，诸事不宜，尤忌远行。白族正月初七这一天，禁忌妇女背水、做饭。

【正月初八禁忌】

是日，俗谓“谷日”。喜晴忌阴。晴兆谷物丰收，阴兆谷物荒歉。山东沂南一带，此日忌转，凡纺车、碾、磨等能转动的工具，这天都要停止转动，不能使用。旧时，北京一带，是日禁忌妇女出门。

【正月初九禁忌】

是日，俗谓“天日”，亦即玉皇大帝的诞辰。旧时有祭天的仪礼。《清嘉录》载“俗以七日为人日，八日为谷日，九日为天日，十日为地日。人视此四日之阴晴，占终岁之灾祥。”民间是日禁屠宰。大小便器及妇女下衣等不洁之物，禁忌拿到室外，以免亵渎了天神、玉帝。白族，这一天里禁忌男人背水、做饭。否则，以为会患疾病。

【正月初十禁忌】

是日，河南一带，俗谓“石头生日”，俗语云“十（石）不动”。凡磨、碾、碓臼、捶布石等均忌动用。有的地方还要置黄表纸、供品、香炉等进行祭祀。

汉族民间还有是日忌阴，忌不见太阳落山的习俗。俗说正月前十天为“一鸡二犬，三猪四羊，五牛六马，七人八谷，九麻十豆”，哪一天天阴，不见太阳落山，则此年年内将损此物。初十阴，主豆类庄稼不获，故忌之。

元宵节行乐图

【正月十三禁忌】

江苏一带，俗以为是日为关公磨刀之日。民间禁忌动刀砧。

【正月十五禁忌】

是日，俗谓“上元节”，是天宫大帝的诞辰祭日。为祈天宫赐福，民间多诵经持斋，不御荤酒。

正月十五日以前，浙江海宁一带忌食豆腐。盖因豆腐色白，当地人常于吊丧日食之，俗称“吃豆腐饭”。为避不吉，所以忌食之。畲族正月十五前忌晒衣服。否则，以为会养不好鸡，鸡将被老鹰捉去。壮族正月初一至十五，禁忌打猎、捕鱼等野外活动。在家中要给水缸和灶烧香，对秤、碗橱、锄头等也要烧香、供祭粽子等，否则，以为家中会有不吉利的事情发生。

正月十五日，又称作“元宵节”。是日夜晚民间举行灯会赏灯。河南、山东一带，普遍流行新媳妇忌观娘家灯的习俗。俗语说：“看了娘家灯，要死老公公。”但也有的地方是日新媳妇一定要回娘家住，谓之“躲灯”。

河南、湖北一带，又忌正月十五有风、雪、雨、雾。如是，则主年景不好。谚云：“元宵有灯光，人畜都安康；有风又有雪，人病牛亦折”，“雨打元宵灯，早稻一束蒿”。

【正月十六禁忌】

河北一带，是日为“耗磨日”，忌开仓。否则仓中所蓄将被耗磨掉，主一年饥荒。

鄂伦春族、达斡尔族正月十六日为“黑灰日”。人们互相争抹黑脸。否则，认为这一年会不吉利。但儿子、儿媳忌与父亲互抹，哥哥与弟媳也忌互抹。年轻人给老年人抹黑脸时，须先磕头，然后才能抹。

湖北一带，是日夜间，以灶灯占岁，灯熄而盏内有剩油，主雨水足，灯熄油竭，主岁旱。

河南郸城一带，是日晚忌点灯，谓“老鼠嫁女，怕见亮光”，否则，“你闹它一天，它闹你一年”。白族旧时过年，正月初一至十六，全家都不洗脸，不扫地，不梳头。否则，以为会失财。

【正月十七禁忌】

浙江湖州一带，正月十三至十七，每夜各铺户沿街灯彩盛悬，锣鼓喧闹，观者极多。俗以为若无此举，必遭水灾。

湖南宁远一带，河南鹿邑、方城、虞城等地，是日晚忌开箱启柜，禁灯，谓老鼠嫁女。

【正月二十五禁忌】

是日，汉族民间称为“填仓节”。山东长岛一带又说是“龙凤日”，这一天农家禁做农活，妇女禁做针线。

【正月底禁忌】

月尽之日，广州花县一带，忌用财物。是夜堆火于门前，谓之送穷。

正月过后，民间的岁时禁忌就稀少多了，但仍不是没有。这里，接着将每月较普遍流行的典型习俗记叙如下，以便读者对全年的岁时禁忌有一个大致的了解。

【二月初一禁忌】

湖南一带，此日忌鸟。晨起，用粑粑粘在枯枝上，遍插田间或园内，俗云：可粘鸟嘴，使之不食禾苗，不毁伤谷种。汝城一带是日称为“大忌”。俗忌洒扫，又忌使用针线。

清代年画，二月二、龙抬头。

【春社禁忌】

古代在立春后第五个戊日祭祀土神，是日便为春社。湖南宁远一带，春社，禁舂碓。俗云：是日舂碓，必断牛脚。河南宜阳一带，春社日忌有风无雨。谚云：“春社有风人不安，春社无雨不种田。”

【二月初二禁忌】

是日，古人称之为“中和节”，民间呼为“龙抬头”。这一天，民间喜用龙来称呼各种事物。如食饼者，谓之龙鳞饼；食面者，谓之龙须面；剃头者称为剃龙头；洗脚者称为洗龙角（脚）等等。俗以为龙抬头表示惊蛰已过，天空将要开始打雷了，龙王将要降雨了。龙出则百虫伏藏，人们希望借助于龙的声威制伏百虫百害，使其不能危害庄稼。因此，这一天要特别小心，不能动刀动剪动针线。否则，以为会伤着“龙目”，戳着“龙眼”；早晨担水时，禁忌水桶碰到井帮，否则，以为会碰伤龙头。这一天忌推磨，怕压了龙头。还忌讳喝糊涂饭和疙瘩汤。否则，以为会糊住龙眼，或者令天降冰雹。河南、山东、河北、陕西、北京、广东等地旧时均有流行，至今仍有残留。鄂温克族也有类似习俗。在这一天里要停止劳动生产，禁止打猎。禁忌动用刀子、斧子等有刃的工具。

民间还有以是日之阴晴占岁的习俗。以为晴则主旱；雨则主涝。山东有的地方，忌是日有风。俗谓“有风不收囤”。武城一带，忌太阳没升起前出屋门。否则，认为会“踢囤尖”，砸了一年丰收的希望。郓城等地忌是日妇女回娘家，据说“二月二踩了娘家的仓，不死公爹就死婆婆娘”。

【二月初八禁忌】

彝族是日要“栅大路”，禁忌汉族人和外村人进入本村。否则，认为会破坏本村的风水。

【二月十五禁忌】

是日，为太上玄元皇帝的诞辰，禁忌屠割。旧时北京一带流行。

【三月禁忌】

三月忌风。俗谓三月有大风，则四月必旱。贵州一带谚云：“三月吹大风，四月田干裂。”

【三月初一禁忌】

陕西一带，是日妇女以荠花蘸油，祝而洒水中。油花呈龙凤、花卉状，则以为吉，否则为凶。山东一带，是日忌雨，谓雨则主旱。

【三月初二禁忌】

山东一带，是日忌雨，谓雨主旱。

【三月初三禁忌】

是日，俗谓“上巳节”。此是魏晋以后的风习。上古时代，上巳节为三月上旬第一个巳日，在这一天，人们要到水边举行招魂禳灾的仪式。近代陕西、山西一带，还有“曲水流觞”的活动，应属古老的上巳遗风。河南一带，三月三日民间有大集会。其俗，忌讳是日新出嫁的媳妇回娘家。虞城县一带谚云：“在娘家过了三月三，死了丈夫塌了天。”湖南一带，是日避忌蚂蚁。民间将蚂蚁草放置在桌上及锅灶等处，说是可以驱避蚂蚁。江苏一带，俗谓是日为“荠菜花生日”。乡间妇女都摘荠菜花插于鬓旁，以为纪念。不插者以为不吉。谚云：“三月三，荠菜花赛牡丹。女人不插无钱用，女人一插米满仓。”

三月三，是布依族、黎族、彝族等民族传统的节日。这一天，布依族各村寨都要杀猪宰牛，祭祀灶君、山神，并扫寨赶鬼，封路封寨。外人一律禁止进村，否则，被认为是对扫寨的破坏。必令其出钱，重新扫寨，还要向村人谢罪。如今此俗已演变为集会预祝丰收等活动。

【四月初八禁忌】

是日，俗谓“浴佛会”。禁屠割。

【四月十二禁忌】

是日忌雨。河南谚云：“四月十二湿了老鸦毛，麦从水里捞。”

【五月禁忌】

五月，俗谓“恶月”，亦称“毒月”、“凶月”。谚云：“善正月，恶五月。”五月多禁忌。北京、安徽、湖南、山东、河南等地，均有忌曝床荐席、忌盖屋修灶的风习。俗谓犯者不利。《风俗通义》云：“五月盖屋，令人头秃。”《异苑》云：“新野庚实家，尝以五月晒席，忽有小儿死席下，俄失所在，其后实女遂亡。相传以为忌。”故有“仲夏”忌移床之说。北京一带，五月还忌迁居，忌糊窗槅。民间常以艾叶贴窗户，谓之解厄。又五月忌剃头，俗谓“恐妨舅氏”。浙江杭州一带，俗称五六两月为凶月。这期间禁忌婚嫁，禁忌迁居。否则，以为不祥。

河南一带，五月忌南风，俗云：“五月南风发大水。”河南方城县一带，五月忌热，谚云：“五月冷，一棵豆打一捧。”而浙江温州一带则忌五月不热。谚云：“五月不热，五谷不结。”

【五月初一禁忌】

是日，忌汲泉水，谓避井毒。

【五月初五禁忌】

是日，俗谓“端午节”，又称“端阳节”。民间以为是不吉利的日子，有“躲午”的习俗流行。未满周岁的儿童要到外婆家躲藏。北方一带，各家习以艾

屈原

枝插于门旁，上悬纸葫芦等物，借以避邪免灾。小孩佩戴棉布缝制的小狗、小人等，忌讳丢失。否则，兆一年内必有大灾。躲过了端午后，将所佩戴之物抛掷水中以消灾祛祸。水族端午忌荤，食素。山东一带端午忌雨、雾，谓“雨主虫灾”、“雾主水灾”。河南一带是日忌逢戊。宜阳谚云“端阳遇戊一冬晴”，谓主旱也。

【五月初七禁忌】

广西靖西、那坡、德保、天等、大新一带壮族，是日（及六月初六、七月初七日）为传统的牛魂节。这一天人们对耕牛一律解缰卸轭，免除劳役。忌棍打鞭甩，以安定牛魂。

【五月十三禁忌】

是日，江淮一带，俗谓“关王（关羽）磨刀日”。这一天里，禁忌动刀砧，以示崇敬。

【五月二十禁忌】

是日，俗谓“分龙日”。河南一带，忌无雨。无雨主旱。北京一带，又有“大晴主旱，大雨主涝”之说。江西一带，分龙日，俗忌挑粪器，又忌晒裤襦。唯恐冲犯龙神，遭受灾厄。

【五月二十六禁忌】

是日，俗谓“谷生日”，忌无雨。谚云：“收谷不收谷，单看五月二十六。”有雨则熟，无雨则不收。河南、湖北一带流行。

【六月禁忌】

六月逢卯日，忌食鸡，忌食苦菜，因谐音饥苦也。湖北一带流行。河南忌六月刮大风。谚云：“六月南风井底干。”

【六月初六禁忌】

六月六，俗谓“晒衣节”、“晒龙袍日”、“杨泗菩萨诞辰”。山东、湖北、江西、安徽等地，是日家家出晒衣服、书籍，以为可免霉渍鼠啮。江西德安一带，这一天迎接杨泗菩萨，不敢说一句笑话。如有违禁犯忌者，谓菩萨必将降灾于其人之身。山东莱阳，这一天禁忌妇女回娘家。

六月六，忌阴雨。阴雨主秋季有水灾，并牲畜瓜菜受损。谚云：“湿了龙袍，淋破蓑衣”，“六月六日阴，牛羊贵如金”，“六月六日雨，菜根遭虫蛀”。

【六月二十四禁忌】

是日，俗谓“雷神诞”。民间忌荤食素，屠门为之罢市。如今，此俗已不习见。

【六月二十五禁忌】

是日，白族谓之“火把节”，又名“星回节”。其夜，各家竖立火把一柱，点火把吃豆、饮酒欢庆。火把节岳家忌请女婿来家中。当地有“烧姑爷”的说法，认为女婿到岳家是不吉之兆。但可请家中出嫁的姑娘回来过节。

【七月禁忌】

七月，俗称“鬼月”。民间晚间忌出门走动，恐遇到鬼魅，身受灾祸。

【七月初七禁忌】

是日，俗谓“乞巧节”。中原一带，午时妇女多乞巧。以碗贮水，曝热日中，投绣花针于水面，谛视水底。针影成云物花鸟之影者，好；成剪刀牙尺之影者，次之；如其影粗如槌，细如丝，直如矢，则以为拙矣。幼女尤忌。或至垂涕泣，其母每曲慰之。是夕，忌天阴。俗说，天河之影见则谷贱，否则谷贵。

【七月十五禁忌】

是日，俗谓“中元节”。据说此时鬼魂都出来了，人们不能到处乱走，更忌出远门。若碰到鬼，主一年不吉利。旧时汉族、白族等许多民族有此习俗禁忌。

【七月二十禁忌】

是日，俗谓“棉花生日”，忌雨喜晴。吴下谚云：“雨打七月念（廿），棉花弗上店。”

【八月十五禁忌】

是日，俗谓“中秋节”。民间是夕拜祭月神，忌阴雨。谚云：“八月十五云遮月，正月十五雪打灯。”兆来年年景不好。

【秋社禁忌】

立秋后第五个戊日为秋社日。秋社忌无雨。谚云：“秋社有雨谷连阡，秋社无雨不种田。”

【八月二十七禁忌】

是日，为孔子诞辰，民间禁屠宰，到文庙作祭。

【九月禁忌】

九月为“忌月”。北京、山东、河南等地，俗忌九月里套棉被。据说九月里套棉被会犯九女星，谁盖了被子谁死；又说，犯了九女星，光生女不生男。所以，民间有“九月不套被，套被没人睡”的说法。北京一带还忌九月迁徙，忌糊窗户。但这一禁忌，俗以为可用九月里的菊花叶来解除。菊花叶贴在户牖或放进被套里，便能解除凶秽以招吉祥。

【九月初九禁忌】

是日，俗谓“重阳节”。民间有重九登高的习俗，以为登高可避祸免灾。九为数之极，也称作老阳。民间俗话云：“九为老阳，阳极必变。”因九数代表着将由盈而亏，由盛转衰的意思，所以民间的九数为不吉数字。九九重九，更是大大不吉。所以是日民间有避灾的心理要求。《续齐谐记》中记有一则九月九日登高习俗来历的传说故事。其文云：“汝南桓景随费长房游学累年，长房谓曰‘九月九日，汝家中当有灾，宜急去，令家人各作绛囊，盛茱萸以系臂，登高，饮菊花酒，此祸可除。’景如言，齐家登山。夕还，见鸡犬牛羊，一时暴死。长房闻之曰：‘此可代也。’今世人九日登高饮酒，妇人带茱萸囊，盖始于此。”可见民间茱萸、菊花是消重阳九九之厄的佳品，不能不用。河南开封宋时有称茱萸为“避邪翁”，菊花为“延寿客”的。山东藤县一带，出嫁不到三年的闺女忌回娘家过重阳节。当地有“回家过重阳，死她婆婆娘”的说法。

是日，俗忌无雨，谓主旱灾。谚云：“重阳无雨一冬晴”、“重阳无雨看十三，十三无雨一冬干”。河南、山东、湖北等地流行。山东一带又忌是日刮西北风。谚云：“（重阳节）东北风，来年丰；西北风，来年歉。”

【十月禁忌】

十月忌无霜。俗以为十月不下霜主次年灾荒。谚云“十月无霜，碓头无糠”、“十月无霜主大荒”。

【十月初一禁忌】

是日，俗谓“鬼节”，又称“祭祖节”。河南郸城一带，忌走亲串友。上坟烧纸祭故人，要在午饭后去，忌清早或上午去。谚云：“早清明，晚十月一。”传说阎王爷清明节收鬼，十月一放鬼。当地惯于此日杀小鸡，以鸡血驱鬼，使鬼祟不敢进阳宅。

【十一月禁忌】

十一月，俗谓“冬月”。忌无雪。谚云“冬月无雪，田中无麦”、“冬无雪，虫子多”。北方地区流行。河南一带，又忌是月有霜。谚云：“十一月若有霜，碓头不见糠。”湖北一带，忌雾吃霜，即有雾无霜。谚云：“雾吃霜，人吃糠。”

【十一月初一禁忌】

河南鹿邑一带，谓是日忌西风、大雪。俗传二十四节气歌云：“（冬月）初一西风盗贼多，更见大雪有妖魔。”

【十二月初八禁忌】

是日，俗谓“腊八”。民间忌讳妇女这一天回娘家，否则，娘家一年不如意。俗谚云：“腊八不吃娘家米；吃了娘家米，一辈子还不起。”山东武城、沂南等地，新媳妇（结婚不满三年）是日必须回娘家，否则，以为对婆婆家不利。谚云：“吃了腊八饭，一家人要散；喝了腊八米（粥），一家穷到底。”

【十二月二十四禁忌】

是日，俗谓“过小年”。民间此日扫房子，准备过年。湖北一带，俗忌宰杀。河南修武一带，俗忌捣蒜。否则，以为会把家捣穷了。台湾称此日为“送神日”，禁忌舂米。据说有将风神捣下之虞，恐使来年多风灾。

【十二月二十五禁忌】

是日忌讳讨债。台湾一带流行。

【十二月二十六禁忌】

河南一带，是日各家蒸馒头，准备过年。蒸馒头时忌讳生客进门。馒头忌讳施于乞丐，否则，以为会把“福气”施舍走了。江西有的地方，是日吃素，不动荤，并且禁忌外村人来往走动。

【十二月二十九禁忌】

黑龙江一带，是日蒸馒头，祭天、祭祖。蒸馒头时忌面发不起来，如此，则说明日子不兴旺；又忌蒸裂了口子，如此，则兆示家庭不和睦、有裂痕、生是非。真要是馒头蒸裂了口，不能说“裂了”，而要说“笑了”。这样的馒头不能再用来祭天、祭祖，必须重蒸。

土家族是日过年饭上甑后，妇女禁动针线，忌洗衣服。

【十二月三十禁忌】

是日，俗称“年三十”，又称“除夕”。这是一年的最后一天，所以民间很重视，并且有许多禁忌习俗流行。汉族传说，这一天上界诸神到下界来，故而民间都隆重地举行祭祀活动，敬鬼神祈福禄。黑龙江、河南、安徽、台湾等地这一天都禁忌打扫卫生，不能洒污水、倒垃圾、丢弃杂物。云南苗族也忌倒掉洗脚水，否则，以为来年会发大水。汉族、达斡尔族等民族这一天还禁忌恶声谩语，不准哭闹，不准大声呵斥，忌讳打破碗盏，妇女们不能动针线。否则，以为不吉利。有的地方相信除夕夜老鼠嫁女，忌讳有猫突然跑进家来。猫来吓跑了老鼠，其家必遭穷厄。因为老鼠总是爱呆在有钱粮的人家。

土家族是日禁忌挑井水，说是怕惊动龙王。否则，以为来年龙王会捣乱，人们则要遭受水、旱灾害。这天还不准宰杀畜禽，不能伤害生命。舟山一带，除夕禁忌杀鸡。据说是因为鸡鸣曾经救过当地人的性命。江西一带，除夕置火，忌客。

民间大都有“除夕夜守岁”的习俗。黑龙江一带，除夕夜室内外要燃烛升灯，彻夜不熄。敬神的蜡烛最忌被碰坏或熄灭，以为这样会带来“不吉利”。俗以为是晚小孩子出门必须结伴，走路时不许左顾右盼。说是小孩两个肩头上各有一盏神灯，凡人眼睛看不见它，但它却有避邪的作用。如果左右回顾，吹灭了这两盏神灯，就会撞见鬼神。湖南一带，忌讳除夕将灯油泼地。否则，以为家中必多疾病，或有不利之事发生。河南一带，除夕守岁时，禁忌大声喧哗。以免惊动神灵；禁忌开箱柜，以免财物丢失。禁忌照镜子，以免见“鬼”。

浙江、河南等地，还有拨勺听静的风俗。即在除夕夜，用铜勺放在锅里（或置于水中），拨勺使旋转，止时，按勺柄所指方向走（有的还要抱上一面镜子），遇到第一个人，听到第一句话，即为兆示。忌讳此时听到不吉利的话。否则，以为来年必凶。

黑龙江一带，除夕贴窗花、贴对子用剩下的糨糊忌讳留在家中，没吃完的窝瓜也要扔掉。否则，以为来年的日子会越来越糊涂，越来越窝囊。山东一带，也忌讳把药渣留在家中过年，以为不吉利。河南林县一带，三十晚上则要留剩饭，忌讳当晚把饭吃得一干二净，取意“吉庆有余”。

河南上蔡、鹤壁等地，除夕晚上睡觉后俗忌再起来解大便。据说是为回避“屎”字的不吉，因其与“死”字谐音。

【小结】

从以上岁时禁忌的实例，可以知道，人们对于岁时的所有“警觉”、“敬畏”、“戒律”，亦即禁忌的各种表现都是与避凶求吉的心理相联系着的。岁时，这种“死的”自然物，被人们赋予了“活的”精灵和意志；人们崇奉岁时，以各种自我限制甚至是自我惩治的方式来讨好岁时，虔敬岁时，其目的并不在那些禁制本身，而是通过这一系列禁忌的实现来达到祈求好运、禳除灾祸的目的。为了这样一个实际的目的，人们渴望他们所采取的带有虚幻性质的举措能够具备切实的效用。这在意愿上虽有积极的一面，但于实践上却总是显得很幼稚、荒唐。现在这些岁时禁忌习俗大多数都已废除，或者只剩下一个惯习性风俗活动的外壳而失去其信仰方面的实用意义了。

鬼事篇

本篇中所涉及的禁忌与以上两篇，即《人事篇》和《物事篇》不同。以上两篇，《人事篇》可以说是关系到“社会”的，《物事篇》可以说是关系到“自然”的，而它们共同的特点还在于都是关系到现实的事物的。本篇——《鬼事篇》则不然，它是关系到一个空幻的世界，一个超越现实客观存在的世界，亦即一个想象出来的世界。

由于迷信观念的存在，民间俗信以为，人不但和自己的同类打交道，不但和自然界中的物事打交道，还在与一个超自然的冥间鬼蜮中的神鬼（妖魔鬼怪、魑魅魍魉）打交道。在人们与这些神鬼打交道时，还认识了它们的一些“灵性”，比如“会变化”、“来无踪去无影”等等，而且据说这些阴间的鬼怪、神灵还和阳间的人一样，有着这样那样一些禁忌。这些禁忌也是鬼神不能稍有违反的，否则，它们也就要受到惩罚。有些阴间鬼神的禁忌还与阳间的事物有关。这里，透露出一种阴阳两界的交往关系和承接关系，表现出阴阳两界互为依托的观念。一切关于巫术、法术和宗教的信仰也都是这一“地带”的产物。

然而，无神论者指出，这些都是人们的思想对客观世界虚幻的颠倒的反映，鬼神世界只是客观世界人们意识层中的“折射”。鬼神的一切行为连同它们自身都是人们的精神产品，所以鬼神的所谓禁忌，实际上也还是以人的禁忌为根据的某种“翻版”而已。这一点在以下所举的禁忌实例中，是不难看出来的。

鬼魅禁忌

民间虽然以为鬼是比人强大的，常常能作祟于阳世间，给人带来灾难，但同时也认为鬼是有所畏忌的。鬼对于它所害怕的事物也是采取避忌的态度的。

鬼忌阳光

中国民间有“阴阳”两界的说法。俗以为人生活在“阳间”，鬼生活在“阴间”。人死为鬼，亦即“归阴”；鬼还可转生为人（或动物），亦即“还阳”。人、鬼之间，虽然可以交往，如人梦中或灵魂出窍的时刻，可能会游历“阴曹地府”，到阴间去走一趟；鬼在夜晚或阴暗的地方也会偷偷地跑到阳间来作祟、为害一番。但是，一般说来，人、鬼是不能互相来往的。这里边一个大的界限和障碍就在于太阳。人在白天活动，在阳光下活动，而太阳却是鬼魂最害怕的东西，光天化日之下，一切鬼都没有躲藏的处所。所以在太阳将要出来时，鬼都要早早地逃匿而去了。

鬼忌火

火燃烧的时候，会发出火光。这种光亮和太阳的光亮很相似，只是没有太阳的光亮那么强烈，但对于鬼也有很大的威慑力量。据说人走夜路时，如遇到鬼怪，只要点燃一把火，就会把鬼吓跑的。没有火种时，就用手挠头皮。据说头发里迸出的火星也有驱鬼避邪的能力。可见鬼是多么忌见火光了。民间还常用火烧的办法惩治恶鬼，据说大火能把恶鬼“烧死”。

鬼忌爆响

木头、竹子燃烧时，会发出“噼噼啪啪”的响声。据说这类响声也是鬼所忌怕的。民间驱鬼避邪时燃放爆竹、鞭炮、土火炮等，就是依据了这种俗信。

鬼忌红色

俗以为鬼不敢触碰红色的东西。民间常以红布、朱砂、动物的血液等物驱鬼避邪。

鬼忌灯

灯，是有光亮的，其作用有类似太阳的地方；旧时的灯，又是靠火光照亮的，所以它是鬼所忌讳的。

鬼忌铜

鄂伦春族以为鬼有躲开子弹的本领，但枪里装上铜扣子，鬼就不能躲了。汉族旧时婚嫁，新妇上轿前，当胸要藏一面古铜镜，俗谓“照妖镜”。据说，有了这面镜子，一些妖魔鬼怪便不敢来侵犯她了。

鬼忌鸡鸣

俗谓鬼惧鸡，忌鸡鸣。据说，鬼闻鸡鸣会“缩短”、“迸失”、“心慑怖而皆惊”。此类信仰，大约是由“鸡鸣天亮”而来。鬼阴畏阳，鸡属阳，鸡鸣则日出，日出则鬼没。故云，鸡为鬼所忌。

鬼忌虎形

民间常画虎于门，或以虎形装饰儿童（穿虎头鞋，戴虎头帽），据说可以避邪驱鬼。可见在民间的想象中，鬼也像人一样惧怕老虎、避忌老虎。

鬼忌革带

旧时，丧葬不用革带，言鬼畏革带。畏则惩之。《无何集》不同意此说，引《瓮牖闲评》云：“夫人之死不系革带者，盖带乃牛革为之，不欲以人尸与牛革混杂耳，而非畏革带也。”

鬼忌桃木

民间习以桃木做成弓箭、刀、棒，用来避邪驱鬼。据信，鬼恶、惧桃木。

鬼忌芦索

旧时民间过年时垂苇索于门，冀以御凶驱鬼。《荆楚岁时记》云："元旦悬苇索于门，百鬼皆畏之。"畏则忌近之。

鬼忌米

汉族民间以为小米有驱除鬼魅防避邪祟的作用。河北定县一带，产妇满月回娘家途中每过一个路口都要撒一把米，否则，以为会受到鬼魅的祟害。台湾一带，新娘下轿时，要由家人举八卦米筛盖在新娘头上方可进入厅堂，此亦是用与谷米有关的器物来避邪招福的习俗。小孩跌倒时，民间习以盐米撒在跌倒处，相信如此即能把祟害小孩跌倒的邪鬼赶走。撒盐米还能驱走土神，使眼疾痊愈。丧葬时撒了盐米之后，死者的鬼魂就不会加害扛棺的人了。江苏一带在"喊惊魂"的习俗中，也常用谷米作驱邪引魂的主要"道具"。可见，谷米是鬼魅所忌惮之物。

鬼忌豆

俗以为鬼忌豆类植物。云南民间喜用赤豆做饭。传说共工氏有不才子七人，死而为厉鬼，性畏赤豆。河北一带，新妇出嫁，须暗带许多黑豆，到婆家撒在宾客身上和屋子四周。据说可防凶星。腊月二十三，祭灶后，人们喜用小红布袋装上灶王爷前神马饲料中的黑豆，缝于腰间。据说可以驱鬼消灾。

鬼忌恶人

俗语云："鬼怕恶人蛇怕棒。"恶人难缠，人凶恶得很了，鬼也会害怕的。民间还传说，不怕鬼的人，鬼就怕他了。怕则避忌之。有些精灵甚至害怕"生人"。云南彝族中有"叫饭魂"的习俗。据说叫饭魂时要阻止路人通过，只让"饭魂"行走。俗以为此时如有外人出现，会吓跑"饭魂"。那样象征财富的"饭魂"就不能被叫到自己村中来了。按此俗信，"饭魂"是忌遇生人的。

鬼忌尿

俗信鬼忌秽物，如人尿、脏水等。据说走黑路遇到"鬼打墙"，使你不得前进时，撒一泡尿，路就可以通了。汉族中有给孩子取脏名的习俗，也是希望小孩子不受或少受鬼魅邪神的纠缠的意思。比如叫"尿壶"、"牛屎"、"狗蛋"、"不缠"等等。

鬼忌符咒

汉族及其他一些民族相信鬼是害怕符咒的。人们，尤其是有魔法（法术）能力的巫觋、方士、僧道等人所画、所念的符咒，据说是可以降服、驱逐鬼魅的。除了特殊情况下专门书写、诵念的符咒之外，一般民间家门上张贴的“门神”、房院中书写的“姜太公在此”、“泰山石敢当”等等也都有类似的作用和意义。据说有了这些符咒性质的东西，鬼怪就不敢轻易进家门了。

据信，鬼所害怕的东西还有很多，如，诗书、历书、经书、卦书、渔网、刀枪、弓箭、茶叶、狗血、黑驴蹄等等。这些，都可以使鬼怪畏惧、退却，是鬼怪所避忌的事物。然而，所有这些都是属于静态方面的情况，除此之外，在动态方面，鬼的行为也有许多忌讳。比如：

鬼忌寒暄

鄂伦春族认为，在阴间，鬼如看见已死的熟人，不能询问，一问，鬼就会变成一把骨头。

鬼忌讨价

鄂伦春族以为，阴间也有鬼市。鬼市上搭的全是绿帐篷，在这里卖东西的全是鬼。东西又好又便宜，但不能讲价钱。一讨价还价，东西就不结实了，就变了。

鬼忌起疑心

俗说“淹死鬼”必须找一个落水人当“替死鬼”，自己才能再生还阳。但是，如果落水人被人救起时，人们说了一声“还好”，淹死鬼就起了疑心，以为没有把落水人的灵魂装进自己的竹管里去，急急忙忙地把竹管塞子拔开来看，这时塞在竹管里的灵魂又会逃走，落水人会再复活，而原来的那个“淹死鬼”就不能转生还阳了。

鬼忌错投生

俗以为鬼在阴间做鬼，只要守规矩，好好干，到一定时间会托生再到阳间。但是，鬼在投生时不能走错了门，否则，便不能托生为人，而会托生成畜生。据说，鬼投生时，有两扇门。一扇门里很热闹，敲锣打鼓的。但这扇门里不能进，因为那些是投胎畜生的。另一扇门里，是投胎人的。门里边非常冷清，非常黑暗，小鬼们都不情愿进去，往往是被打着撵进去的。据说小孩子屁股上的乌青块，便是被鬼撵打时留下的印记。

鬼忌生前犯罪

有些鬼在阴间要遭受酷刑惩罚，据说是因为他们在阳世间犯有罪孽。民间俗信以为，人在生前（阳世间）如果犯有罪恶，则死后必将遭到报应。因此鬼忌生前犯罪。据说，生前做好事多，死后很快就能托生（转世、还阳），并能有好运；生前做坏事多，再托生时，就要变成牛、马、狗等畜类。生前淫荡，死后要抱火柱子。生前浪费饭菜，死后要罚你吃掉自己作践过的饭菜。生前吃牛、羊、猪肉，死后要反被牛、羊、猪等畜类魂所吃。生前撒谎，死后要被割舌。生前不烧香拜佛，死后要走黑暗之路。生前多妻或多夫，死后要被锯开分配。生前虐待父母的，死后要处以酷刑：跟父母瞪眼的，要用钩子吊眼睛；不听父母话的，要把耳朵吊起来；打父母的，要把手钉起来。汉族及其他一些民族中还传说，阳世间犯过罪的人，死后要下十八层地狱。这十八层地狱及其作用分别为：

1．刮舌地狱：刮断唆人、害人或争讼之人的舌头。

2．剪刀地狱：剪断唆使人妻再嫁之人的手指。

3．铁树地狱：离间骨肉，调唆父子、兄弟不和之人，吊于铁树之上。

4．孽镜地狱：不吐真情之犯人，照此镜而显现罪状。

5．蒸笼地狱：将长舌妇或陷害人之人，投入蒸笼蒸。

6．铜柱地狱：令放火害命者裸体抱住铜柱筒。铜柱内燃烧炭火。

7．剑山地狱：渎神杀牲者，令其裸体爬上剑山。

8．冰山地狱：害夫、唆人私通、堕胎、诱人赌博、不养父母、不义之人，令其裸体上冰山。

9．油锅地狱：盗贼、欺善、拐骗、诬告、奸党、谋占、掠夺之人，投入油锅内炸。

10．牛坑地狱：伤人害畜者，投入坑中使牛触杀。

11．石压地狱：绞死人、逼毙小儿之人，放入大石间压毙。

12．舂臼地狱：糟蹋五谷，食间秽语者，放入臼内舂杀。

13． 血池地狱：难产、吐血、便血而死（见红而死）之人，不敬、不孝、不正之人，投入血池受苦。

14．枉死地狱：咬舌死、缢死、自尽死等人，关入枉死城牢狱。

15．磔刑地狱：掘坟扒墓之人，处磔刑。

16．火山地狱：犯戒僧道、损公肥私之人、放火烧山之人，赶入火山之中。

17．石磨地狱：糟蹋五谷、做贼之人、吃荤僧道，放入石磨磨成肉酱。

18．刀锯地狱：拐诱他人子弟妇女、买卖不公之人，用刀锯毙。

由此可见，鬼之忌实乃人之戒也。人不犯罪孽，则鬼不受惩处。所以，归根结底，鬼的禁忌还是人的禁忌。只不过是以折射、变形的方式反映出来而已。

梦魂禁忌

中国人很早就有了“梦”的观念。周代就有了关于梦的专书，并设置了占梦官职。《周礼·春官·占梦》云：“占梦掌其岁时，观天地之会，辨阴阳之气，以日月星辰占六梦之吉凶。”荀子曰：“心卧则梦。”关于梦的释义，俗信的说法是灵魂暂时离开了身躯，所有的梦境都是灵魂单独的经历。中国民间俗信还以为，灵魂在梦中可以与冥间相沟通。死亡则是灵魂永久性地离开了人体。

《周礼》中将梦分为正梦、噩梦、思梦、寤梦、喜梦、惧梦等六种。这基本上是按照做梦人的心境和做梦内容的特征而划分的。东汉王符在《潜夫论笺》中又将梦分为：直应之梦（直）、象之梦（象）、意精之梦（精）、记想之梦（想）、人位之梦（人）、极反之梦（反）、感气之梦（感）、应时之梦（时）、气之梦（病）、性情之梦（性）等十种。这基本上是按照做梦的因由及梦验的结果来分的。后世民间还有所谓自梦、托梦、寄梦的区别，这又是按梦游神遇的类型不同来分的了。不管以何种原则分类，民间都以为梦是与魂魄有关的，并且具有一定的象征意义和一定的兆示意义。周宣《梦书》云：“梦者像也，精气动也。魂魄离身，神来往也。阴阳感成，吉凶验也。”孙思邈曰：“凡梦皆缘魂魄至于躯体，不能流通，夜则魂魄虚静，神将告以未来吉凶。”这里，周宣与孙思邈所讲，虽然一个说魂魄是主动的，一个说魂魄是被动的，但其在梦境中与神交往从而具有兆示吉凶的作用，二人都是一致承认的。这种梦兆吉凶的俗信除了以为神人之间的交往是其根由之一外，还来源于事物之间的相互感应的观念。俗以为事物之间存在着一种自然的巫术感应的作用。《说苑》云：“心应枣，肝应榆，我通天地。将阴梦水，将晴梦火，天地通我。

妖孽者，天之所以警天子诸侯也。噩梦者，天之所以警士大夫也。故妖孽不胜善政，噩梦不胜善行。”“妖孽不胜善政，噩梦不胜善行”，道出了人的主观因素在吉凶祸福中的能动作用。王符所说的“今事，贵人梦之即为祥，贱人梦之即为妖；君子梦之即为荣，小人梦之即为辱”，其中也有此种意义。而且，梦成之后，其吉凶祸福仍然认为是可以转换的，所谓“凡人见瑞而修德者，福必成；见瑞而纵恣者，福转为祸。见妖而骄侮者，祸必成；见妖而戒惧者，祸转为福”。所以民间在做了不祥瑞的梦后，是非常忌讳的。而且，对做梦以及占梦、禳梦等行为也特别慎重，多有禁忌。

以下便从几个方面来谈谈有关梦魂的禁忌。

做梦禁忌

民间俗信以为做梦时灵魂要出窍，要离开肉体，所以担心于人的生命有损害。一般民众的心理，都忌讳做梦。如果一连几天夜间总是做梦，就会心里犯嘀咕，以为有什么不祥之事将要发生了。尤其再做噩梦、凶梦，可怕之梦，就更是惴惴不安了。所以，如果弄不清究竟是吉梦还是凶梦，那么，最好还是什么梦也别做。这样，虽不能因做了吉梦、好梦而得福，但起码，也可以不因做了凶梦、坏梦而罹难。不做梦的办法就是要遵守临睡前的一些禁忌。比如，卧枕忌低，要枕得高些，所谓“高枕无忧”。最好是侧身睡卧，忌仰面“尸卧”。卧忌开口，忌裸体。忌冒寒而卧，忌睡卧地上、石板上。卧忌当风、忌近烟。睡前忌妄笑、忌吃食。睡醒忌急饮水而复卧。睡前忌沐浴未拭干而卧。睡时忌足高悬，忌手压胸口。春卧南首、秋卧西首、冬卧北首，忌卧向有误等等。平时白日里则要尽量清心寡欲，不能有邪思杂念。俗以为“其梦也邪，昼有邪想也。其梦也漫，昼有漫想也”、“无想则无因，无因则无梦”，不思不想，便不会做梦了。据信，这是完全可以做得到的。《淮南子》曰：“所谓真人者，性合于道，其寝不梦。”一般民众，虽不能都成为真人，但也相信禁言戒语，平心静气，少思寡欲是可以不做梦或少做梦的。除此之外，还有以念经百遍来禁梦的。

睡觉时做梦不做梦，只有自己知道，外人是看不出来的。为了不致使别人的灵魂在离开躯体后回不来，民间禁忌在人家睡觉的时候弄脏或涂染熟睡者的面孔。否则，梦魂便会不认得归途的；或者，即使回来了也会因惊异、害怕而不敢进入体内的。这就要影响到熟睡者的生命健康，甚至会导致其不醒而死。在别人熟睡时，也忌讳突然地惊吓他（她），以免在梦魂还未归来时使他（她）受到伤害。如有人“冥卧”或“梦魇”，心中有所恐怖，此时禁忌走近卧者，禁忌突然揭开卧床上的帷帐看视，禁忌急急忙忙地用火烛照耀。恐怕因此而惊吓了睡梦者的魂魄，使其遭到不幸。如果听见睡梦者难受的呻吟声，可远远地呼唤其姓名，俟其渐醒。如其仍不能醒，可暗中用指甲掐其人中，或用口咬其拇指，轻轻摇其躯体，用这样的办法使其神复魂归。

占梦禁忌

旧时，人们做了梦之后，往往要通过占卜弄清楚所兆示的是吉是凶。民间流行着许多梦占的俗信。比如汉族、白族、鄂温克族等民族中都有“梦凶得吉”的俗信。以为梦中遇见凶祸之事，实际生活中反而会得吉运，所谓“极反之梦”。又有“梦吉得吉，梦凶得凶”的说法，所谓“直应之梦”。这两种俗信同时并存于民间，使得梦占的“信仰”异常复杂、混乱起来，其解释梦兆的随意性大大增加，往往被一些专门从事迷信活动的巫婆、神汉所利用，成为他们信口雌黄、骗人钱财的伎俩。不过，民间也还是有一些大体上相对固定的看法。一般民众对所谓的凶兆之梦，是非常忌讳的。汉族中还流行梦兆的应验时限俗信，认为“半夜前梦，其事应在远；夜半后梦，其事应在近”。所以若是后半夜做的梦更应当及早占卜，以便及时禳防凶祸，否则，恐怕要猝不及防了。占梦也是自述其梦，述说不得有误。若无梦自撰者，原梦（占梦）之后，灾祥依然皆验。所谓“意形于言，灾祥随之”。所以占梦切忌儿戏。旧时，梦有五不占，五不验。五不占为：（1）神未定而梦；（2）妄虑而梦；（3）寤知凶厄；（4）寐中撼病而梦；（5）梦有终始，觉佚其半。五不验为：（占梦之人）（1）昧厥本原者；（2）术业不专者；（3）精诚未至者；（4）削远为近，揉大为小者；（5）原其情事，荒唐迂谬者。其中，除了占梦术士为自己开脱败责所留之余地而外，其主要一点之禁忌仍然是说占梦不得儿戏，要诚心诚意，实话实说。

凶梦禁忌

尽管民间判断梦之吉凶的俗信并不完全一致，并且有着解释的随意性，但毕竟还有一些梦的内容是公认的不好的预兆。对于这些不好的梦，民间是深以为忌的。下面我们就从兆示的意义方面来列举一些不好的梦的例子。这些例子是以汉族为代表的许多民族中流行的看法。有些民族专有的便将其族名写在“（）”内注明。个别民间判断该梦吉凶的依据及主要所涉及的对象也于是梦后“（）”内注出。

（1）主不吉

忌梦穿青衣

忌梦穿红袍红袜

忌梦戴网巾

忌男子梦戴珠冠

忌梦倒穿鞋

忌梦中吃肉（鄂温克族）

忌梦执杯自饮

忌梦房塌

忌梦见床上有蚂蚁

忌梦坐车乘船而车船破（出门不祥）

忌病人梦见坐船

忌梦见捡钱

忌梦采荷

忌梦有鞘无剑

忌梦笔丢失

忌梦拿刀杀人

忌梦为人画容（主被画者不吉）

忌梦从桥下过，桥下暗黑，水浑而起风波

忌梦子女索食

忌梦送花与人

忌梦下大雪

忌梦失珍宝

忌梦人送己

忌梦帕掩面上

忌梦见鬼怪

忌梦神鬼来请

忌梦打神鬼

忌梦被神鬼打

忌梦见阎王

忌梦地裂

忌梦日黑暗

忌梦月沉水底

忌梦见彗星

忌梦见云遮日（出门不吉）
忌梦巨雷击头
忌梦流星入口（文人与孕妇梦之，大为吉祥。其他人梦之不吉）
忌梦身坐井中
忌梦破鼓
忌梦箫
忌梦背缚一木

（2）主凶祸
忌梦地下喷黑气
忌梦身卧冰上
忌梦林中行（人木为休，故忌）
忌梦被豺狼围困
忌梦刀丢失
忌梦他人弄己镜
忌梦床破碎
忌梦家宅废毁残坏
忌梦城倒
忌梦仓廪充盈（主下人吉，上人凶）
忌梦坐狱
忌梦贵人来见
忌梦男人变成尼姑
忌梦鼓吹迎娶
忌梦舟中洗涤
忌梦雨具被火焚
忌梦洪水
忌梦见死人复活
忌梦开棺与死人说话
忌梦被人击
忌梦兵败
忌梦头发脱落
忌梦掉换肺肝
忌梦浑身流汗
忌梦身受火烧
忌梦召女人至家
忌梦鸳鸯离散
忌梦辱骂亲人
忌梦锛砍芭蕉（佤族）
忌梦大树忽折
忌梦神鬼追摄
忌梦见凶神
忌梦仙佛嗔怒

（3）主丧亡
忌梦穿绸缎衣服（主父母丧亡）
忌梦穿新衣（壮族尤忌正月做此梦）
忌梦食米（米字拆为八木。八木为棺）
忌梦食蒜（蒜者，算也。算尽则亡）
忌梦见打死熊（鄂温克族）
忌梦见虎入门
忌梦见水牛来家
忌梦捉龟杀龟
忌梦爬树树折
忌梦松生户前

忌梦桑葚
忌梦身入木中
忌梦见太阳落山
忌梦雪落庭院
忌梦狂风大雨
忌梦家人嬉笑
忌梦友人披发跌足
（主其人有杀身之祸）
忌梦身陷深坑
忌梦房梁倾折
忌梦房屋倒塌
忌梦弓弦断（主丧偶）
忌梦坐轿
忌梦剪头发（鄂温克族）
忌梦掉牙
（掉大牙，伤长辈；掉小牙伤小辈。掉上牙死青年，掉下牙死老年。掉上门牙，左丧父，右丧母；掉下门牙，左亡兄，右亡弟。流行于汉族、鄂温克族等民族中，各地具体说法不一）
忌梦断舌（主郁忧而死）
忌梦断头
忌梦白衣人呼召
忌梦见仪仗迎人
忌梦被“木依吉”
（鬼）拉着走（佤族）

（4）主疾病

忌梦征人回归
忌梦见已故亲人
忌梦死人哭
忌梦死人用餐
忌梦人死
忌梦与人交易
忌梦被人捆绑
忌梦被人杖打
忌梦穿好衣服（鄂伦春族）
忌梦衣服扯破
忌梦反穿衣
忌梦中理发
忌梦脸发胖
忌梦身掉井中无人救
忌梦地高不平
忌梦地中喷火
忌梦风吹衣服自觉冷
忌梦御风而行
忌梦中吃好的（鄂温克族）
忌梦中酒醉
忌梦食猪肉
忌梦大蛇追咬

（5）主破财

忌梦刀剑丢失
忌梦大路崩坏
忌梦中食梨
忌梦强盗入宅
忌梦扫地除粪
忌梦狗吠
忌梦蛙鸣

忌梦身化小儿
忌梦家中荆棘丛生
忌梦齿坠血出
忌梦落发
忌梦生女
忌梦女出嫁
忌梦伞置房内
忌梦弓弦断
忌梦水缸穿漏
忌梦金钱遗失

(6) 主事败
忌梦绳索断接不住
忌梦途中有荆棘
忌梦浮云满天
忌梦门户闭塞
忌梦车行不动
忌梦牛触人
忌梦林中狩猎
忌梦殴人不痛
忌梦见矮人
忌梦乘舟过市
忌梦冬穿夏衣
忌梦无左右手
忌梦腰被人断
忌梦吊丧
忌梦绘画
忌梦饮酒无肴
忌梦钱无一文
忌梦身在树上
忌梦被人杀害

(7) 主私情
忌梦家门自开
忌梦妻子床上有血
忌梦行露草中
忌梦与人共衣
忌梦衣服破损
忌梦人穿己鞋
忌梦女人裸体
忌梦帘幔破损
忌梦妇人披头散发
忌梦蛇随人走
忌梦马入家室
忌梦水浑黑

(8) 主兵乱
忌梦地倾斜
忌梦钱飞入户
忌梦铁放光
忌梦黑雾迷身
忌梦虹起天边
忌梦见金星
忌梦泥涂刀枪
忌梦蒿艾满江
忌梦蟹游满田

(9) 主刑狱
忌梦持金
忌梦带镯

忌梦黄珠
忌梦身入钱孔
忌梦在官用刑
忌梦两犬对言（犬对言为狱字）
忌梦猪被杀复活
忌梦剑断
忌梦伏藏井内
忌梦白帕裹印

(10) 主离别
忌梦破镜照人分身
忌梦车轮破坏
忌梦夫妻嬉笑
忌梦折莲花
忌梦中将花送人
忌梦分家财
忌梦食栗子
忌梦揖拜
忌梦改葬
忌梦手弄死人
忌梦家中人相斗
忌梦风吹花

(11) 主哭泣
忌梦中挨雨淋
忌梦椿被雨淋
忌梦漆（“漆”谐“泣”）
忌梦珠串（珠串似泪）
忌梦中大哭（鄂伦春族）
忌梦中发笑
忌梦吐舌舐目

(12) 主口舌
忌梦车过桥梁
忌梦儿童执刀
忌梦鼓
忌梦铜铃
忌梦掘地求钱
（得钱少者，主有口舌之祸）
忌梦与女人斗
忌梦厩中马嘶
忌梦青蛙鸣走
忌梦蛇入口道
忌梦病人哭泣
忌梦城门大开
忌梦杀狗吃肉
忌梦中喝酒
忌梦中唱歌、唱戏

(13) 主有小人
忌梦见蛇
忌梦麻雀
忌梦蜜蜂
忌梦螳螂
忌梦苍蝇
忌梦穿小鞋

(14) 主争讼
忌梦齿牙外露
忌梦被人侮辱

忌梦妇女斗殴
忌梦与人击球
忌梦驴
忌梦赌博
忌梦诉讼

(15) **主婚不成**
串姑娘时忌梦见跌跤(佤族)
忌梦飞蛾
忌梦黄蟹
忌梦天门开

(16) **主难产**
忌梦丢失衣服鞋帽
忌梦妻子溺水
忌梦妻妾成神
忌梦身瘦
忌梦乳自流
忌梦恶鸟
忌梦猛兽
忌梦木瓜枯
忌梦折损牡丹花

(17) **主绝嗣**
忌梦用钱买儿
忌梦腊梅花
忌梦风摇楼屋欲倒
忌梦胡蜂(螟蛉入嗣之兆)

(18) **主宅不安**
忌梦神仙降家
忌梦人借宿
忌梦得大赦
忌梦树木枯死
忌梦蚤虱满床

(19) **主冥难**
忌梦亡人悲泣
忌梦亡人在厕内
忌梦亡人丧葬
忌梦亡人求衣
忌梦亡人为奴
忌梦亡人离家
忌梦见祖先
忌梦故人变鸡犬

禳梦禁忌

如果做了不好的梦，人们也并不甘心等待那厄运、凶祸的到来。俗以为：“神灵示人以象，不以实。”也就是说，虽然做的是不好的梦，兆示不吉，但仍然是有着可以改变、避忌之余地的，那就是凶梦的禳解。鄂温克族人认为，做了好梦，三天不能往外透露，禁忌告诉别人；做了坏梦，则又必须见人就说，禁忌不说。俗以为这样才能把好梦兆示的吉祥保持住，把坏梦兆示的凶祸禳解掉。佤族及其他一些民族中有做了不吉利的梦后禁忌生产的习俗。俗以为这样便可以改变噩梦带来的不吉，或者至少可以减轻一些由此而来的灾难的损失。

汉族对于凶梦带来的灾难，总的说来，是主张以“善德”迎之的。他们希望以自己的诚心诚意，感动上苍，使其灾难转化为吉祥。除此之外，民间也还有另外一些禳梦的办法。比如，禁忌说梦，念写符咒等等。禁忌说梦在民间非常流行，一般是早晨起来至中午饭前，最忌说梦。不但禁忌对别人说自己昨晚做梦的内容，就连“梦”字也忌讳提起。这种“夜有所梦，旦勿轻易告人”的俗信是出于一种“泄露天机”的畏惧感。相信如果梦兆吉祥，说与人知，便可能空自高兴一场，所谓“说破稀松，道破不灵”；如果兆凶厄，说与人知，又担心天机败露，神灵恼怒，梦应更速，凶祸灾难来得更快、更狠。所以不敢轻易说梦。汉族及其他一些民族中还有一些以符咒禳梦的习俗。民间如果做了不好的梦，便在西墙上写：“夜梦不祥，写在西墙，太阳出来，化为吉祥。”或在南墙上唾一口唾液，划圆圈圈住，以示禁锢。或干脆写一张“噩梦出卖”的字条贴在街头巷尾，把噩梦的报应转到他人身上。写画符咒一定要在太阳出来之前，并且禁忌说话。另有一种民谣式的咒语，可在醒来之后诵念三遍，以达禳梦之目的。如：“太阳出来日朝西，我奴梦梦神不知，好梦变成财和宝，歹梦化作水和泥，言言哉。”这种咒语的好处在于不用分辨自己做的梦是好梦还是坏梦了，只要念它三遍，好梦自然保住好运气，坏梦自然化作水和泥，有此省时省力的好事，大家何乐而不为呢？可见，迷信也有迷信的应对方法呀！只是，在于迷信者，这种方法虽然显得那么滑稽可笑，但却被待之以百倍的虔诚，绝对禁忌存有丝毫的杂念、惰容，否则，便相信会失去灵验。这，实在又是迷信者可悲可叹的地方了。

小结

梦魂信仰，早已有人不以为然。王充《论衡》云：“凡天地之间有鬼，非人死精神为之也，皆人思念存想之所致也。”熊伯龙《无何集》云：“至于梦，更属‘思念存想之所致’矣。日有所思，夜则梦之。有验，有不验者。验者，偶与梦合，愚人不知，遂以为验，其实偶然适合，非兆之先见也。男子不梦生产，妇人不梦弓马，吴人不梦楚事，小儿不梦寿庆，士不梦负屐、担簦，农不梦治经、读史，贾不梦樵采、捕鱼。”这里边颇有一些唯物论的反映论思想了。这对梦魂之类迷信思想的批判是很有说服力的。近代心理学的发展，唯物主义思想的广泛传播，又使民间的梦魂迷信思想进一步得到了破除。现在再也不见有专司占梦之职的迷信职业者了。民间对所谓凶梦的恐惧感也大大减弱了。只是在日常生活中，人们还对神奇的梦，觉得无法捉摸，因而时时重温起梦魂禁忌的旧惯习俗。或者，行为中虽无甚明显的表现，心目中却仍对凶梦兆示有些许的惊悸，这乃是旧的梦魂迷信思想在人们意识中的残留迹象。这不足为怪，因为，人们思想上的进步总是要有一个过程的。可以相信，当科学进一步发展，人们对于梦境的产生及其意义理解更加深刻的时候，关于梦魂的迷信及其有关的禁忌习俗便会消失得更加干净、彻底了。

禳解篇

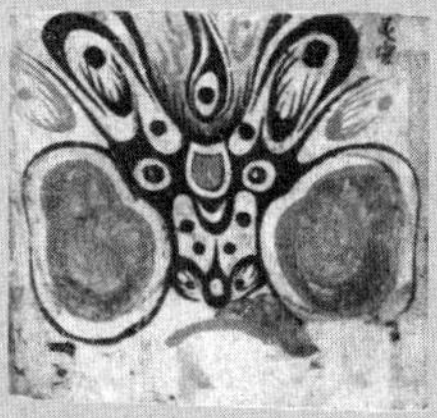

本篇所述，已非禁忌的事例，而是民间对于禁忌的禳解办法。

由于民间禁忌的博杂繁多，防不胜防，人们的精神负担过重，实在难以应付，所以民间又有一些对于禁忌的禳解办法产生。

所谓对于禁忌的禳解，大体上可以分为两类。一类是事前的设防，即借用某种力量事先就使禁忌失去应有的约束能力，造就一种无禁忌的状态；另一类是事后的补救，即采取某种措施，使得违禁犯忌之后的恶报应不致真正降临，或者至少是能够有所减缓。

在事先设防的禁忌禳解中，由于借得力量的灵力大小不一，其形成的无禁忌的状态也有所不同。有的可以形成一种非常宽泛的无禁忌状态，即所谓“百无禁忌”的状态；有的则可能仅仅是某一方面的或者某单一项目的无禁忌状态。在宽泛的无禁忌状态下，禳解的针对性不强，是泛指一切禁忌的；在单一的无禁忌状态下，禳解的针对性很强，是专门指向某一方面的或者某单一项目的禁忌的。

在事后补救的禁忌禳解中，由于违禁犯忌总是比较具体化的了，所以禳解的针对性总是很强的，其禳解的方式方法总是与能够导致灾难降临的那些禁忌一一相对应着的。

有些禁忌的禳解，在上文叙述禁忌习俗的时候已经提到过了，现在集中起来再谈一谈，可以使这一问题更加突出、更加显明一些。以下，我们便从“事前设防”和“事后补救”两个方面来谈谈中国民间对于禁忌的禳解习俗。

事前设防的禁忌禳解

事前设防的禁忌禳解，其目的在于“防患于未然”。这就要事先解除禁忌的约束力量，事先禳却灾难降临的可能性。在没有禁忌的情况下或者禁忌不再能带来灾难的情况下，人们便可放心大胆地“为所欲为”了。

百无禁忌

百无禁忌是一种非常宽泛的无禁忌状态。它反映了民间反抗各种禁制的理想和愿望，是禁忌逆反心理的理想化体现。这种状态的形成，依赖于定期或不定期的公众驱邪，依赖于公认的禳解仪式。

岁时无禁忌

汉族民间俗以为腊月三十（除夕），诸神退位，百无禁忌。其实，民间习俗常于是日贴门神、竖桃符、放鞭炮，举行各种驱邪的仪式。《东京梦华录》云：“至除夕，禁中呈大傩仪，并用皇城亲事官。诸班直戴假面，绣花色衣，执金枪龙旗。教坊使孟景初身品魁伟，贯全副金镀铜甲装将军。用镇殿将军二人。亦介胄，装门神。教坊南河炭丑恶魁肥，装判官。又装钟馗、小妹、土地、灶神之类，共千余人，自禁中驱祟出南薰门外转龙弯，谓之‘埋祟’而罢。”傩仪即驱逐疫鬼的仪式。傩，却之也。此俗又载于《梦粱录》、《隋书》、《后汉书》、《周礼》、《礼记》等书中。可见中国自古就有这种定期的公众驱邪的仪式。汉代以前，一年中的傩仪通常分三次，于季春、仲秋、季冬进行。汉代以后，这种定期的公众驱邪仪式渐渐地改为一年一次，即在每年的除夕日举行。实际上，民间往往是将整个腊月都视为无禁忌状态的。但腊月的无禁忌还不是百无禁忌，而是有一定的范畴限制的。例如山东、河南一带，俗以为腊月二十三日后，扫屋舍不择日，嫁娶无禁忌。俗谓二十四日至除夕这段时间为“乱岁日”，这一段时间里“儿童击锣鼓饰鬼面，有傩戏逐疫之遗”。《东京梦华录》云；“自入此（十二）月，即有贫者三数人为一伙，装妇人神鬼，敲锣击鼓，巡门乞钱，俗呼为‘打夜胡’。亦驱祟之道也。”《礼记·郊特牲》云：“乡人裼，孔子朝服立于阼，存室神也。”“裼”，即“傩”，同为驱逐强鬼之意。孔子害怕乡人驱逐强鬼时庙室之神受到惊吓，所以才穿戴朝服站立于庙之阼阶以使神安的。《周礼·夏官·方相氏疏》云：“乡人裼，亦皆据十二月民庶傩而言也。”可见一进入十二月便是民间公共驱邪的日子了。这个月内的无禁忌状态也正是与这一定期的公众驱邪的仪式相互关联着的。这一岁时的无禁忌状态是定期驱邪造成的。类似的情况还有元旦、清明、端午等等一些时候。在这些时间里，民间都有某些定期驱邪的仪式，比如燃放爆竹、插柳枝、带艾叶等等。不过，这些驱邪大都仅仅是针对某一方面或某一单项禁忌的禳解习俗（此一类禳解，我们将在下面谈到）。需要指出的是这些有关岁时的定期驱邪、禳解，在民间风俗的演变过程中，渐渐地和无禁忌的信仰分离开来，成为某种单独的欢乐、自娱性质的民间风俗活动了。在这种驱邪仪式及其遗风习俗之前或者之后，总会有一个无禁忌的时期存在。这是因为人们觉得“反正马上就要举行驱邪仪式”了，或者以为“反正已经进行了驱邪的仪式”了。在这种思想支配下，出现某种“无禁忌期”是完全可以理解的。后来，人们渐渐地不再自觉地把“无禁忌期”与定期的驱邪活动联系起来考虑了，只是非常省事地认为，反正一进入这一时期，便是无有禁忌的了。

一些少数民族地区也有许多生产活动或娱乐活动的无禁忌期。比如苗族《峒谿纖志》中就记述：“峒谿男女相歌于正月朔、三月三、八月十五。而三月谓之‘浪花歌’，尤无禁忌。”

有一点需要说明的是，民间虽然公然以为某一时期为“无禁忌期”，但实际上，在此“无禁忌期”甚至是“百无禁忌期”内，他们仍不是为所欲为地任意言行，仍然还是小心翼翼地遵从着许多已经习惯化了的禁忌原则。因为他们从心底里认为“无论如何，禁忌还是不违犯的好，哪怕是允许你违犯，也还是最好不违犯”。“无禁忌期”的作用只是用来防备那些实在没有注意到的违禁犯忌之事的。这也就是说人们虽然口头上说是“无禁忌”，可对一些禁忌的事还是有所顾忌的。只有那些特别需要的、无法避开的事，才在此一种心理下去做，以为即使违犯了禁忌也能相安无事。这就是为什么在“无禁忌期”或“百无禁忌期”内，实际上仍有许多禁忌存在的道理，如我们在前文“岁时禁忌”中所谈到的腊月、除夕日禁忌等等。所以，说到底“无禁忌”仍是“万一违禁犯忌”的一种解脱方法，一种禳解的方式而已。

姜太公在此

除了定期驱邪可以造成一种禁忌的解除状态，亦即无禁忌状态之外，民间还有许多不定期驱邪的方式，也可以随时造成禁忌的解除状态。这种不定期的禁忌的禳解所造成的无禁忌状态，同样既可能是极宽泛的无禁忌状态，又可能是某一方面的，或者某单一项目的无禁忌状态。

造成极宽泛的无禁忌状态，亦即“百无禁忌”状态的禁忌的禳解，往往依赖于某种“神上之神”的力量。例如民间常以姜太公来禳除一切禁忌。书写“姜太公在此，百无禁忌”或“姜太公在此，诸神退位”等贴在门窗或墙壁上，据说可以驱邪避灾，不受任何禁忌的约束。

姜太公，传说是远古时代炎帝的后代，后因帮助大禹王治水有功，被赐姜姓，封于吕（今河南省南阳市西），称吕侯；其名尚，字子牙，史称吕尚、姜尚、姜子牙等。后因文王访贤时称姜子牙是“老太公（文王之父）盼望已久的贤才”，所以又称其为“太公望”，继而讹传为“姜太公”。其人在民间传说颇多，《鬻子》、《六韬》、《搜神记》等书中都有记述，及至《封神演义》一书，姜子牙已被说成是封神之神。因为各路神仙皆由他所封，所以他就成为神上之神。如果“姜太公在此”，则其他“诸神”就不得不“退位”了。所以民间请了姜太公来，使得诸神退位，驱除一切邪鬼，也就免去一切禁忌了。

另有一种说法是讲姜太公统兵领将，掌管武事，与孔子并称，列入唐宋祀典，封为武成王，天下遍立太公庙。所以民间以为姜太公有驱神克鬼之能。《清稗类抄》中有“姜太公在此”一节，云：“乾隆时，江浙间之烹豚鱼也，皆和以酱。当三伏时，有自制之者，取其便也。制时，必书‘姜太公在此’五字于门，为压胜之具。或问袁子才曰：‘何义？’袁笑曰：‘此太公不善将兵而善将酱，盖戏语耳。’然颜师古《急就章》云：‘酱者，百味之将帅，酱领百味而行。’久之而门窗皆有此五字，且有加‘百无禁忌’四字者，不专在制酱时矣。”由此可知，武将之首，斩将封神的姜子牙是有着绝大的驱神能力的。他在民间经常被请来驱鬼避邪，禳解禁忌。除了一般性泛泛的禳解外，也还作有针对性的禳解，例如上边提到的做酱时。民间盖新房上梁时，也要写“姜太公在此，百无禁忌”的字样贴于大梁中间。嫁娶迎亲时，则贴于车辆上。有时小孩子说了不吉利的话，也念“姜太公在此，百无禁忌”，以作化解之用。

姜太公在此，百事无禁忌。

人们把姜太公像当做驱邪降福的吉祥图，贴在家中，以驱灾镇邪，迎来吉祥。

除了姜太公，民间还相信其他的神灵也可以造成“百无禁忌”的状态。例如，民间有绘钟馗像以驱逐邪鬼的习俗。尤以五月五日为重。传说钟馗有捉鬼的本领，专门惩治妖魔鬼怪。神荼、郁垒也因会捉鬼喂虎而被民间奉为门神。台湾一带民间有书写“黄飞虎在此”或“普奄（佛）到此，百无禁忌”的。相信这样即可以驱除一切邪恶，不需要再禁忌什么了。

泰山石敢当

“泰山石敢当”，也是民间常见的一种驱邪、禳解的方式。《清稗类抄》“泰山石敢当”云：“石敢当，立石于里巷之口以禁压不祥者也。此三字，始见于汉史游《急就篇》。颜师古曰：‘敢当，言所当无敌也。’颜谓《急就》之例，首陈诸姓，其名字或是新构义理，非实相配属，真有其人。是石敢当云者，亦虚构二字，与石姓相配成文耳。后人乃镌诸石，为禁压之用。宋庆历中，张纬宰莆田，再新县治，得一石铭，其文曰：‘石敢当，镇百鬼，厌灾殃。官吏福，百姓康。风教盛，礼乐张。唐大历五年，县令郑押字记。’后有加‘泰山’二字于上者，曰泰山石敢当。”以石镇宅驱邪实系古代灵物崇拜之遗风。唐宋时代就已有了以“石敢当”来禳解灾异的习俗。石敢当所禳解之面也颇宽泛，不但能驱逐一般的邪恶，还能为人家医病。据《茶香室丛钞》云：“齐鲁之俗，多于村落巷口立石，刻‘泰山石敢当’五字，方能暮夜至人家医病。”不过，通常“泰山石敢当”的作用只在于驱邪镇宅，使邪神不敢入家中。这样，人们在家中的一切言行就少了许多禁忌了，或者即便家宅中违反了禁忌，也可因为石敢当的缘由而有所担待了。

太极八卦图

由于道教的影响，民间相信太极八卦图是有驱邪避难的能力的。因此在家户门头，店房门头，或屋房梁上都绘制八卦图。相信这样，邪魔恶鬼便不敢来烦扰了。木匠们最信此说。据说，木匠的祖师爷鲁班就以为无论怎样凶恶的魔鬼都是不敢侵犯太极八卦图的。台湾一带，嫁娶时花轿后边要挂上绘制了太极八卦图的新米筛。也是避邪招福，禳解禁忌之意。

《周易》

民间俗信以为《周易》及一些经书、卦书等，有驱邪禳灾的能力。旧时常州一带，曾经“男妇老幼，无论识字不识字，每出，咸挟一册以自随，居则悬于户”（见《清稗类抄》）。此风极盛一时。

吉兽、凶兽、灵兽图像

麒麟、凤凰、狮子、老虎等等吉兽、凶兽、灵兽的图像，据说也有驱邪的能力。民间常常以这些动物的图像贴在墙上、门上或用来制作成童衣、童帽、童鞋上的装饰品。相信如此依靠这些兽类的保护就能够免除灾祸，使农作物不被禽兽糟蹋，给人们带来好运气。这些禳解、驱避的结果，能够不同程度地减轻人们禁忌心理的压力。

符咒

符咒是道家方士驱鬼役神的法术手段，在民间影响甚广。民间习俗中亦多有效仿者。以上所谈到的种种禳解方法，都是符咒的性质。其他如“门联”、“驱邪碑”、“一善”、“个个乙”、“山海镇”、“福禄寿”、“对我生财”、“天官赐福”、“百事大吉”等等也都属此类。其中有的是泛泛所指，有的也针对性颇强。比如，旧时人们过江，要佩一朱书“禹”字，就是想借助于这样的符咒，来驱逐水中的凶神恶鬼的。因为大禹是治水的能手，所以相信，这“禹”字中也能有大禹的精神和能力，能起到避开水患的作用。过去，为了破除工匠施工时使用的黑巫术，在上梁这一天，要念咒语“吾奉太上老君令他作无妨百事化为吉祥急急律令”七遍，还要让工匠喝三杯暗中放了镇宅符灰烬的酒。这是事先对

用以驱邪镇恶的唐代八卦纹铜镜

工匠使用黑巫术禁忌的预防和禳解。俗以为这样做后，工匠们如再施黑巫术，就会反害自身的。

除了借用书写、诵念的符咒来驱鬼禳灾解除禁忌之外，民间还常用一些实物来驱避邪鬼，以达到同样的目的。这样的避邪物很多，如：

太阳形

旧时南方民间宅院，在正对厅门的屋顶上要安一个很大的太阳形。这是要借太阳的光辉来驱邪鬼。据说，有了这个太阳形，鬼祟便不敢再进宅院了。

铜镜

民间相信铜器有避邪的能力，镜子有驱邪的作用，因此常在宅院中安置铜镜以“反射”邪祟或不吉物的影响，避凶趋吉。

爆竹

民间在祭祀、傩仪、庆贺、丧葬等郑重的场合下多喜好燃放爆竹（鞭炮），以为如此便可以驱逐邪恶，免灾祛祸。从而，也能够减轻人们承受禁忌的精神压力。

锣鼓

民间以为敲锣打鼓的声响，能够吓退邪魔恶鬼。因而常在预感到即将有灾难降临时日夜敲击锣鼓，以驱疫疠。日食、月食时，民间便常有此举。

火

在夜间，人们用火来驱鬼避邪。有时虽在白天，也要用火“洗礼”带有邪晦祟气的人。在民间信仰中，鬼祟是害怕火焰的，火的禳解能力很强。

石灰

北方民间常用石灰放蒲包内，在家中各处地上印成白色蒲包印，俗称为“元宝墩”。据说可禳解疫疠。

桃拔

芝麻秸

河南、山东等地，除夕日用芝麻秸散布庭中，俗称“撒祟”。据信可以禳除不祥。

桃树枝

红白喜事、过年过节、有病有灾时，民间常插桃枝于门首，以驱避邪鬼。“桃”谐音“逃”字，谓可逃脱灾难也。河南一带，旧习于家门内，栽一棵夹竹桃，以为能驱一切邪祟，亦与插桃枝同义。

柳树枝

民间以为柳树枝亦有驱邪的魔力，常与桃树并用。汉族清明时节普遍有门前插柳或头顶戴柳的习俗。南方一些地区，人若是被害死的，入殓时都要让死者手握桃枝和柳叶。据说到了阴间，“屈死鬼”可用桃枝逐狗，可用柳叶变成的剑来复仇。俗语说“桃枝柳剑”，即是此意。可见桃枝柳叶在阴间是能够变为攻击的利器的，因而具有禳解的灵力。

菖蒲、艾草

端午节时，各家各户都在门檐上插菖蒲、艾草，以禳邪招福。俗语说：“艾旗招百福，蒲剑斩千邪。”

红、黄色物

民间以为，红色的物件都有避邪禳解的魔力。房屋上插的小红旗、病人头上缠的红布条，小孩子穿的红衣、红裤，戴的红帽、红兜兜，以及朱砂、朱印、朱笔等等，凡与红色有关的物件都可以充当驱邪物、镇邪物。黄色，旧时为帝王专用色，含有尊贵的意义，也具有禳解能力。民间的巫师、方士使所用的咒符、服饰等都以黄色为主。

皇帝用物

民间迷信帝王的神力，以为帝王有镇邪驱魔的本领，甚至以为皇帝的衣饰、用具等等都可以用作驱邪物。旧时戏业中人，凡遇有丧葬事，灵车从舞台周围经过时，都要把王帽、蟒袍、圣旨、上方宝剑等物摆放在舞台上。以为如此，死者的幽灵（阴气）就不敢扑向舞台了。

寿者用物

俗信以为，高龄者寿终正寝，其身上覆盖过的尸布，或其亲属佩戴过的孝帽布、黑纱布、白腰带布，以及丧葬时所用的幡布都有避邪的功用。人们往往抢了来给自己的孩子做衣服。据说，穿了这样的布所做的衣服，不做噩梦，不受祟害，可以长寿。

供尖

祭祀所用食品的最上端，俗称“供尖”。据说吃了供尖，可以避邪。

黑枣

江苏泰州一带，元旦天明时，各人醒来，须先食一颗黑枣，称为“开口”。

然后，才能说话。这即是以黑枣为压胜物，用来事先禳解语言中的禁忌。

麸糠

民间旧习，吃米面时，往往要有意掺进一些麸糠。俗语云：“吃米带点糠，保你一家老小都安康”，“吃面带点麸，保你一家老小都有福”。这里，也表现出一种求吉禳灾的心理。

叠砂团子

浙江一带，正月初七日，家家吃叠砂团子，俗称之谓“人口团”。据说，吃者可保一年平安。

姜

民间以为姜是有驱避邪鬼的能力的。哈尼族老人死后，办丧事留棺在家中期间，全寨人都要在帽子或衣服上面系一块姜，以防死者的阴魂来缠身。

葫芦

民间有葫芦是神仙的用物的迷信，常常将葫芦挂于门首，或将绘有葫芦里溢出灵气的画贴于堂上，以为如此，可将鬼祟降服、驱除。

蒜

湖南、广东、河南、山东等地都有蒜能避厄的俗信。农家多以大蒜挂于门户上，或将大蒜置各种食物上。据说如此，则瘟神不敢前来放毒。

针

民间俗信以为针可以驱鬼，退蛊。南方多以数十支针插在蒜头上，悬挂门首，谓可禳邪。黔南苗族，传说以针置帽内可防中蛊毒。

雷击木

民间以为被雷电击倒的大树，具有镇慑作用。因为雷公已经把鬼怪邪魔都从这棵树上驱走了，其他鬼祟再见到这棵树木，也不敢靠近它了。所以东北一带，民间常用线绳穿起一块雷击木，戴在小孩手腕上或者挂在脖颈上，以为这样孩子就好养活了。

兽爪

俗以为野兽的尖爪利牙具有禳避作用。汉族、鄂伦春族等民族中常有让小儿佩带野兽爪牙以避邪魔的。鄂伦春族中还有将小熊的干鼻子、猞俐爪等挂在婴儿摇篮上的。据说可使小儿免受惊吓，停止啼哭，安静入眠。《梦溪笔谈》中提到陕西有以干蟹悬门首，驱病避邪的事。

宝幢

灰

汉族、佤族等民族中都有以灰驱鬼的习俗。河北一带汉族人农家死人，邻居家都要在门口撒一条灰线，以阻止死人的阴魂跑到自己家来。佤族死人后，棺材一抬出屋门，屋内的人便要向门外撒一把灰，随即将门关上。意为不让鬼再转回。

金属

金、银、铜、铁、锡等金属制品，俗以为都有一定的禳灾避邪作用。汉族及其他许多民族中都有给小儿戴金属锁的习俗。据说这样可以将生命锁起来而不被邪鬼夺了去。还有的民族，喜欢把铜铃、银铃或铜钱挂在小孩手腕上、脖颈上，以为如此也能够起到避邪的作用。成年人也有戴戒指、耳环、镯子的风习。俗以为，这些金属制品有保护灵魂守窍，使鬼祟不敢侵扰的作用。

塔

民间相信塔有镇慑邪鬼的功用。因而常于恶疫流行、洪水泛滥、连年灾荒等等祸患期间，建塔驱邪。

偶像

汉族北方，旧时五月初一，各家用棉花、棉布缝制小狗、小人、小口袋等物，带在小孩身上。至端午节前，将所佩物等抛掷河水中，谓狗咬灾星，小人代为受灾，口袋装灾晦等等。意在禳解灾厄。

汉族及其他许多民族中的神像、戏剧面具等各式偶像都有驱避作用。人们常常对之顶礼膜拜，求其禳解灾难。

结语

以上所举的一些禳解的例子，都是民间预防灾祸发生的驱避方式。它和禁忌的效果，应当说是一样的，只不过禁忌是消极的预防，禳解是积极的预防罢了。它们都属于巫术思维的产物。事前的禳解，对于禁忌本身，也有一种解脱或者减缓的作用。也就是说，有了禳解的仪式之后，禁忌的精神压力就相对地减轻一些了。所以，也可以说它即为禁忌的事先的禳解。这方面的例子远不止我们所举的这些。民间可作驱邪物的“灵物”实在是太多了。除了一些常用的、公认为是有驱避禳解灵力的事物之外，还有许多是可以因为某种偶然的或者特殊的缘由而随时具有驱避禳解的灵力的。这些驱邪物的灵力归根结底是依了人们的心理和实际生活的需要而产生的，并且也还同样的会依了人们心理的和实际生活的需要而消失。如今，自然科学和社会科学的进一步发达和普及，使得民间已经有许多非常灵验的驱邪物都丧失了其原有的“灵力”。人们正在逐步地从这些禳解的迷信活动中把自己解救出来。

事后补救的禁忌禳解

对于违犯禁忌的补救，有两个方面：一是努力使违禁犯忌不能成立，使违禁犯忌的状态回复到不违禁犯忌的状态；二是努力使违禁忌的惩罚，亦即那些灾厄祸患的报应不致真正降临和实现。

第一种补救，主要是从形式上进行一些适应遵守禁忌的变通方法。例如，易名的办法，即是如此。清光绪年间，高州大旱，民众以为地方官高州太守的名字杨子晴不利降雨，因而迫使其改“子晴”为“子和”。俗信以为，这样一改，便不再违禁犯忌了。再如《如梦录》一书中记有“银安殿”建筑犯忌被毁一事，其文：“存信殿前，旧有银安殿。因周藩王气太盛，敕贬诸蒙化，即复取回，将银安殿拆毁，并将唱更楼及尊义门楼拆去。东华门，禁不许开，四角石上俱用钉定，并令于门前推土作台，此台乃取郑州之土，经火炼熟，寸草不生。形家者言：毁银安殿所以去龙心，拆唱更楼所以去龙眼，定四角石所以制龙爪，推土作台所以克水，使龙不能飞腾。东华门不许开，谓之文官闭口；拆尊义门楼，谓之武将去头。”形家方士所言虽有媚上夸饰之嫌，但毁殿拆楼之举，确系为破禁忌之所为。俗信所忌，就连帝王家也难免受到影响，以为拆楼毁殿便可使犯忌之事不再成立了，因此也就能够抑制藩王造反了。这一类违禁犯忌的补救方法，还有许多。它们多是用比较消极的禳解方法，即顺应、适合禁忌要求的方法，来使违禁犯忌不再成立而回复到不违禁犯忌状态的。

但是，还有许多违禁犯忌的情形，是不能够再回复到不违禁犯忌的状态的，这时，就要用第二种补救方法了。第二种补救方法是比较积极的禳解方法，以下我们就分别来举例谈谈这一类禁忌的禳解。

惑神法

改变常态，扰乱神鬼的视线，迷惑鬼神，使之不能对违禁犯忌者进行惩罚，是民间常用的一种禁忌的禳解方法。

例如，旧时民间有忌新嫁娘串门的习俗，江宁一带，如有犯忌，必责令斋百怪以祓除不祥。斋百怪时，男着女衣，女着男衣，夫妇双双顶礼，斋毕偕归（参见本书“新妇禁忌”一节）。又如湖北一带，俗忌孕妇见佛像。若孕妇路见游僧挑担，担上有弥勒佛像时，孕妇必坐于地，自解其履，以左履换至右足，右履换至左足。此游僧也必须将挑担从右肩换至左肩，从左肩换至右肩。这样双方相持，直到来人将游僧逐去，乃得无事（参见本书“孕妇禁忌”中“忌接触神事”一节）。这里的换衣、换鞋、换挑担等等，便是迷惑神鬼的一种方式方法。俗以为更换了服饰，可以使神鬼不能辨认出谁是违禁犯忌者，继而也就无法对其进行惩罚了。

旧时，民间若是哪家养子不成，迷信者便说是犯了某某禁忌。为禳解之，往往将所生男孩当作女孩养大。起女名，穿女衣，甚至穿耳、梳头、裹足，直到娶一不穿耳、不梳头、不裹足的女人做其假丈夫。这一切都是为了迷惑鬼神，禳除违禁犯忌所带来的灾难。当然，这是比较极端的例子。常见的例子也很多，比如民间拜干亲的习俗就是很普遍的。据《中华全国风俗志》云：“（浙江一带）小儿产生后，一星期内，父母必请星士为之算命。如谓命好，即快乐无穷。倘谓小儿命运不利之处，则引为至忧。于是，拜干娘（所拜者概系贫家妇女。甚有拜石头、樟树者）。”河南、湖南等许多汉族居住地区也都有此俗流行。畲族、哈尼族等等民族中也有类似的习俗存在。无论是拜他人为干亲，还是拜石头、樟树等为干亲，都含有一种迷惑神鬼的意义，使得鬼神不能再对小儿实施什么祸害。此时，迷信者的胆量也真算不小，竟敢欺哄鬼神，而不怕遭受神鬼的报复。可见，迷信者并不真的迷信鬼神，在人神的利害发生冲突时，他们还是先考虑自身的利益而不惜对鬼神不恭的。

惩神法

迷信者对鬼神的不恭敬还算是轻的，在更严重的情况下，还有运用法术，以惩治鬼神的方法来禳解禁忌的。

南方若遇到人在祭鬼，以为不祥，是犯忌之事。经过时一般都要吐几口唾沫。俗以为唾沫可以禳鬼，如此才不会被邪鬼缠身。还有以月经、秽水作法，禳解不详的。《中国风俗史》云："衡阳土俗，山民有病者，辄云先人为祸，皆开冢剖棺木，洗枯骨，名为除祟是也。"佤族在地震时，每家都用竹棒在地上敲打，口里向地震鬼喊着："我们要生存！"以为只有如此，才能避免灭顶之灾。汉族在日食、月食时，各家各户都从屋里出来，敲盆打碗，边敲打边喊叫："天狗吃日头了！"，"天狗吃月亮了！"以这样的方式惊吓天神，使得太阳（月亮）不被吞食，或被吞食后再吐出来。除此之外，还有各种各样的符咒禳解仪式，都包含有惩治鬼神的意味。民间常常在违禁犯忌之后进行这样的禳解，以攻为守，先下手为强，以各种法术控制神鬼，使它们不敢或者不能再惩罚违禁犯忌者。

克破法

民间相信"一物降一物"、"五行相克"，各种事物之间的克破，是有一定之规的。因而违禁犯忌之后，常常按"五行"或其他规律，找出一些破解的方法来。

俗传坵子里的鬼魂，若托生人，童年总是躺着，不能坐。那坵子一起走，这孩子就死了。因此，起坵子时，有一个俗例，就是在起走棺柩之后，要在那块地上，倒一桶水，扔几个苹果，说是这样一来，那个坵子里的鬼魂托生的人就可以不死了。

《抱朴子·至理卷》中记有“炁”（气）禁咒法。说吴越有禁咒之法，甚有明验。可禁鬼神邪魅、水火利刃、山精虫兽、天灾人祸，也是破法之类的法术。

据说“蒙古”一词在蒙语中有“银”的含义。蒙古贵族建立的元朝被朱元璋推翻后，建国号为“明”，其中即寓意要以“火德”克元朝之“金（银）”忌。满族入关后，建国号为“清”，又是以“水德”克明朝之“火”忌。

河南林县一带，若新婚夫妇属相有妨，拜天地时，要用被子隔开，民间称作“隔山拜天地”。这种隔离的办法，也是一种克破的办法。经过这么一隔离，虽然违犯了婚配属相的禁忌，日后也不会再遭劫难了。还有民间所说的“嘴是两片皮，漏出无禁忌”、“放屁稀松，说破不疼”等等，即是所谓“说破法”。俗以为将灾祸公开，说于众人知道，也是一种禳解的方法，而且是一种极为简便的克破方法。这里边大概含有一种让邪鬼恶魔暴露于光天化日之下，从而使其不敢过于肆虐的意义。

灾移法

如果违禁犯忌后，灾难实在不能破除，民间又有将灾难移向他人、他物的禳解方法。

江西一带，旧有重阳节登高掷柑的习俗。俗以为，若有犯禁忌、触晦运者，重阳掷柑，可将晦运、灾祸移至拾柑之人。

汉族旧时广泛流行的“敲太保”（请巫师祈神除病）的迷信活动，其中“烧替生布”等仪式，就是为了借助神力将病灾转移给与病者同年庚且面貌相似者。

旧时出行遇柩，以为不吉，是犯忌之事。民间有人遇柩后，即往戚友家解衣帽扑散数次。以为如此，则将晦气转移到他人家中，自己就可以解脱了。

广西壮族“断桥寡”（男人非正常死亡的寡妇）再嫁时，要先到野外呆三个晚上，每晚都要搂抱大树多次。意思是让神鬼把灾难、厄运转移给大树，而不再“克人”。

旧时，民间住宅院门若与大树或其他高大建筑物相对，则以为不祥，是犯忌之事，常常要悬一面镜子。意思是把灾难、凶祸等不吉之事都“反射”到对面去了。以此灾移法确保自家宅中安宁无事。

河南民间俗忌猫狗从棺材底下钻过。说是猫过了，死者要托生猫；狗过了，死者要托生狗。如果真的有猫狗从棺材底下钻了过去。死者的子女也立刻要从棺材底下钻过，边钻边说："爹（娘）呀，别害怕，刚才是我过的。"这也是一种灾移法。不过，不是移向他人、他物，而是移向自我，并且表示了一种孝心。

灾移法，在民间运用较多，它反映了民间对于灾祸、福气可以转移的俗信，代表了一种原始巫术的思想遗迹。

修身法

修身法是以自己的德行来禳解灾厄的方法。所谓"一身正气，能退百邪"，解除之法，"在人不在鬼，在德不在祀"。但是，"德"的标准是有时代性、阶级性的。在旧社会里，这种"以德御灾"的修身法往往变成了"自惩法"。它的特点，即是"克己"。

湖南一带，旧时在城隍神迎会上，自认为有灾厄祸患将临者，都装作囚犯，奔走烧香，谓"可免一生灾厄"。

汉族大多数地区流行"破财免灾"、"破财挡灾"的俗信。旧时代里，"财"与"义"往往是对立的。"贪财"则"不义"，"疏财"则"仗义"。有了灾难，也相信可以通过"破财"、"施舍"等方式，买回仁义之德，以抵御之、禳解之。汉族红白喜事用了邻里的家具，归还时都要"封子（钱）"的。据说，这样可免双方之灾厄。

独龙族参加葬礼的人，事后都要到河边洗脚，以防鬼魂缠身。这也是着眼于自身的禳解。还有俗语"拍拍背，三年无灾晦"等等也都含有自惩的意味。总之，修身法主要是从所谓"德行"的建立方面去抵御违禁犯忌后的惩罚的。同时，也有一些形体方面的自惩的因素。这种方法有以人的威严压倒神鬼的气概非凡的一面，也有以自惩的方式来讨好鬼神的变相乞求的一面。不过，在旧时代里，迷信的人们，往往还是更多地沦落为后一种的情形。这显然是由社会迷信文化的压力所决定的。如果他们能够真的不屈从于鬼神，那么他们也就不称其为

“迷信者”了。除了这一点之外，他们在违禁犯忌之后，也已经从心理上有了一种“过错感”或者“负罪感”，因而也就不再可能表现出一种真正的“德行”的“理直气壮”来了。

附录一

禁忌事项索引

人事篇

1. 人体禁忌

2. 性别禁忌

3. 婚姻禁忌

亲迎禁忌

拜天地禁忌

婚宴禁忌

洞房禁忌

4. 房事禁忌

5．生养禁忌

胎神禁忌

室内禁忌

室外禁忌

产妇禁忌

始生禁忌

育养禁忌

放置禁忌

缝补禁忌

7.饮食禁忌

食物食品禁忌

11.语言禁忌

中国民间禁忌

12.社交禁忌

宗法礼教禁忌

行帮规约禁忌

13. 行业禁忌

农业禁忌

14.民间游艺禁忌

15.丧葬禁忌

死亡禁忌

成殓禁忌

中国民间禁忌

16. 祭祀禁忌

祭器禁忌

祭仪禁忌

17.宗教禁忌

物事篇

1.动物禁忌

家禽禁忌

野禽禁忌

家畜禁忌

中国民间禁忌

野兽禁忌

爬虫禁忌

游鱼禁忌

2.植物禁忌

3. 人工物禁忌

中国民间禁忌

4.自然物禁忌

正月初二禁忌

正月初三禁忌

正月初四禁忌

正月初五禁忌

鬼事篇

附录二

主要参考书目

《马列主义基本理论提要》郑健民 主编 南开大学出版社 一九八三年十二月版

《摩尔根〈古代社会〉一书摘要》马克思 人民出版社 一九六五年四月版

《中国政治史》周谷城 著 中华书局 一九八二年十二月版

《中国制度史》吕思勉 著 上海教育出版社 一九八五年五月版

《中国礼俗学纲要》邓子琴 著 一九四七年七月初版

《人类学》台湾商务印书馆股份有限公司 一九七一年九月版

《初民社会》罗维 著 吕叔湘 译 商务印书馆 一九三五年六月版

《原始思维》〔法〕列维一布留尔 著 丁由 译 商务印书馆 一九八一年一月版

《文化论》〔英〕马林诺夫斯基 著 费孝通等译 中国民间文艺出版社 一九八七年二月版

《十三经注疏》（全二册）中华书局 一九八O年十月版

《论衡注释》（全四册）北京大学历史系《论衡》注释小组 中华书局 一九七九年十月版

《潜夫论笺》〔汉〕王 符 著〔清〕汪继培 笺 彭 铎 校正 中华书局 一九七九年四月版

《风俗通义校释》〔东汉〕应 劭 撰 吴树平 校释 天津人民出版社 一九八O年九月版

《无何集》熊伯龙 著 中华书局 一九七九年九月版

《新的驿程》钟敬文 著 中国民间文艺出版社 一九八七年十月版

《图腾与禁忌》弗洛伊德 著 杨庸一 译 中国民间文艺出版社 一九八六年二月版

《金枝》（上、下）〔英〕詹·乔·弗雷泽 著 中国民间文艺出版社 一九八七年六月版

《民俗学》〔日〕关敬吾 编著 王汝澜、龚益善 译 中国民间文艺出版社 一九八六年六月版

《人论》〔德〕恩斯特·卡西尔 著 甘阳 译 上海译文出版社 一九八五年十二月版

《宗教的起源》〔法〕沙利·安什林 著 生活·读书·新知三联书店 一九六四年一月版

《宗教与无神论》中国无神论学会 编 福建人民出版社 一九八五年七月版

《原始宗教》朱天顺 著 上海人民出版社 一九六四年八月版

《巫术科学宗教与神话》〔英〕马林诺夫斯基 著 李安宅 译 中国民间文艺出版社 一九八六年五月版

《中国青铜时代》张光直 著 生活·读书·新知三联书店 一九八三年九月版

《民俗学概论》方纪生 编著 北京师范大学史学研究所资料室印 一九八O年

《中国民俗学》乌丙安 著 辽宁大学出版社 一九八五年八月版

《中国民俗与民俗学》张紫晨 著 浙江人民出版社 一九八五年十月版

《民俗学概论》陶立璠 著 中央民族学院出版社 一九八七年八月版

《中国民俗学论文选》王文宝 编 中国民间文艺出版社 一九八六年七月版

《民俗学丛话》乌丙安 著 上海文艺出版社 一九八三年五月版

《信念的活史：文身世界》徐一青、张鹤仙 著 四川人民出版社 一九八八年五月版

《东京梦华录》〔宋〕孟元老 等著 中华书局 一九六二年五月版

《如梦录》孙宪易 校注 中州古籍出版社 一九八四年一月版

《清稗类抄》第1、3、5、8、10、11册 徐珂 编撰 中华书局 一九八六年三月版

《燕京岁时记》〔清〕富察敦崇

《帝京岁时纪胜》〔清〕潘荣陛 北京古籍出版社 一九八三年六月版

《道咸以来朝野杂记》崇 彝 著 北京古籍出版社 一九八二年一月版

《中国风俗史》张亮采 著

《古代礼制风俗漫谈》《文史知识》编辑部 中华书局 一九八三年六月版

《中华全国风俗志》（全四册）胡朴安 大达图书供应社 中华民国二十四年六月版

《中国民俗辞典》郑传寅、张 健 主编 湖北辞书出版社 一九八七年二月版

《中国风俗辞典》上海辞书出版社 一九九〇年一月版

《中国各民族宗教与神话大词典》学苑出版社 一九九〇年十月版

《中国少数民族民俗大辞典》内蒙古人民出版社 一九九五年一月版

《中国少数民族》《中国少数民族》编写组 人民出版社 一九八一年五月版

《中国民情风俗》王世祯 编著

《人世的“禁区”中国古代禁忌风俗》赵建伟 著 陕西人民教育出版社 一九八八年十月版

《台湾民间禁忌》林明峪 著 联亚出版社 一九八一年五月版

《台湾风俗志》片冈岩 著 陈金田 译 众文图书公司 一九八七年三月版

《台湾旧惯习俗信仰》高贤治、冯作民 编译 众文图书公司印行 一九八四年元月版

《断梦秘书》广文书局编辑所 民国八年十月版

《太上感应篇引经笺注》同治六年孟春之月开雕

《岁时佳节记趣》殷登国 著 广西人民出版社 一九八七年二月版

《少数民族民俗资料》（上、中、下）全国民俗学少数民族民间文学讲习班 一九八三年五

月印制

《中国民间诸神》宗力、刘 群 河北人民出版社 一九八六年九月版

《云南少数民族》云南省历史研究所 编著 云南人民出版社 一九八三年八月版

《东北民族史略》傅朗云 杨 旸 吉林人民出版杜 一九八三年八月版

《萨满教研究》秋 浦 主编 上海人民出版社 一九八五年五月版

《中国婚俗》吴存浩 山东人民出版社 一九八六年三月版

《江西地方志风俗志文辑录》江西省省志编辑室 一九八七年印制

《湖北民俗类征》武大中文系八一级小组科研课题 一九八五年

《山东民俗》山 曼、李万鹏、姜文华、叶涛、王殿基 著 山东友谊书社 一九八八年三月版

《山东方志民俗资料汇编》（上、下）山东大学中文系民间文学教研室 编 一九八三年

《河南方志民俗资料汇编》（上、下）《河南方志民俗资料汇编》编辑组 一九八三年七月

《开封民俗》开封市地方史志编委会 一九八七年四月印制

《林县民俗志》李金生 主编 黄河文艺出版社 一九八八年十一月版

《定县社会概况调查》李景汉 编 中国人民大学出版社 一九八六年三月版

《云南巍山彝族社会历史调查》 云南省编辑组 云南人民出版社 一九八六年十月版

《鄂温克族社会历史调查》 内蒙古自治区编辑组 内蒙古人民出版社 一九八六年十一月版

《云南彝族社会历史调查》云南省编辑组编 云南人民出版社 一九八六年十月版

《畲族社会历史调查》福建省编辑组 福建人民出版社 一九八六年三月版

《阿昌族简史》《阿昌族简史》编写组 云南人民出版社 一九八六年十月版

《佤族简史》《佤族简史》编写组 云南教育出版社 一九八六年二月版

《独龙族简史》《独龙组简史》编写组 云南人民出版社 一九八六年五月版

《青海省藏族蒙古族社会历史调查》 青海省编辑组 青海人民出版社 一九八五年十月版

《傈僳族、怒族、勒墨人（白族支系）社会历史调查》云南省编辑组 云南人民出版杜 一九八五年八月版

《满族社会历史调查》（民族问题五种丛书》辽宁省编辑委员会 编 辽宁人民出版社 一九八五年六月版

《思茅、玉溪、红河傣族社会历史调查》云南省编辑组 云南人民出版社 一九八五年十月版

《云南小凉山彝族社会历史调查》 《民族问题五种丛书》云南省编辑委员会 编 云南人民出版社 一九八四年二月版

《德宏傣族社会历史调查》（一）《民族问题五种丛书》云南省编辑委员会 编 云南人民出版社 一九八四年九月版

《德宏傣族社会历史调查》（二）《民族问题五种丛书》云南省编辑委员会 编 云南人民出版社 一九八四年二月版

《鄂伦春族社会历史调查》（一）《民族问

题五种丛书》内蒙古自治区编委会　编内蒙古人民出版社　一九八四年十二月版

《鄂伦春族社会历史调查》（二）《民族问题五种丛书》内蒙古自治区编委会　编内蒙古人民出版社　一九八五年三月版

《白族社会历史调查》《民族问题五种丛书》云南省编辑委员会　编　云南人民出版社　一九八三年一月版

《佤族社会历史调查》（一）《民族问题五种丛书》云南省编辑委员会　编　云南人民出版社　一九八三年十月版

《佤族社会历史调查》（二）《民族问题五种丛书》云南省编辑委员会　编　云南人民出版社　一九八三年十一月版

《佤族社会历史调查》（三）《民族问题五种丛书》云南省编辑委员会　编　云南人民出版社　一九八三年十二月版

《浙江民俗》中国民间文艺研究会浙江分会、浙江民俗学会　编

《黑龙江民间文学》中国民间文艺研究会黑龙江省分会印

《民间文艺季刊》中国民间文艺研究会上海分会　主办　上海文艺出版社出版

《风俗》中国民间文艺研究会浙江分会主办《风俗》编辑部出版

《楚风》（季刊）湖南人民出版社出版

《民间文学论坛》（双月刊）中国民间文艺出版社出版